AF137792

Wilhelm Schmidt

Herons von Alexandria

Druckwerke und Automatentheater

Wilhelm Schmidt

Herons von Alexandria
Druckwerke und Automatentheater

ISBN/EAN: 9783742899743

Hergestellt in Europa, USA, Kanada, Australien, Japan

Cover: Foto ©ninafisch / pixelio.de

Manufactured and distributed by brebook publishing software
(www.brebook.com)

Wilhelm Schmidt

Herons von Alexandria

HERONIS ALEXANDRINI
OPERA QVAE SVPERSVNT OMNIA.

VOL. I:

PNEVMATICA ET AVTOMATA

RECENSVIT

GVILELMVS SCHMIDT.

ACCEDVNT

HERONIS FRAGMENTVM DE HOROSCOPIIS AQVARIIS
PHILONIS DE INGENIIS SPIRITVALIBVS
VITRVVII CAPITA QVAEDAM AD PNEVMATICA PERTINENTIA.

CVM CXXIV FIGVRIS.

LIPSIAE
IN AEDIBUS B. G. TEVBNERI.
MDCCCLXXXXIX.

HERONS VON ALEXANDRIA

DRUCKWERKE UND AUTOMATENTHEATER

GRIECHISCH UND DEUTSCH HERAUSGEGEBEN

VON

WILHELM SCHMIDT.

IM ANHANG HERONS FRAGMENT ÜBER WASSERUHREN
PHILONS DRUCKWERKE
VITRUVS KAPITEL ZUR PNEUMATIK.

MIT EINER EINLEITUNG ÜBER DIE HERONISCHE FRAGE
UND ANMERKUNGEN.

MIT 124 FIGUREN.

LEIPZIG,
DRUCK UND VERLAG VON B. G. TEUBNER.
1899.

.

HERMANN DIELS

UND

RICHARD SCHOENE

IN DANKBARER VEREHRUNG

GEWIDMET.

EINLEITUNG.

Diejenigen Abschnitte der Einleitung, welche die Textgeschichte behandeln, und das Wörterverzeichnis werden gesondert als Supplementheft ausgegeben.

KAPITEL I.

WANN LEBTE HERON VON ALEXANDRIA?

Die Heronische Frage ist noch immer offen, d. h.
die Frage, zu welcher Zeit Heron gelebt hat oder, was
wichtiger ist, welchem Zeitalter die durch Heron uns über-
mittelten Kenntnisse des Altertums angehören. Die einzelnen Ansätze zur Bestimmung desselben erstrecken sich
zusammen genommen über nicht weniger als vier Jahr-
hunderte. Betrachten wir sie daher in chronologischer
Reihenfolge.

Ein terminus post quem ist dadurch gegeben, dafs
Heron Archimedes wiederholt (S. 24, 11. Ster. I 1, 1.
Metr. 1 26. Mech. I 24. 25. 32. II 7) erwähnt. Wie spät
ist nun Heron nach Archimedes anzusetzen?

Man ist dabei von der Überschrift der Βελοποιϊκά aus-
gegangen, nämlich ῞Ηρωνος Κτησιβίου Βελοποιϊκά, und hat
das Κτησιβίου als 'Schüler des Ktesibios' erklärt. Man
könnte wohl an die Analogie von Εὐσέβιος ὁ Παμφίλου
'Eus., Freund des P.' denken, doch steht hier der Artikel.
Indessen wenn wir auch über den fehlenden Artikel hin-
wegsehen wollten, so ist die Überlieferung in Bezug auf
das Κτησιβίου keineswegs einig. Zwar hat die beste Hs.,
Paris. Suppl. Gr. 607, ῞Ηρωνος Κτησιβίου — andere, jüngere
῞Ηρωνος ἢ Κτησιβίου oder ῞Ηρωνος καὶ Κτησιβίου[1]) —,

---

1) Vindob. 120 hat am Schlusse der Belopoiika: 'Τέλος
τῶν Ἀρχιμήδους Βελοποιϊκῶν τῶν ἐξηγηθέντων παρὰ ῞Ηρω-
νος Κτησιβίου'. Vgl. Suppl. S. 36. Was kann man darauf geben?

aber eine vom Parisinus unabhängige Klasse hat *Ἥρω-νος Ἀλεξανδρέως Βελοποιητικά* (Wescher S. 71), eine Form der Überschrift, welche den Überschriften (bez. Unterschriften) der übrigen Heronischen Werke (Pneumatik, Automaten, Dioptra, Metrika) entspricht und darum mehr Anspruch auf Echtheit erheben darf. Ein Schülerverhältnis zwischen Ktesibios und Heron haben erst die Byzantiner aufgestellt. Vgl. Anonym. (Hero Byz.) Poliorc. S. 263, 1 We. ὁ *Ἀσκρηνὸς Κτησίβιος ὁ τοῦ Ἀλεξανδρέως Ἥρωνος καθηγητής*. So viel ist also sicher, ein unverfängliches Beweismittel ist die Titelüberschrift der *Βελοποιϊκά* nicht. Man hätte gewifs schon früher nicht das geringste Bedenken getragen, das *Ἥρωνος Κτησιβίου* preiszugeben, wenn man einen bestimmteren Anhaltspunkt gehabt hätte. Da auch die Lebenszeit des Ktesibios strittig ist, so erklären sich die Differenzen in den verschiedenen Ansätzen für Herons Zeitalter leicht aus der verschiedenen Ansetzung des Ktesibios.[1])

---

1) Martin, Hultsch und V. Rose *Anecdota Graeca et Graeco-latina* II, 283 setzen Ktesibios in die Zeit des Ptolemaeus Euergetes II († 117), genannt Physkon 'der Schmerbauch', unter welchem von Athenaeus IV 174 c ein anderer Ktesibios (Bartscherer) erwähnt wird. Nun hat das wüste Regiment dieses Fürsten (darauf weist Haase Ersch u. Grub. *Encycl.* s. v. Philon treffend hin) Wissenschaft und Kunst gar nicht gefördert, sondern eher ihren Verfall herbeigeführt. Es wird aber von den alexandrinischen Mechanikern durch Philon Mechan. Synt. IV 50, 38 Schöne ausdrücklich bezeugt, dafs sie sich der Unterstützung ruhm- und kunstliebender Könige zu erfreuen hatten: *τοὺς ἐν Ἀλεξανδρείᾳ τεχνίτας πρώτους μεγάλην ἐσχηκότας χορηγίαν διὰ τὸ φιλοδόξων καὶ φιλοτέχνων ἐπειλῆφθαι βασιλέων*. Da nun Philon den Ktesibios wiederholt (S. 56, 22. 67, 44. 72, 37. 77, 16. 47) mit Namen erwähnt, so hat er sehr wahrscheinlich bei den *τεχνῖται* auch an Ktesibios gedacht. Unter den Königen gilt aber als besonderer Freund der Wissenschaft Ptolemaeus II Philadelphus (285—247) und als Förderer der Mathematik Ptolemaeus III Euergetes I (247—221). Dazu stimmt denn auch vortrefflich eine Notiz des Athenaeus, welcher XI 497 d—e ein elegantes Trinkhorn eines Mechanikers Ktesibios unter Ptolemaeus Philadelphus erwähnt.

Nach Fr. Haase *Über die griechischen und lateinischen Kriegsschriftsteller.* Neue Jahrb. f. Phil. u. Pädag. XIV (1835) S. 112 lebte Heron zur Zeit des Ptolemaeus Philadelphus und Euergetes, also Mitte des 3. Jahrh. v. Chr. Susemihl *Gesch. d. griech. Litt.* I, 737 setzt Heron in das Ende des 3. und den Anfang des 2. Jahrh. v. Chr. Baldi *Heronis Ctesibii Belopoecca* (sic) Augsburg 1616 S. 76 denkt an das Jahr 120 v. Chr., indem er Heron auch als Schüler des Ktesibios ansieht, aber dabei den Mechaniker Ktesibios mit dem Bartscherer identifiziert (a. a. O. S. 67). Auch F. Hultsch - *Metrologicorum scriptorum reliquiae* Lps. 1864 I, 9 stimmt für das Ende des 2. Jahrhunderts v. Chr. Diesen Ansatz hält der um die Erforschung der antiken Mathematik hochverdiente Gelehrte auch jetzt noch fest. Vgl. *Liter. Centralbl.* 1894 S. 554. An letzterer Stelle weist Hultsch auf die vielfach umgestalteten Mafstabellen hin. Die zweite Heronische Mafstafel entspreche so ziemlich einer ähnlichen Zusammenstellung von Mafsen, wie sie etwa um 100 n. Chr. Balbus angefertigt habe.

Dieser Mechaniker Ktesibios ist kein anderer als der oben genannte und ist wohl von dem Bartscherer Ktesibios, dem eine verbesserte Wasserorgel zugeschrieben wird, zu unterscheiden. (Vgl. aber Tannery *Athénée sur Ctésibios et l'hydraulis.*) Auch ist nicht unwahrscheinlich, dafs Philon von Byzanz ein Zeitgenosse des Archimedes war. Vgl. unten S. 459, Anm. 2. Denn es ist nicht unmöglich, dafs der dort erwähnte Ariston der gemeinsame Freund des Archimedes und Philon war. Wenn man Ktesibios danach um die Mitte des 3. Jahrhunderts vor Chr. Geb. ansetzt, so pafst das schliefslich auch zu dem Umstande, dafs der zur Zeit eines Marcellus (des Eroberers?) lebende Mechaniker Athenaeus (Περὶ μηχανημάτων 29, 9 Wesch.) Ὑπομνήματα des Ktesibios erwähnt. Über diese ganze Frage vgl. besonders Martin *Recherches sur la vie et les ouvrages d'Héron d'Alexandrie.* Mémoires présentés par divers savants à l'Académie des inscriptions et belles-lettres IV Paris 1854 p. 23 f. und Susemihl *Gesch. der griech. Litt.* I, 734 Anm. 152. Über Philons Lebenszeit s. unten S. LXX. Den Mechaniker Athenaeus setzt Diels übrigens unter Hadrian. S. Stzgsb. d. Akad. 1893 S. 111.

Die erste Maſstabelle ist nach Hultsch zwar älter, aber sie
gilt ihm nicht als Herons Original. In Herons Originaltafel,
welche in der Einleitung in die Geometrie stand, waren
vielmehr nach Hultsch nur die Maſse der Ptolemäerzeit
verzeichnet[1]), während die tabula Heroniana I, also die
älteste der verschiedenen erhaltenen tabulae Heronianae,
bereits römische Maſse wie den römischen Fuſs (ὁ Ἰταλι-
κὸς πούς Metrol. I, 182, 15 = Heron. Geom. et Stercom.
rel. S. 139, 34) u. a. enthält. Am Schlusse dieser ersten
Tafel steht folgender Vermerk: Ἀλλὰ ταῦτα μὲν κατὰ τὴν
παλαιὰν ἔκθεσιν· τὴν δὲ νῦν κρατοῦσαν δύναμιν ἐν τοῖς
προοιμίοις τοῦ λόγου ὑπετάξαμεν (Metrol. scr. I, 184
= Heron. Geom. 140, 32—34). Diese tabula Heron. I
oder παλαιὰ ἔκθεσις ist, wenn ich Hultsch recht verstehe,
die erste Umgestaltung von Herons Originaltafel. Die
Änderungen wurden noch im Texte der Einleitung selber
vollzogen, als Ägypten römisch wurde (Metrol. scr. I, 19).
Ein zweiter Überarbeiter setzte die παλαιὰ ἔκθεσις ans
Ende der Geometrie und rückte dafür eine neue, auf Grund
der Maſse seiner Zeit geänderte Tafel in die Einleitung.
Absicht sämtlicher Überarbeiter war, die Tafel den jewei-
ligen Zeitbedürfnissen anzupassen. Daſs Umarbeitungen
vorliegen, welche eben diesem Zwecke dienen wollten, ist
ja Thatsache. Aber warum kann die tab. Heron. I oder
die παλαιὰ ἔκθεσις nicht Herons Originaltafel sein?
Warum muſs sie nur Maſse der Ptolemäerzeit enthalten
haben? Doch lediglich, weil dies die Annahme erfordert,
daſs Heron in vorrömischer Zeit in Alexandrien gelebt
habe, eine Annahme, welche sich auf weiter nichts stützt
als jenes Ἥρωνος Κτησιβίου. Ein neues Argument ergiebt
sich jedenfalls aus den Heronischen Tafeln für den älteren
Ansatz nicht, im Gegenteil, die Tafeln selber sprechen

---

1) Vgl. Hultsch a. a. O. S. 554: 'Die ältere Maſstafel κατὰ
τὴν παλαιὰν ἔκθεσιν ... ist offenbar keine Originalleistung,
sondern die Überarbeitung einer aus der Ptolemäerzeit stammen-
den ältesten Tafel'. Unter der letzteren versteht Hultsch
doch wohl Herons Originaltafel.

eher für als gegen die römische Zeit. Denn es liegt
kein zwingender Grund vor, in der römische Mafse enthaltenden tab. Her. I etwas anderes als Herons Originaltafel zu sehen. Diese Auffassung hat jedenfalls den Vor-
zug, dafs sie mit anderen Momenten, die sich aus Herons
übrigen Schriften ergeben, besser im Einklang steht.
In Herons Dioptra Kap. 36 S. 320—324 Vinc.
(s. auch Band III) ist die Aufgabe gestellt, τὴν μεταξὺ
Ἀλεξανδρείας καὶ Ῥώμης ὁδὸν ἐκμετρῆσαι τὴν ἐπ' εὐθείας
mit Hilfe von Beobachtungen, welche in Alexandria und
Rom anzustellen sind. Dieses geodätische Beispiel deutet
gewifs darauf hin, dafs zur Zeit, als der Autor dieses
schrieb, lebhafte Beziehungen zwischen Rom und Alexandria
bestanden. Wäre das nicht der Fall gewesen, so hätte
es näher gelegen, einen anderen Ort zu wählen, wie z. B.
Rhodos oder Athen. Dazu stimmt auch, dafs in den
Heronischen Schriften, von den Mafstabellen abgesehen,
sich eine Anzahl Latinismen finden, die sich ohne Gewalt
nicht entfernen lassen. Z. B. μίλια 'milia' Dioptr. 316, 14,
πά⟨σ⟩σων 'passuum' Dioptr. 316, 10, ἀσσάριον 'assarium'
(= assis) Pneum. 74, 5. 76, 16, μιλιάριον 'milliarium'
Pneum. 304, 10. 14. 306, 5. 10. 25. 310, 4. 314, 9.
316, 17.[1]) (Wir weisen noch auf die sachliche Übereinstimmung zwischen Heron und den Bauten in Pompeji
bezüglich der Thüren in den Bädern hin 182, 1 und dazu
183 Anm. 1.) Aus solchen Umständen hat schon Martin
a. a. O. S. 27 geschlossen, dafs Heron erst in die Zeit
zu setzen sei, in welcher Ägypten in den Machtbereich

---

1) Die Latinismen der Überarbeitung, z. B. Pneum. 48, 31
σειραὶ κοῖλαι serae cavae (vgl. Suppl. S. 62) beweisen nichts.
Auch die Latinismen in den mathematischen Aufgaben, z. B.
κοῦπα Heron. Stereom. 170, 11, βοῦτις 170, 23 (dies ist sicher
ein byzantinisches Wort, vgl. Köchly u. Rüstow Gr. Kriegsschr.
II 2, 319 zu Hero Byzant.), τετρασιρίου 205, 16 (scra 'Balken'),
κινστέρνα 194, 1 u. a. unterliegen der Anfechtung, da die
Heronischen Aufgabensammlungen stark von den Byzantinern
interpoliert worden sind.

der Römer gelangte. Nun war Ptolemaeus XIII Neos Dionysos der erste ägyptische König, welcher vom römischen Senat im Jahre 81 v. Chr. eingesetzt wurde. Daraus folgert Martin, dafs Heron bis zur Mitte des ersten Jahrh. v. Chr. gelebt habe, während M. Cantor in den *Vorlesungen über Geschichte der Mathematik* S. 314 eine vermittelnde Stellung einnimmt und Herons Blütezeit um etwa 100 v. Chr. ansetzt.

Nun findet sich in der von Carra de Vaux in einer Leidener Handschrift entdeckten Mechanik Herons[1]) ein gewisser Praxidamas (Journ. asiat. IX, 1 S. 413), angeblich ein Maler, erwähnt, der zuerst von dem Schwerpunkte eine physikalische Definition gegeben habe. Die genaue Lesung dieser Stelle lautet aber im Leidensis ʿPosidomus, der zu den Genossen der Stoa gehört'. Clermont-Ganneau[2]) glaubte daher nicht ohne Grund statt ʿPraxidamas le Peintre' in den überlieferten Worten ʿPosidonius le Stoïcien' zu erkennen. Und thatsächlich steht in allen übrigen arabischen Hss. nach freundlicher Mitteilung des Herrn Dr. Nix: ʿPosidonius, der zu den Genossen der Stoa gehört'. Diese Lesart ist jetzt durchaus sicher.

Dieser Hinweis der Mechanik auf Posidonius stimmt vortrefflich zu den Beziehungen, welche Herons Definitionen

---

1) Herr Baron Carra de Vaux wird im zweiten Bande dieser Ausgabe die als Ganzes nur arabisch überlieferte Mechanik neu edieren und Herr Privatdozent Dr. Nix eine deutsche Übersetzung dazu liefern. Es ist inzwischen neues Material (arabische Handschriften in London, Cairo und der Hagia Sophia in Konstantinopel) gefunden, auf Grund dessen es möglich ist, einige Schäden zu heilen, insbesondere eine Lücke zu ergänzen. Der Titel der ersten Ausgabe lautet: Carra de Vaux *Les Mécaniques ou l'élévateur de Héron d'Alexandrie publiées pour la première fois sur la version arabe de Qostâ Ibn Lûqâ* (9. Jahrh. n. Chr.) *et traduites en français.* Journal asiatique, IXᵉ série, tome II, 1893, S. 174.

2) Journ. asiat. IX 2, 1893, S. 535 und Mémoires de l'acad. des inscr. et belles-lettres vom 4. Aug. 1893. In dem Sond.-Abdr. der Mechanik S. 73 erklärte auch C. de Vaux die Lesung Posidonius für wahrscheinlich.

zu Posidonius haben. Nach Procl. in Euclid. S. 143, 8—9 Frdl. definiert Posidonius den Begriff Figur als πέρας συγκλεῖον (ὁ δὲ Ποσειδώνιος πέρας συγκλεῖον ἀφορίζεται τὸ σχῆμα τὸν λόγον τοῦ σχήματος χωρίζων τῆς ποσότητος). Damit vergleiche man Heron Def. 25 (14, 20 Hu.): λέγεται δὲ ἄλλως σχῆμα πέρας συγκλεῖον ἀπὸ τοῦ σχηματίζοντος. Diese Worte werden zwar von Hultsch und Friedlein angefochten, aber ihr Sinn steht auch in dem bisher unangefochtenen Teile der Definition: Σχῆμά ἐστι τὸ ὑπό τινος ἢ τινων ὅρων περιεχόμενον (das ist Euklids Definition) ἢ τὸ πέρατι ἢ πέρασι συγκλειόμενον. Ferner heißt es Procl. in Eucl. 170, 13—15: ὁ μὲν Ποσειδώνιος τελείαν εἰς ταῦτα πεποίηται τὴν τῶν τετραπλεύρων εὐθυγράμμων τομὴν ἑπτὰ καὶ τούτων τὰ εἴδη θέμενος. Diese sieben Arten sind Quadrat, Rechteck, Rhombus, Rhomboid, gleichseitiges und ungleichseitiges Trapez, Trapezoid, während Euklid nach Proklos 171, 4. 5 zwischen Trapezen und Trapezoiden nicht unterschied. An Posidonius lehnen sich also die Definitionen (52. 53. 54. 55. 63. 64. 62) an, wenn sie gleichfalls sieben Arten unterscheiden.[1]) Noch

---

1) Vgl. auch Tannery *L'Arithmétique des Grecs dans Héron d'Alexandrie.* Mém. de la soc. des sciences phys. et natur. de Bordeaux, 2ᵉ série, IV, 164. Tannery S. 163 hält mit Friedlein *De Heronis quae feruntur definitionibus.* Bullettino di bibliografia e di storia delle scienze matematiche e fisiche pubbl. da B. Boncompagni IV (1871) S. 121 die Definitionen für unecht. (Vgl. indessen den Widerruf Tannerys *Bulletin des sciences mathém.* 1893, XVII 1, 318.) Daß sie stark interpoliert sind, mag man zugeben; aber um sie alle für unecht zu erklären, reichen Friedleins Gründe a. a. O. 119—121 nicht aus. Wir halten daher immer noch den Grundstock des Werkes für echt. Die aus Posidonius entnommenen Stellen gehören jedenfalls nicht zu den Interpolationen, da es unmöglich ist, z. B. die Arten des Vierecks ohne Störung der gesamten Anlage auszuscheiden, und doppelte Definitionen doch nichts Ungewöhnliches sind. Vgl. Def. 3. 9. 16 u. ö. Auffällig ist allerdings, daß in Herons Geometrie vom Trapezoide keine Rede ist und von den Parallelen wieder eine andere Definition (Geom. 44, 12 ff. Hu.) gegeben wird, die freilich an die des Posidonius anklingt.

augenscheinlicher ist die Übereinstimmung zwischen Herons
Definitionen und Posidonius bei der Erklärung der Parallelen.

Posidonius: Heron:

Procl. in Eucl. 175; 176,   Def. 71 (22, 12—17 Hu.).
5—10.

Παράλληλοι εὐθεῖαί εἰσιν,   Παράλληλοι δὲ καλοῦνται
αἵτινες ἐν τῷ αὐτῷ ἐπιπέδῳ   γραμμαὶ ἀσύμπτωτοι ὅσαι ἐν
οὖσαι καὶ ἐκβαλλόμεναι εἰς   τῷ αὐτῷ ἐπιπέδῳ οὖσαι καὶ
ἄπειρον ἐφ᾽ ἑκάτερα τὰ μέρη   ἐκβαλλόμεναι ἐφ᾽ ἑκάτερα μέρη
ἐπὶ μηδέτερα συμπίπτουσιν   ἐπὶ μηδέτερα συμπίπτουσιν
ἀλλήλαις. — Καὶ ὁ μὲν Εὐκλείδης   ἀλλήλαις, αἵ μήτε συννεύ-
τοῦτον ὁρίζεται τὸν τρόπον   ουσαι (konvergieren) μήτε
τὰς παραλλήλους εὐθείας, ὁ   ἀπονεύουσαι (divergieren)
δὲ Ποσειδώνιος, παράλλη-   ἐν ἐπιπέδῳ, ἴσας δὲ ἔχου-
λοι, φησίν, εἰσὶν αἵ μήτε   σαι τὰς καθέτους πάσας
συν⟨ν⟩ευούσαι μήτε   τὰς ἀγομένας ἀπὸ τῶν
ἀπονεύουσαι ἐν ἑνὶ ἐπι-   ἐπὶ τῆς ἑτέρας σημείων
πέδῳ, ἀλλ᾽ ἴσας ἔχουσαι   ἐπὶ τὴν λοιπήν.
πάσας τὰς καθέτους τὰς
ἀγομένας ἀπὸ τῶν τῆς
ἑτέρας σημείων ἐπὶ τὴν
λοιπήν.

Wie schon bei Def. 25 folgt auch hier auf Euklids
Definition die des Posidonius.

Es ist also sicher, daſs Heron physikalische und
mathematische Angaben des Posidonius benutzt hat. Da
nun der Stoiker Posidonius aus Apamea, der Lehrer Ciceros
und Erfinder eines berühmten Planetariums, bis etwa in
die Mitte des 1. Jahrh. v. Chr. lebte, so folgt daraus, daſs
Heron nicht früher als im 1. Jahrh. v. Chr. gelebt haben kann.

Schon vor dem Erscheinen der Mechanik hatte Diels
in einer kurzen Anmerkung seiner Schrift *Über das physikalische System des Straton* (Sitzgsber. d. K. Pr. Akademie

d. Wiss. phil.-hist. Cl. vom 23. Februar 1893 S. 107)
auf Grund der Latinismen Heron frühestens dem Anfange
unserer Zeitrechnung zugewiesen. Diese Bemerkung ist es,
welche die Heronische Frage wieder in Fluſs gebracht hat.
In der Rezension der de Vauxschen Arbeit hat sich Diels
dann dessen Ansatze (s. unten S. XXIII) angeschlossen
(Dtsch. Ltzt. 1894).

In einer späten Nachricht bei Cassiodor *Variarum*
III 52 rec. Th. Mommsen 1894 S. 107 (Monumenta Ger-
maniae historica. Auctorum antiquissimorum tomus XII)
wird ein Heron erwähnt, welcher bei der von Augustus
angeordneten, durch vier Griechen in etwa 20 Jahren aus-
geführten Reichsvermessung thätig gewesen sei. Die Stelle
lautet: 'Augusti siquidem temporibus orbis Romanus agris
divisus censuque descriptus est, ut possessio sua nulli ha-
beretur incerta', quam pro tributorum susceperat quanti-
tate solvenda. hoc auctor Heron metricus redegit ad
dogma conscriptum, quatenus studiosus legendo possit
agnoscere, quod deberet oculis absolute monstrare.' Nur
ist zu bemerken, daſs der Name 'Heron', auf welchen es
zunächst ankommt, auf einer Konjektur Mommsens beruht;
denn in den Handschriften steht statt dessen 'iron' oder
'yron'.[1]) So leicht auch Mommsens Änderung ist, und so
sehr man geneigt sein wird, trotz des 'metricus' statt des
geläufigeren 'mensor' sie mit Mortet[2]) als eine sichere
Verbesserung zu betrachten, so muſs man doch Bedenken
tragen, sie ohne weiteres, d. h. ohne andere bestimmte
Stützpunkte, welche auf die Zeit des Augustus hinweisen,
als Beweismittel zu verwenden. Und selbst wenn 'Heron
metricus' durchaus sicher wäre, so wäre damit noch nicht
dargethan, daſs dieser Heron unser Heron aus Alexandria
war; es gab eine Anzahl Männer Namens Heron. Obwohl
ferner unser Heron ein *Μετρικά* betiteltes Buch geschrieben

---

1) Die Lesart 'hyrum' ist nicht handschriftlich, sondern
stammt aus der editio princeps des Mariangelus Accursius (1533).
2) *La mesure des colonnes à la fin de l'époque romaine*
(Bibliothèque de l'École des Chartes LVII, 1896, S. 324).

hat, welches kürzlich wieder entdeckt ist (s. Band III dieser Ausgabe), so wird er doch nirgends Ἥρων ὁ μετρικός genannt, sondern entweder blofs Ἥρων oder Ἥρων ὁ Ἀλεξανδρεύς oder Ἥρων ὁ μηχανικός (Procl. in I Euclid. elem. S. 346, 13 u. ö.).

Auffällig ist es immer erschienen, dafs Vitruv den Heron niemals nennt, da es nicht an Berührungspunkten fehlt und da man überzeugt war, dafs Vitruv den Heron benutzte.[1])

---

[1] Wenn Cantor *Die römischen Agrimensoren und ihre Stellung in der Geschichte der Feldmefskunst* S. 86—88 und Hultsch *Liter. Centralbl.* 1894 S. 554, *N. Jahrb. f. Phil.* 1897 S. 54 Anm. 12 den Vitruv aus Heron schöpfen lassen, so scheint mir das nicht so sicher, als z. B. Hultsch annimmt. Aus einzelnen Übereinstimmungen folgt noch keineswegs die unmittelbare Benutzung weder Herons durch Vitruv noch Vitruvs durch Heron. (Auch Heron citiert Vitruv nicht.) Es bleibt dabei immer die Möglichkeit einer gemeinsamen Quelle bestehen. (Das gilt auch für die römischen Gromatiker oder Feldmesser.) Bemerkenswert aber ist jedenfalls, dafs bei gleichartigen Dingen, die nachweislich Vitruv und Heron anführen, keineswegs immer eine derartige Übereinstimmung nachzuweisen ist. Da ich mir vorbehalte, an anderer Stelle im Zusammenhang mit den Gromatikern darauf zurückzukommen, so will ich nur einzelnes anführen: Vitruv rechnet π zu $3\frac{1}{8}$ (Vitr. X 14 S. 263, 13. 17), Heron genauer mit Archimedes immer zu $3\frac{1}{7}$; bei Vitruvs Äolipile entwickelt sich der Dampf in der Kugel selber aus dem in dieselbe eingegossenen Wasser (s. S. 490), Heron leitet den Dampf erst aus einem darunter stehenden Kessel hinein (s. S. 230 und Abhdl. z. Gesch. d. Mathem. VIII, 210); Vitruvs Wegemesser (Vitr. X 14 S. 264, 9—10. 18—19 Rose) läfst nach jeder römischen Meile ein Steinchen in die Wagenkapsel fallen, Herons Wegemesser (Hodometer, Heron. Dioptr. S. 306—314 Vinc.) dagegen zeigt die zurückgelegte Entfernung auf den in Grade eingeteilten Zifferblättern durch Zeiger an. Um den Vergleich nicht zu sehr auszudehnen, sei aufser den durchaus verschiedenen Wasserorgeln (S. 192 ff. 496 ff.) noch darauf hingewiesen, dafs Vitruv und Heron im Anschlufs an mechanische Dinge merkwürdigerweise Excerpte aus Aristoteles' Μηχανικὰ προβλήματα geben (Vitr. X 8, 5—6 S. 254 und Heron Mechan. II 34, Frage 1—17 S. 467—475 de Vaux). Aber jeder hat eine andere Auswahl (Vitruv aufs äufserste beschränkt). Von den

Aber das ist nicht nur nicht sicher, sondern unserer
Überzeugung nach unwahrscheinlich. Jedenfalls läfst sich
für die Zeitbestimmung aus Vitruv kein Moment verwerten.
Wir sind dessen auch jetzt überhoben und haben neuer-
dings durch Carra de Vaux einen bestimmten terminus
post quem gewonnen. Ziemlich am Schlusse der Mechanik (III, 20 a. a. O.
IX, 2 S. 511, dazu IX, 1) steht die Beschreibung einer
kleinen, einschraubigen Olivenpresse, wie sie von Plin.
Natur. hist. XVIII 317 (231, 5—11 Mayh.) erwähnt wird.
Sie ersetzte nach Plinius die grofsen alten Pressen mit
ihren langen Hebeln (Vitruv VI 9 S. 147, 14 Rose) und
Steinkisten seit dem Jahre 55 n. Chr. Die Stelle des
Plinius lautet: 'Intra C annos[1]) inventa Graecanica (sc. tor-
cula Kelter) mali (Mast, Schraube) rugis (Schraubengänge)
per cocleam (so Mayh., cocleas Hss.) ambulantibus, ab
aliis adfixa arboris stella, aliis arcas lapidum adtollente
secum arbore, quod maxime probatur. intra XXII hos
annos inventum parvis prelis et minore torculario aedificio
(Kelterhaus), breviore malo in media (v. l. medio) derecto
tympana (Bretter oder Platten) imposita vinaceis superne
toto pondere urguere et super prela construere congeriem.'
Wie die zuletzt erwähnte Presse[2]) und Kelter nebst dem

Problemen, welche Vitruv behandelt (Steuer, Segel, Ruder),
steht nur eins bei Heron (Frage 15 S. 474). Vitruv stimmt
in der Ausführung des Steuerproblems zwar nicht mit Aristoteles genau überein, aber entfernt sich doch nicht so sehr von
ihm als Heron. Wenn in andern Punkten gröfsere Übereinstimmung herrscht (s. C. de Vaux a. a. O. IX, 1 S. 405), so
ändert das die Sache nicht. Solche Übereinstimmungen, wie
z. B. die Kenntnis der Schwere des Quecksilbers (Vitruv VII
8, 3; Heron Pneum. I 38 S. 178, 23) und des Gesetzes der
kommunizierenden Röhren (Vitr. VIII 6, 3; Her. Pneum. I 2 S. 34),
können für die Festsetzung eines Abhängigkeitsverhältnisses
wohl kaum in Betracht kommen.
    1) Plinius hat sein Werk dem Titus in dessen sechstem
Konsulat (77 v. Chr.) überreicht.
    2) Die zuerst erwähnte Presse des Plinius stimmt im Prinzip
mit Heron Mech. III 15.

Kelterhause kleiner sind als die früheren, so muſs ein
Gleiches von der des Heron gelten. Denn sie ist leicht
transportabel und bedarf zu ihrer Aufstellung nicht eines
so groſsen Raumes wie die früheren (Vitruv VI, 9 S. 147
Rose), vielmehr 'kann man sie hinstellen, wohin man will'
(Mech. III, 19 a. a. O. IX, 2, 507). Auch 'benötigt sie
nicht langer Balken und keines schweren und groſsen
Steines oder starker Seile' wie jene alten Pressen. Ferner
haben beide Pressen in der Mitte einen kurzen Mast in
Gestalt einer Schraube, die auf das horizontale Prefsbrett
oder die Platte drückte. Beide Pressen haben sodann an
dem einen (wohl vierkantig gestalteten) Ende der Schraube
ein Wellrad mit speichenartigen Handhaben[1]) zur Drehung
der Schraube, wie wir es z. B. auch bei der bekannten
pompejanischen zweischraubigen Zeugpresse sehen.[2]) Es ist
kein Zweifel, daſs Herons kleine einschraubige Olivenpresse
mit der des Plinius identisch ist.

Damit wäre nun eigentlich unsere Untersuchung zu
Ende und unserer Meinung nach ein ziemlich sicheres·
Resultat gewonnen, wenn nicht eine Bemerkung von
Hultsch im *Liter. Centr.* 1894 S. 555 gerade denjenigen Ausführungen, die unserer Ansicht nach uns erst
auf sicheren Grund gestellt haben, von vornherein wieder
allen Boden zu entziehen schiene. Da Cantor aus seinem
nicht sehr von Hultsch abweichenden Ansatze für die
Mathematiker in den ersten Jahrhunderten unserer Zeitrechnung sehr wichtige Folgerungen gezogen hat und daher
bei dem Ansehen, dessen sich Hultsch mit gutem Grunde
erfreut, geneigt sein wird, dem Hultschschen Widerspruche
zuzustimmen, so erscheint es der Bedeutung der Sache nur
angemessen, wenn wir auch darauf noch ·etwas näher
eingehen.

Hultsch sagt: „Die bis auf unsere Zeit gekommenen
Heronischen Texte sind echt, insofern sie den Autornamen

---

1) stella bei Plin., das für beide Pressen gilt.
2) S. Abb. bei Baumeister *Denkm. des klass. Altert.* S. 2084.
Letztere unterscheidet sich im Prinzipe kaum von der Heronischen.

und in der Hauptsache auch die ursprüngliche Anlage und Gestaltung der Heronischen Werke bewahrt haben, unecht aber insofern, als sie im stetigen Dienste der Praxis zu wiederholten Malen neu aufgelegt und dabei je nach den Zeitbedürfnissen überarbeitet worden sind. Selbstverständlich hat der arabische Übersetzer der Mechanik eine solche Neubearbeitung benutzt; jene älteren Texte, die einst dem Vitruv und den Gromatikern vorgelegen haben, waren im Mittelalter ebensowenig noch vorhanden wie heutigen Tages.'[1])

Um mit dem letzten Argumente zu beginnen, so folgt daraus, dafs wir heute keine älteren Texte mehr haben, noch keineswegs, dafs die Araber auch keinen hatten. Zur Vorsicht in solchen Dingen mahnt jedenfalls der Umstand, dafs' R. Schöne vor zwei Jahren die $M \varepsilon \tau \varrho \iota \varkappa \acute{\alpha}$[2]) in einer alten Handschrift entdeckt hat, eine Schrift Herons, von der man doch seit den Zeiten des Pappus und Eutokios, dem Ende des dritten und dem sechsten Jahrhundert n. Chr., keine Spur wieder hatte finden können. Dafs ferner Heronische Schriften überarbeitet sind, ist, wie bereits oben bemerkt (S. XII), zweifellos, wiederholt aber wohl nur die Mafstabellen und die mathematischen Aufgabensammlungen. Wenigstens vermag ich unter den physikalischen Schriften bei der Pneumatik nur eine einheitliche Überarbeitung (s. Suppl. S. 63) nachzuweisen.

---

1) Hultsch hatte übrigens, als er dieses schrieb, noch nicht die ganze Mechanik Herons gelesen. Indessen wird Hultsch auch jetzt seine Meinung nicht geändert haben, da er noch 1897 in dem Aufsatze *Eine Näherungsrechnung der alten Poliorketiker* Fleckeis. Jahrb. 155, 52, Anm. 3 den Anhang zu Herons Dioptra 'an eine Neubearbeitung der Schrift etwa zu der Zeit, wo durch Caesars Kalenderreform die alexandrinische Astronomie in engste Fühlung mit Rom kam, anfügen' läfst.

2) Ende 1896 in der Konstantinopeler Handschrift Nr. 1 des alten Serails aus dem 11. Jahrhundert. Diese Schrift wird zugleich mit der Dioptra H. Schöne in Band III veröffentlichen, während die übrigen unedierten Sachen dieser Handschrift mir zugefallen sind.

Bei den Automaten lassen sich nur einzelne Interpolationen
(s. unten S. LIII) aufzeigen. In Herons Mechanik kann
nach freundlicher Mitteilung des Hrn. Dr. Nix nur ein
einziges Kapitel (nach I, 19) als Interpolation gelten, das
übrigens in der Leidener Hs. fehlt. Bei den Belopoiika
dagegen ist bis jetzt noch nichts von einer Überarbeitung
bekannt. Man wird sich daher hüten müssen, die Be-
obachtung, welche bei den eigentlich mathematischen
Schriften vielfach zutrifft, auf die physikalischen ohne
weiteres zu übertragen, d. h. ohne dafs sich aus diesen
Schriften selbst unanfechtbare Beweise für die Unechtheit
oder eine Überarbeitung ergeben.

Hultsch' erste Forderung für die Echtheit, dafs die
Schrift den Namen des Autors bewahrt habe, trifft bei
der Mechanik zu. Also das Werk als solches ist echt
und würde etwaigen Zweifeln gegenüber schon durch die
Citate, welche sich daraus bei Pappus[1]) und Eutokios
finden, als echt dargethan werden. Daran zweifelt jedenfalls auch Hultsch nicht, vielmehr denkt sich wohl
Hultsch, dafs derjenige Abschnitt unecht sei, in dem die
erwähnte Olivenpresse vorkommt, also etwa der Schlufs der
Mechanik von III, 13—21, welcher überhaupt von Oliven-
pressen handelt und in Verbindung damit im letzten
Paragraphen (III, 21) die Herstellung einer Schraubenmutter lehrt. Der erwähnte Abschnitt bildet in sich eine
geschlossene Einheit und schliefst sich meines Erachtens
auch an den vorhergehenden Abschnitt nicht unpassend
an. Denn das dritte Buch stellt sich zur Aufgabe, eine
praktische Verwendung der im zweiten Buche behandelten
fünf einfachen Maschinen: des Wellrades, des Hebels, des
Flaschenzuges, des Keiles und der Schraube zu zeigen.
Davon kommt in der ersten Hälfte des dritten Buches
zwecks Hebung von Lasten hauptsächlich der Flaschenzug

---

1) Wer zum Beispiel den Text des Pappus VIII 1132, 14—16
mit der arabischen Übersetzung Mechau. III 2 a. a. O. IX 2, 484
vergleicht, wird zugeben müssen, dafs Pappus interpoliert ist,
der Araber aber tadellos überliefert hat.

bei den Kranen mit einem bis vier Masten zur Anwendung,
woran sich ebenfalls zwecks Hebung von Lasten noch
einige Beispiele mit praktischer Verwendung von einfachen
Rollen und Hebelvorrichtungen schliefsen. Der zweite
Abschnitt des dritten Buches handelt, wie gesagt, von
den Pressen. Hierbei geht der Autor von den Hebel-
und Rollenpressen aus und lehrt dann die praktischere
Vorrichtung der Schraubenpressen. Auf die Pressen wird
übrigens in der Einleitung zum dritten Buche ausdrücklich
verwiesen. Wer den Abschnitt über die Pressen verwirft,
müfste folgerichtig auch diesen Hinweis noch tilgen[1]),
falls er nicht vorzöge, das ganze dritte Buch für unecht
zu erklären. Dazu liegt aber gar kein Grund vor, vielmehr ist, wie wir meinen, der Zusammenhang des ganzen
dritten Buches mit der ursprünglichen Anlage gewahrt
und damit auch Hultsch' Verlangen erfüllt. Auch sind
gerade vom Anfange des dritten Buches zwei Kapitel im
Originaltext von Pappus (s. Hultsch' treffliche Ausgabe
S. 1130. 1132) als echt Heronisch überliefert.

Auf Grund der vorstehenden Erwägungen können wir
daher nicht umhin, das Jahr 55 n. Chr. als terminus post
quem für Herons Mechanik festzuhalten.

C. de Vaux a. a. O. IX 2, S. 389 und 407 rückt
nun Heron etwas weiter hinab und setzt ihn frühestens
in das zweite Jahrhundert n. Chr. als Zeitgenossen des
Ptolemaeus. Das ist auch Diels' (s. oben S. XVII) und
Tannerys Meinung. Vgl. *Bulletin des sciences mathématiques,* 1re partie, 1894, S. 206, *Grande Encyclopédie*
unter dem Artikel Héron.

Schon 1893 hatte Tannery *Bulletin des sciences
mathématiques* XVII, 1 (1893) S. 318, seine frühere Ansicht (s. oben S. XV) aufgebend, Heron frühestens ins
2. Jahrhundert n. Chr. gesetzt und ihn zu einem Zeitgenossen des Ptolemaeus gemacht. Aber der vorgebrachte

---

1) Hultsch müfste aber, um seinen Ansatz zu retten, auch
noch das Citat aus Posidonius (s. oben S. XIV) streichen und
natürlich Herons Definitionen für unecht erklären.

Grund ist meines Erachtens nicht beweiskräftig. Bei
Euklids Satze, dafs, wenn in zwei Dreiecken je zwei Seiten
gleich sind, die dritte aber ungleich, der gröfseren Seite
der gröfsere Winkel gegenüber liege, giebt Proklos in
Eucl. 345, 15—346, 11 zur Ergänzung des Euklidischen
Beweises einen Beweis des Menelaos (er lebte nachweislich
um 98 n. Chr.) und 346, 12—347, 11 einen Heronischen
Beweis. Menelaos legt das kleinere Dreieck mit der
(kleineren) Grundlinie an die (gröfsere) Grundlinie des
gröfseren Dreiecks und entwickelt von da aus den Beweis,
während Herons Beweis darauf beruht, dafs die beiden
ungleichen Grundlinien aufeinandergelegt und eine gleiche
sowie die gröfsere der ungleichen Seiten zu Radien zweier
excentrischen Kreise gemacht werden. In Bezug darauf
behauptet nun Tannery, dafs der Beweis des Menelaos
wahrscheinlich nicht gebildet wäre, wenn der zweite,
Heronische, früher gefunden worden wäre. Weshalb, sagt
uns Tannery freilich nicht. Es würde auch schwer sein,
aus dem Vergleiche beweiskräftige Thatsachen zu entwickeln.
Auf das Gefühl kann man sich in solchen Dingen nicht
verlassen. (S. Herons Beweis auch *Cod. Leid.* 399, 1 S. 107.)
C. de Vaux dagegen geht anscheinend davon aus, dafs
Heron die kleinen Schraubenpressen als nichts Neues, als
etwas Bekanntes (a. a. O. S. 407) hinstelle. Ich weifs
nicht, welche Worte de Vaux dabei im Auge hat. Indessen
möchte ich doch auf den Schlufs von III, 20 (a. a. O.
IX, 2, 511) verweisen, wo es nach der Beschreibung der
kleinen einschraubigen Presse heifst: 'Es giebt noch viele
andere Arten von Pressen, aber es ist unnütz, sie zu beschreiben, weil ihr Gebrauch sehr verbreitet ist und sie
allen bekannt sind; sie stehen übrigens den erwähnten
nach.' Daraus mufs man meines Erachtens vielmehr entnehmen, dafs Heron gerade die erwähnte kleine einschraubige Presse beschrieben hat, weil sie weniger bekannt oder weil sie noch eine neue Erfindung war. Es
scheint mir daher die Möglichkeit nicht ausgeschlossen,
dafs Heron noch im ersten Jahrhundert n. Chr. lebte.

Mit dieser Annahme, dafs Heron noch vor Claudius
Ptolemaeus lebte, stehen schliefslich auch die beiden folgenden Punkte[1]) besser im Einklang. In der Dioptra S. 322, 3 Vinc.
werden bei der schon
früher erwähnten geodätischen Aufgabe für eine Mondfinsternis die je nach der geographischen Lage und der
Jahreszeit verschiedenen Stunden (ἐν Ἀλεξανδρείᾳ μὲν
νυκτὸς ὥρας πέμπτης, ἐν Ῥώμῃ δὲ ... νυκτὸς ὥρας τρίτης)
zu Grunde gelegt!, während Ptolemaeus bereits beständig
nach Äquinoktialstunden rechnet. Ferner nimmt Heron
in demselben Beispiele den Erdumfang nach Eratosthenes
(Dioptr. 320| 13) zu 252000 Stadien (falls griechische
Stadien gemeint sind, gleich ca. 48000 km), wie auch
Vitruv I, 6, 4 S. 27, 4 Rose und Plinius Nat. hist. I, 247[2]),
obwohl Heron entweder die (freilich auch noch zu hoch
angesetzte) Rechnung des Posidonius zu 240000 Stadien
(= ca. 46000 km) oder den zweiten (zu kurz bemessenen)
Ansatz zu 180000 Stadien (= ca. 35000 km) hätte
verwerten können. Für ihn (wie für Vitruv, vgl. I, 6
S. 28, 5 Rose) war die Autorität[3]) des Eratosthenes in
Bezug auf die Erdmessung gegenüber Posidonius noch
ausschlaggebend. Erst Ptolemaeus brachte den zweiten
Ansatz des Posidonius zur Geltung. Sollte man daher
nicht erwarten, dafs Heron der Autorität des Ptolemaeus[4])
gefolgt sein würde, wenn er dessen Zeitgenosse war?

---

1) Vgl. Vincent *Extraits des manuscrits relatifs à la
géométrie pratique des Grecs.* Notices et extraits des manuscrits de la Bibliothèque impériale XIX 2, 165.
2) Die späteren Kompilatoren Censorinus, Martianus Capella
und Macrobius können hier nicht in Betracht kommen. Vgl.
noch Heller *Geschichte der Physik* I, 111, Poggendorff *Geschichte
der Physik* S. 51 und Ztschr. f. Math. u. Phys. Hist.-litt. Abt.
XXII, 181.
3) Dioptr. 320, 13—14 ὁ μάλιστα τῶν ἄλλων (dazu dürfte
auch Posidonius gehören) ἀκριβέστερον πεπραγματευμένος Ἐρα
τοσθένης. Übrigens wird dies Kapitel mit Unrecht von Hultsch
Fleckeis. J. 155, 52 verdächtigt.
4) Vgl. noch unten S. XXXIV.

KAPITEL II.

ANMERKUNGEN ZUR PNEUMATIK, INSBESONDERE ZU DEN FIGUREN.

Die Figuren der Pneumatik sind auf Grund der handschriftlichen Figuren neu entworfen. Ich hatte, ehe ich *A* kannte, die Figuren des Berolin. 144 sämtlich nachgezeichnet, habe sie später mit denen von *A* verglichen und ihre völlige Übereinstimmung festgestellt. Aber auch in anderen Hss. sind die Figuren von mir verglichen und vielfach nachgezeichnet. Aufserdem lagen mir noch die Nachzeichnungen vor, welche Haase nach den Pariser Hss. angefertigt hatte. Darunter verfolgen die von Angelus Vergetius (auch in Hs. 8) schon den Zweck moderner Illustration. Die älteren Zeichnungen sind meist geometrisch, ohne Perspektive, und im allgemeinen recht einfach (vgl. Suppl. S. 10 f. die Wasserorgeln). In den wesentlichen Dingen ist die Verschiedenheit der Zeichnungen im ganzen nicht sehr grofs. Da der Text ohne Figuren nicht verständlich ist, so mufs man annehmen, dafs die Figuren in letzter Linie auf Heron, einzelne auf Pseudo-Heron zurückgehen.

2, 8 ἐνεργείας: ἐναργείας Brinkmann und H. Schöne. Doch vgl. Procl. Diad. in I Euclid. elem. 38, 8 f. καὶ τῆς μὲν περὶ τὰ νοητὰ πραγματευομένης (sc. τῆς μαθηματικῆς) δύο τὰ πρώτιστα καὶ κυριώτατα μέρη τίθενται ἀριθμητικὴν καὶ γεωμετρίαν, τῆς δὲ περὶ τὰ αἰσθητὰ τὴν ἐνέργειαν ἐχούσης κτέ. Vgl. auch Procl. 141, 9. Heron. Pneum. 56, 12. 342, 9.

2, 13 ἕξει 'unverständlich' H. Schöne. Ich würde etwa ⟨συντ⟩άξει erwarten.

3, 6 Lies 'ihre Bedeutung' statt 'ihr Wesen'.

4, 8 ἐν τῷ μέντοι ⟨παραχρῆμα τοῦτο μόνον παραστήσομεν, ὅτι⟩ τὰ ἀγγεῖα H. Schöne.

4, 12 ἀφανῶν übersetzt H. Schöne: 'die sich uns meist nicht bemerklich machen'. Vgl. indessen Philo S. 462, 18—19.

6, 2 ἀναστρέψας? H. Schöne. Das steht schon in einer Hs. der schlechteren Klasse, nämlich Paris. Suppl. 11. Vgl. auch Diels a. a. O. S. 121, 14.

6, 4 τεθῆναι : ἐνεθῆναι H. Schöne. Falls es nötig sein sollte zu ändern, würde ich ⟨κατα⟩τεθῆναι vorziehen. Vgl. 96, 9.

6, 23 δέχεται : ἐνδέχεται H. Schöne ('gestatten auch nicht (die Entwicklung von) Wärme' Sch.): viell. ἐπιδέχεται. Vgl. 6,16 πύρωσιν ἐπιδέχεσθαι, 10,15 τὴν καῦσιν ἐπιδέξασθαι.

8, 7—8 Zur Übersetzung von τοῖς τῶν κεράτων ξέσμασι vgl. Plin. XXI, 5 (S. 381, 19—382, 2 Mayh.) 'sic coronis e floribus receptis paulo mox subiere (kamen auf) quae vocantur Aegyptiae, ac deinde hibernae (Winterkränze), cum terra flores negat, ramento e cornibus (Hornspäne) tincto'. . (Die Stelle verdanke ich H. Schöne.)

10, 3 Zu dem Particip. Aor. statt Part. Praes. (B γινομένης) vgl. 110, 7 (καθίσας). 342, 6 (ἐκθέμενοι).

10, 8 σώματος : τεύχους Brinkmann nach 16, 12.

10, 12 f. λέγω δὴ ὕδωρ καὶ ἀέρα καὶ γῆν streicht Brinkmann. 'Denn im Vorhergehenden ist gerade von dem λεπτύνεσθαι des ἀήρ die Rede. Wie kann also jetzt unter den ἄλλα σώματα wieder ἀέρα stehen?' Auch das Folgende (ἀνθράκων) zeigt, 'dafs hier unter den σώματα nicht gerade die sog. Elemente zu verstehen sind' (Br.). Die Erwägung ist zutreffend.

10, 20 φθορᾶς : φορᾶς Brinkmann (so schon M und Ambros. D 313), beispielsweise ⟨διὰ τὴν βίαν⟩ τῆς φορᾶς.

12, 3—4 μεταβάλλει . . . οὐσίας streicht Brinkmann 'als ursprünglich am Rande angemerkte Inhaltsangabe'.

13, 16 'Sonnenwende' ist hier natürlich nicht im astronomischen Sinne gemeint.

14, 7—21 (καὶ τὸ ὕδωρ . . . μεταβολαί) will Brinkmann entweder nach ἐπισπάσεται 16, 16 oder nach γενέσθαι 16, 2 stellen. In dem 14, 7 vorhergehenden Abschnitte ist von einer Verflüchtigung des Wassers die Rede. Daher schliefsen sich meines Erachtens 14, 7 die Worte καὶ τὸ ὕδωρ κτέ, welche die Verwandlung des Wassers in ein festeres

Aggregat behandeln, an sich nicht unpassend an. Die Schwierigkeit, dafs erst 14, 21 die entsprechende allgemeine Bemerkung folgt, läfst sich vielleicht durch καὶ ⟨ἄλλως⟩ 'auch sonst' 14, 21 oder in ähnlicher Weise beseitigen. 14, 27 τὸν συνεχῆ übersetzt Brinkmann genauer 'den angrenzenden (d. h. nüchsthöheren [ὑπὲρ τὸν ἀέρα]) Raum [der dem Feuer zukommt]'. Übrigens war mit 'zugehörige' S. 15, 30 sachlich dieselbe Region gemeint.

16, 4 (nicht 16, 5) steht in der Anmerkung ἐμφυσηθεὶς nur beispielsweise, um auf den im Texte vorhandenen Fehler hinzuweisen. In der Übersetzung 17, 5 ist es deshalb auch unberücksichtigt geblieben. Brinkmann vermutet εἰς τι ἀγγεῖον οὐ μέγα ὑπάρχων, unter der Bedingung, dafs Herons Sprachgebrauch das zulasse. Es kommt allerdings auf S. 370, 2 εἶναι εἰς τι vor, doch ist die Stelle zweifelhaft. 16, 20 ἐπὶ : ἐκ H. Schöne nach 4, 6. Vgl. aber 26, 28. 16, 21 möchte ich jetzt mit H. Schöne ἔστιν, παρὰ interpungieren. 18, 11 τρόπον : τόπον H. Schöne. Vgl. aber 20, 3 κατὰ μηδένα τρόπον. 18, 24 αὐτοῖς : ἐν αὐτοῖς H. Schöne. 20, 1 übersetzt H. Schöne διωσθέντα : 'vermittelst gegenseitiger Durchdringung'. 22, 25—24, 2 διότι . . . ὕδατος streicht Brinkmann als 'eine ursprünglich am Rande vermerkte Inhaltsanzeige'. 28, 4 ⟨ἄθρουν⟩ streicht Brinkmann. 'Denn μηδὲν εἶναι κενὸν ⟨ἄθρουν⟩ βίας τ. μὴ παρεισελθούσης ist nicht ungenaue Ausdrucksweise, sondern korrektester Ausdruck. Die Einschiebung widerspricht dem καταχρηστικῶς λέγομεν.' Danach möchte auch ich es wieder tilgen.

28, 10 verteidigt Brinkmann das von mir angefochtene οὐκ und erklärt καὶ πάλιν . . . γενόμενον 28, 10—11: 'und andrerseits kann man sich auch so ausdrücken, ein Leeres existiert überhaupt an sich nicht, sondern kann immer nur künstlich (hergestellt) werden (so dafs ἔστι und γενόμενον nachdrücklich einander gegenüber gestellt sind, was dem S. 16, 21 Gesagten durchaus nicht wider-

spricht)'. Wenn οὐκ 28, 10 beibehalten wird, so erregt
mir zunächst ποτὲ 28, 10 Bedenken. Die Worte 'an sich'
in obiger Erklärung können doch nur die Bedeutung von
κατὰ φύσιν haben. Aber man beachte, dafs diese Worte
28, 10 nicht wiederholt sind. Nach meinem Dafürhalten
liegt auch der Gegensatz weniger in dem ἔστι und γενόμενον als in dem οὐκ ἔστι κατὰ φύσιν 28, 9 und (nach
Tilgung des οὐκ) in dem ἔστι ποτὲ . . . παρὰ φύσιν δὲ
28, 10—11: Von Natur giebt es kein kontinuierliches
Vakuum, aber es giebt zuweilen ein künstliches. Nach
den überlieferten Worten hätten wir 28, 10—11 denselben
Gedanken wie 28, 9 lediglich in anderen Worten, aber im
Gedanken selbst keine·Nuance. Das fühlt jedenfalls auch
Brinkmann, wenn er zögernd die Frage aufwirft: 'vielleicht
βίας . . . παρεισελθούσης zu streichen??' Schliefslich vgl.
man die Parallelstelle 16, 21. Sed videant doctiores!
    30, 12 viell. ὥσπερ ⟨ἐπὶ⟩ ζυγοῦ. Vgl. Papp. 1066, 25
(aus Herons Mechanik) ὥσπερ ἐπὶ ζυγοῦ τινος ἰσορροπήσει

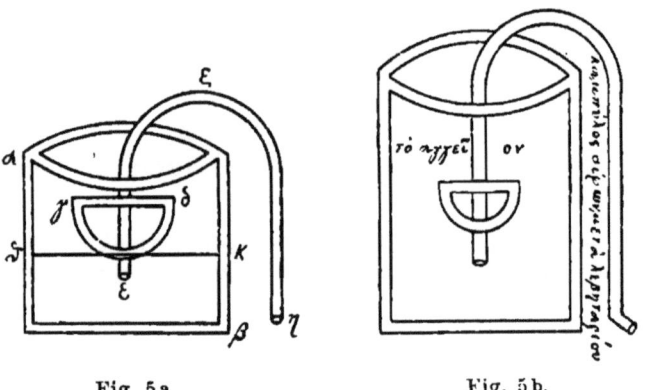

Fig. 5a.   Fig. 5b.

ἡ δύναμις τῶν δ' ταλάντων (Her. Dioptra 334, 2 ὥσπερ
⟨ἐπὶ⟩ ζυγοῦ τινὸς ἰσορροπήσει ἡ δύναμις nach Vincent).
    32, 1—2 αἰτίαν ⟨παραιτούμενοι ἄλλην (oder ἑτέραν)⟩
τινὲς oder 32, 1 τῶν μὲν οὖν εἰρημένων H. Schöne.
    Fig. 2, S. 34. Hierzu hat a keine Figur.
    38, 13 ⟨καὶ⟩ αὕτη H. Schöne.

Fig. 5, S. 45. Fig. 5a ist zu Fig. 5 die handschrift-
liche Figur (der Strich $\vartheta\varkappa$ darf den Bogen $\gamma\delta$ nur berühren, nicht wie in der Zeichnung schneiden). Fig. 5b
ist der Baseler Ausgabe von Procl. hypot. astron. entnommen. Vgl. S. 457 Anm. 2.

Fig. 6c zu S. 51 veranschaulicht die Thätigkeit des
τύλος oder Zapfens 50, 5. Ähnlich funktioniert ein ebenfalls τύλος genanntes Holzstück in
Herons Mechanik II 5 = Pap. VIII,
1126 (Journ. asiat. IX 2 S. 265,
s. auch Bd. II dieser Ausgabe).
Nach Vitruv wurde bei den
Wasseruhren je nach der Jahreszeit
der Zuflufs des Wassers auch be-
schleunigt oder verlangsamt. Das

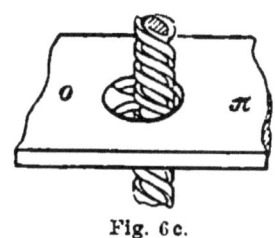

Fig. 6c.

Verfahren ist aber ziemlich unvollkommen. Die Stelle
lautet (Vitr. de arch. IX, 9, 6 S. 238, 16 Rose):

Praeclusiones aquarum ad
temperandum ita sunt con-
stitutae. metae fiunt duae,
una solida, una cava, ex
torno ita perfectae ut alia
in aliam inire convenireque
possit et eadem regula
laxatio earum aut coartatio
efficiat aut vehementem aut
lenem in ea vasa aquae in-
fluentem cursum.

Die Verschlüsse zur Regu-
lierung des Wasserzuflusses
sind folgendermafsen eingerichtet. Es werden zwei
Kegel, einer massiv, einer
hohl, gemacht und derart
gedrechselt, dafs der eine
(massive) in den anderen
(hohlen) sich völlig hineinschieben läfst und mit Hilfe
ein- und desselben Riegels die
Lockerung oder das dichtere
Ineinanderschieben der Kegel
das Einströmen des Wassers
in jene Gefäfse lebhafter
macht oder verlangsamt.

Eigentlich mufste bei den Wasseruhren, sobald die
Kegel je nach der Jahreszeit gestellt waren, der Ausflufs
bezw. Zuflufs gleichmäfsig sein. Denn es handelte sich

um Einteilung des Tages in Äquinoktialstunden. Es liegt aber auf der Hand, dafs die angeführte Vorrichtung das nicht gewährleistete, da die Druckhöhe sich mit jedem Augenblicke verringerte, der Ausflufs also immer langsamer wurde. Selbst bei Zuleitung fliefsenden Wassers (s. S. 507) wird die Druckhöhe geschwankt haben. Dafs die Sache oft nicht stimmte, gesteht aufserdem Vitruv selbst ein a. a. O. S. 238, 24—25: cunei saepissime vitia faciunt. Die Heronische Vorrichtung zur Erzielung eines gleichmäfsigen Ausflusses (Fig. 6 a) ist ohne Zweifel vollkommener. Die Vitruvschen metae benutzt Heron in Fig. 42 S. 189, aber nur als Ventil.

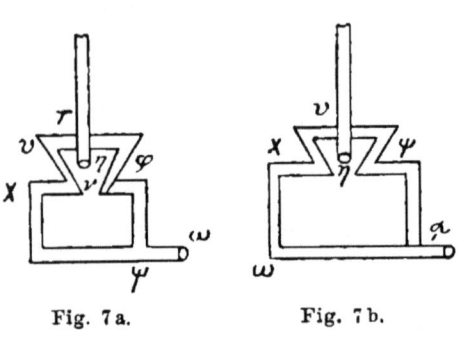

Fig. 7 a.   Fig. 7 b.

Eine Abbildung der metae giebt A. Terquem *La science romaine à l'époque d'Auguste,* étude historique d'après Vitruve. Extrait des Mém. de la Soc. des Sciences, de l'Agriculture et des Arts de Lille, Paris 1885, S. 63 nach Maufras. Vgl. auch G. Walther *Loci aliquot physici* Wismar 1844 S. 22. Fig. 7 a und 7 b zu S. 55 bilden die handschriftlichen Figuren des σμηρισμάτιον, 7 a nach a, 7 b nach b.

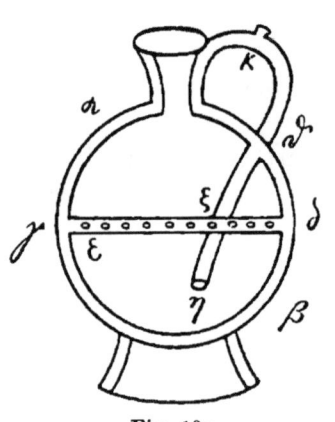

Fig. 10 c.

60, 16 ὅμοιος mit dem Genetiv findet sich noch Heron. Dioptra 244, 12 Vinc. ὅτι δὲ ἡ ΒΘΑ γραμμὴ κύκλου περιφέρειά ἐστι καὶ ὁμοία τῆς ΓΔΕ, φανερόν.

Fig. 10 S. 66. 67. Fig. 10a stellt die siebartigen Löcher nach a dar, Fig. 10b die Löcher nach b, welche in **b** nicht siebartig sind. Die handschriftliche Figur 10c (nach **a**) setzt, genau genommen, die Rekonstruktion von Fig. 10b voraus. Das würde aber dem Wortlaute des Textes in **a** widersprechen. Daher die Vermutung von Diels zu 66, 14—17. Eigentlich ist es eine müfsige Frage, ob die Löcher wie in Fig. 10a oder 10b liegen sollen, da die ganze Vorrichtung sicher so nicht funktioniert, wie Heron angiebt. Es wird immer eine Mischung ausfliefsen. Vgl. den Aufsatz *Heron im 17. Jahrhundert* in den Abh. z. Gesch. d. Math. VIII, 202.

70, 6 Ein Vexiergefäfs (Kantharos) befindet sich nach Hiller von Gärtringen Jahrb. d. Arch. Inst. VII 1892 Archäol. Anzeig. S. 24 im Berliner Aquarium.

Fig. 14 S. 83 nennt man gewöhnlich den Tantalus-becher.[1]

Fig. 15a zu S. 85. Die handschriftliche Figur 15a steht in vielen Hss. auf dem Kopfe. S. Suppl. S. 4.

Fig. 16a zu S. 89 stellt einen antiken Trichter dar. Eine den modernen ähnliche Form zeigt der Trichter bei O. Hölder *Die Formen der röm. Thongefäfse diesseits und jenseits der Alpen* Stuttgart 1897 Tafel XXII, 14.

Fig. 16a.

97, Anm. 2. Über den Widerspruch vgl. Suppl. S. 59.

106, 10 (Fig. 20), entsprechend 107, 9, mufs es Θ statt *E* heifsen, da es sich um einen inter-mittierenden Brunnen handelt. 106, 14 Anm. sind die Worte 'spurium bis [δὲ]' zu streichen. Ebenso fällt S. 107 Anm. 2 fort. Richtiger ist es, 'wenn die Röhre ηϑ etwas tiefer geht als der Rand des Kruges. Vgl. auch de Rochas *Seience des phil.* S. 123 und dessen kritische Noten S. 3.

111, Anm. 1. Sparbüchsen s. abgebildet bei O. Hölder *Römische Thongefäfse diesseits und jenseits der Alpen* Tafel XXII, 21—22. Der Geldeinwurf ist freilich an der Seite.

---

1) Es macht wohl nichts aus, dafs nicht wirklich ein Becher gezeichnet ist.

120, 2—3. Vielleicht ist doch die Lesart der besseren Hss. A G ἔστω (man nehme an) δὲ τὸ ὕδωρ εἶναι τοῦ οἴνου διπλάσιον richtig. Vgl. Heron. Dioptra 322, 11 Vinc. ἔστω δὴ ἡμᾶς εἶναι ἐν Ἀλεξανδρείᾳ. S. auch unten S. 300, 1—2. Fig. 29a und 29b geben die innere und äuſsere Ansicht einer antiken hydraulischen Maschine, welche eine gewisse Ähnlichkeit mit Herons Feuerspritze hat und darum zum Vergleiche hierher gesetzt ist. Sie ist bei Chiaruccia unweit Civitavecchias 1795 gefunden und im Giornale della letteratura italiana V (1795) 303—307 beschrieben.[1]) Zu Fig. 31 s. den Nachtrag im Suppl. (a. E.)

1) Descrizione di un' antica Tromba idraulica ultimamente scoperta ed illustrata dal sig. Abate Ennio Quirino Visconti, comunicataci dal sig. Don Girolamo Astorri coll' annessa figura. ... il bel monumento trovato poco fà presso Castronovo, ora la Chiaruccia, nel littorale di Civitavecchia. ... Il Bronzo integerrimo, che si presenta, compone tutta questa macchina, tal quale appunto Vitruvio l' ha descritta, eccetto la diversità di piccolissime circostanze non essenziali, come sarebbero la varia figura del recipiente medio che qui ha forma di tubo e nella descrizion Vitruviana ha quella di una scodella. (Vgl. unten S. 494, 9. 495, 26.) Non accade poi dilungarsi a monstrare, come gli stantuffi o emboli cavi (Kolben), quando sono elevati, costringono per la forza del vuoto l' acqua a salire ne' due tubi o bariletti perpendicolari (Kolbencylinder) aprendo le linguette o valvole (Klappenventile), che sono mobili sul loro gangherello o cerniera (Scharnier) nel fondo (Boden) di ciascuno; come gli stessi stantuffi abbassati forzino le valvole stesse a richiudersi e le altre due che sono nel tubo orizzontale (horizontales Verbindungsrohr) ad aprirsi e ad intromettervi l' acqua respinta, come finalmente l' azione ripetuta di questi emboli spingerà l' acqua sin nel tubo di piombo (bleiernes Steigrohr) che propriamente dicesi tromba (Pumpe), la qual poi verseralla in una conserva (Bassin) superiore. ... Quel che più merita considerazione è quella quinta valvola situata all' imboccatura (Mündung) del tubo di piombo. Dies Ventil wird dann für ein Reserveventil erklärt, falls eins der übrigen versagt. Die Maschine, welche gut erhalten gewesen sein soll, wird als ein Werk aus der Zeit des Antoninus Pius (138—161) angesehen, dessen Zweck wahrscheinlich gewesen sei, 'd' alzare le acque a comodo delle pubbliche Terme'. Die kleine abgesonderte kreisförmige Figur stellt eine Klappe, von oben gesehen, dar.

146, 4 Der Ausdruck πρὸς διαβήτην ('nach der Setzwage', wie H. Schöne erklärt, 'horizontal') besagt thatsächlich, was die Konjektur in der Bemerkung zu 146, 4—5 mit anderen Worten verlangte. Nach Hesych ist διαβήτης auch ein ὄργανόν τι τεκτονικόν. Vgl. Heron. Dioptra 208, 17 μετρήσας πρὸς διαβήτην, 214, 2. 222, 11. 16. 228, 4. S. über die Bedeutung des Ausdruckes πρὸς διαβήτην auch Vincent Dioptra 210. 211: 'distance comptée horizontalement'. Es ist also ein rein technischer Ausdruck der Geometer und 146, 4 bei διαβήτην nicht an den Heber zu denken. Die Bemerkung zu 146, 4—5 ist danach hinfällig bis auf die Änderung des E in Θ. H. Schöne schlägt nunmehr vor: τρυπήματι ⟨τῷ Θ, τοῦ πρὸς⟩ τῷ Ε κειμένου πρὸς διαβήτην τῷ ⟨πρὸς τῷ⟩ Η στομίῳ. Aus Rücksicht auf Herons Sprachgebrauch würde ich vorziehen: τρυπήματι ⟨τῷ Θ⟩, τοῦ Ε κειμένου πρὸς διαβήτην τῷ Η στομίῳ.

149, 1. Es brauchen nicht gerade Vorhallen, sondern es können einfach die Eingänge ('Eingangspforten' H. Schöne) gemeint sein.

Wahrscheinlich hat Clemens Alexandrinus (schrieb in der 2. Hälfte des 2. Jahrh. nach Chr.) in den Strom. V, 672, 26—35 (Oxford. Ausg.) die von Heron I 32 beschriebene Vorrichtung — an II 32 ist wohl weniger zu denken — im Sinne gehabt: Διονύσιος ὁ Θρᾷξ ὁ γραμματικὸς (2. Jahrh. v. Chr.) ἐν τῷ Περὶ τῆς ἐμφάσεως τοῦ περὶ τῶν τροχίσκων συμβόλου φησὶ κατὰ λέξιν· ʽΕσήμαινον γοῦν οὐ διὰ λέξεως μόνον, ἀλλὰ καὶ διὰ συμβόλων ἔνιοι τὰς πράξεις, διὰ λέξεως μέν, ὡς ἔχει τὰ λεγόμενα Δελφικὰ παραγγέλματα, τὸ Μηδὲν ἄγαν καὶ τὸ Γνῶθι σαυτὸν καὶ τὰ τούτοις ὅμοια, διὰ δὲ συμβόλων, ὡς ὅ τε τροχὸς ὁ στρεφόμενος ἐν τοῖς τῶν θεῶν τεμένεσιν εἱλκυσμένος παρὰ Αἰγυπτίων'. Sollte man nach dem Wortlaute des Clemens, der sich lediglich auf Dionysius Thrax beruft, ohne jeden Hinweis auf seine Zeit, nicht annehmen dürfen, dafs zu Clemens' Zeit diese Räder nicht mehr in Gebrauch waren? Hätte es andernfalls nicht für Clemens nahe gelegen, ὁ ⟨καὶ νῦν⟩ στρεφόμενος o. ä. einzuschalten?

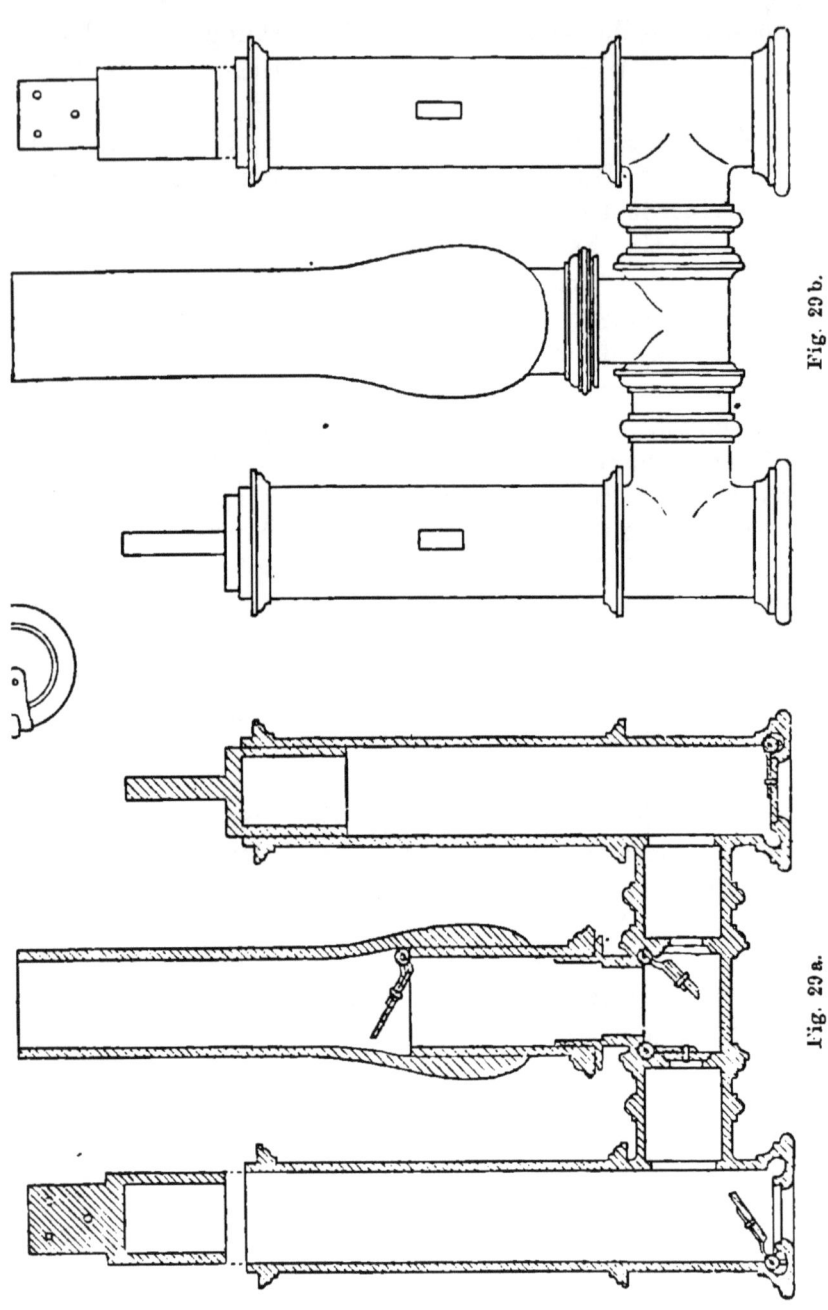

Fig. 29 b.

Fig. 29 a.

c*

Wären sie aber wirklich derzeit schon aufser Gebrauch gewesen, so würde etwa 150 n. Chr. die unterste Grenze bilden, die für Herons Thätigkeit überhaupt denkbar wäre. Fig. 34c und 34d (zu S. 159) geben das φιάλιον, das gewöhnlich eine flache Form hat, nach den handschriftlichen Figuren von a (34c nach *A*, 34d nach *T*),

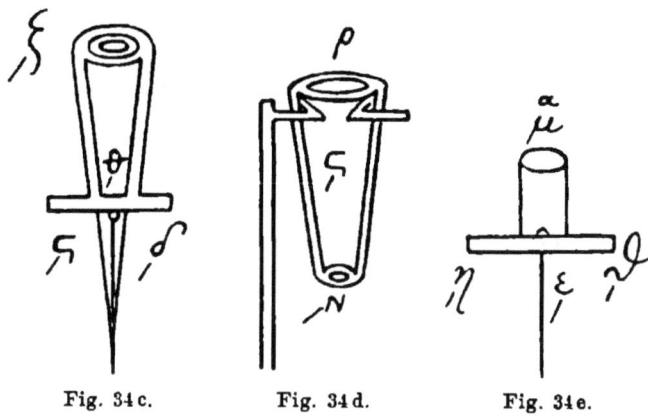

Fig. 34c.   Fig. 34d.   Fig. 34e.

Fig. 34e nach b wieder. Die verschiedenen Kugeln dienten zugleich als Erkennungsmarken. Vgl. de Rochas *Science des phil.* S. 141 Anm. 3.

Fig. 38 S. 170. Da beim Heronsbrunnen die Druckhöhe des Wassers die Steighöhe zu überragen hat, so mufs man sich die Lage des Schlauches etwas tiefer, etwa unterhalb der Brust denken. Vgl. *Heron im 17. Jahrh.* Abh. zur Gesch. d. Math. VIII, 206.

170,26.31. Vielleicht ἀνατεινέτω. S. Wörterverzeichnis. 188, 1 scheint H. Schöne μικρὰ verderbt. Er vermutet beispielsweise πλὴν ⟨ἐν⟩ ὀπῇ μικρᾷ. Zur Satzbildung vgl. Philo Mech. Synt. 74, 31 ἦν ἡ χεὶρ ἐν τῇ διώστρα καθηρμοσμένη, καθάπερ ἐπὶ τῶν ἄλλων καταπαλτῶν ἐν τοῖς χελωνίοις, πλὴν ὅτι ταπεινὴ ἦν ἡ χείρ. Sollte 188, 1 etwa πλὴν ὅτι μικρὰ ⟨ἦν⟩ καὶ ἔχουσα zu lesen sein?

190, 20 ist ⟨ὑπὲρ τὴν βάσιν⟩ zu korrigieren.

Fig. 43c—k zu S. 192 ff. Die handschriftlichen Figuren 43c—f s. Suppl. S. 10 u. 11. Es ist bemerkenswert, dafs

Herons Wasserorgel nur einen Kolbencylinder hat, während die Denkmäler und Vitruvs Wasserorgel (s. S. 496 ff.) zwei aufweisen. Indessen genügte jedenfalls der eine Pumpenstiefel für die 7—8 Pfeifen. Auch bei der Orgel des Ktesibios (Philo Mech. Synt. 77, 42 ff. ed. R. Schoene) ist nur von einem die Rede: καὶ γὰρ ἐπὶ τῆς σύριγγος τῆς κρουομένης ταῖς χερσίν, ἣν λέγομεν ὕδραυλιν, ἡ φῦσα τὸ πνεῦμα εἰς τὸν ἐν τῷ ὕδατι πνιγέα παραπέμπουσα ἦν χαλκῆ καὶ ὁμοίως εἰργασμένη τοῖς προειρημένοις ἀγγείοις. Ebenso Athen. Deipnosoph. IV, 174 d ἀρασσομένου τοῦ ὕδατος ὑπό τινος νεανίσκου (bei mehreren Stiefeln hätten mehrere Knaben thätig sein müssen).[1]

---

[1] Es dürfte manchem nicht unwillkommen sein, die Stelle aus Athenaeus Deipnos. 174 a—e über die Wasserorgel hier vollständig zur Hand zu haben:

'Πολλῶν δὲ τοιούτων ἔτι λεγομένων ἐκ τῶν γειτόνων τις ἐξηκούσθη ὑδραύλεως ἦχος πάνυ τι ἡδὺς καὶ τερπνός, ὡς πάντας ἡμᾶς ἐπιστραφῆναι θελχθέντας ὑπὸ τῆς ἐμμελείας. καὶ ὁ Οὐλπιανὸς ἀποβλέψας πρὸς τὸν μουσικὸν Ἀλκείδην· Ἀκούεις, ἔφη, μουσικώτατε ἀνδρῶν, τῆς καλῆς ταύτης εὐφωνίας, ἥτις ἡμᾶς ἐπέστρεψε πάντας κατακηληθέντας ὑπὸ τῆς μουσικῆς; καὶ οὐχ ὡς παρ' ὑμῖν τοῖς Ἀλεξανδρεῦσι πολὺς ὁ μόναυλος ἀλγηδόνα μᾶλλον τοῖς ἀκούουσι παρέχων ἤ τινα τέρψιν μουσικήν. καὶ ὁ Ἀλκείδης ἔφη· Ἀλλὰ μὴν καὶ τὸ ὄργανον τοῦτο, ἡ ὕδραυλις, εἴτε τῶν ἐντατῶν (Saiteninstrumente) αὐτὸ θέλεις εἴτε τῶν ἐμπνευστῶν (Blasinstrumente), Ἀλεξανδρέως ἐστὶν ἡμεδαποῦ εὕρημα, κουρέως τὴν τέχνην· Κτησίβιος δ' αὐτῷ τοὔνομα. ἱστορεῖ δὲ τοῦτο Ἀριστοκλῆς ἐν τῷ Περὶ χορῶν οὑτωσί πως λέγων· Ζητεῖται, πότερα τῶν ἐμπνευστῶν ἐστιν ὀργάνων ἡ ὕδραυλις ἢ τῶν ἐντατῶν; Ἀριστόξενος μὲν οὖν τοῦτο οὐκ οἶδε. λέγεται δὲ Πλάτωνα μικράν τινα ἔννοιαν δοῦναι τοῦ κατασκευάσματος νυκτερινὸν ποιήσαντα ὡρολόγιον ἐοικὸς τῷ ὑδραυλικῷ, οἷον κλεψύδραν μεγάλην λίαν. καὶ τὸ ὑδραυλικὸν δὲ ὄργανον δοκεῖ κατὰ κλεψύδραν εἶναι. ἐντατὸν οὖν καὶ καθαπτὸν οὐκ ἂν νομισθείη, ἐμπνευστὸν δ' ἂν ἴσως ῥηθείη διὰ τὸ ἐμπνεῖσθαι τὸ ὄργανον ὑπὸ τοῦ ὕδατος. κατεστραμμένοι γάρ εἰσιν οἱ αὐλοὶ εἰς τὸ ὕδωρ (genauer nach der Windlade hin, in welcher das Wasser den Druck der komprimierten Luft regulierte), καὶ ἀρασσομένου τοῦ ὕδατος ὑπό τινος νεανίσκου, ἔτι δὲ διικνουμένων ἀξόνων[1] διὰ τοῦ ὀργάνου ἐμπνέονται οἱ αὐλοὶ

---

[1] Casaubonus und Schweighäuser nach Dalecampius statt des verderbten ἀξινῶν; ἀξονίων liest Villebrun. Vgl. Joh. Schweig-

Ferner vermifst man bei μ ein Ventil, welches das Zurückströmen der komprimierten Luft verhindert. Vgl. Ph. Buttmann *Beitrag zur Erläuterung der Wasserorgel und der Feuersprütze des Hero und Vitruv.* Abhdl. d. Kgl. Akad. der Wiss. in Berlin 1810/11 S. 144 und G. Walther *Loci aliquot physici* S. 15. Fig. 43g zeigt, wie das Ventil von Heron, der ein ähnliches 74, 5 (Fig. 11) zu ähnlichem Zwecke verwendet, leicht eingerichtet werden konnte. Gleichwohl dürfte durch ein lebhaftes

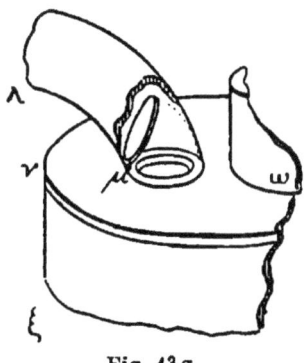

Fig. 43 g.

Auf- und Niederziehen des Kolbens $\varrho\sigma$ dem Windkessel und dem Windkasten genügend Luft zugeführt werden.

In der Rekonstruktion der äufseren Einrichtung sind wir den Denkmälern gefolgt. Vgl. Fig. 43 h, welche eine

καὶ ἦχον ἀποτελοῦσι προσηνῆ. ἔοικε δὲ τὸ ὄργανον βωμῷ στρογγύλῳ. καί φασι τοῦτο εὑρῆσθαι ὑπὸ Κτησιβίου κουρέως ἐνταῦθα οἰκοῦντος ἐν τῇ Ἀσπενδίᾳ ἐπὶ τοῦ δευτέρου (dafür vermutet P. Tannery βασιλέως a. a. O. S. 26, indem er die beiden Ktesibios identifiziert und den einen unter Ptolemaeus Euergetes I setzt) Εὐεργέτου διαπρέψαι τέ φασι μεγάλως. τουτονὶ οὖν καὶ τὴν αὐτοῦ διδάξαι γυναῖκα Θαΐδα'. Τρύφων δ' ἐν τρίτῳ Περὶ ὀνομασιῶν (ἔστι δὲ τὸ σύγγραμμα Περὶ αὐλῶν καὶ ὀργάνων) συγγράψαι φησὶ Περὶ τῆς ὑδραύλεως Κτησίβιον τὸν μηχανικόν. ἐγὼ δὲ οὐκ οἶδα, εἰ περὶ τὸ ὄνομα σφάλλεται.'

häuser *Animadvers. in Athenaeum* II 632. P. Tannery *Athénée sur Ctésibios et l'hydraulis* in der Revue des Etudes grecques, Paris IX, 1896, S. 23 Anm. 1 erwartet σωλήνων. M. E. handelt es sich um das Niederdrücken der Tasten und das Öffnen der Schieber, auf die man sehr gut das διικνεῖσθαι διὰ τοῦ ὀργάνου beziehen kann. Denn ohne das ist der Luft der Weg zu den Pfeifen versperrt. (Schieber müssen auch hier vorhanden sein, da nicht fortwährend alle Pfeifen offen stehen können und ohne die Schieber ein Spielen unmöglich ist.) Daher scheint mir die Lesart ἀξινῶν nach Ausfall mehrerer Buchstaben aus ἀγκωνίσκων entstellt zu sein. ἀγκωνίσκος würde aber hier die Taste nebst ihrer Verlängerung, dem Schieber, bezeichnen.

römische Wasserorgel nach einem in Nennig bei Trier gefundenen Mosaik aus der Zeit Hadrians wiedergiebt (Wilmowsky *Die römische Villa zu Nennig und ihr Mosaik* Bonn 1865). S. auch unten Fig. 43 i und k.

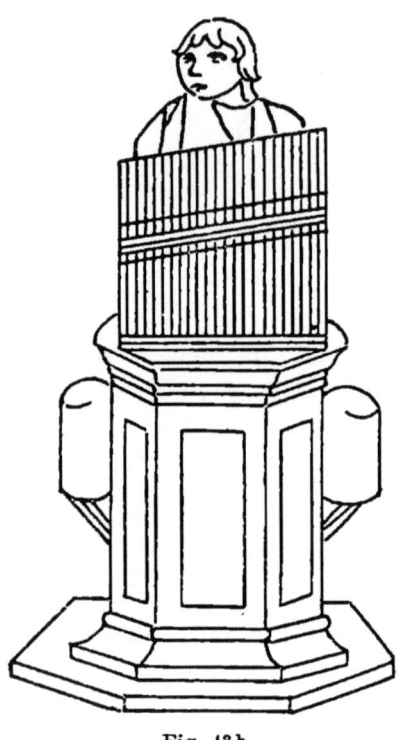

Fig. 43 h.

Fig. 44 zu S. 202 f. Die handschriftlichen Figuren der Windorgel haben den Kolbencylinder $\eta\,\vartheta$ rechts wie Fig. 44. Fig. 44 zeigt aber mit Absicht von ihnen abweichend die Vorderseite. Auf der Vorderseite befindet sich nämlich nach den Denkmälern immer das Holzband für die Pfeifen. Da nun die handschriftlichen Figuren das Band hinter den Pfeifen haben, so ist klar, dafs sie die Rückseite darstellen sollen. Wenn wir uns darin eine Änderung erlaubt haben, so geschah es, um auch die Vorderseite einmal zu veranschaulichen. Das Fehlen des Wassers — im Texte ist wenigstens keine Rede davon — gereichte dieser Orgel sicher nicht zum Vorteil. Vermutlich handelt es sich, obwohl von Tasten nichts gesagt wird, dennoch um eine richtige Orgel und nicht um eine der Äolsharfe analoge Einrichtung.

Fig. 44 a ist die handschriftliche Figur des Anemurion. Vgl. S. 207, Anm. 1.

Merkwürdigerweise ist man erst spät zum Verständnis der von Heron sehr klar beschriebenen Vorrichtungen, besonders der Wasserorgel, gekommen. So soll noch Isaak Vofs das Verständnis verschlossen gewesen sein.

Wesentliche Fortschritte machte erst A. L. F. Meister *De veterum hydraulo.* Nov. comment. societ. scientiar. Gotting. II (1771), 158—199. Dessen Figur ist wiederholt von O. Wangemann *Die Orgel, ihre Geschichte und ihr Bau* Leipzig 1895 Taf. I Fig. 6, ebenso mit geringen Änderungen von C. von Jan Baumeister *Denkm. d. klass. Altert.* I, 564—565. Vgl. aufserdem Buttmann a. a. O., G. Walther *Loci aliquot physici* S. 11—16, R. Grübner *De organis veterum hydraulicis.* Diss. Berlin 1866 und Clément Loret *Recherches sur l'orgue hydraulique.* Extrait de la Revue archéologique, Paris 1890, S. 8 ff.

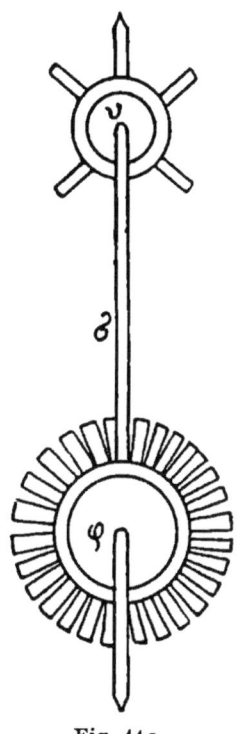

Fig. 44 a.

Die Pfeifen beider Heronischen Orgeln sind ohne Mundöffnungen. Ebenso fehlen solche auf einigen Denkmälern. Vgl. A. J. H. Vincent *Essai d'explication de quelques pierres gnostiques* S. 8. 9. Mémoires de la société des antiquaires de France XX, Nouv. Sér. X, 1850, Planche I n. 4. 5. 6. 8 und Loret S. 27—29. Indessen finden sie sich in einer eine Wasserorgel darstellenden Terracottafigur, welche in den Ruinen von Karthago gefunden ist (Fig. 43i und k). Darum dürften sie auch für die Heronischen Orgeln anzunehmen sein.

Nur 8 Pfeifen finden sich auch auf einer Medaille aus Neronischer Zeit, welche sich in der Pariser Nationalbibliothek befindet (Loret S. 28).

200, 7 verlangt G. Walther *Loci aliquot physici* S. 15 mit Unrecht ἐντὸς statt ἔξω. Die Sehne selbst mufs schon straff sein, ehe die Taste niedergedrückt wird. Sonst würde sich beim Hineinstofsen des Schiebers die Spatel nicht krümmen.

Wir fügen hier gleich einige Bemerkungen über Vitruvs
Wasserorgel hinzu. Diese bietet deshalb Schwierigkeiten,
weil bekanntlich zu Vitruv keine handschriftlichen Figuren
existieren. Den Irrtum Schneiders *Eclog. phys.* II, 121,
dafs bei Vitruv die Kolben von oben hineingestofsen
würden, hat schon Meister a. a. O. S. 181 Anm. m wider-
legt. Vgl. auch Buttmann a. a. O. S. 148, Graebner S. 15.
Es ist wenig von Belang, wenn Loret a. a. O. S. 19 und
schon früher Perrault (nach Meister S. 179 k) für jeden
Kolbencylinder zwei Delphine annehmen, obgleich das aus
Vitruv nicht unmittelbar hervorgeht. Notwendig ist es
sicher nicht.

Es ist wohl wahrscheinlicher, dafs statt der Kolbenstangen entweder die Kolbencylinder (auf der Innenseite)
mit wolligen Fellen gefüttert oder die Kolben selber damit
umwickelt waren, um jedes Entweichen von Luft zu verhindern. Das macht man wohl auch heute noch. Meister
S. 178 meint, es sei vielleicht die innere Oberfläche des
Pumpenstiefels mit Öl, Wachs oder einer Salbe bestrichen
gewesen.

Hatte Vitruvs Orgel vier bis acht Pfeifenregister oder
nur vier bis acht Pfeifen? Die Mehrzahl der Gelehrten
entscheidet sich für das erstere (Meister S. 181 1, Buttmann S. 154, Schneider S. 128, Vincent S. 16, G. Walther
Loci aliquot physici S. 10 und Fig. III, Rode *Des M. Vitruvius Pollio Baukunst* übersetzt. Leipzig 1796. II, 271,
Reber *Des Vitruvius zehn Bücher über Architektur* übersetzt 321, Terquem *La science romaine* S. 89, Loret S. 20,
Wangemann S. 16). Dagegen traten Graebner und v. Jan
für das letztere ein.

Graebner ist der Überzeugung, dafs Vitruvs Orgel,
von einigen Kleinigkeiten abgesehen, mit der Heronischen
übereinstimme, so dafs Vitruvs arcula (S. 500, 3) und
Herons Windkasten (S. 197, 14) sowie Vitruvs canales
(S. 500, 5) und Herons Fächer (glossókoma) (S. 199, 5 ff.)
identisch seien. Vitruvs epistomia S. 500, 7 (so las
Graebner statt epitonia) seien den asses desselben, den

Klappdeckeln (*z*, s. S. 502, 15, aber ihre Lage denkt er sich etwa bei *q*, jedenfalls zwischen arcula und canales) gleich. Durch diese Klappdeckel würde also der Luft der Zutritt aus der arcula in die canales ermöglicht. Geöffnet würden aber die canales (d. h. ihre epistomia) nur durch den starken Luftdruck. Von mehreren Pfeifenreihen könne bei Vitruv keine Rede sein, zumal sich solche auf Denkmälern nicht nachweisen liefsen. Das letztere ist jetzt nicht mehr zutreffend, da aus Fig. 43 i (nach Loret a. a. O. S. 26, freilich aus unbestimmter Zeit) sich unzweifelhaft mehrere Pfeifenreihen ergeben. Für das Ende des 2. oder den Anfang des 3. Jahrh. n. Chr. sind aber auch litterarisch von Tertullian mehrere Pfeifenreihen bezeugt, De anima 14: 'specta

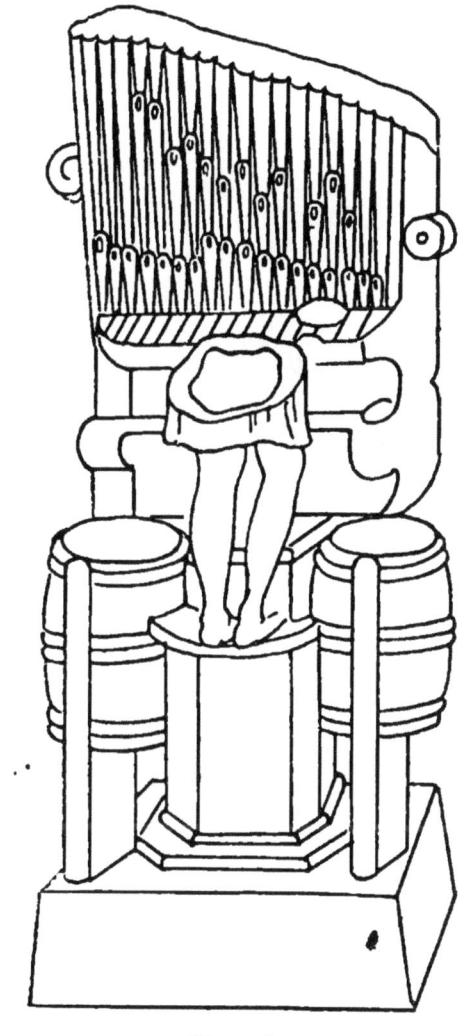

Fig. 43 i.

portentosissimam Archimedis munificentiam, organum hydraulicum, tot partes ... tot acies tibiarum'.

Graebners Erklärung der epistomia ist schon an sich

unwahrscheinlich, weil er mit den **manubria** ferrea nichts Rechtes anzufangen weifs. Sie sollen nur den Zweck haben, den Klappdeckeln (etwa als verticuli?) einen festen Halt zu geben. Sie wird aber erst recht durch die mit Unrecht aus dem Texte entfernte handschriftliche Lesart *epitonia* hinfällig.

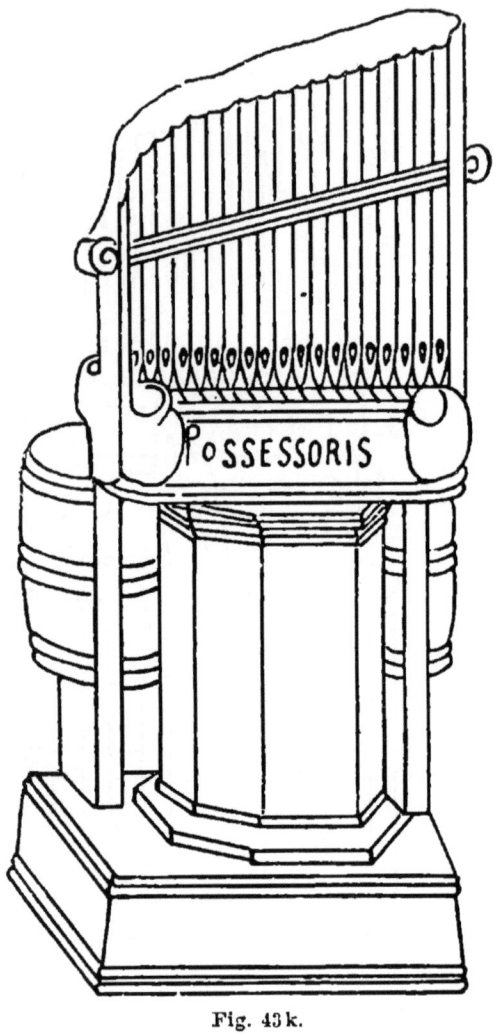

Schliefslich ist es doch auch wenig wahrscheinlich, dafs man noch nicht einmal eine Oktave genommen habe und dafs schon für nur vier Pfeifen zwei Pumpen in Thätigkeit gesetzt sein sollen.

208, 14 möchte ich für ἀνατείνεται, da in den besseren Hss. fast regelmäfsig das intransitive Aktivum steht, jetzt nach b 208, 20 ἀνατεινέτω schreiben.

212, 10 ff. Über den Heronsball vgl. Abhd. z. Gesch. d. Math. VIII, 204.

OSSESSORIS

Fig. 43k.

217, 21 zu Fig. 48. Es ist zu beachten, dafs auf dem Boden des Gefäfses noch ein βαρύλλιον liegen soll. Das Gefäfs hätte ohne βαρύλλιον oben den Schwerpunkt

und würde sofort umkippen. Dies wird aber gerade durch
das vielleicht etwas überwiegende βαρύλλιον verhütet.
Erst durch den Druck des Wassers, welchen dieses nach
Füllung des Gefäßes gegen die Seite desselben ausübt
(μὴ κατὰ μέσον 218, 9—10), erlangt der Schwerpunkt
wieder das Übergewicht, so daß das Gefäß umkippt.
Die Konjektur κάτω im Burneianus 81 zu 216, 10 (dies
verlangt auch G. Walther *Loci aliquot physici* S. 6) ist
also sachlich nicht zulässig. Denn es versteht sich von
selbst, wenn an sich schon das Gefäß im unteren Teile
schwerer ist als oben und dann unten obendrein noch
durch ein Gewicht belastet wird, so wird das Gefäß überhaupt nicht umkippen.

Fig. 49 zu 218, 17. Die Darstellung ist in a jedenfalls nicht klar. Wenn wir auch von dem Wechsel
zwischen χώρα und ἀγγεῖον für 'Kammer' absehen, so ist
einmal der Ausdruck διαβῆται φέροντες εἰς τὰς ὑποκειμένας
χώρας nicht genau. Sodann wird aber nur von der letzten
Kammer gesagt, daß sie eine pfeifende Röhre enthalten
solle, während dies doch von allen Kammern gelten muß,
wie die Aufgabe voraussetzt. Man würde zum mindesten
218, 17—220, 1 ἑκάστω für τῷ ὑποκάτω erwarten, eine
Änderung, die immerhin nicht leicht wäre. Auch der
Schluß 220, 19—20 erregt Bedenken. Die im Apparate
vorgeschlagenen Änderungen sollen mehr auf die Ver-
derbnis hinweisen, als daß sie den Anspruch erhöben,
zuverlässige Emendationen zu sein. Es scheint mir nicht
ausgeschlossen, daß das ganze Kapitel das Werk eines
Interpolators ist, der zu II 4 eine Variation geben wollte.
Auf eine Interpolation weisen insbesondere die Worte
220, 19—20 ὁ δ'ἐν τούτῳ ἀήρ ... ἀποτελεῖ, die in
218, 5—6 am richtigen Orte stehen, aber 220, 19—20
unpassenderweise wiederholt zu sein scheinen.

Über das Verhältnis von b zu a vgl. Suppl. S. 60.

Fig. 51 zu 222, 11 ff. Diese Aufgabe ist nicht ohne
Bedenken. Die Kugel sitzt wohl nur dann fest, wenn
der oberen Halbkugel vor dem Einsetzen der Kugel etwas

Luft entzogen wird, so dafs die atmosphärische Luft aufserhalb der oberen geschlossenen Halbkugel die Kugel in dieselbe hineindrückt. Oder sollte wieder ein Interpolator in Erinnerung an II 6 sich den in II 7 angeführten Fall ausgeklügelt haben? Was hat die Entnahme von Wasser mit der figürlichen Darstellung des Weltalls zu thun? Das Kapitel ist auch sprachlich nicht ohne Anstofs. De Rochas weist S. 157 nicht ohne Grund darauf hin, dafs diese Darstellung, welche der Anschauung des Thales entspricht. (Arist. coel. II 13), Herons wenig würdig sei. Denn zu Herons Zeiten hatte man des Thales Vorstellung vom Weltall schon längst aufgegeben.

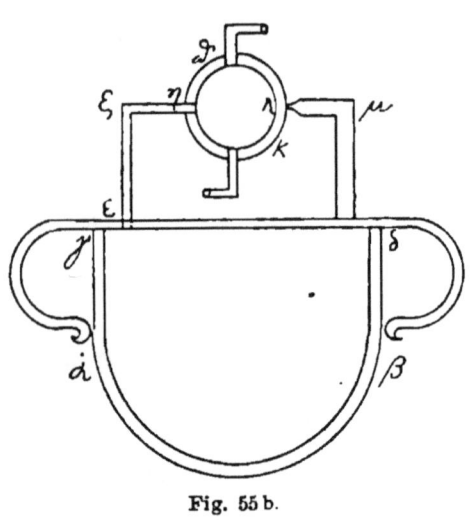

Fig. 55 b.

Zu 224, 2 ff. vgl. *Zur Geschichte des Thermoskops* in den Abhdl. z. Gesch. der Math. VIII, 163—173.[1])

Fig. 55b (zu 231 Anm. 1) ist handschriftliche Figur zu Herons Äolipile nach T. Damit stimmt die von *A* im wesentlichen überein. Über die Äolipile vgl. noch *Heron von Alexandria im 17. Jahrh.* Abh. z. Gesch. d. Math. VIII, 210.

230, 20. Sollte man nicht $\tau\tilde{\eta}\varsigma \cdot HA$ $\varepsilon\dot{v}\vartheta\varepsilon\iota\alpha\varsigma$ schreiben müssen?

Fig. 57 c.

---

1) Weitere Literatur s. bei G. Hellmann *Neudrucke von Schriften und Karten über Meteorologie und Erdmagnetismus* Nr. 7. S. 17 und F. Burckhardt *Die Erfindung des Thermometers und seine Gestaltung im XVII. Jahrh.* Basel 1867. S. 4 ff.

Fig. 57c zu 237, 1 stellt die abgebrochene handschriftliche Figur zu Fig. 57a dar.

S. 238ff. Zu II 14 vgl. Abhdl. z. Gesch. d. Math. VIII,
207—208.

S. 246ff. Zu II 16 (Fig. 60) vgl. Abhdl. z. Gesch. d.
Math. VIII, 212—213.

S. 262ff. Zu II 21 vgl. ebenda VIII, 211—212.

S. 264ff. Vgl. ebenda VIII, 205. 207. Der daselbst
erwähnte Brief Galileis lautet im Cod. Ambros. R. 104
Fol. 376 (ungenau bei Venturi *Memorie e lettere inedite
finora o disperse di Galileo Galilei*. Modena 1818. I, 12):
Ad Alvise Mocenigo del P. Galilei (andre Hand als im Text).

Ch.^{mo} et M. Ill.^{re} S.^{e}

Dalle parole di V. S. Ch.^{ma} et dalla fabrica assai con-
fusa posta da Herone al n.^{ro} 7.º vengo in cognitione quella
essere la lucerna della quale V. S. Ch.^{ma} desidera la costrut-
tione, pero l' ho piu volte letta, et finalmente non so da
le sue parole trarne tal senso che non mi resti qualche
confusione, ma non volendo interamente obligarci a tutte
le sue parole mi pare che voglia inferire una fabrica
simile all' infrascritta.

Construatur lucerna basim habens concavam $ACDB^{1}$)
intersectam diafragmate $EF.^{2}$) Sit vero calatus oleum
continens $KL·$ et ex diafragmate $EF·$ procedat tubulus
$MN·$ simul cum eo perforatus distans a calati operculo
quantum sufficit ad aeris exitum: sit autem alius tubulus
$XO·^{3}$) per operculum distans a fundo calati quantum ad
olei^{4}) fluxum sufficit, et ex operculo paululum excedens,
excessui vero aptetur alius tubulus $P·$ habens superius
osculum obstructum cui agglutinetur alius tubulus exilis^{5})

---

1) Eine Figur ist nach Galilei von Venturi beigegeben.
Sie lehnt im wesentlichen sich an die Commandinosche an,
weicht aber in Einzelheiten ab. Bei Galilei bezeichnet Q das
Luftloch für die Basis.

2) $EF = εζ$.   3) $XO = ξο$.

4) Danach könnte man 266, 14 ἐλαίῳ statt ὕδατι vermuten.

5) Dieser setzt sich in Galileis Figur seitlich an P an.

et simul cum eo perforatus, per quem ellychnium influat: sub diafragmate vero $EF\cdot$ conglutinetur clavicula $R\cdot$ deferens in locum $AEFB$[1]), in ipsum $CDEF$[2]) transeat, sit autem in operculo AB parvum foramen $Q\cdot$ per quod locum $AB\cdot$ implebimus aqua: sublato itaque ellychnio[3]) calatum oleo implebimus per tubulum $XO\cdot$ aere per tubum $MN\cdot$ excedente et adhuc per clavem apertam[4]) quae est in fundo $CD\cdot$ et per foramen $Q\cdot$ repleto autem calato oleo superimponemus tubulum $X\cdot$ cum ellychnio et clausa clavicula per foramen $Q\cdot$ aquam infundemus in locum $AEFB\cdot$ quando autem opus fuerit oleum superinfundere ellychnio; aperta clavicula $R\cdot$ aqua in locum $ECDF\cdot$ influet et aer per $MN\cdot$ tubum impulsus oleum alidet per tubulum $OX\cdot$ ad ellychnium, et cum non opus fuerit amplius fluere, claudemus claviculam.

Questo è quanto per hora mi par poter di raccorre dalle parole di Herone, come ho detto di sopra assai confuse, et l' ho volsuto mandare a V. S. Ch.^{ma}, accioche avvertito dal suo giud.° possa con altra occasione cavarne forse miglior costrutto; ancorche la fabrica explicata essequisce quanto promette la proposta. con che baciandoli reverentemente le mani, li resto devotissimo servitore. N. S. (Nostro Signore) la prosperi.[5])

Di Padova li 11. di Gennaro 1594.

Di V. S. Ch.^{ma}

Ser.^{re} Pront.^{mo}

Galileo Galilei.

268, Anm. 2 = 269, Anm. 1 sind zu tilgen, da das Wasser aus der oberen Kammer nicht abfliefsen würde, wenn das erwähnte Loch geschlossen wäre.

283, 15 ff. Der Weinautomat II 27 stellt sich als einen intermittierenden Brunnen dar.

---

1) $AEFB = \alpha\varepsilon\zeta\beta$.   2) $CDEF = \gamma\delta\varepsilon\zeta$.
3) Dies ist mit Commandino falsch übersetzt. Vgl. Abh. z. Gesch. d. Math. VIII, 206, Anm. 4.
4) In Galileis Figur anscheinend nicht vorhanden.
5) Nach freundlicher Vergleichung von Antonio Ceriani.

298, 8 ff. Fig. 76a—c. Die Rekonstruktion Fig. 76a schließt sich enger an die handschriftlichen Figuren an als die im Texte gegebene. Nur muſs man die Achse εζ, wie geschehen, derart quer stellen, daſs auch wirklich die Zähne von μ in die des anderen Sternrades eingreifen können. Indessen ist zu beachten, daſs im Texte εζ ἄξων,

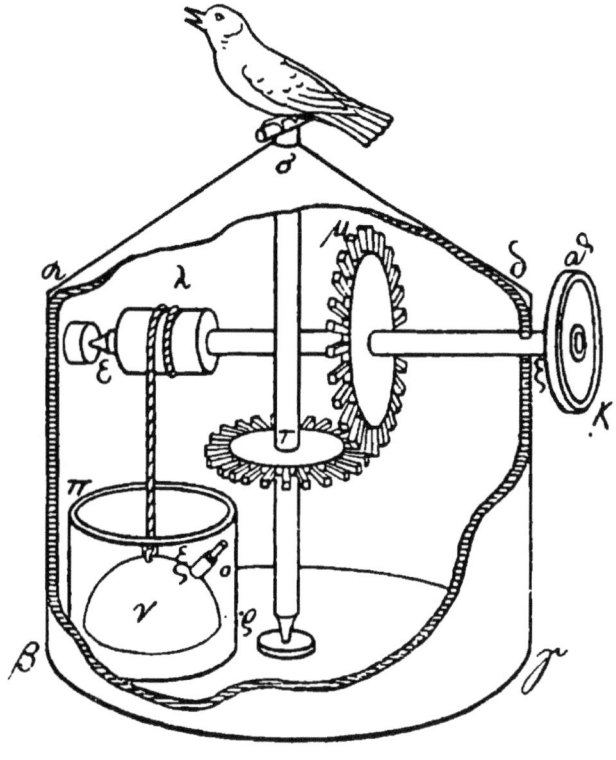

Fig. 76a.

στ dagegen nur ἀξονίσκος genannt wird. Dem entspricht jedenfalls mehr die in Fig. 76 S. 301 gegebene Rekonstruktion, die gewiſs sicherer funktioniert, insbesondere auch die Reibung der beiden Achsen gänzlich vermeidet.

Fig. 76b giebt die (abgebrochene) handschriftliche Figur für die Winde wieder, Fig. 76c eine sich darauf gründende Rekonstruktion. Dabei der Winde λ ausdrücklich von einem

Rade λ die Rede ist, so haben wir kein Bedenken getragen, die Winde so zu zeichnen, wie sie Fig. 76 S. 301 giebt. S. 305 ff. Fig. 78. Die 305, Anm. 1 erwähnten Stellen über das Milliarium sind Seneca Natur. quaest. III 24: 'Faccre solemus

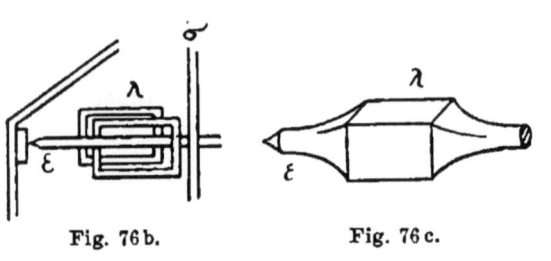

Fig. 76 b. Fig. 76 c.

dracones et miliaria et complures formas, in quibus aere tenui fistulas struimus per declive circumdatas, ut saepe eundem ignem ambiens aqua per tantum fluat spatii, quantum efficiendo calori sat est. Frigida itaque intrat, effluit calida. Idem sub

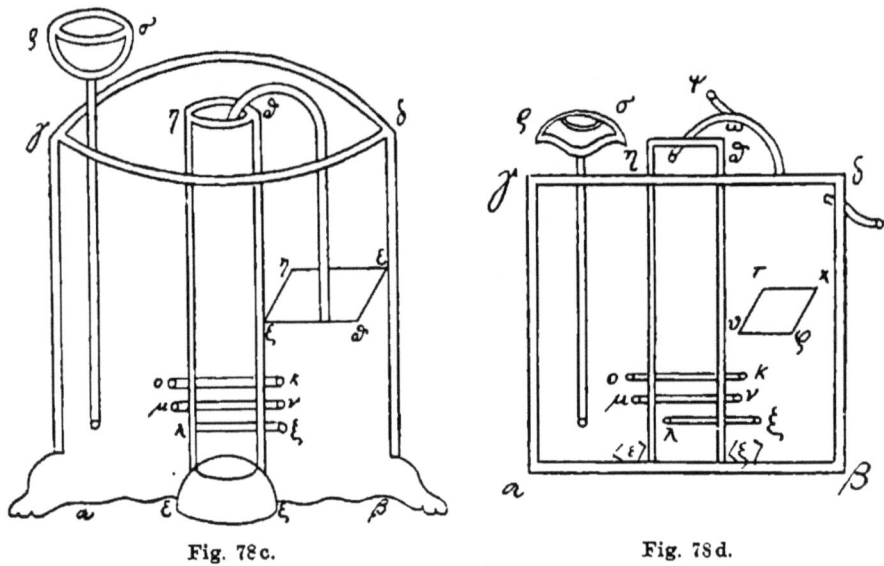

Fig. 78 c. Fig. 78 d.

terra Empedocles existimat fieri, quem non falli credent ii quibus balnearia sine igne calefiunt.' Seneca Nat. quaest. IV 9: 'minora miliaria nominat, unde patet variae magnitudinis fuisse'. Ferner ist es nach Palladius

(4. Jahrh. n. Chr.) de re rust. V 8 'altum et angustum'.
Pall. I 40: 'Miliarium vero plumbeum, cui aerea patina
subest, inter soliorum spatia forinsecus statuamus fornace
subiecta, ad quod fistula frigidaria dirigatur, et ab hoc
ad solium similis magnitudinis fistula procedat, quae
tantum calidae ducat interius, quantum fistula illi frigidi
liquoris intulerit.' Schliefslich die allgemeine Bemerkung
bei Athen. III 98c: Οἱ Οὐλπιάνειοι σοφισταί, οἱ καὶ τὸ
μιλιάριον καλούμενον ὑπὸ Ῥωμαίων τὸ εἰς τὴν τοῦ θερμοῦ
ὕδατος κατεργασίαν κατασκευαζόμενον ἱπνολέβητα ὀνομά-
ζοντες, πολλῶν ὀνο-
μάτων ποιηταί.

Fig. 78c ist hand-
schriftliche Figur der
Heronischen Pneu-
matik, Fig. 78d der
Pseudo-Heronischen.
⟨ε⟩ und ⟨ζ⟩ sind
von mir zugesetzt.
Fig. 79a ist hand-
schriftliche Figur
(direkt nach A) zu
Fig. 79. Die in recht-
eckige Klammern ge-
schlossenen Buch-
staben stehen an fal-
scher Stelle. ⟨ε⟩ ist
von mir zugesetzt.
In Wirklichkeit
(Fig. 79) sind das
Rohr φε (Fig. 79a)

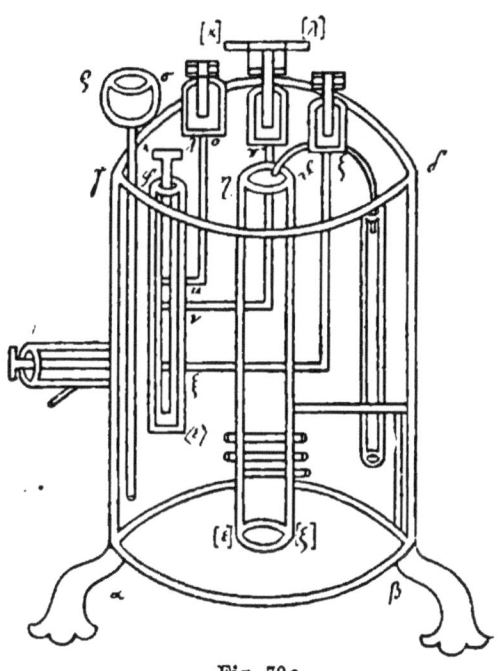

Fig. 79a.

und das rechts aufsteigende, unbezeichnete Rohr (Fig. 79a)
identisch. Der Zeichner, welcher ursprünglich die Figur
handschriftlich entwarf, war nur nicht imstande, das
korrekt darzustellen.
Fig. 80c ist von de Rochas La science des phil. übernommen.

KAPITEL III.

ANMERKUNGEN ZU DEN AUTOMATEN, INSBESONDERE ZU DEN FIGUREN.

Die Figuren zu den Automaten waren ungleich schwieriger als die der Pneumatik. Der Herausgeber weifs daher Herrn H. Querfurth in Braunschweig nicht wenig Dank, dafs er sich mit so viel Hingebung der Aufgabe unterzogen hat, die teilweise recht mangelhaften handschriftlichen Figuren auf Grund der vorliegenden deutschen Übersetzung zu rekonstruieren.

Wir fügen hier noch, ehe wir zu Fig. 82 übergehen, die Bemerkung ein, dafs S. 347, 1 statt ʽAchse (Axon)ʼ in einer Handschrift die ansprechende Vermutung ʽBogenarm (Ankón)ʼ steht. Dem würden etwa die in Fig. 109 gezeichneten ʽWirbelʼ entsprechen. Sie heifsen aber Kóllaboi. Ein Hysplenx ist Fig. 103 verwendet, steckt aber nicht in einem Sehnenstrange.

Von einer interessanten Nachbildung des fahrenden Automaten beim Einzuge des Herzogs Borso von Este in Reggio 1452 berichtet Muratori *Rer. Ital. script.* XX, 468f. Vgl. auch J. L. Heiberg *Nogle Eftervirkninger af graesk Mechanik.* Kong. Danske Vid. Selsk. Forh. 1886 S. 4—5. Vgl. ferner das Bacchusfest unter Ptolemaeus Philadelphus Athen. V 198 c u. f.

Fig. 82. Da weiter unten S. 384, 7 von dem Tempeldache die Rede ist, so könnte man mit R. Schöne wohl εἰρήσεται vermuten. (Oder könnte εἴρηται aus εἴϑισται verderbt sein? Vgl. 250, 3.) Ansprechend ist Brinkmanns Erklärung für ἐντεταμένην τὴν ἐπιφάνειαν ʽeine anstrebende Oberflächeʼ, wozu er aus Marc. diac. vit. Porphyr. edd. sod. Bonn. S. 62 in Bezug auf ein konisches Türmchen die Wendung ἀνατεταμένον εἰς ὕψος vergleicht. In diesem Falle ist 353, 17 statt ʽobenʼ zu lesen ʽebenʼ, und es wäre nicht nötig, S. 350, 15 eine Lücke anzunehmen.

Fig. 83 c zu S. 357 (s. Suppl. S. 5) ist handschriftliche

d*

Figur. Sie ist der Berliner Hs. nachgezeichnet und mit der Figur des Marcianus (*A*) als übereinstimmend befunden. Man beachte, dafs die Buchstaben $\varepsilon\zeta$, $\eta\vartheta$, $\varkappa\lambda$, $\mu\nu$, ξ auf dem Kopfe stehen. Das findet sich so fast in allen Hss. Fig. 85 ff. Nach 389, 4—5 erfolgt nur eine einmalige Hinfahrt des Automaten, an welche sich die Bewegungen am Orte (Altarfeuer, Tanz der Bakchantinnen u. s. w.) anschliefsen. Dann tritt der Automat die Rückfahrt an. Sollte er von neuem vorrücken, so mufste jedenfalls frisches Brennmaterial auf die Altäre gelegt, die Schnüre für die Altäre neu eingespannt und der Abzug (391, 5) wieder eingestellt werden. Dafs Heron nur an eine einmalige Hin- und Rückfahrt gedacht hat, darauf weist auch Kap. 19 hin. Zu einer wiederholten Hin- und Rückfahrt wäre noch ein mehrfacher Pflock ξ nötig. Die Worte ἐὰν δὲ 360, 2 — προαιρώμεϑα 360, 7 (= 361, 26 Wenn der Kasten oft — 363, 1 nach Belieben aus) unterliegen daher starken Bedenken und könnten auf Rechnung des Interpolators zu setzen sein, dessen Spuren wir weiter unten mit Bestimmtheit verfolgen können.

Fig. 89 a ist ebenfalls aus der Berliner Hs. entnommen, stimmt aber mit dem Marcianus (*A*) und allen übrigen Hss. Sie zeigt so recht, wie

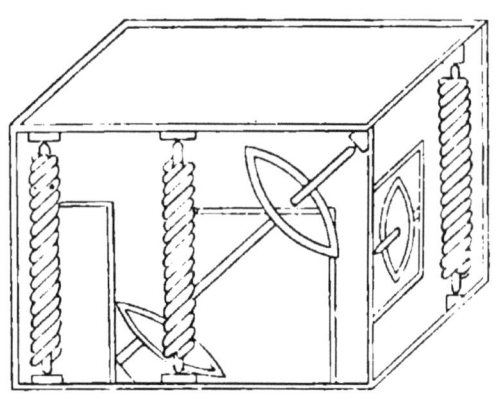

Fig. 89 a.

mangelhaft manche handschriftliche Figuren sind und wie wenig sie zuweilen bei schwierigen Abschnitten das Verständnis des Textes fördern.

Fig. 91. S. 376, 15—27 (= 377, 16—30) sind verdächtig. Z. 20—27 (= 22—30) wiederholen nur bereits

Gesagtes (vgl. 374, 8ff. = 375, 8ff). Eine Schnur ist bei κλ noch nicht erwähnt und auch überflüssig. Lockere Schlingen ferner, mit denen nach Z. 19 = 21 κλ versehen sein soll, hätten keinen Zweck, da κλ ohne Unterbrechung immer mitläuft (S. 374, 7. 10 = 375, 7. 11). Während die Büchsen bei πρ, στ am Platze sind, weil sie das Stehenbleiben eines Rades ermöglichen, ist die Büchse bei κλ nicht nur zwecklos, sondern widerspricht geradezu der Bemerkung S. 378, 2—3 = 379, 1—2, dafs die Bewegung durch die Büchsen erschwert würde. Wer das weifs, wendet sie doch nicht an, wo es nicht unumgänglich notwendig ist; und man sieht nicht ein, weshalb bei diesem allein laufenden Rade nicht die leichtere Art der Bewegung wie S. 372, 24 = 373, 27 in Drehzapfen verwendet wird, sondern die schwierigere mit befestigter Achse (S. 376, 16 = 377, 19). Das Festlegen der Achse von κλ stimmt wieder schlecht zu S. 378, 4ff. = 379, 4ff. Hier wird doch wohl vorausgesetzt, dafs die hintere Achse immer beweglich sei. Zu alledem gesellt sich noch ein schwerwiegender sprachlicher Anstofs (S. 376, 20). Es kann daher keinem Zweifel unterliegen, dafs der bezeichnete Abschnitt interpoliert ist. Die weitere Interpolation S. 378, 1—2 *περικείμεναι τοῖς ἄξοσιν* war die notwendige Folge der ersteren. Die Worte 378, 12 *ὥστε* — 378, 14 *κνώδαξιν* schliefslich sind insofern nicht ganz unverdächtig, als *ἕκαστον* . . . *κνώδαξιν* nur bereits Gesagtes wiederholen und die Worte *βεβηκέναι* . . . *τροχοὺς* etwas Selbstverständliches ausdrücken.

Fig. 92. Die S. 381, Anm. 2 ausgesprochenen Bedenken ergänzen wir noch durch folgendes.

Dafs an jeder Achse das Rad von doppelten Schnüren in die Mitte genommen werden soll, widerspricht Herons früheren Ausführungen (S. 359, 22—26), nach denen an der einzelnen Achse Hin- und Rückfahrt durch ein- und dieselbe Schnur vermittelt werden. Dafs auch hier (Kap. 11 zum Schlufs) von Heron selber nur an letzteres Verfahren gedacht ist, beweisen m. E. S. 381, 5ff. Denn wären die Schnüre doppelt, die eine für die Hin-, die andere für die Rückfahrt, so weifs man nicht, welchem Zwecke die lockeren Schnurlagen S. 381, 6 dienen sollen. Nicht minder auffallend ist schliefslich, dafs auch das dritte Rad, welches mit Ausnahme des nicht unverdächtigen Falles S. 377, 20 bisher immer ohne Schnüre (S. 359, 2. 375, 8. 11) mitlief, jetzt doppelte Schnüre erhalten soll.

Fig. 93. Nach erneuter Prüfung will mir fast scheinen, als ob sich Heron die Vorrichtung in Fig. 93 der in Fig. 107 beschriebenen analog gedacht habe, also doch mit vertikalem ἀξόνιον. In diesem Falle müfste der Altar allerdings bedeutend kleiner sein, denn sonst wäre eine vertikale Achse kein ἀξόνιον, sondern ein ἄξων. Das war auch ein Grund mit, weshalb die vertikale Achse der handschriftlichen Figuren in eine horizontale verwandelt wurde. Unklar bleibt aber immer noch, wo das Kettchen aufhört und die Schnur anfängt, ob letztere an ersteres geknüpft oder beide wie in Fig. 107 nach dem ἀξόνιον geleitet waren. Vielleicht enthielt darüber etwas die Lücke 382, 3 nach ἀξονίῳ. Es könnten die Worte τῆς ἀγκύλης ἐκπεσούσης 382, 6 auf eine der Öse δ in Fig. 107 analoge Öse gehen, die abfiel, sobald der Schieber unter der Öffnung des Altars zurückgezogen war. Die Kette durfte jedenfalls nicht weiter gezogen werden. Deshalb war es vielleicht sogar notwendig, dafs die das Zurückziehen des Schiebers vermittelnde Schnur abfiel. Das erreicht man am einfachsten in der durch Fig. 107 dargestellten Weise. Der Leser wird sich danach die hier angedeutete Einrichtung, auch ohne Figur, leicht vorstellen können.

Fig. 94. Wir geben hierneben die handschriftliche Figur (Fig. 94 c), die so ziemlich in allen Hss. dasselbe Aussehen hat. Bei der Rekonstruktion hätte dem Dionysos ein Kantharos in die Hand gegeben werden sollen, wie er ihn auf den Bildwerken gewöhnlich bei derartigen Spenden hat.

Der Vorschlag, ϙ⅏ statt ϙτ zur Bezeichnung des Hahnes zu schreiben, ist ansprechend, zumal wenn man erwägt, dafs das ⅏ in älteren Handschriften die Form ⋀

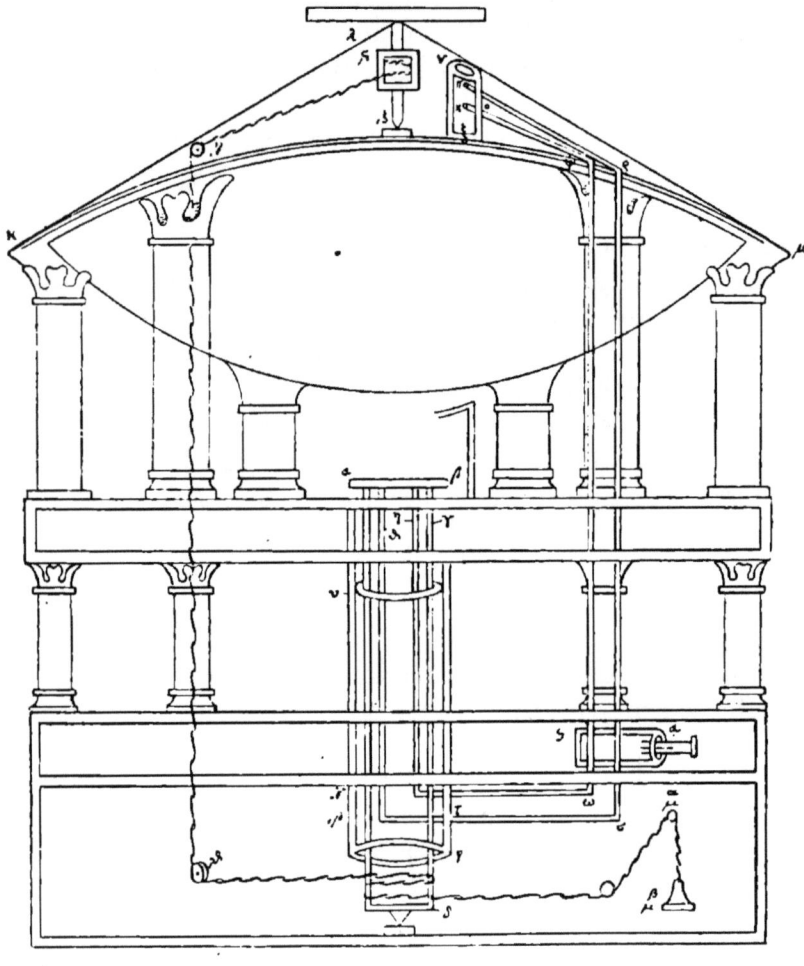

Fig. 94c.

hat, welche leicht in ein τ übergehen konnte. Übrigens weicht Heron einige Male von der herkömmlichen Reihenfolge in den Bezeichnungen ab.

Wer die früheren Ausführungen Herons mit Auf-
merksamkeit gelesen hat (vgl. oben S. LIII), wird zugeben,
dafs zur Drehung des Hahnes Ϟτ nicht nur eine Schnur
vollständig genügte, sondern dafs es nach Heronischen
Prinzipien nur eine einzige Schnur sein darf.

Der Hinweis auf Herons Belopoiika S. 388, 10 = 391, 3
bezieht sich allem Anschein nach nur auf den Abzug
(Schastería) und nicht auf die 'Hand' (Cheir, das ist der
'Drücker' in den Belopoiika). Man bedenke, dafs es in
den Belopoiika um Ermöglichung einer Bewegung in
mehr oder weniger horizontaler Richtung (Fortschnellen
des Pfeiles) handelt, hier dagegen in vertikaler Richtung
(nämlich der Abwärtsbewegung des Gewichtes $\frac{\beta}{\mu}$). Es ist
wirklich schwer zu sagen, wie der erwähnte Drücker, den
wir in dem Rekonstruktionsversuche Fig. 42 a S. 188 ver-
wandt haben, hier hätte sicher funktionieren können.

Fig. 96 d stimmt in allen Hss. überein   Dafs die
Buchstabenbezeichnung falsch ist, liegt auf der Hand.
Wenn der innerste Kreis $\alpha\beta\gamma\delta$
die Stylobatstufe darstellen soll,
so mufs der bewegliche Kreisring durch den Zwischenraum
zwischen dem innersten und dem
mittleren Kreise gebildet sein.
Dann stehen aber die Buchstaben
$\varepsilon\zeta\eta\vartheta\varkappa\lambda\mu\nu$ an unrechter Stelle.
Stehen aber letztere am rechten
Platze, dann gehören die Buch-
staben $\alpha\beta\gamma\delta$ in den mittleren
Kreis, und dieser stellt die
Stylobatstufe oder den Säulen-

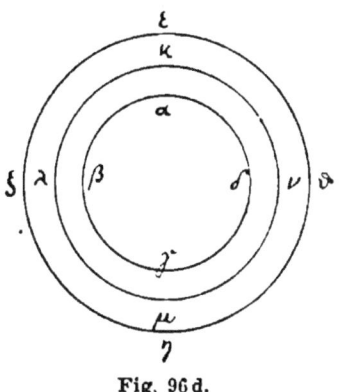

Fig. 96 d.

stand dar, während der innerste Kreis in diesem Falle
den Raum innerhalb der Säulen bezw. die Basis für die
Figur des Dionysos darstellt.

Fig. 97. Die Worte S. 396, 25—398, 2 ἅπαξ . . .
ποιεῖν (= 399, 2—6 Bei einer . . . suchen) sind verdächtig.

Es wird im Vorhergehenden gesagt, dafs man, um die Fahrt zu verlängern, entweder die Peripherie der Räder vergröfsern müsse oder den Umfang der Achse verringern. Nach Herons Meinung erfüllt also beides denselben Zweck, wie es ja auch thatsächlich der Fall ist. Wie stimmt das aber zu der Bemerkung, dafs es verständig sei, die Peripherie der Räder gröfser zu machen? Ist das nicht ein Widerspruch? Dem Interpolator entging, dafs die Verringerung des Achsenumfangs eine schnellere Raddrehung zur Folge hat, wodurch der zurückgelegte Weg natürlich auch verlängert wird. Vgl. noch zu dem Wortlaut der Interpolation S. 398, 14 f.

Fig. 98. Heron erörtert die Übersetzung am Wellrade ausführlich im Anschlufs an des Archimedes Schrift *Ἐπιπέδων ἰσορροπίαι* (arab. 'Gleichheit der Neigung') in seiner Mechanik II, 7 (Journal asiatique IX 2, 1893, S. 238. 239 ed. de Vaux und Heron. op. vol. II) nach den fünf einfachen Maschinen. In dem Kapitel von der Theorie des Hebels (II, 8. S. 241, 11. 12) berührt Heron aber die Sache nicht weiter als durch den kurzen Hinweis: 'Was für zwei konzentrische Wellen gilt, gilt auch für den Hebel'. Heron betrachtet an mehreren Stellen den Durchmesser einer Welle als einen Wagebalken, dessen Stützpunkt ihr Mittelpunkt ist, oder, was dasselbe bedeutet, als einen zweiarmigen Hebel, wie es 1577 zuerst wieder Ubaldo del Monte that.

S. 400, 9—13 = 401, 3—8. Der Apparat mit dem Bacchus ist durchaus ein unpassendes Beispiel für die Räderübersetzung. Beim Bacchus ist, sobald der Abzug gezogen ist, nur eine einzige Bewegung auszuführen, die keinen gröfseren Umfang hat als den eines Halbkreises. Dazu bedarf es doch keiner Übersetzung. Eher hätten die Tänze erwähnt werden können, bei denen (S. 395, 10) eine einfache Übersetzung angedeutet wird. Aber *μείζονας κύκλους* S. 400, 10 setzt ohne Zweifel eine mehrfache Übersetzung voraus. Dazu stimmt aber wieder der Singular *τῷ μείζονι* S. 400, 12 nicht. Schliefslich ist der Ausdruck *ἡ δὲ εἰς τὴν λείαν* ohne zugefügtes *ἀποδιδομένη* (s. S. 402, 10) oder *ἀποδεδομένη* (s. S. 436, 14) hart, des Heron wenigstens sonst ungeläufigen *ἐὰν γάρ* nicht zu gedenken. Alle diese Bedenken bestimmten mich, den Satz für ein Einschiebsel des uns schon anderweitig bekannten Interpolators zu halten. Die an-

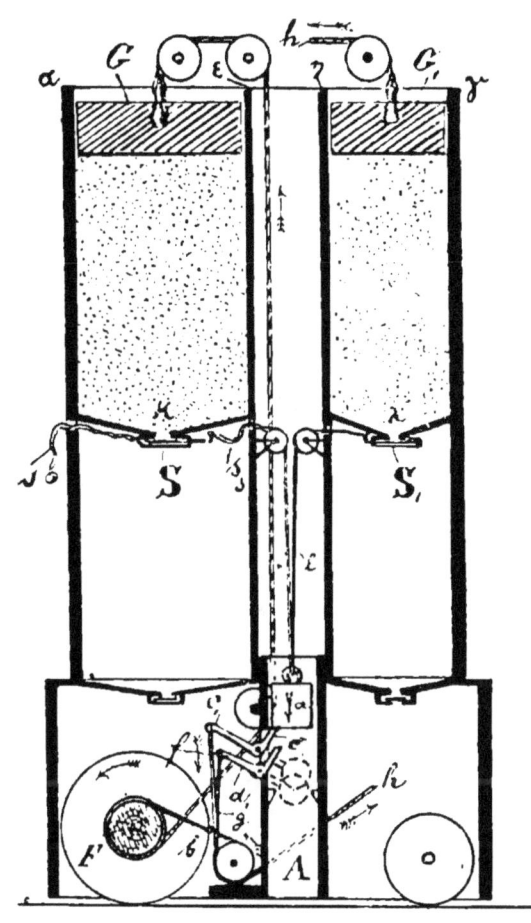

geführten sachlichen Gründe haben Brinkmanns Billigung gefunden. Nur wirft derselbe die Frage auf, ob nicht durch Streichung von *τοῦ Διονύσου* geholfen wäre. In diesem Falle würden wir eine an sich gewifs denkbare, allgemeinere Bemerkung haben. Aber einmal glaube ich, dafs alsdann noch *τοῖς μείζοσι* zu ändern wäre, und andererseits würde doch durch diese Worte kein Gedanke hinzugefügt. Fig. 99b u. 99c. Da Herons

Fig. 99 b.

Angaben sehr summarisch sind, so geben wir hier die Beschreibung des rekonstruierten Mechanismus nach dem Wortlaute von H. Querfurth.

'In den Raum zwischen den beiden Scheidewänden *εζ* und *ηϑ* (Fig. 99 a S. 402) ist ein kurzer Gewichtskasten *A* zur Führung eines kleinen Gewichtes a eingebaut. Zwei Schnüre, über die Rollen BB_1 geleitet, führen nach den Schiebern SS_1, welche die Öffnungen x, λ der Hirsebehälter mit den Antriebsgewichten des Automaten abschliefsen. Das hinter dem Schieber S befindliche lockere Schnurteil s_3 (Fig. 99b S. LVIII) verhindert, dafs beim Vorwärtsziehen des Schiebers durch die Schnur s das Gewicht a angehoben wird. Schnurteil s_3 ist in der äufsersten Stellung des Schiebers S straff, damit das Gewicht a später beim

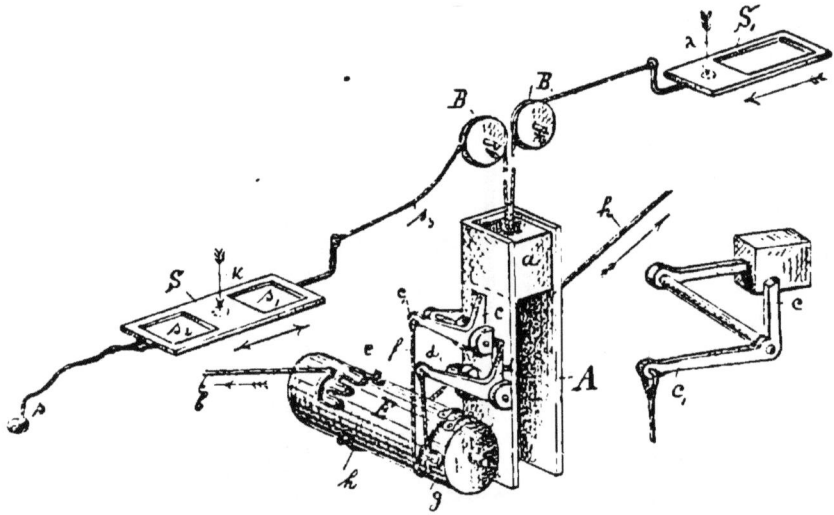

Fig. 99 c.

Niederfallen sofort auf den Schieber wirken kann. Arretierungshebel, am Gewichtskasten A drehbar über einander angebracht, treten mit ihren Schenkeln c und d durch schlitzartige Ausschnitte in den Wandungen von A und verhindern in einer oberen und einer unteren Stellung das Gewicht a am Hinabfallen (Fig. 99b und 99c). Ein auf der Drehachse jedes dieser Hebel angebrachtes kleines Gewicht drückt die Schenkel c und d stets nach innen (Fig. 99 c). Die an den Schenkel $c_1 d_1$ der Arretierungshebel befestigten Schnüre f und g sind um die Walze E gewickelt und zwar f schon gespannt, g indessen mit auf-

geklebter lockerer Schlinge. Zum Antrieb der Walze E
sind die Schnüre b und h bestimmt; Schnur b führt nach
der Achse F der Laufräder des Automaten (Fig. 99b) und
wird angezogen beim Drehen der Räder. Das Anziehen der
Schnur h ist von dem Niedersinken des Antriebsgewichtes G_1
abhängig gemacht, welches die Mechanismen für die einzelnen Vorgänge auf dem Theater in Bewegung versetzt.
Der beschriebene Mechanismus funktioniert wie folgt:
Sobald durch die Schnur s der Schieber S vorwärts bewegt wird, wird die volle Fläche desselben unter der
Ausflufsöffnung $\varkappa$ fortgezogen, und die Schieberöffnung s_1
gestattet ein Austreten der Hirse, das Gewicht G sinkt
nieder und treibt, auf die Räderachse F wirkend, den
Automaten vorwärts. Während dieser Bewegung wickeln
sich die lockeren Schlingen der Schnur b ab, so dafs am
Ende des Vorrückens des Automaten die Schnur b gespannt wird und mittels der dann gleichfalls gespannten
Schnur f den Winkelhebel cc_1 dreht; Schnur b gleitet
schliefslich vom Pflocke e der Walze E ab. Das Gewicht a
verliert hierbei seinen ersten Stützpunkt und fällt auf den
zweiten nieder, gebildet durch den Winkelhebelschenkel d.
Während dieses Vorganges hat sich die lockere Windung
der Schnur g von der Walze E abgewickelt, ohne dafs
der Winkelhebel dd_1 bewegt wird. Durch das Fallen des
Gewichtes a wird der Schieber S wieder zurückgerissen,
seine volle Fläche schliefst die Öffnung $\varkappa$, das Vorrücken
des Automaten hört auf. Gleichzeitig ist aber auch der
Schieber S_1 vorwärts bewegt, dessen volle Fläche die
Ausflufsöffnung λ bislang geschlossen hielt; diese wird
jetzt frei, und das niedersinkende Gewicht G_1 setzt die
übrigen Mechanismen des Automaten in Bewegung. Gegen
Schlufs dieser Vorgänge wird durch das Gewicht G_1 die
Schnur h gespannt, deren lockere Windungen sich inzwischen abgewickelt haben; der Winkelhebel dd_1 wird
gedreht, dem Gewichte a sein zweiter Stützpunkt entzogen, es fällt hinab. Beide Schieber SS_1 werden mit-
gerissen. Die zweite Schieberöffnung s_2 des Schiebers S

kommt unter den Behälterausflufs $\varkappa$ zu stehen, das Gewicht G sinkt beim Auslaufen der Hirse weiter nieder und führt durch entsprechende Einwirkung auf die Laufräder den Automaten auf seine Ausgangsstelle zurück. Schieber S_1 äufsert durch sein Vorrücken weiter keine Wirkung auf die Mechanismen des Automaten.'
Fig. 100. Eine handschriftliche Figur ist zu dem Donner nicht vorhanden.
Fig. 101. Eine handschriftliche Figur giebt es auch für den stehenden Automaten nicht.

412, 17 ff. Zum Verständnis der Naupliussage geben wir auch Hygins Fabel 116: 'Ilio capto et divisa praeda Danai cum domum redirent, irá deorum quod fana spoliaverant et quod Cassandram Aiax Locrus a signo Palladio abripuerat, tempestate et flatibus adversis ad saxa Capharea naufragium fecerunt, in qua tempestate Aiax Locrus fulmine est a Minerva ictus; quem fluctus ad saxa illiserunt, unde Aiacis petrae sunt dictae. Ceteri noctu cum fidem deorum implorarent, Nauplius audivit sensitque tempus venisse ad persequendas filii sui Palamedis iniurias.[1]) Itaque tanquam auxilium eis afferret, facem ardentem eo loco extulit, quo saxa acuta et locus periculosissimus erat. Illi credentes humanitatis causa id factum, naves eo duxerunt. Quo facto plurimae earum confractae sunt, militesque plurimi cum ducibus tempestate occisi sunt, membraque eorum cum visceribus ad saxa illisa sunt. Si qui autem potuerunt ad terram natare, a Nauplio interficiebantur. At Ulyssem ventus detulit ad Maronem, Menelaum in Aegyptum. Agamemnon cum Cassandra in patriam pervenit.' Aufserdem vgl. Nauck trag. gr. fragm. 223 f. und R. Schöne *Zu Hyginus und Hero* S. 73, der es unentschieden läfst, ob eine Beziehung zu Sophokles' Ναύπλιος Πυρκαεύς vorhanden sei. Τὰ Ναυπλίου τ' Εὐβοϊκὰ πυρπολήματα sind auch Eurip. Hel. 767 erwähnt.

---

1) Palamedes war nach der Sage infolge der Ränke des Odysseus von den Griechen vor Troja unschuldigerweise gesteinigt worden.

-

Zum Tode des Ajax durch Minerva vgl. noch Verg.
Aen. I 39—45:

Pallasne exurere classem
Argivom atque ipsos potuit submergere ponto
unius ob noxam et furias Aiacis Oilei?
ipsa Iovis rapidum iaculata e nubibus ignem
disiecitque rates evertitque aequora ventis,
illum expirantem transfixo pectore flammas
turbine corripuit scopuloque infixit acuto.

Fig. 102. 416, 8. Sollte nicht *ἔμπροσθεν* statt
ὄπισθεν zu lesen sein? Die beiden Worte sind auch sonst
verwechselt, z. B. 446, 24. Die Bemerkung S. 420, 15
ἐστι . . . παρακόλλημα ist seltsam. Da diese ganze Vorrichtung im Innern liegt, so erscheint es überflüssig zu
sagen, dafs man nicht sehen dürfe,
wie die lockeren Schnurlagen angeklebt seien.

Fig. 103. Das Schlaghölzchen
würde noch fester sitzen, wenn
der Stift auch an der Stelle vierkantig wäre, wo er durch das
Schlaghölzchen hindurchgeht.

Fig. 103c ist die Nachbildung
eines Drillbohrers in einer Hs. zu
Bologna. S. Wescher *Poliorcéti-
que* S. 221.

Fig. 105. S. 434, 2—6 *τοῦτο*
. . *ἀποτέμνειν* = S. 433, 27—

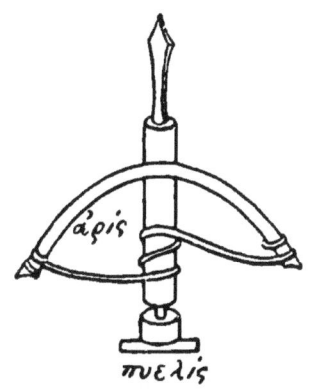

Fig. 103c.

435, 6 'Der überragende Teil . . . abzuschneiden'. Die
bezeichneten Worte unterliegen starken Bedenken. Denn
was sie besagen, ist teils schon oben S. 432, 16 (*ἀποτεμεῖν*
'abzuschneiden') gesagt, teils wird es erst unten S. 434,
14—19 = S. 435, 15—21 in einer mehr Vertrauen er-
weckenden Fassung gegeben. Es ist wohl kaum ein
Zweifel, dafs der Interpolator wieder thätig war.

Unter Fig. 105c fügen wir die handschriftliche Figur
bei, welche in allen Hss. ziemlich dasselbe Aussehen hat.

Fig. 107. Die Worte, welche verlangen, daſs der Kasten auf der Rückseite einen Verschluſs ('Nagel' in den Hss.) habe, damit man ihn von allen Seiten verschlieſsen könne, sind nicht ohne Bedenken. Er soll aus Holz sein, obwohl sonst der ganze Kasten aus Kupferplatten zusammengesetzt ist. Auch liegt ein Widerspruch mit S. 442, 8 = S. 445, 10 vor. Hier wird ausdrücklich betont, daſs der Kasten keinen Deckel habe, sondern (nach

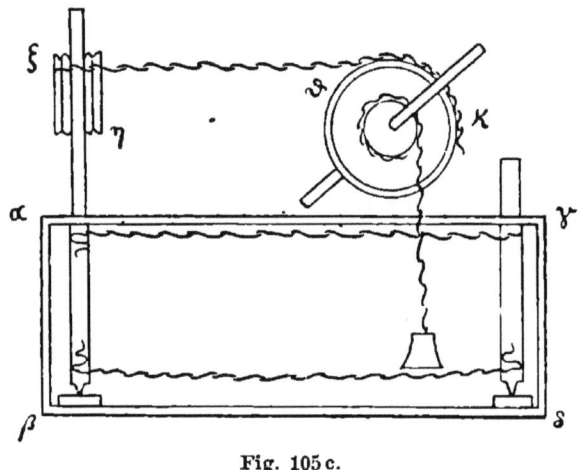

Fig. 105 c.

hinten) offen stehe. Daſs in diesem Falle der auf der Vorderseite des Automaten sitzende Zuschauer die Flamme schon vorher zur Unzeit sehen werde, ist jedenfalls nicht zu befürchten. Dagegen ist vielleicht Gefahr, daſs die Flamme, die doch immerhin eine geraume Zeit brennen muſs, aus Mangel an Sauerstoff erlischt, wenn der Kasten von allen Seiten geschlossen wird.

Fig. 108. Hr. H. Querfurth hat in Wort und Bild den Versuch gemacht, das Erscheinen, den Umlauf und das Verschwinden der Athene zu rekonstruieren. Wir fügen auſser den Figuren (108 a—e) auch die Beschreibung in Querfurths eigenen Worten bei.

'Die ohne irgend welche handschriftliche Figuren überlieferten Angaben beschränken sich darauf, das Erscheinen, die Bewegung und das Verschwinden der Figur der Athene und die zu diesen Zwecken zu wählenden mechanischen Hilfsmittel nur ganz allgemein anzudeuten. Nachstehend ist der Versuch gemacht worden, auf Grund dieser Angaben die Mechanik zu konstruieren, die für den Umlauf der Athene und zugleich in Rücksicht auf das übrige Triebwerk des Automaten mutmaßlich angewendet wurde. Die beigefügten Skizzen (Fig. 108 a—e) bringen alle für den vorliegenden Zweck in Frage kommenden Einrichtungen und Mechanismen zur Anschauung; glei-

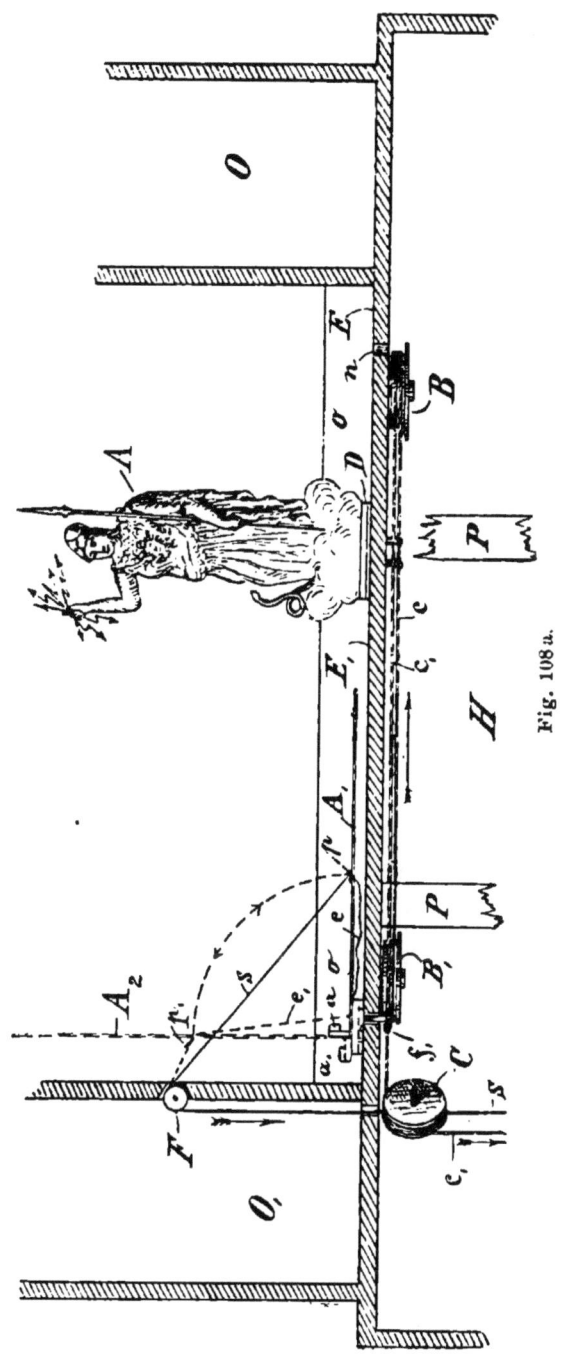

Fig. 108 a.

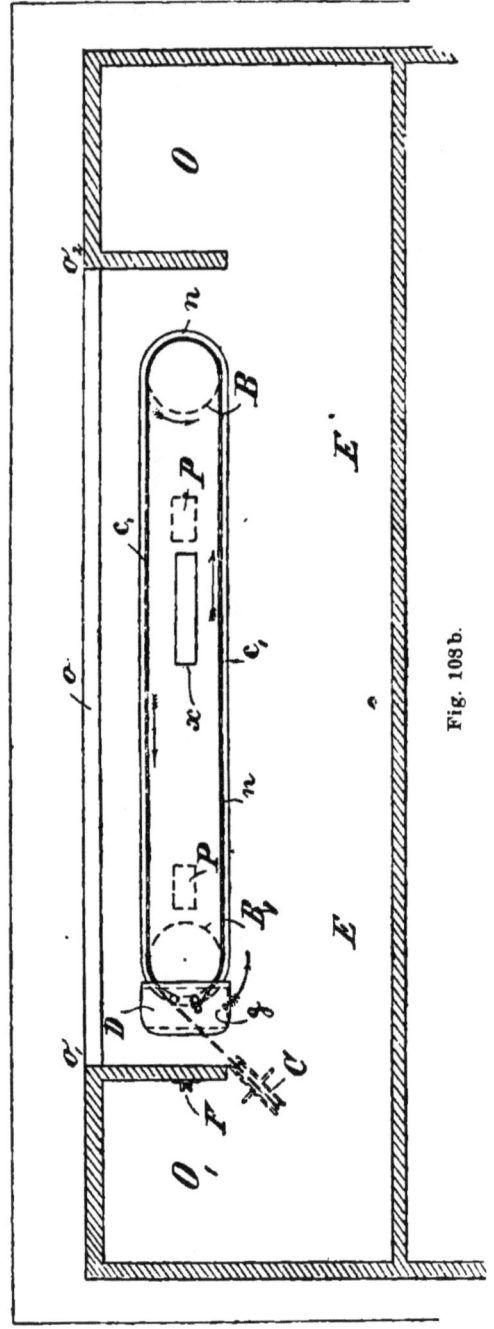

Fig. 108 b.

che Teile sind dabei mit gleichen Buchstaben bezeichnet. Fig. 108 a zeigt den Längsschnitt, Fig. 108 b den Grundrifs, die Figuren 108 c—e Einzelheiten der Mechanik.

Die Bühnenöffnung $o_1 o_2$ (Fig. 108 b) ist unten begrenzt durch ein Brett o, welches die notwendigen Einschnitte im Bühnenboden und die mechanischen Einrichtungen, die auf demselben angebracht werden mufsten, dem Auge des Zuschauers verbirgt (Fig. 108 a). Erscheinen, Umlauf und Verschwinden der Athene vollziehen sich auf der Vorderbühne zwischen den Hohlräumen O, O_1 der Walzen für das Wandelbild. Für die Zwangsbewegung der Figur der Athene ist in den Bühnenboden ein umlaufender Schlitz n (Fig. 108 b) eingeschnitten, der

e

auf seinen äufseren Enden von halbkreisförmigen Teilen,
in der Längsrichtung von parallel gerichteten Strecken gebildet wird. Der mitt-
lere Teil E_1 (Fig. 108 a)
des Bühnenbodens ist
durch zwei kleine Pfo-
sten PP (Fig. 108 a
und 108 b), die vom
Boden des Hohlraumes
H aufragen, in seiner
Lage gehalten. Schlitz x
(Fig. 108 b) dient als
Einführungsöffnung für
die herabfallende Blitz-
wolke (Fig. 109). Unter
dem Teile E_1 des Büh-
nenbodens liegen, an den

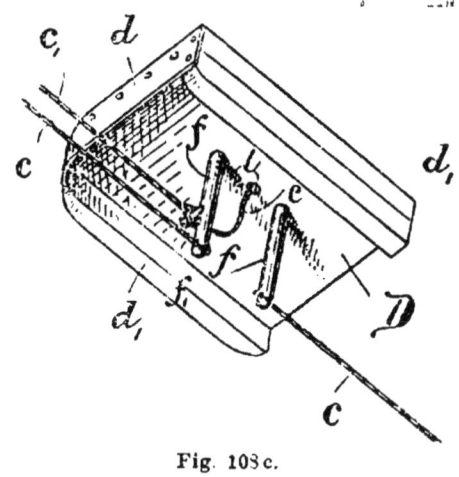

Fig. 108 c.

Enden der Schlitzbahn n drehbar gelagert, die Rollen B, B_1
(Fig. 108 a), deren Umfänge von den inneren, parallelen Be-
grenzungslinien des
Schlitzes n berührt
werden. Untere Rol-
lenkränze verhindern
das Abrutschen der
Schnüre c, c_1. Die
Figur der Athene
(A, Fig. 108 a, d, e),
aus dünnem Material,
ist wegen der Kehr-
bewegung doppel-
seitig gemalt, und
um ein Scharnier b
(Fig. 108 d, e) dreh-
bar auf einem klei-
nen Schlitten D

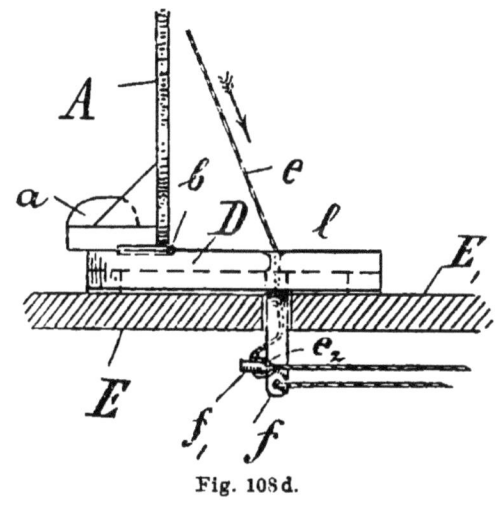

Fig. 108 d.

(Fig. 108 a, c bis e) befestigt. Ein kleines Bleigewicht a
(Fig. 108 d, e), auf dem Fufsbrette der Figur angebracht,

sichert die aufrechte Stellung der Athene während des
Umlaufes. Der Schlitten D gleitet mittelst der Laufleisten
d_1, d_1 (Fig. 108c, e) und ist einseitig und zwar nach vorn
von einem dünnen Bleche d begrenzt, welches den Bühnenboden indessen nicht berührt. Dieses Blech d dient dem
Zwecke, den Schlitten D möglichst in seine Anfangsstellung
wieder zurückgelangen zu lassen. In der Anfangsstellung
liegt ein Stift g im Bühnenboden fest, unterhalb des
Schlittens hinter dem Bleche d (Fig. 108b); in der Schlufs-
stellung wird die Bewegung des Schlittens D durch denselben Stift
g gehemmt
(Fig. 108e).
Anfangs-
und Schlufs-
stellung des
Schlittens
sind also nur
um die Blech-
stärke von d
verschieden.
Pflöcke f, f
(Fig. 108 c)
sind in dem
Schlitten-
brette befes-
tigt und ra-

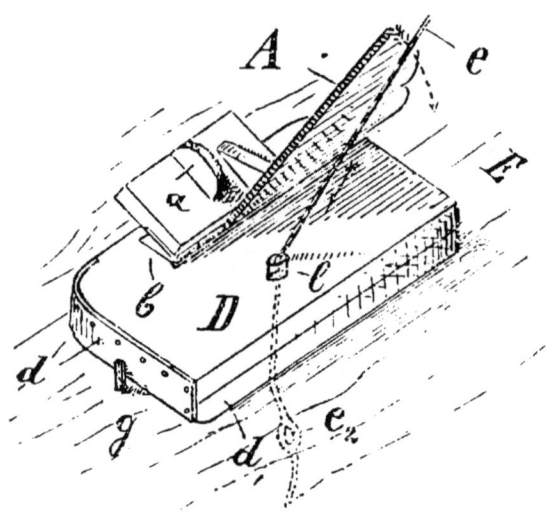

Fig. 108 e.

gen so weit unter dem Schlitten hervor, dafs sie als
Führungsstifte in die Schlitzbahn n eingreifen und mit
genügendem Spielraum über die Kränze der Rollen B, B_1
hinstreichen, der Abstand der Pflöcke f, f von einander
richtet sich nach der Weite und Krümmung des Schlitzes n.
Um eine möglichst gleichmäfsige Gleitbewegung des
Schlittens D und damit der Figur der Athene zu erreichen,
läuft eine gespannte Schnur c (Fig. 108a, c), über die
Rollen B, B_1 geleitet, von einem Pflock f zum andern
(Fig. 108c). Die Antriebsschnur c_1 ist mit einer Öse c_2

e*

(Fig. 108d) um den Ansatz f_1 des einen Pflockes f gelegt und dann weiterhin durch das Loch l im Schlitten in dünner Fortsetzung e nach der Mitte der Athene geführt (Fig. 108d, e). Von f_1 (Fig. 108c) läuft die Schnur c_1 um B_1, B, B_1 (Fig. 108a), dann nach der Leitrolle C und von dort nach dem Antriebsgewichte des Automaten. Beim Beginn des Umlaufes der Athene wird durch eine entsprechende Vorrichtung die über die Rolle F geleitete, sehr dünne Schnur s (Fig. 108a) vom Betriebsgewichte angezogen. Diese, mit einer Öse auf einen kleinen, schräg gerichteten Stift p der Figur aufgehakt (Fig. 108a), bewirkt also das Aufrichten der Athene. Ist die senkrechte Stellung der Figur erreicht, der Stift p also in die Lage p_1 gelangt, so wird die Schnur s vom Stifte abgestreift; der Schlitten ist dann für den Umlauf frei. Dieser vollzieht sich dann unter Einwirkung der jetzt vom Antriebsgewichte des Automaten angezogenen Schnur c_1. Der Schlitten mit der aufrechten Figur der Athene bewegt sich zunächst, die Vorderseite dem Zuschauer zugekehrt, nach der andern Seite der Bühne. Ist die Figur dort angekommen, gleiten die Pflöcke f, f des Schlittens D, immer im Schlitze n geführt, um die Rolle B, wobei eine Kehrbewegung der Figur der Athene stattfindet. Infolgedessen kehrt sie jetzt dem Zuschauer die Rückseite zu. In der Endstellung stößt dann der weiter gleitende Schlitten D gegen den Stift g (Fig. 108c) im Bühnenboden und die Öse e_2 (Fig. 108d) der Schnur c_1 wird vom Ansatze f_1 des Pflockes f abgestreift. Das weitere Anziehen der Schnur c_1 hat zur Folge, daß deren dünne Fortsetzung, mit e bezeichnet, angespannt und damit die Figur der Athene zum Schlusse wieder niedergelegt wird.'

Die Erscheinung der Athene ist auch in einem Aufsatze von R. Schöne *Zu Hyginus und Hero* im Jahrbuch des Kaiserlich Deutschen Archäologischen Instituts 1890, Bd. V, 73—77 im allgemeinen besprochen. Dort wird .ferner mit Recht auf den Widerspruch hingewiesen, welcher sich daraus ergiebt, daß Heron in Kap. XXIX die im Ein-

gange seiner Schrift (s. S. 406, 1) in Aussicht gestellte
einfachere Erscheinung der Athene statt der von ihm ge-
tadelten, komplizierteren des Philo giebt, ohne die Hinweise
auf letztere, insbesondere die bekämpfte Schwebemaschine
(vgl. S. 404, 17 und dazu S. 440, 24) getilgt zu haben.
Fig. 109. Eine handschriftliche Figur ist hierzu nicht
vorhanden.

KAPITEL IV.
ZUM ANHANGE.

Die von Halma benutzte Hs. 2363 (ehemals Fontebl.-
Reg. 2720, Pap. 218 Bl.) gehört nach Omont *Inv. somm.*
II, 247 thatsächlich dem 15. Jahrh. an. Das Alter der
anderen, 2392 (einst Fontebl.-Reg. 2726), wird von Omont
II, 252 bestätigt. Vgl. S. 506 f. das Fragment nach Pappus.
456, 7 möchte ich jetzt nach 252, 7 mit den Hss. ἔθος
ἐστί schreiben.

Der 'Liber Philonis de ingeniis spiritualibus' ist nach
V. Rose *Anecdota · Graeca et Graecolat.* II, 299—313 gegeben. Neue Kollationen sind nicht gemacht, weil sie
vermutlich nichts wesentlich Neues ergeben hätten.[1]

A. de Rochas *Traité des Pneumatiques de Philon
de Byzance.* Extrait de la Revue archéologique, juin
et août 1881, hat die Schrift S. 3—16 des Sond.-Abdr.
ins Französische übersetzt und mit einigen Anmerkungen
ausgestattet. Die Figuren sind mit geringen Änderungen
die handschriftlichen, wie sie Rose giebt.

Diese Übersetzung nebst den zugehörigen Figuren ist
von demselben unter dem Titel *Fragment des Pneumatiques
de Philon de Byzance* wiederholt in der *Science des philo-
sophes et l'art des thaumaturges* 1882 S. 205—218, aber
meist ohne die Anmerkungen.

---

1) Wem es um einen vollständigen kritischen Apparat zu
thun ist, dem ist Rose unentbehrlich. Auch dessen Einleitung
ist zu beachten.

Eine deutsche Übersetzung erscheint hiermit zum ersten Male.

Die Lebenszeit Philons steht nicht fest. Jedenfalls ist er älter als Heron und Vitruv und jünger als Ktesibios. Von Heron wird nämlich Philon 404, 13 und von Vitruv VII, Praef. 14 S. 160, 3 Rose erwähnt. Philon selbst führt dagegen wiederholt den Ktesibios an (s. oben S. X, Anm.), ohne gerade dessen Schüler gewesen zu sein (s. Susemihl *Gesch. d. gr. Litt.* I, 745, Anm. 192). Wenn Philo in die zweite Hälfte des 3. Jahrh. v. Chr. gesetzt wird, so stimmt das zu der bereits S. XI Anm. ausgesprochenen Vermutung, dafs er ein Zeitgenosse des Archimedes sei. 459, Anm. 2. Die Oxforder arabische Hs. trägt die Nr. 954, nicht 966. 474 ff. Vgl. oben S. XLV. 486, Fig. 121. Man mufs sich vorstellen, dafs das Vorratsgefäfs *ab* in einem abgeschlossenen Raume steht. Die aus Vitruv[1]) abgedruckten Abschnitte sind der Ausgabe von Rose entnommen.

Fig. 29a (495 Anm. 5) s. oben S. XXXV.

Vitruvs Wasserorgel ist oben S. XLI ff. behandelt.

---

1) Neuerdings wird mit Unrecht von J. L. Ussing *Betragtninger over Vitruvii de architectura libri decem.* Kgl. Danske Vidensk. Selsk. Skr. 6. Raekke, hist. og filos. Afd. IV, 3, Kopenhag. 1896, im Anhange *Observations sur Vitruve et sur le temps où peut avoir été écrit l'ouvrage qui porte ce titre* Vitruv frühestens dem 3. Jahrh. n. Chr. zugewiesen (wie schon 1856 von C. F. L. Schultz dem 4. Jahrh.) und für einen 'Dilettanten' aus der Gegend von Ravenna erklärt, der Varro kompiliert habe. Vgl. dazu die Bemerkungen von P. Tannery *Frontin et Vitruve* S.-A. S. 118—127 (Revue de Philologie 1897). Hultsch erklärt sich entschieden gegen diese Datierung. 'In allen rein technischen Dingen', schreibt er mir, 'ist Vitruv eine unschätzbare und durch keine Deuteleien herabzusetzende Autorität. Sein ungehobelter Stil zeugt nur für die Echtheit der Überlieferung; Männer der Praxis haben schon zu Augustus' Zeit anders geschrieben als die Gelehrten.' Dem kann man nur zustimmen.

HERONIS ALEXANDRINI
PNEVMATICORVM LIBRI DVO.

CONSPECTVS NOTARVM.

A = Marcianus 516 s. XIII.
G = Gudianus 13 s. XVI.
T = Taurinensis B, V, 20 anni 1541.
a = consensus codicum AGT vel Heronis recensio prior.
M = Magliabechianus II. III 36 s. XVI.

B = Barberinianus I 162 anni 1499.
C = Constantinopolitanus 19 s. XV.
P = Parisinus 2515 s. XVI.
b = consensus codicum BCP (2—28, 17 = BC, 188, 19—204, 22
 = CP) vel Pseudo-Heronis recensio posterior.
L = versio Latina s. XV.

... lacunam significat,
† locum corruptum,
[ ] delenda,
⟨ ⟩ inserenda.

Potiores tantum lectiones afferentur. Ea praefationis pars
quae est de codicum ratione et index verborum supplemento
seorsum expresso continentur.

ΗΡΩΝΟΣ ΑΛΕΞΑΝΔΡΕΩΣ
ΠΝΕΥΜΑΤΙΚΩΝ

Α   Β

ΗΡΩΝΟΣ ΑΛΕΞΑΝΔΡΕΩΣ
ΠΝΕΥΜΑΤΙΚΩΝ
ΠΡΩΤΟΝ.

Τῆς πνευματικῆς πραγματείας σπουδῆς ἠξιωμένης Prooem
πρὸς τῶν παλαιῶν φιλοσόφων τε καὶ μηχανικῶν, τῶν 5
μὲν λογικῶς τὴν δύναμιν αὐτῆς ἀποδεδωκότων, τῶν
δὲ καὶ δι' αὐτῆς τῆς τῶν αἰσθητῶν ἐνεργείας, ἀναγκαῖον ὑπάρχειν νομίζομεν καὶ αὐτοὶ τὰ παραδοθέντα
ὑπὸ τῶν ἀρχαίων εἰς τάξιν ἀγαγεῖν, καὶ ἃ ἡμεῖς δὲ
προσευρήκαμεν εἰσθέσθαι· οὕτως γὰρ τοὺς μετὰ ταῦτα 10
ἐν τοῖς μαθήμασιν ἀναστρέφεσθαι βουλομένους ὠφε-
λεῖσθαι συμβήσεται. ἀκόλουθον δὲ εἶναι νομίσαντες
τῇ τῶν ὑδρίων ὡροσκοπείων ἕξει, ἥτις ἡμῖν ἐν τέσσαρσι
βιβλίοις προαναγέγραπται, ταύτην συνεχῆ ὑπάρχειν
γράφομεν καὶ περὶ αὐτῆς, ὡς προείρηται· διὰ γὰρ συμ- 15
πλοκῆς ἀέρος καὶ πυρὸς καὶ ὕδατος καὶ γῆς καὶ τῶν
τριῶν στοιχείων ἢ καὶ τῶν τεσσάρων συμπλεκομένων
ποικίλαι διαθέσεις ἐνεργοῦνται, αἱ μὲν ἀναγκαιοτάτας
τῷ βίῳ τούτῳ χρείας παρέχουσαι, αἱ δὲ ἐκπληκτικόν
τινα θαυμασμὸν ἐπιδεικνύμεναι. 20

---

13 Fragmentum huius operis exstat apud Proclum hypotyp.
astron. Bas. 1540 p. 42; v. infra   τέσσαρσι b: τέταρσι AG:
τέττταρσι T 14 προσαναγέγραπται a b: corr. Haasius 16—17 f. καὶ
τῶν τριῶν ... συμπλεκομένων del.   17 τεττάρων T

DIE DRUCKWERKE
HERONS VON ALEXANDRIA.[1]

BUCH I.

Das Studium der Pneumatik wurde von den alten
Philosophen und Mechanikern sehr eifrig betrieben, indem
die einen ihr Wesen theoretisch, die andern durch Vorführung von Experimenten darlegten. Daher erscheint
es auch uns notwendig, die Erfindungen unserer Vorgänger, wie sie uns überkommen sind, in geordneter
Reihenfolge zu entwickeln und unsere eigenen mit einzuschalten. Das dürfte für künftige Mathematiker von
praktischer Bedeutung sein. Wie oben bemerkt, behandeln
wir auch die Pneumatik, weil wir sie für die natürliche
Fortsetzung unserer früheren, in vier Büchern gegebenen
Darstellung der Wasseruhren halten. Denn durch Vereinigung von Luft, Feuer, Wasser, Erde und die Zu-
sammensetzung von drei oder auch vier Elementen ergeben
sich Verbindungen mannigfacher Art, von denen einige
uns mit sehr notwendigen Lebensbedürfnissen versorgen,
während andere staunende Bewunderung hervorrufen.

---

1) a bezeichnet die ältere Rezension, b die jüngere Überarbeitung.

---

1 Ἀλεξανδρέως a: φιλοσόφου b   3 βιβλίον πρῶτον b
8 καὶ αὐτοὶ om. b   9 δ᾿ ἡμεῖς b   δὲ om. L   10 εἰσθέσθαι a:
ἐκθέσθαι b   12 ἀκόλουθον δὲ εἶναι om. L   19 χρείας τῷ
βίῳ τούτῳ tr. b

1*

4 ΗΡΩΝΟΣ ΑΛΕΞΑΝΔΡΕΩΣ ΠΝΕΥΜΑΤΙΚΩΝ Α.

*Πρὸ δὲ τῶν λέγεσθαι μελλόντων πρῶτον περὶ κενοῦ
διαληπτέον.* οἱ μὲν γὰρ τὸ καθόλου μηδὲν εἶναι κενὸν
⟨διατείνονται⟩, οἱ δὲ ἄθρουν μὲν κατὰ φύσιν μηδὲν
146 εἶναι κενόν, παρεσπαρμένον δὲ κατὰ μικρὰ μόρια | τῷ
ἀέρι καὶ τῷ ὑγρῷ καὶ ⟨τῷ⟩ πυρὶ καὶ τοῖς ἄλλοις σώμα- 5
σιν· οἷς μάλιστα συμφέρεσθαι προσήκει· ἐκ γὰρ τῶν
φαινομένων καὶ ὑπὸ τὴν αἴσθησιν πιπτόντων ἐν τοῖς
ἑξῆς δείκνυται τοῦτο συμβαῖνον· †ἐν τῷ μέντοι τὰ
ἀγγεῖα τὰ δοκοῦντα εἶναι τοῖς πολλοῖς κενὰ οὐκ ἔστιν, ὡς
ὑπολαμβάνουσι, κενά, ἀέρος δὲ πλήρη. ὁ δὲ ἀήρ ἐστιν, 10
ὡς τοῖς περὶ φύσεως πραγματευσαμένοις ἀρέσκει, ἐκ
λεπτῶν καὶ μικρομερῶν σωμάτων συνεστηκὼς ἀφανῶν
ἡμῖν ὄντων ὡς ἐπὶ ⟨τὸ⟩ πολύ. ἐὰν γοῦν εἰς τὸ δοκοῦν
ἀγγεῖον κενὸν ὑπάρχειν ἐγχέῃ τις ὕδωρ, καθ᾿ ὅσον ἂν
πλῆθος τοῦ ὕδατος εἰς τὸ ἀγγεῖον ἐμπίπτῃ, κατὰ τοσοῦ- 15
τον πλῆθος ἀὴρ ἐκχωρήσει. κατανοήσειε δ᾿ ἄν τις τὸ
λεγόμενον ἐκ τοῦ τοιούτου· ἐὰν γὰρ εἰς ὕδωρ κατα-
στρέψας ἀγγεῖον τὸ δοκοῦν εἶναι κενὸν πιέξῃς εἰς τὸ
κάτω ἀκλινὲς διαφυλάσσων, οὐκ εἰσελεύσεται τὸ ὕδωρ
εἰς αὐτό, κἂν ὅλον αὐτὸ κρύψῃς· ὥστε δῆλον εἶναι, 20
ὅτι σῶμα ὑπάρχων ὁ ἀὴρ οὐκ ἐᾷ παρεισελθεῖν τὸ ὕδωρ
διὰ τὸ πεπληρωκέναι πάντα τὸν ἐν τῷ ἀγγείῳ τόπον.
ἐὰν γοῦν τρυπήσῃ τις τὸν πυθμένα τοῦ ἀγγείου, τὸ
μὲν ὕδωρ διὰ τοῦ στόματος εἰς αὐτὸ εἰσελεύσεται, ὁ
δὲ ἀὴρ διὰ τοῦ τρυπήματος ἐξελεύσεται. πάλιν δὲ 25

1—28, 15 Πρὸ ... κινήσεις ed. Diels Sitzgsber. d. Akad. d.
Wiss. Berlin 1893 p. 120—127.   περὶ κενοῦ inscribit G₂T
3 διατείνονται b, contendunt L: om. a: οἴονται Paris. 2431
5 τῷ (alterum) b: om. a   8 ἐν τῷ μέντοι τὰ AGT₂ b: τὰ
μέντοι T₁ alii: ex eo quod L: ἓν τὸ μέγιστον Diels   12 λεπτῶν
καὶ μικρομερῶν Laur. 59, 17. Leid. Voss. 44: λεπτῶν καὶ μικρῶν
μερῶν AG: μικρῶν καὶ κούφων T₁, κούφων in λεπτῶν corr. T₂:

Bevor wir uns unserem eigentlichen Thema zuwenden, haben wir zunächst das Vakuum (das Leere) zu erläutern. Es giebt nämlich Forscher, welche überhaupt jedwedes Vakuum entschieden in Abrede stellen[1]), andere[2]) hin-
5 gegen vertreten die Behauptung, es gebe von Natur zwar kein kontinuierliches (absolutes) Vakuum, aber doch ein in kleinen Teilchen in der Luft, der Feuchtigkeit, dem Feuer und den andern Körpern verteiltes. Die letztere Annahme verdient am meisten unsern Beifall. Denn es
10 ergiebt sich im folgenden ihre Wahrheit aus augenschein-lichen, sinnlich wahrnehmbaren Vorgängen. Die Gefäfse, die gewöhnlich für leer gelten, sind in Wirklichkeit nicht, wie man glaubt, leer, sondern mit Luft gefüllt. Die Luft besteht nach den Lehrsätzen der Physiker aus zarten,
15 feinteiligen, uns meist unsichtbaren Molekülen. Giefst man in das anscheinend leere Gefäfs Wasser, so strömt wenigstens so viel Luft aus, als Wasser hineinläuft. Folgendes ist der Beweis für diese Behauptung. Wenn man ein scheinbar leeres Gefäfs umstülpt und in scharf
20 lotrechter Richtung ins Wasser setzt, so fliefst dieses nicht hinein, selbst wenn man das Gefäfs ganz untertauchen sollte. Daraus erhellt, dafs die Luft ein Körper ist und dafs sie deshalb, weil das ganze Innere des Gefäfses da-mit angefüllt ist, dem Wasser den Zutritt verwehrt.
25 Bohrt man allerdings in den Boden des Gefäfses (also oben) ein Loch, so dringt durch die Mündung das Wasser ein, während die Luft durch das Loch (im Boden) entweicht.[3]) Hebt man dagegen vor der Durchbohrung des Bodens das

---

1) Aristoteles gegenüber Demokrit.   2) Straton.   3) Vgl. unten Philos Pneumatik Kap. 2 nebst zugehöriger Figur.

μικρῶν καὶ λεπτομερῶν b) Laur. 74, 13. cf. p. 12, 3. 28, 2: *(ex) parvis ac minutis* L   13 τὸ add. Diels   17 γὰρ AGb: οὖν T

---

2 εἶναι post κενὸν iterat C   9 κενὰ aC: om. BL   15 ἐμ-πίπτει BC₁, corr. C₂   18 πιέζεις C   22 τῷ om. C

πρὸ τοῦ τρυπῆσαι τὸν πυθμένα ἐάν τις ὀρθὸν ἐκ τοῦ
ὕδατος τὸ ἀγγεῖον ἐπάρῃ, ἀνατρέψας ὄψεται πᾶσαν
τὴν ἐντὸς τοῦ ἀγγείου ἐπιφάνειαν καθαρὰν ἀπὸ τοῦ
ὑγροῦ, καθάπερ ἦν καὶ πρὸ τοῦ τεθῆναι. διὸ δὴ ὑποληπτέον εἶναι σῶμα τὸν ἀέρα. γίνεται δὲ πνεῦμα 5
κινηθείς· οὐδὲν γὰρ ἕτερόν ἐστι τὸ πνεῦμα ἢ κινούμενος ἀήρ. ἐὰν γοῦν τετρυπημένου τοῦ ἀγγείου κατὰ
τὸν πυθμένα καὶ εἰσπίπτοντος τοῦ ὕδατος παραθῇ τις
τῷ τρυπήματι τὴν χεῖρα, αἰσθήσεται τὸ πνεῦμα ἐκπῖ-
πτον ἐκ τοῦ ἀγγείου· τοῦτο δὲ οὐκ ἄλλο τί ἐστιν ἢ ὁ 10
ἐκκρουόμενος ὑπὸ τοῦ ὕδατος ἀήρ. οὐχ ὑποληπτέον
οὖν ἐν τοῖς οὖσι κενοῦ τινα φύσιν ἀθρόαν αὐτὴν καθ'
ἑαυτὴν ὑπάρχειν, παρεσπαρμένην δὲ κατὰ μικρὰ μόρια
τῷ τε ἀέρι καὶ τῷ ὑγρῷ καὶ τοῖς ἄλλοις σώμασιν, εἰ
μὴ ἄρα τὸν ἀδάμαντα μόνον μὴ κοινωνεῖν ⟨εἴποι τις⟩ 15
τῇ τοῦ κενοῦ φύσει διὰ τὸ μήτε πύρωσιν ἐπιδέχεσθαι
μήτε διακόπτεσθαι, τυπτόμενον δὲ εἰς τοὺς ἄκμονας
καὶ τὰς σφύρας ὅλον ἐνδύεσθαι. τοῦτο δὲ αὐτῷ παρα-
κολουθεῖ διὰ τὴν συνεχῆ πυκνότητα· τὰ γὰρ τοῦ πυρὸς
σώματα παχυμερέστερα ὄντα τῶν ἐν τῷ λίθῳ κενῶν 20
οὐ παρεισέρχεται, ἀλλὰ μόνον ἐπιψαύει τῆς ἐκτὸς ἐπι-
φανείας· διόπερ μὴ προκατεισδύνοντα ἐντὸς καθάπερ
ἐπὶ τῶν ἄλλων σωμάτων οὐδὲ δέχεται θερμότητα. τὰ δὲ
τοῦ ἀέρος σώματα συνερείδει μὲν πρὸς ἄλληλα, οὐ
κατὰ πᾶν δὲ μέρος ἐφαρμόξει, ἀλλ' ἔχει τινὰ διαστή- 25
ματα μεταξὺ κενὰ καθάπερ ἡ ἐν τοῖς αἰγιαλοῖς ψάμμος.
τὰ μὲν οὖν τῆς ψάμμου μόρια τοῖς τοῦ ἀέρος σώμασιν

---

2 ἐπαίρῃ T₁, corr. T₂   10 ἐκ om. T₁ add. T₂   11 ἐκκρουόμενος T₁ Gmg. b: ἐκκενούμενος AGT₂: ἐκκρινόμενος M₂   ὑπὸ T:
ἀπὸ AGb   13 παρεσπαρμένην AGT₂: κατεσπαρμένην T₁ b:
disseminatam L   15 εἴποι τις bL: φαίη τις Laur. 74, 13: om. a:

Gefäfs senkrecht aus dem Wasser und kippt es um, so
wird man die ganze Innenseite des Gefäfses trocken finden
wie vor dem Untertauchen. Daher darf die Körperlichkeit
der Luft als ausgemacht gelten. Die Luft wird zu
5 Pneuma (Wind), wenn sie bewegt wird. Denn der Wind
ist nichts anderes als bewegte Luft. Wenn man also
das Gefäfs am Boden durchbohrt und die Hand ans Loch
hält, während das Wasser einfliefst, so wird man in der
That fühlen, wie das Pneuma aus dem Gefäfse entweicht.
10 Das ist aber nichts anderes als die vom Wasser ausge-
stofsene Luft. Die Annahme, dafs in Wirklichkeit an sich
ein natürliches, kontinuierliches Vakuum bestehe, ist also
nicht berechtigt, vielmehr ist das Vakuum in kleinen
Teilchen in der Luft, der Feuchtigkeit und den übrigen
15 Körpern verteilt, falls man nicht etwa allein dem Diamant
(jeglichen) Anteil an der Eigentümlichkeit des Vakuum
absprechen will, weil er sich weder glühend machen noch
zerbrechen läfst, sondern beim Hämmern in Ambofs und
Hammer sich völlig eindrückt. Diese Eigenschaft ver-
20 dankt er seiner aufserordentlichen Härte. Denn die Moleküle des Feuers haben einen gröfsern Umfang als die
Vakua des Steines und dringen daher nicht ein, sondern
berühren blofs die äufsere Oberfläche. Eben deshalb,
weil sie nicht vorher hineinkommen wie bei den übrigen
25 Körpern, entwickelt sich auch keine Wärme. Die Moleküle der Luft stofsen zwar an einander, doch ohne in
jedem einzelnen Teile in einander zu passen, sondern
es bleiben eine Anzahl leerer Räume dazwischen wie
beim Sande am Meeresstrande. Wie die Sandteilchen

ὑποληπτέον supplet Schneider *Ecl. phys.* II, 115   18 αὐτῷ Tb:
αὐτὸ AG   23 οὐδὲ AG: οὐ T

---

5 σῶμα εἶναι tr. b   6 τὸ om. b   10 ἐκ om. b   13 ἑαυτὴν aC: αὐτὴν B   14 τῷ τε ὑγρῷ καὶ τῷ ἀέρι tr. bL. cf. p. 4, 4—5
22 προκατεισδύνοντα a: εἰσδύνοντα b, *ingredientia* L   23 οὐδὲ
... θερμότητα a: οὐδὲ θερμότητα ἐμποιεῖ τῷ λίθῳ bL   24 σώματα a: μόρια b, *particulae* L

ἀποικειοῦσθαι ὑποληπτέον, τὸν δὲ ἀέρα τὸν μεταξὺ
147 τῶν τῆς ψάμμου μορίων | τοῖς μεταξὺ τοῦ ἀέρος κενοῖς·
διὸ καὶ πιλεῖσθαι τὸν ἀέρα συμβαίνει ἐκ βίας τινὸς
προσελθούσης καὶ συνιζάνειν εἰς τὰς τῶν κενῶν χώρας,
παρὰ φύσιν τῶν σωμάτων πρὸς ἄλληλα θλιβομένων· 5
ἀνέσεως δὲ γενομένης πάλιν εἰς τὴν αὐτὴν τάξιν ἀπο-
καθίσταται τῇ τῶν σωμάτων εὐτονίᾳ, καθάπερ καὶ τοῖς
τῶν κεράτων συμβαίνει ξέσμασι καὶ τοῖς ξηροῖς σπόγ-
γοις, ὅταν συμπιληθέντα ἀνεθῇ, πάλιν ἐπὶ τὴν αὐτὴν
χώραν ἀποκαθίστασθαι καὶ τὸν αὐτὸν ὄγκον ἀποδιδόναι, 10
ὁμοίως δὲ καὶ ἐάν τινος βίας γενομένης ἀπ᾽ ἀλλήλων
διαστῇ τὰ τοῦ ἀέρος σώματα καὶ μείζων κενὸς παρὰ
φύσιν γένηται τόπος, πάλιν πρὸς ἄλληλα συντρέχειν·
διὰ γὰρ τοῦ κενοῦ ταχεῖαν γίνεσθαι τὴν φορὰν τοῖς
σώμασι ⟨συμβαίνει⟩, μηδενὸς ἀνθισταμένου μηδὲ ἀντι- 15
κρούοντος, ἕως ἂν ἀλλήλοις προσερείσῃ τὰ σώματα.
ἐὰν οὖν ἀγγεῖον λαβών τις κουφότατον καὶ σύστομον,
προσθεὶς τῷ στόματι ἐκμυζήσῃ τὸν ἀέρα καὶ ἀφῇ, ἐκ-
κρεμασθήσεται ἐκ τῶν χειλέων τὸ ἀγγεῖον, ἐπισπωμένου
τοῦ κενοῦ τὴν σάρκα πρὸς τὸ ἀναπληρωθῆναι τὸν 20
κενωθέντα τόπον· ὥστε ἐκ τούτου φανερὸν γενέσθαι,
ὅτι ἄθρους κενὸς ὑπῆρξεν ἐν τῷ ἀγγείῳ τόπος. καὶ
ἄλλως δὲ τοῦτο φανερόν· τὰ γὰρ ἰατρικὰ ᾠὰ ὑέλινα
ὄντα καὶ σύστομα, ὅταν βούλωνται πληρῶσαι ὑγροῦ,
ἐκμυζήσαντες τῷ στόματι τὸν ἐν αὐτοῖς ἀέρα καὶ κατα- 25
λαβόντες τὸ στόμιον αὐτῶν τῷ δακτύλῳ καταστρέφου-

1 ἀποικειοῦσθαι AGT₂: ἀποκενοῦσθαι b, evacuatas esse L:
ἀφομοιοῦσθαι T   3 πιλοῦσθαι T₁, corr. T₂   8 τῶν om. T₁,
corr. T₂   ξηροῖς om. T₁, corr. T₂   10 ἀποκαθίστασθαι Riccard. 47 in marg. et Laur. 74, 13 (σθαι ex ται corr.): ἀποκαθίστα-
ται ab   15 συμβαίνει bL: om. a   21 τούτου AG: τούτων T

durch die Luftteilchen, so, mufs man sich vorstellen, wird
die zwischen den Sandteilchen befindliche Luft (d. h. ihre
Moleküle) wieder durch die Vakua geschieden.[1]) Tritt
daher eine äufsere Kraft hinzu, so hat dies eine Ver-
5 dichtung der Luft zur Folge. Dann tritt die Luft an
die Stelle der Vakua, indem deren Moleküle künstlich
zusammengedrängt werden. Hört die Einwirkung der
Kraft auf, so kehrt die Luft infolge der ihren Teilchen
eigentümlichen Spannkraft wieder an ihre frühere Stelle
10 zurück, ähnlich wie auch die aus Horn geschnitzten Gegenstände und die trocknen Schwämme wieder gleichen Raum
und gleichen Umfang einnehmen, wenn man sie zusammen-
drückt und dann wieder losläfst. In analoger Weise vereinigen sich auch wieder die Moleküle der Luft, wenn
15 sie unter Aufbietung einer äufsern Kraft von einander
getrennt werden und sich ein gröfseres Vakuum bildet,
als natürlich ist. Denn die Moleküle bewegen sich schnell
durch das Vakuum, weil sie weder aufgehalten noch zurück-
gestofsen werden, bis sie sich wieder berühren. Nimmt
20 man nun ein sehr leichtes Gefäfs mit enger Mündung,
hält es an den Mund, saugt die Luft aus und läfst es
dann los, so bleibt das Gefäfs an den Lippen hängen; denn
das Vakuum zieht das Fleisch an, um den leeren Raum
wieder zu füllen. Daraus ergiebt sich für das Gefäfs ein
25 kontinuierliches Vakuum. Dies kann man noch anderweitig
nachweisen. Will man die (sogenannten) medizinischen
Eier, welche von Glas und enghalsig sind, mit einer Flüssigkeit füllen, so saugt man mit dem Munde die darin enthaltene Luft auf, hält ihre Mündung mit dem Finger zu und

---

1) Nach anderer Lesart: 'Dabei mag man sich denken,
dafs die Sandteilchen den Luftmolekülen, die Luft zwischen
den Sandteilchen den Vakua inmitten der Luft entspricht.'

---

8 κεράτων aB: κρεάτων C   9 ὅταν: cum enim L   10 ἀποδιδόναι a: ἀπολαμβάνει b: reaccipiunt L   13 συντρέχειν a:
συντρέχει bL   21 τούτων bL   γίνεσθαι b   22 ὑπῆρξεν C:
ὑπῆρχεν BL

σιν εἰς τὸ ὑγρόν, καὶ ἀνεθέντος τοῦ δακτύλου ἀνα-
σπᾶται εἰς τὸν κενωθέντα τόπον τὸ ὕδωρ, καίτοι παρὰ
φύσιν τῆς φορᾶς ἄνω γενομένης τῷ ὑγρῷ. καὶ τὸ
περὶ τὴν σικύαν δὲ συμβαῖνον οὐκ ἀλλότριον τῶν
προειρημένων ὑπάρχει· προστιθέμεναι γὰρ αὗται τῷ 5
σώματι οὐ μόνον οὐκ ἀποπίπτουσιν ἱκανὸν ἔχουσαι
βάρος, ἀλλὰ καὶ προσεπισπῶνται τὴν παρακειμένην ὕλην
διὰ τῶν τοῦ σώματος ἀραιωμάτων δι' αἰτίαν τοιαύτην·
ἐμβληθὲν γὰρ ἐν αὐταῖς τὸ πῦρ φθείρει καὶ λεπτύνει
τὸν ἀπειλημμένον ἐν αὐταῖς ἀέρα, καθάπερ καὶ τὰ 10
ἄλλα σώματα ὑπὸ τοῦ πυρὸς φθείρεταί τε καὶ μεταβάλλει εἰς λεπτοτέρας οὐσίας, λέγω δὴ ὕδωρ καὶ ἀέρα
καὶ γῆν. ὅτι μὲν γὰρ φθείρεται, δῆλον ἐκ τῶν περι-
λειπομένων ἀνθράκων· οὗτοι γὰρ τὸν αὐτὸν ὄγκον
διαφυλάττοντες τῷ ἐξ ἀρχῆς πρὸ τοῦ τὴν καῦσιν ἐπι- 15
δέξασθαι ἢ ὀλίγῳ ἐλάσσονα, παρὰ πολὺ τῷ βάρει
διαλλάσσουσι τοῦ ἐξ ἀρχῆς. χωρεῖ δὲ τὰ διεφθαρμένα
τῶν σωμάτων διὰ τῶν καπνῶν εἴς τε πυρώδη οὐσίαν
καὶ ἀερώδη καὶ γεώδη· τὰ μὲν γὰρ λεπτότερα τῆς
φθορᾶς εἰς τὸν ἀνωτάτω χωρεῖ τόπον, ἔνθαπερ καὶ τὸ 20
πῦρ· τὰ δὲ τούτων μικρῷ παχυμερέστερα εἰς τὸν ἀέρα·
τὰ δὲ ἔτι τούτων παχύτερα ἐπὶ ποσὸν συνανενεχθέντα
τοῖς εἰρημένοις διὰ τὴν συνεχῆ φορὰν πάλιν εἰς τὸν
κάτω χωρήσαντα τόπον τοῖς γεώδεσι συνάπτει. μεταβάλλει δὲ καὶ τὸ ὕδωρ εἰς ἀέρα φθειρόμενον ὑπὸ τοῦ 25
πυρός· οἱ γὰρ ἐκ τῶν ὑποκαιομένων λεβήτων ἀτμοὶ |
148 οὐκ ἄλλο τί εἰσιν ἢ αἱ τοῦ ὑγροῦ λεπτύνσεις εἰς ἀέρα
χωροῦσαι. ὅτι μὲν οὖν τὸ πῦρ διαλύει τὰ παχύτερα

---

1 ἀναιρεθέντος Τ₁, corr. Τ₂   12 καὶ om. Τ   13 γὰρ
om. Τ   15 τῷ om. Τ₁, corr. Τ₂   16 τῷ βάρει Τb: τὸ βάρυ
AG₁, τῶ corr. G₂   22 ἀνεχθέντα Τ₁, corr. Τ₂   26 ὑποκαιο-

setzt sie umgekehrt in die Flüssigkeit. Läfst man dann
den Finger los, so steigt das Wasser in das entstandene
Vakuum hinauf, obwohl die Bewegung der Flüssigkeit
nach oben nicht naturgemäfs ist. Ähnlich ist auch der
5 Vorgang beim Schröpfkopfe. Nicht blofs, dafs diese an
den Körper gesetzt nicht abfallen, obwohl sie hinreichend
schwer sind, sondern sie ziehen noch obendrein die benachbarte Materie durch die Poren des Körpers an. Der
Grund hierfür ist folgender. Erhitzt man die Schröpf-
10 köpfe, so verflüchtigt und verdünnt das Feuer die darin
enthaltene Luft, wie auch die übrigen Körper, ich meine
Wasser, Luft und Erde, vom Feuer verflüchtigt und in
feinere Substanzen verwandelt werden. Dafs sie sich
wirklich verflüchtigen, läfst sich aus den Aschenresten
15 der Kohlen erkennen. Denn wenn diese auch denselben
oder einen nur um ein weniges geringeren Umfang behalten als vor der Verbrennung, so haben sie doch ein
von dem früheren wesentlich verschiedenes Gewicht. Die
verflüchtigten Körper gehen mittels des Rauches in eine
20 feurige, luftige oder erdige Substanz über. Die feineren
Moleküle steigen bei der Verflüchtigung bis zur höchsten
Region empor, wo auch das Feuer ist; die, welche etwas
fester sind als diese, gehen in die Luft über; was noch
gröber ist als diese, wird mit den erwähnten Teilchen
25 (Molekülen) eine Zeit lang bei dem ununterbrochenen Zuge
nach oben mit emporgetragen, fällt dann wieder nieder
und vereinigt sich mit den erdigen Substanzen. Auch
das Wasser wird vom Feuer verflüchtigt und in Luft
verwandelt. Denn die Dämpfe, die aus den geheizten
30 Kesseln aufsteigen, sind nichts anderes als verdunstende,
sich in Luft verwandelnde Flüssigkeit. Dafs also das

μένων BC mg. G₂T₁ : ὑποκειμένων A G₁T₂ : καιομένων C   28 f. χωροῦντος

---

3 γενομένης aC: γινομένης B, cum ... feratur L   7 προσεπισπῶνται aC: ἐπισπῶνται B, attrahunt L   26 ἐκ: ὑπὸ C,
corr. C in marg.

αὐτοῦ πάντα καὶ μεταβάλλει, ἐκ τούτων δῆλον· καὶ ἐκ
τῶν ἀναθυμιάσεων δὲ τῶν ἀπὸ τῆς γῆς γινομένων
μεταβάλλει τὰ παχύτερα τῶν σωμάτων εἰς λεπτομερε-
στέρας οὐσίας· αἱ γὰρ δρόσοι οὐκ ἄλλως ἀναφέρονται
ἢ λεπτυνομένου τοῦ ἐν τῇ γῇ ὕδατος ὑπὸ τῆς ἀνα- 5
θυμιάσεως· αὕτη δὲ ὑπὸ πυρώδους τινὸς οὐσίας γίνεται,
τοῦ ἡλίου ὑπὸ γῆν ὄντος καὶ θερμαίνοντος τὸν κατ᾽
ἐκεῖνο τόπον, καὶ μᾶλλον ἤτοι θειώδη ἢ ἀσφαλτώδη
ὄντα, ὃς θερμαινόμενος ἐπὶ πλεῖον τὴν ἀναθυμίασιν
ποιεῖ· καὶ τὰ θερμὰ δὲ τῶν ὑδάτων τὰ ἐν τῇ γῇ εὑρι- 10
σκόμενα ἐκ τῆς αὐτῆς αἰτίας γίνεται. τῶν οὖν δρόσων
τὰ μὲν λεπτότερα εἰς ἀέρα μεταβάλλει, τὰ δὲ παχύτερα
ἐπὶ ποσὸν συνανενεχθέντα διὰ τὴν τῆς ἀναθυμιάσεως
βίαν, ταύτης ἀποψυχείσης κατὰ τὴν τοῦ ἡλίου μετα-
τροπὴν πάλιν εἰς τὸν κάτω φέρεται τόπον. καὶ τὰ 15
πνεύματα δὲ ἐκ σφοδρᾶς ἀναθυμιάσεως γίνεται, τοῦ
ἀέρος ἐξωθουμένου καὶ λεπτυνομένου καὶ ἀεὶ τὸν ἑξῆς
καὶ συνεχῆ αὐτῷ κινοῦντος· ἡ μέντοι κίνησις τοῦ
ἀέρος οὐ κατὰ πάντα τόπον ἰσοταχὴς γίνεται, ἀλλὰ
σφοδροτέρα μὲν παρ᾽ αὐτὴν τὴν ἀναθυμίασιν, ἀμαυρο- 20
τέρα δὲ μακρυνθεῖσα τοῦ τόπου, καθ᾽ ὃν κεκίνηται,
καθάπερ καὶ ἐπὶ τῶν ἄνω φερομένων βαρῶν. φέρεται γὰρ
καὶ ταῦτα τάχιον μὲν κατὰ τὸν. συνεγγίζοντα τῷ κάτω
τόπον, πρὸς ὅν ἐστι καὶ ἡ ἀποστέλλουσα αὐτὰ δύναμις,

a 20—24 ἀμαυροτέρα ... δύναμις = b 26—29: 25
ἀμυδροτέρα δὲ ἀπώτερον καθάπερ καὶ ἐπὶ τῶν ἄνω φερομένων βαρῶν. φέρεται γὰρ ταῦτα τάχιον μὲν κατὰ τὸν
συνεγγίζοντα τῷ κάτω τόπον, πρὸς ὅν ἐστι καὶ ἡ ἀποστέλλουσα αὐτὰ δύναμις.

Feuer alle Körper, die fester sind als dieses selbst, auflöst und verwandelt, ist hiernach klar. Auch infolge der
Ausdünstungen der Erde verwandeln sich die festeren
Stoffe in feinere. Tau entwickelt sich nur, wenn das
5 Wasser in der Erde verdunstet. Die Verdunstung wird
durch eine feurige Substanz hervorgerufen, wenn sich die
Sonne unter der Erde befindet und die jenseitige Hemisphäre
erwärmt, was um so mehr geschieht, wenn diese Schwefel
oder Asphalt enthält. Wird ein solcher Boden erwärmt,
10 so findet die Ausdünstung in stärkerem Maße statt. Auf
dieselbe Ursache sind auch die heifsen Quellen zurückzuführen, welche sich in der Erde finden. Von den Tautropfen verwandeln sich die feineren Teilchen in Luft, die
festeren werden eine Zeit lang durch die Kraft der Aus
15 dünstung mit emporgetragen, fallen aber wieder nieder, wenn
während der Sonnenwende eine Abkühlung erfolgt. Auch
die Winde sind eine Folge starker Ausdünstung, indem
die Luft herausgetrieben und verdünnt wird (= sich
ausdehnt) und allemal die Atmosphäre in ihrer nächsten
20 Nähe in Bewegung setzt. Indessen ist die Bewegung der
Luft nicht überall gleich schnell, sondern gerade dicht am
Orte der Ausdünstung stärker, dagegen in gröfserer Entfernung vom Ausgangspunkte der Bewegung schwächer,
ähnlich wie es bei emporgeschleuderten schweren Gegen
25 ständen der Fall ist. Denn auch diese bewegen sich in
den unteren Regionen nahe dem Standpunkte der Wurf

συνανεχϑέντα BT   17 ἀέρος καὶ T   18 καὶ om. T₁, corr. T₂
20 ἀμαυροτέρα AG₁T₂: ἀμυδροτέρα T₁G₃   21 μακρυν
ϑεῖσα ... κεκίνηται T: om. A, sed spatium reliquit, in quod
A₂ γύναιται inseruit: γίνεται G; f. μακρυνϑεῖσα ... κεκίνηται
del. et lacuna statuenda est   22 καὶ ἡ ἐπὶ AG   φέρεται
AG: γίνεται T   22—23 καὶ γὰρ a: transposui: ceterum καὶ om.
Ambros. A 91 sup., Laur. 59, 17. 74, 13, Leid. Voss. 44   24 τό
πον κινεῖται T

2 ἀπὸ aC: ἐκ BL   10 τὰ ante ἐν om. b   14 ἀποψυ
χείσης a: ἀποψυχϑείσης b   26 ἡ ἐπὶ C   28 ἐστι post δύνα
μις tr. C

βράδιον δὲ κατὰ τὸν ἄνω· τὸ παράπαν δὲ μηκέτι
παρεπομένης αὐτοῖς τῆς ἐξαποστελλούσης βίας, πάλιν
εἰς τὸν κατὰ φύσιν φέρεται τόπον, λέγω δὴ εἰς
τὸν κάτω· εἰ δὲ ἰσοταχῆ αὐτὰ παρέπεμπεν ἡ ἐξαπο-
στέλλουσα βία, οὐκ ἄν ποτε ἔληξε. νυνὶ δὲ κατὰ βραχὺ 5
ἀπολη γούσης αὐτῆς καὶ ὥσπερ δαπανωμένης, καὶ τὸ
τάχος λήγει τῆς φορᾶς. καὶ τὸ ὕδωρ δὲ μεταβάλλει εἰς
γεώδη οὐσίαν· ὅταν γὰρ εἴς τινα γεώδη καὶ κοῖλον
τόπον ἐκχέωμεν ὕδωρ, μετ᾽ οὐ πολὺν χρόνον ἀφανὲς
γίνεται ἀναποθὲν ὑπὸ τῆς γεώδους οὐσίας, ὥστε συνανα- 10
κίρναται καὶ γίνεται καὶ αὐτὸ γῆ. εἰ δὲ λέγοι τις, ὅτι
οὐ παραπλάσσεται οὐδὲ ἀναπίνεται ὑπὸ τῆς γῆς, ἀλλ᾽
ἐξικμάζεται ἀναπινόμενον ὑπὸ θερμότητος ἤτοι τοῦ
ἡλίου ἢ ἑτέρου τινός, ψεῦδος λέγων ἀποδειχθήσεται·
τὸ γὰρ αὐτὸ ὕδωρ ἐμβληθὲν εἴς τι ἀγγεῖον ἤτοι 15
ὑάλινον ἢ χαλκοῦν ἢ ἐξ ἄλλης πυκνῆς ὕλης καὶ τεθὲν
ἐν ἡλίῳ πολὺν χρόνον οὐκ ἐλαττοῦται, εἰ μὴ παρὰ
μικρὸν μόριον παντάπασιν αὐτοῦ· ὥστε μεταβάλλει
καὶ τὸ ὕδωρ εἰς γεώδη οὐσίαν. αἱ γοῦν ἰλύες καὶ οἱ
βόρβοροι τοῦ ὕδατός εἰσιν εἰς γεώδη οὐσίαν μετα- 20
βολαί. μεταβάλλει δὲ καὶ ἡ λεπτοτέρα οὐσία εἰς παχυτέραν, καθάπερ ὁρῶμεν καὶ τὴν φλόγα ἐπὶ τῶν ἀπο-
σβεννυμένων λύχνων, ὅταν ἐλλιπεῖς ἐλαίου γένωνται,
149 ἐπὶ ποσὸν μὲν | ἄνω φερομένην καὶ ὥσπερ ἐπειγομένην
εἰς τὸν ἴδιον χωρῆσαι τόπον, λέγω δὲ τὸν ἀνώτατον 25
καὶ ὄντα ὑπὲρ τὸν ἀέρα, ⟨κατα⟩κρατηθεῖσαν δὲ ὑπὸ
τοῦ πολλοῦ ἀέρος τοῦ μεταξὺ μηκέτι ἐπὶ τὸν συνεχῆ

---

2 παρεπομένοις AG 10 ἀναποθὲν τὸ ὕδωρ T 12 παραπλάσσεται bT: emplastratur L: παραπλήσεται AG₁ (η del. et α
supra scr. G₂): παραπλέκεται Diels 16 χαλκοῦν T₁: χάλκεον
AGT₂: χάλκειον B: χάλκιον C 20 μεταβολαί G₂Tb: μετα-

kraft schneller, oben dagegen langsamer. Wenn aber die treibende Kraft überhaupt nicht mehr auf sie einwirkt, so kehren sie in ihre natürliche Lage zurück, nämlich nach unten. Wenn die Wurfkraft sie mit fortdauernd gleicher
5 Geschwindigkeit fortschnellte, würden sie beständig ihre Bewegung fortsetzen. So aber endigt ihre Wirksamkeit nach kurzer Zeit; sie wird gleichsam aufgebraucht. Daher nimmt denn auch die Geschwindigkeit ab. Das Wasser verwandelt sich auch in eine erdige Substanz. Giefsen
10 wir in eine ausgehöhlte Stelle in der Erde Wasser, so verschwindet es binnen kurzer Zeit. Es wird von der Erde aufgesogen, und die Folge ist, dafs es sich damit vermengt und selbst zu ˙Erde wird. Sollte jemand behaupten, es werde weder umgeformt noch auch von der
15 Erde absorbiert, sondern es verdunste, weil es von der Wärme der Sonne oder eines andern Körpers aufgesogen werde, so kann man ihm leicht seinen Irrtum nachweisen. Wenn man nämlich dasselbe Wasser in ein Gefäfs aus Glas, Bronze oder einem andern festen Stoffe schüttet und
20 längere Zeit in die Sonne stellt, so verringert sich die Quantität nur in einem ganz unbedeutenden Mafse. Es verwandelt sich also auch das Wasser in Erde. Schlamm und Schmutz wenigstens sind Umwandlungen des Wassers in Erde. Es verwandelt sich auch die feinere Substanz
25 in eine festere, wie man an der Flamme von Lampen sieht, die aus Mangel an Öl verlöschen. Eine Zeit lang schlägt sie empor und strebt gleichsam ihrer eigentlichen Heimat zu, ich meine die allerhöchste Region über der Atmosphäre, aber von der vielen Luft in dem Zwischen-
30 raume überwältigt, sucht sie nicht weiter die ihr zugehörige

---

βολὴ A G₁   23 γίνωνται J. G. Schneider   26 κρατηθεῖσαν a b:
corr. Diels.   cf. p. 16, 8

---

2 ἐξαποστελλούσης a C: ἀποστελλούσης B   4 ἰσοταχῇ a:
ἰσοταχῶς b: eque celeriter L   11 λέγει C   16 ὑέλινον b
18 παντάπασιν om. C   ὥστε C: ὥστε καὶ B L   20 εἰσιν
om. b   25 ἀνωτάτω b

φερομένην, ἀλλ' ὥσπερ κερασθεῖσαν καὶ παραπλεχθεῖσαν
τοῖς τοῦ ἀέρος σώμασι καὶ αὐτὴν ἀέρα γενέσθαι. τὸ
δὲ ὅμοιον ἐπινοεῖν δεῖ καὶ ἐπὶ τοῦ ἀέρος· ὅταν γὰρ
οὗτος εἴς τι ἀγγεῖον οὐ μέγα ὑπάρχον καὶ ἐστεγνω-
μένον εἰς ὕδωρ σὺν τῷ ἀγγείῳ κατατεθῇ, εἶτα ἀνα- 5
στομωθέντος τοῦ ἀγγείου καὶ τὸ στόμιον εἰς τὸ ἄνω
ἔχοντος τὸ ὕδωρ ἐμπέσῃ, ὁ μὲν ἀὴρ ἐκχωρεῖ ἐκ τοῦ
ἀγγείου, κατακρατηθεὶς δὲ ἐκ τοῦ πολλοῦ ὕδατος πάλιν
κεράννυται καὶ παραπλάσσεται, ὥστε ὕδωρ γενέσθαι.
οὕτως οὖν καὶ τοῦ ἐν τῇ σικύᾳ ἀέρος φθειρομένου 10
καὶ λεπτυνομένου ὑπὸ τοῦ πυρὸς καὶ διεκπίπτοντος διὰ
τῶν τοῦ τεύχους ἀραιωμάτων κενούμενος ὁ ἐντὸς
τόπος ἐπισπᾶται τὴν παρακειμένην ὕλην, οἷα τις ἐὰν
τυγχάνῃ· παραπνευσάσης δὲ τῆς σικύας ὁ μὲν ἀὴρ εἰς
τὸν κενούμενον τόπον εἰσπίπτει, τῆς δὲ ὕλης οὐκέτι 15
οὐδὲν ἐπισπάσεται. τοῖς οὖν φαμένοις τὸ καθόλου
μηδὲν εἶναι κενὸν ἐκποιεῖ πρὸς ταῦτα πολλὰ εὑρίσκειν
ἐπιχειρήματα καὶ τάχα φαίνεσθαι τῷ λόγῳ πιθανω-
τέρους μηδεμιᾶς παρακειμένης αἰσθητικῆς ἀποδείξεως·
ἐὰν μέντοι δειχθῇ ἐπὶ τῶν φαινομένων καὶ ὑπὸ τὴν 20
αἴσθησιν πιπτόντων, ὅτι κενὸν ἄθρουν ἐστὶν παρὰ
φύσιν μέντοι γινόμενον, καὶ κατὰ φύσιν μὲν κενόν,
κατὰ λεπτὰ δὲ παρεσπαρμένον, καὶ ὅτι κατὰ πίλησιν
τὰ σώματα ἀναπληροῖ τὰ παρεσπαρμένα κενά, οὐδεμίαν οὐκέτι παρείσδυσιν ἕξουσιν οἱ τοὺς πιθανοὺς 25
τῶν λόγων περὶ τούτων προφερόμενοι. κατασκευάζεται
γὰρ σφαῖρα πάχος ἔχουσα τοῦ ἐλάσματος, ὥστε μὴ

---

1 περιπλεχθεῖσαν ab (-λαχ- b): corr. Diels 5 f. ⟨ἐμ-
φυσηθεὶς⟩ εἰς 8 ἐκ AGT₂b: ὑπὸ T₁ 12 τεύχους Gb:
τάχους A 13 ἐὰν ABG: ἂν T: om. C (sed habet ἐν τυγχάνει)
17 ἐμποιεῖ AGb: ποιεῖ T: possunt L: corr. J. G. Schneider
25 παρέκδυσιν Schneider

Stätte zu erreichen, sondern mit den Molekülen der Luft gleichsam vermengt und verflochten, wird sie selbst zu Luft. Ähnlich mufs man sich den Vorgang bei der Luft vorstellen. Wenn diese in einem kleinen, verschlossenen
5 Gefäfse enthalten ist und mit dem Gefäfse zusammen ins Wasser gesetzt, darauf das Gefäfs so geöffnet wird, dafs die Mündung nach oben liegt und das Wasser eindringt, so entweicht zwar die Luft aus dem Gefäfse, aber von dem vielen Wasser niedergehalten, vermengt sie sich wieder,
10 nimmt eine andere Form an und wird zu Wasser. So wird auch die Luft in dem Schröpfkopfe vom Feuer verflüchtigt und verdünnt . und entweicht durch die Poren der Gefäfswand, während der innere Raum sich leert und die benachbarte Masse anzieht, welcher Art sie auch sei.
15 Hat die Luft wieder Zutritt zu dem Schröpfkopfe erhalten, so strömt sie in den leeren Raum, wird aber von der Masse nichts mehr anziehen. Diejenigen, welche überhaupt ein Vakuum leugnen, mögen dafür wohl mancherlei Beweisgründe ersinnen können und in der Theorie vielleicht
20 einigermafsen überzeugen, weil kein experimentaler Gegenbeweis vorliegt. Wird jedoch auf Grund augenscheinlicher, sinnlich wahrnehmbarer Vorgänge gezeigt, dafs eine absolute Leere nur auf künstlichem Wege herbeigeführt werden kann, dafs ein Vakuum zwar natürlich ist, aber dafs es
25 nur feinverteilt vorkommt und dafs bei einer Verdichtung die Moleküle an die Stelle der feinverteilten Vakua treten, so werden die keine Ausflucht mehr haben, deren Hypothesen sonst die Wahrscheinlichkeit für sich hatten. Man stellt nämlich eine Kugel mit einer so dicken Metall-

---

2 γίνεσθαι b   5 σὺν τῷ ἀγγείῳ aCL: κατὰ τὸ ἀγγεῖον B
6 καὶ aC: κατὰ BL   7 ἐκ om. b   8 τοῦ aC: om. B
9 παραπλάσσεται a: περιπλέκεται b: complicatur L: παραπλέκεται Diels   γίνεσθαι b   15 εἰσπίπτει a: ἐμπίπτει b
16 ἐπισπάσεται a: ἐπισπᾶται b: trahit L   17 εὑρίσκειν aC:
εὑρεῖν B   19 αἰσθητικῆς a: αἰσθητῆς b   25 δ᾿ οὐκέτι b
(δ᾿: tamen L secundum cod. Taurin., om. ceteri)   26 προφερόμενοι a: προφέροντες b   27 τοῦ ἐλάσματος ab: multiplicem L

εὔθλαστος εἶναι, χωροῦσα ὅσον κοτύλας ἡ'. στεγνῆς δὲ
οὔσης αὐτῆς πάντοθεν τρυπήσαντα δεῖ σίφωνα καθεῖναι
χαλκοῦν, τουτέστι σωλῆνα λεπτόν, μὴ ψαύοντα τοῦ
κατὰ διάμετρον τόπου τοῦ τετρυπημένου σημείου,
ὅπως ὕδατι διάρρυσις ὑπάρχῃ, τὸ δὲ ἄλλο μέρος αὐτοῦ 5
ἐκτὸς ὑπερέχειν τῆς σφαίρας ὅσον δακτύλους τρεῖς·
τὴν δὲ τοῦ τρυπήματος περιοχήν, δι' οὗ καθίεται ὁ
σίφων, στεγνοῦν δεῖ κασσιτέρῳ προσλαμβάνοντα πρός τε
τὸν σίφωνα καὶ τὴν ἐκτὸς τῆς σφαίρας ἐπιφάνειαν,
ὥστε ὅταν βουλώμεθα τῷ στόματι διὰ τοῦ σίφωνος 10
ἐμφυσᾶν, κατὰ μηδένα τρόπον τὸ πνεῦμα τῆς σφαίρας
διεκπίπτειν. σκοπῶμεν δὴ τὰ συμβαίνοντα· ὑπάρχοντος
γὰρ ἀέρος ἐν αὐτῇ, καθάπερ καὶ ἐν τοῖς ἄλλοις ἀγγείοις πᾶσι τοῖς λεγομένοις κενοῖς, τοῦ δὲ ἀέρος
πεπληρωκότος πάντα τὸν ἐν αὐτῇ τόπον καὶ προσ- 15
ερηρεισμένου κατὰ συνέχειαν πρὸς τὴν τοῦ τεύχους
περιοχὴν καὶ μηδενὸς κενοῦ, καθάπερ οἴονται, τὸ
παράπαν ὑπάρχοντος τόπου, οὔτ' ἂν ὕδωρ εἰσκρῖναι
150 δυνηθείημεν οὔτε ἄλλον | ἀέρα, μὴ ὑποχωρήσαντος
τοῦ πρότερον ἐν αὐτῇ ὑπάρχοντος ἀέρος. καὶ ἐὰν μετὰ 20
πολλῆς βίας τὴν εἴσκρισιν ποιώμεθα, πρότερον διαρρα-
γήσεται τὸ τεῦχος ἢ ἐπιδέξεταί τι πλῆρες ὑπάρχον·
οὔτε γὰρ τὰ σώματα τοῦ ἀέρος δύναται συσταλῆναι
εἰς ἔλασσον μέγεθος· δεήσει γὰρ ἐν αὐτοῖς ἔχειν τινὰ
διαστήματα, εἰς ἃ συμπιλούμενα ἐλάσσων αὐτοῖς ὄγκος 25
ἔσται· τοῦτο δὲ οὐ πιθανὸν γίνεται μὴ ὄντος καθόλου
κενοῦ· οὔτε συνερηρεισμένων κατὰ πάσας τὰς ἐπιφανείας τῶν σωμάτων πρὸς ἄλληλα καὶ ὁμοίως πρὸς

---

1 ὀκτώ Τ   4 τετρυπημένου G₂ Tb: τρυπήματος A G₁   6 ὑπερέχειν A G T₂ b: ὑπάρχειν T₁   13 καὶ om. Τ   20 προτέρου Τ

wandung her, dafs sie nicht leicht platzt. Sie fasse etwa
acht Kotylen (= 2,19 l) und sei von allen Seiten verschlossen; man durchbohre sie und stecke einen bronzenen
Siphon, das heifst eine dünne Röhre, hinein. Dieser darf
5 aber die Stelle, welche dem durchbohrten Punkte diametral
gegenüber liegt, nicht berühren, damit Wasser durchfliefsen
kann. Sonst soll er aufsen etwa drei Finger (= 58 mm)
hoch über die Kugel hervorragen. Der Rand des Loches,
durch welches die Röhre hinabgelassen wird, ist mit Zinn
10 zu verlöten; man mufs dies sowohl nach der Seite der
Röhre als nach der äufsern Kugeloberfläche hin legen, auf
dafs unter keinen Umständen Luft aus der Kugel entweichen kann, sobald wir mit dem Munde durch die Röhre
hineinblasen. Betrachten wir nun die weiteren Vorgänge!
15 Wie in allen übrigen, angeblich leeren Gefäfsen, befindet
sich auch in der Kugel Luft. Das ganze Innere ist damit
angefüllt, und sie übt einen kontinuierlichen Druck gegen
die Gefäfswand. Wenn es überhaupt kein Vakuum gäbe,
wie manche glauben, so vermöchten wir weder Wasser
20 noch andere Luft einzuführen, es sei denn, dafs die ursprünglich in der Kugel enthaltene Luft zuvor Platz machte.
Wollten wir es mit aller Gewalt versuchen, so wird das
Gefäfs, weil vollständig gefüllt, eher platzen als etwas
aufnehmen. Denn einerseits könnten sich die Moleküle
25 der Luft nicht so zusammenziehen, dafs ihr Umfang geringer würde. Dazu hätten sie nämlich eine Anzahl Zwischen-
räume nötig, in welche sie sich zusammendrängen müfsten,
um einen geringeren Umfang zu bekommen. Das ist indessen nicht wahrscheinlich, wenn es überhaupt kein
30 Vakuum giebt. Gäbe es wirklich ein solches nicht, so
könnten andrerseits die Moleküle, da sie mit ihrer ganzen

23 τὰ σώματα AGT₂: σῶμα τι T   27 συνῃρεισμένων a: ex
b et Laur. 74, 13 et Leid. Voss. 44 correxi

8 προσλαμβάνοντα a: περιλαμβάνοντα b: comprehendentem L
15 προερηρεισμένου b   23 τὰ om. b   27 οὔτε γὰρ bL

2*

τὴν τοῦ τεύχους περιοχὴν δύναιτο ἂν διωσθέντα τόπον
που ποιῆσαι, μὴ ὑπάρχοντος κενοῦ τινος· ὥστε κατὰ
μηδένα τρόπον προσεισκριθῆναί τι τῶν ἐκτὸς εἰς τὴν
σφαῖραν, ἐὰν μὴ ἐκχωρήσῃ τι μέρος τοῦ ἐν αὐτῇ ὑπάρχοντος πρότερον ἀέρος, εἴπερ ἐστὶ πεπυκνωμένος καὶ 5
συνεχὴς πᾶς ὁ τόπος, ὡς οἴονται. καὶ μὴν ἐάν τις
ἐθέλῃ τὸν σίφωνα βαλὼν εἰς τὸ στόμα ἐμφυσᾶν εἰς τὴν
σφαῖραν, πολὺ προσεισκρινεῖ πνεῦμα, μὴ ὑποχωρήσαν-
τος τοῦ προϋπάρχοντος ἐν αὐτῇ ἀέρος· τούτου δὲ ἀεὶ
συμβαίνοντος, σαφῶς δείκνυται συστολὴ γινομένη τῶν 10
ὑπαρχόντων ἐν τῇ σφαίρᾳ σωμάτων εἰς τὰ παρεμπεπλεγμένα κενά. παρὰ φύσιν δὲ ἡ συστολὴ γίνεται διὰ
τὴν τῆς εἰσκρίσεως βίαν. ἐάν τις οὖν ἐμφυσήσας καὶ
παρ' αὐτὸ τὸ στόμα προσαγαγὼν τὴν χεῖρα συντόμως
ἐπιπωμάσῃ τῷ δακτύλῳ τὸν σίφωνα, μενεῖ πάντα τὸν 15
χρόνον συνεσφιγμένος ὁ ἀὴρ ἐν τῇ σφαίρᾳ· ἐὰν δέ τις
ἀναπωμάσῃ, πάλιν ἐκτὸς ὁρμήσει μετά τε ψόφου καὶ
βοῆς πολλῆς ὁ προσεισκριθεὶς ἀὴρ διὰ τὸ ἐκκρούεσθαι,
καθάπερ προεθέμεθα, κατὰ τὴν τοῦ προϋπάρχοντος
ἀέρος διαστολὴν τὴν κατὰ τὴν εὐτονίαν γινομένην. 20
πάλιν οὖν ἐάν τις βούληται τὸν ὑπάρχοντα ἀέρα ἐν
τῇ σφαίρᾳ ἐξέλκειν τῷ στόματι διὰ τοῦ σίφωνος, πολὺ
πλῆθος ἐπακολουθήσει, μηδεμιᾶς ἄλλης οὐσίας εἰς
τὴν σφαῖραν ἀντικαταλλασσομένης, καθάπερ ἐπὶ τοῦ
ᾠοῦ προείρηται· ὥστε διὰ τοῦ τοιούτου τελείως δεί- 25
κνυσθαι μεγάλην ἄθροισιν κενοῦ γινομένην ἐν τῇ

3 προσεισκριθῆναι GT: προσκριθῆναι A, εισ supra scr. A,
7 f. λαβὼν 8 προσεισκρινεῖ Laur. 59, 17. 74, 13, Leid.
Voss. 44: intromittet L: προσεισκρίνει T: προσεισκρίνη ABG:
προεισκρίνη C 9 τοιούτου T 10 γενομένη T 16 συνε-
σφηγμένος AG₁, corr. Diels: compressus L: συνεσφηνωμένος G₂T b

Oberfläche sich gegen einander und ebenso gegen die
Gefäfswand drücken würden, nirgends Raum machen,
wenn man sie zurückdrängen wollte. Folglich liefse sich
auf keine Weise noch etwas von aufsen in die Kugel ein-
5 führen, wenn nicht ein Teil der ursprünglich darin enthaltenen Luft ausströmte, vorausgesetzt, dafs thatsächlich
das ganze Innere ohne irgend welchen Zwischenraum dicht
gefüllt ist, wie es ja unsere Gegner annehmen. Und doch
wird jeder, der etwa die Röhre in den Mund nehmen und
10 Luft in die Kugel blasen will, noch viel Luft zuführen,
ohne dafs die ursprüngliche Luft entweicht. Da dies sich
immer wiederholt, ist damit deutlich bewiesen, dafs die
Moleküle in der Kugel sich verdichten und dabei an die
Stelle der Vakua treten, welche in sie verflochten sind.
15 Die Verdichtung erfolgt auf künstliche Weise mittels er-
zwungener Zuführung von Luft. Wenn nun jemand hineinbläst und sofort mit dem Finger einer Hand, die er dicht
an den Mund halte, die Röhre verschliefst, so wird die
ganze Zeit hindurch die Luft in der Kugel komprimiert
20 bleiben. Öffnet man aber, so wird die zugeführte Luft
mit lautem Schall und Knall wieder nach aufsen drängen,
weil sie, wie gezeigt, von der ursprünglichen Luft hinausgetrieben wird. Denn diese dehnt sich zufolge ihrer
Elastizität wieder aus. Will dagegen jemand die in der
25 Kugel enthaltene Luft mit dem Munde durch die Röhre
aufsaugen, so wird sie in grofser Menge herauskommen,
ohne dafs eine andere Substanz als Ersatz in die Kugel
eingeführt wird. Ähnlich ist der oben erwähnte Vorgang
mit dem Ei. Durch solchen Versuch wird also ent-
30 scheidend dargethan, dafs sich in der Kugel Vakuum in

---

19 κατὰ T: om. AGb τοῦ om. T 20 γιγνομένην T 21 ἐν
ὑπάρχοντα T ἐν om. T₁, corr. T₂ 26 γινομένην, ι ex ε corr. A

1 δύναιτ᾽ ἄν b 3 προσεκκριθῆναι B: προεισκριθῆναι C:
intromittatur L 9 ἐν αὐτῇ προϋπάρχοντος tr. C 14 παρ᾽ a:
πρὸς b 15 ἐπιπωματίσῃ C 18 πολλῆς βοῆς tr. b L προ-
εισκριθεὶς C

σφαίρᾳ· οὐ γὰρ μείζονα δυνατὸν γενέσθαι τὰ ὑπο-
λειπόμενα τοῦ ἀέρος σώματα κατὰ τὸν καιρὸν τοῦτον,
ὥστε συναναπληρῶσαι τὸν τῶν ἐκκρουσθέντων σωμάτων
τόπον· εἰ γὰρ αὐξηθήσεται, μηδεμιᾶς αὐτοῖς οὐσίας
δυναμένης ἔξωθεν προσεισκριθῆναι, πιθανὸν τὴν αὔξη- 5
σιν γενέσθαι κατὰ ἀραίωσιν. αὕτη δὲ ἔσται ἡ κατὰ
κένωσιν παρεμπλοκή· κενὸν δὲ οὐδέν φασιν ὑπάρχειν·
οὐδὲ ἄρα αὐξηθήσεται τὰ σώματα· ἄλλην γὰρ αὔξησιν
οὐδεμίαν αὐτοῖς ἐσομένην ἐπινοῆσαι δυνατόν ἐστι.
φανερὸν οὖν ἐκ τῶν εἰρημένων, ὅτι τοῖς μὲν τοῦ ἀέρος 10
σώμασι παρέσπαρταί τινα μεταξὺ κενά, βίας δέ τινος
προσελθούσης συνίζησιν πάσχει παρὰ φύσιν εἰς τὰ
κενά. ὁ δὲ ἐν τῷ ἀγγείῳ τῷ κατεστραμμένῳ εἰς τὸ
ὕδωρ ἐνὼν ἀὴρ οὐ | πάνυ λαμβάνει πίλησιν· τὸ γὰρ
βιαζόμενον οὐκ ἔστιν ἀξιόχρεων διὰ τὸ τό. ὕδωρ φυσι- 15
κῶς αὐτὸ ἐν ἑαυτῷ μήτε βάρος μήτε ἔκθλιψιν σφοδρὰν
ἔχειν· ὅθεν συμβαίνει τῶν κατακολυμβώντων εἰς τὸν
βυθὸν τῆς θαλάσσης μετρητὰς ἀπείρους ἐχόντων κατὰ
τῶν νώτων τὰς ἀναπνοὰς μὴ βιάζεσθαι ὑπὸ τοῦ
ὕδατος, ὀλίγου παντελῶς ἐν τοῖς μυκτῆρσιν ἀέρος 20
ἀπειλημμένου. τίς δὲ ἔστιν ἡ αἰτία, δι᾽ ἥν, ὡς εἴρηται,
οἱ ἐν τῷ βυθῷ κολυμβῶντες ἄπειρον βάρος ἔχοντες
ὕδατος κατὰ τῶν νώτων οὐ θλίβονται, ἄξιον ἐπιστῆσαι.
λέγουσι δή τινες· „διότι τὸ ὕδωρ ἰσοβαρὲς αὐτὸ καθ᾽
αὐτό ἐστιν". οὗτοι δὲ οὐδὲν ἀποφαίνονται, διότι οἱ 25

---

7 παρεισπλοκή codd.: corr. Diels, cf. l. l. p. 109   11 βίας
δὲ bL: διὸ βίας a   12 πάσχει ACG₂T: παρέχει B: ὑπάρχει G₁
15 f. ⟨τοῦ ὕδατος⟩ β:αζόμενον   17 κατακολυμβόντων a (κατα
om. T, add. Tmg.): ex Mb correxi   20 ἀέρος om. T, add. Tmg.

---

1 γενέσθαι a: γίνεσθαι b   4 αὐτοῖς aC: αὐτῆς B
6 γενέσθαι a: γίνεσθαι b   19 cogi sive comprimi (= β. ἢ

beträchtlichem Umfange anhäuft. Denn dafs die zurückbleibenden Luftmoleküle sich in diesem Augenblicke so vergröfserten, dafs sie den Platz der ausgeschiedenen Teilchen mit anfüllten, ist unmöglich. Falls die Luft-
5 moleküle wirklich gröfser werden, ohne dafs ihnen von aufsen Stoff zugeführt werden kann, ist anzunehmen, dafs die Erweiterung ihres äufsern Umfangs eine Folge innerer Auflockerung ist. Das ist aber gerade die Bildung der Vakua und ihre Verbindung mit den Luftmolekülen.
10 Indessen behauptet man, es gebe kein Vakuum. Also werden sich auch die Moleküle nicht vergröfsern; denn eine andere Art der .Vergröfserung kann man sich nicht denken. Aus dem Gesagten ergiebt sich also, dafs zwischen den Luftmolekülen eine Anzahl Vakua
15 verteilt sind und. dafs jene in abnormer Weise in die Vakua eindringen, sobald man irgend welche Kraft aufwendet. Die Luft, welche sich in dem umgekehrt ins Wasser gesetzten Gefäfse befindet, wird nicht gerade sehr verdichtet. Denn dazu reicht der Druck des Wassers nicht
20 aus, weil das Wasser in sich selbst von Natur weder (bedeutende) Schwere noch die Eigenschaft besitzt, viel (Luft) zu verdrängen. Daher kommt es, dafs bei den Tauchern in der Tiefe des Meeres trotz der unermefslichen Wassermengen[1]), die sie über sich haben, das Wasser das
25 Atemholen nicht beeinträchtigt, obwohl nur eine ganz geringe Quantität Luft in der Nase enthalten ist. Es verdient Erwägung, aus welchem Grunde die Taucher, wie bemerkt, trotz der unermefslichen Wassersäule, die sie auf dem Rücken tragen, keinen Druck erleiden. Da
30 sagen nun manche: „Weil das Wasser an sich gleichmäfsig schwer ist." Damit erklären diese aber keineswegs,

----

1) Eigentlich Metreten (zu je 39,4 l) Wasser.

$\vartheta\lambda\acute{\iota}\beta\varepsilon\sigma\vartheta\alpha\iota$) L   20—21 $\mathring{\alpha}\pi\varepsilon\iota\lambda\eta\mu\mu\acute{\varepsilon}\nu\sigma\upsilon$ $\mathring{\alpha}\acute{\varepsilon}\varrho\sigma\varsigma$ tr. b   21 $\delta\grave{\varepsilon}$
$\mathring{\varepsilon}\sigma\tau\iota\nu$ a C: δ' $\mathring{\varepsilon}\sigma\tau\iota\nu$ B

κάτω κολυμβῶντες οὐ θλίβονται ὑπὸ τοῦ ὑπεράνω
ὕδατος. ἀποδεικτέον δὲ οὕτως. ὑπολάβωμεν† τὸ ὑπεράνω
ὑγρὸν ἀπὸ τῆς τοῦ θλιβομένου ἐπιφανείας, καθ᾽ ἣν
ἐπίκειται αὐτῷ τὸ ὕδωρ, σῶμά τι ἰσοβαρὲς ὂν τῷ
ὑγρῷ τὸ αὐτὸ σχῆμα ἔχειν τῷ ὑπεράνω ὑγρῷ· τοῦτο 5
δὲ ἐμβεβλῆσθαι εἰς τὸ ὑγρόν, ὥστε τὴν κάτω ἐπιφάνειαν
αὐτοῦ ἁρμόζειν τῷ θλιβομένῳ, καὶ ὥσπερ† αὐτὸ εἶναι
καὶ ὁμοίως ἐπικεῖσθαι τῷ πρότερον ἐπικειμένῳ ὑγρῷ.
φανερὸν οὖν ὅτι τοῦτο τὸ σῶμα οὔτε ὑπερέχει τι τοῦ
ὑγροῦ ἀφεθὲν οὔτε καταδύσεται ὑπὸ τὴν τοῦ ἄνω 10
ὑγροῦ ἐπιφάνειαν. ἀπεδείχθη γὰρ Ἀρχιμήδει ἐν τοῖς
Ὀχουμένοις, ὅτι τὰ ἰσοβαρῆ τῷ ὑγρῷ σώματα ἀφεθέντα
εἰς τὸ ὑγρὸν οὔτε ὑπερέξει τοῦ ὑγροῦ οὔτε καταδύσεται, οὐδ᾽ ἄρα θλίψει τὰ ὑποκείμενα. ἀφαιρεθέντων
οὖν τῶν ἄνωθεν θλιβόντων, μενεῖ τὸ σῶμα ἐν τῷ 15
αὐτῷ τόπῳ· πῶς οὖν θλίψει τὸ σῶμα τὸ μὴ ἔχον ὄρεξιν
εἰς τὸ κάτω; τὸν αὐτὸν δὲ τρόπον καὶ τὸ ὑγρόν, ἔνθα
ἦν τὸ σῶμα, οὐ θλίψει τὰ ὑποκείμενα· ἔνεκα γὰρ
μονῆς τε καὶ κινήσεως διαφέρει τὸ εἰρημένον σῶμα τοῦ
τὸν αὐτὸν τόπον ἐπέχοντος ὑγροῦ. ὅτι δὲ ἔστι κενά, 20
καὶ ἐκ τούτων ἄν τις καταλάβοι. μὴ γὰρ ὄντων αὐτῶν,
οὐτ᾽ ἂν διὰ τοῦ ὕδατος οὔτε διὰ τοῦ ἀέρος οὔτε δι᾽
ἄλλου σώματος οὐδενὸς ἠδύνατο ἂν διεκπίπτειν τὸ
φῶς οὐδὲ ἡ θερμότης οὐδ᾽ ἄλλη δύναμις οὐδεμία σω-

---

1 κατακολυμβῶντες J. G. Schneider   2—3 ⟨ἀντὶ⟩ τοῦ
ὑπεράνω ὑγροῦ Diels   3 ἀπὸ del. J. G. Schneider   4 αὐτῷ b L:
αὐτὸ a   5 ἔχον G   7 αὐτο A₁: καὶ αὐτὸ A₂ (?) GT b: et tam-
quam idem sit (= τὸ αὐτὸ) L: f. ⟨συνεχὲς⟩ αὐτῷ   8 προτέρῳ T
11—12 Ἀρχιμήδει ἐν τοῖς Ὀχουμένοις I 3 (Archim. op. II 362, 19;
cf. II 357, 10 Heiberg)   14 ἀφαιρεθέντων codd.: ἀφεθέντων
Diels coll. supra lin. 10   15 οὖν Leid. Voss. 19 b L: δὲ T:
om. A G   μέτει codd.: corr. Diels   19 μόγης τῆς κινήσεως

weshalb die Taucher von dem Wasser über ihnen keinen
Druck erleiden. Vielmehr ist es auf folgende Weise darzuthun. Man stelle sich statt der oberen Wassersäule von
der Oberfläche des dem Drucke Ausgesetzten, d. h. von da ab,
5 wo das Wasser auf ihm ruht, einen Körper vor, der gleiche
Schwere wie das Wasser (überhaupt) und gleiche Form
wie die obere Wassersäule hat. Diesen denke man sich
so in die Flüssigkeit gesetzt, dafs seine untere Fläche sich
der Gestalt des Untergetauchten anpasse, gleichsam damit
10 zusammenhänge und in ähnlicher Weise auf ihm ruhe als
die zuvor darüber befindliche Wassersäule. Läfst man
diesen Körper los, so leuchtet ein, dafs er nicht aus dem
Wasser herausragt und auch nicht unter das Niveau des
oberen Wassers sinken wird. Denn Archimedes hat in
15 seiner Abhandlung „von den schwimmenden Körpern" nach-
gewiesen, dafs die Körper, welche gleiche Schwere wie
das Wasser haben, ins Wasser gesetzt weder über dessen
Niveau sich erheben noch untersinken, also üben sie auch
auf die unter ihnen befindlichen Gegenstände keinen Druck
20 aus. Ist nun der Druck von oben beseitigt, so verbleibt
der Körper am selben Orte. Wie sollte also ein Körper,
der gar nicht nach unten strebt, einen Druck ausüben?
In gleicher Weise wird auch das Wasser an der Stelle,
welche der Körper innehatte, auf die unter ihm be-
25 findlichen Dinge keinen Druck ausüben. Denn nur hinsichtlich der Ruhe und Bewegung unterscheidet sich der
genannte Körper von der Flüssigkeit, die denselben Raum
innehat. Das Vorhandensein von leeren Zwischenräumen
erhellt auch aus folgenden Erwägungen. Gäbe es nämlich
30 keine Vakua, so könnten weder Licht noch Wärme noch
sonst eine materielle Kraft durch das Wasser, die Luft

Diels   τοῦ om. T   24 οὐδὲ] οὐδὲ Diels ex Stratone (Simplic.
Phys. 693, 11): οὔτε codd.   οὐδ'] οὐδὲ T

---

2 δ' οὕτως b   9 ὑπερέχει a: ὑπερέξει bL   23 ἄν a:
om. b

ματική. ἐπεὶ πῶς ἂν αἱ τοῦ ἡλίου ἀκτῖνες διὰ τοῦ
ὕδατος διεξέπιπτον εἰς τὸν τοῦ ἀγγείου πυθμένα; εἰ
γὰρ τὸ ὑγρὸν μὴ εἶχε πόρους, ἀλλὰ βίᾳ διέστελλον αἱ
αὐγαὶ τὸ ὕδωρ, συνέβαινεν ἂν ὑπερεχεῖσθαι τὰ πλήρη
τῶν ἀγγείων· ὅπερ οὐ φαίνεται γινόμενον. ἔτι δὲ καὶ 5
ταύτῃ φανερόν· εἰ γὰρ βίᾳ τὸ ὕδωρ διέστελλον, οὐκ
ἂν τῶν ἀκτίνων αἱ μὲν ἀνεκλῶντο πρὸς τὸν ἄνω
τόπον, αἱ δὲ καὶ κάτω διεξέπιπτον. νυνὶ δὲ ὅσαι μὲν
προσκόπτουσιν αὐγαὶ τοῖς τοῦ ὕδατος μορίοις, ὥσπερ
ἀνακρουόμεναι ἀνακλῶνται πρὸς τὸν ἄνω τόπον· ὅσαι 10
δὲ εἰς τὰ κενὰ τοῦ ὕδατος | ἐμπίπτουσιν, ὀλίγοις προσ-
πίπτουσαι μορίοις αὗται διεκπίπτουσιν· εἰς τὸ τοῦ
ἀγγείου ἔδαφος. ἔτι δὲ καὶ ταύτῃ φανερόν, ὡς ἐν τῷ
ὕδατι ὑπάρχει κενά, τῷ τὸν ἐμβαλλόμενον οἶνον εἰς
τὸ ὕδωρ ὁρᾶσθαι κατὰ χύσιν εἰς πάντα τόπον τοῦ 15
ὕδατος χωροῦντα. τοῦτο δὲ οὐκ ἂν ἐγίνετο, μὴ ὄντων
ἐν τῷ ὕδατι κενῶν. φέρεται δὲ καὶ τὸ φῶς τὸ ἕτερον
διὰ τοῦ ἑτέρου· ὅταν γάρ τις πλείους ἅψῃ λύχνους,
ἅπαντα φωτίζεται μᾶλλον, τῶν αὐγῶν πάντῃ φερομένων δι' ἀλλήλων. ἀλλὰ μὴν καὶ διὰ χαλκοῦ καὶ 20
σιδήρου καὶ τῶν ἄλλων ἁπάντων διεκπίπτει σωμάτων,
καθάπερ καὶ τὸ ἐπὶ τῆς νάρκης τῆς θαλασσίας γινόμενον. ὅτι δὲ καὶ ἄθρουν κενὸν γίνεται παρὰ φύσιν,
δέδεικται διά τε τοῦ προσφερομένου τῷ στόματι κούφου
ἀγγείου καὶ διὰ τοῦ ἰατρικοῦ ᾠοῦ. περὶ μὲν οὖν τῆς 25
τοῦ κενοῦ φύσεως καὶ ἄλλων πολλῶν οὐσῶν ἀποδείξεων,
ἱκανὰς εἶναι καὶ τὰς εἰρημένας νομίζομεν· καὶ γὰρ δι'
αὐτῶν τῶν αἰσθητῶν τὰς ἀποδείξεις ἐποιησάμεθα. ἐπὶ

2 ἐξέπιπτον codd., corr. Diels ex Stratone   12 διεκπί-
πτουσιν Leid. Voss. 44: διαπίπτουσιν ab: cf. lin. 8. 21   15 εἰς
om. T   19 αὐγῶν J. G. Schneider: αὐτῶν codd.   25 οὖν

oder einen andern Körper dringen. Denn wie sollten die
Strahlen der Sonne durch das Wasser hindurch auf den
Boden des Gefäfses fallen? Wenn nämlich die Flüssigkeit
keine Poren hätte, sondern die Strahlen sich mit Gewalt
5 ins Wasser drängten, so würde die Folge sein, dafs volle
Gefäfse überliefen. Das geschieht aber nicht, wie man sieht.
Noch folgender Beweis. Wenn die Strahlen das Wasser
mit Gewalt zerteilten, würden nicht einige nach oben gebrochen, andere unten hindurchgehen. So aber werden
10 alle Strahlen, welche auf die Wasserteilchen treffen, gleichsam nach oben zurückgeworfen und gebrochen, während
alle die, welche in die Vakua des Wassers fallen, bis auf
den Boden des Gefäfses dringen, da sie nur mit wenigen
Molekülen zusammenstofsen. Die Existenz der Vakua im
15 Wasser beweist ferner der Umstand, dafs Wein, den man
in Wasser giefst, während des Mischens überall durch das
Wasser dringt. Das wäre unmöglich, wenn es im Wasser
keine Vakua gäbe. Ferner durchkreuzt auch ein Licht
das andere. Denn wenn man mehrere Lampen anzündet,
20 so wird alles heller erleuchtet, da die Strahlen nach allen
Seiten durch einander gehen. Ja, es dringt sogar durch
Kupfer, Eisen und alle übrigen Körper, ähnlich wie der
Schlag des Seezitterrochens sich durch andere Körper über-
trägt. Dafs ein kontinuierliches Vakuum auf künstliche
25 Weise hervorgebracht werden kann, ist durch die Anlegung
des leichten Gefäfses an den Mund und durch das
medizinische Ei bewiesen. Was das Wesen des Vakuum
betrifft, so giebt es zwar noch viele andere Beweise, doch
halten wir die angeführten für ausreichend, zumal unsere

---

om. T   26 πολλῶν A₁G₁ : πλειόνων A₂TG₂ (-εον- G₂) bL   οὐσῶν
om. T

1—2 διὰ τοῦ ὕδατος om. Strato bL: del. Diels   14 ὑπάρχει: παρέχει C   20 καὶ (ante σιδήρου) aC: καὶ διὰ BL
22 καὶ om. L   τὸ om. b   ἰδοι τις ἄν τὸ (om. C) γινόμενον b: quemadmodum de torpedine marina fieri posse constat L
24 δέδεικται om. C

πάντων τοίνυν ἔστιν εἰπεῖν, ὅτι πᾶν μὲν σῶμα ἐκ
λεπτομερῶν συνέστηκεν σωμάτων, ὧν μεταξύ ἐστι
παρεσπαρμένα κενὰ ἐλάττονα τῶν μορίων· διὸ καὶ
καταχρηστικῶς μηδὲν εἶναι κενὸν ⟨ἄθρουν⟩ λέγομεν,
βίας τινὸς μὴ παρεισελθούσης, ἀλλὰ πάντα πλήρη εἶναι 5
ἤτοι ἀέρος ἢ ὑγροῦ ἢ ἄλλης τινὸς οὐσίας· καθ' ὁπόσον δ' ἄν τι τούτων ἐκχωρῇ, κατὰ τοσοῦτον ἕτερον
ἐπακολουθοῦν τὸν κενούμενον ἀναπληροῖ τόπον· καὶ
ὅτι κενὸν μὲν ἄθρουν οὐκ ἔστι κατὰ φύσιν βίας τινὸς
μὴ παρεισελθούσης, καὶ πάλιν ὅτι οὐκ ἔστι ποτὲ τὸ 10
παράπαν κενόν, παρὰ φύσιν δὲ γενόμενον. τούτων δὴ
διασεσαφηνισμένων ἑξῆς τὰ διὰ τῆς συμπλοκῆς τῶν
εἰρημένων στοιχείων ἐπιτελούμενα θεωρήματα γράψο-
μεν. ἔστι γὰρ δι' αὐτῶν εὑρίσκειν πάνυ ποικίλας καὶ
θαυμασίας κινήσεις. 15

I.

Τούτων δὴ προτεθεωρημένων στοιχείου ἕνεκα γράφομεν καὶ περὶ τῶν καμπύλων σιφώνων· εἰς πολλὰ
γὰρ τῶν πνευματικῶν εὔχρηστοι τυγχάνουσιν.

Ἔστω γὰρ καμπύλος σίφων, τουτέστι σωλήν, ὁ 20
ΑΒΓ, οὗ τὸ μὲν ΑΒ σκέλος ἔστω ἐν ἀγγείῳ τῷ ΔΕ
πλήρει ὄντι ὕδατος. ἔστω δὲ ἡ τοῦ ὕδατος ἐπιφάνεια

---

4 ⟨ἀθροῦν⟩ inser. Diels; cf. lin. 9   10 f. οὐκ del., cf. p. 16, 21
14 πάνυ AG: πάνυ τοι Tb: πάνυ τι J. G. Schneider
16 caput distinguunt AGb: in libris decurtatis capita Graece
numerantur (v. prolegom.); in his sicut in T caput ᾱ⁰ʳ a verbis
ἔστω γὰρ lin 20 incipit.   17 δὴ b: δὲ a

---

4 λέγομεν κενὸν tr. b   7 ἐκχωρῇ a (-ρεῖ T): ἐγχωρῇ bL
11 γενόμενον a: γινόμενον b   17 γράφομεν aCP: γράφω⁽ω⁾μεν
B, ω supra scripsit m. 1   a verbis τούτων δὴ incipit P

Beweisführung gerade auf den Experimenten beruht. Auf Grund alles dessen können wir also behaupten, daſs jeder Körper aus feinteiligen Molekülen besteht, zwischen denen noch feinere Vakua verteilt sind. In ungenauer Ausdrucksweise können wir daher auch sagen, es giebt kein kontinuierliches Vakuum, nämlich wenn keine äuſsere Kraft einwirkt, und annehmen, es sei alles mit Luft, Wasser oder einer andern Substanz gefüllt. In dem Maſse wie eins von diesen Elementen entweicht, schlieſst sich ein anderes unmittelbar an und tritt an die Stelle des Vakuum. Ferner können wir behaupten, daſs es ein kontinuierliches Vakuum ohne Einwirkung einer äuſsern Kraft von Natur nicht giebt, und daſs andrerseits ein solches bisweilen auf künstliche Weise herbeigeführt wird. Nach diesen Darlegungen wollen wir nunmehr der Reihe nach die Erscheinungen beschreiben, welche die Vereinigung der genannten Elemente zur Folge hat. Mit deren Hilfe lassen sich nämlich gar mannigfache, wunderbare Bewegungsarten erfinden.

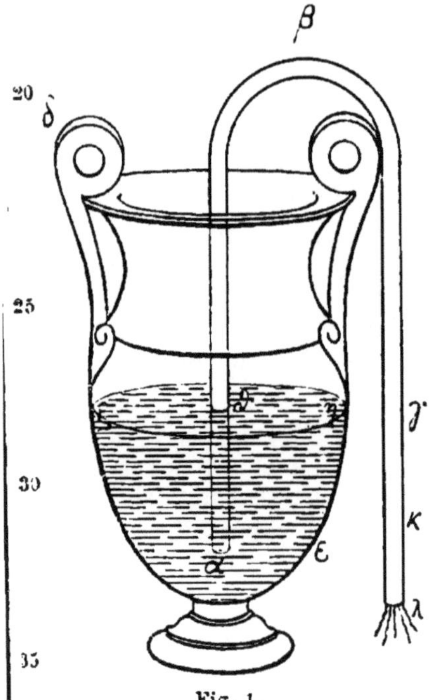

Fig. 1.

I.

Der gebogene Heber. Fig. 1.

Nach diesen einleitenden Betrachtungen geben wir auch eine Beschreibung der gebogenen Heber, denn sie sind für viele Druckwerke von Nutzen.

Es sei $\alpha\beta\gamma$ ein gebogener Heber (d. h. eine Röhre [Fig. 1]), dessen Schenkel $\alpha\beta$ in ein Gefäſs voll Wasser $\delta\varepsilon$ getaucht sei. Der Wasserspiegel liege in Höhe der

κατὰ τὴν εὐθεῖαν, ἐφ' ἧς ἐστιν ἡ ZH, καὶ τὸ τοῦ
καμπύλου σίφωνος σκέλος τὸ AB πληρωθήσεται ὕδατος
ἄχρι τῆς ZH εὐθείας, τουτέστι τὸ AΘ μέρος αὐτοῦ·
τὸ δὲ ΘBΓ πλῆρες ἔσται ἀέρος. ἐὰν οὖν διὰ τοῦ Γ
στομίου ἐπισπασώμεθα τῷ στόματι τὸν εἰρημένον 5
ἀέρα, συνεπακολουθήσει καὶ τὸ ὑγρὸν διὰ τὸ μὴ δύνασθαι, ὡς προείρηται, κενὸν ἄθρουν ὑπάρξαι τόπον.
καὶ εἰ μὲν τὸ Γ στόμιον τοῦ σίφωνος ἐπ' εὐθείας
ἐστὶ τῇ ZH, πληρωθεὶς τοῦ ὕδατος οὐκέτι ῥεύσει ὁ
σίφων, ἀλλὰ μενεῖ πλήρης· ὥστε τὸ ABΓ μέρος αὐτοῦ 10
πεπληρῶσθαι ὕδατος, καίτοι παρὰ φύσιν οὔσης τῆς
153 εἰς τὸ ἄνω μέρος αὐτῷ φορᾶς· ἀλλ' ὥσπερ | ζυγοῦ
τινος ἰσορρόπησιν ἔχον τὸ ὕδωρ μενεῖ ἄνω τε μετεωρισθὲν κατὰ τὸ ΘB μέρος καὶ κάτω κρεμάμενον
κατὰ τὸ BΓ. ἐὰν δὲ τὸ ἐκτὸς στόμιον τοῦ σίφωνος 15
κατώτερον ᾖ τῆς ZH εὐθείας, ὥσπερ τὸ K, ῥέει τὸ
ὕδωρ, ἐπειδήπερ τὸ ἐν τῷ KB μέρει βαρύτερον ὂν
τοῦ ⟨ἐν τῷ⟩ BΘ κατακρατεῖ καὶ ἐπισπᾶται· ἐπὶ τοσοῦτον μέντοι ῥέει, ἕως ἂν τὸ K στόμιον ἐπ' εὐθείας
γένηται τῇ τοῦ ὕδατος ἐπιφανείᾳ· καὶ πάλιν διὰ τὴν 20
αὐτὴν αἰτίαν οὐκέτι ῥεύσει. ἐὰν δὲ τὸ ἐκτὸς στόμιον
τοῦ σωλῆνος κατωτέρω ᾖ τοῦ Α, ὥσπερ τὸ Λ, ῥέει,
ἄχρις ἂν ἡ τοῦ ὕδατος ἐπιφάνεια γένηται πρὸς τῷ Α
στομίῳ. ἐὰν οὖν βουλώμεθα πᾶν κενωθῆναι τὸ ἐν τῷ
ἀγγείῳ ὕδωρ, καθήσομεν τὸν σίφωνα, ὥστε τὸ Α στό- 25
μιον ψαύειν τοῦ πυθμένος τοῦ ἀγγείου ἀπέχον τοσοῦτον
ὅσον ὕδατος διάρρυσιν.

---

4 ἔστω Τ   12 αυτω A: αὐτοῦ (ου corr. G) GTbL
17 μέρος G₂T   βαθύτερον T₁, corr. T₂   18 ἐν τῷ bL:
om. a   21 ἐὰν b: εἰ a   22 κατωτέρω AGT₂: κατώτερον T₁ b

Linie $\zeta\eta$. Der Schenkel $\alpha\beta$ des gebogenen Hebers wird bis zur Linie $\zeta\eta$ mit Wasser gefüllt, d. h. sein Abschnitt $\alpha\vartheta$, während der Abschnitt $\vartheta\beta\gamma$ voll Luft bleibt. Wenn wir nun durch die Mündung γ die erwähnte Luft mit dem

5 Munde ansaugen, so wird auch die Flüssigkeit sich anschließen, weil ein kontinuierliches Vakuum, wie erwähnt, undenkbar ist. Und wenn die Hebermündung γ in gleicher Höhe mit der Geraden $\zeta\eta$ (dem Wasserspiegel) liegt, so wird der Heber, obgleich voll Wasser, doch nicht

10 mehr fließen, sondern gefüllt bleiben. So hat sich also der Heber $\alpha\beta\gamma$ mit Wasser gefüllt, obwohl das Steigen des Wassers unnatürlich ist. Wie eine Wage wird das Wasser im Gleichgewicht bleiben, indem es auf Seite $\vartheta\beta$ sich hebt und auf Seite $\beta\gamma$ sich senkt. Ist die äußere

15 Hebermündung niedriger als die Linie $\zeta\eta$, wie z. B. $\varkappa$, so fließt das Wasser aus, da das Wasser in dem Abschnitte $\varkappa\beta$, welches schwerer[1]) ist als das in $\beta\vartheta$, dieses überwältigt und anzieht. Doch fließt es nur so lange, bis die Mündung $\varkappa$ in gleicher Höhe mit dem Niveau des Wassers liegt. Dann

20 wird es aus demselben Grunde wieder aufhören auszufließen. Ist aber die äußere Mündung der Röhre niedriger als α, wie z. B. λ, so fließt es, bis der Wasserspiegel bis zur Mündung α sinkt. Wenn das ganze im Gefäße enthaltene Wasser ablaufen soll, so werden wir den Heber so weit

25 senken, daß die Mündung α bis auf den Boden des Gefäßes reicht und nur so weit davon absteht, als nötig ist, um Wasser durchzulassen.

1) Nach anderer Lesart 'tiefer'.

4 $\vartheta\bar{\beta}\gamma$ μέρος bL   5—6 τὸν εἰρημένον ἀέρα τῷ στόματι tr. CP   8 καὶ ʿaP: ἀλλ' BCL   9 τῇ a: τῆς b   10 $\overline{\alpha\beta}$ B 10—11 ὥστε ... ὕδατος: ipsius quoque parte ·a·b· repleta aqua L   16 ῥέει b: fluet L   18 ἐπισπᾶται τοῦτο bL 20 secundum aquae superficiem (= κατὰ τὴν τοῦ ὕδατος ἐπιφάνειαν) L   25 ὥστε κτέ: quousque ·a· orificium vasis fundum attingat (= ἕως ἂν — ψαύῃ?) L   27 διάρρυσιν aCP: διάρρυσις B

II.

Τὴν μὲν οὖν εἰρημένην ἐπὶ τοῦ σίφωνος αἰτίαν τινὲς ἀποδεδώκασι λέγοντες, διότι τὸ μεῖζον σκέλος πλέον ὕδωρ ἔχον ἐπισπᾶται τὸ ἔλαττον. ὅτι δὲ ψευδής ἐστιν ἡ τοιαύτη αἰτία καὶ ὁ ταύτῃ πιστεύσας μεγάλως 5 ⟨ἂν⟩ ἀγνοήσειεν ἐπιχειρήσας ἀπὸ ταπεινοῦ ὕδωρ ἀγαγεῖν, οὕτως ἀποδείξομεν· γεγονέτω γὰρ σίφων ἔχων τὸ ἐντὸς σκέλος μακρότερόν τε καὶ στενόν, τὸ δὲ ἐκτὸς εὐρύτερόν τε καὶ ἔλαττον πολλῷ κατὰ μῆκος, ὥστε δέχεσθαι πλέον ὕδωρ αὐτὸ τοῦ μακροτέρου σκέλους. καὶ 10 οὕτως πεπληρώσθω ὕδατος· τὸ δὲ μεῖζον αὐτοῦ σκέλος ἐμβεβλήσθω εἰς ὕδατος ἀγγεῖον ἢ καὶ εἴς τι φρέαρ. οὐκοῦν ἐὰν ἀφῶμεν ῥεῖν τὸ ἐκτὸς σκέλος, πλέον ὕδωρ ἔχον· τοῦ ἐντὸς ἐπισπάσεται τὸ ἐκ τοῦ μείζονος, | ὃ δὴ καὶ συνεπισπάσεται τὸ ἐν τῷ φρέατι· καὶ ἀρξάμενον 15 ῥέειν πᾶν κενώσει ἢ ἀεὶ ῥεύσει, ἐπειδήπερ τὸ ἐκτὸς ὑγρὸν πλεῖόν ἐστι τοῦ ἐν τῷ ἐντὸς σκέλει. ἀλλ᾽ οὐ φαίνεται τοῦτο γινόμενον· οὐκ ἄρα ἀληθής ἐστιν ἡ εἰρημένη αἰτία. ἴδωμεν δὴ τὴν κατὰ φύσιν αἰτίαν. ἐπειδὴ γὰρ πᾶν συνεχὲς ὑγρὸν ἠρεμῆσαν σφαιρικὴν 20

a 4—10 ὅτι δὲ ψευδής ... τοῦ μακροτέρου σκέλους = b 22—28: ὅτι δὲ ψευδής ἐστιν ὁ τοιοῦτος αἰτιώδης λόγος καὶ ὁ τούτῳ πιστεύσας εἰς μεγάλην ἄγνοιαν ἐμπεσεῖται, ἐὰν ἐπιχειρήσῃ ἀπὸ ταπεινοῦ τόπου ὕδωρ ἀναγαγεῖν, οὕτως ἀποδείξομεν· γεγονέτω γὰρ σίφων ἔχων τὸ ἐντὸς 25 σκέλος μακρότερόν τε καὶ στενόν, τὸ δὲ ἐκτὸς εὐρύτερον μέν, πολλῷ δ᾽ ἔλαττον κατὰ μῆκος, ὥστε δέχεσθαι πλέον ὕδωρ αὐτὸ τοῦ μακροτέρου σκέλους.

1 caput non distinguit T   2—3 αἰτίαν τινὲς ἐπὶ τοῦ σίφωνος tr. T   4 ὕδωρ om. T   6 ἂν inserui   8 στεγνόν T₁, corr. T₂   11 οὕτω T ut passim   12 τι ATb: τὸ G₁, corr.

II.

Den Grund nun, mit welchem wir die Wirkung   Begründung
der Wirkung
des Hebers begründeten, haben wohl einige angeführt,   des Hebers.
aber sie behaupten, der gröfsere Schenkel (des Hebers) ziehe
5 den kleineren an, weil er mehr Wasser enthalte. Eine solche
Begründung ist aber falsch, und wer sich darauf verläfst,
dürfte sehr in Verlegenheit geraten, wenn er versucht,
Wasser von unten nach oben zu leiten. Wir wollen das
Irrige dieser Anschauung im folgenden nachweisen. Man
10 stelle einen Heber her, dessen innerer Schenkel länger und
eng, dessen äufserer dagegen viel kürzer und breiter[1]) ist,
so dafs dieser mehr Wasser fafst als der längere Schenkel.
Dann fülle man den Heber mit Wasser, tauche aber seinen
längeren Schenkel·in ein Gefäfs mit Wasser oder auch in
15 einen Brunnen. Lassen wir den äufseren Schenkel fliefsen,
so soll er also[2]) das Wasser aus dem gröfseren (längeren)
Schenkel anziehen, weil er mehr Wasser enthält als der
innere, und dieses wird natürlich auch das Wasser im
Brunnen mit anziehen. Hat der äufsere Schenkel einmal
20 angefangen zu fliefsen, so wird er entweder alles zum
Ausflufs bringen oder wird unaufhörlich fliefsen, da ja die
Quantität der äufseren Flüssigkeit gröfser ist als die in
dem inneren Schenkel. Das geschieht aber offenbar nicht.
Der vorgebrachte Grund ist also nicht stichhaltig. Fassen
25 wir jetzt die natürliche Ursache ins Auge! Jede zusammen-

---

1) Nach b: 'zwar viel kürzer, aber breiter'.   2) Erklärender Zusatz in b: 'nach dieser Theorie'.

G₁ mg.: om. L   17 σκέλους G₂T   20 ἐπειδὴ γὰρ: f. ἐπειδήπερ; cf. p. 38, 10

2 predicti itaque tubi causam L   3 σκέλος τοῦ σίφωνος bL
11 οὕτως ἔχον bL   τὸ δὲ a: καὶ τὸ bL   12 ἀγγεῖον
ὕδατος tr. b   13 τὸ πλέον b   14 ἐπισπάσεται κατὰ τὸν
τοιοῦτον λόγον bL   15—16 καὶ ἀρξάμενον — κενώσει om. bL
19 δὴ aBC: δὲ P   22 talis causa L   25 γεγονέτω B:
γενέσθω CP   27 ὥστε BC: ὥσπερ P

ἐπιφάνειαν λαμβάνει κέντρον ἔχουσαν τὸ αὐτὸ τῇ γῇ,
μὴ ἠρεμοῦν δὲ ῥέει, ἕως οὗ, ὡς εἴρηται, ἐν μιᾷ ἐπιφανείᾳ σφαιρικῇ γένηται. ἐὰν ἄρα δύο ἀγγεῖα λαβόντες
ἐμβάλωμεν εἰς ἑκάτερον ὑγρὸν καὶ πληρώσαντες τὸν
σίφωνα καταλαβόμενοί ⟨τε⟩ αὐτοῦ τὰ στόμια τοῖς δα- 5
κτύλοις ἐμ-
βάλωμεν τὸ
ἕτερον σκέ-
λος αὐτοῦ
ἐν ἑνὶ τῶν
ἀγγείων βα-
πτιζόμενον
εἰς τὸ ὕδωρ,
τὸ δὲ λοιπὸν
ἐν τῷ ἑτέρῳ
ἀγγείῳ, γί-
νεται συνε-
χὲς τὸ πᾶν
ὕδωρ· ἑκά-

Fig. 2.

τερον γὰρ τῶν ἐν τοῖς ἀγγείοις ὑγρῶν συνάπτει τῷ ἐν 20
τῷ σίφωνι ὑγρῷ, ὥστε πᾶν ἐγένετο συνεχές. εἰ μὲν
οὖν αἱ πρότερον ἐν τοῖς ἀγγείοις τῶν ὑγρῶν ἐπιφάνειαι ἐν μιᾷ ἦσαν ἐπιφανείᾳ, ἠρεμήσει καὶ οὕτως
ἑκατέρα αὐτῶν τοῦ σίφωνος ἐμβληθέντος· εἰ δὲ οὔ,
ἐπεὶ συνεχὲς ἐγένετο τὸ ὕδωρ, ἀνάγκη πᾶσα ῥεῖν αὐτὸ 25
ἐπὶ τὸ ταπεινότερον διὰ τὴν συνέχειαν, ἕως οὗ ἤτοι
ἐν μιᾷ γένηται ἐπιφανείᾳ τὸ ἐν τοῖς ἀγγείοις. πᾶν
ὕδωρ ἢ τὸ ἕτερον τῶν ἀγγείων κενωθῇ. γεγονέτω οὖν,
ὡς εἴρηται, ἐν μιᾷ ἐπιφανείᾳ τὰ ἐν τοῖς ἀγγείοις
ὑγρά· ἠρεμήσει ἄρα, ὥστε καὶ τὸ ἐν τῷ σίφωνι συνηρε- 30
μήσει αὐτοῖς· ἐὰν ἄρα νοήσῃ τις ἀποτετμημένον τὸν

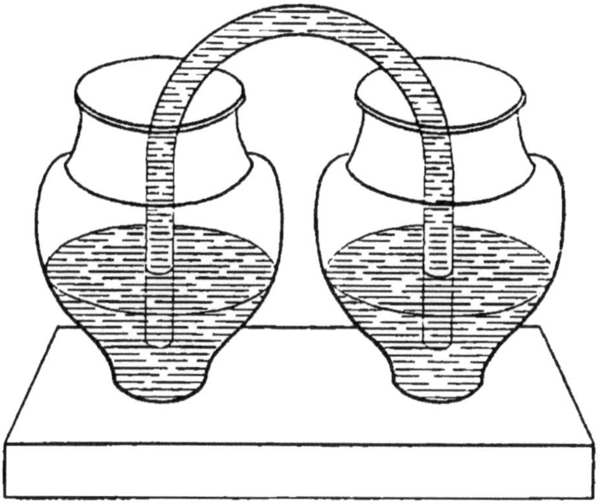

hängende Flüssigkeit nimmt nämlich, wenn sie in den
Zustand der Ruhe tritt, eine kugelförmige Oberfläche an,
die mit der Erde gleichen Mittelpunkt hat. Wenn die
Flüssigkeit aber nicht ruht, fließt sie so lange, bis sie, wie
5 gesagt, eine sphärische Oberfläche bildet. Wenn wir Kommunizie-
also zwei Gefäße (Fig. 2) nehmen, in jedes eine rende Gefäße.
Flüssigkeit gießen, den Heber anfüllen, seine Mündungen Fig. 2.
mit den Fingern schließen und den einen Schenkel in das
eine Gefäß setzen, dafs er unter das Wasser taucht, den
10 anderen in das andere, so tritt die gesamte Flüssigkeit in
gegenseitige Verbindung. Denn beide Flüssigkeiten in den
Gefäßen kommunizieren mit der Flüssigkeit in dem Heber,
so dafs ein ununterbrochener Zusammenhang hergestellt ist.
Waren nun die ursprünglichen Flüssigkeitsspiegel in den
15 Gefäßen auf gleichem Niveau, so werden beide im Zustande der Ruhe verbleiben, auch wenn man den Heber
hineinsetzt. Stand aber die Flüssigkeit in dem einen höher
als im andern, so mufs, sobald die Verbindung des Wassers
erfolgt ist, unter allen Umständen wegen dieses Zusammen-
20 hangs das Wasser nach dem niedrigeren Wasserstande
abfließen, bis entweder alles Wasser in den Gefäßen gleich
hoch steht oder ein Gefäß geleert ist. Man nehme einmal
in den Gefäßen, wie angegeben, Flüssigkeiten von gleichem
Niveau an. Sie werden sich also nicht bewegen; zugleich
25 wird sich also auch die Flüssigkeit in dem Heber nicht
rühren. Wenn man sich daher den Heber an den Oberflächen der Flüssigkeiten in den Gefäßen abgeschnitten

---

5 τε b: om. aL   16 γίνεται $AG_1 T_2$ b: γενήσεται T_1: γεγέ-
νηται G_2 25 τὸ om. AG

11—13 βαπτιζόμενον εἰς τὸ ὕδωρ a: ὥστε βαπτίζεσθαι ὑπὸ
τοῦ ὕδατος bL   22 πρότερον aCP: πρότεραι B   ἐπιφάνειαι τῶν
ὑγρῶν tr. b   23—24 quiesceret consimiliter (= ὁμοίως) et utraque L, sed cf. p. 36, 2   27 πᾶν om. L

3*

σίφωνα κατὰ τὰς ἐν τοῖς ἀγγείοις τῶν ὑγρῶν ἐπιφανείας, καὶ οὕτως ἠρεμήσει τὸ ὑγρὸν τὸ ἐν τῷ σίφωνι·
καὶ μετεωρισθέντος ἄρα αὐτοῦ καὶ ἐπὶ μηδέτερον
μέρος ἐγκλινομένου, πάλιν ἠρεμήσει τὸ ὑγρόν, ἐάν τε
διόλου ἴσον ἔχῃ τὸ εὖρος ἐάν τε τὸ ἕτερον σκέλος 5
τοῦ ἑτέρου πολλῷ μεῖζον ᾖ· οὐ γὰρ παρά γε τοῦτο ἡ
αἰτία ἐγίνετο τοῦ ἠρεμεῖν τὸ ὑγρόν, ἀλλὰ παρὰ τὸ
ἐξ ἴσου κεῖσθαι τὰ στόμια αὐτοῦ. πῶς οὖν μετεωρισθέντος αὐτοῦ οὐ καταφέρεται τὸ ὑγρὸν τῷ ἰδίῳ βάρει
ὑποκείμενον ἔχον κουφότερον ἀέρα; ὅτι κενὸς ἄθρους 10
οὐ δύναται ὑπάρξαι τόπος· εἰ γὰρ μέλλει καταφέρεσθαι, πρότερον πληρωθῆναι δεῖ τὸν ἀνώτερον τοῦ
σίφωνος τόπον, εἰς ὃν ἀὴρ παρεισελθεῖν οὐδαμῶς δυ-
νατός ἐστιν. ἐὰν οὖν τρυπήσῃ τις τὸν ἀνώτερον τόπον
τοῦ σίφωνος, εὐθέως καταρραγήσεται τὸ ὑγρὸν τοῦ 15
ἀέρος ἔχοντος παρείσδυσιν. πρὸ δὲ τοῦ τρυπηθῆναι
ἐπικείμενον τὸ ἐν τῷ σίφωνι ὑγρὸν τῷ ὑποκειμένῳ
155 ἀέρι ἐκθλίβει αὐτόν· | οὗτος δὲ μὴ ἔχων, ὅπῃ χωρήσει,
οὐκ ἐᾷ παρεξελθεῖν τὸ ὑγρόν. ὅτε δὲ διὰ τοῦ τρυπήματος τόπον ἔσχεν ὁ ἀήρ, ὅπῃ χωρήσει, τότε μὴ ἀντέ- 20
χων τὸ τοῦ ὕδατος βάρος ἐξεχώρησε. διὰ δὲ τὴν αὐτὴν
αἰτίαν καὶ τῷ σίφωνι τὸν οἶνον παρὰ φύσιν εἰς τὸ
ἄνω ἐπισπώμεθα τῷ στόματι· δεξάμενοι γὰρ ἐν ἑαυτοῖς

a 14—16 ἐὰν οὖν ... παρείσδυσιν = b 25—27:
ἐὰν οὖν τρυπήσῃ τις τὸν ἀνωτέρω τόπον τοῦ σίφωνος, 25
εὐθέως ῥυήσεται τὸ ὑγρὸν ἐφ᾽ ἑκάτερον τῶν σκελῶν τοῦ
ἀέρος σχόντος παρείσδυσιν.

10 ἔχον T et in marg. G₁: om. AG₁   12 f. πρότερον
⟨ἀέρος⟩   19 παρεξελθεῖν Tb: παρελθεῖν AG   τὸ om. T₁,
corr. T₂   20 ὅπῃ AG₁: ὅπου G₂Tb   ἀντέχων Paris. 2512,
Harl. 5589, Voss. 44: ἀντέχον ab: (aquae gravitatem non) susti-
nens L   21 f. ⟨πρὸς⟩ τὸ. cf. p. 70, 27

denkt, so wird auch die Flüssigkeit in dem Heber unbeweglich bleiben. Hebt man ihn also empor, ohne ihn
nach irgend einer Seite zu neigen, so wird die Flüssigkeit wiederum hängen bleiben, mag der ganze Heber gleich
5 weit oder der eine Schenkel viel gröfser (weiter) sein als
der andere. Denn eben nicht die gleiche Quantität war
der Grund, dafs die Flüssigkeit unbeweglich blieb, sondern
der Umstand, dafs die Mündungen des Hebers in gleicher
Höhe lagen. Wenn er nun emporgehoben ist, wie ist es da
10 möglich, dafs die Flüssigkeit nicht infolge ihrer eigenen
Schwere niederfällt, da die Luft unter ihr doch leichter ist
als sie selbst? Deshalb. nicht, weil ein kontinuierliches
Vakuum unmöglich ist. Soll nämlich die Flüssigkeit abfliefsen, so mufs sich zuvor der obere Raum des Hebers,
15 in welchen auf keine Weise Luft eindringen kann, damit
füllen. Bohrt man nun oben in den Heber ein Loch, so
wird sofort die Flüssigkeit auseinandergerissen[1]), sobald die
Luft Zutritt hat.[2]) Bevor das Loch gebohrt wird, sucht
die Flüssigkeit in dem Heber, die auf der darunter be-
20 findlichen Luft ruht, die letztere zu verdrängen. Diese
läfst aber die Flüssigkeit nicht heraus, da sie selbst keinen Ausweg hat. Wenn sie dagegen durch das Loch
einen Raum gewinnt, in den sie strömen kann, so leistet
sie dem Drucke des Wassers keinen Widerstand mehr und
25 geht fort. Aus demselben Grunde können wir auch Wein
mit Hilfe des Hebers aufsaugen, trotzdem dies nicht
natürlich ist. Denn wenn wir die im Heber enthaltene
Luft in unseren Körper aufgenommen haben, werden wir
voller als vorher und üben einen Druck auf die uns um-

---

1) Dafür in b: 'so wird sogleich die Flüssigkeit nach
beiden Schenkeln abfliefsen'. 2) Nach b: 'Zutritt erlangt hat'.

---

6 πολλῷ a: πολὺ b   7 ἐγίνετο a: ἐγένετο b: fuit L
12 ἀνώτερον a: ἀνωτέρω b   13 δυνατόν b   20 ὁ ἀήρ
om. b   26 ἀφ᾽ ἑκατέρου B, fluet ex utroque crure humidum L
27 σχόντος CP: ἔχοντος BL

τὸν ἐν τῷ σίφωνι ἀέρα πληρέστεροι ἢ πρότερον γινό-
μεθα καὶ θλίβομεν τὸν συνηγμένον [ἐν] ἑαυτοῖς ἀέρα,
οὗτος δὲ τὸν ἐξ ἀρχῆς, ἄχρις ἂν πρὸς τῇ ἐπιφανείᾳ
τοῦ οἴνου ἡ κένωσις γένηται. καὶ τότε ὁ οἶνος θλιβόμενος εἰς τὸν κενούμενον τοῦ σίφωνος τόπον χωρήσει· 5
ἄλλος γὰρ τόπος οὐκ ἔστιν ὅπῃ θλιβόμενος χωρήσει·
διὰ ταύτην δὲ τὴν αἰτίαν καὶ παρὰ φύσιν αὐτῷ γίνεται εἰς τὸ ἄνω μέρος ἡ φορά. καὶ ἄλλως δὲ ... ἠρεμήσει τὸ ὑγρὸν ἐν τῷ σίφωνι, ὅταν ἐν μιᾷ ᾖ σφαιρικῇ ἐπιφανείᾳ κέντρον ἐχούσῃ τὸ αὐτὸ τῇ γῇ· ἐπει- 10
δήπερ ἐὰν ὑγροῦ τινος ἡ ἐπιφάνεια σφαιρικὴ ᾖ κέντρον
ἔχουσα τὸ αὐτὸ τῇ γῇ, ἠρεμεῖ· εἰ γὰρ δυνατόν, μὴ
ἠρεμείτω· κινηθεῖσα ἄρα ἠρεμήσει· ἠρεμείτω οὖν. αὕτη
ἄρα ἔσται σφαιρικὴ ἐπιφάνεια κέντρον ἔχουσα τὸ αὐτὸ
τῇ γῇ καὶ τέμνει τὴν προτέραν ἐπιφάνειαν· τὸ γὰρ 15
αὐτὸ ὑγρὸν ἀπὸ κοινοῦ τινος ἕτερον καὶ ἕτερον ἐπέσχε
τόπον. ἀμφότεραι οὖν τετμήσθωσαν διὰ τοῦ κέντρου
τῆς γῆς ἐπιπέδῳ τινὶ καὶ ποιείτωσαν γραμμὰς ἐν ταῖς
ἐπιφανείαις κύκλων περιφερείας τὸ αὐτὸ κέντρον ἐχού-
σας τῇ γῇ· ποιείτωσαν τὰς ΑΒΓ, ΖΒΔ· καὶ διήχθω 20
ἡ ΒΗ· ἴση ἄρα ἡ ΒΗ ἑκατέρᾳ τῶν ΗΖ, ΗΑ, ὅπερ
ἄτοπον· ἠρεμήσει ἄρα.

2 [ἐν] seclusi   4 κένωσις: κίνησις Rochas   8 f. ⟨φανε-
ρὸν ὅτι⟩ ἠρεμήσει; cf. p. 8, 23   13 αὕτη T: αὐτὴ AGb: ipsa L
17 ἀμφότερα A   18 γῆς om. T   19 ἔχουσα A   20 f. ⟨δὲ⟩
τὰς   21 ἴση — ΒΗ om. AG₁, corr. G mg.

2 συνηγμένον aB: συνηρμένον C: συνηρημένον P, elidimus-
que ipsi coniunctum aerem L   6 χωρήσει aB: χωρεῖ CPL
8 μέρος om. bL   9—10 σφαιρικῇ ἐπιφανείᾳ ᾖ tr. b   13 ἄρα
ποτὲ bL   15 scindet (= τεμεῖ) L   16 ἐπέσχε aBC, obtinuit L:
ἐπέχει P   17 οὖν om. BL   21 aequalis igitur ei quae est
·b·f· utraque earum quae est ·f·z·, ·f·a· L   ηα aBC: om. P
(etiam plurimi codices Latini)

gebende Luft aus, diese ihrerseits auf die ursprüngliche
Atmosphäre, bis an der Oberfläche des Weines sich das
Vakuum bildet.[1]) Dann geht der Wein infolge des Druckes
in das im Heber entstehende Vakuum. Denn es giebt
5 keinen andern Raum, nach dem er dem Drucke aus-
weichend gehen könnte. Das ist der Grund, dafs der
Wein in abnormer Weise aufsteigt. Dafs die Flüssigkeit
im Heber stehen bleibt, wenn sie eine kugelförmige Fläche
bildet, die mit der Erde gleichen Mittelpunkt hat, läfst
10 sich noch anderweitig nachweisen. Denn wenn der Spiegel
einer Flüssigkeit kugelförmig ist und mit der Erde gleichen
Mittelpunkt hat, so steht sie. Doch setze man einmal
die Möglichkeit voraus, dafs sie sich bewege. Ist sie also
in Bewegung gesetzt, wird sie (auch wieder)[2]) zur Ruhe
15 kommen. Nun stelle man sie sich wieder im Zustande
der Ruhe vor. So wird sie (von neuem) eine kugelförmige
Oberfläche bilden, die mit der Erde gleichen Mittelpunkt
hat, und zwar schneidet sie die frühere Oberfläche. Denn

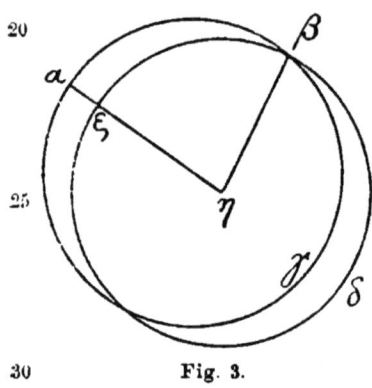

20

25

30   Fig. 3.

dieselbe Flüssigkeit nahm von
einem gemeinsamen Punkte aus
die eine und die andere Lage
ein. Beide sollen nun von einer
Ebene durch den Mittelpunkt
der Erde hin durchschnitten
sein, und ihre Schnitte auf
den Oberflächen Linien bilden,
die als Kreisperipherien mit
der Erde gleichen Mittelpunkt
haben. Das seien die Linien
$\alpha\beta\gamma$ und $\zeta\beta\delta$ (Fig. 3). Man
ziehe auch $\beta\eta$. So müfste also
$\beta\eta$ jeder der Linien $\eta\zeta$ und $\eta\alpha$ gleich sein, was unmöglich
ist. Es erhellt also, dafs die Flüssigkeit sich nicht bewegt.

---

1) Dafür nach Rochas' Vermutung: 'bis der Druck sich
bis zur Oberfläche des Weines fortpflanzt'.   2) Zusatz in b:
'in irgend einem Zeitpunkte'.

III.

156 Ἔστι δὲ καὶ ἄλλος καλούμενος μέσος πνικτὸς διαβήτης τὴν αὐτὴν ἐνέργειαν ἔχων τῷ καμπύλῳ σίφωνι.

Ἔστω γὰρ ἀγγεῖον ὁμοίως πλῆρες ὕδατος τὸ ΑΒ· 5 διὰ δὲ τοῦ πυθμένος αὐτοῦ διώσθω σωλὴν ὁ ΓΔ συνεστεγνωμένος τῷ πυθμένι καὶ ὑπερέχων εἰς τὸ κάτω μέρος· τὸ δὲ Γ στόμιον αὐτοῦ μὴ συνεγγιζέτω τῷ στόματι τοῦ ΑΒ ἀγγείου. ἕτερος δὲ σωλὴν περικείσθω τῷ ΓΔ ὁ ΕΖ ἀπέχων ἀπ᾽ αὐτοῦ πάντοθεν τὸ ἴσον· 10 καὶ τὸ μὲν ἄνω στόμιον αὐτοῦ ἐπιπεφράχθω λεπιδίῳ τῷ ΕΗ ἀπέχοντι ἀπὸ τοῦ Γ στομίου βραχύ· τὸ δὲ κάτω στόμιον τοῦ ΕΖ σωλῆνος ἀπεχέτω ἀπὸ τοῦ πυθμένος τοῦ ΑΒ ἀγγείου ὅσον ὕδατι διάρρυσιν. τούτων δὲ οὕτως ἐχόντων ἐὰν ἐπισπασώμεθα ὁμοίως 15 διὰ τοῦ Δ στομίου τὸν ἐν τῷ ΓΔ σωλῆνι ἀέρα, συνεπισπασόμεθα καὶ τὸ ἐν τῷ ΑΒ ἀγγείῳ ὕδωρ, ὥστε ἐκρεῖν. καὶ τότε πᾶν ῥεύσεται τὸ ἐν τῷ ΑΒ ἀγ-

a 2—4 Ἔστι δὲ ... σίφωνι = b 19—21: Ἔστι δὲ καὶ ἄλλος σίφων πνικτὸς διαβήτης καλούμενος τὴν αὐτὴν ἐνέρ- 20 γειαν ἔχων τῷ καμπύλῳ.

1 δεύτερον Τ   2 πνικτὸς Vindobon. 120: πνικτικὸς Α (πνιτικὸς G): πνυκτὸς G₂: πνυκτικὸς Τ: ἴσως πνευματικός Riccard. 47 m. 2; cf. p. 90, 19. 96, 3   6 δὲ Τb: om. AG   13 ἀπὸ om. T₁, add. T₂   17 συνεπισπασώμεθα aB: correxi ex CP

6 αὐτοῦ aB: αὐτῷ CP, ipsius L   8 συνεγγιζέτω a: ἔστω ἐπ᾽ εὐθείας bL (sit in recta)   10 τῷ γδ εὐρύτερος αὐτοῦ bL πάντοθεν om. L   12 τῷ aBC: τὸ P   13 ἀπὸ om. b 14 διάρρυσιν a: διάρρυσιν εἶναι b   15 δὲ a: δὴ b

III.

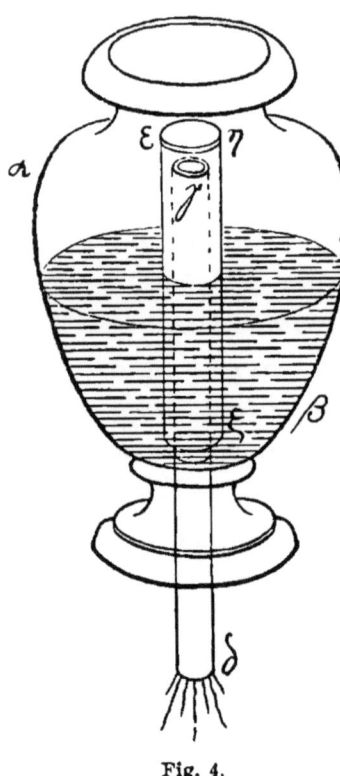

Fig. 4.

Es giebt noch einen andern, mitten eingeschlosse- *Der Kapsel-*
nen Heber, den sogenannten Kapselheber, der die- *heber. Fig. 4.*
selbe Wirkung wie der ge-
bogene hervorbringt.
Man denke sich ein eben-
falls mit Wasser gefülltes Gefäfs $\alpha\beta$ (Fig. 4). Durch dessen
Boden stecke man die Röhre
$\gamma\delta$, löte sie in den Boden ein
und lasse sie unten heraus-
ragen. Ihre Mündung γ reiche
nicht bis zur Mündung[1]) des
Gefäfses $\alpha\beta$. Um die Röhre $\gamma\delta$
werde eine andere[2]) $\varepsilon\zeta$ gelegt,
die überall gleich weit von ihr
abstehe. Deren obere Öffnung
werde durch ein Plättchen $\varepsilon\eta$
in geringem Abstande von der
Mündung γ verschlossen. Die
untere Mündung der Röhre $\varepsilon\zeta$
sei von dem Boden des Ge-
fäfses $\alpha\beta$ so weit entfernt, dafs
Wasser durchfliefsen kann.[3])
Wenn wir bei solchen Vor-
richtungen durch die Mün-
dung δ ebenso (wie vorher)
die in der Röhre $\gamma\delta$ enthal-
tene Luft aufsaugen, werden wir zugleich das Wasser im
Gefäfse $\alpha\beta$ mitziehen und zum Ausflufs bringen. Dann
wird alles Wasser, welches im Gefäfse $\alpha\beta$ enthalten ist,

---

1) Dafür **b**: 'liege nicht in gleicher Höhe mit der Mündung'.
2) Zusatz in **b**: 'breitere'.   3) Da nicht angegeben ist, auf
welche Weise die Röhre $\varepsilon\zeta$ in der Schwebe gehalten wird, mag
man sich vorstellen, dafs sie von einer Hand gehalten werde.
Vgl. dagegen unten Philo Kap. 9.

γείῳ ὕδωρ διὰ τῆς ἐκτὸς τοῦ σίφωνος ὑπεροχῆς· ὁ
γὰρ ἀὴρ ὁ μεταξὺ τῆς ἐπιφανείας τοῦ ὑγροῦ καὶ τοῦ
ΕΖ ὀλίγος ὢν δύναται χωρῆσαι εἰς τὸν ΓΔ σωλῆνα
καὶ συνεπισπάσασθαι τὸ ὑγρόν· οὐ στήσεται δὲ ἡ
ῥύσις διὰ τὴν ἐκτὸς ὑπεροχὴν (μὴ γὰρ ὄντος τοῦ ΕΖ   5
παύσεται ῥέον, ὅταν ἡ ἐπιφάνεια τοῦ ὑγροῦ κατὰ τὸ
Γ γένηται, τῆς ὑπεροχῆς μενούσης), ἀλλὰ τῷ μὴ
ἀντεισκρίνεσθαι ἀέρα, τοῦ ΕΖ ὅλου καθ᾽ ὕδατος ὄντος·
ὁ γὰρ εἰσκρινόμενος ἀὴρ χωρήσει εἰς τὸ ΑΒ ἀγγεῖον
ἀντὶ τοῦ ἐπεξιόντος ὕδατος· πᾶν γὰρ τὸ ἐκτὸς στόμιον   10
τοῦ σωλῆνος πρὸς τὸ ὕδωρ ἀεὶ ταπεινότερόν ἐστι τῆς
ἐν τῷ ἀγγείῳ τοῦ ὕδατος ἐπιφανείας. μηδέποτε δὲ
δυναμένης μιᾶς ἐπιφανείας γενέσθαι, πᾶν ἐκκρίνει
157 τὸ | ὕδωρ, καὶ τῷ μείζονι βάρει ἡ ἕλξις γίνεται. ἐὰν
οὖν μὴ βουλώμεθα τῷ στόματι ἐπισπᾶσθαι τὸν ἐν τῷ   15
ΓΔ σωλῆνι ἀέρα, προσεπιχέομεν εἰς τὸ ΑΒ ἀγγεῖον
ὕδωρ, ἄχρις ἂν ὑπερχυθὲν διὰ τοῦ ΓΔ σωλῆνος τὴν
ἀρχὴν τῆς ῥεύσεως λάβῃ. καὶ οὕτως πάλιν πᾶν
κενωθήσεται τὸ ἐν τῷ ΑΒ ἀγγείῳ ὕδωρ. καλεῖται δέ,
ὡς εἴρηται, ὁ ΓΔΕΖ πνικτὸς σίφων ἢ πνικτὸς δια-   20
βήτης.

IV.

Ἐκ δὴ τῶν προδεδειγμένων φανερὸν ὅτι ἡ γινομένη διὰ τοῦ σίφωνος ῥύσις ἀκινήτου διαμένοντος

---

1 ἐκτὸς G₂T₁b: ἐκ τοῦ ꝯ AG₁T₂; cf. lin. 5   2 τῆς om. T
5 f. ⟨οὐ⟩ διὰ   7 τῷ BCG₂T: τὸ AG₁P   12 f. τοῦ ἐν τῷ
ἀγγείῳ tr. cf. 44, 9. 19. aliter 34, 22   14 βάρει AT₂bL (βάρυ G):
βάθει T₁   15 ἐπισπάσασθαι Tb   16 προσεπιχέομεν Vindob. 120, b: προσεπιχέωμεν a   18 οὕτω Tb ut alibi, quod non
amplius commemorabo   20 πνικτὸς (bis) Vindob. 120, b: πνικτικὸς AG₁: πνυκτικὸς G₂T, suffocabilis L   22 caput disting. ABG

10—11 τὸ (om. CP) στόμιον τοῦ ἐκτὸς σωλῆνος tr. b: extrinsecum tubi orificium L   13 ἐκκρίνει a: ἐκκρίνεται b:

durch den äufseren Vorsprung des Hebers abfliefsen. Denn die Luft, welche zwischen dem Wasserspiegel und $\varepsilon\zeta$ (d. h. in dem Hohlraume) in geringer Menge sich befindet, kann in die Röhre $\gamma\delta$ treten und die Flüssigkeit mit an-
5 ziehen. Der Ausflufs wird aber nicht wegen des äufseren Vorsprungs ununterbrochen stattfinden — fehlt nämlich $\varepsilon\zeta$, so wird die Flüssigkeit aufhören zu fliefsen, sobald ihre Oberfläche bis γ gesunken ist, also trotz des Vorsprungs —, sondern weil keine Luft als Ersatz zugeführt werden kann,
10 solange $\varepsilon\zeta$ (d. h. die Mündung von $\varepsilon\zeta$) ganz unter Wasser ist. Denn die hinzutretende Luft geht in das Gefäfs $\alpha\beta$ an Stelle des ausfliefsenden Wassers. Die ganze äufsere Röhrenmündung[1]) ist, was ihre Lage zum Wasser betrifft, stets niedriger als der Wasserspiegel im Gefäfse. Da sich
15 nie ein gleiches Niveau erzielen läfst, so bringt die Röhre das ganze Wasser zum Ausflufs, und die Anziehung ist eine Folge der gröfseren Schwere.[2]) Wollen wir die Luft in der Röhre $\gamma\delta$ nicht mit dem Munde aufsaugen, so giefsen wir in das Gefäfs $\alpha\beta$ noch Wasser, bis es (über γ)
20 überläuft und durch die Röhre $\gamma\delta$ anfängt auszufliefsen. So wird das ganze Wasser im Gefäfse $\alpha\beta$ wieder auslaufen. Man nennt, wie gesagt, den Heber $\gamma\delta\varepsilon\zeta$[3]) Kapselheber oder Pniktós Diabétes.[4])

IV.

25 Aus den vorhergehenden Betrachtungen ergiebt sich, dafs der Ausflufs durch einen unbeweglichen

Gleichmäfsiger Ausflufs des gebogenen Hebers. Fig. 5.

---

1) Nach **b**: 'Die Mündung der äufseren Röhre'.   2) Nach anderer Lesart: 'Tiefe'.   3) Die Worte 'den Heber $\gamma\delta\varepsilon\zeta$' ändert **b** in: 'solche Vorrichtung'.   4) Vgl. in den Prolegomenis die Bemerkung zu Fig. 4.

---

effunditur L   15 οὖν a: δὲ bL   18—19 κενωθήσεται πᾶν tr. **b**   20 ὁ $\overline{\gamma\delta}$, εζ a: τὸ τοιοῦτον σκεῦος **b**, *tale vas* L 23 δὴ P: δὲ BC   προδεδειγμένων a B: προαποδεδειγμένων C P γινομένη a BC: γενομένη P: *si . . . fiat* L

*ἀνώμαλος γίνεται· τὸ γὰρ αὐτὸ πάσχει τετρυπημένου
ἀγγείου παρὰ τὸν πυθμένα καὶ ῥέοντος· καὶ ἐνταῦθα
γὰρ ἡ ῥύσις ἀνώμαλος τῷ ἐν ἀρχῇ μὲν τῆς ῥύσεως
πλείονι βάρει θλίβεσθαι τὴν τοῦ ὕδατος ἔκρυσιν,
κενουμένου δὲ ἐλάττονι· καὶ ὅσῳ δ' ἂν ἡ ἐκτὸς τοῦ* 5
*σίφωνος ὑπεροχὴ μείζων ὑπάρχῃ, ταχυτέρα ἡ ῥύσις
γίνεται· πάλιν γὰρ ἡ διὰ τοῦ στομίου αὐτοῦ ἔκρυσις
πλείονι βάρει θλίβεται ἢ ὅταν ἐλάττων ᾖ ἡ ἐκτὸς
ὑπεροχή, ᾗ ὑπερέχει ἡ τοῦ ἐν τῷ ἀγγείῳ ὕδατος ἐπιφάνεια τοῦ ἐκτὸς στομίου τοῦ σίφωνος. ἡ μὲν οὖν διὰ* 10
*τοῦ σίφωνος ἀεὶ ἀνώμαλος ῥύσις εἴρηται· δέον δέ ἐστι
ῥύσιν εὑρεῖν διὰ τοῦ σίφωνος ἀεὶ ὁμαλήν.*

Ἔστω τι ἀγγεῖον ὕδωρ ἔχον τὸ *ΑΒ*, ἐν ᾧ ἐπινηχέσθω λεβητάριον τὸ *ΓΔ* ἐπιπεφραγμένον τὸ στόμα
τῷ *ΓΔ* ἐπιφράγματι· διὰ δὲ τοῦ ἐπιφράγματος καὶ 15
τοῦ πυθμένος τοῦ λεβηταρίου διώσθω τοῦ σίφωνος
τὸ ἓν σκέλος καὶ συνεστεγνώσθω τοῖς τρυπήμασι
κασσιτέρῳ· τὸ δὲ ἕτερον σκέλος ἐκτὸς ἔστω τοῦ *ΑΒ*
158 ἀγγείου ἔχον τὸ στόμιον ταπεινότερον τῆς | τοῦ ἐν τῷ

---

3 f. ἀνώμαλός ⟨ἐστι⟩   6 ὑπάρχῃ A G T₂ : ᾖ T₁ b : fuerit L
f. ⟨τοσούτῳ⟩ ταχυτέρα; cf. p. 46, 11   9 ᾖ bL: ᾖ A G T₂:
ἦν T₁ ; sed cf. p. 46, 7   ὑπερέχη, η ex ει corr., A G   13 caput
distinguunt T (τρίτον) et C, non distinguunt A B G   15 βδ̅ T₁,
corr. T₂   18 κασσιτέρῳ G₂M: κασσιτήρῳ A G₁ T b   ἔστω G₂ T:
om. A G₁

1 πάσχει a: γίνεται καὶ b: efficitur et L   2 ἀγγείου
ὄντος b   5—6 extrinseci tubi (= τοῦ ἐκτὸς σ.) excessus L
16 καμπύλου σίφωνος b L   18 ἐκτὸς ἔστω CP: om. BL
19 στόμιον aCP: στόμα B   19—46, 1 τῆς τοῦ . . . ἐπιφανείας a: τοῦ ἐντὸς στομίου bL

Heber ungleichmäfsig ist. Dasselbe ist bei dem Ausflusse durch das Loch am Boden eines Gefäfses der Fall. Denn auch dann ist der Ausflufs ungleich, weil im Beginn des Fliefsens der Druck auf den Abflufs des Wassers von einem 5 gröfseren Gewichte ausgeht, nachher dagegen von einem so viel geringeren, als die Quantität des Wassers durch Ausflufs abnimmt. Je gröfser der äufsere Vorsprung des Hebers ist, um so schneller wird der Ausflufs. Der Druck, mit dem das Wasser durch die Ausflufsöffnung getrieben wird,

10

ist dann wieder grö- fser, als wenn der Abstand zwischen der äufsern Mündung des Hebers und dem Wasserspiegel im Ge-

15

fäfse geringer ist. Dafs also der Aus- flufs durch den Heber immer ungleichmä-

20

fsig sei, haben wir gezeigt. Jetzt ist es unsere Aufgabe, einen stets gleich- mäfsigen Ausflufs durch den Heber aus-

25

findig zu machen. Es sei $\alpha\beta$ ein Gefäfs mit Wasser (Fig. 5), in welchem ein Kesselchen $\gamma\delta$ schwimme. Dessen

30

Mündung sei mit dem Deckel $\gamma\delta$ verschlos-

· Fig. 5.

sen. Durch den Deckel und den Boden des Kesselchens 35 stecke man den einen Heberschenkel und verlöte ihn mit den Löchern mit Hilfe von Zinn. Der andere Schenkel sei aufserhalb des Gefäfses $\alpha\beta$, und seine Mündung liege tiefer

ΑΒ ἀγγείῳ ὕδατος ἐπιφανείας. ἐὰν οὖν διὰ τοῦ ἐκτὸς
στομίου τοῦ σίφωνος ἐπισπασώμεθα τὸν ἐν τῷ σίφωνι
ὄντα ἀέρα, συνακολουθήσει τὸ ὑγρὸν διὰ τὸ μὴ δύνασθαι κενὸν ἄθρουν τόπον ἐν τῷ σίφωνι γενέσθαι.
ἀρχὴν δὲ λαβὼν ὁ σίφων τῆς ῥύσεως ῥέει, ἄχρις ἂν 5
πᾶν κενώσῃ τὸ ἐν τῷ ἀγγείῳ ὕδωρ· καὶ ἔσται ἡ ῥύσις
ὁμαλὴ τῷ τὴν ἐκτὸς ὑπεροχὴν τοῦ σίφωνος, ἣν ὑπερέχει εἰς τὸ κάτω μέρος τῆς τοῦ ὕδατος ἐπιφανείας,
ἀεὶ τὴν αὐτὴν γίνεσθαι, ἐπειδήπερ τῇ τοῦ ἀγγείου
κενώσει συγκαταβαίνει καὶ ὁ λέβης σὺν τῷ σίφωνι. 10
ὅσῳ δ᾽ ἂν ἡ ἐκτὸς ὑπεροχὴ μείζων ᾖ, τοσούτῳ ὀξυτέρα
τῆς πρότερον ἡ ῥύσις ἔσται, ὁμαλὴ δὲ καθ᾽ ἑαυτήν.
ἔστω δὲ ὁ εἰρημένος σίφων ὁ *ΕΖΗ*, ἡ δὲ τοῦ ὕδατος
ἐπιφάνεια κατὰ τὴν *ΘΚ* εὐθεῖαν.

V. 15

Ἡ δὲ κατὰ μέν τι ὁμαλή, κατὰ δέ τι ἀνώμαλος
γίνεται οὕτως διὰ τοῦ σίφωνος· καλῶ δὲ κατὰ μέν τι
ὁμαλήν, κατὰ δέ τι ἀνώμαλον, ὅταν ἐπί τινα χρόνον
βουλομένοις ὁμαλὴ ᾖ ἡ γινομένη ἐξ ἀρχῆς ῥύσις, ἐπὶ
δὲ ἕτερον πάλιν χρόνον προαιρουμένοις ὁμαλὴ μὲν ᾖ 20
καθ᾽ ἑαυτὴν ἡ γινομένη ῥύσις, τῆς δὲ πρότερον ἤτοι
βραδυτέρα ἢ ταχυτέρα.

Ἔστω γὰρ πάλιν τὸ μὲν τοῦ ὕδατος ἀγγεῖον τὸ

13—14 ἔστω ... εὐθεῖαν supra ante ἐὰν οὖν lin. 1 poni
iubet Haasius, f. iure   15 τέταρτον T   16 f. δὲ ⟨ῥύσις ἡ⟩
κατά τι μὲν — κατά τι δὲ T₁, corr. T₂, etiam infra lin. 17—18.
p. 52, 12   19 ὁμαλὴ om. T₁, corr. T mg.

3 ὄντα om. b   5 δὲ om. P   9 γίνεσθαι a: existat L:
εἶναι b   10 σὺν om. b: simul cum L   12 πρότερον aB:

als der Wasserspiegel in dem Gefäfse $\alpha\beta$.[1]) Wenn wir
nun durch die äufsere Hebermündung die im Heber enthaltene Luft aufsaugen, so schliefst die Flüssigkeit sich an,
weil sich kein kontinuierliches Vakuum im Heber bilden
5 kann. Hat aber der Heber angefangen zu fliefsen, so fliefst
er so lange, bis er das ganze Wasser im Gefäfse zum
Ausflufs gebracht hat. Der Ausflufs wird gleichmäfsig
sein, weil der Unterschied zwischen dem unteren Niveau
der äufseren Heberüberragung und der Wasserfläche sich
10 nicht verändert, da der Kessel mit dem Heber immer
so weit sinkt, als das Gefäfs sich entleert. Je mehr
aufsen der Heber überragt, um so lebhafter wird der
Ausflufs gegen früher sein, aber an sich immer gleichmäfsig. Der erwähnte[2]) Heber sei $\varepsilon\zeta\eta$, die Wasser-
15 fläche liege in Höhe der Linie $\vartheta\varkappa$.

V.

Der teils gleichmäfsige, teils ungleichmäfsige Ausflufs durch den[3]) Heber wird auf folgende Weise
herbeigeführt. Ich nenne den Ausflufs teils gleich-
20 mäfsig, teils ungleichmäfsig, wenn er anfangs beliebig lange gleichmäfsig ist, dagegen wieder in
einem beliebigen anderen Zeitraume an sich gleich schnell
erfolgt, aber im Vergleich zum früheren Ausflusse langsamer oder schneller.

25   Das Gefäfs mit Wasser sei wieder $\alpha\beta$, der Kessel $\gamma\delta$

Teils gleich-
mäfsiger, teils
ungleichmäfsi-
ger Ausflufs ein
und desselben
Hebers. Fig. 6a
und 6b.

---

1) Nach b: 'als die innere Mündung'.   2) Zusatz in b:
'gebogene'.   3) Nach b: 'denselben'.

$\pi\varrho o\tau\acute{\varepsilon}\varrho\alpha\varsigma$ CP $\dot{\eta}$ $\acute{\varrho}\acute{v}\sigma\iota\varsigma$ om. bL   13 $\acute{o}$ $\mu\grave{\varepsilon}\nu$ $\varepsilon\acute{\iota}\varrho\eta\mu\acute{\varepsilon}\nu o\varsigma$ $\varkappa\alpha\mu$-
$\pi\acute{v}\lambda o\varsigma$ $\sigma\acute{\iota}\varphi\omega\nu$ bL (obliquus)   17 $\tau o\tilde{v}$ (om. B) $\alpha\grave{v}\tau o\tilde{v}$ $\sigma\acute{\iota}\varphi\omega$-
$\nu o\varsigma$ bL   23 $\check{\varepsilon}\sigma\tau\omega$ aB: $\check{\varepsilon}\sigma\tau\omega\sigma\alpha\nu$ CP $\pi\acute{\alpha}\lambda\iota\nu$ om. L $\mu\grave{\varepsilon}\nu$
$\tau\grave{o}$ tr. CP

ΑΒ, λέβης δὲ ὁ ΓΔ· διὰ δὲ τοῦ ἐπιφράγματος καὶ τοῦ πυθμένος τοῦ λέβητος διώσθω σωλὴν εὐρύτερος τοῦ ἐντὸς σκέλους τοῦ σίφωνος· καὶ ἔστω σίφων οὗτος ὁ ΜΛ συνεστεγνω-μένος τῷ τε ἐπι-φράγματι καὶ τῷ πυθμένι τοῦ λέβη-τος. ἐπὶ δὲ τοῦ ἐπι-φράγματος ἐφεστά-τω πηγμάτιον ἐκ κανονίων πεπηγὸς καθάπερ τὸ Π γράμ-μα· καὶ ἔστω τὸ ΓΝΞΔ. ἐν δὲ τοῖς ὀρθοῖς κανονίοις τοῖς ΓΝ, ΞΔ ἐκ τοῦ 159 *ἐντὸς | μέρους ἐγ-γεγλύφθωσαν σω-λῆνες κατὰ τὸ μῆκος τῶν κανονίων, ἐν*

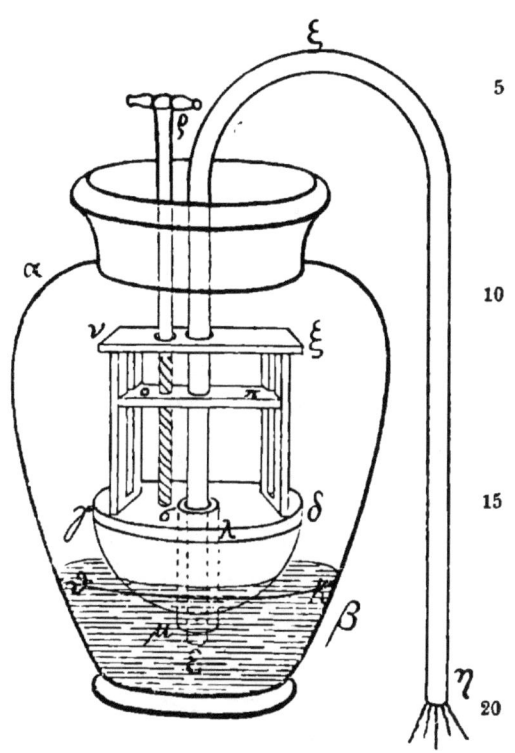

Fig. 6 a.

a 48, 1—52, 17 *διὰ δὲ τοῦ ἐπιφράγματος ... ποιήσο-μεν οὕτως* = b 48, 24—52, 33: *διὰ δὲ τοῦ ἐπιφράγματος καὶ τοῦ πυθμένος τοῦ λέβητος διώσθω σωλὴν καμπύλος ὁ* 25 *ΕΖΗ [συνεστεγνωμένος τῷ τε ἐπιφράγματι καὶ τῷ πυθμένι τοῦ λέβητος]· ἐπὶ δὲ τοῦ πυθμένος τοῦ ΑΒ ἀγγείου ἐφε-στάτω πηγμάτιον ἐκ κανονίων συνεστὼς καθάπερ τὸ Π γράμμα· καὶ ἔστω τὸ ΤΝΦΞ· ἐν δὲ τοῖς ὀρθοῖς κανονίοις τοῖς ΤΝ, ΞΦ κατὰ τὰ ἐντὸς μέρη ἐγγεγλύφθωσαν ἐπὶ τοῦ* 30 *μήκους σειραὶ κοῖλαι, οἵας φασὶν ἰδιωτικῶς γούργας, ἐν αἷς*

18 γνδξ G

(Fig. 6a). Durch den Deckel und Boden des Kessels
stecke man eine Röhre, die weiter ist als der innere Heberschenkel. Diese
Röhre sei $\mu\lambda$ und
sei sowohl in den
Deckel als den
Boden des Kessels
eingelötet. Auf
dem Deckel stehe
ein aus kleinen
Stäben (Brettern)
in Form des Buch-
staben Π zusam-
mengefügtes Ge-
stell. Das sei $\gamma\nu\xi\delta$.
An den senkrech-
ten Stäbchen $\gamma\nu$
und $\xi\delta$ seien auf
der inneren Seite
ihrer Länge nach
Laufrinnen einge-
schnitten, in wel-

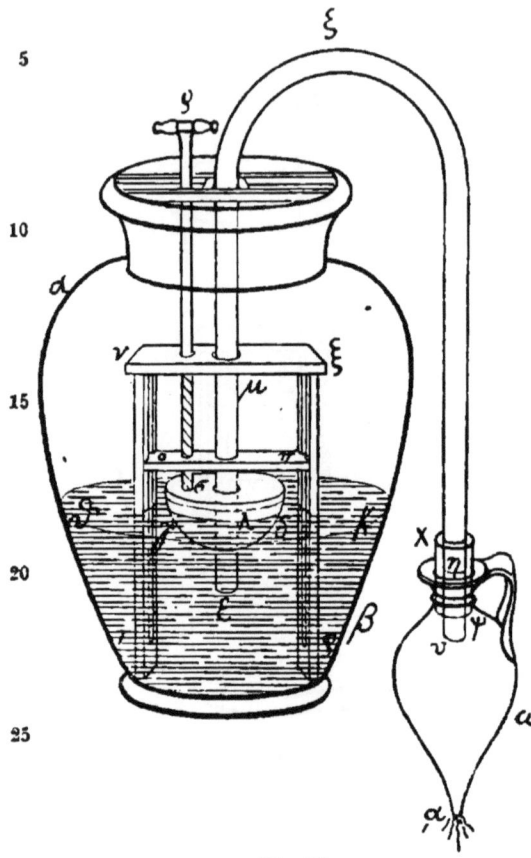

Fig. 6b.

a 49, 1—51, 13
Durch den Deckel
... taucht = b 49,
26—51, 31: Durch
den Deckel und den
Boden des Kessels
(Fig. 6b) stecke
man einen gebo-
genen Heber $\varepsilon\zeta\eta$.

Auf dem Boden des Gefäfses $\alpha\beta$ stehe ein aus kleinen Stäben
bestehendes Gestell in Gestalt des Buchstaben Π. Das sei
$\tau\nu\varphi\xi$. An den senkrechten Stäben $\tau\nu$ und $\xi\varphi$ seien auf den
35 inneren Seiten der Länge nach Nuten eingeschnitten, wie bei

26—27 συνεστεγνωμένος ... λέβητος seclusi; v. prolegomena
28 pegmatium quoddam (= τι) L de neutro συνεστὼς v.
Kuehner-Blass II 236   29 τνφξ CP: ν̅ξ̅φ̅ BL   30 ν̅ξ̅φ̅ BL
31 γούργας P: γούρνας BC, gurnas L

οἷς διατρεχέτω ἕτερον κανόνιον τὸ ΟΠ εὐλύτως. ἔστω
δὲ καὶ κοχλίας ὁ ΡΣ ὀρθῶς βεβηκὼς ἐπὶ τοῦ ΓΔ ἐπιφράγματος καὶ διὰ τρήματος διεληλυθὼς μένοντος ἐν
τῷ ΟΠ κανόνι. ἔστω δὲ καὶ τύλος τις συμφυὴς τῷ
ΟΠ κανονίῳ, ὥστε παρεμβαίνειν εἰς τὴν τοῦ κοχλίου 5
ἕλικα. ὑπερεχέτω δὲ ὁ κοχλίας ὑπὲρ τὸ ΝΞ κανόνιον·
τῇ δὲ ὑπεροχῇ συμφυὴς ἔστω χειρολαβίς, δι' ἧς ἐπι-
στρέφομεν τὸν κοχλίαν, ὥστε τὸ ΟΠ κανόνιον ὁτὲ μὲν
μετέωρον γίνεσθαι, ὁτὲ δὲ ταπεινοῦσθαι. τῷ δὲ ΟΠ
κανονίῳ συμφυὲς γεγονέτω τὸ ἐντὸς σκέλος τοῦ σίφωνος 10
διεληλυθὸς καὶ διὰ τοῦ ΑΜ σωλῆνος, ὥστε τὸ στόμιον αὐτοῦ βαπτίζεσθαι εἰς τὸ ἐν τῷ ἀγγείῳ ὕδωρ.
καὶ ἐὰν οὖν πάλιν ἐπισπασώμεθα διὰ τοῦ ἐκτὸς στο-

διάτρεχέτω ἕτερον κανόνιον εὐλύτως τὸ ΟΠ. ἔστω δὲ καὶ
κοχλίας ὁ ΡΣ ὀρθῶς βεβηκὼς ἐπὶ τοῦ ΓΔ ἐπιφράγματος 15
καὶ διὰ τοῦ ἐν τῷ ΟΠ κανόνι τρυπήματος εἰς κοχλίαν καὶ
αὐτοῦ θῆλυν κατεσκευασμένου διεληλυθώς· ὑπερεχέτω δὲ ὁ
κοχλίας ὑπὲρ τὸ ΝΞ κανόνιον καὶ ἔστω στρεφόμενος ἐν
αὐτῷ, μὴ μέντοι ἐν τῷ στρέφεσθαι ἢ ἀνερχόμενος ἢ κατερχό-
μενος, ἀλλὰ τὸν ΟΠ κανόνα ποιῶν ἀνέρχεσθαι καὶ κατέρ- 20
χεσθαι· οὗτος μέντοι ὁ ΟΠ κανὼν συνεστεγνωμένος ἔστω
τῷ μέρει τοῦ σωλῆνος τῷ ΜΛ, ὥστε ἐν τῷ ὑπὸ τοῦ κοχλίου
στρεφομένου ἀνέρχεσθαι ἢ κατέρχεσθαι συνανέρχεσθαι καὶ
συγκατέρχεσθαι ποιεῖν τὸν σωλῆνα. τῇ δὲ ὑπὲρ τὸ ΝΞ
κανόνιον ὑπεροχῇ τοῦ κοχλίου συμφυὴς ἔστω χειρολαβίς, 25
δι' ἧς ἐπιστρέφειν δυνατὸν τὸν κοχλίαν. φανερὸν οὖν ὡς
στρεφομένου αὐτοῦ τὸ ΟΠ κανόνιον ὁτὲ μὲν μετεωρισθήσεται, ὁτὲ δὲ ταπεινότερον ἔσται, συμφυὲς δ' ὂν τῷ καμπύλῳ
σίφωνι συνανέρχεσθαι καὶ συγκατέρχεσθαι τοῦτον ποιήσει.
ἐὰν οὖν πάλιν ἐπισπασώμεθα διὰ τοῦ ἐκτὸς στομίου τὸ 30

3 τρήματος AGT₂: τοῦ τρυπήματος T₁ μένοντος suspectum, nisi quid intercidit   4 τύλος G mg. T₁ (cf. Autom. X):

chen ein anderes Stäbchen (Laufriegel) $o\pi$ sich leicht
auf- und abwärts bewege. Eine Schraube $\varrho\sigma$ stehe senkrecht auf dem Deckel $\gamma\delta$ und gehe durch ein Loch in
dem Laufriegel $o\pi$ hindurch. Mit diesem sei ein Zapfen[1])
5 so verbunden, dafs er in das Schraubengewinde fafst. Die
Schraube rage über den Riegel $\nu\xi$ hinaus. Mit dem überstehenden Teile (der Schraube) sei eine Handhabe verbunden, mit deren Hilfe man die Schraube so drehen
kann, dafs der Laufriegel $o\pi$ sich bald hebt, bald senkt.
10 Mit dem Riegel $o\pi$ verbinde man den innern Heberschenkel, der auch durch die Röhre $\lambda\mu$ so weit hindurchgeht, dafs seine Mündung in das im Gefäfse enthaltene
Wasser taucht. Wenn wir wieder durch die äufsere
Mündung die Flüssigkeit ansaugen, wird der Heber so
15 den gewöhnlichen Rennen. In diesen laufe ein anderer Stab,
der Laufriegel $o\pi$, leicht auf und ab. Man lasse auch eine
Schraube $\varrho\sigma$ senkrecht auf dem Deckel $\gamma\delta$ stehen und durch
ein zu einer Schraubenmutter hergerichtetes Loch im Riegel $o\pi$
hindurchgehen. Die Schraube rage über den Riegel $\nu\xi$ hinaus
20 und sei darin drehbar, ohne jedoch selbst bei der Drehung sich
auf- oder abwärts zu bewegen, sondern sie lasse den Riegel $o\pi$
auf- und niedergehen. Dieser sei jedoch mit dem Heberarme $\mu\lambda$
verkittet. Das hat zur Folge, dafs vermöge der Schrauben-
drehung der Laufriegel nicht nur selbst auf- und niedergeht,
25 sondern auch die Röhre mit hebt und senkt. Mit dem über
den Riegel $\nu\xi$ hinausragenden Teile der Schraube sei ein Griff
verbunden, der das Drehen der Schraube ermöglicht. Es
leuchtet nun ein, dafs sich der Laufriegel $o\pi$, wenn die
Schraube sich dreht, bald hebt, bald senkt, und da er mit dem
30 gebogenen Heber verbunden ist, zugleich diesen auf- und
niedersteigen läfst.

---

1) Vgl. die Bemerkung zu Fig. 6 c in den Prolegomena.

$\sigma\tau\acute{v}\lambda o\varsigma$ A G$_1$ T$_2$ 9 $\tau\alpha\pi\epsilon\iota\nu o\tilde{v}\sigma\vartheta\alpha\iota$ A G$_1$ T$_2$ (cf. Autom. X): $\tau\alpha\pi\epsilon\iota$-
$\nu\acute{o}\tau\epsilon\varrho o\nu$ G mg. T$_1$ 10 $\dot{\epsilon}\nu\tau\grave{o}\varsigma$ $\sigma\varkappa\acute{\epsilon}\lambda o\varsigma$ T: $\dot{\epsilon}\nu$ $\tau\tilde{\omega}$ $\sigma\varkappa\acute{\epsilon}\lambda\epsilon\iota$ A G

24 $\delta\grave{\epsilon}$ CPL: om. B   25 $\chi\epsilon\iota\varrho o\lambda\alpha\beta\acute{\iota}\varsigma$ BC: $\chi\epsilon\iota\varrho o\lambda\alpha\beta\acute{\eta}\varsigma$ P
28 $\ddot{o}\nu$ CP: $\ddot{\omega}\nu$ B

4*

μίου τὸ ὑγρόν, ῥεύσει ὁ σίφων ὁμαλῶς, ἕως ἂν πᾶν
κενωθῇ τὸ ἐν αὐτῷ ὑγρόν· ὅταν δὲ βουλώμεθα δι᾽
αὐτοῦ ἑτέραν ῥύσιν γίνεσθαι τῆς μὲν προειρημένης
ταχυτέραν, ὁμαλὴν δὲ καθ᾽ αὐτήν, ἐπιστρέψομεν τὸν
κοχλίαν, ὥστε τὸ ΟΠ κανόνιον ταπεινότερον γενέσθαι· 5
ἔσται γὰρ ἡ ἐκτὸς ὑπεροχὴ τοῦ σίφωνος μείζων τῆς
πρότερον. καὶ διὰ τοῦτ᾽ ἔστιν ἡ ῥύσις ὁμαλὴ μὲν καθ᾽
αὑτήν, τῆς δὲ πρότερον ταχυτέρα. ἐὰν δὲ ἔτι πάλιν
ταχυτέραν ..., ἐπιστρέψομεν τὸν κοχλίαν εἰς τὸ ἔτι
ταπεινότερον γενέσθαι τὸ ΟΠ κανόνιον· ἐὰν δὲ βραδυ- 10
τέραν βουλώμεθα, ... τὸ ΟΠ κανόνιον μετέωρον γε-
νέσθαι· καὶ οὕτως διὰ σίφωνος ἔσται ἡ ῥύσις ἡ κατὰ
μέν τι ὁμαλή, κατὰ δέ τι ἀνώμαλος.

·Ἵνα δὲ μὴ καὶ διὰ τοῦ στόματος αὐτῶν ἐπισπασώμεθα τὸ ὕδωρ — οὐδὲ γὰρ ἐπὶ πάντων τῶν σιφώ- 15
νων τοῦτο δυνατὸν ἔσται, ἐὰν μὴ πάνυ μικροὶ ὦσι —,
ποιήσομεν οὕτως.

ὑγρόν, ῥεύσει ὁ σίφων ὁμαλῶς, ἕως ἂν ἅπαν κενωθῇ τὸ
ἐν αὐτῷ ὑγρόν· ὅταν δὲ βουλώμεθα δι᾽ αὐτοῦ ἑτέραν ῥύσιν
γενέσθαι τῆς μὲν προειρημένης ταχυτέραν, ὁμαλὴν δὲ καθ᾽ 20
αὑτήν, στρέψομεν τὸν κοχλίαν, ὥστε τὸ ΟΠ κανόνιον
ταπεινότερον γενέσθαι· ἔσται γὰρ ἡ ὑπεροχὴ τοῦ ἐκτὸς
σκέλους τοῦ σίφωνος ταπεινοτέρα τῆς πρότερον. καὶ διὰ
τοῦτο ἔσται ἡ ῥύσις ὁμαλὴ μὲν καθ᾽ αὑτήν, τῆς δὲ πρότερον
ταχυτέρα. ἐὰν δὲ ἔτι πάλιν ταχυτέραν βουλώμεθα ποιῆσαι, 25
στρέψομεν πάλιν τὸν κοχλίαν, ὥστε καὶ ἔτι ταπεινότερον
γενέσθαι τὸ ΟΠ κανόνιον· ἐὰν δὲ βραδυτέραν βουλώμεθα,
πάλιν στρέψομεν τὸν κοχλίαν εἰς τὰ ἐναντία μέρη, ὥστε τὸ
ΟΠ κανόνιον μετεωρότερον γενέσθαι· καὶ οὕτως βραδυτέρα
ἔσται ἡ ῥύσις. ἵνα δὲ μὴ διὰ τοῦ στόματος ἡμῶν ἐπισπώ- 30
μεθα τὸ ὕδωρ — οὐδὲ γὰρ ἐπὶ πάντων τῶν σιφώνων τοῦτο
δυνατὸν ἔσται, εἰ μὴ πάνυ στενώτατοι εἶεν —, ποιήσομεν
οὕτως.

lange gleichmäfsig fliefsen, bis die ganze Flüssigkeit ausgelaufen ist. Wenn wir aber einen andern, an sich zwar
gleichmäfsigen, im Vergleich zu dem früheren aber
schnelleren Ausflufs aus demselben wünschen, so drehen
5 wir die Schraube so viel um, dafs der Laufriegel οπ sich
senkt. Dann wird der äufsere Überstand des Hebers
gröfser sein als früher (die äufsere Hebermündung also
niedriger liegen). Die Flüssigkeit fliefst daher an sich
gleichmäfsig schnell, doch schneller als früher.[1]) Soll sie
10 noch schneller fliefsen, so drehen wir die Schraube von
neuem, damit der Riegel οπ noch niedriger zu liegen
kommt. Soll sie dagegen langsamer fliefsen, so drehen
wir die Schraube wieder nach der entgegengesetzten Seite,
dafs der Riegel οπ sich hebt. Und so erfolgt durch den
15 Heber ein Ausflufs, der in einer Beziehung gleichmäfsig,
in einer andern ungleichmäfsig ist.[2])

Um nicht mit dem Munde das Wasser ansaugen zu
müssen — denn das wird nur bei sehr kleinen[3]) Hebern
möglich sein —, treffen wir folgende Vorrichtung.

1) Statt dessen b: 'Dann wird der vorspringende Teil des
äufsern Heberschenkels niedriger als vorher liegen, und darum
wird die Flüssigkeit an sich gleichmäfsig, aber schneller als
früher fliefsen'. 2) Statt 'Und so ... ungleichmäfsig ist'
hat b: 'Und so wird die Flüssigkeit langsamer ausfliefsen'.
3) Dafür b: 'sehr engen'.

ὡς
1 ὁμαλῶς T (-ὸς T, ὡς supra scr. ead. m.): ὁμαλός AG
2 βουλώμεϑα T: βουλόμεϑα AG   3 μὲν T: om. AG₁, corr. G₂
4 ἑαυτήν T   9 lacunam statuo. cf. p. 52, 25   ἐπιστρέψομεν AG: ἐπιτρέψομεν T   11 lacunam statuo. cf. p. 52, 27
12 f. ⟨τοῦ⟩ σίφωνος   14 αὑτῶν codd.: correxi   15 τῶν AG:
om. T, add. T mg.   16 ἐὰν scripsi: εἰ codd.

---

20 μὲν om. CP   προειρημένης b: priori L   23 πρότερον B: προτέρας CP ut lin. 24   25 ἔτι πάλιν BC: ἔμπαλιν P
εν
26 στρέψόμεϑα B   31 τῶν BC: om. P   32 fieri potest L
στενώτατοι B: στενότατον CP, f. στενότατοι

VI.

Ἔστω σμηρισμάτιόν τι, οὗ τὸ μὲν ἄρρεν προσκείσθω τῷ ἐκτὸς σκέλει τοῦ σίφωνος, ὥστε δι' αὐτοῦ
ῥεῖν· καὶ ἔστω τὸ ΤΝ, τὸ δὲ θῆλυ τὸ ΥΦ πρότερον
160 προσ'κεκολλημένα ἀγγειδίῳ τινὶ τῷ ΧΨ χωροῦντι 5
ὀλίγῳ τινὶ πλέον οὗ χωρεῖ ὁ σίφων ὕδατος· ἐχέτω δὲ
καὶ πρὸς τῷ πυθμένι ἔκρυσιν τὴν Ω. ὅταν οὖν βουλώμεθα ⟨ἐπισπᾶσθαι⟩ διὰ τοῦ σίφωνος τὸ ἐν τῷ ΑΒ ἀγγείῳ ὕδωρ, ἀπολαβόμενοι τοῦ ΧΨ ἀγγείου τὴν ἔκρυσιν τῷ δακτύλῳ πληρώσομεν αὐτὸ ὕδατος. εἶτα προσ- 10
θήσομεν τὸ θῆλυ σμήρισμα τῷ ἄρρενι καὶ ἀφήσομεν
τὴν Ω ἔκρυσιν. κενουμένου δὲ τοῦ ΧΨ ἀγγείου, εἰς
τὸν κενούμενον τόπον χωρήσει ὁ ἐν τῷ σίφωνι ἀήρ,
ᾧ συνακολουθήσει τὸ ἐν τῷ ΑΒ ἀγγείῳ ὑγρόν, ὥστε
πληρῶσαι τὸν σίφωνα. μετὰ ταῦτα οὖν ἀφελόντες τὸ 15
ΧΨ ἀγγεῖον ἐῶμεν τὸν σίφωνα ῥεῖν.

a 4—16 καὶ ἔστω ... ῥεῖν = b 17—29: καὶ ἔστω
τὸ ΥΗ, τὸ δὲ θῆλυ τὸ ΧΨ πρότερον προσκεκολλημένα
ἀγγειδίῳ τῷ ΩΑ χωροῦντι ὀλίγῳ τινὶ πλέον οὗ χωρεῖ ὁ
σίφων ὕδατος· ἐχέτω δὲ πρὸς τῷ πυθμένι ἔκρυσιν τὴν Α. 20
ὅταν οὖν βουλώμεθα ἐπισπᾶσθαι διὰ τοῦ σίφωνος τὸ ἐν
τῷ ΑΒ ἀγγείῳ ὕδωρ, ἀπολαβόμενοι τοῦ ΩΑ ἀγγείου τὴν
ἔκρυσιν τῷ δακτύλῳ πληρώσομεν αὐτὸ ὕδατος. εἶτα προσ-
θήσομεν αὐτὸ τὸ θῆλυ σμήρισμα καὶ ἔτι τῷ ἄρρενι καὶ
ἀφήσομεν τὴν ἔκρυσιν. κενουμένου δὲ τοῦ ΩΑ ἀγγείου, 25
εἰς τὸν κενούμενον τόπον χωρήσει ὁ ἐν τῷ σίφωνι ἀήρ, ᾧ
συνακολουθήσει τὸ ἐν τῷ ΑΒ ἀγγείῳ ὑγρόν, ὥστε πληρῶσαι
τὸν σίφωνα. καὶ μετὰ ταῦτα ἀφελόντες τὸ ΩΑ ἀγγεῖον
ἐάσομεν τὸν σίφωνα ῥεῖν.

1 hinc capita non iam numerat T. hoc caput non distinguit A   8 ἐπισπᾶσθαι inserui. cf. lin. 21   10—11 εἶτα
... ἄρρενι non consentiunt cum lin. 5 (προσκεκολλημένα).
v. prolegomena ad fig. 7

VI.

Man denke sich ein kleines, genau in einander Das Smerisma.
Fig. 6b und 7. passendes Doppelrohr (Smerisma), dessen männlicher (innerer) Teil so an den äufseren Heberschenkel gelegt 5 werde, dafs die Flüssigkeit hindurchfliefsen kann. Das männliche Smerisma (Fig. 7) sei $\tau\nu$ ($= \nu\eta$)[1]), das weibliche ($=$ die Einfassung) $\nu\varphi$ ($= \chi\psi$).

Fig. 7.

Beide seien zuvor an einem kleinen Gefäfse $\chi\psi$ ($= \omega\alpha$) befestigt, das etwas mehr Wasser 10 fassen kann als der Heber. Das Gefäfs habe am Boden auch eine Ausflufsöffnung ω ($= \alpha$). Wollen wir nun das Wasser im Gefäfse $\alpha\beta$ durch den Heber anziehen, so halten wir mit dem Finger die Ausflufsöffnung des Gefäfses 15 $\chi\psi$ ($= \omega\alpha$) zu und füllen es mit Wasser. Dann legen wir das weibliche Smerisma ans männliche[2]) und lassen die Ausflufsöffnung ω los. Wenn das Gefäfs $\chi\psi$ ($= \omega\alpha$) sich leert, wird die im Heber eingeschlossene Luft in 20 das sich bildende Vakuum treten, und an diese wird sich zugleich die im Gefäfse $\alpha\beta$ enthaltene Flüssigkeit anschliefsen und so den Heber füllen. Hierauf nehmen wir das Gefäfs $\chi\psi$ ($= \omega\alpha$) fort und lassen den Heber fliefsen.

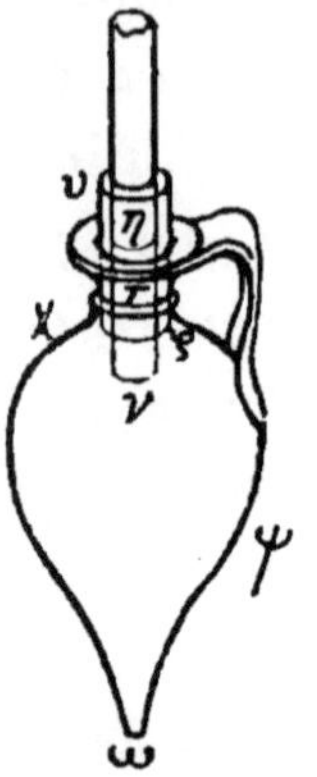

---

1) Die in den Klammern zugefügten Buchstaben stehen in b (Fig. 6b). Vgl. auch die handschriftliche Figur in den Prolegomena.

2) Richtiger: 'an das äufsere Heberende η, das sich luftdicht in das weibliche, als Verbindungshülse dienende Smerisma einfügt und in diesem Augenblicke gleichsam sein männliches Smerisma mit bildet'. Vgl. die Bemerkung zu Fig. 7 in den Prolegomena. Herons Beschreibung ist nicht recht klar. Wir würden heutzutage den Heber in ein Schraubengewinde endigen lassen und dem Halse des Gefäfses die Form einer Schraubenmutter geben.

---

19 ἀγγειδίῳ BC: ἀγγείῳ P $\overline{\omega\alpha}$ B: $\overline{\omega\lambda}$ CP ($\overline{\omega\alpha}$ L) ut infra lin. 22. 25. 28   19—20 *paulo plus eo quod e tubo fluit* L   20 *A*: ω L   24 αὐτὸ BL: αὐτῷ CP   *ipsi masculi* L   28 *et tubum* L

Δεῖ δὲ ὀρθὸν τὸν σίφωνα καταβαίνειν, εἰ μέλλοι
τὸ δέον ποιεῖν· τοῦτο δὲ ἔσται, ἐὰν πρὸς τῷ χείλει
τοῦ ΑΒ ἀγγείου δύο ὀρθοὺς κανόνας πήξαντες τὸ
ἐντὸς σκέλος τοῦ σίφωνος μεταξὺ τούτων τάξωμεν
ψαῦον ἑκατέρου αὐτῶν τῶν κανονίων καὶ ἐν τῷ ἐντὸς 5
σκέλει τοῦ σίφωνος τυλίον ἐξ ἑκατέρου μέρους συμφυὲς ποιήσωμεν ψαῦον ἐντὸς τῶν κανονίων· οὕτως
γὰρ οὔτε ἐπὶ τὰ πλάγια οὔτε ἐπὶ τὸ ἔμπροσθεν ὁ
σίφων ἔγκλισιν σχήσει· ὀρθῶς δὲ ἀκριβῶς καταβήσεται
προστριβόντων τῶν τυλίων τοὺς κανόνας. 10

VII.

Τῶν δὲ εἰς ἐνέργειαν κατασκευαζομένων νῦν ἀρξώμεθα κατασκευὰς ποιεῖσθαι ἀπὸ τῶν μικροτέρων ἀρξά-
μενοι στοιχείου χάριν.

Ἔστι γάρ τι κατασκευασμάτιον πρὸς τὸ οἰνοχοεῖν 15
χρήσιμον· κατασκευάζεται γὰρ σφαιρίον κοῖλον χάλκεον,
161 οἷόν ἐστι τὸ ΑΒ, ἐκ μὲν τοῦ κάτω μέρους | τετρυπη-
μένον λεπτοῖς τρυπηματίοις συνεχέσι καθάπερ ἠθμός,
ἐκ δὲ τοῦ ἄνω μέρους σωλῆνα ἔχον τὸν ΓΔ συντετρημένον αὐτῷ καὶ συνεστεγνωμένον καὶ ἔχοντα τὸ ἄνω 20
στόμιον ἀνεῳγός. ὅταν οὖν βούληταί τις οἰνοχοεῖν,
κατασχὼν ⌊τῇ μιᾷ χειρὶ τὸν ΓΔ σωλῆνα παρὰ τὸ Γ
στόμιον καθίῃσι τὸ σφαιρίον εἰς τὸν οἶνον, ἄχρις ἂν

---

7 f. ⟨καὶ⟩ ψαῦον   12 ἀρξώμεθα ABG: ἀρξόμεθα CPT
18 ἠθμός M: ἰθμός a ut infra p. 58, 2   19 τὸν bM Vind. 120:
τὸ a

2 ποιεῖν a: γίνεσθαι b   4 τούτων om. bL   5 αὐτῶν
om. bL   6—7 ποιήσωμεν (-σομ- B) συμφυὲς b   8 τὸ aP:
τὰ BC   9 ὀρθῶς aCP: ὀρθὸς B, rectus L   15—16 ἔστι
... χρήσιμον om. bL   16 κοῖλον om. P   χάλκεον aP:

Der Heber mufs aber senkrecht hinuntergehen, wenn er seinen Zweck erfüllen soll. Das erreicht man, wenn man am Rande des Gefäfses $\alpha\beta$ zwei gerade Stäbe befestigt und den innern Heberschenkel so dazwischenstellt, dafs er jeden
5 Stab selbst berührt, und wenn man auf jeder Seite des innern Heberschenkels einen kleinen Pflock anbringt, der die Hölzer innen berührt und damit verbunden ist. So wird sich nämlich der Heber weder seitwärts noch vorwärts neigen, sondern scharf lotrecht abwärts gehen,
10 vorausgesetzt, dafs die Pflöckchen zwischen den Hölzern festsitzen (Fig. 6 b).

VII.

Wir wollen jetzt die Einrichtung der praktisch Der Stechheber.
brauchbaren Apparate beschreiben und dabei mit Fig. 8.
15   dem Elementaren und Einfacheren beginnen.

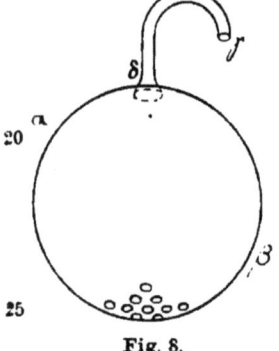

Es giebt eine kleine Vorrichtung zum Einschenken (bez. Schöpfen) von Wein.[1] Man fertigt eine kleine Hohlkugel aus Bronze an, z. B. $\alpha\beta$ (Fig. 8), in welche unten kleine, dicht bei einander liegende, siebartige Löcher gebohrt sind, während sie oben mit der Röhre $\gamma\delta$ versehen ist. Diese ist sowohl nach der Kugel als nach oben offen und in sie eingelötet. Will man nun Wein einschenken, so fafst man mit der einen Hand die Röhre $\gamma\delta$ an der Mündung γ, setzt die Kugel in den Wein, bis sie ganz unter-

Fig. 8.

1) Dieser Satz fehlt in b. Ebenso Z. 28—29 die Worte 'an . . . γ'.

χάλκειον BC   17 ἐστι om. b   18 *et continuis* L   ἠθμός:
κόσκινον b   22—23 παρὰ . . . στόμιον om. bL

ὅλον κρυφθῇ τὸ σφαιρίον· καὶ ὁ μὲν οἶνος διὰ τοῦ
ἠθμοῦ εἰσέρχεται, ὁ δ' ἐντὸς ἀὴρ ἐκκρούεται καὶ ἐκχωρεῖ διὰ τοῦ ΓΔ σωλῆνος. ὅταν · οὖν τῷ μεγάλῳ
δακτύλῳ τις πιέσας τὸ Γ στόμιον τοῦ σωλῆνος ἐξάρῃ
τὸ σφαιρίον ἐκ τοῦ οἴνου, οὐ μὴ ῥυήσεται ὁ ἐν τῷ 5
σφαιρίῳ οἶνος διὰ τὸ μὴ δύνασθαι εἰς τὸν ⟨τοῦ⟩
κενοῦ τόπον ἀέρα παρεισκριθῆναι· ἡ γὰρ εἴσκρισις διὰ
τοῦ Γ στομίου ὑπάρχει, ἥτις ἐπιπέφρακται τῷ δακτύλῳ.
ὅταν οὖν βουλώμεθα προέσθαι τὸν οἶνον, ἀνίεμεν τὸν
δάκτυλον, ὁ δὲ ἀὴρ ἐμπίπτων πληροῖ τὸν κενούμενον 10
τόπον· ἐὰν δὲ πάλιν πιέσωμεν τῷ δακτύλῳ τὴν Γ
ἀναπνοήν, οὐκ ἐκρυήσεται, ἄχρι ἂν πάλιν ἀνέσωμεν
τῷ δακτύλῳ τὴν Γ ἀναπνοήν. ἔξεστι δὲ καὶ εἰς θερμὸν ὕδωρ ἢ ψυχρὸν βάπτοντα πάλιν συνέχειν, εἶτα
προΐεσθαι, ὅσον ἐὰν προαιρώμεθα, ἄχρις ἂν πᾶν τὸ 15
ἐν τῷ σφαιρίῳ κενωθῇ· κἂν ἐπικαμπὲς δὲ γένηται τὸ

a 58, 1—60, 3 καὶ ὁ μὲν οἶνος ... καταλαμβάνεσθαι
τὸ στόμιον = b 58, 18—60, 22: καὶ ὁ μὲν οἶνος διὰ τῶν
τρυπημάτων εἰσελεύσεται, ὁ δ' ἐντὸς ἀὴρ ἐκκρουσθήσεται
καὶ ἐκχωρήσει διὰ τοῦ ΓΔ σωλῆνος. ὅταν δὲ τῷ μεγάλῳ 20
δακτύλῳ πιέσας τις τὸ Γ στόμιον ἐξάρῃ τὸ σφαιρίον ἐκ τοῦ
οἴνου, οὐ ῥυήσεται ὁ ἐν τῷ σφαιρίῳ οἶνος διὰ τὸ μὴ δύνασθαι εἰς τὸν τοῦ κενοῦ τόπον ἀέρα παρεισκριθῆναι· ἡ
γὰρ εἴσκρισις διὰ τοῦ Γ στομίου ὑπάρχει, ἥτις ἐπιπέφρακται
τῷ δακτύλῳ. ὅταν δὲ βουληθῇ προέσθαι τὸν οἶνον, ἀνίησι 25
τὸν δάκτυλον ἐκ τοῦ Γ στομίου, καὶ ὁ ἀὴρ ἐμπίπτων πληροῖ τὸν κενούμενον τόπον· ὁ γὰρ οἶνος ἐκρεῖ διὰ τῶν
τρυπημάτων, καὶ πάλιν ἐὰν πιέσῃ τῷ δακτύλῳ τὴν Γ ἀναπνοήν, σταθήσεται ἡ ῥύσις τοῦ οἴνου· ἀπολυθείσης δ' αὖθις
τῆς ἀναπνοῆς ἐκρυήσεται, ἄχρις ἂν πιέσῃ τῷ δακτύλῳ τὴν 30
Γ ἀναπνοήν. ἔξεστι δὲ καὶ εἰς θερμὸν ὕδωρ ἢ ψυχρὸν
βάπτοντα συνέχειν τε καὶ πάλιν προΐεσθαι, ὅσον ἂν προ-
αιροῖτό τις, ἄχρις ἂν πᾶν τὸ ἐν τῷ σφαιρίῳ ὑγρὸν κενωθῇ.

taucht. Dann dringt der Wein durch das Sieb[1]) ein,
während die innere Luft verdrängt wird und durch die
Röhre $\gamma\delta$ hinausgeht. Drückt man nun mit dem Daumen
auf die Röhrenmündung γ und hebt die Kugel aus
5 dem Weine, so fließt der in der Kugel enthaltene Wein
sicher nicht aus, weil keine Luft in das Vakuum eintreten kann. Denn die Zuführung von Luft kann nur
durch die Mündung γ erfolgen, allein der Eintritt ist
durch den Daumen versperrt. Wollen[2]) wir nun den Wein
10 einschenken, so lassen wir den Finger los, die Luft strömt
ein und füllt das Vakuum an. Wenn wir abermals den
Finger auf das Luftloch.γ halten, so hört der Ausfluß
auf, bis wir von neuem den Finger vom Luftloche γ fortnehmen. Man kann die Kugel auch in warmes oder kaltes
15 Wasser tauchen, dieses darin festhalten und dann wieder beliebig viel auslaufen lassen, bis die ganze Flüssigkeit in der
Kugel erschöpft ist. Falls das Ende der Röhre $\gamma\delta$[3]) bei γ

---

1) Nach **b**: 'durch die Löcher'.
2) Nach **b**: 'Will man den Wein einschenken, nimmt man
den Finger von der Öffnung γ fort, und die Luft dringt ein und
füllt den leeren Raum an. Denn der Wein fließt durch die
Löcher ab. Drückt man von neuem mit dem Finger auf das
Luftloch γ, so wird der Wein aufhören zu fließen. Läßt man
es jedoch abermals los, so wird er so lange abfließen, bis man
den Finger (von neuem) auf das Luftloch γ hält.'
3) Zusatz in **b**: 'wie in nebenstehender Figur'. Die Worte
'bei γ' fehlen in **b**.

---

5 ῥυήσεται M: ῥυείσεται a   6 τοῦ inserui. cf. lin. 23
12 οὐκ ἐκρυήσεται Vind. 120, Paris. 2512: ἐκκεκρυήσεται a
14 f. συνέχειν, εἶτα πάλιν tr.   15 ἐάν: ἂν Paris. 2512
προαιρώμαθα a (-τα T): ex M correxi

---

1 κρυφθῇ a: κρυβῇ BC: κριβῇ P   21 τις om. CP $\bar{\gamma}$ CP:
om. BL   25 προέσθαι: emitti L   ἀνίησι **b**: auferat L
27 ἐκρεῖ P: ἐκρέει BC   32—33 ὅσον ... τις om. L

ἄκρον τοῦ ΓΔ σωλῆνος τὸ πρὸς τῷ Γ, οὐδὲν διοίσει·
εὔχρηστον γὰρ μᾶλλον γίνεται πρὸς τὸ εὐκόπως τῷ
δακτύλῳ καταλαμβάνεσθαι τὸ στόμιον.

VIII.

Τῷ δὲ αὐτῷ τρόπῳ ἐκ τοῦ αὐτοῦ σφαιρίου καὶ 5
ψυχρὸν καὶ θερμὸν προέσθαι δυνατόν ἐστιν, ὅσον
προαιρούμεθα.

Κατασκευάζεται γὰρ ὁμοίως σφαιρίον τὸ ΑΒ διάφραγμα ἔχον μέσον ὀρθὸν τὸ ΓΔ καὶ ἄνωθεν ὁμοίως
σωλῆνα τὸν ΕΖ συντετρημένον καὶ συνεστεγνωμένον 10
τῷ σφαιρίῳ καὶ ἔχοντα μέσον διάφραγμα τὸ ΓΗ
συνεχὲς τῷ ΓΔ διαφράγματι· ἄνωθεν δὲ ἀνακαμπὰς
ἐχέτω τὰς Θ, Κ φερούσας εἰς ἑκάτερον μέρος τῶν ἐν
τῷ ΕΖ χωρῶν. ἐφ' ἑκάτερα δὲ τοῦ ΓΔ διαφράγματος
εἰλήφθω εἰς τὸ κάτω μέρος τοῦ σφαιρίου τοῦ ΑΒ 15
πρὸς τῷ Δ τρυπήματα ὅμοια τῶν ἐν τοῖς τρουλλίοις
τοῖς μαγειρικοῖς γινομένων, ἠθμοειδῆ. ὅταν οὖν βουλώμεθα θερμὸν ἀρύσασθαι, καταλαβόμενοι τοῖς δυσὶ

κἂν ἐπικαμπὲς δὲ γένηται τὸ ἄκρον τοῦ ΓΔ σωλῆνος, ὡς
ἐνταῦθα ἔχει ἡ καταγραφή, οὐδὲν διοίσει· μᾶλλον δὲ καὶ 20
εὐχρηστότερον ἔσται πρὸς τὸ εὐχερῶς τῷ δακτύλῳ καταλαμβάνεσθαι τὸ στόμιον.

a 60, 14—64, 12 ἐφ' ἑκάτερα δὲ ... ἀμφότερα ῥεῖν
= b 60, 24—64, 29: ἐφ' ἑκάτερον δὲ τοῦ ΓΔ διαφράγματος ἔστωσαν εἰς τὸ κάτω μέρος τοῦ σφαιρίου τοῦ ΑΒ 25
πρὸς τῷ Δ τρυπήματα μικρά, οἷα κοσκίνου. ὅταν οὖν
βουλώμεθα θερμὸν ἀρύσασθαι, καταλαβόμενοι τῷ ἑνὶ τῶν

---

6 προέσθαι b: πρέσθαι a   ὅσον T: ex ὅσω corr. A: ὅσω G
11 σφαιρίῳ b: σφαιρίον a   16 τῷ scripsi: τὸ a. cf. lin. 26
ad ὅμοια τῶν κτέ cf. Heron. Cheirobal. p. 129, 6. 11 Wesch

umgebogen ist, so macht das keinen Unterschied. Vielmehr wird es handlicher, insofern man die Mündung leicht mit dem Finger zuhalten kann.

VIII.

5 Auf gleiche Weise kann man aus derselben Kugel kaltes und warmes Wasser in beliebiger Quantität ausfliefsen lassen.

Der Doppel-stechheber. Fig. 9a u. 9b

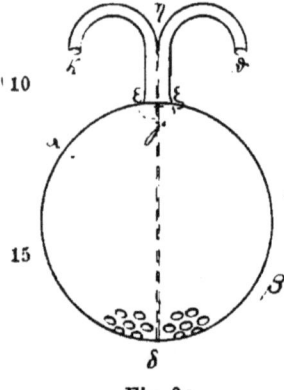

Man fertigt in ähnlicher Weise eine kleine Kugel αβ (Fig. 9a) an, aber 10 mit .einer vertikalen Scheidewand γδ in der Mitte.· Oben ist die Kugel wie vorher mit einer Röhre εζ versehen. Diese steht nach der Kugel hin offen, ist in sie eingelötet und 15 in der Mitte von einer Scheidewand γη durchschnitten, die mit der Scheidewand γδ zusammenhängt. Oben bei ϑ und κ sei die Röhre umgebogen;

Fig. 9a.

jede Biegung führe nach dem ent-20 sprechenden Raume in εζ. Auf beiden Seiten der Scheidewand γδ lasse man am Boden der Kugel αβ bei δ siebartige Löcher wie bei den Schaumkellen der Köche herstellen. Wenn wir nun warmes Wasser schöpfen wollen, halten wir die Mündungen ϑ

25 a 61, 20—63, 17 Auf beiden Seiten . . . ausgelaufen ist = b 61, 26—63, 34: Auf jeder Seite der Scheidewand γδ seien am Boden der Kugel αβ bei δ kleine, siebartige Löcher. Wollen wir nun warmes Wasser schöpfen, so halten wir die

ἴσον τῶν κανονίων. 130, 9 ἴσον τῶν προειρημένων κανονίων, sed cf. etiam Pneum. II 17   17 ἰϑμοειδῆ a: correxi ex M (ἠϑμοειδῆ)

5 et ab eadem sphaerula L   6—7 ὅσον προαιρούμεϑα a: ὅταν προαιρώμεϑα b L   8 σφαιρίον ὁμοίως tr. BC   24 ἑκά-τερον B: ἑκατέρου CP   in utraque vero ·c·d· diaphragmatis parte L   25 ad fundum spherule L   27 βουλόμεϑα CP

δακτύλοις τὰ Θ, Κ στόμια καθίεμεν τὸ σφαιρίον εἰς
τὸ θερμὸν καὶ ἀνίεμεν μίαν τῶν ἀναπνοῶν τὴν Θ,
ὅπως ὁ μὲν ἐν τῷ ΒΓΔ ἡμισφαιρίῳ ἀὴρ ἐκκρουσθῇ
διὰ τῆς Θ ἀναπνοῆς, τὸ δὲ θερμὸν ἀπὸ τοῦ ἠθμοῦ
πληρώσῃ τὸ ΒΓΔ ἡμισφαίριον. πάλιν οὖν καταλαβό- 5
μενοι τὴν Θ ἀναπνοὴν ἐξαιροῦμεν ἐκ τοῦ θερμοῦ τὸ
σφαιρίον, ὃ δὴ στέξει διὰ τὸ μὴ ἔχειν τὸν ἀέρα παρ-
162 είσδυσιν. καθέντες | οὖν ὁμοίως εἰς τὸ ψυχρὸν ἀνίε-
μεν τὴν Κ ἀναπνοὴν καὶ πάλιν πληρωθέντος τοῦ
ΑΓΔ ἡμισφαιρίου καταλαβόμενοι τὴν Κ ἀναπνοὴν 10
ἐξαιροῦμεν τὸ σφαιρίον πλῆρες ὂν θερμοῦ καὶ ψυχροῦ
ὕδατος. ὅταν οὖν βουλώμεθα ὁπότερον αὐτῶν προέσθαι, ἀνίεμεν τὴν κατ' ἐκεῖνο ἀναπνοήν. καὶ ὅταν
μὴ βουλώμεθα ῥέειν, πάλιν ὁμοίως καταλαμβανόμεθα.
καὶ τοῦτο ποιήσομεν, ἄχρις ἂν πᾶν κενωθῇ. ἔξεστι δὲ 15

δακτύλων τὸ Θ στόμιον καθήσομεν τὸ σφαιρίον εἰς τὸ
θερμόν· καὶ εἰσελεύσεται τὸ θερμὸν ἐν τῇ ὑπὸ τὸ Κ στόμιον χώρᾳ τοῦ σφαιρίου διὰ τῶν ἐν αὐτῇ τρυπημάτων,
ἥστινος πληρωθείσης θερμοῦ διὰ τὸ ἐκχωρεῖν τὸν ἐν αὐτῇ
ἀέρα διὰ τοῦ Κ στομίου — ἐν γὰρ τῇ ἑτέρᾳ χώρᾳ τῇ ὑπὸ 20
τὸ Θ στόμιον τὸ θερμὸν οὐκ εἰσελεύσεται διὰ τὸ τὴν Θ
ἀναπνοὴν πεφραγμένην εἶναι — ὅταν ἄρα πιέσωμεν τὴν Κ
ἀναπνοὴν τῷ ἑτέρῳ δακτύλῳ, τὴν δὲ Θ ἀνέντες ἐμβάλωμεν
τὸ σφαιρίον εἰς ψυχρόν, εἰσελεύσεται τὸ ψυχρὸν εἰς τὴν
ὑπὸ τὸ Θ χώραν διὰ τῶν ἐν αὐτῷ τρυπημάτων· τὸ δὲ 25
θερμὸν οὐ στάξει διὰ τὸ πεφραγμένην εἶναι τὴν Κ ἀναπνοήν. οὕτως οὖν πληρωθεισῶν καὶ ἀμφοτέρων τῶν χωρῶν, ὁποίαν ἂν βουλώμεθα ῥεύσειν, ἀνήσομεν τὴν κατ'
ἐκεῖνο τὸ μέρος ἀναπνοήν, καὶ ῥεύσει διὰ τῶν τρυπημάτων,
τοῦ ἀέρος εἰσκρινομένου διὰ τῆς ἀνοιγείσης ἀναπνοῆς. καὶ 30
τοῦτο ποιήσομεν, ἄχρις ἂν ἑκάτερον ἀνὰ μέρος κενωθῇ.

---

4 ἠθμοῦ M: ἰθμοῦ a ut solent. similiter p. 64,11. 66,14. 68,8
10 καταλαβόμενοι M₂: καταλαβόμενον a

und *x* mit zwei Fingern zu, tauchen die Kugel in das
warme Wasser und lassen eins der Luftlöcher, *ϑ*, los,
damit die in der Halbkugel *βγδ* enthaltene Luft durch
das Luftloch *ϑ* ausströmt und das warme Wasser durch
5 das Sieb tritt und die Halbkugel *βγδ* füllt. Dann
schliefsen wir das Luftloch *ϑ* wieder und nehmen die,
Kugel aus dem warmen Wasser heraus. Diese läfst das
Wasser natürlich nicht ausfliefsen, weil die Luft keinen
Zutritt hat. Nun tauchen wir sie ebenso in das kalte
Wasser und öffnen das Luftloch *x*. Wenn sich dann die
Halbkugel *αγδ* gefüllt hat, so schliefsen wir es wieder und
heben die Kugel heraus. - Diese ist jetzt mit kaltem und
warmem Wasser gefüllt. Wollen wir eine von den Flüssigkeiten abfliefsen lassen, so öffnen wir das entsprechende
15 Luftloch. Soll der Ausflufs unterbrochen werden, halten
wir es ebenso wieder zu. Das wiederholen wir, bis alles
ausgelaufen ist. Auf gleiche Weise kann man in dieselbe

Öffnung *ϑ* mit einem Finger zu und tauchen die Kugel in das
warme Wasser. Dann wird dieses durch die Löcher in den
20 unter der Öffnung *x* befindlichen Kugelraum dringen. Hat sich
dieser mit warmem Wasser gefüllt, weil die darin enthaltene
Luft durch die Mündung *x* entweicht — denn in den andern
Raum unter der Öffnung *ϑ* kann das warme Wasser nicht eintreten, weil das Luftloch *ϑ* verschlossen ist —, so halten wir
25 das Luftloch *x* mit dem andern Finger zu und tauchen die
Kugel unter Öffnung von *ϑ* in kaltes Wasser. Dann läuft
dieses durch die entsprechenden Löcher in den Raum unter *ϑ*.
Das warme Wasser fliefst aber nicht aus, weil das Luftloch *x*
verschlossen ist. Sind nun auf diese Weise beide Räume ge-
30 füllt, so lassen wir auf der Seite das Luftloch los, deren
Flüssigkeit fliefsen soll. Und der Ausflufs durch die Löcher
wird beginnen, sobald die Luft durch das (entsprechende,) ge-
öffnete Luftloch eingeführt wird. Dies wiederholen wir, bis
jede Flüssigkeit der Reihe nach abgelaufen ist.

---

16 *τὸ* (ante *σφαιρίον*) B: *τὸν* CP   18 *τρυπημάτων* B:
τρυπηματίων CP   27 *καὶ* om. L: f. *καὶ* del.   28 *ὁποίαν* P:
ὁποῖον BC: *cum alteram* L

τῷ αὐτῷ τρόπῳ ἐκ τοῦ αὐτοῦ ⟨σφαιρίου⟩ καὶ οἶνον
καὶ θερμὸν καὶ ψυχρὸν καὶ ἄλλο τι, ὃ ἐὰν προαιρώμεθα, ἀναλαμβάνειν τε καὶ προΐεσθαι, ὁπόσον ἂν καὶ
ὅταν προαιρώμεθα, πλειόνων γινομένων τῶν διαφραγμάτων καὶ τῶν ὀπῶν, δι' ὧν εἰς ἑκάστην χώραν ὁ ἀὴρ 5
παρεμπίπτει καὶ πάλιν ἐξελαύνεται. δύναται δὲ ἀντὶ
τῶν ἐπικεκαμμένων στομίων τρυπήματα εἶναι περί [τε]
τὸ τεῦχος τοῦ σωλῆνος παρὰ τὸ ἄνω μέρος φέροντα εἰς
τὰς χώρας, ἃ δὴ καταλαμβανόμεθα τοῖς δακτύλοις, ὅταν
στεγνοῦν βουλώμεθα. ἕνεκα δὲ τοῦ μὴ φαίνεσθαι τὰ 10
ἠθμία περιληψόμεθα ἀμφότερα ἑνὶ κρουνισματίῳ, ὥστε
οὕτως δοκεῖν ἀπὸ τοῦ αὐτοῦ κρουνοῦ ἀμφότερα ῥεῖν.

IX.

Κατασκευάζεται δὲ καὶ προχύτης πλέον καὶ ἔλαττον
ὑγρὸν δεχόμενος καὶ προϊέμενος ὁτὲ μὲν πλέον, ὁτὲ 15
ἔξεστι δὲ τῷ αὐτῷ τρόπῳ ἐκ τοῦ αὐτοῦ σφαιρίου σὺν τῷ
θερμῷ καὶ ψυχρῷ καὶ οἶνον ἢ καὶ ἄλλο τι ὑγρόν, ὃ ἂν
προαιρώμεθα, ἀναλαμβάνειν τε καὶ προΐεσθαι, ὁπόσον ἂν
καὶ ὁπόταν προαιρώμεθα, πλειόνων γινομένων τῶν διαφραγμάτων καὶ τῶν ὀπῶν, δι' ὧν εἰς ἑκάστην χώραν ὁ ἀὴρ 20
παρεμπίπτει τε καὶ πάλιν ἐκχωρεῖ. δύναται δὲ ἀντὶ τῶν
ἐπικεκαμμένων στομίων ὀρθὰ μὲν εἶναι, ὡς ἔχει ἐπὶ τῆς
δευτέρας καταγραφῆς, τρυπήματα δὲ εἶναι ἄνω περὶ τὸ τεῦχος
τοῦ σωλῆνος παρὰ τὸ ἄνω μέρος φέροντα εἰς τὰς χώρας,
ἃ δὴ καταλαμβανόμεθα τοῖς δακτύλοις, ὅταν μὴ ῥεῖν τὸ εἰς 25
ἐκείνην τὴν χώραν ὑγρὸν βουλώμεθα. ἕνεκα δὲ τοῦ μὴ
φαίνεσθαι τὰ τρυπήματα περιληψόμεθα ταῦτα ἑνὶ κρουνισματίῳ, ὥστε οὕτως δοκεῖν ἀπὸ τοῦ αὐτοῦ κρουνοῦ καὶ
ἀμφότερα ῥεῖν.

---

1 ⟨σφαιρίου⟩ inserui. cf. lin. 16   4 ὅταν scripsi: ὅτε
(ὅσε? A) ἂν a   γενομένων T   7 [τε] seclusi. cf. lin. 23
11 ἠθμία M₂: ἰθμία a   κρουνισματίῳ ex κρουνίσματι corr. A

Kugel aufser warmem und kaltem Wasser auch Wein und jede andere Flüssigkeit in beliebiger Quantität und zu beliebiger Zeit schöpfen und daraus

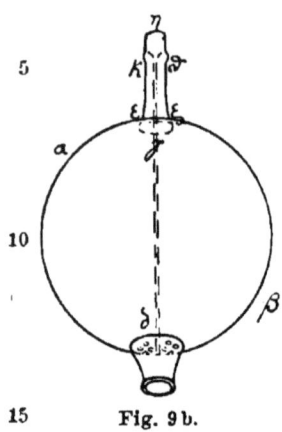

einschenken. Dazu stellt man die Scheidewände und die Öffnungen, durch welche die Luft in den einzelnen Raum ein- und wieder ausströmt, in gröfserer Anzahl her. An die Stelle[1]) der umgebogenen Mündungen können oben rings an der Rohrwand auch Löcher treten, die in die (einzelnen) Räume führen. Auf diese Löcher also drücken wir mit den Fingern, wenn wir sie verschliefsen wollen. Damit die siebartigen Löcher nicht sichtbar sind, fassen wir sie beiderseits mit einem einzigen Ausflufsröhrchen (Fig. 9b) ein. Und so gewinnt es den Anschein, als ob beide Flüssigkeiten von derselben Ausflufsstelle kämen.

Fig. 9 b.

IX.

Man fertigt auch eine Kanne an, die eine gröfsere oder geringere Quantität Flüssigkeit auf- Eine Zauberkanne. Fig. 10a und 10b.

---

1) Dafür b: 'Statt der umgebogenen Mündungen können es auch gerade sein, wie bei der zweiten Figur (Fig. 9b), und die Löcher, welche in die einzelnen Räume führen, können rings an der oberen Rohrwand liegen. Eins von diesen Löchern halten wir mit den Fingern zu, wenn wir in den betreffenden Raum keine Flüssigkeit schöpfen wollen.'

---

14 δὲ aCP: om. B   17 καί (ante ἄλλο) om. L   18—19 ἀναλαμβάνειν ... προαιρώμεθα om. CP   19 ὁπόταν scripsi: ὁπότε B   19—20 et diaphragmata et foramina L (τε καί?)   22 εἶναι BC: om. P   23 debent (= δεῖ) L   24 ad consueta loca defferentia L   25 comprehendenda erunt L   27 ἑνὶ CP: om. BL   29 ἀμφότερα CP: ἀμφότερον B

δὲ ἔλασσον, ὥστε καὶ
ἐγχεομένου εἰς αὐτὸν
οἴνου τε καὶ ὕδατος
ὁτὲ μὲν καθαρὸν τὸ
ὕδωρ προΐεσθαι, ὁτὲ
δὲ οἶνον ἄκρατον, ὁτὲ
δὲ κρᾶμα· ἔστι δὲ ἡ
κατασκευὴ τοιαύτη.
Ἔστω προχύτης ὁ
ΑΒ διάφραγμα ἔχων
μέσον τὸ ΓΔ, ἐν δὲ
τῷ διαφράγματι παρὰ
τὸ κύτος τοῦ ἀγγείου
163 τρυ[πημάτια ἐν ἠθμῷ
περιφερῆ τὰ Ε· ἐκ δὲ
τοῦ κατὰ διάμετρον
τόπου ἐν τῷ διαφράγ-
ματι τρυπημάτιον ἔστω

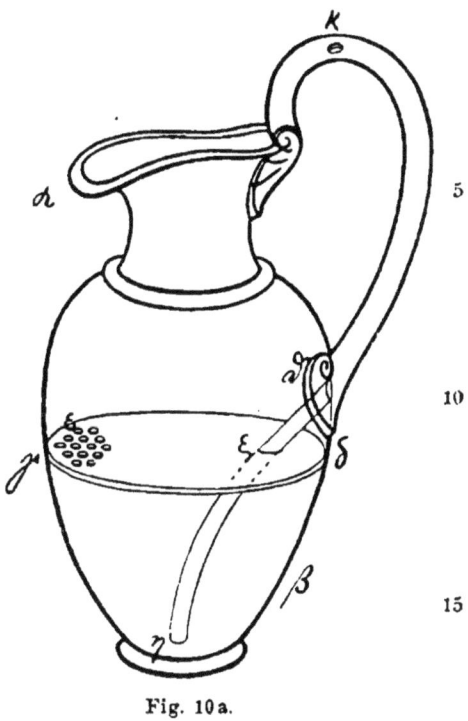

Fig. 10 a.

στρογγύλον τὸ Ζ, δι' οὗ σωλὴν διώσθω ὁ ΖΗΘ
συνεστεγνωμένος μὲν τῷ διαφράγματι, ἀπέχων δὲ 20
ἀπὸ τοῦ πυθμένος τοῦ προχύτου βραχὺ κατὰ τὸ Η·

a 66, 9—70, 6 Ἔστω προχύτης . . . ὕδωρ = b 66, 23
—70, 24: Ἔστω προχύτης ὁ ΑΒ διάφραγμα ἔχων μέσον τὸ
ΓΔ, ἐν δὲ τῷ διαφράγματι παρὰ τὸ κύτος τοῦ ἀγγείου
τρυπήματα περιφερῆ τὰ Ε· ἐν δὲ τῷ διαφράγματι τούτῳ 25
ἔστω καὶ ἕτερον τρύπημα πρὸς τῷ πέρατι τὸ Ζ, δι' οὗ
σωλὴν διώσθω ὁ ΗΖΘ συνεστεγνωμένος μὲν τῷ διαφράγματι, ἀπέχων δὲ ἀπὸ τοῦ πυθμένος βραχὺ κατὰ τὸ Η· τὸ

14 ἐν ἠθμῷ interpolata putat Dielsius: f. ⟨καθάπερ⟩ ἐν
ἠθμῷ. cf. p. 56, 18. 68, 8   15 περιφερῆ Vind. 120: περιφερῆς a:
(foramina) rotunda L: v. proleg. adnot. ad fig. 10   ⟨κατὰ⟩ τὰ Ε

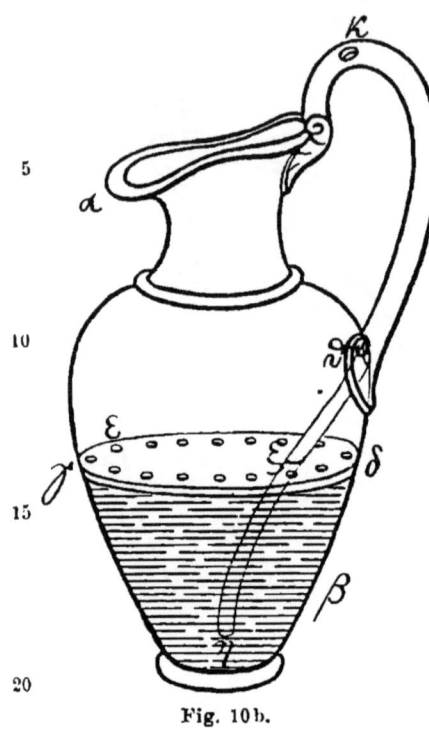

nimmt und bald mehr, bald weniger in der Weise ausfliefsen läfst, dafs sie, wenn Wein und Wasser eingegossen werden, bald reines Wasser von sich giebt, bald ungemischten Wein, bald eine Mischung. Die Einrichtung ist folgende.

Eine Kanne $\alpha\beta$ (Fig. 10a) habe in der Mitte eine Scheidewand $\gamma\delta$. Auf dieser seien an der innern Gefäfswandung kleine, siebartige[1]), kreisförmige[2]) Löcher ε angebracht. Auf der diametral entgegengesetzten Seite[3]) sei in der Scheidewand ein kleines, rundes Loch[4]) ζ, durch welches man eine

Fig. 10b.

Röhre $\eta\zeta\vartheta$ stecke. Sie sei in die Scheidewand eingelötet und reiche bei η fast bis auf den Boden der Kanne. Ihre

---

1) In b fehlt das Wort 'siebartige'.
2) Vgl. die Bemerkung zu Fig. 10 in den Prolegomena.
3) Dafür b: 'am Ende' (Fig. 10b).
4) Dafür b: 'ein anderes, kleines Loch'.

---

edit. Paris.   15—17 $\dot{\varepsilon}\varkappa$ $\delta\dot{\varepsilon}$ $\tau o\tilde{v}$ $\varkappa\alpha\tau\dot{\alpha}$ $\delta\iota\dot{\alpha}\mu\varepsilon\tau\varrho o\nu$ $\tau\acute{o}\pi o\nu$ ex I 10 p. 70, 18 interpolata existimat Dielsius: idem 'f. $\check{\varepsilon}\tau\iota$ $\delta\dot{\varepsilon}$ ($\dot{\varepsilon}\nu$ $\tau\tilde{\omega}$ $\delta\iota\alpha\varphi\varrho\dot{\alpha}\gamma\mu\alpha\tau\iota$)' post $\tau\acute{o}\pi o\nu$ spatium vacuum circiter 12 litterarum in cod. Voss. 19   21 $\dot{\alpha}\pi\acute{o}$ om. T

---

23 $\check{\varepsilon}\chi\omega\nu$ P: $\check{\varepsilon}\chi o\nu$ BC $\mu\acute{\varepsilon}\sigma o\nu$ om. L   24 $\tau\grave{o}$ $\varkappa\tilde{\nu}\tau o\varsigma$ BC: $\tau o\tilde{v}$ $\varkappa\acute{\nu}\tau o\nu\varsigma$ P (ov et ovs e corr.)   25 $\tau\varrho\nu\pi\acute{\eta}\mu\alpha\tau\alpha$ B: $\tau\varrho\nu\pi\eta$-$\mu\acute{\alpha}\tau\iota\alpha$ C: $\tau\varrho\nu\pi\acute{\eta}\mu\alpha\tau\iota$ P   27 $\sigma\nu\nu\varepsilon\sigma\tau\varepsilon\gamma\nu\omega\sigma\mu\acute{\varepsilon}\nu o\varsigma$ P

τὸ δὲ ἕτερον αὐτοῦ στόμιον τὸ Θ συντετρήσθω τῷ
τεύχει τοῦ προχύτου ὑπὸ τὸ ὠτίον, ᾧ συνεστεγνώσθω
τὸ ὠτίον κοῖλον ὑπάρχον καὶ ἔχον τρύπημα ἐκ τοῦ
ἐκτὸς μέρους τοῦ ὠτίου τὸ Κ, ὃ καταληψόμεθα τῷ
δακτύλῳ, ὅταν δέῃ. ἐὰν οὖν καταλαβόμενοι τὸ διαύγιον, 5
ὡς εἴρηται, ἐγχέωμεν εἰς τὸν προχύτην, τὸ ἐγχεόμενον
εἰς τὴν ὑπὲρ τὸ διάφραγμα χώραν μενεῖ διὰ τὸ μὴ
δύνασθαι διὰ τοῦ ἠθμοῦ εἰς τὴν ὑποκάτω χώραν
ἐνεχθῆναι· οὐ δύναται δὲ διὰ τὸ μὴ ἄλλην ἔχειν
διέξοδον ἢ τὴν διὰ τοῦ Κ διαυγίου. ὅταν οὖν ἀνέ- 10
σωμεν τὸ διαύγιον, τότε χωρήσει τὸ ὑγρὸν εἰς τὴν
ὑποκειμένην χώραν, καὶ τότε πλέον δέξεται ὁ προχύτης. ἐὰν οὖν προεγχέαντες τὸν οἶνον, ὥστε πληρωθῆναι τὴν ΓΒΔ χώραν, καταλαβώμεθα τὸ διαύγιον
καὶ ἐπιχέωμεν ὕδωρ, οὐ μὴ μιγῇ, ἀλλ᾽ ὅταν μὲν κατα- 15
στρέψωμεν τὸν προχύτην, καθαρὸν προΐσεται τὸ ὕδωρ·
ὅταν δὲ ἀνέσωμεν τὸ διαύγιον ἔτι τοῦ ὕδατος ῥέοντος,

δὲ ἕτερον αὐτοῦ στόμιον τὸ Θ συντετρήσθω τῷ τεύχει τοῦ
προχύτου ὑπὸ τὸ ὠτίον, ᾧ συνεστεγνώσθω καὶ τὸ ὠτίον εἰς
σωλῆνα κατεσκευασμένον καὶ ἔχον τρύπημα κατὰ τὸ ἐκτὸς 20
μέρος, τὸ Κ, ὃ καταληψόμεθα τῷ δακτύλῳ, ὅταν δέῃ. ἐὰν
οὖν καταλαβόμενοι τὸ διαύγιον τὸ Κ ἐγχέωμεν εἰς τὸν προχύτην, τὸ ἐγχεόμενον εἰς τὸν ὑπὲρ τὸ διάφραγμα τόπον
μενεῖ διὰ τὸ μὴ δύνασθαι διὰ τῶν τρυπημάτων εἰς τὴν
κάτω χώραν ἐνεχθῆναι· οὐ δύναται δὲ διὰ τὸ μὴ ἔχειν 25
ἄλλην διέξοδον ἢ διὰ τοῦ Κ διαγίου. ὅταν δὲ ἀνῶμεν τὸ
διαύγιον, τότε χωρήσει τὸ ὑγρὸν εἰς τὴν κάτω χώραν, καὶ
πλέον δέξεται ὁ προχύτης. ἐὰν δὲ προεγχέαντες τὸν οἶνον,
ὥστε πληρωθῆναι τὴν ΓΒΔ χώραν, καταλαβώμεθα τὸ διαύγιον καὶ ἐπιχέωμεν ὕδωρ, μενεῖ εἰς τὴν ἄνω χώραν ἄμικτον 30
τῷ οἴνῳ· εἰ γὰρ καταστρέψομεν τὸν προχύτην, καθαρὸν
προΐσεται τὸ ὕδωρ· εἰ δὲ ἀνήσομεν καὶ τὸ διαύγιον ἔτι τοῦ
ὕδατος ἐκχεομένου, ἐπιρρεύσει καὶ ὁ οἶνος, καὶ γενήσεται

andere Mündung ϑ durchbreche unterhalb des Henkels die Wandung der Kanne. Der hohle[1]) Henkel, der aufsen mit einem Luftloche κ versehen ist, sei an die Röhre ηζϑ angelötet. Das Luftloch können wir, falls nötig, mit dem 5 Finger zuhalten. Schliefsen wir nun, wie gesagt, das Luftloch[2]) und giefsen etwas in die Kanne, so bleibt das, was in den Raum über der Scheidewand geschüttet wird, am Orte, weil es nicht weiter durch das Sieb[3]) in den unteren Raum vordringen kann. Das ist deshalb nicht möglich, weil die 10 Luft keinen andern Ausweg hat als durch das Luftloch κ. Öffnen wir aber das Luftloch, dann wird die Flüssigkeit in die untere Kammer gehen, und die Kanne gewinnt alsdann Raum für eine gröfsere Quantität. Wenn wir nun zuerst Wein eingiefsen und damit die Kammer γβδ 15 füllen, dann das Luftloch zuhalten und Wasser nachgiefsen, so wird sich das Wasser gewifs nicht mit dem Weine vermischen[4]), sondern wenn wir die Kanne umkippen, läfst sie reines Wasser ausfliefsen. Lassen wir aber das Luftloch los, noch während das Wasser ausströmt, so fliefst

---

1) Statt dessen b: 'röhrenförmige'.
2) Nach b: 'das Luftloch κ'. Die Worte 'wie gesagt' fehlen in b.
3) Nach b: 'die Löcher'.
4) Dafür b: 'wird das Wasser in der oberen Kammer bleiben, ohne sich mit dem Weine zu vermischen'.

---

9 f. τὸ ⟨τὸν ἀέρα⟩   15 μὴ om. T   16 στρέψωμεν T₁, corr. T₂   προήσεται M: προΐσεται a

---

19 ᾧ ... ὠτίον CP: om. BL   20 κατεσκευασμένον C: κατασκευασμένον BP   22 quippiam (= τι) infundamus L 25 f. τὸ ⟨τὸν ἀέρα⟩   29 quousque ·c·b·d· locus repletus sit L 32 καὶ om. L   33 ἐγχεομένου B

ἐπιρρεύσει καὶ ὁ οἶνος διὰ τὸ εἰς τὸν κενούμενον τόπον ἀέρα ἀντικαταλλάσσεσθαι διὰ τοῦ διαυγίου, εἶτα καθαρὸς ὁ οἶνος ῥυήσεται. ἔξεστι δὲ καὶ προεγχέαντα
161 ὕδωρ καὶ προκαταλαβόντα τὸ διαύγιον | οἶνον ἐπιχέειν, ὥστε τοῖς μὲν καθαρὸν προέσθαι οἶνον, οἷς δὲ κρᾶμα, 5 οἷς δὲ καὶ βουλόμεθα ἐμπαίζειν, ὕδωρ.

Χ.

Κατασκευάζεται δὲ καὶ σφαῖρα κοίλη ἢ ἕτερον ἀγγεῖον, εἰς ὃ ἐγχυθὲν ὑγρὸν ἀναπιέζεται εἰς τὸ ὕψος αὐτόματον καὶ μετὰ βίας πολλῆς, ὥστε πᾶν κενωθῆναι, 10 καίτοι τῆς φορᾶς αὐτῷ γιγνομένης παρὰ φύσιν εἰς τὸ ἄνω μέρος· ἔστι δὲ ἡ κατασκευὴ τοιαύτη.

Ἔστω σφαῖρα χωροῦσα ὡς κοτύλας ἕξ, τὸ τεῦχος ἔχουσα τοῦ ἐλάσματος στερεόν, ὥστε ὑπομένειν τὴν μέλλουσαν τοῦ ἀέρος πίλησιν γενέσθαι· ἔστω δὲ αὕτη 15 ἡ ΑΒ κειμένη ἐπί τινος ὑποσπειρίου τοῦ Γ· τρυπηθείσης δὲ αὐτῆς κατὰ τὸ ἄνω μέρος σωλὴν διώσθω ὁ ΔΕ ἀπέχων ἀπὸ τοῦ κατὰ διάμετρον τόπου τοῦ τρυκρᾶμα διὰ τὸ εἰς τὸν κενούμενον τόπον ἀέρα εἰσκρίνεσθαι διὰ τοῦ διαυγίου· μετὰ δὲ τὸ ἐκχυθῆναι τὸ ὕδωρ ἄκρατος 20 ὁ οἶνος ῥυήσεται. ἔξεστι δὲ καὶ προεγχέαντα τὸ ὕδωρ, εἶτα καταλαβόντα τὸ διαύγιον οἶνον ἐπιχέειν, ὥστε τοῖς μὲν καθαρὸν προέσθαι οἶνον, οἷς δὲ κρᾶμα, οἷς δὲ βουλόμεθα ἐμπαῖξαι, ὕδωρ.

a 70, 13—72, 14 Ἔστω σφαῖρα ... διέξοδον = b 70, 25
26—72, 27: Ἔστω σφαῖρα χωροῦσα ὡς κοτύλας ς´, ἔχουσα δὲ τὸ τεῦχος τοῦ ἐλάσματος στερεόν, ὥστε ἀντέχειν πρὸς τὴν μέλλουσαν γίνεσθαι πίλησιν τοῦ ἀέρος· καὶ ἔστω ἡ ΑΒ κειμένη ἐπί τινος ὑποσπειρίου τοῦ Γ· τρυπηθείσης δὲ αὐτῆς κατὰ τὸ ἄνω μέρος σωλὴν διώσθω ὁ ΔΕ ἀπέχων ἀπὸ τοῦ 30 πυθμένος, ὅσον ὕδατι διάρρυσιν εἶναι, ὑπερέχων δὲ εἰς τὸ

auch der Wein mit aus[1]), weil durch das Luftloch in das entstehende Vakuum Luft zum Ersatze einströmt. Darauf[2]) wird reiner Wein auslaufen. Man kann auch zuerst Wasser hineinschütten und dann erst, nachdem man 5 zuvor das Luftloch verschlossen hat, Wein zugiefsen, dafs die Kanne den einen reinen Wein spendet, anderen gemischten Wein, denen aber, welche wir zum besten haben wollen, blofs Wasser.

X.

10 Man kann auch eine Hohlkugel oder ein anderes Gefäfs[3]) herstellen und eine Flüssigkeit hineingiefsen, die dann von selbst mit grofser Gewalt aufsteigt und ganz ausgespritzt wird, obgleich ihr Auftrieb nicht naturgemäfs ist. Dazu trifft man folgende Einrichtung.
15 Man nehme eine Kugel, die etwa sechs Kotylen (= 1,65 l) fafst. Diese sei mit einer widerstandsfähigen Metallwand versehen, dafs sie den voraussichtlichen Druck der komprimierten Luft auszuhalten vermag. Das sei $\alpha\beta$ (Fig. 11), auf einem ringförmigen, wulstigen Untersatze γ stehend.
20 Man bohre oben in die Kugel ein Loch und stecke ein Rohr $\delta\varepsilon$ hindurch, bis es fast auf den dem Loche diametral

Der Springbrunnen (eine Art Heronsball). Fig. 11.

---

1) Zusatz in b: 'und es bildet sich eine Mischung'.
2) Statt dessen b: 'Nachdem das Wasser abgeflossen ist'.
3) Zusatz in b: 'von beliebiger Form'.

---

11 *γιγνομένης* A: *γινομένης* GT   14 *ἔχουσα* om. T

8—9 *ἕτερον ἀγγεῖον* a: *ἀγγεῖον οἱονδήποτε σχῆμα ἔχον* bL
11 *αὐτῷ*: *ipsius* L   *παρὰ φύσιν γινομένης* tr. b   23 *καθα-*
ρῶς B   *βουλόμεθα* CP: *βουλώμεθα* B   24 *ἐμπαῖξαι* om. L
27 *τοῦ ἐλάσματος*: *expulsivum* L   28 *πλῆσιν γίνεσθαι* tr. CP
30 *ἀπὸ* P: om. BC

πήματος ὅσον ὕδατος διάρρυσιν, ὑπερέχων δὲ εἰς τὸ
ἄνω μέρος τῆς σφαίρας βραχὺ καὶ συνεστεγνωμένος
κατὰ τὸ τρύπημα τῷ τεύχει τῆς σφαίρας. σχιζέσθω δὲ
τὸ ἄνω στόμιον αὐτοῦ εἰς δύο σωλῆνας τοὺς ΔΗ, ΔΖ,
οἷς ἐπικολλάσθωσαν ἕτεροι σωλῆνες δύο πλάγιοι οἱ 5
ΗΘΚΛ, ΖΜΝΞ συντετρημένοι τοῖς ΔΗ, ΔΖ· ἕτερος
δὲ ὁ ΠΟ συνεσμηρίσθω τοῖς ΗΘΚΛ, ΖΜΝΞ τετρυπημένος καὶ οὗτος κατὰ τὰ ἐν τοῖς ΗΘΚΛ, ΖΜΝΞ
τρυπήματα καὶ ἔχων σωληνάριον προκείμενον ὄρθιον
τὸ ΡΣ συντετρημένον αὐτῷ καὶ εἰς μικρὸν συνηγμένον 10
στόμιον κατὰ τὸ Σ. ἐὰν οὖν ἐπιλαβόμενοι τοῦ ΣΡ
σωλῆνος ἐπιστρέφωμεν τὸν ΠΟ σωλῆνα, ἀποκλεισθήσεται τὰ κατάλληλα κείμενα τρυπήματα, ὥστε τὸ μέλλον
165 ἀναπιέζεσθαι ὑγρὸν μηκέτι ἔχειν | διέξοδον. καθείσθω
ἄνω μέρος τῆς σφαίρας βραχὺ καὶ συνεστεγνωμένος κατὰ 15
τὸ τρύπημα τῷ τεύχει τῆς σφαίρας. σχιζέσθω δὲ τὸ ἄνω
στόμιον αὐτοῦ εἰς δύο σωλῆνας τοὺς ΔΗ, ΔΖ, οἷς ἐπικολλάσθωσαν ἕτεροι σωλῆνες δύο ὄρθιοι μέχρι τινός, εἶτα
ἐπικαμπτόμενοι πρὸς ἀλλήλους, ὅ τε ΗΘΚΛ καὶ ὁ ΖΜΝΞ,
συντετρημένοι τοῖς ΔΗ, ΔΖ, ἕτερος δὲ ὁ ΠΟ συνεσμηρί- 20
σμένος τοῖς ΗΘΚΛ, ΖΜΝΞ, τετρυπημένος καὶ οὗτος ἐκ
πλαγίου κατὰ τὰς ἐν τοῖς ΗΘΚΛ, ΖΜΝΞ ἀποπερατώσεις καὶ
ἔχων σωληνάριον προσκείμενον κατὰ τὸ μέσον ὄρθιον τὸ ΡΣ
συντετρημένον αὐτῷ καὶ εἰς μικρὸν συνηγμένον στόμιον κατὰ
τὸ Σ. ἐὰν οὖν ἐπιλαβόμενοι τοῦ ΣΡ σωλῆνος ἐπιστρέψωμεν 25
τὸν ΠΟ σωλῆνα, παραλλάξουσι τὰ κατάλληλα κείμενα τρήματα,
ὥστε τὸ μέλλον ἀναπιέζεσθαι ὑγρὸν μὴ ἔχειν διέξοδον.

---

4 τοὺς Vind. 120: τοῦ a   5 οἱ Vossian. 19: ἡ a   8 τὰ
Vind. 120: τὸ a   9 τρυπήματα Vind. 120: τρυπήματι a. cf. infra
p. 74, 12—13   προκείμενον GT: κείμενον A   11 ρ̅σ̅ Par. 2512
14 καθείσθω Mb: καθήσθω a

15 συνεστεγνωμένον C: συνεστεγνωσμένον P   17. 18 δύω
B: β̅ C   20—21 f. συνεσμηρίσθω   23 προσκείμενον BC:

gegenüberliegenden Boden reicht, aber noch Wasser durchfliefsen läfst. Oben gehe es über die Kugel etwas hinaus und sei in dem Loche mit der Kugelwandung verlötet.

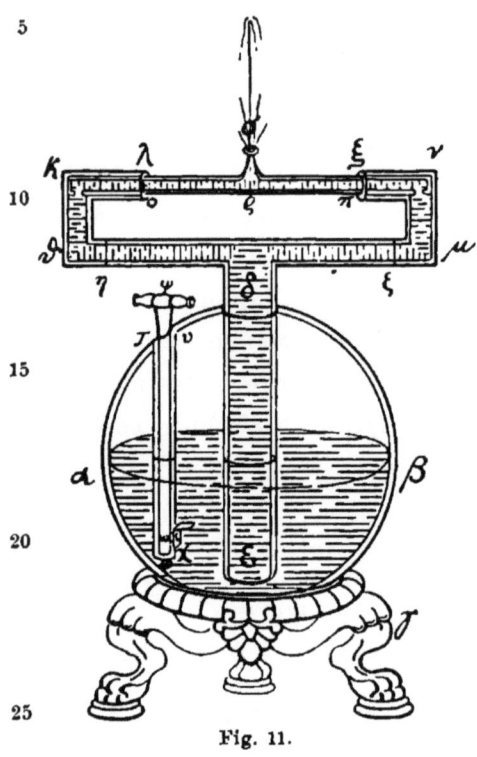

Fig. 11.

Die obere Mündung des Rohres verzweige sich in zwei Röhren $\delta\eta$ und $\delta\zeta$, auf welche man zwei andere, nach $\delta\eta$ und $\delta\zeta$ offene und dazu querstehende Röhren $\eta\vartheta\varkappa\lambda$ und $\zeta\mu\nu\xi$[1]) löte. Eine andere Röhre πo sei luftdicht in $\eta\vartheta\varkappa\lambda$ und $\zeta\mu\nu\xi$ eingeschliffen, habe[2]) gegenüber den Bohrungen[3]) in $\eta\vartheta\varkappa\lambda$ und $\zeta\mu\nu\xi$ gleichfalls Löcher und sei mit einem kleinen Rohre $\varrho\sigma$ versehen, das rechtwinklig[4]) davorliegt, nach der Röhre $o\pi$ hin offen steht und bei σ in eine kleine Mündung ausläuft. Fassen wir nun die Röhre $\sigma\varrho$ und drehen die Röhre πo um, so werden die mit einander korrespondierenden Löcher gegenseitig abgeschlossen, so dafs die Flüssigkeit, deren Auftrieb erfolgen soll, keinen

1) Zusatz in b: 'die bis zu einem bestimmten Punkte vertikal aufsteigen, sich dann aber gegen einander umbiegen'.
2) Zusatz in b: 'seitwärts'.   3) Dafür b: 'Enden'.
4) Zusatz in b: 'in der Mitte'.

additum L: προκείμενον P   26 κατάλληλα: consequenter
(= καταλλήλως) L   τρήματα BC: τρυπήματα P

δὲ καὶ ἕτερος σωλὴν ἐν τῇ σφαίρᾳ ὁ ΤΥΦ διά τινος
τρυπήματος ἐπιπεφραγμένος τὸ κάτω στόμιον τὸ Φ,
ἐκ δὲ τῶν πλαγίων τρύπημα ἔχων στρογγύλον τὸ Χ
παρὰ τὸν πυθμένα, ᾧ προσκείσθω κλειδίον τὸ καλούμενον παρὰ Ῥωμαίοις ἀσσάριον, οὗ τὴν κατασκευὴν 5
ἑξῆς ἐροῦμεν· ἕτερος δὲ σωλὴν ὁ ΨΩ καθείσθω συνεσμηρισμένος τῷ ΥΦΤ. ἐὰν οὖν ἀνασπάσαντες τὸν
ΨΩ σωλῆνα ἐγχέωμεν εἰς τὸν ΤΥΦ σωλῆνα ὑγρόν,
εἰσελεύσεται εἰς τὸ τεῦχος τῆς σφαίρας διὰ τοῦ Χ
τρυπήματος ἀνοιγομένου τοῦ κλειδίου εἰς τὸ ἔσω μέρος, 10
τοῦ ἀέρος ἐκχωροῦντος διὰ τῶν ἐν τῷ ΟΠ σωλῆνι
εἰρημένων τρυπημάτων καὶ κειμένων κατὰ τὰ ἐν τοῖς
ΗΘΚΛ, ΖΜΝΞ σωλῆσι τρυπήματα. ὅταν οὖν δι'
ἡμίσους γένηται ἡ σφαῖρα τοῦ ὑγροῦ, ἐγκλίνωμεν τὸ
ΣΡ σωληνίδιον, ὥστε παραλλάξαι τὰ κατάλληλα κεί- 15
μενα τρυπήματα· εἶτα καθιέντες τὸν ΨΩ σωλῆνα ἐκ-
θλίβωμεν δι' αὐτοῦ τὸν ἐν τῷ ΤΥΦ σωλῆνι ἐναπειλημμένον ἀέρα τε καὶ ὑγρόν, ὃς δὴ χωρήσει εἰς τὸ
τεῦχος τῆς σφαίρας διὰ τοῦ κλειδίου μετὰ βίας διὰ
τὸ τὴν σφαῖραν πλήρη εἶναι ἀέρος τε καὶ ὑγροῦ. 20
γίνεται οὖν ἡ εἴσκρισις κατὰ πίλησιν τοῦ ἀέρος συνερχομένου εἰς τὰ παρεμπεπλεγμένα μεταξὺ αὐτοῦ κενά·

a 74, 13—76, 15 ὅταν οὖν ... ἐκκρουσθῆναι ἀέρα =
b 74, 24—76, 32: ὅταν οὖν δι' ἡμίσους τῆς σφαίρας γένηται τὸ ὑγρόν, ἐγκλινοῦμεν τὸ ΡΣ σωληνάριον, ὥστε παραλ- 25
λάξαι τὰ καταλλήλως κείμενα τρυπήματα, καὶ καθιέντες τὸν
ΨΩ σωλῆνα ἐκθλίψομεν δι' αὐτοῦ τὸν ἐν τῷ ΤΥΦ σωλῆνι
ἐναπειλημμένον ἀέρα τε καὶ ὑγρόν, ὃς καὶ χωρήσει εἰς τὸ
τεῦχος τῆς σφαίρας διὰ τοῦ κλειδίου μετὰ βίας διὰ τὸ τὴν
σφαῖραν πλήρη εἶναι ἀέρος τε καὶ ὑγροῦ. γίνεται οὖν ἡ 30
εἴσκρισις κατὰ πίλησιν τοῦ ἀέρος συνερχομένου εἰς τὰ
παρεμπεπλεγμένα μεταξὺ αὐτοῦ κενά· εἶτα πάλιν ἀνασπά-

Ausweg hat. Nun stecke man durch ein (seitliches) Loch
in die Kugel noch ein anderes Rohr (Kolbenrohr) τυφ,
dessen unteres Ende φ verschlossen sei; doch habe es seitwärts dicht am Boden ein rundes Loch χ. Vor diesem
5 liege ein Ventil, das sogenannte römische Assarium (Klappe),
dessen Einrichtung wir weiter unten (S. 77) beschreiben
wollen. In υφτ setze man ein anderes Rohr ψω (als
Kolben) luftdicht ein. Wenn wir nun dieses aufziehen und
in das Rohr τυφ eine Flüssigkeit giefsen, so tritt sie durch
10 das Loch χ in den Hohlraum der Kugel, indem das Ventil
sich nach innen öffnet und die Luft durch die erwähnten
Löcher in der Röhre οπ austritt, vorausgesetzt, dafs sie
mit den Bohrungen in den Röhren ηθκλ und ζμνξ korrespondieren. Ist nun die Flüssigkeit bis zu halber Kugel-
15 höhe gestiegen, so lege man das Röhrchen σϱ um, dafs
die einander entsprechenden Löcher sich verschieben. Indem
man dann den Kolben ψω niederdrückt, presse man die
in dem Rohre τυφ enthaltene Luft und Flüssigkeit hindurch. Diese (Luft bezw. Flüssigkeit) kann natürlich nur
20 mit Gewalt durch das Ventil in das Innere der Kugel
treten, weil diese schon mit Luft und Flüssigkeit gefüllt
ist. Die Zuführung von Luft wird also durch eine Verdichtung der Luft (im Innern der Kugel) ermöglicht, indem diese in die mit ihr verflochtenen Vakua tritt. Zieht

---

4 ᾧ AGb: ὡς T 6 καθείσθω Mb: καθίσθω a 10 ἀνοιγομένου Mb: ἀνειγομένου a 11 ἐν τῷ Vind. 120, bL: om. a
σωλῆνι AGb: σωλῆνες T 14 ἐγκλείνομεν Vind. 120 16—17
ἐκθλίβομεν Vind. 120.

---

3 τοῦ πλαγίου b ἔχων BC: ἔχον P 7 τῦφ bL
10 εἰς τὸ ἔσω μέρος: ad exteriorem (interiorem Mutin. lat.
XVII GG 25) partem L 11 καὶ τοῦ b 12 καὶ κειμένων a:
ἐκκειμένων b (om. καὶ) 13 τρυπήματα aCP: τρυπημάτων B
26 καταλλήλως BC: κατάλληλα P: consequenter L 28 ὃς b:
humiditatem quae (= ὃ) L; cf. infra p. 78, 16. 31—32. 33

εἶτα πάλιν ἀνασπάσαντες τὸν ΨΩ σωλῆνα, ὥστε πληρωθῆναι τὸν ΤΥΦ σωλῆνα ἀέρος, πάλιν καθέντες τὸν
ΨΩ σωλῆνα εἰσκρινοῦμεν ἐν τῇ σφαίρᾳ τὸν εἰρημένον
ἀέρα. καὶ τοῦτο πλεονάκις ποιοῦντες ἕξομεν ἐν τῇ
σφαίρᾳ πολὺν πεπιλημένον ἀέρα· ὅτι γὰρ ὁ εἰσκρινό- 5
μενος ἀὴρ ἀνασπασθέντος τοῦ ἐμβολέως οὐ παρεξέρχεται, φανερὸν διὰ τὸ τὸ κλειδίον ὑπ' αὐτοῦ ἔσωθεν
θλιβόμενον ἀποκεκλεῖσθαι. ἐὰν οὖν ἀναστρέψωμεν
πάλιν τὸ ΡΣ σωληνίδιον, ὥστε ὀρθὸν γενέσθαι καὶ
τὰ τρυπήματα κατάλληλα κεῖσθαι, τότε ἀναπτυσθή- 10
σεται τὸ ὑγρόν, τοῦ πεπιλημένου ἀέρος χεομένου εἰς
τὸν ἴδιον ὄγκον καὶ θλίβοντος τὸ ὑγρὸν τὸ ὑποκείμενον. ἐὰν οὖν πλείων ᾖ ὁ πεπιλημένος ἀήρ, πᾶν
ἐξελάσει τὸ ὑγρόν, ὥστε καὶ τὸν ὑπερπλεονάζοντα σὺν
τῷ ὑγρῷ ἐκκρουσθῆναι ἀέρα. 15

XI.

Τὸ δὲ εἰρημένον ἀσσάριον κατασκευάζεται οὕτως·
δύο πλινθία κατασκευάζεται χάλκεα τετράγωνα ἔχοντα
ἑκάστην πλευρὰν ὡς δακτύλου ἑνός, τὸ πάχος δὲ
σομεν τὸν ΨΩ σωλῆνα, ὥστε πληρωθῆναι ἔξωθεν τὸν ΤΥΦ 20
σωλῆνα ἀέρος, καὶ πάλιν καθέντες τὸν ΨΩ σωλῆνα εἰσκρινοῦμεν ἐν τῇ σφαίρᾳ τὸν εἰρημένον ἀέρα. καὶ τοῦτο
πλεονάκις ποιοῦντες ἕξομεν ἐν τῇ σφαίρᾳ πολὺν ἀέρα πεπι-
λημένον· ὅτι γὰρ ὁ εἰσκρινόμενος ἀὴρ ἀνασπωμένου τοῦ
ἐμβολίως οὐ παρεξέρχεται, φανερὸν διὰ τὸ τὸ κλειδίον ἔσω- 25
θεν μὲν θλιβόμενον ἀνοίγεσθαι, ἔξωθεν δὲ κλείεσθαι. ἐὰν
δὴ ἀναστρέψωμεν τὸ ΡΣ σωληνίδιον, ὥστε ὀρθὸν γενέσθαι
καὶ τὰ τρυπήματα κατάλληλα κεῖσθαι, τότε ἀναπτυσθήσεται
τὸ ὑγρόν, τοῦ πεπιλημένου ἀέρος χεομένου εἰς τὸν ἴδιον
ὄγκον καὶ θλίβοντος τὸ ὑποκείμενον ὑγρόν. ἐὰν οὖν πλείων 30
ᾖ ὁ πεπιλημένος ἀήρ, πᾶν ἐξελάσει τὸ ὑγρόν, ὥστε καὶ ὁ
ὑπερπλεονάζων ἀὴρ σὺν τῷ ὑγρῷ ἐκκρουσθήσεται.

man dann den Kolben $\psi\omega$ wieder auf, dafs sich das Rohr
$\tau\nu\varphi$[1]) mit Luft füllen kann, und drückt ihn darauf abermals nieder, so prefst man die erwähnte (von aufsen zugeführte) Luft in die Kugel. Wiederholt man dies öfter,
5 so bekommt man in der Kugel eine Menge komprimierter
Luft. Denn dafs die hineingeprefste Luft nicht entweichen
kann, selbst wenn der Kolben aufgezogen ist[2]), leuchtet ein,
weil das Ventil infolge des inneren Luftdruckes geschlossen
bleibt.[3]) Richten wir nun das Röhrchen $\varrho\sigma$ wieder auf,
10 dafs es aufrecht steht und die Löcher einander gegenüberliegen, so wird die Flüssigkeit nach oben gespritzt,
da die komprimierte Luft sich wieder auf ihr ursprüng-
liches Volumen auszudehnen sucht und auf die Flüssigkeit unter ihr einen Druck ausübt. Falls nun die
15 komprimierte Luft in gröfserer Quantität vorhanden ist,
bringt sie die ganze Flüssigkeit zum Ausflufs und treibt
zugleich mit der Flüssigkeit auch noch die überschüssige
Luft hinaus.

·XI.

20 Das erwähnte Klappenventil (Assarium) stellt **Das Klappen-**
man folgendermafsen her. Man fertigt zwei vier- **ventil. Fig. 12.**
eckige Bronzeplatten an, von denen jede Seite etwa einen

---

1) Zusatz in b: ʽvon aufsen'.
2) b: ʽaufgezogen wird'.
3) Dafür b: ʽweil das Ventil durch einen Druck von aufsen
(handschr. von innen) sich öffnet, dagegen durch einen solchen
von innen (handschr. von aufsen) sich schliefst'.

---

2 f. ⟨καὶ⟩ πάλιν. cf. lin. 21   6 ἐμβολέως M: ἐνβολέως a
10 ἀναπιεσθήσεται M   13 πλείων M: πλείω a   14 ἐξελάσει Vossian. 19: ἐξελάσῃ a   19 ἑνὸς τὸ μῆκος ed. Paris.

18 κατασκευάζεται δύο. πλινθία τετράγωνα χάλκεα ἔχοντα
tr. b   χάλκεα om. L   19 ἑκάστην: utrumque (latus) L
25. 26 f. ἔσωθεν et ἔξωθεν inter se permutanda   27 δὴ B C:
δὲ P: itaque L   31 ἐξελάσει BCL: ἐξελεύσει P   32 ὑγρῷ om. B

ὡσπερεὶ στάθμης. ταῦτα δὴ ἐφαρμοσθέντα ἐπάλληλα
κατὰ τὸ πλάτος σμηρίζεται, τουτέστι λειοῦται, ὥστε
εἰς τὸ μεταξὺ αὐτῶν μήτε ἀέρα μήτε ὑγρὸν παρεμπίπτειν.

Ἔστω δὲ ταῦτα τὰ ΑΒΓΔ, ΕΖΗΘ· ἓν δὲ αὐτῶν 5
τὸ ΕΖΗΘ τέτρηται κατὰ μέσον στρογγύλῳ τρήματι
166 τὴν διάμετρον ... ὡς δακτύλου τρίτον· | ἐφαρμοσθείσης
δὲ τῆς ΑΔ πλευρᾶς ἐπὶ τὴν ΕΘ, συλλαμβάνεται πρὸς
ἄλληλα τὰ πλινθία στροφωματίοις, ὥστε τὰς λείας
ἐπιφανείας τῶν πλινθίων ἀλλήλαις ἐφηρμοκέναι. ὅταν 10
οὖν βουλώμεθα δι᾽ αὐτῶν ἐνεργεῖν, ἐπικολλᾶται τὸ
ΕΖΗΘ πλινθίον τῷ τρήματι, δι᾽ οὗ ἤτοι ἀέρα ἢ
ὑγρὸν εἰσωθούμενον δύναται στέγειν· διὰ γὰρ τῆς
διωθήσεως τὸ ΑΒΓΔ πλινθίον ἀνοίγεται εὐλύτως
κινούμενον διὰ τῶν στροφωματίων καὶ δέχεται τὸν 15
ἀέρα καὶ τὸ ὑγρόν, ὃς ἀποκλείεται εἰς τὸ στεγνὸν ἀγ-

a 78, 1—80, 2 ταῦτα δὴ ... εἰσωθεῖται = b 78, 18
—80, 19: τούτων ἑκάτερον κατὰ τὰς ἐπιφανείας σμηρίζεται,
ἤγουν λειοῦται ἀκριβῶς, ὥστε τιθέμενα ἐπάλληλα ἐφαρμό-
ζεσθαι καὶ ἐν τῷ μεταξὺ αὐτῶν μήτε ἀέρα μήτε ὑγρὸν 20
δύνασθαι παρεμπίπτειν.

Ἔστω δὲ ταῦτα τό τε ΑΒΓΔ καὶ τὸ ΕΖΗΘ· ἓν δὲ
αὐτῶν τὸ ΕΖΗΘ τετρήσθω κατὰ μέσον στρογγύλῳ τρήματι
τὴν διάμετρον ἔχοντι ὡσεὶ τρίτον δακτύλου. ἐφαρμοσθείσης
δὴ τῆς ΑΔ πλευρᾶς ἐπὶ τὴν ΕΘ, συλλαμβάνεται πρὸς 25
ἄλληλα τὰ πλινθία στροφωματίοις, ὥστε τὰς λείας ἐπιφανείας
τῶν πλινθίων ἀλλήλαις ἐφαρμόζειν. ὅταν οὖν βουλώμεθα
δι᾽ αὐτῶν ἐνεργεῖν, ἐπικολλᾶται τὸ ΕΖΗΘ πλινθίον τῷ
τρήματι, δι᾽ οὗ ἢ ὁ ἀὴρ ἢ τὸ ὑγρὸν εἰσωθεῖται· διὰ γὰρ
τῆς εἰσωθήσεως τὸ ΑΒΓΔ πλινθίον ἀνοίγεται εὐλύτως 30
κινούμενον διὰ τῶν στροφωματίων καὶ δέχεται τὸν ἀέρα καὶ
τὸ ὑγρόν, ἅτινα ἀποκλείονται εἰς τὸ στεγνὸν ἀγγεῖον. πάλιν
δὴ ὁ συμπιληθεὶς ἐντὸς ἀὴρ ἢ τὸ ὑγρὸν ζητῶν τὴν ἔξω

Daktylus (Fingerbreite = 2 cm) mifst und so dick wie
ein Richtscheit ist. Diese verpafst und verschleift man
auf der Breitseite so mit einander, d. h. glättet sie so[1]),
dafs weder Luft noch Wasser dazwischentreten kann.
5 Diese Platten seien $\alpha\beta\gamma\delta$ (Fig. 12) und $\varepsilon\zeta\eta\vartheta$. In die
Mitte der einen Platte $\varepsilon\zeta\eta\vartheta$ bohrt[2]) man ein rundes Loch,
dessen Durchmesser etwa ein Drittel
eines Daktylus ausmacht. Ist nun

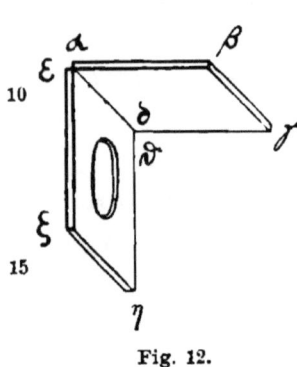

Fig. 12.

die Seite $\alpha\delta$ der Seite $\varepsilon\vartheta$ angepafst,
so verbindet man die Platten mit
Hilfe von Scharnieren[3]) so mit ein-
-ander, dafs ihre polierten Flächen
genau auf einander passen. Will
man die Klappen nun praktisch ver-
wenden, so lötet man die Platte $\varepsilon\zeta\eta\vartheta$
auf dasjenige Loch, durch welches
Luft oder Flüssigkeit hineingeprefst
und mit Hilfe des Ventils abgeschlossen werden kann. Durch den
20 Druck wird nämlich die Platte $\alpha\beta\gamma\delta$ geöffnet, die mittels
der Scharniere leicht beweglich ist, und läfst die Luft und
die Flüssigkeit eintreten, welche dann in dem luftdichten
Gefäfse abgeschlossen werden. Die (komprimierte) Luft

1) Zusatz in b: 'sorgfältig'.   2) Dafür b: 'bohre'.
3) Zu Scharnieren (Strophomátia) verwandte man gern
Knochenröhren, wie sie in Pompeji in grofser Zahl gefunden
sind. Vgl. Overbeck-Mau *Pompeji* S. 425.

7 f. $\langle\xi\chi o\nu\tau\iota\rangle$ $\dot\omega\varsigma$. cf. lin. 24   11 $\beta o\upsilon\lambda\dot\omega\mu\varepsilon\vartheta\alpha$ G: $\beta o\upsilon\lambda\acute o$-
$\mu\varepsilon\vartheta\alpha$ AT

18 $\dot\varepsilon\varkappa\dot\alpha\tau\varepsilon\rho o\nu$ ex $\dot\varepsilon\varkappa\alpha\tau\dot\varepsilon\rho\alpha$ corr. B: $\dot\varepsilon\varkappa\alpha\tau\dot\varepsilon\rho\alpha$ CP   19 $\tilde\omega\sigma\tau\varepsilon$ CP:
$\dot\omega\varsigma$ B   23 $\mu\dot\varepsilon\sigma o\nu$ CP: $\tau\dot o$ $\mu\dot\varepsilon\sigma o\nu$ B   25 $\sigma\upsilon\lambda\lambda\alpha\mu\beta\dot\alpha\nu\varepsilon\tau\alpha\iota$ BC:
$\sigma\upsilon\lambda\lambda\alpha\mu\beta\dot\alpha\nu\varepsilon\sigma\vartheta\alpha\iota$ P   27 $\dot\varepsilon\varphi\eta\rho\mu\acute o\zeta\varepsilon\iota\nu$ P   29 $\tau\rho\dot\eta\mu\alpha\tau\iota$ CP: $\tau\rho\upsilon$-
$\pi\dot\eta\mu\alpha\tau\iota$ B   30 $\varepsilon\dot\iota\sigma\omega\vartheta\dot\eta\sigma\varepsilon\omega\varsigma$ BC: *intropulsionem* L: $\delta\iota\alpha\vartheta\dot\eta\sigma\varepsilon\omega\varsigma$ P
31 $\varkappa\alpha\dot\iota$ (post $\dot\alpha\dot\varepsilon\rho\alpha$) CP: $\tilde\eta$ BL (*aut aerem aut humidum*)
32 $\sigma\tau\varepsilon\gamma\nu\dot o\nu$ BL: $\sigma\tau\varepsilon\nu\dot o\nu$ CP   33 $\delta\dot\eta$ P: $\delta\dot\varepsilon$ BCL

γεῖον ἀντερείδων τῷ *ΑΒΓΔ* πλινθιδίῳ καὶ ἀποκλείων
τὸ τρῆμα, δι' οὗ ὁ ἀὴρ εἰσωθεῖται.

XII.

. Ἐπί τινων βωμῶν πυρὸς θυμιαθέντος τὰ παρα-
κείμενα ζῴδια σπένδειν· κατασκευάζεται δὲ οὕτως.   5
Ἔστω βάσις, ἐφ' ἧς ἕστηκε τὰ ζῴδια, ἡ *ΑΒΓΔ*, ἐφ'
ἧς ἐφεστάτω βωμὸς ὁ *ΕΖ* στεγνὸς πανταχόθεν· καὶ
αὐτὴ δὲ ἡ βάσις στεγνὴ ἔστω συντετρημένη τῷ βωμῷ
κατὰ τὸ *Η*· διὰ δὲ τῆς βάσεως σωλὴν διώσθω ὁ *ΘΚΛ*
ἀπέχων μὲν ἀπὸ τοῦ πυθμένος τῆς βάσεως βραχὺ κατὰ 10
τὸ *Λ*, συντετρημένος δὲ τῷ φιαλίῳ, ὃ κατέχει τὸ ζῴδιον
κατὰ τὸ *Θ*· ἐγκεχύσθω δὲ εἰς τὴν βάσιν διά τινος
τρυπήματος τοῦ *Μ* ὑγρόν, ὃ μετὰ τὴν ἔγχυσιν ἀπεστεγνώσθω. ἐὰν οὖν ἐπὶ τοῦ *ΕΖΗ* βωμοῦ πῦρ ἀνα-
καυθῇ, συμβήσεται τὸν ἐντὸς ἀέρα λεπτυνόμενον οἴ- 15
χεσθαι εἰς τὴν βάσιν καὶ ἐκθλίβειν τὸ ἐν αὐτῇ ὑγρόν·
τοῦτο δὲ μὴ ἔχον ἄλλην ἀντιπερίστασιν χωρήσει διὰ
χώραν ὠθεῖ τὸ *ΑΒΓΔ* πλινθίον, καὶ ἐφαρμοζόμενον τοῦτο
τῷ *ΕΖΗΘ* κλείει τὴν ἔξοδον.

  a 4—5 Ἐπί τινων βωμῶν ... οὕτως = b 21—22: 20
Ἐπί τινων βωμῶν πυρὸς ἀναφθέντος τὰ παριστάμενα ζῴδια
δοκεῖν σπένδειν.

  a 80, 13—82, 4 ὃ μετὰ τὴν ἔγχυσιν ... ἀνακαίηται
= b 80, 24—82, 8: ὃ βούλοιτό τις ἂν δόξαι τὸ ζῴδιον
σπένδειν, καὶ μετὰ τὴν ἔγχυσιν ἀπεστεγνώσθω τὸ τρύπημα. 25
ἐὰν οὖν ἐπὶ τοῦ *ΕΖΗ* βωμοῦ πῦρ ἀναφθῇ, συμβήσεται
τὸν ἐντὸς ἀέρα λεπτυνόμενον πρὸς τὴν βάσιν χωρεῖν. καὶ
ἐκθλίβειν τὸ ἐν αὐτῇ ὑγρόν· τοῦτο δὲ μὴ ἔχον ἄλλην ἀντι-

---

  4 τίνων M: τίνω a   7 f. ⟨καὶ⟩ βωμὸς   10 μὲν om. T
11 ὃ b: quam (phialulam) L: ᾶ ex ὃ corr. A: ᾶ GT   12 δὲ
om. G   14 ε͵ζη a: εζ Paris. 2512

(bezw. die Flüssigkeit) drückt aber gegen das Plättchen
$\alpha\beta\gamma\delta$ und schliefst das Loch ab, durch welches die Luft
hineingeprefst wird.[1])

XII.

5 Wird auf gewissen Altären ein Rauchopfer angezündet, so sollen Figuren, die daneben stehen,[2])
ein Trankopfer darbringen. Das führt man folgendermafsen aus.[3])

Das Opfer. (Auftrieb einer Flüssigkeit durch erwärmte Luft.) Fig. 13.

Die Basis, auf welcher die Figuren stehen, sei $\alpha\beta\gamma\delta$
10 (Fig. 13). Auch ein von allen Seiten luftdicht verschlos-
sener Altar $\varepsilon\zeta$ stehe darauf. Die Basis selbst sei auch
luftdicht; nur stehe sie durch eine Öffnung bei η mit
dem Altare in Verbindung. Durch die Basis stecke man
eine Röhre $\vartheta\varkappa\lambda$ so weit hindurch, dafs sie bei λ fast auf
15 den Boden der Basis reicht. Diese öffne sich nach einer
kleinen Schale, welche die Figur bei ϑ in der Hand hält.
In die Basis giefse man eine Flüssigkeit[4]) durch eine Öffnung μ, welche nach dem Eingiefsen wieder zu verschliefsen ist. Wird nun auf dem Altar $\varepsilon\zeta\eta$ Feuer angezündet,
20 so ist die Folge, dafs die Luft im Innern sich ausdehnt,
in die Basis strömt und auf das darin enthaltene Wasser
einen Druck ausübt. Da dieses keinen anderen Ausweg

---

1) Statt des letzten Satzes hat b: 'Wenn nun die komprimierte innere Luft oder Flüssigkeit sich wieder nach aufsen
drängen, stofsen sie auf die Platte $\alpha\beta\gamma\delta$. Dann legt sich diese
luftdicht auf $\varepsilon\zeta\eta\vartheta$ und versperrt den Ausgang.'
2) Zusatz in b: 'scheinbar'.
3) 'Das . . . aus' fehlt in b.
4) Zusatz in b: 'welche die Figur scheinbar als Spende
darbringen soll'.

---

7 $\tilde{\eta}\varsigma$ a: $\tilde{\eta}$ b   10 $\dot{\alpha}\pi\dot{o}$ $\tau o\tilde{v}$ $\pi v\vartheta\mu\acute{\varepsilon}vo\varsigma$ om. b L   19 $\varkappa\lambda\varepsilon\acute{\iota}\varepsilon\iota$
scripsi, *claudit* L: $\varkappa\lambda\varepsilon\acute{\iota}\varepsilon\iota v$ b   27 $\lambda\varepsilon\pi\tau vv\acute{o}\mu\varepsilon vov$ om. L
28 $\alpha\dot{v}\tau\tilde{\omega}$ P

τοῦ ΘΚΛ σωλῆνος εἰς τὸ φιαλίδιον. καὶ οὕτως τὸ ξῴδιον σπείσει καὶ ἐπὶ τοσοῦτον, ἐφ' ὅσον καὶ τὸ πῦρ ἐπίκειται· σβεσθέντος δὲ τοῦ πυρὸς πάλιν παύεται σπέν-
167 δον. | καὶ τοῦτο ἔσται, ὁσάκις ἂν τὸ πῦρ ἀνακαίηται.

Fig. 13.

περίστασιν χωρήσει διὰ τοῦ ΘΚΛ σωλῆνος εἰς τὸ φιαλίδιον. 5 καὶ οὕτως τὸ ξῴδιον δόξει σπένδειν καὶ ἐπὶ τοσοῦτον, ἐφ' ὅσον καὶ τὸ πῦρ ἅπτεται· σβεσθέντος δὲ τοῦ πυρὸς παύσεται σπένδον. καὶ τοῦτο ἔσται, ὁσάκις ἂν τὸ πῦρ ἀνακαίηται.

hat, so steigt es durch die Röhre ϑκλ in die Schale.
Und so wird die Figur[1]) ein Trankopfer darbringen und
zwar so lange, als (oben) das Feuer anhält. Wenn es
gelöscht ist, hört die Libation wieder auf. Dies wieder-
5 holt sich, so oft das Feuer angezündet wird.
Das Rohr, durch welches die Hitze einströmen soll,
liege in der Mitte und sei ziemlich weit. Denn die Hitze
oder vielmehr die durch sie erwärmte Luft dehnt sich
notgedrungen mehr aus und wird wirksamer, wenn sie in
10 einen weiteren Raum geleitet wird.

XIII.

Manche Gefäfse lassen nur etwas auslaufen, wenn
sie gefüllt sind. Ist dies geschehen, so fliefst die

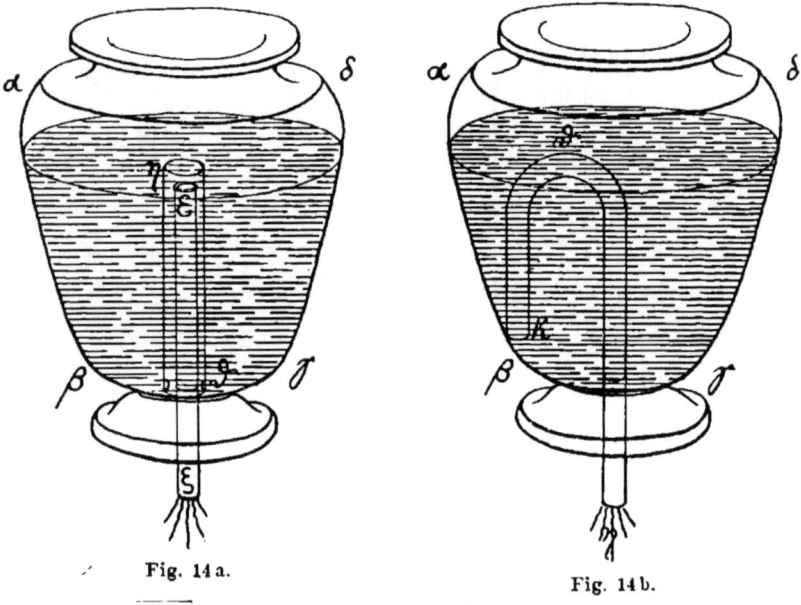

Fig. 14 a.   Fig. 14 b.

1) Zusatz in b: 'scheinbar'.

7 καὶ om. L   8 ἀνακαίηται BC: ἀνακαίοιτο P: reponetur
(= ἀνακέηται?) L

6*

Ἔστω δὲ ὁ σωλήν, δι' οὗ ἡ θερμασία μέλλει
εἰσέρχεσθαι, εὐρύτερος κατὰ τὸ μέσον· ἀναγκαῖον γὰρ
τὴν θερμασίαν ἢ μᾶλλον τὸν ἀπὸ ταύτης ἀτμὸν εἰς
εὐρυτέραν χωρισθέντα χώραν πλείονα γίγνεσθαι καὶ
πλεῖον δύνασθαι ἐνεργεῖν.   5

XIII.

Ἔνια τῶν ἀγγείων, ἐὰν μὴ πληρωθῇ, οὐ ῥέει·
πληρωθέντων δὲ κενοῦται πᾶν ὃ ἔχει ὑγρόν· κατασκευάζεται δὲ οὕτως.

Ἔστω ἀγγεῖον τὸ ΑΒΓΔ ἀνεστομωμένον· διὰ δὲ 10
τοῦ πυθμένος διώσθω ἤτοι πνικτὸς διαβήτης ὁ ΕΖΗΘ
ἢ καμπύλος σίφων ὁ ΗΘΚ. συμβήσεται οὖν πληρωθέντος τοῦ ΑΒΓΔ ἀγγείου καὶ ὑπερβλύσαντος τοῦ
ὕδατος φέρεσθαι δι' αὐτῶν τῶν διαβητῶν καὶ πάλιν
ἐκρεῖν, ἄχρις ἂν κενωθῇ τὸ ΑΒΓΔ ἀγγεῖον, ἐάνπερ 15
οἱ διαβῆται τὰς ἀρχὰς ἔχωσιν ἔγγιστα τοῦ πυθμένος
τοῦ ἀγγείου, ὥστε μόνον ὕδατι διάρρυσιν ὑπάρχειν.

XIV.

163 Καὶ δύο ἀγγείων ὑπαρχόντων ἐπί τινος βάσεως
καὶ τοῦ ἑνὸς αὐτῶν πεπληρωμένου οἴνου, τοῦ δὲ 20
ἑτέρου κενοῦ ὑπάρχοντος καὶ ἀμφοτέρων κρουνοὺς
ἐχόντων ἀνεῳγότας, οὐ ῥεῖ ὁ οἶνος, ἐὰν μὴ καὶ τὸ
ἕτερον ἀγγεῖον ὕδατος πληρωθῇ· καὶ τότε ἐκρέει ἐκ
μὲν τοῦ ἑνὸς αὐτῶν ὁ οἶνος, ἐκ δὲ τοῦ ἑτέρου τὸ ὕδωρ,
ἄχρις ἂν ἀμφότερα κενωθῇ· καλοῦνται δὲ ὁμοινοίας 25
κρατῆρες.

---

1 disting. a   2 f. ⟨καὶ⟩ κατά. v. adnot. ad fig. 13 in
prolegomenis   4 χωρισθέντα scripsi secundum M (χωρησθέντα):

ganze Flüssigkeit ab, welche sie enthalten. Man richtet
solche Gefäße folgendermaßen ein.

Ein Gefäß $\alpha\beta\gamma\delta$ (Fig 14a und 14b) sei oben offen,
durch den Boden stoße man entweder einen Kapsel-
5 heber $\varepsilon\zeta\eta\vartheta$ (Fig. 14a) oder einen gekrümmten Heber $\eta\vartheta\varkappa$
(Fig. 14b). Wenn nun[1]) das Gefäß $\alpha\beta\gamma\delta$ voll ist und das
Wasser[2]) überläuft, so ist die Folge, daß es gerade durch
die Heber nach unten geht und wieder ausfließt, bis das
Gefäß $\alpha\beta\gamma\delta$ leer ist, vorausgesetzt, daß die Enden der
10 Röhren dem Boden des Gefäßes so nahe liegen, daß nur
noch Wasser durchfließen kann.

XIV.

Wenn von zwei auf einer Basis stehenden Ge- *Die harmoni-*
fäßen eins mit Wein gefüllt, das andere leer ist *schen Krüge.*
Fig. 15(u. 15a).[3])
15 und beide offene Ausflußröhren haben, so fließt der Wein[4])
nicht, es sei denn, daß das zweite (leere) mit Wasser
gefüllt wird. Alsdann fließt aus dem einen der Wein, aus
dem andern das Wasser, bis beide leer sind. Man nennt
diese Gefäße „Krüge der Eintracht".

1) b: 'nämlich'.
2) Zusatz in b: 'über den höchsten Punkt eines der Heber'.
3) Fig. 15a ist handschriftliche Figur. S. vorn unter den
Bemerkungen zu den Figuren.
4) Zusatz in b: 'aus dem gefüllten Gefäße'.

$\chi\omega\varrho\eta\vartheta\acute{\varepsilon}\nu\tau\alpha$ a $\gamma\acute{\iota}\gamma\nu\varepsilon\sigma\vartheta\alpha\iota$ a: $\gamma\varepsilon\nu\acute{\varepsilon}\sigma\vartheta\alpha\iota$ M   7 $\mu\grave{\eta}$ om. G
8 $\pi\lambda\eta\varrho\omega\vartheta\acute{\varepsilon}\nu\tau\omega\nu$ b: $\pi\lambda\eta\varrho\omega\vartheta\acute{\varepsilon}\nu\tau\alpha$ a   8—9 $\pi\tilde{\alpha}\nu$ — $o\tilde{\upsilon}\tau\omega\varsigma$ om. G
11 $\pi\nu\iota\varkappa\tau\grave{o}\varsigma$ b: $\pi\lambda\iota\varkappa\tau\grave{o}\varsigma$ a

---

4 $\chi\omega\varrho\iota\sigma\vartheta\acute{\varepsilon}\nu\tau\alpha$: $\chi\omega\varrho\tilde{o}\tilde{\upsilon}\nu\tau\alpha$ b: *pervenientem* L $\gamma\acute{\iota}\nu\varepsilon\sigma\vartheta\alpha\iota$ b
5 $\pi\lambda\varepsilon\tilde{\iota}o\nu$: *plus etiam* L   8 $\mathring{\varepsilon}\chi o\upsilon\sigma\iota\nu$ b   *totum ipsorum humi-*
dum L   9 $o\tilde{\upsilon}\tau\omega\varsigma$ om. B   11 $\mathring{\eta}\tau o\iota$ a: $\mathring{\eta}$ b   12 $o\mathring{\upsilon}\nu$ a:
$\gamma\grave{\alpha}\varrho$ bL   14 $\mathring{\upsilon}\delta\alpha\tau o\varsigma$ ... $\delta\iota\alpha\beta\eta\tau\tilde{\omega}\nu$ a: $\mathring{\upsilon}\delta\alpha\tau o\varsigma$ $\tau\grave{\eta}\nu$ $\varkappa o\varrho\upsilon\varphi\grave{\eta}\nu$
$\mathring{o}\pi o\tau\acute{\varepsilon}\varrho o\upsilon$ $\tau\tilde{\omega}\nu$ $\delta\iota\alpha\beta\eta\tau\tilde{\omega}\nu$ $\varphi\acute{\varepsilon}\varrho\varepsilon\sigma\vartheta\alpha\iota$ $\delta\iota'$ $\alpha\mathring{\upsilon}\tau o\tilde{\upsilon}$ bL $\pi\acute{\alpha}\lambda\iota\nu$ om. bL
19 $\varkappa\alpha\grave{\iota}$ om. L   21 $\mathring{\upsilon}\pi\acute{\alpha}\varrho\chi o\nu\tau o\varsigma$ a: $\mathring{o}\nu\tau o\varsigma$ bL   22 $\mathring{\varrho}\varepsilon\tilde{\iota}$ B:
$\mathring{\varrho}\acute{\varepsilon}\varepsilon\iota$ CP: *fluet* L $o\tilde{\iota}\nu o\varsigma$ $\mathring{\varepsilon}\varkappa$ $\tau o\tilde{\upsilon}$ $\pi\varepsilon\pi\lambda\eta\varrho\omega\mu\acute{\varepsilon}\nu o\upsilon$ bL   23 $\varkappa\alpha\grave{\iota}$
$\tau\acute{o}\tau\varepsilon$ a: $\tau\acute{o}\tau\varepsilon$ $\gamma\grave{\alpha}\varrho$ bL

Ἔστω ἡ μὲν βάσις, ἐφ' ἧς ἐπίκειται τὰ ἀγγεῖα, ἡ
ΑΒΓΔ· τὰ δὲ ἀγγεῖα ἔστω τὰ Ε, Ζ· ἐν δὲ ἑκατέρῳ
αὐτῶν καμπύλος ἔστω σίφων, ἐν μὲν τῷ Ε ὁ ΗΘΚ,
ἐν δὲ τῷ Ζ ὁ ΛΜΝ τὰς ἔξω ὑπεροχὰς ἔχοντες εἰς
κρουνοὺς διεσκευασμένας· αἱ δὲ κυρτότητες αὐτῶν πρὸς 5
τοῖς στομίοις τῶν ἀγγείων ὑπαρχέτωσαν. ἕτερος δὲ
σωλὴν διὰ τῆς βάσεως εἰς τὰ ἀγγεῖα ἀνακεκάμφθω ὁ
ΞΟΠΡ, οὗ τὰ Ξ, Ρ στόμια παρ' αὐτὰς ἔστω τὰς τῶν
διαβητῶν κυρτότητας. ἐγκεχύσθω δὲ ἐν τῷ Ε ἀγγείῳ
οἶνος, ὥστε τὴν ἐπιφάνειαν τοῦ ὑγροῦ μὴ ὑπὲρ αὐτὴν 10
εἶναι τὴν τοῦ διαβήτου κυρτότητα τὴν Θ. μέχρι μὲν
τούτου οὐ ῥεῖ ὁ οἶνος διὰ τὸ τὸν διαβήτην μὴ ἔχειν
τὴν ἀρχὴν τῆς ῥύσεως. ἐὰν δὲ καὶ ἐν τῷ Ζ ἀγγείῳ
ὕδωρ ἐγχέωμεν, ὥστε τὴν ἐπιφάνειαν αὐτοῦ ὑπερβάλλειν
τὴν Μ κυρτότητα, τότε τὸ ὕδωρ ἐνεχθήσεται καὶ διὰ 15
τοῦ ΞΟΠΡ σωλῆνος εἰς τὸ Ε ἀγγεῖον καὶ ἀρχὴν δώσει
τῆς ῥύσεως τῷ οἴνῳ. καὶ τότε ἀμφότερα τὰ ἀγγεῖα
ῥεύσει, τὸ μὲν τὸν οἶνον, τὸ δὲ τὸ ὕδωρ, ἄχρις ἂν
ἀμφότερα κενωθῇ.

---

7 ἀνακεκάμφθω b T₂: ἀνακεκάμφω AGT₁   9 ε̄ Vind. 120:
om. a   15 f. ἐνεχθήσεται ⟨καὶ διὰ τοῦ ΛΜΝ διαβήτου εἰς
τὸ ἐκτὸς⟩ 16 ε̄ Vind. 120: om. a   18 f. μὲν ⟨προϊέμενον⟩
τὸν οἶνον, alterum emittens vinum L

---

1 ἐπίκεινται b   3 τῷ BC: τὸ aP   4 ὑπεροχὰς CP:
ὑποχὰς B   ἔχοντα BC 6 ὑπαρχέτωσαν a: ὑπερεχέτωσαν b:
emineant L   8 αὐτὰς om. L   9 ἐν τῷ ἀγγείῳ a: εἰς τὸ ε̄
(om. P) ἀγγεῖον b: in ·e· vas L   10—11 ὥστε ... τὴν Θ:
adeo quod ·th· tubi curvitas non sit supra humidi superficiem
ipsam L   15 τὸ om. P   ἐνεχθήσεται: infundetur L: ἐνεχυ-
θήσεται (sic) B   16 ρπο ξ b L   ε̄ BCL: om. P

Die Basis, auf der die Gefäfse stehen, sei $\alpha\beta\gamma\delta$ (Fig. 15), die Gefäfse ε und ζ. In beiden seien gekrümmte Heber, $\eta\vartheta\varkappa$ in ε und $\lambda\mu\nu$ in ζ. Ihre äufseren Überragungen mögen die Form von Ausflufsröhren haben. Ihre Bie-
5 gungen sollen nahe den Gefäfsmündungen liegen. Eine andere Röhre $\xi o\pi\varrho$, die durch die Basis geht, sei nach den Gefäfsen umgebogen. Die Röhrenmündungen ξ und ϱ

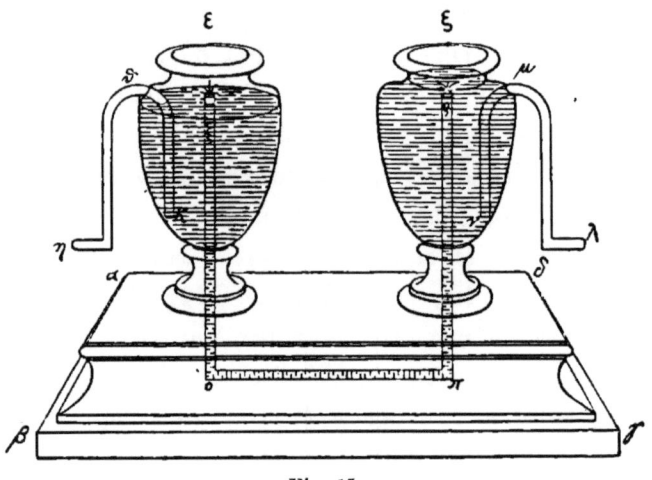

Fig. 15.

müssen unmittelbar in Höhe der Heberkrümmungen liegen. In das Gefäfs ε giefse man Wein (bis zu solcher Höhe), dafs
10 der Flüssigkeitsspiegel nicht über die Heberkrümmung ϑ selbst zu stehen kommt. Bis jetzt fliefst natürlich der Wein nicht, weil der Heber noch keinen Anstofs zum Fliefsen erhalten hat. Giefsen wir aber (so viel) Wasser in das Gefäfs ζ, dafs sein Spiegel über der Biegung μ liegt,
15 so fliefst das Wasser (durch den Heber $\lambda\mu\nu$ nach aufsen) und durch die Röhre $\xi o\pi\varrho$ in das Gefäfs ε und bringt den Wein zum Ausflufs. Dann werden beide Gefäfse fliefsen, indem das eine den Wein, das andere das Wasser ausströmen läfst, bis beides ausgelaufen ist.

XV.

Εἰς ἔνια ἀγγεῖα ὕδατος ἐγχυθέντος μελαγκορύφου
γίνεται φωνὴ ἢ συριγμός· κατασκευάζεται δὲ οὕτως.

"Εστω βάσις στεγνὴ ἡ ΑΒΓΔ· καὶ διὰ τῆς στέγης
169 τῆς ΑΔ διώσθω χώνη ἡ ΕΖ, | ἧς ὁ καυλὸς ἀπεχέτω 5
τοῦ πυθμένος ὅσον ὕδατι διάρρυσιν καὶ συνεστεγνώσθω
τῇ στέγῃ. ἔστω δὲ καὶ συρίγγιον τὸ ΗΘΚ τῶν εἰθισμένων φθέγγεσθαι· συντετρήσθω δὲ τῇ βάσει καὶ
συνεστεγνώσθω ὁμοίως τῇ ΑΔ στέγῃ· τὸ δὲ Κ στόμιον
αὐτοῦ ἐπικεκάμφθω εἰς ὑδάτιον ἀγγειδίου παρακει- 10
μένου τοῦ Δ. συμβήσεται οὖν ἐγχυνομένου τοῦ ὕδατος
διὰ τῆς ΕΖ χώνης τὸν ἐν τῇ βάσει ἀέρα ἐκθλιβόμενον χωρεῖν διὰ τοῦ ΗΘΚ συριγγίου καὶ τὸν ἦχον
ἀποδιδόναι. ἐὰν μέντοι τοῦ συριγγίου τὸ ἄκρον ἐπι-
κεκαμμένον ᾖ πρὸς τῷ ὕδατι, ἀνακαχλάζων εἴδεται ὁ 15

a 9—11 τὸ δὲ Κ στόμιον ... τοῦ Δ = b 17—18:
τὸ δὲ Κ στόμιον τοῦ συριγγίου ἐπικεκάμφθω εἰς ἀγγεῖόν τι
παρακείμενον πλῆρες ὕδατος τὸ Δ.
a 88, 15—90, 2 ἀνακαχλάζων ... ἔσται = b 88, 20—
90, 23: ἀνακαχλάζων ἀκουσθήσεται ὁ ἦχος, ὥστε μελαγκο- 20

---

3 φωνοὺς Τ   6 f. πυθμένος ⟨τῆς βάσεως⟩   συνστεγνώ-
σθω AG: correxi ex b   7 καὶ AG b: om. T   9 αδ Vind. 120,
M₂ b L: αβ a   11 ἐγχυνομένου M b: *infusa* L: ἐκχυνομένου a
15 εἴδεται a: ᾄδεται Voss. 19

---

2 μελακορύφου P   3 ἢ ... οὕτως om. b L   5 τῆς ΑΔ
om. L   ἀπεχέσθω P   6 διάρρυσιν εἶναι b   13 χωρεῖν
om. BL   14 τὸ ἄκρον τοῦ συριγγίου tr. b   18 παρακείμενον om. L

XV.

Manche Gefäfse sind so beschaffen, dafs ein Mönch (Vogel) singt oder pfeift, wenn man Wasser eingiefst. Die Einrichtung ist folgende.

5 Man nehme eine luftdicht verschlossene Basis $\alpha\beta\gamma\delta$ (Fig. 16), stecke durch die Decke (Deckwand) $\alpha\delta$ einen

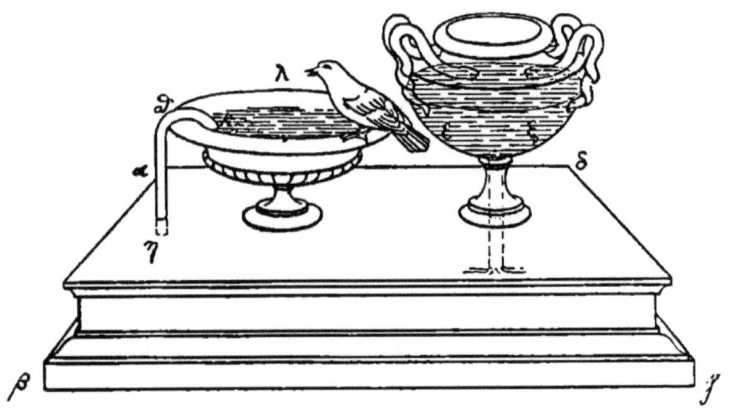

Fig. 16.

Trichter[1]) $\varepsilon\zeta$, dessen Schaft (Röhre) von dem Boden der Basis nur so weit abstehe, als erforderlich ist, um Wasser durchfliefsen zu lassen, und in die Decke eingelötet werde. 10 Es sei ferner $\eta\vartheta\varkappa$ ein Pfeifchen von derjenigen Sorte, die ertönen kann. Dieses sei in die Basis gesteckt, sei nach innen offen und gleichfalls in die Decke $\alpha\delta$ eingelötet. Die Pfeifenmündung $\varkappa$ sei (am Ende) umgebogen (und tauche) in etwas Wasser, das sich in einem kleinen, 15 daneben stehenden Gefäfse λ befindet.[2]) Wird nun das Wasser durch den Trichter $\varepsilon\zeta$ eingegossen, so ist die Folge, dafs die in der Basis enthaltene Luft verdrängt wird, durch die Pfeife $\eta\vartheta\varkappa$ geht und den Ton erzeugt. Wenn jedoch

---

1) Statt des Trichters giebt unsere figürliche Darstellung ein Gefäfs mit einer Röhre. Einen antiken Trichter s. vorn (Fig. 16a).

2) Nach **b**: 'Die Pfeifenmündung sei nach einem daneben stehenden, mit Wasser gefüllten Gefäfse λ umgebogen.'

ἦχος, ὥστε μελαγκορύφου γίγνεσθαι φωνήν· ἐὰν δὲ
μὴ παρακέηται τὸ ὑδάτιον, συριγμὸς μόνος ἔσται.

XVI.

Αἱ μὲν οὖν φωναὶ γίνονται διὰ τῶν συρίγγων·
διάφοροι δὲ τοῖς ἤχοις γίγνονται, τῶν συρίγγων ἤτοι 5
λεπτοτέρων γινομένων ... ἤτοι καὶ παρεκτεινομένων
εἰς μῆκος ἢ καὶ συστελλομένων καὶ τοῦ βαπτιζομένου
μέρους εἰς τὸ ὕδωρ ἤτοι πλείονος ἢ ἐλάττονος γινομένου, ὥστε διὰ τοιούτου τρόπου ὀρνέων πλειόνων
διαφόρους γίγνεσθαι φωνάς. κατασκευάζεται οὖν ἤτοι 10
ἐν κρήνῃ ἢ ἐν ἄντρῳ ἢ καθόλου ὅπου ἐπίρρυτον ὕδωρ
ἐστίν, ὄρνεα πλείονα διακείμενα καὶ τούτοις παρακειμένη γλαύξ, ἥτις ἐπιστρέφεται αὐτομάτως παρὰ τὰ
ὄρνεα καὶ πάλιν ἀποστρέφεται· καὶ ἀποστραφείσης
μὲν φθέγγονται τὰ ὄρνεα, ἐπιστραφείσης δὲ πρὸς 15
αὐτὰ οὐκέτι φθέγγονται. καὶ τοῦτο πλεονάκις γίνεται.
κατασκευάζεται δὲ τὸν τρόπον τοῦτον.

Ἔστω κρουνισμάτιον ἀεὶ ῥέον τὸ Α· τούτῳ δὲ
ὑποκείσθω στεγνὸν ἀγγεῖον τὸ ΒΓΔΕ ἔχον πνικτὸν
διαβήτην ἢ καμπύλον σίφωνα τὸν ΖΗ καὶ καθιεμένην 20
170 χώ|νην τὴν ΘΚ, ἧς ὁ καυλὸς ἀπεχέτω ἀπὸ τοῦ πυθ-
ρύφου δοκεῖν εἶναι φωνήν· ἐὰν δὲ μὴ παρακέηται ὑδάτιον,
συριγμὸς μόνος ἔσται.

a 5—7 διάφοροι ... συστελλομένων = b 25—27:
διάφοροι δὲ τοῖς ἤχοις γίγνονται τῶν συρίγγων ἤτοι λεπτο- 25
τέρων γινομένων ἢ παχυτέρων καὶ ἢ παρεκτεινομένων εἰς
μῆκος ἢ συστελλομένων.

2 παρακέηται scripsi: παράκειται AG 4 γίγνονται Τ
6 γιγνομένων Τ f. γινομένων ⟨ἢ παχυτέρων⟩ ut in b
13 γλαύξ b: ἡ γλαύξ a 14 ἀποστραφείσης Μb: ἀπο-
στραφείσεις ΑΤ, sed corr. Τ₁: ἀποστραφείσας G: conversa L

das Ende des Pfeifchens dicht über dem Wasser umgebogen ist, so glaubt man den zwitschernden Ton eines Mönches zu vernehmen. Steht kein Wasser daneben, so ist es blofs ein pfeifender Ton.

5 ## XVI.

Die Stimmen (der Vögel) werden also durch die Pfeifen nachgeahmt. Sie sind dem Klange nach verschieden, je nachdem sie enger oder weiter und länger oder kürzer sind und ein gröfserer oder kleinerer 10 Pfeifenabschnitt ins Wasser getaucht wird. Auf solche Weise werden daher verschiedene Vogelstimmen nachgeahmt. Man fertigt also die Figuren mehrerer Vögel an und stellt sie an eine Quelle oder in eine Grotte oder überhaupt dahin, wo sich fliefsendes Wasser befindet. Da- 15 neben wird eine Eule aufgestellt. Diese kann sich von selbst nach den Vögeln hin- und wieder abwenden. Wenn sie sich abwendet, singen die Vögel; wenn sie sich zu ihnen hinwendet, so verstummen sie. Dies wiederholt sich öfter. Es wird folgendermafsen ausgeführt. 20 Man denke sich eine kleine, ständig[1]) fliefsende Quelle α (Fig. 17). Darunter setze man einen luftdicht verschlossenen Behälter βγδε, der einen Kapselheber oder einen gekrümmten Heber ζη enthalte. In diesen Behälter sei ein Trichter[2]) ϑϰ gesteckt, dessen Röhre (Schaft) von

Die singenden Vögel und die Eule. Fig. 17 und 17a.

---

1) Zeitweise mufs man sich indessen den Zuflufs unterbrochen denken.
2) Dieser wird in unserer figürlichen Darstellung durch die Schale mit der Röhre gebildet.

(i. e. ἐπιστραφείσης). vid. prolegomena   16 γίγνεται T   21 χώνην b: τὴν χώνην a   ἀπεχέτω M: ἀπεχέτο a

4 οὖν om. BL   9 τοῦ τοιούτου b   10 γίνεσθαι b   οὖν: autem L   11 ὕδωρ ἐπίρρυτον tr. b   12 παρακειμένη a: παρακαϑημένη b: assidens L   15 ἐπιστραφείσης: retro ad ipsas versa L   20 ἢ aB: ἤγουν CP   23 ἔσται b: audietur L

μένος τοῦ ἀγγείου ὅσον ὕδατι διάρρυσιν. ἐχέτω δὲ
καὶ πλείονα συριγγίδια, οἷα εἴρηται, ὄντα τὰ Λ. συμβήσεται οὖν πληρουμένου μὲν τοῦ ΒΓΔΕ ἀγγείου
τὸν ἀέρα τὸν ἐν αὐτῷ ἐκθλιβόμενον καὶ τὰς τῶν
ὀρνέων ποιεῖν φωνάς, κενουμένου δὲ μετὰ τὴν πλή- 5
ρωσιν διὰ τοῦ ΗΖ διαβήτου μηκέτι φθέγγεσθαι. ἵνα
a 92, 1—98, 2 ἐχέτω ... ἀποτελεῖν = b 92, 8—98, 12:
ἐχέτω δὲ καὶ πλείονα συριγγίδια, ὁποῖα εἴπομεν ἄνω, ὡς τὰ
Λ. συμβήσεται οὖν πληρουμένου μὲν τοῦ ΒΓΔΕ ἀγγείου

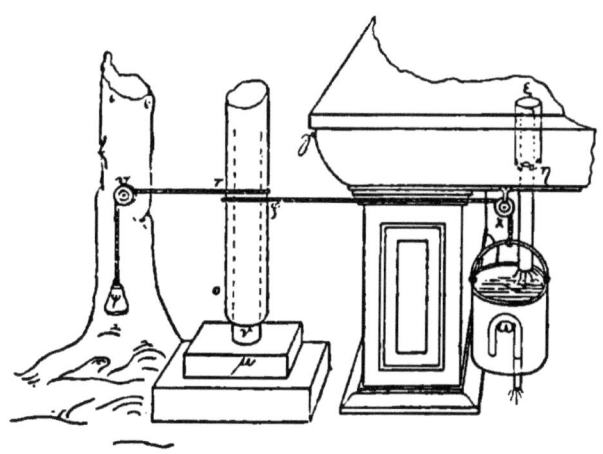

Fig. 17 a.

τὸν ἀέρα τὸν ἐν αὐτῷ ἐκθλιβόμενον διὰ τῶν συριγγίων τὰς 10
τῶν ὀρνέων ποιεῖν φωνάς — ἕκαστον γὰρ τῶν συριγγίων
εἰς ἕκαστον ὄρνεον ἀποπερατοῦται κατὰ τὸ στόμα —, κενουμένου δὲ μετὰ τὴν πλήρωσιν διὰ τοῦ ΗΖ διαβήτου μηκέτι

2 ὄντα τὰ (τὲ A₂) λ A₂ et G₁ in marg.: ἐν τῷ λ A₁ et G₁
in textu: ὄντα τε ἐν τῷ λ T   3 πληρουμένου Voss. 19: πληρω-
μένου a   5 ποιεῖν om. T

1 διάρρυσιν εἶναι b   8 δὲ om. L   9 repleto L
13 ηζ B: ·f·z· L: κζ C: κ P

dem Boden des Behälters nur so weit abstehe, als zum Durchfluſs von Wasser nötig ist. Der Behälter sei auch mit mehreren Pfeifchen der oben erwähnten Art, z. B. λ,

Fig. 17.

ausgestattet. Wenn sich nun der Behälter βγδε füllt, so
5 ist die Folge, daſs die darin enthaltene Luft[1]) hinausgedrängt wird und den Gesang der Vögel erschallen läſst.[2]) Wenn der Behälter dagegen nach der Füllung sich durch den Heber ηζ entleert, verstummen sie. Damit sich nun

---

1) Zusatz in **b**: 'durch die Pfeifen'.
2) Zusatz in **b**: 'jedes Pfeifchen endet nämlich im Schnabel des einzelnen Vogels'.

οὖν ἡ γλαὺξ ἐπιστρέφηται καὶ ἀποστρέφηται, ὡς προείρηται, προκατασκευάζεται τὰ μέλλοντα λέγεσθαι· ἔστω
γὰρ ἐπί τινος βάσεως τῆς Μ ἄξων βεβηκὼς ὁ ΝΞ
ἀπὸ τόρνου εἰργασμένος, περὶ ὃν περικείσθω ἁρμοστὴ
σύριγξ ἡ ΟΠ εὐλύτως δυναμένη περὶ αὐτὸν στρέφε- 5
σθαι· ταύτη δὲ συμφυὲς ἔστω τυμπάνιον τὸ ΡΣ, ἐφ᾽
ᾧ ἐπιβήσεται ἡ γλαὺξ συμφυὴς αὐτῷ ὑπάρχουσα· περὶ
δὲ τὴν ΟΠ σύριγγα δύο ἁλύσεις ἐπὶ τἀναντία ἐπειληθεῖσαι αἱ ΤΥ, ΦΧ διὰ τροχίων δύο ἀποδεδέσθωσαν
ἡ μὲν ΤΥ εἰς βάρος ἐκκρεμάμενον τὸ Ψ, ἡ δὲ ΦΧ 10
εἰς κοῖλον ἀγγεῖον τὸ Ω ὑποκείμενον τῷ ΖΗ σίφωνι
ἢ πνικτῷ διαβήτῃ. συμβήσεται οὖν κενουμένου τοῦ
ΒΓΔΕ ἀγγείου τὸ ὑγρὸν φέρεσθαι εἰς τὸ Ω ἀγγεῖον
καὶ ἐπιστρέφεσθαι τήν τε ΟΠ σύριγγα καὶ τὴν γλαῦκα,
φθέγγεσθαι. ἵνα οὖν ἐπιστρέφηται ἡ γλαὺξ καὶ πάλιν ἀπο- 15
στρέφηται, ὡς προείρηται, προκατασκευάζεται τὰ συντείνοντα
τῇ τοιαύτῃ ἐνεργείᾳ· ἔστω γὰρ ἐπί τινος βάσεως τῆς Μ
ἄξων ὀρθὸς βεβηκὼς ὁ ΝΞ διὰ τόρνου εἰργασμένος, περὶ
ὃν ἔστω ἁρμοστὴ σύριγξ ἡ ΟΠ εὐλύτως δυναμένη περὶ
αὐτὸν στρέφεσθαι· ταύτη δὲ συμφυὲς ἔστω τυμπάνιον τὸ 20
ΡΣ, ἐφ᾽ ὃ ἐπιβήσεται ἡ γλαὺξ συμφυὴς αὐτῷ ὑπάρχουσα·
περὶ δὲ τὴν ΟΠ σύριγγα δύο ἁλύσεις ἐπὶ τὰ ἐναντία ἐπειληθεῖσαι αἱ ΤΥ, ΦΧ φερέτωσαν διὰ τροχίλων δύο ἡ μὲν
ΤΥ εἰς βάρος ἐκκρεμάμενον τὸ Ψ, ἡ δὲ ΦΧ εἰς κοῖλον
ἀγγεῖον τὸ Ω ὑποκείμενον τῷ ΖΗ σίφωνι ἢ πνικτῷ δια- 25
βήτῃ ἔχουσα καὶ βάρος ἐξ ὕλης φύσει μὲν ἐχούσης ἀνέχεσθαι
ὑπὸ τοῦ ὕδατος, τῷ δὲ σταθμῷ πολλῷ βαρυτέρας τοῦ κατὰ
τὴν ΤΥ ἄλυσιν βάρους. συμβήσεται οὖν κενουμένου τοῦ
ΒΓΔΕ ἀγγείου τὸ ὑγρὸν φέρεσθαι εἰς τὸ Ω ἀγγεῖον καὶ
μετεωριζομένου τοῦ κατ᾽ αὐτὸ βάρους στρέφεσθαι τὴν ΟΠ 30
σύριγγα διὰ τοῦ καθελκομένου Ψ βάρους καὶ ποιεῖν ἐντεῦθεν

3 f. ⟨ὀρθῶς⟩ βεβηκὼς   4 εἰργασμένος Μ (cf. Pneum. I 42
ἀπειργασμένην): ἠργασμένος a   7 ᾧ: f. ὃ   8 ἐπειληθεῖσαι

die Eule in der angegebenen Weise hin- und wieder ab-
wende, trifft man vorher folgende Einrichtungen.[1]) Auf
einer Unterlage μ stehe senkrecht eine gedrechselte Achse $\nu\xi$,
welche von einem passenden Rohre $o\pi$ umschlossen werde.
5 Dieses mufs sich leicht um sie drehen können. Mit dem
Rohre sei eine kleine Scheibe $\varrho\sigma$ verbunden. Darauf soll
die Eule gesetzt und befestigt werden. Um das Rohr $o\pi$
sind zwei Ketten $\tau\upsilon$ und $\varphi\chi$ nach entgegengesetzten Richtungen zu wickeln. Vermittelst zweier Rollen werde die
10 eine $\tau\upsilon$ an ein schwebendes Gewicht ψ, die andere $\varphi\chi$ an
ein hohles (leeres) Gefäfs ω (Fig 17 a) gebunden, welches
unter dem (gekrümmten) Heber oder dem Kapselheber $\zeta\eta$
hänge. Wenn nun der Behälter $\beta\gamma\delta\varepsilon$ sich leert, so ist die
Folge, dafs die Flüssigkeit in das Gefäfs ω strömt und dafs
15 das Rohr $o\pi$ und die Eule sich so drehen, dafs diese nach

a 95, 9—97, 6 Vermittelst . . . erschallt = b 95, 17—97, 25:
Mit Hilfe zweier Rollen gehe die eine $\tau\upsilon$ nach einem schwebenden Gewichte ψ, die andere $\varphi\chi$ nach einem hohlen Gefäfse ω,
welches unter dem (gekrümmten) Heber oder dem Kapsel-
20 heber $\zeta\eta$ stehe (Fig. 17). Die Kette sei mit einem Gewichte
versehen, das aus einem Material besteht, welches von Natur
(vermöge seines spezifischen Gewichtes) im Wasser schwimmen
kann, aber seinem absoluten Gewichte nach viel schwerer ist
als das Gewicht an der Kette $\tau\upsilon$. Wenn nun der Behälter $\beta\gamma\delta\varepsilon$
25 sich leert, so ist die Folge, dafs die Flüssigkeit in das Gefäfs ω
strömt; und indem sich das darin befindliche Gewicht hebt,
dreht sich das Rohr $o\pi$ vermittelst des niedersinkenden Ge-

---

1) Nach b: 'trifft man vorher Einrichtungen, die eine solche
Wirkung erzielen'.

---

scripsi: $\dot{\varepsilon}\pi\iota\lambda\eta\vartheta\varepsilon\tilde{\iota}\sigma\alpha\iota$ A₂ G: $\dot{\varepsilon}\pi\iota\lambda\nu\vartheta\varepsilon\tilde{\iota}\sigma\alpha\iota$ A₁ T. cf. lin. 22   9 f.
$\dot{\alpha}\pi\sigma\delta\varepsilon\delta\dot{\sigma}\sigma\vartheta\omega\sigma\alpha\nu$ 11 $\tau\tilde{\omega}$ M: $\tau\dot{\sigma}$ a   f. $\langle\varkappa\alpha\mu\pi\dot{\upsilon}\lambda\omega\rangle$ $\sigma\dot{\iota}\varphi\omega\nu\iota$

---

16 *constituuntur* L   18 f. $\dot{\sigma}\varrho\vartheta\tilde{\omega}\varsigma$ 20 $\delta\dot{\varepsilon}$ om. L   24 (*ca-*
tena) *ponderi appensa* L   26 $\varkappa\alpha\dot{\iota}$ om. L $\varphi\dot{\upsilon}\sigma\varepsilon\iota$ Ambros.
A 91 sup., Coislin. 158: $\varphi\dot{\upsilon}\sigma\iota\nu$ b: *secundum propriam naturam* L
29 $\bar{\omega}$ BCL: om. P

ὥστε βλέπειν πρὸς τὰ ὀρνιθάρια, κενωθέντος δὲ τοῦ
ΒΓΔΕ ἀγγείου κενοῦσθαι καὶ τὸ Ω διά τινος ἐν
αὐτῷ πνικτοῦ διαβήτου ἢ καμπύλου σίφωνος, ὥστε
πάλιν καταβαρῆσαν τὸ Ψ βάρος ἀποστρέψαι τὴν γλαῦκα
κατὰ τὸν καιρὸν ἐκεῖνον, ὅτε πληροῦται τὸ ΒΓΔΕ 5
ἀγγεῖον | καὶ πάλιν αἱ τῶν ὀρνέων γίνονται φωναί.

Καὶ οἱ τῶν σαλπίγγων δὲ ἦχοι διὰ τοῦ παραπλησίου γίνονται τρόπου τῷ προειρημένῳ· ὅταν γὰρ
εἰς στεγνὸν ἀγγεῖον κατατεθῇ τῆς χώνης ὁ καυλὸς
ἀπέχων ἀπὸ τοῦ πυθμένος βραχὺ καὶ συνεστεγνωμένος 10
τῷ τεύχει τοῦ ἀγγείου, εἶτα ἡ σάλπιγξ ἔχουσα τόν τε
κώδωνα καὶ τὴν γλωσσίδα συντετρημένην τῷ ἀγγείῳ
κατὰ τὸ ἄνω μέρος αὐτοῦ, συμβήσεται διὰ τῆς χώνης

ἀποστρέφεσθαι τὴν γλαῦκα τοῦ μὴ ὁρᾶν πρὸς τὰ ὀρνίθια,
ἅτινα ἐδόκουν ᾄδειν πρὸ τοῦ ἀποστραφῆναι τὴν γλαῦκα. 15
ἐν ὅσῳ δὲ πάλιν κενοῦται τὸ Ω ἀγγεῖον διὰ τοῦ ἐν αὐτῷ
πνικτοῦ διαβήτου, τὸ μὲν ἐν αὐτῷ βάρος κατερχόμενον διὰ
τὸ πολλῷ βαρύτερον εἶναι τῷ σταθμῷ τοῦ Ψ βάρους τὴν
ΟΠ σύριγγα στραφῆναι ποιήσει πρὸς τὰ ὀρνίθια καὶ ἐπιστρέψει πρὸς αὐτὰ καὶ τὴν γλαῦκα· τοῦ δὲ ΒΓΔΕ ἀγγείου 20
ἀρξαμένου πληροῦσθαι ὁ ἐν αὐτῷ ἀὴρ ἐκχωρῶν διὰ τῶν
συριγγίων πάλιν τὴν φωνὴν τῶν ὀρνιθίων ἀποτελέσει. καὶ
τοῦτο ἔσται, ὁσάκις ἂν βούλοιτό τις.

Καὶ οἱ τῶν σαλπίγγων δὲ ἦχοι διὰ τοῦ παραπλησίου
γίνονται τρόπου τῷ προειρημένῳ· ὅταν γὰρ εἰς στεγνὸν 25
ἀγγεῖον κατατεθῇ τῆς χώνης ὁ καυλὸς ἀπέχων ἀπὸ τοῦ
πυθμένος βραχὺ καὶ συνεστεγνωμένος τῷ τεύχει τοῦ ἀγγείου,
συστεγνωθῇ δὲ αὐτῷ καὶ σάλπιγξ ἔχουσα τόν τε κώδωνα
καὶ τὴν γλωσσίδα πρὸς τῇ στέγῃ τοῦ ἀγγείου, συμβήσεται

---

3 πνικτοῦ ... σίφωνος Voss. 19: πνικτοῦ ἢ καμπύλου διαβήτου a· 10 συνεστεγνωμένος T: συνεστεγνωσμένος AG 11 τῷ
τεύχει M: τὸ τεύχη a

den Vöglein sieht. Ist aber der Behälter $\beta\gamma\delta\varepsilon$ ausgeleert, so leert sich auch ω durch einen darin angebrachten Kapsel- oder gekrümmten Heber. Daher bekommt das Gewicht ψ das Übergewicht und bringt in dem Augen-
5 blick die Eule wieder zur Umdrehung, wo das Gefäfs $\beta\gamma\delta\varepsilon$ sich füllt und der Gesang der Vögel wieder erschallt.

Auch Trompeten kann man auf ähnliche Weise, Trompeten-
klang.
wie angegeben, erklingen lassen. Wird nämlich die
Röhre des Trichters so weit in ein geschlossenes Gefäfs
10 gesteckt, dafs sie fast auf den Boden reicht, und wird sie in die Gefäfswand eingelötet und wird dann von der mit Schalltrichter und Mundstück versehenen Trompete das Mundstück oben durch das Gefäfs gebohrt[1]), so ist die Folge, dafs die in dem Gefäfse enthaltene Luft mit Hilfe

15 wichtes ψ und bewirkt infolgedessen eine Drehung der Eule, dafs sie nicht mehr nach den Vögeln sieht, die zu singen schienen, bevor die Eule sich abwandte.[2]) In dem Mafse, in welchem sich das Gefäfs ω durch den Kapselheber wieder entleert, senkt sich sein Gewicht, weil es dem absoluten Ge-
20 wichte nach viel schwerer ist als das Gewicht ψ, bewirkt eine Drehung des Rohres $o\pi$ und eine Wendung der Eule nach den Vöglein. Fängt das Gefäfs $\beta\gamma\delta\varepsilon$ an sich zu füllen, so entweicht die darin enthaltene Luft durch die Pfeifen und bringt den Gesang der Vögel von neuem hervor. Dies kann man nach
25 Belieben wiederholen.

---

1) Nach b: 'wird die ... Trompete an der Decke des Gefäfses verlötet'.
2) Hier liegt ein Widerspruch mit dem oben (p. 91, 17) Gesagten vor. Vgl. die Prolegomena.

---

14 $\dot{\alpha}\pi o\sigma\tau\varrho\acute{\varepsilon}\varphi\varepsilon\sigma\vartheta\alpha\iota$ b: $\dot{\varepsilon}\pi\iota\sigma\tau\varrho\acute{\varepsilon}\varphi\varepsilon\sigma\vartheta\alpha\iota$ Ambros. A 91 sup., Coislin. 158 $\mu\dot{\eta}$ om. iidem et L $\pi\varrho\grave{o}\varsigma$ om. iidem $\dot{o}\varrho\nu\acute{\iota}\vartheta\iota\alpha$ b:
$\ddot{o}\varrho\nu\varepsilon\alpha$ Ambros. A 91 sup., Coislin. 158 15 $\dot{\varepsilon}\pi\iota\sigma\tau\varrho\alpha\varphi\tilde{\eta}\nu\alpha\iota$ iidem
19 $\dot{\alpha}\pi o\sigma\tau\varrho\alpha\varphi\tilde{\eta}\nu\alpha\iota$ iidem 19—20 $\pi\varrho\grave{o}\varsigma$ ... $\gamma\lambda\alpha\tilde{\nu}\varkappa\alpha$ b: $\tau\dot{\eta}\nu$
$\gamma\lambda\alpha\tilde{\nu}\varkappa\alpha$ $\tauο\tilde{\upsilon}$ $\mu\dot{\eta}$ $\dot{o}\varrho\tilde{\alpha}\nu$ $\tau\grave{\alpha}$ $\ddot{o}\varrho\nu\varepsilon\alpha$ iidem $\dot{\varepsilon}\pi\iota\sigma\tau\varrho\acute{\varepsilon}\psi\varepsilon\iota$ $\varkappa\alpha\grave{\iota}$ $\pi\varrho\grave{o}\varsigma$ P
22 voces L $\dot{o}\varrho\nu\iota\vartheta\acute{\iota}\omega\nu$ B: $\dot{o}\varrho\nu\acute{\iota}\vartheta\omega\nu$ CP: avicularum L
25 $\sigma\tau\varepsilon\gamma\nu\grave{o}\nu$ B: $\sigma\tau\varepsilon\nu\grave{o}\nu$ CP: constipatum L 27 $\sigma\upsilon\nu\varepsilon\sigma\tau\varepsilon\gamma\nu\omega$-
$\sigma\mu\acute{\varepsilon}\nu o\varsigma$ P 28 $\sigma\upsilon\sigma\tau\varepsilon\gamma\nu\omega\sigma\vartheta\tilde{\eta}$ P $\delta\grave{\varepsilon}$ CP: $\delta\grave{\varepsilon}$ $\varkappa\alpha\grave{\iota}$ B

ἐγχυνομένου τοῦ ὑγροῦ ἐκθλιβόμενον τὸν ἐν τῷ ἀγγείῳ ἀέρα διὰ τῆς γλωσσίδος τὸν ἦχον ἀποτελεῖν.

XVII.

Θυρῶν ἀνοιγομένων ναοῦ σάλπιγγος ἦχος γίνεται
τόνδε τὸν τρόπον.   5
Ὄπισθεν τῆς θύρας ἀγγεῖον ἔστω τὸ ΑΒΓΔ
ὕδωρ ἔχον· πνιγεὺς δὲ ἔστω ἐν τούτῳ, τουτέστι σύ-

Fig. 18.

στομον ἀγγεῖον κατεστραμμένον τὸ Ζ· τῷ δὲ πυθμένι
αὐτοῦ συντετρήσθω ἡ ΘΚ σάλπιγξ ἔχουσα τόν τε
κώδωνα καὶ τὴν γλωσσίδα· τῷ δὲ σωλῆνι τῆς σάλπιγ- 10
διὰ τῆς χώνης ἐγχυνομένου τοῦ ὑγροῦ ἐκθλιβόμενον τὸν ἐν
τῷ ἀγγείῳ ἀέρα διὰ τῆς γλωσσίδος τὸν ἦχον ἀποτελεῖν.

des Mundstückes den Schall hervorruft, sobald die Flüssigkeit durch den Trichter eingegossen wird.

XVII.

Eine Trompete kann man auf folgende Weise Die Tempel-
trompete.
5 bei Öffnung von Tempelthüren ertönen lassen. Fig. 18.
Hinter der Thür stehe ein Gefäfs $\alpha\beta\gamma\delta$ (Fig. 18)
mit Wasser. In diesem sei ein Windkessel, d. h. ein
umgestülptes Gefäfs ζ mit weiter[1]) Mündung. Durch den
Boden gehe die mit Schalltrichter und Mundstück versehene
10 Trompete $\vartheta\varkappa$. Neben das Trompetenrohr setze man einen
Stiel $\lambda\mu$, welcher an dem Windkessel befestigt, mit dem
Trompetenrohr zusammengebunden ist und am Ende einen
kleinen Haltehaken μ, d. h. eine Klaue (Chelonarion,
Schildkröte) hat. Unter dieser sei ein Schwengel $\nu\xi$ an-
15 gebracht, welcher den Windkessel ζ in hinreichendem Abstande vom Wasser emporhält. Der Schwengel $\nu\xi$ bewege
sich um einen Stift o. Eine an sein Ende ξ gebundene
Kette oder Schnur werde mittels einer Rolle π hinter die
Thür geleitet. Wenn nun die Thür sich öffnet[2]), so ist die
20 Folge, dafs die Schnur sich spannt und das Schwengelende ξ
anzieht. Infolgedessen verschiebt sich der Schwengel $\nu\xi$
aus seiner Lage unter dem Haken μ. Sobald sich diese
geändert hat, fällt der Windkessel ins Wasser und läfst die
Trompete ertönen, weil die im Windkessel enthaltene Luft
25 durch das Mundstück und den Schalltrichter hinausgeprefst wird.

1) In den Handschriften irrtümlich 'enger'.
2) In Pompeji öffneten sich die Thüren ohne Ausnahme
nach innen. Vgl. Overbeck-Mau *Pompeji* S. 252.

---

4 $\nu\alpha o\tilde{\nu}$ om. G $\gamma i\nu\varepsilon\tau\alpha\iota\cdot$ $\kappa\alpha\tau\alpha\sigma\kappa\varepsilon\nu\dot{\alpha}\zeta\varepsilon\tau\alpha\iota$ $\delta\dot{\varepsilon}$ ed. Paris.
7 f. $\varepsilon\ddot{\upsilon}\sigma\tau o\mu o\nu$

---

8 $\bar{\zeta}$ CP: $\bar{\varepsilon}$ BL   11 $\dot{\varepsilon}\gamma\chi\nu\nu o\mu\dot{\varepsilon}\nu o\nu$ BL: $\dot{\varepsilon}\kappa\chi\nu\nu o\mu\dot{\varepsilon}\nu o\nu$ CP

γος παρακείσθω κανὼν ὁ ΛΜ συμφυὴς μὲν ὢν τῷ
πνιγεῖ, συνδεδεμένος δὲ τῷ τῆς σάλπιγγος σωλῆνι
καὶ ἔχων ἐκ τοῦ ἄκρου κωλυμάτιον τὸ Μ, τουτέστι
χελωνάριον· τῷ δὲ κωλυματίῳ ὑποκείσθω κανὼν ὁ
ΝΞ ἀνέχων τὸν Ζ πνιγέα ἀπέχοντα ἀπὸ τοῦ ὕδατος 5
ἱκανόν. ὁ δὲ ΝΞ κανὼν κινείσθω περὶ περόνην τὴν
Ο· ἐκ δὲ τοῦ Ξ ἄκρου τοῦ κανόνος ἄλυσις ἢ σπάρτος
ἐκδεθεῖσα ἀποδεδέσθω διὰ τροχίλου τοῦ Π εἰς τὸ
ὄπισθεν τῆς θύρας. συμβήσεται οὖν τῆς θύρας ἀνοι-
γομένης τεινομένην τὴν σπάρτον ἐπισπᾶσθαι τὸ Ξ 10
ἄκρον τοῦ κανόνος, ὥστε μηκέτι ὑποπεπτωκέναι τὸν
ΝΞ κανόνα τῷ Μ κωλυματίῳ· τούτου δὲ παραλλάξαντος
φερόμενος ὁ πνιγεὺς εἰς τὸ ὕδωρ τὸν τῆς σάλπιγγος
172 ἦχον ἀποτελέσει διὰ τὸ τὸν ἐν | αὐτῷ ἀέρα διὰ τῆς
γλωσσίδος καὶ τοῦ κώδωνος ἐκθλίβεσθαι. 15

XVIII.

Εἰς ἔνια ῥυτὰ προεγχυθέντος οἴνου, ὅταν ὕδωρ
ἐπιχέωμεν, ὁτὲ μὲν καθαρὸν τὸ ὕδωρ ἐκρέει, ⟨ὁτὲ δὲ
κρᾶμα,⟩ ὁτὲ δὲ οἶνος καθαρός· κατασκευάζεται δὲ τόνδε
τὸν τρόπον. 20

Ἔστω ῥυτὸν τὸ ΑΒΓ ἔχον διαφράγματα δύο τὰ
ΔΕ, ΖΗ· διὰ δὲ ἀμφοτέρων αὐτῶν σωλὴν διώσθω ὁ
ΘΚ συνεστεγνωμένος τοῖς διαφράγμασι καὶ τετρυπη-
μένος τρηματίῳ τῷ Λ κειμένῳ ὑπεράνω βραχὺ τοῦ
ΖΗ διαφράγματος. ὑπὸ δὲ τὸ ΔΕ διάφραγμα δι- 25

a 12—15 τούτου δὲ ... ἐκθλίβεσθαι = b 27—29:
τούτου δὲ παραλλάξαντος φερόμενος ὁ πνιγεὺς εἰς τὸ ὕδωρ
ἐκθλίψει τὸν ἐν ἑαυτῷ ἀέρα διὰ τῆς γλωσσίδος καὶ τοῦ
κώδωνος τῆς σάλπιγγος καὶ ἀποτελέσει τὸν ἦχον αὐτῆς.
a 100, 25—102, 6 ὑπὸ δὲ τὸ ΔΕ διάφραγμα ... ὁ ἐν 30
τῷ ΔΕΖΗ οἶνος = b 100, 31—102, 30: ὑπὸ δὲ τὸ ΔΕ

XVIII.

Manche Trinkhörner haben die Eigentümlichkeit,
dafs sie das eine Mal reines Wasser, das andere
Mal Wasser und Wein gemischt,
wieder ein anderes Mal reinen Wein
ausfliefsen lassen, wenn man zuerst
Wein und dann Wasser eingiefst.
Die Einrichtung ist folgende.
Ein Trinkhorn $\alpha\beta\gamma$ (Fig. 19)
·habe zwei Scheidewände $\delta\varepsilon$ und $\zeta\eta$.
Durch beide stecke man eine Röhre
$\vartheta\varkappa$, verlöte sie damit und bohre
in die Röhre ein kleines Loch λ,
welches etwas oberhalb der Querwand $\zeta\eta$ liegt. Unterhalb der
Scheidewand $\delta\varepsilon$ gehe ein Luftloch
μ in das Innere des Trinkhorns.
Wenn man bei dieser Vorrichtung
die Ausflufsöffnung γ zuhält und
Wein eingiefst, so tritt er durch
das Loch λ iu den Raum $\delta\varepsilon\zeta\eta$. Denn
die in demselben enthaltene Luft entweicht durch das Luftloch μ. Wenn wir das Luftloch μ mit dem Finger zuhalten,
so wird der in der Kammer $\delta\varepsilon\zeta\eta$ befindliche Wein nicht
auslaufen. Wenn wir nun Wasser in den Raum $\alpha\beta\varepsilon\delta$
des Trinkhorns giefsen und das Luftloch μ zuhalten, so

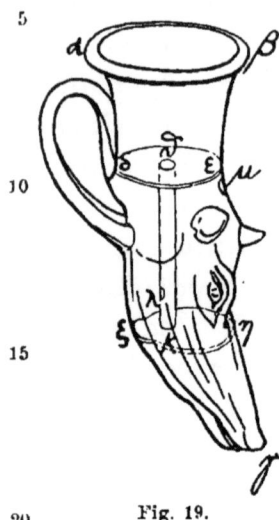

Fig. 19.

---

7 $\delta\grave{\varepsilon}$ om. T   8 f. $\mathring{\alpha}\pi o\delta\varepsilon\delta\acute{o}\sigma\vartheta\omega$ 15 $\mathring{\varepsilon}\varkappa\vartheta\lambda\iota\beta\acute{\eta}\sigma\varepsilon\tau\alpha\iota$ T
18—19 $\mathring{o}\tau\grave{\varepsilon}$ $\delta\grave{\varepsilon}$ $\varkappa\varrho\tilde{\alpha}\mu\alpha$ b L: om. a   22—24 $\mathring{o}$ $\Theta K \ldots \varkappa\varepsilon\iota\mu\acute{\varepsilon}\nu\omega$
om. T$_1$, add. T$_2$

4 $\delta\grave{\varepsilon}$ aCP: om. BL   5 $\mathring{\alpha}\pi\grave{o}$ om. CP   7 $\varkappa\alpha\nu o\nu\acute{\iota}o\nu$ b
21 $\delta\iota\alpha\varphi\varrho\acute{\alpha}\gamma\mu\alpha\tau\alpha$ $\mathring{\varepsilon}\chi o\nu$ tr. b   22 $\overline{\delta\eta}$ $\overline{\delta\zeta}$ C   23 $\sigma\upsilon\nu\varepsilon\sigma\tau\varepsilon\gamma\nu\omega$-
$\sigma\mu\acute{\varepsilon}\nu o\varsigma$ P   24 $\tau\varrho\eta\mu\alpha\tau\acute{\iota}\omega$ aP: $\tau\varrho\upsilon\pi\eta\mu\alpha\tau\acute{\iota}\omega$ BC   31 $\mathring{\upsilon}\pi\grave{o}$ BL:
$\mathring{\upsilon}\pi\grave{\varepsilon}\varrho$ CP

αύγιον έστω τὸ M ἐν τῷ κύτει τοῦ ῥυτοῦ. τούτων δὲ
οὕτως ἐχόντων ἐὰν ἀπολαβών τις τὴν Γ ἔκρυσιν ἐγχέῃ
τὸν οἶνον, χωρήσει ⟨διὰ τοῦ Δ τρυπήματος εἰς τὴν
ΔΕΖΗ χώραν· ὁ γὰρ ἐν αὐτῇ ἀὴρ ἐχωρήσει⟩ διὰ
τοῦ M διαυγίου. ὅταν οὖν τῷ δακτύλῳ ἐπιπωμάσωμεν 5
τὸ M διαύγιον, στέξει ὁ ἐν τῷ ΔΕΖΗ ⟨μέρει⟩ οἶνος.
ὅταν οὖν ὕδωρ ἐπιχέωμεν τῷ ΑΒΕΔ μέρει τοῦ ῥυτοῦ
κατέχοντες τὸ M διαύγιον, ῥεύσει καθαρὸν τὸ ὕδωρ·
ἐὰν δὲ ἀνῶμεν ἔτι ἄνω ὄντος τοῦ ὕδατος τὸ M διαύγιον, κρᾶμα ῥυήσεται· τοῦ δὲ ὕδατος ἐκρεύσαντος, 10
τότε καθαρὸς ὁ οἶνος ῥεύσει. ἔξεστι δὲ καὶ πλεονάκις
ἀνιέντα τὸ M διαύγιον διαφόρους τὰς ἐκρύσεις ποιεῖσθαι. ἄμεινον δὲ προεγχέαντα ὕδωρ εἰς τὴν ΔΕΗΖ
χώραν καὶ καταλαβόντα τὸ διαύγιον οἶνον ἐπιχέειν·
συμβήσεται γὰρ ὁτὲ μὲν καθαρὸν οἶνον ἐκρέειν, ἀνε- 15
θέντος δὲ τοῦ διαυγίου πάλιν κρᾶμα καὶ πάλιν ἀπο-
ληφθέντος τοῦ διαυγίου καθαρὸν τὸν οἶνον ἐκρέειν.
καὶ τοῦτο, ὁσάκις ἐὰν βουλώμεθα, ἔσται.

XIX.

Κρατῆρος ἐπικειμένου ἐπί τινος βάσεως πλήρους 20
ὄντος οἴνου, ὅσον ἐάν τις ἐξ αὐτοῦ ἀρύ|σηται, πάλιν
πλήρης ἔσται ὁ κρατήρ· κατασκευάζεται δὲ τὸν τρόπον
τοῦτον.

Ἔστω ἀγγεῖον τὸ ΑΒ διαπεφραγμένον τὸ στόμιον
διάφραγμα διαύγιον ἔστω ἐν τῷ κύτει τοῦ ῥυτοῦ τὸ M. 25
τούτων οὕτως ἐχόντων ἐὰν ἀπολαβών τις τὴν Γ ἔκρυσιν
ἐγχέῃ τὸν οἶνον, χωρήσει διὰ τοῦ Δ τρυπήματος εἰς τὴν
ΔΕΖΗ χώραν· ὁ γὰρ ἐν αὐτῇ ἀὴρ ἐχωρήσει διὰ τοῦ M
διαυγίου. ὅταν οὖν τῷ δακτύλῳ ἐπιπωμάσωμεν τὸ M διαύγιον, ⟨οὐ⟩ στάξει ἐν τῷ ΔΕΖΗ μέρει ὁ ἐγχυθεὶς οἶνος. 30

wird das Wasser rein ausfliefsen. Lassen wir das Luftloch μ los, wenn das Wasser sich noch oben befindet, so
wird eine Mischung ausfliefsen. Wenn das Wasser ganz
abgeflossen ist, dann strömt reiner Wein aus. Durch
5 wiederholtes (Zuhalten und) Loslassen des Luftloches μ
kann man den Ausflufs verschieden gestalten. Besser ist
es, in die Kammer $\delta\varepsilon\eta\zeta$ zunächst Wasser zu schütten
und, nachdem man das Luftloch zugehalten hat, Wein zu-
zugiefsen. Dann wird nämlich das eine Mal reiner Wein
10 ausfliefsen, wenn aber das Luftloch wieder geöffnet ist,
eine Mischung, und hält man es abermals zu, reiner Wein.
Das kann man nach Belieben wiederholen.

XIX.

Aus einem Mischkruge, der auf einer Basis steht Ein unerschöpf-
licher Krug. I.
15 und mit Wein gefüllt ist, kann man eine beliebige   Fig. 20.
Quantität schöpfen, und doch ist der Mischkrug immer
wieder gefüllt. Das richtet man in folgender Weise ein.[1]
Man denke sich ein Gefäfs $\alpha\beta$ (Fig. 20), dessen

----

1) Vgl. unten Philo Kap. 11.

----

2 ἐγχέη scripsi: ἐγχέει AG: ἐγχέειν T   3—4 lacunam ex
b supplevi. cf. lin. 27—28   6 στέξει a: f. ⟨οὐ⟩ στάξει ⟨μέρει⟩
ex b supplevi. cf. lin. 30   10 ῥυήσεται Voss. 19, b: ῥύσεται a
δὲ om. T₁, add. T₂   12 f. ⟨ἀπολαβόντα καὶ⟩ ἀνιέντα
14 διανγιον Gb: αὔγιον AT   15 ἀνεθέντος Mb: ἀνεθέτος a
16 διανγίον b: διαβήτον a   18 ἐὰν aC: ἂν BP   21 τις
Mb: τι a   22 καὶ κατασκευάζεται G

7 οὖν a: δὲ bL   ·a·b·d·e· L   9 ὄντος ἄνω tr. CP
15 τὸν οἶνον καθαρὸν b   ἐκρέειν aBCL: ἐκχέειν P   16
πάλιν (post καὶ) om. BL   21 ἐάν a: ἄν b   25 διαύγειον B₂:
διάφραγμα B₁CΓ   26 οὕτως ex οὖν corr. B (ita L in plurimis
libris, itaque in Taurinensi)   27 λ̄ BCL: ᾱ P   30 οὐ ipse
inserui   στάξει CP: στέξη B: instillabit (pro quo f. non stilla-
bit scrib.) L   ἐγχυθεὶς P: ἐγχεθεὶς BC

τῷ *ΓΔ* διαφράγματι παρ᾽ αὐτὸν τὸν τράχηλον· διὰ δὲ
τοῦ διαφράγματος καθείσθω σωλὴν ὁ *ΕΖ* ἀπέχων ἀπὸ
τοῦ πυθμένος βραχύ· ἕτερος δὲ διώσθω σωλὴν διὰ
τοῦ πυθμένος ὁ *ΗΘ* ἀπέχων ἀπὸ τοῦ *ΓΔ* διαφράγματος βραχύ. ὁ δὲ τοῦ ἀγγείου πυθμὴν τετρήσθω 5
κατὰ τὸ *Κ* καὶ λαβέτω σωληνάριον τὸ *ΚΔ*. τὸ δὲ
ΑΒ ἀγγεῖον ἐπικείσθω ἐπί τινος βάσεως τῆς *ΜΝΞΟ*,
δι᾽ ἧς ἔστω ἡ τοῦ *ΗΘ* σωλῆνος ὑπεροχή· ὁ δὲ εἰρημένος κρατὴρ ἔστω ὁ *ΠΡ*. διὰ δὲ τῆς *ΜΝΞΟ* βάσεως
σωλὴν ἔστω ὁ *ΣΤ* συντετρημένος τῇ τε βάσει καὶ τῷ 10
κρατῆρι. ἴσον ὕψος ἐχέτω τῷ *Θ* στομίῳ τοῦ *ΗΘ*
σωλῆνος. ἐγχέωμεν οὖν τὸν οἶνον διὰ τοῦ *ΕΖ* σωλῆνος εἰς τὸ *ΑΒ*· ὁ γὰρ ἀὴρ ἐκχωρήσει διὰ τοῦ *ΗΘ*
σωλῆνος. ἐὰν οὖν ἀνεστομωμένον ᾖ τὸ *ΚΔ* σωληνάριον, ἐγχεόμενος ὁ οἶνος χωρήσει δι᾽ αὐτοῦ εἰς τὴν 15
βάσιν καὶ εἰς τὸν *ΠΡ* κρατῆρα· ἐὰν δὲ ἐπιστομωθῇ,

a 5—8 ὁ δὲ τοῦ ἀγγείου πυθμὴν ... ὑπεροχή = b
18—21: ὁ δὲ τοῦ ἀγγείου πυθμὴν τετρήσθω κατὰ τὸ *Κ*
καὶ ἐχέτω σωληνάριον τὸ *ΚΔ*· τὸ δὲ *ΑΒ* ἀγγεῖον βεβηκέτω
ἐπί τινος βάσεως τῆς *ΜΝΞΟ*, δι᾽ ἧς ἔστω ἡ τοῦ *ΗΘ* 20
σωλῆνος ὑπεροχή·

---

2 καθείσθω CP: καθήσθω aB   2—3 ὁ *ΕΖ* ... σωλὴν
om. G   5 τοῦ G: τούτου AT   11 ⟨ὁ δὲ κρατὴρ⟩ ἴσον Rochas

---

2 ἀπὸ om. b   3—4 βραχύ ... πυθμένος om. B₁ L, ·καὶ
ἕτερος δὲ διώσθω σωλὴν add. B₂ mg. (solus Mutinensis inscrit
'alter apponatur tubus')   4 *ΗΘ* aB: ἦ CP: ·f· L (in omnibus
libris praeter Mutinensem)   8 ἔστω: fit L   9 τῆς om. P
11 τὸ δὲ χεῖλος τοῦ κρατῆρος ἴσον bL   13 εἰς τὸ *αβ* a: εἰς
τὸ ἀγγεῖον τὸ *αβ* bL   14 ἐὰν a: εἰ μὲν b   15 ὁ om. BC
15—16 καὶ εἰς τὴν *μνξο* βάσιν bL

Mündung dicht am Halse durch die Scheidewand $\gamma\delta$ verschlossen sei. Durch diese stecke man eine Röhre $\varepsilon\zeta$, die fast bis auf den Boden reiche. Eine andere Röhre $\eta\vartheta$

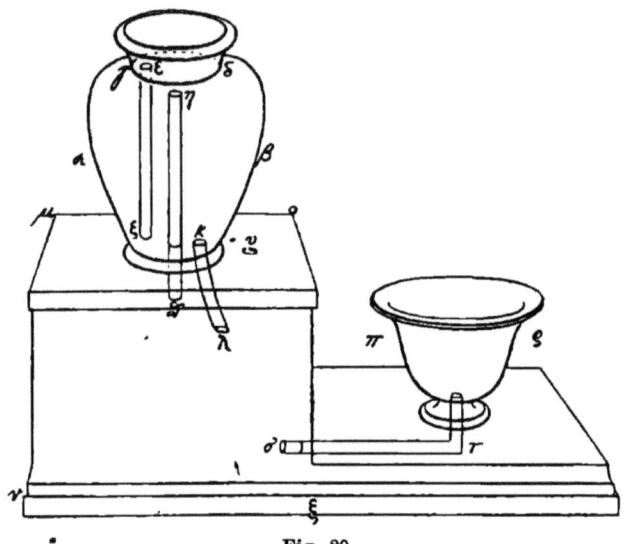

Fig. 20.

lasse man durch den Boden (des Gefäſses) gehen und fast
5 bis an die Scheidewand $\gamma\delta$ reichen. Der Boden des
Gefäſses sei in $\varkappa$ durchbohrt und nehme [1]) ein Röhrchen $\varkappa\lambda$
auf. Das Gefäſs $\alpha\beta$ stehe auf einer Basis $\mu\nu\xi o$, durch
welche (d. h. durch deren Deckel) der Vorsprung der
Röhre $\eta\vartheta$ gehe. Der erwähnte Mischkrug sei $\pi\varrho$. Durch
10 die Basis $\mu\nu\xi o$ gehe eine Röhre $\sigma\tau$, die sowohl in die
Basis als den Mischkrug mündet. Der Mischkrug [2]) habe
gleiche Höhe mit der Mündung ϑ der Röhre $\eta\vartheta$. Nun
gieſse man den Wein durch die Röhre $\varepsilon\zeta$ in das Gefäſs $\alpha\beta$.
Die Luft geht nämlich durch die Röhre $\eta\vartheta$ hinaus. Ist
15 nun das Röhrchen $\varkappa\lambda$ offen, so strömt der Wein, sobald
er eingegossen wird, durch $\varkappa\lambda$ in die Basis ($\mu\nu\xi o$) und
den Mischkrug $\pi\varrho$. Ist es aber verstopft, dann füllt sich

1) b: 'habe'.   2) Nach b: 'Der Rand des Mischkruges'.

τότε πληρωθήσεται τὸ ΑΒ ἀγγεῖον. ἐγχέωμεν οὖν
καὶ εἰς τὴν ΜΝΞΟ βάσιν καὶ εἰς τὸν ΠΡ κρατῆρα
τὸν οἶνον, ὥστε πλήρη εἶναι τὸν ΠΡ κρατῆρα καὶ τὴν
ΜΝΞΟ βάσιν πεπληρῶσθαι ἄχρι τοῦ Θ στομίου τοῦ
σωλῆνος. τούτου δὲ γενομένου καὶ φραγέντος τοῦ Ε, 5
οὐ ⟨ῥεύσει⟩ διὰ τοῦ ΚΛ σωλῆνος ὁ ἐν τῷ ΑΒ ἀγγείῳ
οἶνος διὰ τὸ μὴ ἔχειν εἰς τὸν κενούμενον τόπον ἀέρα
ἀντικαταστῆναι ἄλλον· ἦν γὰρ αὐτῷ ἡ εἴσκρισις διὰ
τοῦ Ε στομίου. ὅταν οὖν ἀπαρυσώμεθα ἐκ τοῦ κρατῆρος οἶνον, ἀναστομωθήσεται τὸ Ε στόμιον, καὶ παρ- 10
εἴσδυσιν λαβόντος τοῦ ἀέρος πάλιν ῥεύσει ὁ οἶνος
εἴς τε τὴν βάσιν καὶ τὸν ΠΡ κρατῆρα, ἄχρις ἂν πλή-
174 ρης γένηται. καὶ τοῦτο ἔσται, | ὁσάκις ἐὰν ἀρυσώ-
μεθα ἐκ τοῦ κρατῆρος οἶνον. δεήσει δὲ καὶ τὴν
ΜΝΞΟ βάσιν τετρῆσθαί τρηματίῳ τῷ Υ πρὸς τὸ 15
τὸν ἀντικαταλλασσόμενον ἀέρα εἰς τὸ ΑΒ ἀγγεῖον διὰ
τοῦ Η στομίου εἰσχωρεῖν καὶ διὰ τοῦ Υ τρήματος.

XX.

Ἐὰν εἰς χρείαν βουλώμεθα τὸ αὐτὸ σκευάσαι, ὥστε
κρατῆρος ὄντος ἔν τινι τόπῳ πλεῖον ἀρύεσθαι ἐξ αὐτοῦ 20
ὕδωρ καὶ ἀεὶ πλήρη εἶναι τὸν κρατῆρα, κατασκευάζεται
οὕτως.

Ἔστω ἀγγεῖον τὸ ΑΒ, ἐν ᾧ ἔνδοθεν ἔστω ὕδατος

---

4 Θ scripsi: ἦ aBL: κ CP. cf. etiam Rochas l. l. p. 123
4—5 f. τοῦ ⟨ΗΘ⟩ σωλῆνος   6 ῥεύσει bL (post σωλῆνος add.
in margine M₂): om. a   13 ἐὰν a: ἂν Par. 2512   14 δεήσει
(δεήσει A) δὲ ab, spurium: f. ⟨ἄμεινον⟩ δὲ ἔσται [δὲ]. v. prolegomena ad fig. 20   19 σκευάσαι ΑΤ: κατασκευάσαι Gb

1 ΑΒ om. P   6 διὰ δὲ CP   9 ἐκ τοῦ BL: διὰ τοῦ ε̄ CP
10 ἀναστομωθήσεται: obturabitur L in omnibus libris praeter

das Gefäfs $\alpha\beta$. Wir wollen nun so viel Wein in die Basis $\mu\nu\xi o$ und den Mischkrug $\pi\varrho$ giefsen, dafs der Mischkrug $\pi\varrho$ ganz und die Basis $\mu\nu\xi o$ bis zur Röhrenmündung ϑ gefüllt ist. Wird hierauf ε verschlossen, so fliefst der im
5 Gefäfse $\alpha\beta$ enthaltene Wein nicht durch die Röhre $\varkappa\lambda$ ab, weil keine andere Luft da ist, um an die Stelle des luftleeren Raumés zu treten. Sie könnte nämlich nur durch die Mündung ε zugeführt werden. Wenn wir nun Wein aus dem Mischkruge geschöpft haben, so wird die Mündung ε
10 geöffnet. Hat dann die Luft Zutritt erhalten, so fliefst der Wein wieder in die Basis und den Mischkrug $\pi\varrho$, bis er voll ist. Dies wiederholt sich allemal, wenn wir dem Mischkruge Wein entnehmen. Praktischer[1]) ist es aber, auch in die Basis $\mu\nu\xi o$ ein kleines Loch ν[2]) zu bohren,
15 um die zur Ausfüllung des Vakuum nötige Luft in das Gefäfs $\alpha\beta$ durch die Öffnung η und das Loch ν eintreten zu lassen.[3])

XX.

Will man die gleiche Vorrichtung für die Praxis Ein unerschöpflicher Krug. II.
20 verwendbar machen und irgendwo einem Mischkruge Fig. 21. eine gröfsere Menge Wasser entnehmen und den Mischkrug doch stets gefüllt lassen, so trifft man folgende Einrichtung.

Man denke sich ein Gefäfs $\alpha\beta$ (Fig. 21), in dessen

---

1) Handschriftlich: 'Es ist ... zu bohren'.
2) Dieses ist natürlich in dem eben erörterten Falle als nicht vorhanden oder als verschlossen zu denken. Letzteres setzt unsere Figur voraus.
3) In diesem Falle bleibt ε natürlich geschlossen.

Mutinensem, qui *aperietur* habet   12 καὶ εἰς τὸν κρατῆρα b L
13 ἐὰν CP: ἂν B   15 τὸ om. b   17 τρήματος a: τρυπήματος b   19 δὲ καὶ εἰς b L   20 πλεῖον: multum L   21 κατασκευάζεται a: κατασκευάσομεν b L (o ex ω corr. P)   23 ἔνδοθεν om. b L   ὕδατος a: ὕδωρ b L

αὔταρκες πρὸς τὴν μέλλουσαν χρείαν· κρουνὸς δὲ ἐξ
αὐτοῦ ἔστω ὁ ΓΔ, ⟨καὶ⟩ ὑποκείσθω αὐτῷ ληνὸς ἡ
ΗΘ· κανόνιον δέ τι παρὰ τὸν κρουνὸν κηλωνευέσθω
τὸ ΕΖ, οὗ πρὸς μὲν τὸ Ε ἄκρον ἐκκρεμάσθω φελλὸς
ὁ Κ ἐνὼν ἐν τῇ ληνῷ· πρὸς δὲ τῷ Ζ ἁλυσείδιον ἀπο- 5
δεδέσθω βάρος μολιβοῦν ἔχον τὸ Ξ. ἔστω ⟨δὲ⟩ οὕτως
ἐσκευασμένον, ὥστε ἐπινηχομένου τοῦ Κ φελλοῦ εἰς
τὸ ἐν τῇ ΘΗ ληνῷ ὕδωρ ἀποκλείεσθαι τὸν κρουνόν,
ἀρθέντος δὲ ὕδατος ἀπὸ τῆς ληνοῦ καθίσαντα τὸν
φελλὸν ἀνοῖξαι τὸν κρουνόν, ὥστε πάλιν ἐπιρρεῦσαν 10
τὸ ὕδωρ μετεωρίσαι τὸν φελλὸν καὶ πάλιν ἀποκλει-
σθῆναι τὸν κρουνόν· δεήσει δὲ τὸν φελλὸν βαρύτερον
εἶναι τοῦ πρὸς τῷ Ξ βάρους. ἔστω δὲ καὶ ὁ εἰρη-

a 108, 5—110, 4 πρὸς δὲ τῷ Ζ ... ἐπινηχομένου =
b 108, 15—110, 24: πρὸς δὲ τῷ Ζ ἁλυσείδιον ἀποδεδέσθω 15
βάρος μολύβδινον ἔχον τὸ Ξ πολλῷ ἔλαττον τῷ σταθμῷ τοῦ
Κ φελλοῦ. ἔστω δὲ οὕτως ἐσκευασμένον, ὥστε ἐπινηχομένου
τοῦ Κ φελλοῦ εἰς τὸ ἐν τῇ ΘΗ ληνῷ ὕδωρ ἀποκλείεσθαι
τὸν κρουνὸν ὑπ᾽ αὐτοῦ, ἀρθέντος δὲ ὕδατος ἀπὸ τοῦ ληνοῦ
καὶ τοῦ φελλοῦ καταβιβασθέντος ἀνοιχθῆναι τὸν κρουνὸν 20
καὶ πάλιν εἰσελθόντος ἐν τῇ ληνῷ τοῦ ὕδατος μετεωρισθέντα
τὸν φελλὸν ἐμφράξαι τὸν κρουνόν. ἔστω οὖν καὶ ὁ εἰρη-

2 καὶ bL: om. a   4 φελλὸς Mb: φελὸς a. similiter infra
lin. 7. 10 (AT)   6 μολιβοῦν G: μοβοῦν AT   δὲ inserui.
cf. lin. 17   9—10 ἀρθέντος . . . κρουνόν om. G   13 τῷ
Par. 2512: τὸ a: f. [πρὸς τῷ] del. cf. lin. 6

1 πρὸς a: εἰς b   μέλλουσαν om. bL   2 αὐτῷ om. bL
4 τὸ ε ἄκρον a: τῷ (τὸ B) ε ἄκρῳ b   E om. L   φελλὸς:
ponderarium acneum L   15 ζ CP: ξ BL   16 τῷ B: τῷ
δὲ CP (sed δὲ del. C)   19 aqua autem elevata sive potius
evacuata L

Innern so viel Wasser sei, als voraussichtlich gebraucht
wird. Ein Ausflußrohr $\gamma\delta$ rage daraus hervor, und eine
Kufe $\eta\vartheta$ stehe darunter.   Ein Schwengel $\varepsilon\zeta$ gehe neben

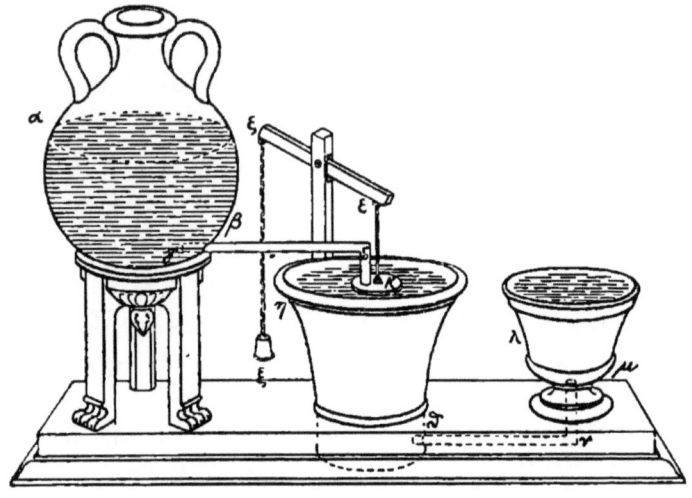

Fig. 21.

dem Ausflußrohre wie ein Wagebalken auf und nieder.
5 An dessen Ende ε hänge eine Korkscheibe $\varkappa$ (so tief),
daß sie sich innerhalb der Kufe befindet.   An ζ hänge
man ein Kettchen mit einem Bleigewichte ξ.[1]) Die Einrichtung sei so getroffen, daß die Korkscheibe $\varkappa$ die Ausflußröhre nach dem Wasser in der Kufe $\vartheta\eta$ hin ab-
10 schließt, wenn sie obenauf schwimmt, dagegen sich senkt
und so die Ausflußröhre öffnet, wenn der Kufe Wasser
entzogen wird.   Erst wenn wieder Wasser zuströmt, soll
daher die Korkscheibe gehoben und die Röhre von neuem
geschlossen werden.   Die Korkscheibe muß aber schwerer
15 sein' als das Gewicht bei ξ.   Es sei der erwähnte Misch-

---

1) Zusatz nach b: (. . . Bleigewichte ξ,) 'das eine weit
geringere absolute Schwere besitzt als die Korkscheibe $\varkappa$'.
Dafür fällt weiter unten in b die entsprechende Bemerkung
von a aus.

μένος κρατὴρ ἐν τόπῳ τινὶ κείμενος ὁ ΛΜ, οὗ τὸ
χεῖλος ἔστω ἐν αὐτῇ τῇ ἐπιφανείᾳ τοῦ ἐν τῇ ληνῷ
ὕδατος, ὅτε οὐκέτι ἐπιρρέει ὁ κρουνὸς τοῦ φελλοῦ
ἐπινηχομένου. φερέτω δὲ καὶ ἐκ τῆς ληνοῦ σωλὴν
εἰς τὸν πυθμένα τοῦ κρατῆρος ὁ ΘΝ. ὅταν ἄρα πλή- 5
ρους ὄντος τοῦ κρατῆρος ἀρύσῃ τις ὕδωρ, συγκενώσει
καὶ τὸ ἐν τῇ ΘΗ ληνῷ ὕδωρ· καὶ καθίσας ὁ φελλὸς
ἀνοίξει τὸν κρουνόν, καὶ τὸ ἐπιρρέον εἴς τε τὴν
ληνὸν καὶ τὸν κρατῆρα ἐνεχθήσεται καὶ μετεωρίσει
175 τὸν φελλόν, ὥστε πάλιν | μηκέτι ἐπιρρέειν. καὶ τοῦτο 10
ἔσται, ὁσάκις ἂν ἀφέληταί τις ἐκ τοῦ κρατῆρος ὕδωρ.

XXI.

Εἰς ἔνια σπονδεῖα πενταδράχμου νομίσματος ἐμβληθέντος, ὕδωρ ἀπορρέει εἰς τὸ περιρραίνεσθαι.

Ἔστω σπονδεῖον ἢ θησαυρὸς ὁ ΑΒΓΔ, οὗ στό- 15
μιον ἔστω τὸ Α ἀνεστομωμένον, ἐν δὲ τῷ θησαυρῷ
ἀγγεῖον ἔστω τὸ ΖΗΘΚ ἔχον ὕδωρ καὶ πυξίδα τὴν
Λ, ἐξ ἧς κρουνὸς ἔξω φερέτω ὁ ΛΜ. παρακείσθω δὲ
τῷ ἀγγείῳ ὄρθιος κανὼν ὁ ΝΞ, περὶ ὃν ἕτερος κηλωνευέσθω ὁ ΟΠ ἔχων πρὸς μὲν τῷ Ο πλατυσμάτιον 20
τὸ Ρ παράλληλον τῷ πυθμένι τοῦ ἀγγείου, πρὸς δὲ

μένος κρατὴρ ἐν τόπῳ τινὶ κείμενος ὁ ΛΜ, οὗ τὸ χεῖλος
ἔστω ἀκριβῶς ἐν αὐτῇ τῇ ἐπιφανείᾳ τοῦ ἐν τῇ ληνῷ ὕδατος,
ὅτε οὐκέτι ἐπιρρέει ὁ κρουνὸς τοῦ φελλοῦ ἐπινηχομένου.

---

13 σπονδεῖα Mb: σπονδία a   15—16 τὸ στόμιον Leid.
Scalig. 45   17 πυξίδα ΒΜ (πηξίδα CP): πυξίδια a: pixidem L
20 τῷ b: τὸ a

---

7 καθίσας a: κατελθὼν b, descendens L   8 τὴν a: τὸν b
9 εἰς τὸν bL   10 μηκέτι πάλιν tr. CP   17 ηξθκ bL

krug $\lambda\mu$ an einem beliebigen Punkte aufgestellt.   Sein
Rand liege genau in Höhe des Wasserspiegels in der Kufe
zur Zeit, wo die Ausflufsröhre infolge der oben schwimmenden Korkscheibe aufhört zu fliefsen.   Auch aus der Kufe
5 führe eine Röhre $\vartheta\nu$ nach dem Boden des Mischkruges.
Wenn man nun aus dem vollen Mischkruge Wasser schöpft,
so bewirkt man zu gleicher Zeit, dafs auch in der Kufe $\vartheta\eta$
der Wasserstand niedriger wird.   Wenn dann die Korkscheibe sich senkt, so wird sie die Ausflufsröhre öffnen,
10 und was zuströmt, wird sowohl in die Kufe als in den
Mischkrug laufen und die Korkscheibe heben, so dafs der
Zuflufs wieder aufhört.. Dies wiederholt sich, so oft als
man dem Mischkruge Wasser entnimmt.

XXI.

15   Manche Opfergefäfse sind so eingerichtet, dafs Der Weih-
wasserautomat.
Weihwasser zum Besprengen herausfliefst, wenn man Fig. 22.
ein Fünfdrachmenstück hineinwirft.

Man nehme ein Opfergefäfs (Spondeion, Fig. 22) oder
eine Sparbüchse[1] (Thesauros) $\alpha\beta\gamma\delta$, deren Mündung α
20 nicht geschlossen sei.   In der Sparbüchse (bez. der Opfer-
kanne) befinde sich ein (kleines) Gefäfs $\zeta\eta\vartheta\varkappa$ mit Wasser
und einer Büchse λ, von welcher eine Ausflufsröhre $\lambda\mu$
nach aufsen gehe.   Neben dem Gefäfse stehe ein senkrechter Stab $\nu\xi$, um den ein anderer $o\pi$ sich wie ein
25 Wagebalken drehe.   Dieser erweitere sich bei o zu einem
Plättchen ϱ, das (im Zustande der Ruhe) dem Boden des

---

1) In Pompeji (Overbeck-Mau *Pompeji* S. 203) ist die
Kasse (Büchse) des thürhütenden Badewärters in den kleineren
Thermen gefunden, aber leider a. a. O. nicht abgebildet.   An
Geldkisten, wie sie in Pompeji z. B. in der Casa dei Dioscuri
(= del questore, a. a. O. S. 334. 336) chemals standen, ist
wohl kaum zu denken.

---

18 $\varphi\varepsilon\varrho\acute{\varepsilon}\tau\omega$ B: $\varphi\acute{\varepsilon}\varrho\varepsilon\tau\alpha\iota$ CP: *ferat* vel *feratur* L   20 o a P:
$\bar{\varrho}$ BCL

τῷ ⟨Π κανόνιον τὸ⟩ ΠΣ ἔχον πρὸς τῷ Σ ἁρμοστὸν
πῶμα τῇ Λ πυξίδι, ὥστε μὴ ῥέειν τὸ ὕδωρ διὰ τοῦ
ΛΜ σωλῆνος. ἔστω δὲ τὸ πῶμα τῆς πυξίδος βαρύτερον τοῦ Ρ πλατυσματίου, κουφότερον δὲ συναμφο-
τέρων τοῦ τε νομίσματος καὶ τοῦ πλατυσματίου. ὅταν 5
οὖν ἐμβληθῇ διὰ τοῦ Α στομίου τὸ νόμισμα, ἐπι-
πεσεῖται τῷ Ρ πλατυσματίῳ καὶ καταβαρῆσαν ἐγκλινεῖ
μὲν τὸ ΟΠ κανόνιον, ἐπαρεῖ δὲ τὸ πῶμα τῆς πυξίδος,
ὥστε ῥεῦσαι τὸ ὕδωρ· ἀποπεσόντος δὲ τοῦ νομίσματος
πάλιν τὸ πῶμα ἐπιπεσὸν ἀποκλείσει τὴν πυξίδα, ὥστε 10
μηκέτι ῥέειν τὸ ὕδωρ.

XXII.

Εἰς ἀγγεῖον πολλῶν γενῶν ἐμβληθέντων ὑγροῦ
διὰ τοῦ αὐτοῦ στομίου, ἰδίᾳ ἕκαστον ἀπορρέειν διὰ
τοῦ αὐτοῦ κρουνοῦ, ὡς ἂν προαιρώμεθα. 15

Ἔστω τι ἀγγεῖον τὸ ΑΒ διαπεφραγμένον τὸν
τράχηλον τῷ ΓΔ διαφράγματι. ἐχέτω δὲ διαφράγματα
ὄρθια καὶ ἀνατείνοντα μέχρι τοῦ διαφράγματος, ποιοῦντα χώρας τοσαύτας, ὅσα βουλόμεθα ἐμβαλεῖν ὑγρά.

a 9—11 ὥστε ῥεῦσαι ... τὸ ὕδωρ = b 20—22: καὶ οὕτως 20
ῥέει τὸ ὕδωρ· ἀρθέντος δὲ τοῦ νομίσματος πάλιν τὸ πῶμα
ἐπιπεσὸν ἀποκλείσει τὴν πυξίδα, ὥστε μηκέτι ῥέειν τὸ ὕδωρ.

---

1 Π κανόνιον τὸ bL: om. a   τῷ (ante Σ) AGb: τὸ T
7 τῷ MBC: τὸ aP   ἐγκλινεῖ Haase in schedis Schoenianis:
ἐγκλίνει AGb: ἐγκλίνειν T: inclinabit L   8 ἐπαρεῖ Haase in
schedis: ἐπαίρει ab, tollit L   17 f. δὲ ⟨καὶ⟩   18 f. τοῦ ⟨ΓΔ⟩
διαφράγματος   18—19 f. ⟨καὶ⟩ ποιοῦντα: ac facientia L

1 π̄σ aB: π̄ο CP   2 τὸ ὕδωρ: vinum L   4—5 κουφότερον ... πλατυσματίου om. CP   13 ὑγροῦ: humorum L
14 ἀπορρέειν aBCL: ἐπιρρέειν P   15 ὡς a: ὃ bL   18 καὶ
om. b   τοῦ κατὰ τὸ (om. B) στόμιον bL   22 ῥέειν τὸ ὕδωρ
BC: ῥέει ὕδωρ P

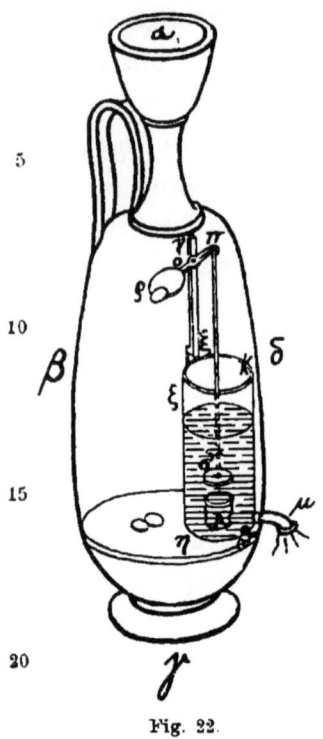

Fig. 22.

Gefäfses parallel liegt. Bei π hänge an dem Querstabe ein Stiel $\pi\sigma$, an welchem bei σ ein (genau) auf die Büchse λ passender Deckel sitzt, so dafs er den Ausflufs durch die Röhre $\lambda\mu$ zu unterbrechen vermag. Der Büchsendeckel sei schwerer als das Plättchen ϱ, dagegen leichter als Münze und Plättchen zusammen. Wenn nun durch die Mündung α das Geldstück hineingeworfen ist, fällt es auf das Plättchen ϱ, drückt den Querstab $o\pi$ nieder und bringt ihn in eine schiefe Lage, während es den Büchsendeckel emporzieht, so dafs das Wasser ausfliefsen kann. Wenn das Geldstück heruntergefallen ist[1]), legt sich der Deckel wieder auf die Büchse und verschliefst sie, so dafs der Ausflufs aufhört.

XXII.

Es giebt ein Gefäfs, das jede beliebige Flüssig- Ein Zauber-
krug. Fig. 23. keit durch denselben Hahn gesondert ausfliefsen läfst, nachdem man durch einunddieselbe Mündung vielerlei Arten eingegossen hat.

Ein Gefäfs $\alpha\beta$ (Fig. 23) sei im Halse durch die Scheidewand $\gamma\delta$ verschlossen und (im Bauche) mit vertikalen Scheidewänden versehen, die bis an die Scheidewand $\gamma\delta^2$) reichen und so viel Räume (Kammern) bilden, als wir Flüssigkeiten hineinthun wollen. Man nehme für

---

1) Nach b: 'aufgehoben ist'.
2) Nach b: 'bis an die Scheidewand in der Mündung'.

176 ἔστω δὲ ἐπὶ τοῦ παρόντος δύο. | καὶ ἔστω διάφραγμα
τὸ ΖΕ· ἐν δὲ τῷ ΓΔ διαφράγματι τρυπήματα ἔστω
λεπτὰ καθάπερ ἠθμοειδῆ, φέροντα εἰς ἑκατέραν χώραν·
ὑπὸ δὲ τὸ διάφραγμα διαύγια ἔστω τὰ Η, Θ φέροντα
εἰς τὰς χώρας· ἐκ δὲ τοῦ πυθμένος σωληνάρια ἔστω 5
τὰ Κ, Δ συντετρημένα ταῖς χώραις καὶ φέροντα εἰς
ἕνα κρουνίσκον κοινὸν τὸν Μ. ἐὰν ⟨οὖν⟩ καταλαβόμενοι τὰ Η, Θ διαύγια καὶ τὸν Μ κρουνὸν ἐγχέωμεν
διὰ τοῦ στόματος ἓν τῶν ὑγρῶν, εἰς οὐδεμίαν χώραν
εἰσελεύσεται διὰ τὸ τὸν ἐν αὐταῖς ἀέρα μὴ ἔχειν 10
ἔξοδον. ἐὰν δὲ ἀνῶμεν ἓν τῶν διαυγίων, εἰς ἐκείνην
ἐνεχθήσεται τὴν χώραν τὸ ὑγρόν, ἧς ἐστι καὶ τὸ δι-
·αύγιον. εἶτα πάλιν καταληφθέντος τοῦ διαυγίου ὅταν
ἕτερον ὑγρὸν ἐγχέωμεν καὶ ἀνῶμεν τὸ ἕτερον διαύγιον,
πάλιν εἰς τὴν ἑτέραν χώραν ἐνεχθήσεται τὸ ὑγρόν. 15

a 1—7 καὶ ἔστω ... τὸν Μ = b 16—21: καὶ ἔστωσαν χῶραι αἱ Ζ, Ε· ἐν δὲ τῷ ΓΔ διαφράγματι τρυπήματα
ἔστω λεπτά, φέροντα εἰς ἑκατέραν χώραν· ὑπὸ δὲ τὸ διάφραγμα διαύγια ἔστω τὰ Η, Θ φέροντα εἰς τὰς χώρας·
πρὸς δὲ τῷ πυθμένι σωληνάρια ἔστω τὰ Κ, Δ συντετρημένα 20
ταῖς χώραις καὶ φέροντα εἰς ἕνα κοινὸν κρουνίσκον τὸν Μ.

1—2 διάφραγμα τὸ ΖΕ scripsi: διαφράγματα τὰ ξε̄ a
3 f. καθάπερ ⟨ἠθμὸς⟩ [ἠθμοειδῆ]. cf. supra p. 56, 18, sed v.
etiam p. 60, 17   4 τὸ διάφραγμα scripsi: τὰ διαφράγματα a.
cf. lin. 18   6 τὰ Κ, Δ ... ταῖς χώραις om. T₁, add. T₂   καὶ
ταῖς ΑΜ (καὶ suprascr. A), καὶ in marg. add. T₂   7 κρουν-
νίσκιον a (ἓν ἀκρουννίσκιον Τ): κρουννίσκον correxi. cf. lin. 21
οὖν b, itaque L: om. a   10 τὸ b: om. a   14 ἐγχέωμεν
Μ b: ἐκχέωμεν a   f. ἀνῶμεν ... διαύγιον et ἕτερον ... ἐγχέωμεν transp.   15 τὴν Voss. 19, b: om. a   ἑτέραν ΑGb:
ε̄ τὲ T₁, corr. T₂

---

11 alterum spiraculum L   14 διαύγιον om. B   19 διαύ-

den Augenblick zwei Flüssigkeiten, und die (vertikale) Scheidewand sei $\zeta\varepsilon$.[1]) In der Scheidewand $\gamma\delta$ seien kleine Löcher wie bei einem Siebe[2]), welche in die beiden Räume führen. Unterhalb der Scheidewand sollen die Luftlöcher η und ϑ in die Kammern führen. Aus dem Boden mögen die Röhrchen[3]) $\varkappa$ und λ heraustreten, nach den Kammern hin offen sein und in eine einzige, gemeinsame Ausflufsröhre μ auslaufen. Halten wir nun die Luftlöcher η und ϑ und das Ausflufsrohr μ zu und giefsen durch die Mündung eine der Flüssigkeiten ein, so wird sie in keine Kammer eindringen, weil die in den Kammern enthaltene Luft keinen Ausweg hat. Öffnen wir aber eins der Luftlöcher, so läuft die Flüssigkeit in den Raum, zu dem das betreffende Luftloch gehört. Halten wir dann dieses Luftloch wieder zu, lassen dagegen das andere los und giefsen eine andere Flüssigkeit hinein, so läuft die Flüssigkeit wieder in die andere Kammer. Halten wir nun alle

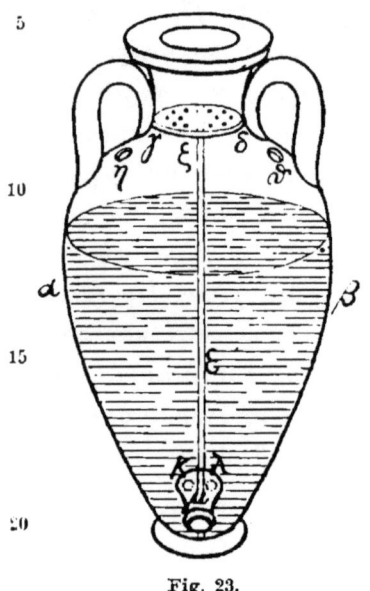

Fig. 23.

1) Nach b: 'und die Kammern seien ζ, ι'.
2) Nach b: 'wie — Siebe' fehlt.
3) Diese sind in unsrer Figur als solche nicht erkennbar, sondern, um·die Deutlichkeit der übrigen Vorrichtung nicht zu beeinträchtigen, als einfache Ausflufsöffnungen dargestellt, welche ja denselben Zweck erfüllen würden.

για BC: διαύγημα P   20 τῷ om. B   σωληνάριον ἔστω τὸ B
21 καὶ om. L   τὸν BC: τὸ P

καταλαβόμενοι οὖν τὰ διαύγια πάντα σὺν τοῖς ἠθμοῖς
ὅταν ἀνῶμεν τὸν Μ κρουνόν, οὐ μὴ ῥεύσῃ, ἐὰν μὴ
ἓν τῶν διαυγίων ἀνεθῇ. καὶ τότε τοῦ ἀέρος παρείσδυσιν ἐσχηκότος ῥυήσεται τὸ ἐν ἐκείνῃ τῇ χώρᾳ ὑγρόν·
καταληφθέντος δὲ τοῦ διαυγίου καὶ τοῦ ἑτέρου ἀνε- 5
θέντος τὸ αὐτὸ συμβήσεται.

XXIII.

Δύο ἀγγείων ὄντων ἐπί τινος βάσεως καὶ τοῦ
μὲν ἑνὸς πλήρους ὄντος οἴνου, τοῦ δὲ ἑτέρου ὑπάρχοντος κενοῦ, ὅσον ἐὰν εἰς τὸ κενὸν ἀγγεῖον ὕδωρ 10
ἐγχέωμεν, τοσοῦτος ὁ οἶνος ἐκ τοῦ ἑτέρου ῥυήσεται·
κατασκευάζεται δὲ οὕτως.

Ἔστω ἐπί τινος βάσεως τῆς ΑΒ δύο ἀγγεῖα τὰ
ΓΔ, ΕΖ διαπεφραγμένα τὰ στόμια τοῖς ΗΘ, ΚΛ δια-

a 1—6 καταλαβόμενοι ... συμβήσεται = b 16—21: 15
καταλαβόμενοι οὖν τὰ διαύγια πάντα σὺν ταῖς ἐν τῷ διαφράγματι ὀπαῖς ὅταν ἀνῶμεν τὸν Μ κρουνόν, οὐ μὴ ῥεύσῃ,
εἰ μὴ ἓν τῶν διαυγίων ἀνεθείη. καὶ τότε τοῦ ἀέρος παρείσδυσιν ἐσχηκότος ῥυήσεται τὸ ἐν ἐκείνῃ τῇ χώρᾳ ὑγρόν·
καταληφθέντος δὲ τοῦ διαυγίου τούτου καὶ τοῦ ἑτέρου ἀνε- 20
θέντος ῥεύσει τὸ ἐν τῇ ἑτέρᾳ χώρᾳ ὑγρόν.

---

1 ἠθμοῖς M: ἰθμοῖς a   2 ῥεύσῃ (η ex ει corr.) AG:
ῥεύσειν T ἐὰν scripsi: εἰ a   5 καταληφθέντος Mb: καταλειφθέντος a   10 ἐὰν AG: ἂν Tb   11 τοσοῦτος A (in A
recte sic scribitur: τοσοῦτ) b: τοσοῦτο GT   14 τοῖς b: τῆς a

---

10 ἀγγεῖον om. bL   11 ὁ om. b   14 ἔχοντα τὰ bL
17 ῥεύσῃ (η ex ει corr.) B: ῥεύσει CP   19 ἐν ... χώρᾳ:
ibi L   20 τούτου om. B

Luftlöcher mitsamt den siebartigen Löchern[1]) zu und lassen
das Ausflufsrohr μ los, so wird die Flüssigkeit sicherlich
nicht ausfliefsen, es sei denn, dafs eins der Luftlöcher geöffnet wird. Erst dann, wenn die Luft Zutritt erlangt
5 hat, wird diejenige Flüssigkeit ausfliefsen, welche in dem
entsprechenden Raume enthalten ist. Hält man aber das
betreffende Luftloch zu und läfst das andere los, so ist das
Resultat dasselbe.[2])

<h2 style="text-align:center">XXIII.</h2>

10   Wenn zwei Gefäfse, von denen das eine voll   Verwendung
Wein, das andere leer ist, auf einer Basis stehen,   des Wasser-
so kann der Wein in solcher Quantität aus dem   druckes, um
vollen Gefäfse ausfliefsen, als wir in das leere Wasser   flufs zu bringen.
giefsen. Die Einrichtung ist folgende.   Fig. 24.

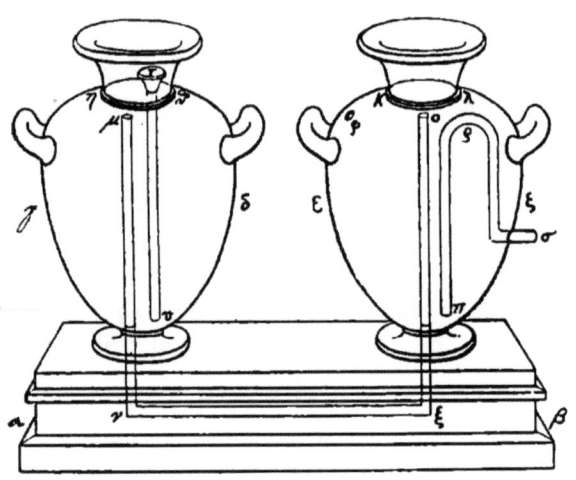

Fig. 24.

15   Auf eine Basis $\alpha\beta$ (Fig. 24) seien zwei Gefäfse $\gamma\delta$
und $\epsilon\zeta$ gestellt, deren Mündungen durch die Scheidewände

---

1) Nach b: 'mitsamt den Löchern in der Scheidewand'.
2) Nach b: 'so wird die in dem anderen Raume enthaltene
Flüssigkeit ausströmen'.

177 φράγμασι. σωλὴν δὲ ὁ *MNΞO* διὰ τῆς βάσεως διώσθω
καὶ ἀνακεκάμφθω εἰς τὰ ἀγγεῖα ἀπέχων ἀπὸ τῶν διαφραγμάτων βραχὺ κατὰ τὰ *M, O*. καὶ ἐν μὲν τῷ *EZ*
καμπύλος σίφων ἔστω ὁ *ΠΡΣ* τὴν κυρτότητα ἔχων
πρὸς τῷ στόματι τοῦ ἀγγείου· τὸ δὲ ἕτερον σκέλος 5
αὐτοῦ ἐκτὸς φερέτω εἰς κρουνὸν διεσκευασμένον. διὰ
δὲ τοῦ *HΘ* διαφράγματος καθείσθω χώνη ἡ *TΥ*, ἧς
ὁ καυλὸς συνεστεγνώσθω τῷ διαφράγματι καὶ ἀπεχέτω ἀπὸ τοῦ πυθμένος βραχύ. ἐγκεχύσθω δὲ διά τινος
τρυπήματος τοῦ *Φ* εἰς τὸ *EZ* ἀγγεῖον οἶνος, ὃ μετὰ 10
τὴν ἔγχυσιν πάλιν ἀπεστεγνώσθω. ἐὰν οὖν ἐγχέωμεν
διὰ τῆς χώνης ὕδωρ εἰς τὸ *ΓΔ* ἀγγεῖον, συμβήσεται
τὸν ἐν αὐτῷ ἀέρα ἐκθλιβόμενον χωρεῖν εἰς τὸ *ZE*
ἀγγεῖον διὰ τοῦ *MNΞO* σωλῆνος· ὁ δὲ μεταχωρῶν
ἐκθλίψει τὸν ἐν τῷ *EZ* ἀγγείῳ οἶνον· καὶ τοῦτο 15
ἔσται, ὁσάκις ἐὰν ὕδωρ ἐγχέωμεν. καὶ δῆλον ὅτι ἐκθλιβόμενος ὁ ἀὴρ ἴσον ὄγκον ἔχει τῷ ἐγχυνομένῳ
ὕδατι καὶ τοσοῦτον οἶνον ἐκθλίψει. καὶ ἐὰν μηδὲ σίφων
ᾖ καμπύλος, ἀλλὰ μόνον κρουνὸς πρὸς τῷ *Σ*, δύναται
τὸ αὐτὸ γενέσθαι, ἐὰν μὴ τοῦ ὕδατος ἡ βία κατακρα- 20
τήσῃ τοῦ κρουνοῦ.

XXIV.

Ἀγγείου ὄντος κενοῦ καὶ ἑτέρου οἶνον ἔχοντος,
ὅσον ἐὰν ὕδωρ εἰς τὸ κενὸν ἀγγεῖον ἐμβάλωμεν, το-
a 118, 23—122, 16 Ἀγγείου ὄντος ... προαιρώμεθα 25
= b 118, 26—122, 29: Κρουνὸν κατασκευάσαι, ἀφ᾽ οὗ

3 κατὰ τὰ BCL: κατὰ τὸ P: ὁ a   τῷ M b: τὸ a   6 διεσκευασμένον b: διασκευασμένον a   7 καθείσθω BCM: καθίσθω a: κείσθω P   13 τὸν AG b: δὲ MT   16 ἐὰν aCP: ἂν
BM   19 τῷ AG b: τὸ T   22 ε̄ον codd. decurtati et sic
deinceps   23—120, 1 Ἀγγείου ... κεκραμένον a: ἔστω σμηρι-

$\eta\vartheta$ und $\varkappa\lambda$ verschlossen seien.   Eine Röhre $\mu\nu\xi o$ lasse
man durch die Basis gehen und biege sie nach oben in
die Gefäße um, dafs sie in μ und o fast bis an die
Scheidewände reicht.   In $\varepsilon\zeta$ sei ein gekrümmter Heber $\pi\varrho\sigma$
5 angebracht, dessen Krümmung nahe der Mündung des
Gefäses liege.   Der andere Schenkel des Hebers gehe in
Gestalt eines offenen Hahns nach aufsen.   Durch die
Scheidewand $\eta\vartheta$ lasse man einen Trichter $\tau\upsilon$ hinab, dessen
Schaft (d. h. Röhre) in die Scheidewand eingelötet sei
10 und fast bis auf den Boden reiche.   Man giefse in das
Gefäfs $\varepsilon\zeta$ Wein durch irgend ein Loch φ, das nach dem
Eingiefsen wieder zu verschliefsen ist.   Wenn wir nun
durch den Trichter Wasser in das Gefäfs $\gamma\delta$ giefsen, so
ist die Folge, dafs die darin enthaltene Luft hinaus-
15 gedrängt wird und durch die Röhre $\mu\nu\xi o$ in das Gefäfs $\zeta\varepsilon$
strömt.   Sobald die Luft hinübergeht, treibt sie den im
Gefäfse $\varepsilon\zeta$ enthaltenen Wein hinaus.   Dies wiederholt sich,
so oft wir Wasser eingiefsen.   Es ist augenscheinlich, dafs
die verdrängte Luft gleiches Volumen wie das eingegossene
20 Wasser hat und eine diesem entsprechende Quantität Wein
zum Ausflufs bringen wird.   Auch wenn kein gekrümmter
Heber, sondern blofs ein offener Hahn bei σ angebracht
sein sollte, kann das Resultat dasselbe sein, es sei denn,
dafs der Druck des Wassers für den Hahn zu stark ist.

25   XXIV.

Wenn man ein leeres Gefäfs und ein zweites voll
Wein hat, so kann man durch einen Hahn Wein und

a 119, 26—121, 12 Wenn man . . . sich verhalten soll =
b 119, 29—121, 22: Einen Hahn zu konstruieren, aus dem eine

$\sigma\mu\acute{\alpha}\tau\iota o\nu$ codd. decurtati et ed. Paris.   24 $\dot{\varepsilon}\grave{\alpha}\nu$ a: $\ddot{\alpha}\nu$ Par. 2512
$\dot{\varepsilon}\mu\beta\acute{\alpha}\lambda\lambda\omega\mu\varepsilon\nu$ T

1 $\delta\iota\acute{\omega}\sigma\vartheta\omega$ $\delta\iota\grave{\alpha}$ $\tau\tilde{\eta}\varsigma$ $\beta\acute{\alpha}\sigma\varepsilon\omega\varsigma$ tr. b   3 $\varkappa\alpha\grave{\iota}$ om. L   10 $\acute{o}$
$o\tilde{\iota}\nu o\varsigma$ b $\ddot{o}$ a: $\varkappa\alpha\grave{\iota}$ bL   15 $\dot{\varepsilon}\varkappa\vartheta\lambda\acute{\iota}\beta\varepsilon\iota$ P   17 $\ddot{\varepsilon}\chi\varepsilon\iota$ a: $\ddot{\varepsilon}\xi\varepsilon\iota$ bL
$\dot{\varepsilon}\gamma\chi\upsilon\nu o\mu\acute{\varepsilon}\nu\omega$ a: $\dot{\varepsilon}\gamma\chi\varepsilon o\mu\acute{\varepsilon}\nu\omega$ b

σοῦτον διὰ κρουνοῦ ληψόμεϑα κεκραμένον ᾧ ἐὰν βουλώμεϑα εἶναι λόγῳ· ἔστω δὲ τὸ ὕδωρ τοῦ οἴνου διπλάσιον.

Ἔστω τὸ κενὸν ἀγγεῖον τὸ ΑΒ ἤτοι κυλινδρικὸν ἢ στερεὸν παραλληλεπίπεδον ὀρϑογώνιον· τούτῳ δὲ 5 ἕτερον παρακείσϑω στεγνὸν πάντοϑεν καὶ ἐπὶ τῆς αὐτῆς βάσεως κείμενον τὸ ΓΔ ἤτοι ὁμοίως κυλινδρικὸν ἢ στερεὸν παραλληλεπίπεδον ὀρϑογώνιον· ἡ δὲ τοῦ ΑΒ βάσις διπλασία ἔστω τῆς τοῦ ΓΔ βάσεως, 17*ἐπειδήπερ βουλόμεϑα τὸ | ὕδωρ τοῦ οἴνου εἶναι διπλάσιον.

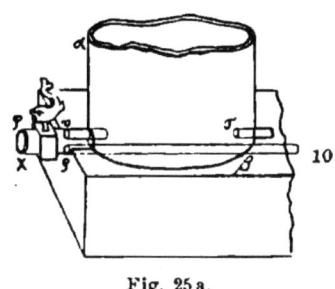

Fig. 25 a.

τούτῳ δὴ παρακείσϑω ἕτερον ἀγγεῖον στεγνὸν τὸ ΖΕ, 15 κρᾶμα ῥυήσεται ὕδατος καὶ οἴνου ἐν λόγῳ ᾧ ἂν βουλώμεϑα. ἔστω δὴ τὸ ὕδωρ εἶναι τοῦ οἴνου διπλάσιον.

Ἔστω κενὸν ἀγγεῖον τὸ μέλλον ὑποδέξεσϑαι τὸ ὕδωρ τὸ ΑΒ· τοῦτο δὲ ἤτοι κυλινδρικὸν στερεὸν ἔστω ἢ παραλληλεπίπεδον ὀρϑογώνιον· τούτῳ δὲ ἕτερον ὅμοιον τῷ σχήματι 20 παρακείσϑω στεγνὸν πάντοϑεν τὸ ΓΔ, οὗ ἡ βάσις ἡμίσεια ἔστω τῆς τοῦ ΑΒ βάσεως, ἐπεὶ βουλόμεϑα διπλάσιον εἶναι τὸ ὕδωρ τοῦ οἴνου ἐν τῷ κράματι. καὶ τούτῳ δὲ παρακείσϑω ἕτερον ἀγγεῖον στεγνὸν τὸ ΕΖ, ἐν ᾧ ἐγχυϑήσεται

---

1 ἂν Paris. 2512   2 εἶναι (scil. κεκραμένον) A₂T: om. A₁
λόγῳ εἶναι tr. G   δὲ om. T₁, corr. T₂   ὕδωρ T: ὕδωρ
εἶναι AGM   5. 10 παραλληλεπίπεδον GT: παράλληλον ἐπίπεδον A   5—6 ὀρϑογώνιον ... ἕτερον om. G₁, add. G₂

---

17 δὴ BC: igitur L: δὲ P   εἶναι om. L (sit aqua igitur vini dupla): f. εἶναι del.   18 ὑποδέξεσϑαι BC: ὑποδέξασϑαι P: quod aquam debet suscipere L   20 δὲ om. L   23 τούτῳ BL: τοῦτο CP   δὲ b: om. L

Wasser in beliebiger Mischung und in einer Quantität entnehmen, die dem in das leere Gefäfs eingegossenen Wasser entspricht. Das Wasser betrage das Doppelte des Weines.

5 Das leere Gefäfs $\alpha\beta$ sei entweder cylindrisch (Fig. 25 bez. 25a) oder ein rechtwinkliges Parallelepipedon. Daneben stelle man ein anderes, von allen Seiten luftdicht verschlossenes $\gamma\delta$ auf dieselbe Basis, das ebenso cylindrisch oder ein rechtwinkliges

Verwendung des Wasser- und Luft- druckes, um aus einem Hahne eine Mischung von Wein und Was- ser in einem bestimmten Verhältnisse ausströmen zu lassen. Fig. 25 und 25a.

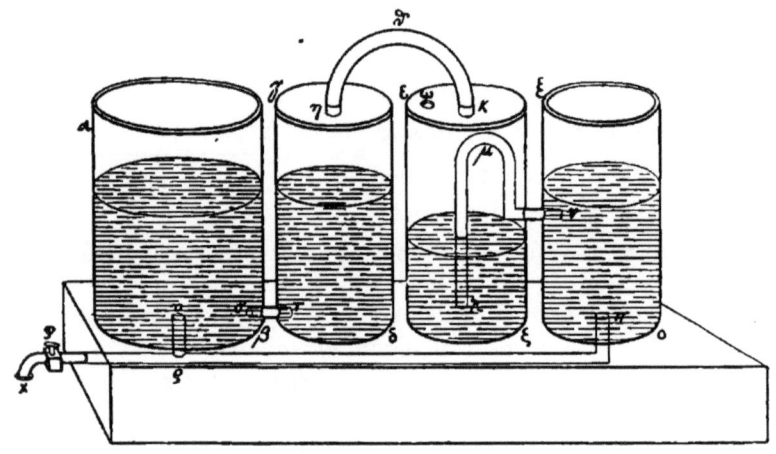

Fig. 25.

10 Parallelepipedon ist. Die Basis von $\alpha\beta$ sei doppelt so grofs als die von $\gamma\delta$, da das Wasser zum Weine sich wie 2 : 1 verhalten soll. Neben diesem stehe noch ein

Mischung von Wasser und Wein in einem beliebigen Verhält- nisse ausfliefsen soll. Das Wasser betrage das Doppelte des 15 Weines.

· Es sei $\alpha\beta$ ein leeres Gefäfs, welches bestimmt ist, das Wasser aufzunehmen. Es sei dies entweder ein cylindrischer Körper (Fig. 25) oder ein rechtwinkliges Parallelepipedon. Daneben stehe ein anderes $\gamma\delta$ von ähnlicher Figur und von 20 allen Seiten luftdicht verschlossen, dessen Basis halb so grofs sei als die von $\alpha\beta$, da in der Mischung der Wein zum Wasser wie 1 : 2 sich verhalten soll.

ἐν ᾧ ἐγχυθήσεται ὁ οἶνος· καὶ δι' ἀμφοτέρων τῶν ΓΔ,
ΕΖ σωλὴν ἔστω ὁ ΗΘΚ συντετρημένος τοῖς ἐπιφράγμασιν αὐτῶν καὶ συνεστεγνωμένος· τὸ δὲ ΕΖ ἀγγεῖον
ἐχέτω καμπύλον σωλῆνα τὸν ΛΜΝ, οὗ τὸ μὲν ἐντὸς
σκέλος ἀπεχέτω τοῦ πυθμένος τοῦ ἀγγείου ὅσον ὕδατι 5
διάρρυσιν· τὸ δὲ ἕτερον ἐκτὸς ἐπικεκάμφθω καὶ φερέτω
εἰς ἀγγεῖον ἕτερον τὸ ΞΟ, ἐξ οὗ σωλὴν ὁ ΠΡ φερέτω
διὰ πάντων τῶν ἀγγείων ἢ καὶ ὑποβεβλημένος ὑπὸ
τὴν ἕδραν τῶν ἀγγείων τάσσεται, ἵνα κάτω φέρηται
ῥᾳδίως αὐτὸς εἰς τὸ παρὰ τὸν πυθμένα τοῦ ΑΒ ἀγ- 10
γείου μέρος. ἕτερος δὲ σωλὴν ὁ ΤΣ συντετρήσθω τοῖς
ΑΒ, ΓΔ ἀγγείοις· ἐχέτω δὲ καὶ τὸ ΑΒ ἀγγεῖον παρὰ
τὸν πυθμένα κρουνίσκον τὸν Υ. οἱ δὲ ΡΠ, Υ κρου-
νίσκοι ἐμπεριλαμβανέσθωσαν κρουνῷ τῷ ΦΧ κλειδίον
ἔχοντι, δι' οὗ ἀνοιχθήσεται καὶ κλεισθήσεται, ὁπόταν 15
προαιρώμεθα. τούτων δὴ κατασκευασθέντων καὶ ἀπο-

ὁ οἶνος· καὶ δι' ἀμφοτέρων τῶν ΓΔ, ΕΖ σωλὴν ἔστω ὁ
ΗΘΚ συντετρημένος τοῖς διαφράγμασιν αὐτῶν καὶ συν-
εστεγνωμένος· τὸ δὲ ΕΖ ἀγγεῖον ἐχέτω καμπύλον σίφωνα
τὸν ΛΜΝ, οὗ τὸ μὲν ἐντὸς σκέλος ἀπεχέτω τοῦ πυθμένος 20
τοῦ ἀγγείου, ὅσον ὕδατι διάρρυσιν εἶναι· τὸ δὲ ἕτερον ἐντὸς ἐπικεκάμφθω καὶ φερέσθω εἰς ἕτερον ἀγγεῖον τὸ ΞΟ,
ἐξ οὗ σωλὴν ὁ ΠΡ φερέσθω ὑπὸ τὴν ἕδραν πάντων τῶν
ἀγγείων ἄχρι καὶ τοῦ ΑΒ ἀγγείου. ἕτερος δὲ σωλὴν ὁ ΣΤ
συντετρήσθω τοῖς ΑΒ, ΓΔ ἀγγείοις· ἐχέτω δὲ καὶ τὸ ΑΒ 25
ἀγγεῖον παρὰ τὸν πυθμένα κρουνίσκον τὸν Υ φέροντα εἰς
τὸν ΠΡ σωλῆνα· ὁ δὲ ΠΡ. σωλὴν ἐχέτω κρουνὸν μετὰ
κλειδίου, δι' οὗ ἀνοιχθήσεται καὶ κλεισθήσεται, ὁπόταν
προαιρώμεθα, τὸν ΦΧ.

2 ἐπιφράγμασιν A₂ T: διαφράγμασιν A₁ G   4 f. σίφωνα.
cf. lin. 19   6 ἐκτὸς A: ἐντὸς, ν ex κ corr., G: ἐντὸς A₂ T
10 παρὰ A G, T: περὶ G₁ T₂   16 post προαιρώμεθα haec
fere desiderantur: ⟨ἐγκεχύσθω δὲ διά τινος τρυπήματος τοῦ Ψ

anderes, luftdicht verschlossenes Gefäfs ζε, in welches
der Wein geschüttet wird. Durch beide Gefäfse γδ und
εζ gehe eine Röhre ηϑκ, welche die Deckel durchbohrt
und in sie eingelötet ist. Das Gefäfs εζ sei mit einem
5 gekrümmten Heber λμν versehen, dessen innerer Schenkel
fast bis auf den Boden des Gefäfses reiche und nur
noch Wasser durchfliefsen lasse. Der andere sei dagegen
.nach aufsen umgebogen und führe in ein anderes Gefäfs ξο. Aus diesem gehe ein Rohr πϱ durch sämtliche
10 Gefäfse. Man kann es auch unter den Platz legen,
auf dem die Gefäfse stehen, damit es leicht nach der
nahe dem Boden des Gefäfses αβ gelegenen Seite abwärts
fliefst. Eine andere Röhre τσ stelle eine Verbindung
zwischen den Gefäfsen αβ und γδ her. Auch das Gefäfs αβ
15 habe am Boden eine kleine Ausflufsröhre υ (Fig. 25a).
Die Ausflufsröhren ϱπ und υ sind von einem (weiteren)
Rohre φχ einzufassen (Fig. 25a). Dieses ist mit einem
Hahne versehen, durch welchen es beliebig geöffnet und
geschlossen werden kann.[1]) Sind nun diese Vorkehrungen

20 **a 7—19 Der andere ... kann = b 20—29**: Der andere
sei nach aufsen umgebogen und gehe in ein anderes Gefäfs ξο.
Von diesem werde ein Rohr πϱ unter dem Platze, auf dem
sämtliche Gefäfse stehen, bis zum Gefäfse αβ einschliefslich
geleitet. Eine andere, an beiden Enden offene Röhre στ ver-
25 binde die Gefäfse αβ und γδ. Auch das Gefäfs αβ habe am
Boden eine kleine Ausflufsröhre υ (genauer υϱ, Fig. 25), welche
in die Röhre πϱ münde. Die Röhre πϱ habe ein Ausflufsrohr φχ nebst einem kleinen Hahne (Fig. 25), durch welchen
es nach Belieben geöffnet und geschlossen werden kann.

1) Hier fehlen vermutlich folgende Worte: 'Man giefse in
dafs Gefäfs εζ Wein durch ein Loch ψ, welches nach dem
Eingiefsen wieder zu verschliefsen ist'.

εἰς τὸ EZ ἀγγεῖον οἴνος, ὃ μετὰ τὴν ἔγχυσιν πάλιν ἀπεστεγνώ-
σϑω⟩. cf. supra p. 118, 9—11. vid. etiam Rochas 1. 1. p. 130.

16 δὴ aCP: δὲ B: om. L   18 f. ἐπιφράγμασιν   συνεστεγνωσμένος P   20 λμ BL   21 f. ἐκτὸς   23 ὑπὸ BC:
εἰς ὑπὸ P   26 ΰ bL: f. TP. cf. p. 124, 26

κλεισθέντος τοῦ ΧΦ κρουνοῦ ἐὰν ἐμβάλωμεν ὕδωρ
εἰς τὸ ΑΒ ἀγγεῖον, μεταχωρήσει μέρος αὐτοῦ καὶ εἰς
τὸ ΓΔ ἀγγεῖον, τουτέστι τὸ ἥμισυ, διὰ τοῦ ΣΤ σω-
λῆνος· τὸ δὲ ἐμπεσὸν ὑγρὸν εἰς τὸ ΓΔ ἀγγεῖον ἐκθλίψει τὸν ἴσον αὐτῷ ἀέρα διὰ τοῦ ΗΘΚ σωλῆνος 5
εἰς τὸ ΕΖ ἀγγεῖον· οὗτος δὲ τὸν ἴσον οἶνον ἐκθλίψει
διὰ τοῦ ΛΜΝ σωλῆνος εἰς τὸ ΞΟ ἀγγεῖον. ὅταν ἄρα
ἀνοίξωμεν τὸν ΧΦ κρουνόν, ῥεύσει δι᾽ αὐτοῦ τό τε
ἐμβληθὲν ὕδωρ εἰς τὸ ΑΒ ἀγγεῖον καὶ ὁ οἶνος ἐκ τοῦ
ΞΟ ἀγγείου διὰ τοῦ ΠΡ σωλῆνος ἐνεχθείς· καὶ ἔσται 10
γεγονὸς τὸ προκείμενον. πάλιν οὖν κενὰ μενεῖ τὰ ἀγγεῖα, ὅταν ἐκρυέντος τοῦ κράματος ὁ ἀὴρ χωρήσῃ εἰς
αὐτὰ διὰ τοῦ ΠΡ σωλῆνος.

XXV.

Ἀγγείου ὄντος, ἐν ᾧ ὕδωρ ἐστί, καὶ κρουνοῦ | 15
179 ὑπάρχοντος ἐν αὐτῷ, ἐν ᾧ κλείς ἐστι, ζῳδίου δ᾽ ἐπινηχομένου ἐπὶ τοῦ ὕδατος, ὅσον ἂν διὰ τοῦ κρουνοῦ
ἀφέλωμεν ὕδωρ ἐκ τοῦ ζῳδίου οἶνος ἐπιρρεύσει πρὸς
λόγον τὸν δοθέντα τῷ ἀφαιρεθέντι ὕδατι.

Ἔστω γὰρ τὸ τοῦ ὕδατος ἀγγεῖον τὸ ΑΒ κρουνὸν 20
ἔχον τὸν Γ ἀποκλειόμενον· ἐπὶ δὲ τοῦ ὕδατος ἐπινη-

a 7—10 ὅταν ἄρα ... ἐνεχθείς = b 22—26: ὅταν
ἄρα ἀνοίξωμεν τὸν ΧΦ κρουνόν, ῥεύσει δι᾽ αὐτοῦ τό τε
⟨ἐμβληθὲν⟩ εἰς τὸ ΑΒ ἀγγεῖον ὕδωρ καὶ ὁ οἶνος ὁ ἐν τῷ
ΞΟ ἀγγείῳ διὰ τοῦ ΠΡ σωλῆνος ἐνεχθεὶς καὶ κραθεὶς τῷ 25
διὰ τοῦ ΥΡ ὕδατι.

6—7 οὗτος ... ἀγγεῖον om. A₁, add. A₂   7 σωλῆνος:
f. σίφωνος   9 ἐμβληθὲν T: ἐκβληθὲν AG   11 μενεῖ b,
manebunt L: μένει a   11—13 πάλιν ... σωλῆνος in dubium
vocat Rochas p. 130   12 χωρήσῃ C₂M: χωρήσει aBC₁P   εἰς

getroffen und ist der Hahn $\chi\varphi$ geschlossen, so fliefst ein
Teil des Wassers, das wir etwa in das Gefäfs $\alpha\beta$ giefsen,
das heifst die Hälfte, durch die Röhre $\sigma\tau$ in das Gefäfs $\gamma\delta$.
Die in das Gefäfs $\gamma\delta$ eingedrungene Flüssigkeit prefst die
5 gleiche Menge Luft durch die Röhre $\eta\vartheta\varkappa$ in das Gefäfs $\varepsilon\zeta$.
Diese Luft drängt die gleiche Menge Weins durch den
Heber $\lambda\mu\nu$ in das Gefäfs ξo. Wenn wir jetzt den
Hahn $\chi\varphi$ öffnen, strömt durch ihn sowohl das Wasser
aus, welches in das Gefäfs $\alpha\beta$ geschüttet war, als auch
10 der Wein, der aus dem Gefäfse ξo durch die Röhre $\pi\varrho$
abfliefst.[1]) So ist die Aufgabe gelöst. Die Gefäfse werden
nun wieder leer bleiben, wenn die Mischung ganz abgeflossen und die Luft durch die Röhre $\pi\varrho$ in dieselben
eingetreten ist.

15 ## XXV.

Wenn ein Gefäfs voll Wasser mit einer Ausflufs- *Verwendung*
röhre nebst zugehörigem Hahne versehen ist und *des Hebers, um einen Weinbe-*
eine auf dem Wasser schwimmende Figur enthält, *hälter in be-stimmtem Ver-*
so kann Wein (in die Figur) je nach der Quantität *hältnisse zu*
20 des Wassers zuströmen, das wir durch das Ausflufs- *abgelassenem Wasser nachzu-*
rohr dem Gefäfse entnehmen, also in einem gegebenen *füllen. Fig. 26.*
Verhältnisse zu dem abgelassenen Wasser.

Das Gefäfs mit Wasser sei $\alpha\beta$ (Fig. 26) mit einem ver-
schliefsbaren Ausflufsrohre γ. Auf dem Wasser schwimme ein

---

1) Zusatz in b: 'und sich mit dem durch $\nu\varrho$ kommenden
Wasser vermischt'.

---

om. T   16 $\delta\grave{\varepsilon}$ BT   18 $\zeta\omega\delta\iota o\nu$: f. $\langle\dot{\alpha}\gamma\gamma\varepsilon\iota o\nu,\ \varepsilon\iota\varsigma\ \tau\grave{o}\rangle\ \zeta\acute{\omega}\delta\iota o\nu$
19 $\dot{\alpha}\varphi\alpha\iota\varrho\varepsilon\vartheta\acute{\varepsilon}\nu\tau\iota$ BC: $\dot{\alpha}\varphi\varepsilon\vartheta\acute{\varepsilon}\nu\tau\iota$ a: (aquae) ablatae L   20 $\gamma\grave{\alpha}\varrho$
om. T

---

2 et pars L   3—4 $\delta\iota\grave{\alpha}\ \tau o\tilde{v}\ \overline{\sigma\tau}$ (τ P, τ C in textu, σ ead.
m. supra scr.) $\sigma\omega\lambda\tilde{\eta}\nu o\varsigma\ \tau o\nu\tau\acute{\varepsilon}\sigma\tau\iota\ \tau\grave{o}\ \tilde{\eta}\mu\iota\sigma\nu$ tr. bL   6 $\delta\grave{\varepsilon}\ \pi\acute{\alpha}\lambda\iota\nu$ bL
16 $\acute{\varepsilon}\sigma\tau\iota$: sit L   17 $\acute{\varepsilon}\pi\grave{\iota}\ \tau o\tilde{v}\ \tilde{v}\delta\alpha\tau o\varsigma$ a: $\tau\tilde{\omega}\ \tilde{v}\delta\alpha\tau\iota$ b   24 $\acute{\varepsilon}\mu$-
$\beta\lambda\eta\vartheta\grave{\varepsilon}\nu$ inserui: om. bL

χέσθω λεβητάριον τὸ Δ ἔχον ὄρθιον σωλῆνα τὸν ΕΖ
εἰς ζῴδιον διεσκευασμένον· τὸ δὲ τὸν οἶνον ἔχον ἀγγεῖον παρακείσθω· καὶ ἔστω τὸ ΗΘ, ἐν ᾧ καμπύλος
σίφων ἔστω ὁ ΚΛΜ, οὗ τὸ μὲν ἓν σκέλος ἐντὸς ἔστω
τοῦ ΗΘ ἀγγείου, τὸ δὲ ἕτερον ἐκτὸς καὶ φέρον εἰς 5
τὸν ΕΖ σωλῆνα. ἐὰν οὖν ἐπισπασώμεθα διὰ τοῦ Μ
καταστομίου τὸν οἶνον, ῥεύσει εἰς τὸν ΕΖ σωλῆνα,
ἄχρις ἂν ἡ τοῦ οἴνου ἐπιφάνεια ἥ τε ἐν τῷ ΗΘ ἀγγείῳ καὶ ἡ ἐν τῷ ΕΖ σωλῆνι ἐπὶ μιᾶς εὐθείας γένη-
ται· γεγονέτω δὲ κατὰ τὴν ΝΞΟΠ εὐθεῖαν. καὶ 10
παρὰ τὸ Π σημεῖον κρουνίσκος ἀνεῳγὼς ἔστω ὁ Ρ.
μέχρι μὲν οὖν τούτου οὐ ῥέει ὁ οἶνος. ὅταν δὲ ἀφέλωμεν διὰ τοῦ Γ κρουνοῦ ὁσονδηποτοῦν ὕδωρ, καταβήσεται τὸ Δ λεβητάριον, σὺν ᾧ καὶ ὁ ΕΖ σωλήν,
ὥστε τὴν τοῦ οἴνου ἐπιφάνειαν τὴν ΟΠ ταπεινοτέραν 15
γενέσθαι τῆς ΝΞ ἐπιφανείας· καὶ διὰ τοῦτο ταπεινο-
τέρου γενηθέντος τοῦ ἐκτὸς μέρους τοῦ σίφωνος,
πάλιν μεταχωρήσει ὁ οἶνος εἰς τὸν ΕΖ σωλῆνα καὶ
διὰ τοῦ Ρ κρουνοῦ εἰς τὸ ἐκτὸς ἐνεχθήσεται· καὶ τοῦτο
ἔσται, ὁσάκις ἐὰν ἀφελώμεθα διὰ τοῦ Γ κρουνοῦ ὕδωρ. 20
ἀνάλογον τῷ ἀπορρυηθέντι ὕδατι ὁ οἶνος ἐπιρρεύσει.

---

1 ὄρθιον Ab: ὀρθὸν A₂GT   2 εἰς τὸ Τ   3 παρακείσθω ὀρθόν Τ₂   7 καταστομίου AG: κάτα στομίου Τ: κάτω
στομίου Μ   10 δὲ AGbL: δὴ Τ   11 ἔσται Τ   12 οὖν
om. Τ   13 ὁσονδηποτοῦν Τb: ὁσονδηποτε οὖν AG   20 ἐὰν
ATb: ἂν G   21 f. ἀνάλογον ⟨οὖν⟩   ἀπορρυηθέντι AG:
ἀπορρύνθέντι Τ

---

2 ζῴδιόν τι bL   5 φέρον a: φερέτω bL   6—7 ἐὰν
... σωλῆνα om. bL   8 θῆ Β   12 οὖν om. bL   14 ᾧ a:
τούτῳ δὲ bL   17 γενηθέντος a: γεγονότος b   19 Ρ om. BL
21 ἀπορρύνέντι b

Kesselchen δ mit einem senkrechten Rohre $\varepsilon\zeta$ in Form einer Figur.[1]) Daneben stehe das Gefäfs mit dem Weine. Das sei $\eta\vartheta$. In diesem sei ein gekrümmter Heber $\varkappa\lambda\mu$,

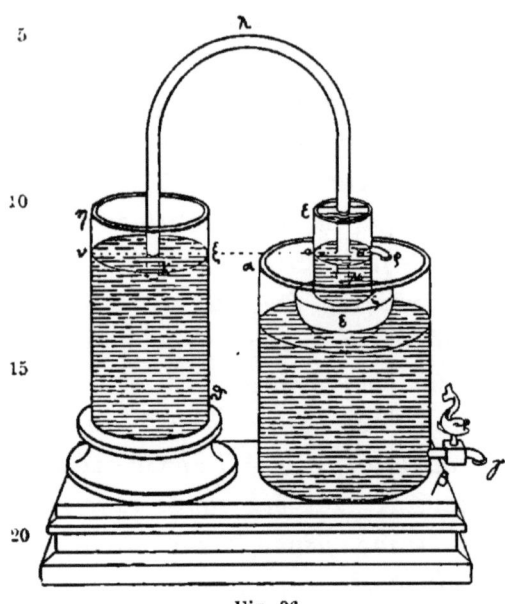

dessen einer Schenkel sich innerhalb, dessen anderer dagegen aufserhalb des Gefäfses $\eta\vartheta$ befinde. Letzterer gehe nach dem Rohre $\varepsilon\zeta$. Wenn wir nun durch die untere Mündung μ den Wein ansaugen, so fliefst er in das Rohr $\varepsilon\zeta$, bis die Oberfläche des Weines im Gefäfse $\eta\vartheta$ und dem Rohre $\varepsilon\zeta$ in einer Ebene liegen. Das sei nun in Höhe der Linie $\nu\xi o\pi$ der Fall. Bei

Fig. 26.

Punkt π sei ein offenes Ausflufsröhrchen ϱ angebracht. Bis jetzt fliefst nun der Wein nicht. Wenn wir aber durch den Hahn γ eine beliebige Quantität Wasser ablassen, so senkt sich das Kesselchen δ, mit ihm auch das Rohr $\varepsilon\zeta$. Die Folge ist, dafs die Oberfläche des Weines $o\pi$ niedriger wird als die Fläche $\nu\xi$. Da infolgedessen auch der äufsere Heberschenkel (bezw. dessen Mündung) niedriger zu liegen kommt, so wird der Wein wieder nach dem Rohre $\varepsilon\zeta$ hinüberlaufen und durch die Ausflufsröhre ϱ nach aufsen strömen. Dieser Vorgang wiederholt sich, so oft wir durch das Ausflufsrohr γ Wasser ablassen. Der Wein wird also in entsprechendem

---

1) Diese Figur ist aus praktischen Gründen in unserer Zeichnung nicht zur Darstellung gebracht, wie sie auch fast in allen handschriftlichen Zeichnungen fehlt.

ἐχέτω δὲ ἡ τοῦ *AB* ἀγγείου βάσις πρὸς τὴν τοῦ *HΘ*
ἀγγείου βάσιν τὸν ἐπιταχθέντα λόγον· καὶ οὕτως ἔσται
τὸ προκείμενον.

XXVI.

Ἐὰν δὲ βουλώμεθα ἐγχέοντες ὕδωρ εἴς τι ἀγγεῖον 5
180 τούτῳ πρὸς λόγον τὸν οἶνον ἐπιρρεῦσαι, | ποιήσομεν
οὕτως.

Ἔστω γὰρ πάλιν τὸ μὲν ἔχον ἀγγεῖον τὸ ὕδωρ τὸ
AB, τὸ δὲ τὸν οἶνον ἔχον τὸ *HΘ*· ὁ δὲ *EZ* σωλὴν ἐκτὸς
ἔστω τοῦ *AB* ἀγγείου· 10
ἐν δὲ τῷ *AB* ἀγγείῳ
σφαῖρα ἐπινηχέσθω ἡ
Δ, ἐξ ἧς σπάρτος διὰ
τροχίλου τοῦ *Γ* ἀπο-
δεδέσθω εἰς τὸν *EZ*
σωλῆνα, ὥστε αὐτὸν 15
κρέμασθαι· τὰ δὲ ἄλλα
ταὐτὰ πάντα ἔστω τοῖς

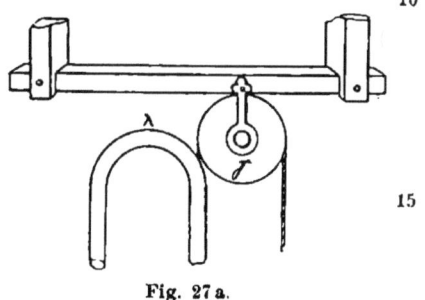

Fig. 27 a.

ἐπάνω εἰρημένοις. συμβήσεται οὖν ἐμβληθέντος τοῦ
ὕδατος εἰς τὸ *AB* ἀγγεῖον μετεωριζόμενον τὸ *Δ* σφαιρίον
χαλᾶν τὸν *EZ* σωλῆνα, ὥστε πάλιν ἐπιρρέειν τὸν οἶνον. 20

---

1 τὴν Mb: om. AG, del. T   5 δὲ om. T   6 τὸν om. T
ποιήσομεν BCGTL: ποιήσωμεν A   8 μὲν om. AG₁   9 δὲ
(ante *EZ*) G₂Tb: om. AG₁L (solus Mutinens. aut [pro autem])
14 ȳ AGT₂: σ̄ A₂T. in codicum AGT figuris duae exstant
rotulae, quarum altera littera non significatur   f. ἀποδεδόσθω
17 κρεμᾶσθαι codd.   18 ταῦτα a   19 δ̄ A₁Gb: β̄ A₂T

---

5 τι: τὸ B   6 ἐπιρρεῦσαι: effluere L (influere Mutinens.)
8 τὸ *AB* om. P   9 τὸν οἶνον CPL: τὸ ὕδωρ B   14 τροχίλου τοῦ *Γ*: τροχίλων τῶν ō, τ̄ bL   17 δ᾽B   18 πάντα ταὐτὰ
(ταῦτα P) tr. b   20 σωλῆνα om. BL   ἐπιρρέειν: effluat L
(defluat Mutinens.)

Verhältnisse zu dem ausgelaufenen Wasser zuströmen. Die Basis des Gefäßes $\alpha\beta$ stehe zu der von $\eta\vartheta$ in einem bestimmten Verhältnisse. Auf diese Weise wird die Aufgabe gelöst sein.

5

XXVI.

Wenn der Wein in einem bestimmten Verhält- Dieselbe Vornisse zu Wasser, das wir in ein Gefäß gießen, zu- richtung mit geringer Änfließen soll, so kann man folgende Vorrichtung treffen. derung, Fig.27 und 27a.
Das Gefäß mit Wasser sei wiederum $\alpha\beta$ (Fig. 27),
10 das mit Wein $\eta\vartheta$. Die Röhre $\varepsilon\zeta$ befinde sich aber außerhalb des Gefäßes $\alpha\beta$. In diesem schwimme ein Ball δ, von welchem eine Schnur über die Rolle γ (Fig. 27a)[1]) geleitet und an der Röhre $\varepsilon\zeta$ befestigt werde, so daß sich die Röhre in der Schwebe befindet. Alles übrige sei ebenso, wie oben angegeben. Wird nun das Was-

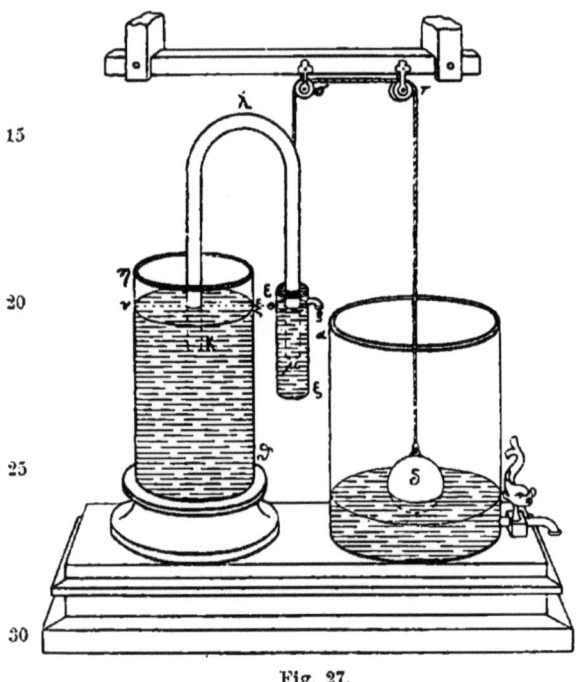

Fig. 27.

ser in das Gefäß $\alpha\beta$ geschüttet, so ist die Folge, daß der Ball δ sich hebt und die Röhre $\varepsilon\zeta$ sinken läßt und daß
35 der Wein wieder zuströmt.

1) b: 'über die Rollen σ, τ (Fig. 27)'.

XXVII.

Δύναται δὲ καὶ ἄλλως.

Ἡ γὰρ ἐκ τοῦ Δ σφαιρίου σπάρτος ἀποδεδόσθω
διὰ τοῦ Γ τροχίλου εἰς ἕτερον τροχιλίδιον τὸ Σ καὶ
ἐκδεδέσθω διὰ τούτου εἰς τὸν ΚΛΜ | διαβήτην. συμ- 5
βήσεται γὰρ μετεωριζομένου τοῦ σφαιρίου χαλᾶσθαι
τὸν ΚΛΜ διαβήτην κρεμάμενον ἐκ τῆς σπάρτου, ὥστε
πάλιν μείζονος γενηθέντος τοῦ ἐκτὸς σκέλους τοῦ σίφωνος τὸν οἶνον ῥέειν διὰ τοῦ Μ στομίου.

XXVIII. 10

Οἱ δὲ σίφωνες, οἷς χρῶνται εἰς τοὺς ἐμπρησμούς,
κατασκευάζονται οὕτως.

Ἔστωσαν δύο πυξίδες χαλκαῖ κατατετορνευμέναι
τὴν ἐντὸς ἐπιφάνειαν πρὸς ἐμβολέα, καθάπερ αἱ τῶν
ὑδραύλεων πυξίδες, αἱ ΑΒΓΔ, ΕΖΗΘ· ἐμβολεῖς δὲ 15
αὐταῖς ἔστωσαν ἁρμοστοὶ οἱ ΚΛ, ΜΝ· συντετρήσθω-
σαν δὲ πρὸς ἀλλήλας αἱ πυξίδες διὰ σωλῆνος τοῦ

Cap. XXVII secundum b: Δύναται δὲ καὶ ἄλλως τὸ
τοιοῦτον γενέσθαι.
Ἡ γὰρ ἐκ τοῦ Δ σφαιρίου σπάρτος ἀποδεδέσθω διὰ 20
τῶν Τ, Σ τροχιλίων οὐκ εἰς τὸν ΕΖ σωλῆνα, ἀλλ' εἰς τὸν
ΚΛΜ σίφωνα. συμβήσεται γὰρ μετεωριζομένου τοῦ σφαιρίου χαλᾶσθαι τὸν ΚΛΜ σίφωνα κρεμάμενον ἐκ τῆς σπάρτου, ὥστε πάλιν μείζονος γεγονότος τοῦ ἐκτὸς σκέλους τοῦ
σίφωνος τὸν οἶνον ῥεῖν διὰ τοῦ ΠΡ κρουνοῦ. 25

---

3 ἀποδεδόσθω Coisl. 158: ἀποδεδέσθω a   4 τροχιλίδιον A₁:
τροχίλιον A₂ G T   σ̄ A₂ T: ε̄ A₁ G   9 Μ: P Rochas p. 132
10 cap. XXVIII edidit J. G. Schneider Eclog. phys. I, 225—227
15 ἐμβολεῖς A G₁ T₂ b: ἐμβολαὶ G₂ T₁   16 αὐταῖς: αὐτῶ T
17—132, 1 διὰ τοῦ ξ̄ο̄δ̄ξ̄ σωλῆνος T

XXVII.

Es ist noch eine andere Ausführung möglich.[1] Noch eine andere Ausführung. Fig. 28.
Man leite nämlich die von dem Balle δ (Fig. 27)
kommende Schnur über die Rolle γ (Fig. 27a) nach

5 einer anderen kleinen Rolle σ (Fig. 28),
und nachdem sie über diese gezogen ist,
binde man sie an den Heber κλμ. Wenn
dann der Ball sich hebt, so ist die Folge,
dafs der Heber κλμ, welcher an der
10 Schnur hängt, sich senkt. Wenn daher
der äufsere Heberschenkel wieder länger
geworden ist, so fliefst der Wein durch
die Mündung μ[2]) aus.

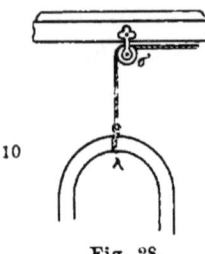

Fig. 28.

XXVIII.

15 Die Siphone, welche man bei den Feuersbrünsten[3]) Die Feuerspritze. Fig. 29.
verwendet, richtet man folgendermafsen ein.
Es seien αβγδ und εζηϑ zwei bronzene Stiefel (Kolbenrohre, Büchsen), deren innere Oberfläche für einen
Kolben passend ausgedrechselt ist, wie die Stiefel (Büchsen)
20 der Wasserorgeln. Die Kolben κλ und μν müssen luftdicht in die Stiefel passen. Diese seien durch das an
beiden Enden offene Rohr ξοδζ in gegenseitige Verbindung

a 3—7 Man leite . . . den Heber κλμ = b 23—26: Man
binde nämlich die von der Kugel δ (Fig. 27) ausgehende Schnur,
25 nachdem man sie über die Rollen τ und σ (Fig. 27) geleitet,
nicht an die Röhre εζ, sondern an den Heber κλμ (Fig. 28.)

---

1) Nach b: 'Ein derartiger Versuch läfst sich noch auf
andere Weise ausführen'.
2) b: 'durch das Ausflufsrohr πρ'.
3) b: 'zum Löschen der Feuersbrünste'.

---

11 εἰς τοὺς ἐμπρησμούς a: εἰς τὴν τῶν ἐμπρησμῶν κατάσβεσιν b   14 πρὸς a: εἰς b: ad L   15 ὑδραυλίων b
17—132, 1 διὰ τοῦ δξοζ σωλῆνος tr. bL   18 δὲ om. L
21 ἀλλὰ CP   22 γὰρ om. P   25 ΠΡ om. L

9*

ΞΟΔΖ. ἐκ δὲ τῶν ἐκτὸς μερῶν αἱ πυξίδες ἐντὸς τοῦ
ΞΟΔΖ σωλῆνος ἐχέτωσαν ἀσσάρια προκείμενα, οἷα
εἴρηται ἐν τοῖς ἐπάνω, τὰ Π, Ρ, ὥστε εἰς τὸ ἐκτὸς
τῶν πυξιδίων ἀνοίγεσθαι μέρος. ἐχέτωσαν δὲ καὶ ἐν
τοῖς πυθμέσιν αἱ πυξίδες τρήματα στρογγύλα τὰ Σ, 5
Τ ἐπιπωμαννύμενα τυμπανίοις ἐσμηρισμένοις τοῖς ΥΦ,
ΧΨ, δι᾽ ὧν περόνια διαβεβλήσθω ἐπικεκολλημένα ἢ
118 προσ⟨κεκοινωμένα τοῖς πυθμέσι τῶν πυξιδίων τὰ Ω,
Ω, ἔχοντα ἐκ τῶν ἄκρων κωλυμάτια πρὸς τὸ τὰ τυμπάνια μηκέτι ἐξέλκεσθαι ἐξ αὐτῶν. οἱ δὲ ἐμβολεῖς 10
ἐχέτωσαν ὄρθια συμφυῆ κανόνια μέσα τὰ ς, ϛ, οἷς
ἐπιζευγνύσθω κανὼν ὁ ⟂ᴧ, Α κινούμενος περὶ μὲν τὸ
μέσον περὶ περόνην τὴν ⟂Δ μένουσαν, περὶ δὲ τὰ
κανόνια τὰ ς, ϛ περὶ περόνας τὰς ⟂Β, ⟂Γ. τῷ δὲ ΞΟΔΖ
σωλῆνι συντετρήσθω ἕτερος σωλὴν ὄρθιος ὁ ⟂Ε⟂ς εἰς 15
δίχηλον διεσχισμένος κατὰ τὸ ⟂ς καὶ ἔχων τὰ σμηρίσματα, δι᾽ ὧν ἀναπιέζει τὸ ὑγρόν, οἷα καὶ ἔμπροσθεν

a 1—4 ἐκ δὲ τῶν ἐκτὸς μερῶν ... μέρος = b 19—23:
ἐκ δὲ τῶν ἐκτὸς μερῶν αἱ πυξίδες πρὸς τὰ ἐντὸς τοῦ
ΔΞΟΖ σωλῆνος ἐχέτωσαν ἀσσάρια προκείμενα, οἷα ἐν τοῖς 20
χαλκευτικοῖς φυσητῆρσι γίνεται εἰσάγοντα καὶ ἐξάγοντα ἐν
αὐτοῖς τὸ πνεῦμα· καὶ ἔστωσαν τὰ Π, Ρ, ὥστε εἰς τὸ ἐκτὸς
τῶν πυξίδων ἀνοίγεσθαι μέρος.

---

2 προκείμενα AG: προσκείμενα Τ   8—9 ω̄, ω̄ bL: ω̄ a
14 τὰς Voss. 19, b: τὰ a   17 v. supra p. 72, 4—14

---

8 πυξιδίων a: πυξίδων b, pixidum L   11 μέσα a: κατὰ
τὸ μέσον bL   12 μὲν om. BL   13 μένουσαν τὴν ⟂δ tr. bL
14 δ̄ξο̄ς̄ bL   15 ⟂Ε⟂ς: ϛς L ut etiam p. 134, 7 in Ambro-
siano J 38   20 προκείμενα Β: προσκείμενα CP: (asserculos)
propositos L   21 φυσητῆρσι Β: φυστῆρσι CP

gesetzt. Aufserhalb der Stiefel, aber innerhalb des Rohres $\xi o \delta \zeta$ sollen Klappenventile π und ϱ, wie wir sie oben[1]) beschrieben haben[2]), derart angebracht sein, dafs sie sich nach der Aufsenseite der Stiefel öffnen können. Die Stiefel sollen
5 auch auf dem Boden runde Löcher σ und τ haben, die mit kleinen, geschliffenen Scheiben $v\varphi$ und $\chi\psi$ bedeckt werden.

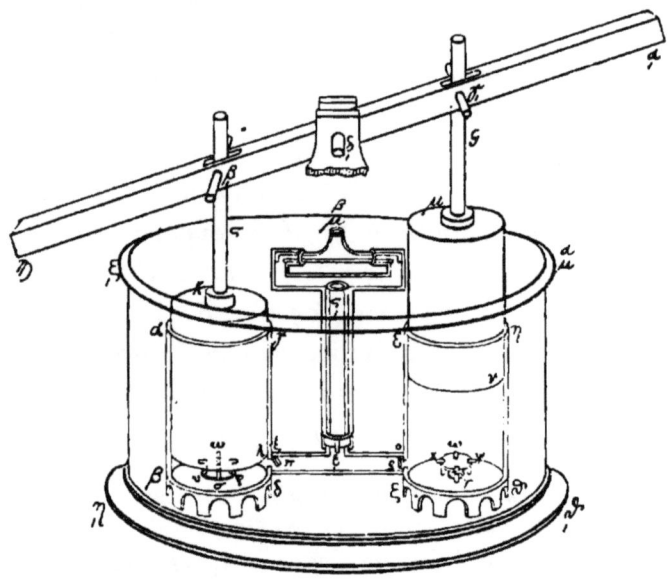

Fig. 29.

Durch diese stecke man kleine Stifte ω, ω, die auf den Boden der Stiefel gelötet oder festgenietet seien. An ihren Enden seien die Stifte mit Häkchen oder Knöpfen
10 versehen, dafs die Scheiben sich nicht losreifsen können. Mit den Kolben seien in der Mitte senkrechte Kolbenstangen ς und ς verbunden; an diese schliefse sich wieder ein Querbalken $\mathfrak{D}_{,}\alpha$ an, welcher sich in der Mitte um einen festsitzenden Bolzen $_{,}\delta$, an den Kolbenstangen ς, ς aber um die

1) Vgl. S. 77—79.
2) Statt dessen b: 'wie sie in den Blasebälgen der Kupferschmiede angebracht werden, um die Luft ein- und auszuführen'.

εἴρηται ἐν τῷ ἀναπυτίζοντι ὕδωρ ἀγγείῳ διὰ τοῦ
πεπιλημένου εἰς αὐτὸ ἀέρος. ἐὰν οὖν αἱ εἰρημέναι
πυξίδες σὺν τῇ πρὸς αὐτὰς κατασκευῇ ἐμβληθῶσιν εἰς
ὕδατος ἀγγεῖον τὸ ‚Ζ‚Η‚Θ‚Μ καὶ κηλωνεύηται ὁ ℈‚Α
κανὼν ἐκ τῶν ἄκρων αὐτοῦ τῶν ℈, ‚Α ἐναλλὰξ κινου- 5
μένων περὶ τὴν ‚Δ περόνην, οἱ ἐμβολεῖς καθιέμενοι
ἐκθλίψουσι διὰ τοῦ ‚Ε‚ς σωλῆνος καὶ τοῦ Μ ἐπι-
στρεπτοῦ στομίου τὸ ὑγρόν· ὁ γὰρ ΜΝ ἐμβολεὺς
ἀνασειόμενος μὲν ἀνοίγει τὸ Τ τρῆμα ἐπαιρομένου τοῦ
ΧΨ τυμπανίου, ἀποκλείει δὲ τὸ Ρ ἀσσάριον· καθιέ- 10
μενος δὲ τὸ μὲν Τ ἀποκλείει, τὸ δὲ Ρ ἀνοίγει, δι᾽ οὗ
καὶ τὸ ὕδωρ ἐκθλιβόμενον ἀναπιέζεται· τὰ δὲ αὐτὰ
συμβαίνει καὶ περὶ τὸν ΚΛ ἐμβολέα. τὸ μὲν οὖν Μ
σωληνάριον ἀνανεῦον καὶ ἐπινεῦον τὸν ἐκπιτυσμὸν
πρὸς τὸ δοθὲν ὕψος ποιεῖται, οὐκέτι μέντοι πρὸς τὴν 15
δοθεῖσαν ἐπιστροφήν, εἰ μὴ ὅλον τὸ ὄργανον ἐπιστρέ-
φεται· τοῦτο δὲ βραδὺ καὶ μοχθηρὸν πρὸς τὰς κατ-
επειγούσας χρείας ὑπάρχει. ἵν᾽ οὖν εὐκόπως εἰς τὸν
δοθέντα τόπον ἐκπιτύξηται τὸ ὑγρόν, ποιήσωμεν τὸν
‚Ε‚ς σωλῆνα σύνθετον κατὰ τὸ μῆκος ἐκ δύο συνεσμη- 20
182 ρισμένων ἀλλήλοις, | ὧν ὁ μὲν εἰς συμφυὴς ἔστω τῷ

1 ἀναπιτίζοντι AG: ἀναποτίζοντι Tb: *in vase potui aquam
exhibente* L: corr. J. G. Schneider   9 T om. T   11 δὲ (ante
P) G₂Tb: om. AG₁   14 ἐκπιτυσμὸν AG₁T: ἐκπιεσμὸν G₂b:
elisionem L   18 ἵνα οὖν T   19 ἐκπιτύξηται AT₂: ἐκπνυτύ-
ξηται G₁, v prius in ι corr. alia m.: ἐκποτίζηται G₂ mg.T₁: ἐκ-
πιέξηται b, *elidatur* L   20 τὸ om. T   20—21 συνεσμηρισμένον Α₁, corr. Α₂

3 αὐτὰς a: αὐτοὺς b   4 ‚η‚ζ‚θ‚μ̅ b: ·a·z·Θ·m̅· L   7 μ̅
BL   9 ἀνασειόμενος a: ἀνιέμενος bL (*remissum*)   ἀνοίγει:
adaperiet L   10 ἀποκλείει a: ἀποκλίνει bL, item lin. 11

Bolzen β und γ bewege. Mit dem Rohre $\xi o \delta \zeta$ stehe
ein anderes, vertikales Rohr (Steigrohr) $\varepsilon_{,\varsigma}$ durch eine
Öffnung in Verbindung, verzweige sich bei $_{,\varsigma}$ zu einem
Doppelarm und sei mit den luftdicht eingefügten Röhren
5 (Smerismata, Rohrverschleifungen) versehen, vermittelst
welcher es die Flüssigkeit emportreibt, Röhren, wie wir
sie oben bei dem Gefäfse zum Auftrieb von Wasser
mittels komprimierter Luft beschrieben haben.[1]) Wenn
nun die erwähnten Stiefel mitsamt der zugehörigen Aus-
10 rüstung in ein Gefäfs $\zeta_{,}\eta_{,}\vartheta\overset{\alpha}{\mu}$ mit Wasser gestellt werden und der Querbalken $\mathcal{D}_{,}\alpha$ infolge der abwechselnden
Auf- und Abwärtsbewegung seiner Enden $\mathcal{D}$ und $_{,}\alpha$ um
den Stift $_{,}\delta$ auf- und niedergeht, so treiben die Kolben,
falls sie niedergezogen werden, die Flüssigkeit durch das
15 Steigrohr $_{,}\varepsilon_{,}\varsigma$ und die drehbare Mündung $\overset{\beta}{\mu}$ hinaus. Denn
wird der Kolben $\mu\nu$ aufgezogen, so öffnet er das Boden-
ventil τ, indem die Scheibe $\chi\psi$ sich hebt, verschliefst
aber das Klappenventil ϱ. Wird er dagegen niedergezogen,
so schliefst er τ und öffnet ϱ, durch welches auch das Wasser
20 hinausgeprefst und emporgetrieben wird. Dieselbe Wir-
kung bringt der Kolben $\varkappa\lambda$ hervor. Das Röhrchen $\overset{\beta}{\mu}$,
das bald aufgerichtet, bald niedergelegt wird, treibt nun
die Flüssigkeit bis zur gegebenen Höhe empor, vermag
jedoch eine bestimmte Seitendrehung nur dann auszu-
25 führen, wenn zugleich der gesamte Apparat gedreht wird.
Das wäre aber bei dringenden Notfällen zu langwierig
und mühselig. Damit nun die Flüssigkeit ohne Schwierigkeit nach dem bestimmten Punkte getrieben werden
kann, setze man das Steigrohr $_{,}\varepsilon_{,}\varsigma$ der Länge nach aus
30 zwei luftdicht in einander geschliffenen Rohren zusammen,

_____

1) Vgl. S. 73.

---

16 $\varkappa\alpha\grave{\iota}$ $\mathring{o}\lambda o\nu$ bL ($\tau\grave{o}$ $\mathring{o}\lambda o\nu$ P, $\tau\grave{o}$ in corr.)   17 $\beta\varrho\alpha\delta\grave{\upsilon}$ aBC,
et tardum L: $\beta\varrho\alpha\chi\grave{\upsilon}$ P   18 $\mathring{\upsilon}\pi\acute{\alpha}\varrho\chi o\iota$ B   19 $\pi o\iota\acute{\eta}\sigma\omega\mu\varepsilon\nu$ a:
$\pi o\iota\acute{\eta}\sigma o\mu\varepsilon\nu$ bL   20—21 $\sigma\upsilon\nu\varepsilon\sigma\mu\eta\varrho\iota\sigma\mu\acute{\varepsilon}\nu\omega\nu$: *connexis* L

ΞΟΔΖ σωλῆνι, ὁ δὲ ἕτερος τῷ διχήλῳ τῷ πρὸς τῷ
ϛ· ἐπιστρεφομένου γὰρ τοῦ ἐπάνω σωλῆνος καὶ ἐπι-
νεύοντος τοῦ Μ ὁ ἀναπιεσμὸς γίνεται, πρὸς ὃν ἰὰν
βουλώμεθα τόπον. ἕξει δὲ καὶ ὁ ἄνω συνεσμηρισμένος
σωλὴν κωλύματια πρὸς τὸ μὴ ὑπὸ τῆς τοῦ ὑγροῦ βίας ⁵
ἐκπίπτειν τοῦ ὀργάνου· ταῦτα δὲ ἔσται γαμμοειδῆ
συγκεκολλημένα αὐτῷ καὶ περὶ κρίκον στρεφόμενα περικείμενον τῷ ὑποκάτω σωλῆνι.

XXIX.

Κατασκευάζεται δὲ ἔν τινι τόπῳ ὕδωρ ἐπίρρυτον 10
ἔχοντι ζῷον εἴτε χαλκοῦν εἴτε ἐξ ἄλλης τινὸς ὕλης·
προσενεχθέντος δὲ αὐτῷ ποτηρίου πίνει μετὰ ψόφου
καὶ βοῆς, ὥστε φαντασίαν ποιεῖν δίψης· ἔστι δὲ ἡ
κατασκευὴ τοιαύτη.
Ἔστω τι. ἀγγεῖον τὸ ΑΒ, ἐν ᾧ ἐπίρρυτόν ἐστι 15
κρουνισμάτιον τὸ Γ· ἐν δὲ τῷ ΑΒ ἀγγείῳ καμπύλος
σίφων ἔστω ἢ πνικτὸς διαβήτης ὁ ΔΕΖ, οὗ τὸ ἕτερον
σκέλος ἐκτὸς ὑπερεχέτω τοῦ πυθμένος τοῦ ἀγγείου.
ὑποκείσθω δὲ τούτῳ βάσις στεγνὴ ἡ ΗΘΚΛ ἔχουσα
καὶ αὐτὴ ὁμοίως καμπύλον σίφωνα τὸν ΜΝΞ· ὑπο- 20
κείσθω δὲ τῷ Ζ στομίῳ χώνη ἡ ΟΠ, ἧς ὁ καυλὸς
φερέτω εἰς τὴν ΗΘΚΛ βάσιν ἀπέχων ἀπὸ τοῦ πυθμένος ὅσον ὕδατι διάρρυσιν. τὸ δὲ τοῦ ζῳδίου στό-

---

1 τῷ (ante ϛ) Mb: τὸ a   3 ὃν om. T   ἐὰν AGb: ἂν T
11 ζώδιον, διο in ras., G   17 ἔστω ABCGLT₂: om. PT₁
ἕτερον codd.: f. ἕν? cf. p. 140, 13   20 μ̄ν̄ξ̄ T

---

1 δ̄ξ̄ο̄ξ̄ CP: δ̄ξ̄ο̄ BL   3 Μ: ᾱ BL   γίνεται a: γενήσεται bL   7—8 περικείμενος b, circa claviculum conversa qui

von denen das eine (das innere) mit dem Rohre $\xi o \delta \zeta$, das
andere (äufsere) mit dem Doppelarm bei ς verbunden sei.
Wenn dann das obere (äufsere) Rohr gedreht wird, indem
man $\overset{\beta}{\mu}$ so lange niederlegt, kann der Auftrieb nach jedem
5 beliebigen Punkte hin erfolgen. Das als Aufsatz dienende,
genau verschliffene Rohr mufs auch mit Haken versehen
sein, damit es sich nicht infolge starken Wasserdruckes
vom Apparate losreifst. Diese Haken sollen die Form
des Buchstabens Γ haben, mit dem oberen Rohre verlötet
10 und um einen Ring drehbar sein, der um das untere
(innere) Rohr liegt.

XXIX.

Stellt man an einem Punkte mit fliefsendem **Der trinkende**
Wasser die Figur eines Tieres aus Bronze oder **Adler. Fig. 30.**
15 anderem Material dar und läfst ihm einen Becher reichen,
so schlürft es unter lautem Geräusch und erweckt so die
Vorstellung, als hätte es Durst. Die Einrichtung ist folgende.
Man denke sich einen Behälter $\alpha\beta$ (Fig. 30), in welchen
ein Zuflufsröhrchen (Wasserspeier) γ fliefsendes Wasser[1])
20 laufen läfst. Der Behälter $\alpha\beta$ enthalte einen gekrümmten
oder einen Kapselheber $\delta\varepsilon\zeta$, dessen einer Schenkel aufsen
unter dem Boden des Behälters hervorrage. Unter diesen
stelle man eine luftdicht verschlossene Basis $\eta\vartheta\varkappa\lambda$, die
ihrerseits gleichfalls mit einem gekrümmten Heber $\mu\nu\xi$
25 versehen ist. Unter die Mündung ζ setze man einen
Trichter $o\pi$, dessen Röhre (Schaft) in die Basis $\eta\vartheta\varkappa\lambda$
führe und nur so weit vom Boden abstehe, als erforderlich
ist, um Wasser durchfliefsen zu lassen. Der Mund des

---

1) Es ist vorauszusetzen, dafs der Zuflufs unterbrochen
werden kann.

---

tubo inferiori circumpositus est L   11 $\varepsilon\check{\iota}\tau\varepsilon$ (ante $\chi\alpha\lambda\varkappa o\tilde{\upsilon}\nu$)
om. b   12 $\alpha\dot{\upsilon}\tau\tilde{\omega}$ BC: $\alpha\dot{\upsilon}\tau o\tilde{\upsilon}$ P   12 *cum quodam strepitu* L
15 $\dot{\varepsilon}\sigma\tau\iota$ om. bL   18 $\tau o\tilde{\upsilon}$ (prius) om. P   23 $\delta\iota\acute{\alpha}\varrho\varrho\upsilon\sigma\iota\nu$
$\varepsilon\tilde{\iota}\nu\alpha\iota$ b

μιον ἔστω πρὸς τῷ Ρ, δι' οὗ σωλὴν κείσθω φέρων
δι' ἑνὸς τῶν ποδῶν ἢ δι' ἄλλου τινὸς μέρους τοῦ
ζῳδίου κρυπτῶς εἰς τὴν βάσιν· ἔστω δὲ οὗτος ὁ ΡΣΤ.
συμβήσεται οὖν πληρωθέντος τοῦ ΑΒ ἀγγείου ὑπερβλύσαν τὸ ὑγρὸν ἐνεχθῆναι εἰς τὴν ΠΟ χώνην καὶ 5
πληρῶσαι μὲν τὴν ΗΘΚΛ βάσιν, κενῶσαι δὲ τὸ ΑΒ
ἀγγεῖον. πάλιν δὴ πληρωθείσης τῆς βάσεως ὑπερβλύσαν τὸ ὕδωρ διὰ τοῦ ΜΝΞ σίφωνος κενώσει τὴν
βάσιν, ἧς κενουμέ|νης ὁ ἀὴρ διὰ τοῦ Ρ στομίου ἀνα-
πληρώσει τὸν κενούμενον τόπον. ὅταν ἄρα προσενέγ- 10
κωμεν τῷ Ρ τὸ ποτήριον, πίεται μετὰ βίας ἐπισπώμενον ἀντὶ τοῦ ἀέρος τὸ ὑγρόν, ἄχρις ἂν ἡ βάσις
κενωθῇ ἐντός. οὕτω δὲ πάλιν τοῦ ΑΒ ἀγγείου πληρωθέντος κενοῦται, καὶ ταὐτὰ ἔσται τοῖς εἰρημένοις.

a 138, 4—140, 5 συμβήσεται ... ποτήριον = b 138, 15
16—140, 23: συμβήσεται οὖν πληρωθέντος τοῦ ΑΒ ἀγγείου
ὑπερβλύσαν τὸ ὑγρὸν ἐνεχθῆναι εἰς τὴν ΠΟ χώνην καὶ
πληρῶσαι μὲν δι' αὐτῆς τὴν ΗΘΚΛ βάσιν, κενῶσαι δὲ τὸ
ΑΒ ἀγγεῖον. εἶτα ἐμφραγέντος μὲν τοῦ στομίου τῆς χώνης,
πληρωθείσης δὲ τῆς βάσεως ὑπερβλύσαν τὸ ὕδωρ διὰ τοῦ 20
ΜΝΞ σίφωνος κενώσει τὴν βάσιν, ἧς κενουμένης ὁ ἀὴρ
διὰ τοῦ Ρ στομίου ἄρξεται τὰ κενούμενα μέρη τῆς βάσεως
ἀναπληροῦν. ὅταν ἄρα προσενέγκωμεν τῷ Ρ στομίῳ τὸ
ποτήριον, πίεται μετὰ βίας ἐπισπώμενον ἀντὶ τοῦ ἀέρος τὸ
ὑγρόν, ἄχρις ἂν ἡ βάσις κενωθῇ τοῦ ὑγροῦ. πάλιν δὲ εἰ 25
πληρώσομεν τὸ ΑΒ ἀγγεῖον, τὰ αὐτὰ ἔσται τοῖς εἰρημένοις.

1 τῷ AGb: τὸ Τ   κείσθω ab: ponatur L: f. καθείσθω
3 κρυπτῶς AGT₂b: κρυπτικῶς T₁   11 τῷ T: τὸ AG
βίας: an βοῆς? cf. p. 136, 13   13—14 τοῦ αβ ἀγγείου
πληρωθέντος AG₁: τὸ αβ ἀγγεῖον πληρωθὲν G₂T   14 f. κενοῦται καὶ del. cf. lin. 26.

2—3 ἢ ... ζῳδίου om. bL   18 repleri L   δι' αὐτῆς
om. BL   τὴν: τοῦ Β   evacuari L

Tieres (der Schnabel des Adlers) sei bei ϱ. Durch diesen lege man eine Röhre, die versteckt durch einen Fuſs oder einen andern Körperteil des Tieres in die Basis gehe. Das sei $\varrho\sigma\tau$. Wenn nun der Behälter $\alpha\beta$ gefüllt ist, so
5 ist die Folge, daſs die Flüssigkeit (über den Heber $\delta\varepsilon\zeta$)

Fig. 30.

übersprudelt, (sobald infolgedessen der Heber anfängt zu flieſsen,) in den Trichter πo läuft und[1]) die Basis $\eta\vartheta\varkappa\lambda$ füllt, hingegen den Behälter $\alpha\beta$ leert. Wenn nun die Basis gefüllt ist[2]), so sprudelt das Wasser wieder (über
10 den Heber $\mu\nu\xi$) und leert durch diesen die Basis. Während diese Entleerung vor sich geht, füllt[3]) die Luft durch die

1) Zusatz in b: 'durch diesen'.
2) Zusatz in b: 'und die Trichteröffnung verschlossen ist'.
3) Nach b: 'wird anfangen . . . anzufüllen'.

ἵν' οὖν κατὰ τὸν δέοντα καιρόν, τουτέστι κενουμένης
τῆς βάσεως, προσφέρηται τὸ ποτήριον, ἔστω διὰ τῆς
ἐκρύσεως τῆς διὰ τοῦ ΜΝΞ διαβήτου κινούμενόν τι
ἐπιπίπτοντος τοῦ ὕδατος αὐτῷ, ἐν ᾧ ἀποβλέποντες ὅταν
κινῆται προσοίσομεν τὸ ποτήριον. 5

XXX.

Ἔστι δὲ καὶ ἄλλως ἐπιρρύτου ὄντος ὕδατος τοῦ
Πανίσκου ἐπιστρεφομένου πίνειν τὸ ζῷον.
Ἔστω γὰρ στεγνὴ βάσις πάντοθεν ἡ ΑΒΓΔ διάφραγμα ἔχουσα· ἐπὶ δὲ τῆς ἐφέδρας ἐφεστάτω τὸ ζῷον· 10
ὁ δὲ διὰ τοῦ στόματος αὐτοῦ σωλὴν ἔστω ὁ ΕΖΗ.
ἐχέτω δὲ ἡ βάσις ἐν ἑαυτῇ καὶ καμπύλον σίφωνα τὸν
ΘΚΛ ἐν τῇ κάτω χώρᾳ, οὗ τὸ ἓν σκέλος ἐκτὸς ὑπερεχέτω τοῦ πυθμένος. διὰ δὲ τοῦ μέσου διαφράγματος
χώνη ἔστω ἡ ΜΝ, ἧς ὁ καυλὸς ἀπεχέτω ἀπὸ τοῦ 15
πυθμένος βραχύ. ἐπικείσθω δὲ τῇ ΑΒΓΔ βάσει ἑτέρα
βάσις ἡ ΞΟ, ἐφ' ἧς ἐφεστάτω Πανίσκος ὁ ΠΡ ἀξόνιον
ἔχων τὸ Σ ὑπερέχον εἰς τὸ ἄνω μέρος τῆς βάσεως, ᾧ

ἵν' οὖν κατὰ τὸν δέοντα καιρόν, τουτέστι κενωθείσης τῆς
βάσεως, προσάγηται πάλιν τὸ ποτήριον μεθ' ὕδατος, ἔστω 20
διὰ τῆς ἐκρύσεως τῆς διὰ τοῦ ΜΝΞ διαβήτου ἀγγεῖόν τι
κινούμενον, ὃ τὸ ἐκρέον ὕδωρ ὑποδέξεται· καὶ δι' αὐτοῦ
πάλιν τὸ ποτήριον ἀποπληρωθήσεται.

---

3 f. τι ⟨ἀγγεῖον⟩. cf. lin. 21   9—10 f. διάφραγμα ⟨μέσον⟩.
cf. lin. 14   10 τὸ a: f. τι   18 ἄνω Rochas: κάτω ab

---

7 τοῦ a: καὶ bL   10 ἔχουσα κατὰ τὸ μέσον bL   τὸ Β:
om. CP   12 δὲ καὶ bL   καὶ om. bL   16 βάσει om. bL
17 βάσις βραχεῖα bL   18 ἔχον b: habens L

Mündung ϱ das entstehende Vakuum an.   Wenn wir also
den Becher an ϱ[1]) halten, so zieht das Tier mit Heftigkeit
statt der Luft die Flüssigkeit an und trinkt sie, bis die
Basis innen[2]) leer ist.   Wenn aber der Behälter $\alpha\beta$ wiederum
5 gefüllt ist, so entleert er sich von neuem, und es wiederholen sich die erwähnten Vorgänge.   Damit nun zu rechter
Zeit, d. h. wenn die Basis sich entleert, der Becher dargereicht wird, so falle das Wasser bei seinem Ausflusse
durch den Heber $\mu\nu\xi$ auf irgend einen Gegenstand und
10 setze ihn in Bewegung.   Sobald wir diesen sich dann
bewegen sehen, reichen wir den Becher dar.

XXX.

Noch auf andere Weise kann man mit Hilfe
fliefsenden Wassers durch Umdrehung des jungen
15 Pan[3]) das Tier trinken lassen.

Der trinkende
Bock. Fig. 31.

Eine von allen Seiten luftdicht verschlossene Basis
$\alpha\beta\gamma\delta$ (Fig. 31) enthalte[4]) eine Querwand.   Auf der Oberfläche stehe das Tier.   Durch dessen Mund gehe eine
Röhre $\varepsilon\zeta\eta$.   Im Innern der Basis enthalte die untere
20 Kammer einen gekrümmten Heber $\vartheta\varkappa\lambda$, dessen einer
Schenkel aufsen aus dem Boden hervorrage.   Mitten durch
die Scheidewand gehe ein Trichter $\mu\nu$, dessen Röhre
(Schaft) fast bis auf den Boden reiche.   Auf der Basis
$\alpha\beta\gamma\delta$ liege eine andere[5]) Basis ξo.   Auf diese werde ein
25 junger Pan $\pi\varrho$ gesetzt und mit einer kleinen Achse σ

a 4—11 Wenn aber . . . reichen wir den Becher dar =
b 27—33: Wenn wir den Behälter $\alpha\beta$ wieder füllen, so wiederholen sich die erwähnten Vorgänge.   Damit nun im richtigen
Augenblicke, d. h. bei Entleerung der Basis, von neuem der
30 Becher mit Wasser dargereicht wird, so werde infolge des
durch den Heber $\mu\nu\xi$ erfolgenden Ausflusses ein Gefäfs (Fig. 30)
in Bewegung gesetzt, welches das ausströmende Wasser auffängt.   Damit kann man dann auch den Becher wieder füllen.

1) Nach b: 'an den Schnabel ϱ'.   2) Zusatz in b: 'von
der Flüssigkeit'.   3) Vgl. die Prolegomena § 4.   4) Zusatz
in b: 'in der Mitte'.   5) Zusatz in b: 'kleine'.

συμφυὴς ἔστω σωλὴν ὁ ΤΥ ἔχων ἐκ τοῦ ἄκρου φιάλιον
συμφυὲς καὶ συντετρημένον αὐτῷ τὸ ΥΦ· τηλικοῦτος
δὲ ἔστω ὁ ΤΥ σωλήν, ὥστε ἀποστραφέντος τοῦ Πανίσκου τὸ ΥΦ φιάλιον κεῖσθαι κατὰ τὴν ΜΝ χώνην
ὑπεράνω βραχύ. κατὰ δὲ τὴν ΜΝ χώνην ἐπὶ τῆς ⁵
βάσεως ἔστω φιάλιον τὸ ΧΨ συντετρημένον τῇ βάσει,
ἐν ᾧ φερέσθω τὸ ἐπίρρυτον ὕδωρ τὸ Ω τοσοῦτον,
¹⁸¹ ὥστε πλέον εἶναι τῆς διὰ τοῦ | ΘΚΛ διαβήτου ἀπορ-
ρύσεως. ἐνεχθήσεται ἄρα τὸ προειρημένον ὑγρὸν διὰ
τῆς ΜΝ χώνης εἰς τὸ κάτω μέρος τῆς ΑΒΓΔ βάσεως, ¹⁰
τοῦ ἐν αὐτῇ ἀέρος χωροῦντος διὰ τοῦ ΕΖΗ σωλῆνος.
καὶ ἀεὶ ἔσται πλήρης ἡ βάσις τοῦ ὑγροῦ διὰ τὸ μείζονα εἶναι τὴν ἐπίρρυσιν τῆς ἀπορρύσεως. ὅταν ἄρα
ἀποστρέφωμεν τὸν Πανίσκον, τὸ ΥΦ φιάλιον ὑπὲρ
τὴν χώνην γενόμενον δέξεται τὴν Ω ἐπίρρυσιν, ἥτις ¹⁵

a 2—8/9 τηλικοῦτος ... ἀπορρύσεως = b 17—23:
τηλικοῦτος δὲ ἔστω ὁ ΤΥ σωλήν, ὥστε ἀποστραφέντος τοῦ Σ
ἄξονος διὰ τῆς τοῦ ΠΡ Πανίσκου στροφῆς τὸ ΥΦ φιάλιον
κεῖσθαι κατὰ τὴν ΜΝ χώνην ὑπεράνω βραχύ. ἄνωθεν δὲ
τῆς βάσεως ἀντικρὺ τῆς ΜΝ χώνης κείσθω φιάλιον τὸ ΧΨ ²⁰
συντετρημένον τῇ βάσει, ἐν ᾧ φερέσθω τὸ ἐπίρρυτον ὕδωρ
τὸ Ω τοσοῦτον, ὥστε πλέον εἶναι τῆς διὰ τοῦ ΘΚΛ διαβήτου ἀπορρύσεως.
a 142, 13—144, 1 ὅταν ... τόπον = b 142, 25—
144, 14: ὅταν ἄρα περιστρέψωμεν τὸν Πανίσκον τὸν ΠΡ ²⁵
σὺν τῷ ἄξονι τῷ Σ, τὸ ΥΦ φιάλιον ὑπὲρ τὴν ΜΝ χώνην

9 προειρημένον AG b L: προκειμένον T   12 καὶ ἀεὶ AG b L:
κἀκεῖ T   τοῦ om. T   13 ἀπορρύσεως T b: ἀπορρυήσεως AG
14 ἀποστρέψωμεν T

17 ΤΥ: ipse L   21 φέρεσθαι CP

versehen, welche in den oberen Raum der Basis rage.
Mit der Achse sei eine Röhre τv verbunden, an deren
Ende eine nach der Röhre offene kleine Schale $v\varphi$ befestigt sei. Die Röhre τv sei so lang, dafs die Schale $v\varphi$
5 etwas oberhalb des Trichters μv zu liegen kommt, wenn
der kleine Pan gedreht wird.[1]) Gegenüber dem Trichter μv

Fig. 31.

stehe auf der Basis eine kleine Schale $\chi\psi$, welche mit
der Basis (durch eine Röhre) in Verbindung steht. In
diese laufe ein solcher Wasserstrom ω, dafs mehr zu-
10 strömt als durch den Heber $\vartheta\kappa\lambda$ abfliefst. Die erwähnte
Flüssigkeit soll also durch den Trichter μv in die untere
Kammer der Basis $\alpha\beta\gamma\delta$ laufen, indem die darin enthaltene Luft durch die Röhre $\varepsilon\zeta\eta$ entweicht. Die Basis
bleibt immer voll Wasser, weil der Zuflufs gröfser ist als

1) b: 'wenn die Achse σ infolge der Umdrehung des jungen
Pan $\pi\varrho$ sich mitdreht'.

διὰ τοῦ ΤΥ σωλῆνος εἰς ἕτερον χωρήσει τόπον. μηκέτι οὖν ἐπιρρέοντος τοῦ ὑγροῦ εἰς τὸ κάτω μέρος
τῆς ΑΒΓΔ βάσεως, ὁ ΘΚΛ διαβήτης· κενώσει αὐτήν,
τοῦ ἀέρος εἰσπίπτοντος διὰ τοῦ ΕΖΗ σωλῆνος, ὥστε
προσενεχθέντος τοῦ ποτηρίου πάλιν πίεται τὸ ζῷον. 5

XXXI.

Δύναται δὲ καὶ ἄλλως πίνειν τὸ ζῷον μήτε ἐπιρρύτου ὄντος ὕδατος μήτε ἄλλου τινὸς κινοῦντος τὸν
Πανίσκον.
Ἔστω γὰρ βάσις μὲν ἡ ΑΒΓΔ· τὸ δὲ τοῦ ζῳδίου 10
στόμιον ἔστω πρὸς τῷ Ε, καὶ διὰ τῶν στέρνων τοῦ
ζῴου καὶ τοῦ ὀπισθίου ποδὸς ἢ τῆς οὐρᾶς ἀπὸ τοῦ Ε

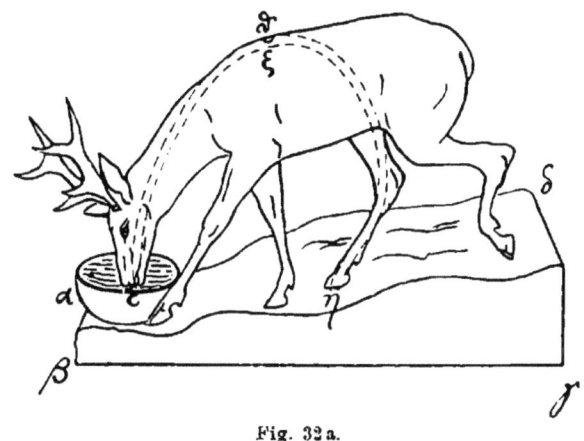

Fig. 32 a.

γεγενημένον δέξεται τὴν Ω ἐπίρρυσιν, ἥτις διὰ τοῦ ΥΤ
σωλῆνος εἰς τὸν ἕτερον χωρήσει τόπον τῆς βάσεως.

---

1 τοῦ om. T   10 μὲν G₂Tb: om. AG₁   11 τῷ ABCG:
τὸ PT

der Abfluſs. Wenn wir also den Pan[1]) umdrehen, so
kommt die Schale $v\varphi$ über den Trichter zu liegen und
fängt den Zufluſs ω auf, der alsdann durch die Röhre τv
in den anderen (oberen) Raum der Basis geht. Wenn
5 nun die Flüssigkeit sich nicht mehr in die untere Kammer
der Basis $\alpha\beta\gamma\delta$ ergiefst, so wird sie durch den Heber $\vartheta\varkappa\lambda$
entleert, indem die Luft durch die Röhre $\varepsilon\zeta\eta$ einströmt.
Und so wird das Tier wiederum trinken, wenn man ihm
den Becher reicht.

10 ## XXXI.

Man kann das Tier auch auf andere Weise ohne
fliefsendes Wasser trinken lassen und ohne dafs ein
andrer den Pan in Bewegung setzt.
Es sei $\alpha\beta\gamma\delta$ (Fig. 32a und 32b) eine Basis.

Ein trinkender
Hirsch u. ä.
Fig. 32a und
32b. (Heber-
vorrichtungen.)

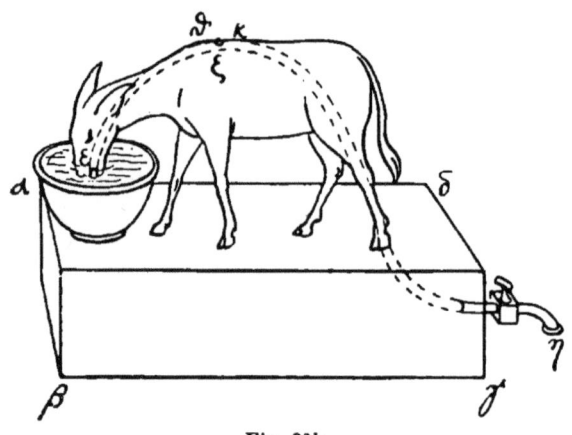

Fig. 32b.

15 Der Mund des Tieres liege bei ε; durch dessen Brust und
den hinteren Fufs oder den Schwanz lasse man von dem

---

1) Zusatz in **b**: '$\pi\varrho$ mitsamt der Achse σ'.

---

3 $\delta\iota\alpha\beta\dot{\eta}\tau\eta\varsigma$ $\dot{\varrho}\dot{\epsilon}\omega\nu$ **b**L 5 *bibit* L 8 $\ddot{v}\delta\alpha\tau o\varsigma$ CP: $\tau o\tilde{v}$
$\ddot{v}\delta\alpha\tau o\varsigma$ B 10 $\zeta\omega\delta\iota o\nu$ **a**: $\zeta\dot{\omega}o\nu$ **b** 12 $\varkappa\alpha\iota$: *aut* L

στόματος διώσθω σωλὴν ὁ *ΕΖΗ* φέρων εἰς τὸ ἐντὸς
τῆς βάσεως, καὶ τεθείσης ἀκινήτου τῆς βάσεως τετρυ-
πήσθω ὁ *ΕΖΗ* σωλὴν ὁ διὰ τοῦ ζῴου λεπτῷ καὶ
δυσθεωρήτῳ τρυπήματι ⁺τῷ *Ε* κειμένῳ πρὸς διαβήτην
τῷ *Η* στομίῳ. ἐὰν οὖν τις πληρώσῃ τὸν *ΕΖΗ* ₅
διαβήτην ὕδατος διά τινος μετεώρου σωλῆνος, οὗ τὸ
ἄκρον πρόσκειται τῷ⁺ *Ε*, μενεῖ πλήρης ὕδατος ὁ *ΕΖΗ*
διαβήτης διὰ τὸ ἐξ ἴσου κεῖσθαι τὰ στόμια αὐτοῦ.
ὅταν οὖν προσενέγκωμεν τῷ *Ε* στομίῳ τὸ ποτήριον
καὶ βαπτισθῇ τι μέρος τοῦ στομίου, συμβήσεται τοῦ ₁₀
ΕΖΗ διαβήτου τὸ πρὸς τῷ *Η* κῶλον μεῖζον γενέσθαι.
καὶ διὰ τοῦτο ἐπισπάσεται τὸ ὑγρόν· τὸ δὲ ἐπισπώμενον φέρεται εἰς τὴν *ΑΒΓΔ* βάσιν. οὐκ ἀνάγκη δὲ
τὴν *ΑΒΓΔ* βάσιν στεγνοῦν ἐπὶ ταύτης τῆς κατασκευῆς. ₁₅

a 1—15 διώσθω . . . τῆς κατασκευῆς = b 17—29:
διώσθω σωλὴν ὁ *ΕΖΗ* διὰ τοῦ ἐντὸς τῆς βάσεως εἰσερχό-
μενος καὶ ἐκτὸς λήγων εἰς κρουνὸν τὸν *Η* κλειδίον ἔχοντα
τὸ καλούμενον παρὰ τοῖς πολλοῖς ἐπιτόνιον. ὅταν οὖν τοῦ
ΕΖΗ σωλῆνος διαπεφραγμένου ὄντος τῷ κλειδίῳ πληρώ- ₂₀
σωμεν αὐτὸν ὕδατος διά τινος χωνιδίου κατὰ τῆς ῥάχεως
τοῦ ζῳδίου κειμένου τοῦ *ΘΚ*, εἶτα διαφράξωμεν ἀσφαλῶς
τὸν τοῦ χωνιδίου καυλὸν εἰς τὸ μὴ δύνασθαι ἀέρα παρεισ-
αχθῆναι εἰς τὸν *ΕΖΗ* σωλῆνα, προσενεχθέντος μὲν τοῦ
ποτηρίου τῷ *Ε* στόματι τοῦ ζῴου, ἀναφραγέντος δὲ τοῦ *Η* ₂₅
κρουνοῦ καὶ ἀρξαμένου ῥεῖν τοῦ ὑγροῦ συνεπισπάσεται ὁ
σωλὴν διὰ τοῦ *Ε* στομίου καὶ τὸ ἐν τῷ ποτηρίῳ ὑγρόν, καὶ
δόξει πίνειν τὸ ζῷον. οὐκ ἀνάγκη δ᾿ ἐνταῦθα τὴν *ΑΒΓΔ*
βάσιν στεγνοῦν.

1 τὸ AG: τὰ T   4—5 † f. τρυπήματι τῷ *Θ*, κειμένων
⟨ἐξ ἴσου τῶν⟩ πρὸς τῷ *Ε* ⟨καὶ⟩ τῷ *Η* στομίων (vox διαβήτην
ex lin. 6 irrepsit)   4. 5 τῷ G₂T: τὸ AG₁   4 ε̄ a: θ̄ M
5 ε̄ζβ T   7 τῷ T: τὸ AG   ε̄ codd.: f. *Θ*, ὃ μετὰ τὴν

Munde ε aus eine Röhre εζη gehen, welche in das Innere
der Basis führt (Fig. 32 a). Sobald letztere feststeht,
bohre man in die Röhre εζη, die durch das Tier geht,
ein feines, schwer erkennbares Loch ϑ. Die Heber-
5 mündungen bei ε und η müssen aber in gleicher Höhe
liegen. Wenn man nun den Heber εζη durch eine emporgehobene Röhre, deren Ende auf ϑ gesetzt wird, mit
Wasser füllt (und darauf ϑ wieder verschliefst), so bleibt
der Heber εζη voll Wasser, weil seine Öffnungen auf
10 gleichem Niveau liegen. Hält man dann den Becher an die
Öffnung ε und taucht einen Teil der Mündung ein, so ist die
Folge, dafs der Heberarm bei η länger wird. Und deshalb
zieht er die Flüssigkeit an. Ist sie einmal angezogen, so
läuft sie in die Basis αβγδ. Bei dieser Vorrichtung ist
15 es indessen nicht nötig, die Basis αβγδ zu verschliefsen.

a 1—15 welche . . . verschliefsen = b 16—28 (Fig. 32 b):
welche durch das Innere der Basis geht und aufsen in ein
Ausflufsrohr η mit einem Verschlusse endigt, den man gewöhnlich Hahn (Epitonion) nennt. Wenn wir nun die Röhre εζη
20 durch den Hahn verschliefsen, sie durch ein auf dem Rücken
des Tieres angebrachtes Trichterchen ϑϰ füllen, dann die Röhre
des Trichterchens dicht verstopfen, dafs in die Röhre εζη keine
Luft eingeführt werden kann, den Becher an den Mund ε des
Tieres halten und den Hahn η öffnen, so zieht die Röhre
25 durch die Mündung ε auch die Flüssigkeit in dem Becher mit
an, sobald die Flüssigkeit einmal in Flufs gekommen ist. Und
es gewinnt den Anschein, als trinke das Tier. Hierbei braucht
man jedoch die Basis αβγδ nicht zu verschliefsen.

ἔγχυσιν πάλιν ἀπεστεγνώσϑω   μενεῖ scripsi: μένει a   11 τῷ
T: τὸ AG   13 δὲ om. G

1 ·e·z·th·f· L   17 ὁ σωλὴν B   18 ἐκτὸς BL: ἐντὸς CP
λήγων B: λῆγον CP: (tubum) habentem L   20 EZH scripsi:
εζ bL   διαπεφραγμένον CP   πληρώσωμεν CP: πληρώσομεν B   21—22 κατὰ . . . ζῳδίου om. P   23 τὸ om. B
25 ε̄ CP: om. BL   ἀναφραγέντος scripsi: ἀποφραγέντος bL
27 ε̄ CP: om. BL   28 ·a·b·c·d· L: αβγ b (in C post γ
una littera erasa)

XXXII.

185 Ἐν τοῖς Αἰγυπτίων ἱεροῖς πρὸς ταῖς παραστάσι
τροχοὶ χάλκεοι ἐπιστρεπτοὶ γίνονται πρὸς τὸ τοὺς
εἰσερχομένους ἐπιστρέφειν αὐτοὺς διὰ τὸ δοκεῖν τὸν
χαλκὸν ἁγνίζειν· ἔστι δὲ καὶ περιρραντήρια πρὸς τὸ 5

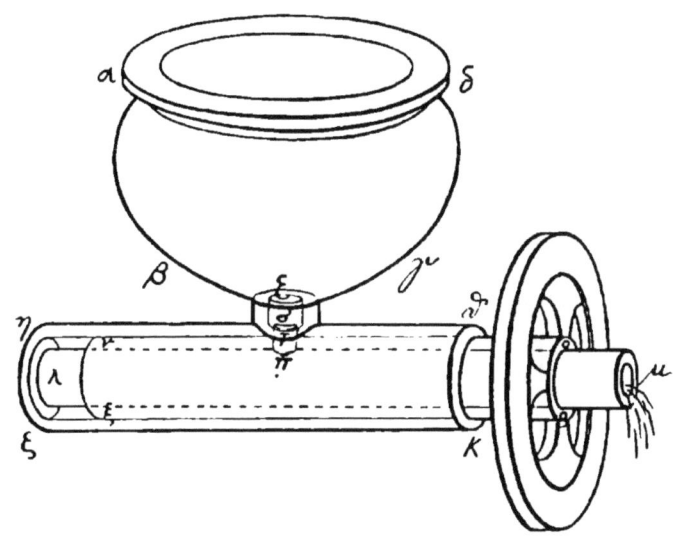

Fig. 33.

τοὺς εἰσερχομένους περιρραίνεσθαι. δέον οὖν ἔστω
ποιῆσαι, ὥστε ἐπιστραφέντος τοῦ τροχοῦ ὕδωρ ἐξ αὐτοῦ
ἐπιρρέειν εἰς τὸ ὡς εἴρηται περιρραίνεσθαι.

Ἔστω ὄπισθεν τῆς παραστάδος κρυπτὸν ἀγγεῖον
ὕδατος τὸ ΑΒΓΔ τετρημένον τὸν πυθμένα τῷ Ε 10
τρήματι. ὑποκεκολλήσθω ὑπὸ τὸν πυθμένα αὐλίσκος
ὁ ΖΗΘΚ ἔχων καὶ αὐτὸς τρύπημα κατὰ τὸ ἐν τῷ

a 148, 11—150, 12 ὑποκεκολλήσθω ... ὕδωρ ῥεύσει
= b 148, 14—150, 29: ὑποκεκολλήσθω δ' ὑπὸ τὸν πυθμένα αὐλίσκος ὁ ΗΖΘΚ ἔχων καὶ αὐτὸς τρύπημα τὸ Σ 15

XXXII.

In den Tempeln der Ägypter stehen in den Vor- Das ägyptische Weihbecken.
hallen drehbare Räder aus Bronze, damit die Besucher Fig. 33, 33a
des Tempels sie drehen, weil man glaubt, dafs das und 33b.
5 Kupfer eine reinigende Wirkung ausübe. Dazu gehören
auch Weihbecken, die zum Besprengen der Eintretenden
dienen. Es sei nun die Aufgabe, eine derartige Einrichtung zu treffen, dafs infolge der Umdrehung des Rades
das Weihwasser, wie gesagt, zum Besprengen herausfliefst.
10   Hinter dem Pfeiler stehe versteckt ein Gefäfs mit
Wasser αβγδ (Fig. 33), in dessen Boden das Loch ε ge-

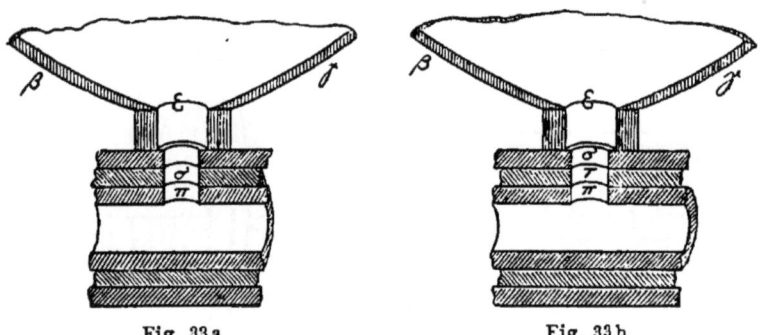

Fig. 33a.   Fig. 33b.

bohrt sei. Unten an den Boden löte man ein kleines
Rohr ζηθκ. Dieses sei gegenüber dem Bodenloche gleich-

---

2 Αἰγυπτίων AGT₂: Αἰγυπτίοις T₁ bL   3 γίνονται G₂T:
γίνεται AG₁   11 f. ⟨δ'⟩ ὑπό. cf. lin. 14

---

4 διὰ τὸ δοκεῖν: ut (= ὥστε?) videatur L   5 ἔστι δὲ
καὶ a: εἰσὶ γὰρ b: sunt autem et L   περιῤῥαντήριοι b
6 διερχομένους CP   ἔστω aBCL: ἔσται P   8 περιῤῥαί-
νεσθαι ὡς εἴρηται tr. b   10 ὕδατος πλῆρες bL   11 τρυπήματι BC₁ in textu, corr. C₁ mg.

πυθμένι τρῆμα· ἐντὸς δὲ τούτου ἕτερος αὐλίσκος
ὁ ΛΜ κατὰ μὲν τὸ Λ μέρος προσκεκολλημένος τῷ
ΖΗΘΚ, κατὰ δὲ τὸ Ε τρῆμα καὶ αὐτὸς τρῆμα ἔχων
τὸ Π· μεταξὺ δὲ τῶν εἰρημένων δύο αὐλίσκων ἕτερός
ἐστιν ὁ ΝΞΟΡ συνεσμηρισμένος ἀμφοτέροις καὶ ἔχων 5
τρῆμα κατὰ τὸ Ε τρῆμα τὸ Σ. καταλλήλων οὖν τούτων τῶν τρημάτων ὄντων, ἐὰν ἐγχέῃ τις εἰς τὸ ΑΒΓΔ
ἀγγεῖον ὕδωρ, ἔξω ῥεύσει διὰ τοῦ ΛΜ αὐλίσκου· ἐὰν
δὲ ἐπιστρέφωμεν τὸν ΝΞΟΡ αὐλίσκον, ὡς παραλλάξαι
τὸ Σ τρῆμα, οὐκέτι ῥεύσει. γεγονέτω οὖν ὁ τροχὸς 10
συμφυὴς τῷ ΝΞΟΡ αὐλίσκῳ, ὥστε ἐπιστρεφομένου
αὐτοῦ πλεονάκις τὸ ὕδωρ ῥεύσει.

κατὰ τὸ μέρος, καθ᾽ ὅ καὶ τὸ Ε τρύπημά ἐστι τοῦ ΑΒΓΔ
ἀγγείου· ἐντὸς δὲ πάλιν τούτου ἕτερος αὐλίσκος ὁ ΛΜ
κατὰ μὲν τὸ Λ μέρος προσκεκολλημένος τῷ ΖΗΘΚ, κατὰ 15
δὲ τὰ Ε, Σ τρήματα καὶ αὐτὸς τρῆμα ἔχων τὸ Π· μεταξὺ
δὲ τῶν εἰρημένων δύο αὐλίσκων ἕτερος ἔστω ὁ ΝΞΟΡ
συνεσμηρισμένος ἀμφοτέροις καὶ ἔχων κατὰ τὸ Ε τρῆμα καὶ
αὐτὸς τὸ Τ. δεῖ δὲ νοεῖν τὰς τῶν τοιούτων αὐλίσκων
ἐπιφανείας πάντῃ ἐφάπτεσθαι ἀλλήλων, τήν τε τοῦ ΗΖΘΚ 20
κοίλην τῆς τοῦ ΝΞΟΡ κυρτῆς καὶ τὴν τοῦ ΝΞΟΡ κοίλην
τῆς τοῦ ΛΜ κυρτῆς. τούτων οὖν οὕτως κατεσκευασμένων
καὶ τοῦ ΝΞΟΡ αὐλίσκου περιεστραμμένου, ὥστε τὸ Τ τρῆμα
μὴ εἶναι ὑπὸ τὸ Σ, ἐὰν ἐγχέῃ τις ὕδωρ εἰς τὸ ΑΒΓΔ
ἀγγεῖον, οὐ ῥεύσει διὰ τὸ παραλλάσσειν τὰ τρήματα τῶν 25
αὐλίσκων· ἐὰν δὲ στρέψῃ τὸν ΝΞΟΡ, ὥστε τὰ τρήματα
ὑπάλληλα γενέσθαι, ῥεύσει διὰ τοῦ ΛΜ αὐλίσκου. δεῖ οὖν
τὸν τροχὸν συμφυῆ γίνεσθαι τῷ ΝΞΟΡ αὐλίσκῳ, ὥστε ἐπιστρεφομένου αὐτοῦ πλεονάκις τὸ ὕδωρ ῥεύσει.

2 f. ⟨ἔστω⟩ τῷ   3 καὶ αὐτὸς τρῆμα om. G₁, add. G₂
ἔχον Τ   7 ὄντων AG₂: om. G₁: αὐτῶν Τ   9 ἐπιστρέ-
φομεν Τ

falls mit einem Loche (Fig. 33a) versehen.[1]) Innerhalb
dieses Rohres liege ein anderes kleines Rohr $\lambda\mu$ (Fig.
33), welches bei λ an $\zeta\eta\vartheta\varkappa$ angelötet und gegenüber ε[2]) ebenfalls mit einem Loche π (Fig. 33a) versehen ist. Mitten
5 zwischen den zwei erwähnten Rohren sei ein anderes $\nu\xi o\varrho$
(Fig. 33) mit beiden luftdicht verschliffen und[3]) mit einem
Loche σ[4]) (Fig. 33a) gegenüber ε ausgestattet. Wenn nun
diese Löcher einander gegenüber liegen und man in das
Gefäfs $\alpha\beta\gamma\delta$ Wasser giefst, so fliefst es durch die Röhre $\lambda\mu$
10 aus. Wenn wir aber die Röhre $\nu\xi o\varrho$ so drehen, dafs
sich das Loch σ (Fig. 33a) verschiebt, so hört sie auf
zu fliefsen. Das Rad sei mit dem Rohre $\nu\xi o\varrho$ verbunden,
so dafs das Wasser bei wiederholter Drehung abfliefst.

a 7—13 Wenn nun . . . abfliefst = b 14—25: Es ist aber
15 darauf zu achten, dafs die Oberflächen solcher Rohre sich
überall scharf an einander legen, die innere Rundung von $\eta\zeta\vartheta\varkappa$
auf die äufsere $\nu\xi o\varrho$ und die innere $\nu\xi o\varrho$ auf die äufsere $\lambda\mu$.
Hat man nun bei solchen Vorrichtungen das Rohr $\nu\xi o\varrho$ so
umgedreht, dafs das Loch τ (Fig. 33b) nicht unter σ liegt, so
20 strömt das Wasser, das man etwa in das Gefäfs $\alpha\beta\gamma\delta$ giefst,
nicht aus, weil sich die Löcher der Röhren nicht entsprechen.
Wenn man aber $\nu\xi o\varrho$ so umdreht, dafs die Löcher unter einander zu liegen kommen, fliefst es durch die Röhre $\lambda\mu$ aus.
Das Rad mufs mit dem Rohre $\nu\xi o\varrho$ verbunden werden, so dafs
25 das Wasser bei wiederholter Drehung abfliefst.

---

1) b: 'sei mit einem Loche σ auf der Seite versehen, auf
welcher das Loch ε des Gefäfses $\alpha\beta\gamma\delta$ liegt' (Fig. 33b).
2) b: 'gegenüber den Löchern ε und σ' (Fig. 33b).
3) Zusatz in b: 'gleichfalls'.
4) b: 'τ' (Fig. 33b).

---

16 $\tau\varrho\acute{\eta}\mu\alpha\tau\alpha$ CP: $\tau\varrho\upsilon\pi\acute{\eta}\mu\alpha\tau\alpha$ B   19 T scripsi, $\cdot t\cdot$ L
(secundum Ambros. G 78 inf. et Monac. gr. 431, $\cdot s\cdot$ sec. Taurin.
H II 27 et Ambros. J 38): $\bar{\sigma}$ b. cf. lin. 23   21—22 $\varkappa\alpha\grave{\iota}$ $\tau\grave{\eta}\nu$
. . . $\varkappa\upsilon\varrho\tau\tilde{\eta}\varsigma$ om. L   23 $\pi\varepsilon\varrho\iota\sigma\tau\varrho\alpha\mu\mu\acute{\epsilon}\nu\upsilon\nu$ B   26 sin $autem$
$quispiam$ (= $\tau\iota\varsigma$) $verterit$ L

XXXIII.

Ἀγγείου ὄντος ἑνός, ἐμβαλεῖν διὰ τοῦ στόματος
αὐτοῦ οἴνων πλείονα γένη καὶ διὰ τοῦ αὐτοῦ κρουνοῦ
λαμβάνειν ἕκαστον αὐτῶν, ὃ ἐάν τις προαιρῆται, ὥστε
πλειόνων ἐμβαλόντων τοὺς οἴνους ἕκαστον τὸν ἴδιον 5
δέξασθαι κατὰ μέρος, ὅσος ἐὰν ᾖ ὁ ἀφ' ἑκάστου ἐμβληθείς.

Ἔστω ἀγγεῖον στεγνὸν τὸ ΑΒΓΔ διαπεφραγμένον
τὸν τράχηλον τῷ ΕΖ διαφράγματι· διαπεφράχθω δὲ
καὶ τὸ ὅλον ἀγγεῖον εἰς χώρας τοσαύτας, ὅσους βουλό- 10
186 μεθα καὶ τοὺς οἴνους εἶναι· καὶ ἔστω | διαφράγματα
τὰ ΗΘ, ΚΛ, ὥστε γίνεσθαι χώρας τρεῖς τὰς Μ, Ν, Ξ,
εἰς ἃς ἐμβληθήσεται ὁ οἶνος. τετρήσθω δὲ τὸ ΕΖ
διάφραγμα καθ' ἑκάστην χώραν λεπτοῖς τρυπηματίοις·
καὶ ἔστω τὰ τρυπημάτια τὰ Ο, Π, Ρ· ἐκ δὲ τῶν 15
Ο, Π, Ρ τρυπηματίων σωληνάρια ἀνατεινέτω τὰ ΠΣ,
ΟΤ, ΡΥ εἰς τὸν τράχηλον τοῦ ἀγγείου συντετρημένα
αὐτῷ· παρὰ δὲ ἕκαστον σωληνάριον τρυπημάτια ἔστω
λεπτὰ ἐν τῷ ΕΖ διαφράγματι ἠθμοειδῆ, δι' ὧν τὸ
ὑγρὸν εἰς τὰς χώρας χωρήσει. ὅταν οὖν βουλώμεθα 20

a 2—7 Ἀγγείου ὄντος ... ἐμβληθείς = b 22—26:
Ἀγγείου ὄντος ἑνός, ἐμβαλεῖν διὰ τοῦ στόματος αὐτοῦ πλείονα
γένη ὑγρῶν καὶ διὰ τοῦ αὐτοῦ κρουνοῦ λαμβάνειν ἕκαστον
αὐτῶν, ὃ ἄν τις προαιρῆται, ἀμιγὲς τῶν λοιπῶν, ὥστε πλειόνων ἐμβαλόντων φέρ' εἰπεῖν οἴνους διαφόρους ἕκαστον τὸν 25
ἴδιον δέξασθαι κατὰ μέρος, ὅσος ἂν ᾖ ἐμβληθεὶς ὑφ' ἑκάστου.

---

5 ἐμβαλόντων AG: ἐμβαλλόντων T   6 ὅσος, σ ex ν corr., T
ἐὰν (sic) G   f. ὑφ'   8 διαπεφραγμένον T   10 βουλώμεθα T   15 τρυπημάτια A (ια in litura), BCG: τρυπήματα T
16 ἀνατεινέτω AG: ἀνατεινέσθω T   18 τρύπημα A   19
ἰθμοειδῆ AGTmg.: ἰσθμοειδῆ T: correxi ex Par. 2512

XXXIII.

Durch die Mündung eines einzigen Gefäfses sind
mehrere Weinsorten[1]) einzugiefsen und jede beliebige
durch denselben Hahn abzuziehen.[2]) Wenn daher
5 mehrere Personen die Weine[3]) hineingiefsen, zieht
der Reihe nach jede ihren eigenen Wein in der von
ihr hineingegossenen Quantität ab.

*Ein Automat
zum Abziehen
verschiedener
Weinsorten aus
demselben Ge-
fäfse. Fig. 34a
und 34b.*

Ein luftdicht verschlossenes Gefäfs $\alpha\beta\gamma\delta$ (Fig. 34a) sei
im Halse durch die Scheidewand $\varepsilon\zeta$ verschlossen. Das
10 ganze Gefäfs ist in so viel Räume (Kammern) abzuteilen,
als es Weine enthalten soll. Die Scheidewände seien $\eta\vartheta$
und $\varkappa\lambda$, so dafs sich drei Kammern μ, ν, ξ bilden, in
welche der Wein gethan wird.[4]) In die Scheidewand $\varepsilon\zeta$
seien gegenüber jeder Kammer kleine Löcher gebohrt.
15 Das seien o, π, ϱ; von ihnen mögen kleine Röhren $\pi\sigma$,
$o\tau$, $\varrho\upsilon$ in den Hals des Gefäfses aufsteigen und nach dem
Halse hin offen stehen. Neben jedem Röhrchen sind in der
Scheidewand $\varepsilon\zeta$ kleine, siebartige Löcher anzubringen, durch
welche die Flüssigkeit in die Kammern geht.[5]) Wollen

---

1) Nach b: 'mehrere Arten von Flüssigkeiten'.
2) Zusatz in b: 'ohne dafs sie mit den andern vermischt ist'.
3) b: 'z. B. verschiedene Weine'.
4) Nach b: 'die Weine gethan werden'.
5) Nach b: 'jede Flüssigkeit in die für sie bestimmte
Kammer geht'.

---

8 ·a·b·c·d· L: $\overline{\alpha\beta\gamma}$ b   11 $\delta\iota\dot{\alpha}\varphi\varrho\alpha\gamma\mu\alpha$ P   13 $\dot{\varepsilon}\mu\beta\lambda\eta$-
$\vartheta\dot{\eta}\sigma\sigma\nu\tau\alpha\iota$ οἱ οἶνοι b L   καὶ τὸ BL   15 $\overline{\sigma\pi\varrho}$ a: $\pi\sigma\varrho$ b L
15—16 ἐκ ... P om. BL   16 $\overline{\sigma\pi\varrho}$ a: $\pi\sigma\varrho$ CP $\dot{\alpha}\nu\alpha\tau\varepsilon\iota$-
$\nu\dot{\varepsilon}\tau\omega$: $\dot{\alpha}\nu\alpha\tau\varepsilon\iota\nu\dot{\varepsilon}\sigma\vartheta\omega$ B: $\dot{\alpha}\nu\alpha\tau\varepsilon\dot{\iota}\nu\varepsilon\tau\alpha\iota$ CP: erigantur L   17 OT
(·o·t· L): om. B: $\overline{\sigma\tau}$ CP   17—18 εἰς τὸν τράχηλον ... αὐτῷ
a: $\sigma\upsilon\nu\tau\varepsilon\tau\varrho\eta\mu\dot{\varepsilon}\nu\alpha$ τῷ τραχήλῳ τοῦ ἀγγείου b L   19 $\dot{\eta}\vartheta\mu\sigma\varepsilon\iota\delta\tilde{\eta}$:
$i\sigma\vartheta\mu\sigma\varepsilon\iota\delta\tilde{\eta}$ b   19—20 δι' ὧν ... χωρήσει: δι' ὧν χωρήσει
ἕκαστον τῶν ὑγρῶν εἰς τὴν οἰκείαν χώραν b L   26 $\dot{\upsilon}\varphi$' BC:
$\dot{\varepsilon}\varphi$' P: ab L

ἐγχέειν ἕκαστον οἶνον, καταληψόμεθα τοῖς δακτύλοις
τὰ Σ, Τ, Υ καὶ ἐγχέομεν τὸν οἶνον διὰ τοῦ Φ τρα-
χήλου· οὗτος δὲ εἰς οὐδεμίαν χώραν χωρήσει διὰ τὸ

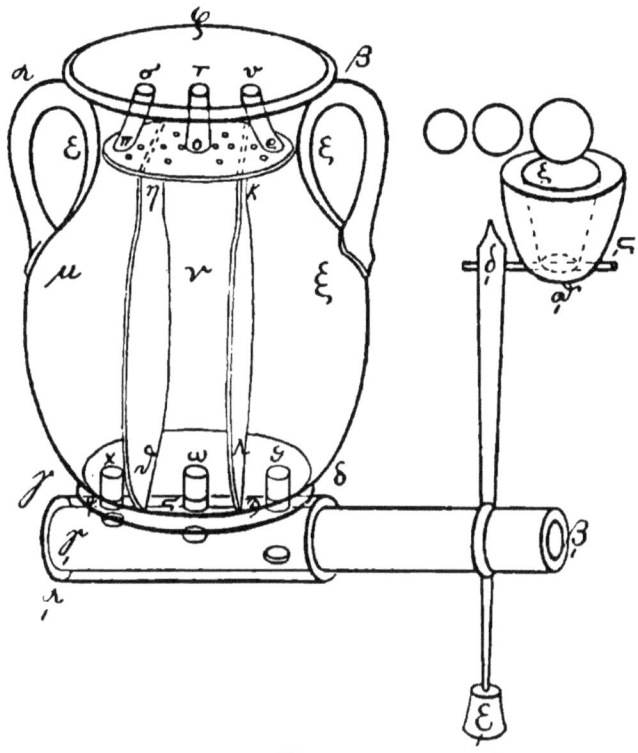

Fig. 34 a.

μὴ ἔχειν διέξοδον τὸν ἐν ταῖς χώραις ἀέρα. ὅταν οὖν
ἀνέσωμεν ἓν τῶν Σ, Τ, Υ διαυγίων, ὁ ἐν τῇ κατ᾽ 5
ἐκεῖνο χώρᾳ ἀὴρ ἐκχωρήσει, διὰ τοῦ ἠθμοῦ τοῦ οἴνου

a 154, 4—162, 3 ὅταν οὖν ἀνέσωμεν . . . τὸν ᾿Β
κρουνόν = b 154, 8—162, 14 ὅτε δὲ ἀνήσομεν ἓν τῶν
Σ, Τ, Υ διαυγίων, ὁ ἐν τῇ κατ᾽ ἐκεῖνο χώρᾳ ἀὴρ ἐκχωρήσει
διὰ τοῦ τοιούτου διαυγίου, τοῦ οἴνου εἰς τὴν χώραν ἐμ- 10

wir nun den einzelnen Wein eingießen, so halten wir die Öffnungen σ, τ, υ mit den Fingern zu und lassen durch den Hals φ den Wein einlaufen. Dieser tritt aber in

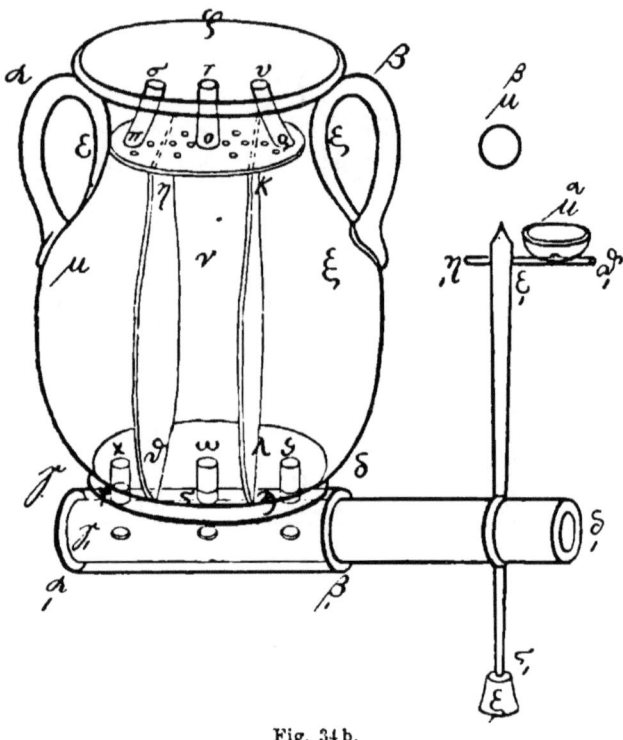

Fig. 34 b.

keine Kammer ein, weil die in den Kammern enthaltene
5 Luft keinen Ausweg hat. Lassen wir nun eins der Luft-löcher σ, τ, υ los, so entweicht die Luft, welche sich in

2 f. τὰ Σ, T, Τ ⟨διαύγια⟩   ἐγχέομεν A G T₂: ἐγχύσομεν T₁
3 τὸ om. T   5 ὁ T: om. A G   6 ἠϑμοῦ Par. 2512: ἰϑμοῦ
A G₁: ἰσϑμοῦ G₂: ἰσϑμοῦ T, idem γρ. ἰϑμοῦ

2 ἐγχέομεν: ἐγχεοῦμεν b

εἰς τὴν χώραν ἐμπίπτοντος. πάλιν καταλαμβανόμενοι
τὸ διαύγιον, ἄλλο ὁμοίως ἀνήσομεν καὶ ἐμβαλοῦμεν
ἕτερον οἶνον, εἶτα ἑξῆς τοὺς λοιπούς, ὅσοι ἐὰν ὦσιν
οἵ τε οἶνοι καὶ αἱ ἐν τῷ ΑΒΓΔ ἀγγείῳ ἰσοπληθεῖς
χῶραι. δεξόμεθα δὲ ἕκαστον αὐτῶν κατὰ μέρος διὰ 5
τοῦ αὐτοῦ κρουνοῦ οὕτως. ἐν τῷ πυθμένι τοῦ ΑΒΓΔ
ἀγγείου ἐξ ἑκάστης χώρας σωλῆνες ἔστωσαν ἐκ μὲν
τῆς Μ ὁ ΧΨ, ἐκ δὲ τῆς Ν ὁ Ωϛ, ἐκ δὲ τῆς Ξ ὁ
Ϙ𝔅· τὰ δὲ ἄκρα αὐτῶν τὰ Ψ, ϛ, 𝔅 συντετρήσθω
ἑτέρῳ σωλῆνι τῷ Ψϛ𝔅,Α ἀπέχοντα ἀπ᾽ ἀλλήλων, καὶ 10
ἐστεγνώσθωσαν εἰς τὸ ἐντὸς τοῦ Ψϛ𝔅,Α. ἕτερος δὲ
σωλὴν ⟨ἔστω⟩ συνεσμηρισμένος ὁ ‚Β‚Γ τῷ Ψϛ𝔅,Α,
ἐπεστομωμένος μὲν κατὰ τὸ ἐντὸς μέρος τὸ ‚Γ, τρή-
ματα δὲ ἔχων κατὰ τὰ Ψ, ϛ, 𝔅, ὥστε ἐπιστρεφομένου |
187 τοῦ ‚Β‚Γ σωλῆνος τὰ ἐν αὐτῷ τρήματα παραγινόμενα 15
παρ᾽ ἕκαστον τῶν Ψ, ϛ, 𝔅 τρημάτων δέχεσθαι τὸν ἐν

πίπτοντος διὰ τοῦ ἐν αὐτῇ ἠθμοειδοῦς τρηματίου. πάλιν
καταλαμβάνοντες τὸ διαύγιον, ἄλλο ὁμοίως ἀνήσομεν καὶ
ἐμβαλοῦμεν ἕτερον οἶνον, εἶτα ἑξῆς τοὺς λοιπούς, ὅσοι ἐὰν
ὦσιν οἵ τε οἶνοι καὶ αἱ ἐν τῷ ΑΒΓΔ ἀγγείῳ ἰσοπληθεῖς 20
χῶραι. δεξόμεθα δὲ ἕκαστον αὐτῶν κατὰ μέρος διὰ τοῦ
αὐτοῦ κρουνοῦ οὕτως. ἐν τῷ πυθμένι τοῦ ΑΒΓΔ ἀγγείου
ἐξ ἑκάστης χώρας σωλῆνες ἔστωσαν ἐκ μὲν τῆς Μ ὁ ΧΨ,
ἐκ δὲ τῆς Ν ὁ Ωϛ, ἐκ δὲ τῆς Ξ ὁ Ϙ𝔅. τὰ δὲ ἄκρα
αὐτῶν τὰ Ψ, ϛ, 𝔅 συντετρήσθω ἑτέρῳ σωλῆνι τῷ ΓΔ,Α‚Β· 25
ἐντὸς δὲ τούτου τοῦ σωλῆνος ἕτερος ἔστω συνεσμηρισμένος
αὐτῷ ἀκριβῶς ὁ ‚Γ‚Δ τρήματα ἔχων κατὰ τὰ Ψ, ϛ, 𝔅,
ὥστε ἐπιστρεφομένου τοῦ ‚Γ‚Δ σωλῆνος τὰ ἐν αὐτῷ τρήματα
·παραγινόμενα παρ᾽ ἕκαστον τῶν Ψ, ϛ, 𝔅 τρημάτων δέχε-

1 ἑτέραν χώραν A₂GT   2 τὸ AG: om. T   ἀνήσομεν
scripsi; cf. lin. 18: ἀνέσωμεν a   3 ὦσιν om. G   4 αἱ G₂T:
om. AG̣₁   8 χ̄ψ̄ G: ψ̄χ AT₂   9 Ϙ̄𝔅 T: ϙλ AG   ψϛ𝔅
T: ψϛλ AG   10 ψϛ𝔅‚α T₁mg.: ψϛλ‚α AGT₁   f. ⟨βραχὺ⟩

dem ihm gegenüberliegenden Raume befindet,[1]) während der
Wein durch das Sieb in die Kammer dringt.[2]) Danu halten
wir dieses Luftloch wieder zu, öffnen ein anderes in
gleicher Weise und giefsen einen andern Wein ein, darauf
5 der Reihe nach die übrigen, je nach der Zahl der Weine
und der gleich grofsen, in dem Gefäfse $\alpha\beta\gamma\delta$ befindlichen
Räume. Jeden einzelnen von ihnen können wir ab-
wechselnd auf folgende Weise durch dasselbe Ausflufsrohr
abziehen. Am Boden des Gefäfses $\alpha\beta\gamma\delta$ mögen aus jeder
10 Kammer Röhren laufen, $\chi\psi$ aus μ, $\omega\varsigma$ aus ν, ⅁⅋ aus ξ.
Ihre Enden ψ, ς, ⅋ -sollen in ein anderes Rohr $\psi\varsigma⅋_{,}\alpha$
(Fig. 34a) münden, mit geringem Abstande von einander,
und sie seien in $\psi\varsigma⅋_{,}\alpha$ eingelötet. Wieder ein anderes
Rohr $_{,}\beta_{,}\gamma$ sei in $\psi\varsigma⅋_{,}\alpha$ eingepafst (eingeschliffen), an dem
15 inneren Ende $_{,}\gamma$ geschlossen und ψ, ς, ⅋ gegenüber mit
Löchern versehen, so dafs bei einer Drehung des Rohres
$_{,}\beta_{,}\gamma$ seine Löcher (nach einander) neben (= unter) jede
der Öffnungen ψ, ς, ⅋ zu liegen kommen, den in dem

a 157, 11—163, 5 Ihre Enden ... bewirken = b 157, 20
20 —163, 16: Ihre Enden ψ, ς, ⅋ sollen in ein anderes Rohr
$\gamma\delta_{,}\alpha_{,}\beta$ (Fig. 34b) münden. Innerhalb dieses Rohres befinde
sich wieder ein anderes, genau eingeschliffenes Rohr $_{,}\gamma_{,}\delta$ mit
Löchern, welche mit ψ, ς, ⅋ korrespondieren, so dafs bei einer
Drehung des Rohres $_{,}\gamma_{,}\delta$ seine Löcher neben (= unter) die
25 Löcher ψ, ς, ⅋ zu liegen kommen, den in dem einzelnen

---

1) Zusatz in b: 'durch dieses (freigewordene) Luftloch'.
2) Nach b: 'während der Wein in die Kammer durch die
darin befindliche siebartige Bohrung dringt'.

$\dot\alpha\pi\acute\epsilon\chi o\nu\tau\alpha$ 11 $\psi\varsigma\lambda_{,}\alpha$ a: corr. Haasius   12 $\langle\check\epsilon\sigma\tau\omega\rangle$ inserui;
cf. lin. 26 $\cdot\psi\varsigma⅋_{,}\alpha$ T: $\psi\varsigma\lambda_{,}\alpha$ AG   14 $\psi\varsigma⅋$ T$_1$ ($\delta v\sigma\chi\acute\iota\lambda\iota\alpha$
praeponit T$_1$ mg.): $\delta v\sigma\chi\acute\iota\lambda\iota\alpha$ $\overline{\psi\varsigma\lambda}$ AG$_1$ (= $_{,}\beta\psi\varsigma\lambda$ G$_2$)   15 $_{,}\beta_{,}\gamma$
G$_2$: $\delta v\sigma\chi\iota\lambda\acute\iota o\nu$ $\tau\varrho\iota\sigma\chi\iota\lambda\acute\iota o\nu$ AG$_1$ (= $_{,}\beta_{,}\gamma$): $\overline{\beta\gamma}$ T   16 $\overline{\psi\varsigma⅋}$ T$_1$:
$\overline{\psi\varsigma\lambda}$ AGT$_2$ $\dot\epsilon\nu$ om. T$_1$, add. T$_2$

17 $\dot\eta\vartheta\mu o\epsilon\iota\delta o\tilde v\varsigma$ scripsi: $\iota\sigma\vartheta\mu o\epsilon\iota\delta o\tilde v\varsigma$ b $\pi\acute\alpha\lambda\iota\nu$: consimiliter L   19—20 $\epsilon\tilde\iota\tau\alpha$ ... $o\tilde\iota\nu o\iota$ om. P   20 $\dot\alpha\gamma\gamma\epsilon\acute\iota\omega$ om. L
26 $\dot o$ $\check\epsilon\tau\epsilon\varrho o\varsigma$ B

ἑκάστῃ χώρᾳ οἶνον καὶ εἰς τὸ ἐκτὸς ἀποδιδόναι διὰ
τοῦ ἐκτὸς στομίου τοῦ ‚Β‚Γ σωλῆνος. τῷ οὖν ‚Β‚Γ
σωλῆνι συμφυὴς ἔστω σιδηροῦς ὀβελίσκος ὁ ‚Δ‚Ε· καὶ
κατὰ μὲν τὸ ‚Ε μέρος ⟨βάρος⟩ ἐκ μολίβδου προσκεκολλήσθω τὸ ‚Ε, κατὰ δὲ τὸ ‚Δ περόνη σιδηρᾶ ἡ 5
‚Δ‚ς ἔχουσα ἐκ τοῦ μέσου προσκεκολλημένον φιάλιον
τὸ ‚ς τὰ κοῖλα εἰς τὸ ἄνω μέρος ἔχον. ἔστω δέ τις
καὶ κῶνος κοῖλος κόλουρος, οὗ ὁ μὲν μείζων κύκλος
ἔστω ὁ ‚Ζ, ὁ δὲ ἐλάσσων ὁ ‚Θ, δι' οὗ καὶ ἡ ‚Δ‚ς
περόνη διερχέσθω. γεγονέτω δὲ καὶ σφαιρία μολιβᾶ 10
ἄνισα τοῖς μεγέθεσι τοσαῦτα ὅσαι εἰσὶ καὶ αἱ Μ, Ν, Ξ
χῶραι. ἐὰν οὖν τὸ ἔλασσον τῶν σφαιρίων ἐπιθῶμεν
τῷ ‚Ζ‚Θ φιαλίῳ, καταβαρῆσαν εἰς τὸ κάτω μέρος
ἐνεχθήσεται, ἄχρις ἂν ψαύσῃ τῆς τοῦ κώνου κολούρου
κοίλης ἐπιφανείας, καὶ ἐπιστρέψει τὸν ‚Β‚Γ σωλῆνα, 15
σθαι τὸν ἐν ἑκάστῃ χώρᾳ οἶνον καὶ εἰς τὸ ἐκτὸς ἀπιδιδόναι
διὰ τοῦ ἐκτὸς στομίου τοῦ ‚Γ‚Δ σωλῆνος. τῷ οὖν ‚Γ‚Δ
σωλῆνι συμφυὴς ἔστω σιδηροῦς ὀβελίσκος ὁ ‚Ε‚ς· καὶ κατὰ
μὲν τὸ ‚ς μέρος βάρος μολίβδου προσκεκολλήσθω τὸ ‚Ζ
ἱκανὸν στρέφειν τὸν ‚Γ‚Δ σωλῆνα, κατὰ δὲ τὸ ‚Ε περόνη 20
σιδηρᾶ ἡ ‚Η‚Θ ἔχουσα ἐν τῷ μέσῳ προσκεκολλημένον φιάλιον
Α
τὸ Μ τὰ κοῖλα εἰς τὸ ἄνω μέρος ἔχον. γεγονέτω δὲ
Β
καὶ σφαιρίον μολίβδινον τὸ Μ πολλῷ βαρύτερον ὂν τοῦ ‚Ζ
βάρους. ὅταν οὖν προαιρώμεθα ὁποῖον δή τινα τῶν ἐμβληθέντων οἴνων ἐν τῷ ΑΒΓΔ λαβεῖν ἀγγείῳ, πάντων τῶν ἐν 25
τῷ διαφράγματι τούτου ὄντων τρηματίων διαπεφραγμένων

3 ‚δ‚ε Τ₁: δ𝔇 AG: ϛ𝔇 Τ₂   4 ‚ε Τ₁: 𝔇 AGΤ₂   ⟨βά-
ρος⟩ inserui; cf. lin. 19   5 ‚ε a: η̄ ed. Paris. ut etiam p. 160,
5. 11. 162, 1 σιδηρᾶ om. A₁, add. A mg.   6 ad φιάλιον in
A margo hoc habet scholion: οἶμαι, τὸ αὐτὸ λέγει φιάλιον καὶ
κῶνον   7 ἔχον AG: ἔχων T   7—8 f. ἔστω δὲ ⟨τὰ κοῖλά⟩
τις [καὶ] κῶνος   9 ‚ϑ A₁G: η̄ A₂T   10 μολιβᾶ AT₂ (-ό- T):

einzelnen Raume enthaltenen Wein aufnehmen und vermittelst der äufseren Mündung des Rohres $\beta_{,}\gamma$ nach aufsen
leiten. Mit dem Rohre $\beta_{,}\gamma$ sei nun ein eiserner Spiefs $\delta_{,}\varepsilon$
verbunden. Bei $_{,}\varepsilon$ sei ein Bleigewicht $_{,}\varepsilon$ angelötet, bei
5 $_{,}\delta$ ein eiserner Stift $_{,}\delta_{,}\varsigma$; mitten an diesen ist eine kleine
Schale $_{,}\varsigma$ gelötet, deren Innenseite nach oben liegt
(Fig. 34a).[1]) Diese bilde eine Art hohlen Kegelstumpf,
dessen gröfsere Grundfläche $_{,}\zeta$, dessen kleinere $_{,}\vartheta$ sei.
Durch diese gehe auch der Stift $_{,}\delta_{,}\varsigma$ hindurch. Man
10 stelle auch kleine Bleikugeln von verschiedener Gröfse in
einer den Räumen $\mu_{,}\ \nu$, ξ entsprechenden Anzahl her.
Wenn wir nun die kleinste Kugel auf die Schale $\zeta_{,}\vartheta$
legen, so geht sie infolge ihrer Schwere abwärts, bis sie
die innere Fläche des Kegelstumpfes berührt, und dreht
15 das Rohr $\beta_{,}\gamma$. Dann kommt dessen eines Loch unter ψ

Raume enthaltenen Wein einlaufen lassen und mittels der
äufseren Mündung des Rohres $\gamma_{,}\delta$ nach aufsen leiten. Mit
dem Rohre $\gamma_{,}\delta$ sei nun ein eiserner Spiefs $\varepsilon_{,}\varsigma$ verbunden.
An sein Ende $_{,}\varsigma$ sei ein Bleigewicht ζ gelötet, welches aus-
20 reicht, um das Rohr $\gamma_{,}\delta$ zu drehen, bei $_{,}\varepsilon$ dagegen ein eiserner
Stift $_{,}\eta_{,}\vartheta$ mit einer kleinen Schale $\overset{\alpha}{\mu}$, die in seiner Mitte angelötet ist und deren Innenseite nach oben liegt (Fig. 34b).[2])
Man fertige auch eine kleine Bleikugel $\overset{\beta}{\mu}$ an, die viel schwerer
sei als das Gewicht ζ. Wenn wir nun von den in das Gefäfs
25 $\alpha\beta\gamma\delta$ gegossenen Weinen einen beliebigen abziehen wollen, so
verschliefsen wir sämtliche Löcher in der Scheidewand ($\varepsilon\zeta$) des

---

1) Vgl. auch die handschriftlichen Figuren 34c und 34d
in den Prolegomena. 2) Vgl. auch die handschriftliche
Figur 34e in den Prolegomena.

$\mu o\lambda\iota\beta\delta\tilde{\alpha}$ G T$_1$, 13 $\overline{\zeta_{,}\vartheta}$ A G T$_2$: $\overline{\zeta_{,}\eta}$ T$_1$ 15 $\varkappa o\acute{\iota}\lambda\eta\varsigma$: f. $\varkappa o\acute{\iota}\lambda o\upsilon$;
cf. lin. 8 $\acute{\varepsilon}\pi\iota\sigma\tau\varrho\acute{\varepsilon}\psi\varepsilon\iota$ A G: $\acute{\varepsilon}\pi\iota\sigma\tau\varrho\acute{\varepsilon}\psi\eta$ T, η ex $\varepsilon\iota$ corr.

---

18 $\varkappa a\acute{\iota}$ om. CP 19 f. $\mu o\lambda\iota\beta\delta o\tilde{\upsilon}\nu$, (pondus) plumbeum L
$_{,}$Z scripsi: $\bar{\zeta}$ b 20 $_{,}\Gamma_{,}\varDelta$ om. L 26 $\tau\varrho\eta\mu\alpha\tau\acute{\iota}\omega\nu$ BC: $\tau\varrho\upsilon$-
$\pi\eta\mu\alpha\tau\acute{\iota}\omega\nu$ P

ὥστε τὸ ἐν αὐτῷ τρῆμα γενέσθαι κατὰ τὸ Ψ καὶ δέχεσθαι τὸν ἐν τῇ Μ χώρᾳ οἶνον ῥέοντα ἐπὶ τοσοῦτον,
ἐφ᾽ ὅσον καὶ ἐπίκειται ἡ σφαῖρα τῷ φιαλίῳ, εἰ μὴ
ἄρα ὅλος ᾖ ἐκρερευκώς. ἐὰν δὲ ἀφέλωμεν τὸ σφαιρίον, πάλιν τὸ ,Ε βάρος καταστρέψαν ἀποκλείσει τὸ 5
Ψ τρῆμα, ὥστε μηκέτι ῥέειν τὸν οἶνον. πάλιν οὖν
ἢν ἕτερον τῶν σφαιρίων ἐπιθῶμεν, πλέον κατενεχθήσεται καὶ πλέον ἐπιστρέψει τὸν ,Β σωλῆνα, ἄχρις ἂν
τὸ ἐν αὐτῷ τρῆμα γένηται κατὰ τὸ ς τρῆμα· καὶ οὕτως
ῥεύσει ὁ ἐν τῇ Ν χώρᾳ οἶνος. καὶ πάλιν ἀρθέντος 10
τοῦ σφαιρίου καταρρέψαν τὸ ,Ε βάρος ἀποκλείσει τὸ
ς τρῆμα, ὥστε μηκέτι ῥέειν τὸν οἶνον. ἐὰν δὲ ἕτερον
μεῖζον ἐπιτεθῇ, πλέον ἐπιστραφήσεται ὁ ,Β σωλήν,
ὥστε ῥέειν τὸν ἐν τῇ Ξ χώρᾳ οἶνον. δεῖ μέντοι τὸ
ἔλασσον τῶν σφαιρίων ἐπιτεθὲν ἐπὶ τῷ φιαλίῳ κατα- 15
ἀναφράξομεν μὲν τὸ τῆς χώρας ἐκείνης τρημάτιον, ἧς τὸν
οἶνον βουλόμεθα λαβεῖν· ἐμβαλοῦμεν δὲ ἐν τῷ Μ φιαλίῳ
Β
τὸ Μ σφαιρίον. καὶ τούτου γενομένου στραφήσεται ὁ ,Γ,Δ
σωλὴν καὶ ἄξει εἰς τὸν τοῦ ἀγγείου πυθμένα τὸ ὑπ᾽ ἐκείνην
τὴν χώραν τρημάτιον· καὶ οὕτως ῥεύσει ὁ ἐν ταύτῃ τῇ χώρᾳ 20
Β
οἶνος. μετὰ δὲ τὸ ῥεῦσαι τοῦτον ἐκβληθὲν τὸ Μ σφαιρίον
Α
ἐκ τοῦ Μ φιαλίου στρέψει τὸν ,Γ,Δ σωλῆνα διὰ τοῦ ,Ζ
βάρους. καὶ πάλιν ἧστινος χώρας οἶνον βουλόμεθα λαβεῖν,

---

5 ,ε̄ a: η ,Μ καταστρέψαν a: καταῤῥέψαν Voss. 19; cf.
lin. 11   7 ἢν A₁: ἐὰν A₂ GT   9—12 καὶ οὕτω ... τρῆμα
in margine iterat A₂, in textu GT₁, iterata delet T₂   10 Ν
om. A₂ G (locis iteratis)   11 καταρρέψαν A₁ G: καταῤεῦσαν A₂:
καταῤῥεῦσαν T (καταρεῦσαι G loco iterato)   ε̄ A₂ G₂ MT₁: ,β
A₁ T₂: om. G₁   15 ἐπὶ om. Par. 2512. Voss. 19: f. ἐπὶ del.
cf. lin. 3

zu liegen und läfst den in der Kammer μ enthalteneu
Wein einströmen, der so lange fliefst, als die Kugel auf
der Schale liegt, falls der Wein nicht etwa ganz ausläuft.
Nehmen wir aber die Kugel fort, so dreht[1]) das Gewicht ε
5 den Eisenstab nebst Rohr und verschliefst die Öffnung ψ,
so dafs der Wein aufhört zu fliefsen. Wenn wir wieder
eine andere Kugel auflegen, senkt sich[2]) diese noch mehr
(mit ihr der Eisenstab) und dreht auch noch mehr das
Rohr β, bis dessen (zweites) Loch der Öffnung ς ent-
10 spricht. Und so wird der in dem Raume ν enthaltene
Wein ausfliefsen. Hebt man die Kugel wieder auf, so
senkt sich das Gewicht ε von neuem, schliefst die
Öffnung ς und unterbricht den Ausflufs des Weines.
Wenn aber eine andere, noch gröfsere Kugel aufgelegt
15 wird, so dreht sich das Rohr β noch mehr und zwar so
weit, dafs der in dem Raume ξ enthaltene Wein ausströmt. Doch mufs die kleinste Kugel so schwer sein,

Gefäfses, lassen dann aber das Loch desjenigen Raumes offen,
dessen Wein wir entnehmen wollen. In die Schale $\overset{a}{\mu}$ werfen
20 wir aber die Kugel $\overset{\beta}{\mu}$. Darauf wird sich das Rohr $\gamma\,\delta$ drehen
und das mit jenem Raume korrespondierende Loch an den
Boden des Gefäfses bringen. Und so wird der in diesem Raume
enthaltene Wein ausfliefsen. Ist dieser abgelaufen, so wird die
Kugel $\overset{\beta}{\mu}$ aus der Schale $\overset{a}{\mu}$ entfernt, und das wird mit Hilfe
25 des Gewichtes ζ die Drehung des Rohres $\gamma\,\delta$ hervorbringen.
Treffen wir bei demjenigen Raume, dessen Wein wir abziehen

---

1) Nach einer anderen Lesart: 'so senkt sich das Gewicht ε
und verschliefst das Loch'. Vgl. Zeile 12.
2) Sowohl wegen des gröfseren Gewichtes als auch der
gröfseren Länge des Hebelarmes, an dem diese Kugel wirkt.
Denn sie sinkt ja nicht so tief in den Hohlraum ein als die
erste. Damit ist auch die Bedeutuug des Kegelstumpfes erklärt.
Vgl. auch Rochas a. a. O. S. 142, 1.

---

16 ἀναφϱάξομεν scripsi: adaperiemus L: ἀποφϱάξομεν b
μὲν om. B   19 ὑπ': super s. supra L   21 ὁ οἶνος C
22 φιαλίον scripsi: phialula L (cod. Mutinens., spherula cet.):
σφαιϱίου b   τὸν om. P

κρατεῖν τοῦ ‚Ε βάρους, τουτέστιν ἐπιστρέφειν τὸν
‚Β σωλῆνα· οὕτως γὰρ καὶ τὰ σφαιρία τὰ λοιπὰ
κατακρατήσει καὶ ἐπιστρέψει τὸν ‚Β κρουνόν.

XXXIV.

Λύχνον κατασκευάσαι ἑαυτὸν προσμύσσοντα.   5

Ἔστω ὁ λύχνος ὁ ΑΒΓ· διὰ δὴ τοῦ στόματος
αὐτοῦ περόνη σιδηρᾶ διώσθω ἡ ΔΕ κινουμένη εὐλύτως
περὶ τὸ Ε σημεῖον· περὶ δὲ τὴν περόνην τὸ ἐλλύχνιον
περιειλείσθω εὔλυτον. παρακείσθω δὲ καὶ τύμπανον
ὠδοντωμένον τὸ Ζ κινούμενον περὶ ἀξόνιον εὐλύτως, 10
οὗ οἱ ὀδόντες ψαυέτωσαν τῆς περόνης, ὅπως ἐπι-

καὶ ἐπ᾽ ἐκείνης τὰ ὅμοια ποιήσαντες ἀμιγῆ τὸν ἐκ ταύτης
οἶνον δεξόμεθα· καὶ ἐπὶ τῶν ἄλλων, εἰ πλείονες εἴησαν αἱ
χῶραι, ὁμοίως.

a 162, 5—164, 2 Λύχνον ... τῶν ὀδόντων = b 162, 15
16—164, 22: Λύχνον κατασκευάσαι προσμύσσοντα ἑαυτόν.

Ἔστω ὁ λύχνος ὁ ΑΒΓ· διὰ δὲ τοῦ στόματος αὐτοῦ
περόνη σιδηρᾶ διώσθω εὐλύτως παρὰ τὴν κοιλίαν τοῦ λύχνου
διερχομένη καὶ ὀδόντας ἔχουσα τριγωνοειδεῖς ἡ ΔΕ. παρακείσθω δὲ καὶ τυμπάνιον ὁμοίως ὠδοντωμένον τὸ Ζ κινού- 20
μενον περὶ ἀξόνιον εὐλύτως, οὗ οἱ ὀδόντες συμβαλλέσθωσαν
τοῖς ὀδοῦσι τῆς περόνης, ὅπως ἐπιστρεφομένου αὐτοῦ προ-

---

3 ἐπιστρέψει AG: ἐπιτρέψει Τ   6 ὁ om. Τ   δὴ AG:
δὲ Τ   8 περὶ τὸ: f. παρὰ τὸ   ἐλλύχνιον M₂, Voss. 19: ἔλ-
λυχνον a   9 περιειλείσθω AG: περιειλήσθω Τ   τύμπανον:
f. τυμπάνιον Haasius   10 ὠδοντωμένον AG: ὀδοντωμένον Τ
ut etiam p. 164, 5   11 ὅπως AG: ὅπου Τ

---

12 immistum et (= ἀμιγῆ(?) καὶ) L   18 εὐλύτως om. L
20 δὲ C: δὴ Β: om. PL   τυμπάνιον P: τύμπανον BCL

dafs sie auf die Schale gelegt das Gewicht ε an Schwere übertrifft (und es empordrückt), d. h. das Rohr β zur Drehung bringt. Dann werden auch die übrigen Kugeln das Übergewicht haben und eine Drehung des Ausflufs-
5 rohres β bewirken.

XXXIV.

Eine Lampe herzustellen, die von selbst den **Die sich selbst regulierende** Docht zur Tülle schiebt. **Lampe. Fig. 35**

Die Lampe sei $\alpha\beta\gamma$ (Fig. 35). Durch ihre Mündung
10 (Tülle) stecke man eine eiserne Stange $\delta\varepsilon$, die am Punkte ε

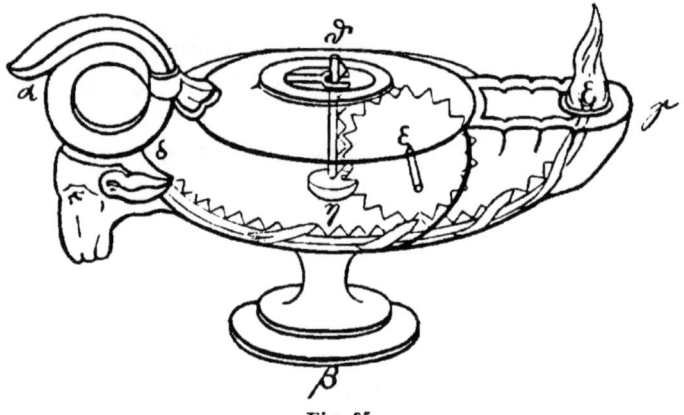

Fig. 35.

leicht vorwärts gleitet. Um die Stange schlinge man lose den Docht und stelle auch eine gezahnte Welle (Zahnrad) ζ

wollen, (allemal) wieder ähnliche Vorkehrungen, so erhalten wir den Wein aus diesem Raume ungemischt. Falls mehrere
15 Kammern vorhanden sein sollten, machen wir es bei den übrigen ebenso.

a 163, 9—165, 4 Die Lampe . . . vorgeschoben wird = b 163, 18—165, 29: Die Lampe sei $\alpha\beta\gamma$ (Fig. 35). Durch ihre Tülle stecke man eine Eisenstange $\delta\varepsilon$, die sich längs des Innen-
20 raumes (Bassins) der Lampe leicht fortbewegt und mit scharf-kantigen (dreieckigen) Zähnen versehen ist. Daneben stelle man eine ähnlich gezahnte, kleine Welle ζ, welche sich leicht

11 *

στρεφομένου αὐτοῦ προωθῆται τὸ ἐλλύχνιον διὰ τῶν
ὀδόντων. ἐχέτω δὲ ὁ λύχνος ἀνεῳγότα τὸν ὀμφαλὸν
ἐπὶ πλέον. ἐμβληθέντος δὲ τοῦ ἐλαίου ἐπινηχέσθω
λεβητάριον τὸ Η ἔχον συμφυὲς ὄρθιον κανόνιον τὸ Θ
ὠδοντωμένον καὶ συμπεπλεγμένον τοῖς ὀδοῦσι τοῦ ⁵
τυμπανίου. συμβήσεται οὖν δαπανωμένου τοῦ ἐλαίου
τὸ λεβητάριον καταβαῖνον ἐπιστρέφειν τὸ Ζ τυμπάνιον
188 διὰ | τῶν τοῦ κανονίου ὀδόντων, ὥστε προωθεῖσθαι τὸ
ἐλλύχνιον.

XXXV.   10

Ἀγγείου ὄντος καὶ κρουνὸν παρὰ τὸν πυθμένα
ἀνεῳγότα ἔχοντος καὶ ἐγχεομένου εἰς αὐτὸ ὑγροῦ,
ὁτὲ μὲν κατ᾽ ἀρχὰς ῥεύσει ὁ κρουνός, ὁτὲ δὲ κατὰ τὸ
ἥμισυ, ὁτὲ δὲ καὶ ὅλου πληρωθέντος· ἢ καὶ καθόλου,
ὁπόσον ἂν ἐμβληθέντος τοῦ ὑγροῦ ῥεύσει ὁ κρουνός, ¹⁵
καὶ πᾶν κενώσει τὸ ἐμβληθὲν ὑγρόν.

Ἔστω τι ἀγγεῖον τὸ ΑΒ διαπεφραγμένον τὸν
189 τράχηλον· διὰ δὲ τοῦ διαφράγματος | καθείσθω σωλὴν
ὁ ΓΔ συνεστεγνωμένος τῷ διαφράγματι, ἀπέχων δὲ
τοῦ πυθμένος ὅσον ὕδατι διάρρυσιν. ἔστω δὲ καὶ ²⁰

ωθῆται ἡ περόνη ἄγουσα τὸ ἐλλύχνιον πρὸς τὸ τοῦ λύχνου
στόμα.

---

12 ἔχοντος ἀνεωγότα tr. T₁, corr. T₂   18 f. τράχηλον
⟨διαφράγματι⟩. cf. p. 168, 1   20 ὕδατος T   καὶ AGT₂:
om. T₁

5 καὶ συμπεπλεγμένον a (cf. Heronis Barulcum apud Papp.
coll. lib. VIII p. 1066, 4 ed. Hultsch): καὶ αὐτὸ καὶ συμβεβλη-
μένον b, et ipsam et conformem L   8—9 ὥστε . . . ἐλλύχνιον
a: τὸ δὲ τύμπανον (τυμπάνιον B) ὡσαύτως ἐπιστρεφόμενον προ-
ωθεῖν τὴν περόνην σὺν τῷ ἐλλυχνίῳ bL   11 παρὰ a: περὶ bL
13 τὸ om. B   14 καὶ (prius) om. b   ὅλου: secundum totum

daneben, die sich leicht um eine kleine Achse bewegt und
deren Zähne in die Stange fassen sollen, damit durch
eine Drehung der Welle der Docht mit Hilfe der Zähne
vorgeschoben wird. Die Lampe habe in der Mitte (des
5 Bauches) eine weitere Öffnung. Ist das Öl hineingethan,
so lasse man ein Kesselchen η darauf schwimmen. Mit
diesem sei ein senkrechtes, gezahntes Stäbchen ϑ verbunden, das in die Zähne der kleinen Welle fasse. Je
nachdem nun das Öl verbraucht wird, erfolgt ein Sinken
10 des Kesselchens und mit Hilfe der Zähne des Stäbchens
eine Drehung des Zahnrades ζ. Die Folge davon ist,
dafs sich der Docht vorschiebt.[1])

XXXV.

Wenn man in ein mit einem offenen Ausflufsrohr   Regulierung
des Ausflusses
15 am Boden versehenes Gefäfs eine Flüssigkeit giefst,   mit Hilfe eines
so soll das Ausflufsrohr bald zu Anfang fliefsen,   Luftloches.
Fig. 36.
bald, wenn das Gefäfs zur Hälfte, ein ander Mal,
wenn es ganz gefüllt ist. Oder allgemein, das Ausflufsrohr soll fliefsen, in welcher Quantität auch die Flüssig-
20 keit eingegossen sein mag, und es soll die ganze hinein-
geschüttete Flüssigkeit zum Ausfluf bringen.

Ein Gefäfs $\alpha\beta$ (Fig. 36) sei im Halse (durch eine
Scheidewand) verschlossen. Durch die Scheidewand lasse
man eine Röhre $\gamma\delta$ hinab, die in sie eingelötet sei und
25 fast bis an den Boden reiche, aber noch den nötigen
Raum für den Durchfluf von Wasser freilasse. Ferner

um eine kleine Achse bewegt. Die Zähne der Welle sollen in
die der Stange fassen, damit durch die Drehung der Welle die
den Docht führende Stange ihn zur Tülle der Lampe vorschiebt.

---

1) Statt des letzten Satzes b: 'während die Welle ebenso
durch ihre Drehung die Stange mitsamt dem Dochte vorschiebt'.

(= $\varkappa\alpha\vartheta$' $\ddot{o}\lambda ov$?) L $\ddot{\eta}$ om. b L $\varkappa\alpha\vartheta\acute{o}\lambda ov$ om. b L   15 $\tau o\tilde{v}$
A G: om. T b   20 $\delta\iota\acute{\alpha}\varrho\varrho v\sigma\iota v$ $\varepsilon\tilde{\iota}v\alpha\iota$ b

καμπύλος σίφων ‚ ὁ ΕΖΗ, οὗ τὸ μὲν ἐντὸς σκέλος
ἀπεχέτω ἀπὸ τοῦ πυθμένος ὅσον ὕδατι διάρρυσιν, τὸ
δὲ ἕτερον εἰς τὸ ἐκτὸς ἀποδοθὲν εἰς κρουνὸν διε-
σκευάσθω· ἡ δὲ κυρτότης τοῦ διαβήτου παρ᾽ αὐτὸν
ἔστω τὸν τράχηλον τοῦ ἀγγείου. ἐχέτω δὲ καὶ δι- 5
αύγιον τὸ ΑΒ ἀγγεῖον παρὰ τὸ διάφραγμα, τὸ Θ φέρον
εἰς τὸ κύτος. ἐὰν οὖν βουλώμεθα κατ᾽ ἀρχὰς ἐγχεομένου τοῦ ὑγροῦ ῥέειν τὸν κρουνόν, καταληψόμεθα τῷ
δακτύλῳ τὸ Θ διαύγιον, καὶ ῥεύσει ὁ κρουνός· μὴ
γὰρ ἔχοντος τοῦ ἐν τῷ ἀγγείῳ ἀέρος ἀντιπερίστασιν, 10
τὸ ὑγρὸν ὁρμήσει διὰ τοῦ καμπύλου σίφωνος εἰς τὸ
ἐκτὸς μέρος. ἐὰν δὲ μὴ καταλαβώμεθα τὸ διαύγιον,
χωρήσει τὸ ὑγρὸν εἰς τὸ κύτος, καὶ οὐ μὴ ῥεύσει ὁ
κρουνός, ἄχρις ἂν πάλιν καταλαβώμεθα τὸ διαύγιον.
μετὰ δὲ ταῦτα ἀνεθέντος τοῦ διαυγίου ὁ διαβήτης 15
ἅπαν κενώσει τὸ ὑγρόν.

XXXVI.

Κατασκευάζεται δὲ καὶ ἀγγεῖον, ὃ ἐφ᾽ ὅσον μὲν
ἐπιχέεις τὸ ὑγρὸν δέχεται, ἐὰν δὲ διαλίπῃς, οὐκέτι δέχεται. γίνεται δὲ τὸν τρόπον τοῦτον. 20
Ἔστω τὸ ἀγγεῖον τὸ ΑΒ διαπεφραγμένον τὸν

---

6 παρὰ δὲ T   8 καταληψόμεθα G₂ Tb: καταλήψομεν AG₁
10 ἀέρος om. T₁, add. T₂   13 εἰς om. T₁, add. T₂   20 τοῦτον: τοσοῦτον T   21 τὸ ἀγγεῖον: f. τι ἀγγεῖον. cf. p. 164, 17

---

2 διάρρυσιν εἶναι b   5—6 τὸ α̅β̅ (α̅β̅γ̅ CP) ἀγγεῖον καὶ
διαύγιον tr. bL   6 παρὰ a: παρ᾽ αὐτὸ bL   7 οὖν om. P
18 ἄλλο ἀγγεῖον bL   21 τὸ (ante ἀγγεῖον) om. b   21—168, 1
τὸν τράχηλον om. bL

sei εζη ein gekrümmter Heber, dessen innerer Schenkel von dem Boden nur so weit abstehe, dafs er noch Wasser durchläfst. Der andere Schenkel gehe in Form eines Ausflufsrohres nach aufsen. Die Krümmung des Hebers befinde sich ganz dicht neben dem Halse des Gefäfses. Ferner habe das Gefäfs αβ neben der Scheidewand ein Luftloch ϑ, welches in das Innere führe. Wenn nun das Ausflufsrohr zu Anfang, während die Flüssigkeit eingegossen wird, fliefsen soll, halten wir das Luftloch ϑ mit dem Finger zu. Dann fliefst das Rohr. Denn da die im Gefäfse enthaltene Luft keinen Ausweg hat, so wird die Flüssigkeit durch den gekrümmten Heber nach aufsen getrieben. Wenn wir aber das Luftloch nicht verschliefsen, geht die Flüssigkeit in den Bauch des Gefäfses, und das Ausflufsrohr wird sicher nicht fliefsen, bis wir wieder das Luftloch zuhalten. Läfst man darauf das Luftloch los, so erschöpft der Heber die ganze Flüssigkeit.

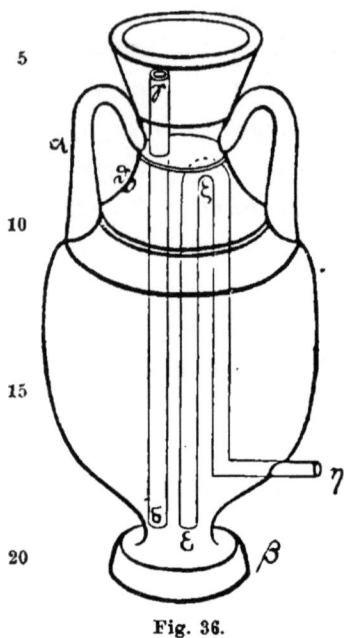

Fig. 36.

XXXVI.

Man konstruiert ferner ein[1]) Gefäfs, welches die Flüssigkeit aufnimmt, solange man (ununterbrochen) zugiefst, aber nichts mehr hineinläfst, wenn man das Eingiefsen unterbrochen hat. Das geschieht auf folgende Weise.

Ein Gefäfs, das nach unterbrochenem Eingufs keine Flüssigkeit mehr aufnimmt
Fig. 37.

Das Gefäfs αβ (Fig. 37) sei im Halse durch die

---

1) Zusatz in b: 'anderes'.

τράχηλον τῷ ΓΔ διαφράγματι· διὰ δὲ τοῦ διαφράγματος καθείσθω σωλὴν ὁ ΕΖ ἀπέχων μὲν ἀπὸ τοῦ πυθμένος βραχύ, ὑπερέχων δὲ τοῦ διαφράγματος, ὥστε μικρὸν ἀπέχειν τοῦ χείλους τοῦ ἀγγείου. περὶ δὲ τοῦτον περικείσθω ἕτερος ὁ ΗΘ ἀπέχων ἀπὸ τοῦ δια- 5 φράγματος ὅσον ὕδατι διάρρυσιν καὶ ἀπὸ τοῦ ΕΖ σωλῆνος· ἐπιπεφράχθω δὲ ὁ ΗΘ σωλὴν τὸ ἄνω μέρος 190 λεπιδίῳ. ἐχέτω δὲ τὸ ἀγγεῖον καὶ διαύγιον | τὸ Κ φέρον εἰς τὸ κύτος. ὅταν οὖν ἐγχέωμεν τὸ ὑγρὸν διὰ τοῦ τραχήλου, συμβήσεται χωρεῖν αὐτὸ διά τε τοῦ 10 ΗΘ σωλῆνος καὶ διὰ τοῦ ΕΖ εἰς τὸ κύτος, τοῦ ἀέρος ἐκχωροῦντος διὰ τοῦ Κ διαυγίου. ἐὰν οὖν διαλίπωμεν καὶ κενωθῇ ὁ τοῦ ἀγγείου τράχηλος, ὁ ἀὴρ διαστήσει τὴν συνέχειαν, ὥστε τὸ ἐνὸν ἐν τῷ ΗΘ σωλῆνι ὑγρὸν καταρραγὲν πεσεῖται ἐπὶ τὸ διάφραγμα· ἔστω 15 γὰρ τὸ εὖρος τὸ περὶ τὸν ΗΘ σωλῆνα μέγα, ὥστε τῷ βάρει καταπεσεῖται τὸ ὑγρόν. ἐπεγχυθέντος δὲ ἑτέρου ὑγροῦ ὁ ἐναπολῃφθεὶς ἐν τῷ ΕΖ σωλῆνι ἀὴρ καὶ ἐν τῷ ΗΘ οὐκ ἐάσει παρεισελθεῖν τὸ ὑγρόν, ἀλλ' ὑπὲρ τὸ χεῖλος τοῦ ἀγγείου ὑπερχυθήσεται. 20

---

1 τῷ BCG₂T: τὸ AG₁   3 ὑπερέχον G   5 ἕτερος σωλὴν G₂
6 καὶ om. T   f. ⟨ἀπώτερον⟩ ἀπὸ   6—7 ἀπὸ τοῦ ΕΖ
σωλῆνος: ἔστω γὰρ τὸ εὖρος τοῦ ΗΘ σωλῆνος μέγα, ὥστε τῷ
βάρει καταπεσεῖται τὸ ὑγρόν inserit et infra lin. 15—17 ἔστω
... ὑγρόν delet Rochas   8 καὶ om. T   16 ηθ GT: κθ Ab
18 ἐναπολῃφθεὶς AGb: ἐναπολειφθεὶς T   εζ AG: om. T

---

2 κείσθω CP   4 ἀπέχειν a: κάτωθεν εἶναι bL   6 διάρρυσιν εἶναι b   12 οὖν a: δὲ bL   16 γὰρ a: δὲ bL
μέγα a: ἀξιόλογον b, condigna L   17 καταπεσεῖσθαι b
18 τοῦ ἑτέρου B   ηθ BC: ξη P: ·e·z· L

Scheidewand $\gamma\delta$ verschlossen. Durch diese führe man eine Röhre $\varepsilon\zeta$ ein, die (unten) fast bis auf den Boden reiche, aber (oben) über die Scheidewand so weit hinausrage, dafs sie nur wenig vom Gefäfsrande absteht.[1]) Um diese Röhre lege man eine andere $\eta\vartheta$ in solchem Abstande von der Scheidewand, als für den Durchflufs von Wasser erforderlich ist, und (in etwas gröfserem) von der Röhre $\varepsilon\zeta$. Die Röhre $\eta\vartheta$ sei oben mit einem Metallplättchen verschlossen. Ferner habe das Gefäfs ein Luftloch $\varkappa$, welches in dessen Inneres führe. Giefsen wir nun die Flüssigkeit durch den Hals, so ist die Folge, dafs sie durch die Röhren $\eta\vartheta$ und $\varepsilon\zeta$ in den Bauch des Gefäfses dringt, während die Luft durch das Luftloch $\varkappa$ entweicht. Unterbricht man den Eingufs und läfst den Hals des Gefäfses sich entleeren, dann hebt die Luft den Zusammenhang auf, so dafs die in der Röhre $\eta\vartheta$ enthaltene Flüssigkeit sich losreifst (?, vergl. oben S. 41, 31 und 85, 6) und auf die Scheidewand fällt. Die Röhre $\eta\vartheta$ soll nämlich eine grofse[2]) Breite haben, auf dafs die Flüssigkeit zufolge ihrer Schwere zu Boden stürzt. Wenn man dann eine andere Flüssigkeit zugiefst, so läfst die in den Röhren $\varepsilon\zeta$ und $\eta\vartheta$ eingeschlossene Luft die Flüssigkeit nicht hinein, vielmehr wird diese über den Rand des Gefäfses überlaufen.

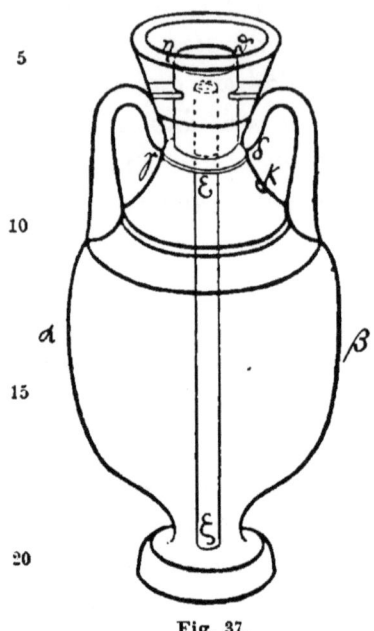

Fig. 37.

---

1) Nach b: 'nur wenig unterhalb des Gefäfsrandes liegt'.
2) Nach b: 'ansehnliche'.

XXXVII.

Κατασκευάζεται δὲ καὶ Σατυρίσκος ἐπί τινος
βάσεως ἀσκὸν ἐν ταῖς χερσὶ κατέχων, ᾧ προσπαρά-
κειται λουτηρίδιον, καὶ ἐγχυθέντος εἰς αὐτὸ ὑγροῦ,
ὥστε πληρω- 5
θῆναι, ἐπιρ-
ρεύσει διὰ
τοῦ ἀσκοῦ
ὕδωρ εἰς τὸ
λουτηρίδιον 10
καὶ οὐχ
ὑπερχυθή-
σεται, ἄχρις
οὗ πᾶν τὸ
διὰ τοῦ 15
ἀσκοῦ ὕδωρ
κενωθῇ·
ἔστι δὲ ἡ κα-
τασκευὴ τοι-
αύτη. 20
Ἔστω τις
βάσις ἡ ΑΒ

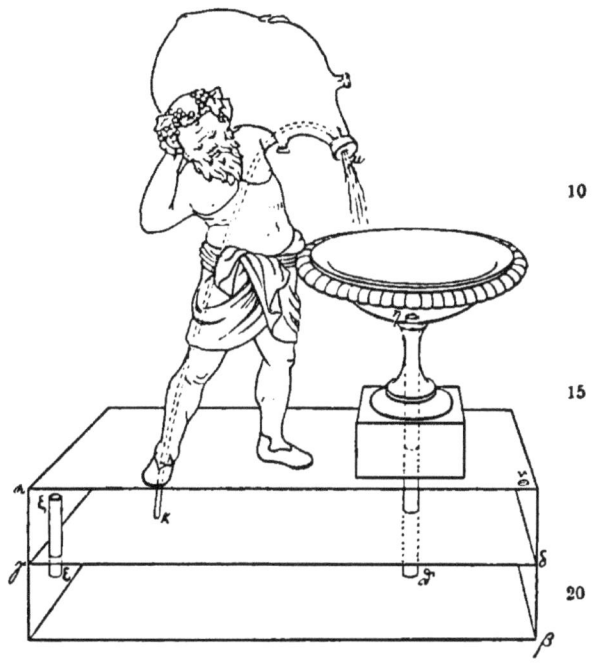

Fig. 38.

στεγνὴ πάν-
τοθεν, ἤτοι κυλινδρικὴ ἢ ὀκτάγωνος εὐπρεπείας ἕνεκα,
διαπεφραγμένη τῷ ΓΔ διαφράγματι· διὰ δὲ τοῦ δια- 25
φράγματος ἀνατεινέσθω σωλὴν ὁ ΕΖ συντετρημένος

a 170, 21—174, 9 Ἔστω τις ... παραμένειν = b
170, 28—174, 25: Ἔστω τις βάσις ἡ ΑΒ στεγνὴ πάντοθεν,
στερεὰ παραλληλεπίπεδος, διαπεφραγμένη τῷ ΓΔ διαφράγ-
ματι· ἐπὶ δὲ ταύτης τῆς βάσεως ἑστάτω ὁ Σατυρίσκος· καὶ 30
διὰ τοῦ διαφράγματος ἀνατεινέσθω σωλὴν ὁ ΕΖ συντετρη-

XXXVII.

Man konstruiert ferner auf einer Basis einen
kleinen Satyr[1]) mit einem Schlauche auf den Armen
und stellt ein kleines Becken daneben. Giefst man
5 in dieses Wasser, dafs es voll wird, so soll durch den
Schlauch noch Wasser ins Becken fliefsen, ohne dafs es
überläuft, (und zwar so lange,) bis alles durch den
Schlauch zuströmende Wasser erschöpft ist. Die Einrichtung ist folgende.
10   Eine Basis $\alpha\beta$ (Fig. 38) sei von allen Seiten luftdicht verschlossen, aus Rücksicht auf ein gefälliges
Aussehen entweder cylindrisch oder achteckig und durch
die Scheidewand $\gamma\delta$ (in zwei Kammern) geteilt. Durch
die Scheidewand steige eine Röhre $\epsilon\zeta$ auf, die durch

Ein Herons-brunnen.
Fig. 38.

15   a 171, 10—175, 10 Eine Basis ... andauert $=$ b 171, 16
—175, 28: Eine Basis $\alpha\beta$ (Fig. 38) sei von allen Seiten luftdicht verschlossen, habe die Form eines Parallelepipedon und
sei durch die Scheidewand $\gamma\delta$ (in zwei Kammern) geteilt. Auf
dieser Basis stehe der kleine Satyr. Durch die Scheidewand
20 steige eine kleine Röhre $\epsilon\zeta$ auf, welche durch sie hindurch-

---

1) Unsere Figur giebt statt eines jungen Satyrs mit geringer, durch den Text bedingter Änderung die Nachbildung
eines Silen, wie ihn eine pompejanische Bronzefigur (Overbeck-
Mau *Pompeji*⁴ S. 552) darstellt, weil diese schöne, als Gefäfs-
fufs dienende Figur die eigentümliche Körperhaltung beim
Tragen einer schweren Last in anschaulicher Weise zum Ausdruck bringt.

11—13 $\varkappa\alpha\grave{\iota}$ $o\grave{\upsilon}\chi$ $\grave{\upsilon}\pi\varepsilon\varrho\chi\upsilon\vartheta\acute{\eta}\sigma\varepsilon\tau\alpha\iota$ codd.: $\varkappa\alpha\grave{\iota}$ $\tauο\tilde{\upsilon}\tau o$ $\check{\varepsilon}\sigma\tau\alpha\iota$
Rochas, malim $\varkappa\alpha\grave{\iota}$ $\tauο\tilde{\upsilon}\tau o$ $\check{\varepsilon}\sigma\tau\alpha\iota$ post $\grave{\upsilon}\pi\varepsilon\varrho\chi\upsilon\vartheta\acute{\eta}\sigma\varepsilon\tau\alpha\iota$ inserere
25 $\tau\tilde{\omega}$ G₂ T: $\tau\grave{o}$ AG₁   26 $\sigma\upsilon\nu\tau\varepsilon\tau\varrho\eta\mu\acute{\varepsilon}\nu o\varsigma$ (ut infra lin. 31):
f. $\sigma\upsilon\nu\varepsilon\sigma\tau\varepsilon\gamma\nu\omega\mu\acute{\varepsilon}\nu o\varsigma$

3—4 $\pi\varrhoο\sigma\pi\alpha\varrho\acute{\alpha}\varkappa\varepsilon\iota\tau\alpha\iota$ a (cf. Heronis geometr. ed. Hultsch
p. 44, 12): $\pi\alpha\varrho\acute{\alpha}\varkappa\varepsilon\iota\tau\alpha\iota$ b, *adiaceat* L   4 $\alpha\grave{\upsilon}\tau\grave{o}$ aB: $\alpha\grave{\upsilon}\tau o\tilde{\upsilon}$ CP
14 $o\tilde{\upsilon}$ a: $\check{\alpha}\nu$ b   14—16 $\tau\grave{o}$ ... $\grave{\alpha}\sigma\varkappa o\tilde{\upsilon}$ a: $\tau\grave{o}$ ($\tau o\tilde{\upsilon}$ in corr. P)
$\delta\iota'$ $\grave{\alpha}\sigma\varkappa o\tilde{\upsilon}$ b   18 $\delta\grave{\varepsilon}$ $\varkappa\alpha\grave{\iota}$ BL

τῷ διαφράγματι, ἀπέχων δὲ τῆς στέγης βραχύ. διὰ δὲ
τῆς στέγης διώσθω σωλὴν ὁ ΗΘ ὑπερέχων μὲν εἰς τὸ
ἄνω μέρος βραχὺ καὶ ἔχων λουτηρίδιον ἐπικείμενον,
ἀπέχων δὲ ἀπὸ τοῦ πυθμένος τοῦ ἀγγείου ὅσον ὕδατι
διάρρυσιν, συνεστεγνωμένος δὲ τῇ στέγῃ τοῦ ἀγγείου 5
καὶ τῷ διαφράγματι. ἕτερος δὲ ὁμοίως διώσθω διὰ τῆς
191 στέγης ὁ ΚΛΜ ἀπέχων μὲν ἀπὸ τοῦ διαφράγμα|τος
βραχύ, συνεστεγνωμένος δὲ τῇ στέγῃ καὶ φέρων τὴν ἐξ
αὐτοῦ ῥύσιν εἰς τὸ λουτηρίδιον, ὃ δὴ πρόσκειται τῷ
ΗΘ σωλῆνι συντετρημένον αὐτῷ. πεπληρώσθω οὖν τὸ 10
ΑΔ ἀγγεῖον ὑγροῦ διά τινος ὀπῆς τῆς Ν, ἥτις μετὰ τὴν
ἔγχυσιν ἐστεγνώσθω. ἐὰν οὖν ἐγχέωμεν εἰς τὸ λουτηρίδιον ὑγρόν, χωρήσει διὰ τοῦ ΗΘ σωλῆνος εἰς τὸ
ΒΓ ἀγγεῖον, τοῦ ἐν αὐτῷ ἀέρος χωροῦντος διὰ τοῦ
ΕΖ σωλῆνος, ὃς χωρήσας εἰς τὸ ΑΔ ἀγγεῖον ἐκθλίψει 15

μένος τῷ διαφράγματι, ἀπέχων δὲ τῆς στέγης βραχύ. διὰ
δὲ τῆς στέγης διώσθω σωλὴν ὁ ΗΘ ὑπερέχων μὲν εἰς τὸ
ἄνω βραχὺ καὶ ἔχων λουτηρίδιον ἐπικείμενον ὑπὸ τὸ στόμιον τοῦ ἀσκοῦ, ὃν κατέχει ὁ Σατυρίσκος, ἀπέχων δὲ ἀπὸ
τοῦ πυθμένος τοῦ ἀγγείου, ὅσον ὕδατι διάρρυσιν εἶναι, 20
συνεστεγνωμένος δὲ τῇ στέγῃ τοῦ ἀγγείου καὶ τῷ διαφράγματι. ἕτερος δὲ ὁμοίως διώσθω σωλὴν διὰ τῆς στέγης ὁ
ΚΛΜ ἀπέχων μὲν ἀπὸ τοῦ διαφράγματος βραχύ, συνεστεγνωμένος δὲ τῇ στέγῃ καὶ φέρων τὴν ἐξ ἑαυτοῦ ῥύσιν εἰς τὸν
ἀσκόν, οὗ τὸ στόμιον εἰς τὸ λουτηρίδιον εἰσέρχεται, καθάπερ 25
εἴπομεν. τούτων οὕτω κατεσκευασμένων πεπληρώσθω πρῶτον τὸ ΑΔ ἀγγεῖον ὑγροῦ διά τινος ὀπῆς τῆς Ξ, ἥτις μετὰ
τὴν ἔγχυσιν ἐστεγνώσθω. ἐὰν οὖν ἐγχέωμεν εἰς τὸ λουτηρίδιον ὑγρόν, χωρήσει διὰ τοῦ ΗΘ σωλῆνος εἰς τὸ ΓΒ
ἀγγεῖον, τοῦ ἐν αὐτῷ ἀέρος ἐκχωροῦντος διὰ τοῦ ΕΖ σωλῆ- 30
νος, ὃς χωρήσας εἰς τὸ ΑΔ ἀγγεῖον ἐκθλίψει τὸ ἐν αὐτῷ

---

6 τῷ AG: τὸ T   ὁμοίως AGT₂: om. T₁   9 αὐτοῦ scripsi:
αὐτοῦ a   11 ν̅ Amg.T: ξ̅ A₁G   15 χωρήσει T

sie hindurchgebohrt[1]) sei und fast bis an die Decke
reiche. Durch letztere setze man eine Röhre $\eta\vartheta$ ein,
welche oben ein wenig überrage und ein kleines Becken
trage, am Boden des Behälters aber noch den nötigen
5 Raum für den Durchflufs von Wasser lasse und in die
Decke des Behälters sowie in die Scheidewand eingelötet
sei. Ebenso stecke man durch die Decke eine andere
Röhre $\varkappa\lambda\mu$ bis auf geringen Abstand von der Scheidewand und löte sie in die Decke ein. Die Röhre leite
10 ihren Wasserstrahl in das Becken, welches eben auf der
Röhre $\eta\vartheta$ steht und mit.ihr durch eine Öffnung in Verbindung gesetzt ist. Nun werde die Kammer $\alpha\delta$ mit
Flüssigkeit durch irgend eine Öffnung ν gefüllt, welche
man nach dem Eingiefsen verschliefse. Giefsen wir nun
15 eine Flüssigkeit in das Becken, so geht sie durch die
Röhre $\eta\vartheta$ in die Kammer $\beta\gamma$, während die darin enthaltene
Luft durch die Röhre $\varepsilon\zeta$ entweicht, in die Kammer $\alpha\delta$
gebohrt[1]) sei und fast bis an die Decke reiche. Durch die
Decke setze man eine Röhre $\eta\vartheta$ ein; sie rage oben ein wenig
20 darüber hervor und sei mit einem kleinen, unter der Öffnung
des Schlauches liegenden Becken versehen. Den Schlauch hält
der Satyr. Die Röhre $\eta\vartheta$ stehe vom Boden des Behälters nur
so weit ab, als für den freien Spielraum des Wassers erforderlich ist, und sei in die Decke und die Scheidewand des Be-
25 hälters eingelötet. Ebenso stecke man durch die Decke eine
andere Röhre $\varkappa\lambda\mu$ fast bis an die Scheidewand und löte sie
in die Decke ein. Die Röhre leite ihren Wasserstrahl in den
Schlauch, dessen Öffnung, wie oben bemerkt, in das Becken
mündet. Hat man diese Vorrichtungen getroffen, so fülle man
30 zunächst die Kammer $\alpha\delta$ mit Flüssigkeit durch irgend eine
Öffnung ξ[2]), welche nach dem Eingiefsen zu verschliefsen ist.
Giefsen wir nun eine Flüssigkeit in das Becken, so geht sie
durch die Röhre $\eta\vartheta$ in die Kammer $\gamma\beta$, indem die darin enthaltene Luft durch die Röhre $\varepsilon\zeta$ entweicht, in die Kammer $\alpha\delta$

---

1) Richtiger vielleicht: 'in sie eingelötet'.
2) Die Öffnung ξ in b kann man sich an derselben Stelle
denken, wo sich nach a ν befindet.

---

18 $\dot{\nu}\pi\dot{o}$ BCL: $\dot{\varepsilon}\pi\dot{\iota}$ P   20 $\ddot{\upsilon}\delta\alpha\tau\iota$ CP: $\ddot{\upsilon}\delta\alpha\tau o\varsigma$ B   24 $\dot{\varepsilon}\alpha\upsilon$-
$\tau o\tilde{\upsilon}$ CP: $\alpha\dot{\upsilon}\tau o\tilde{\upsilon}$ B   31 $\chi\omega\varrho\dot{\eta}\sigma\alpha\varsigma$ BL: $\chi\omega\varrho\dot{\eta}\sigma\varepsilon\iota$ C ($\alpha\varsigma$ ex $\varepsilon\iota$ corr.), P

τὸ ἐν αὐτῷ ὑγρὸν διὰ τοῦ *ΚΛΜ* σωλῆνος εἰς τὸ
λουτηρίδιον. τοῦτο δὲ πάλιν φερόμενον εἰς τὸ *ΒΓ*
ἀγγεῖον ἐκθλίψει ὁμοίως τὸν ἐν αὐτῷ ἀέρα, ὃς δὴ
πάλιν τὸ ἐν τῷ *ΑΔ* ἀγγείῳ ὕδωρ ἐκθλίψει εἰς τὸ
λουτηρίδιον· καὶ τοῦτο ἔσται, ἄχρις ἂν κενωθῇ τὸ ἐν 5
τῷ *ΑΔ* ἀγγείῳ ὕδωρ. δεήσει δὲ τὸν *ΜΛΚ* σωλῆνα
διὰ τοῦ στόματος τοῦ ἀσκοῦ εἶναι καὶ λεπτὸν παντάπασιν ὑπάρχειν ἕνεκα τοῦ τὴν ἐπίδειξιν ἐπὶ πλείονα
χρόνον παραμένειν.

XXXVIII. 10

Ναΐσκου κατασκευή, ὥστε θυσίας γινομένης τὰς
θύρας αὐτομάτως ἀνοίγεσθαι, σβεσθείσης δὲ τῆς θυσίας
πάλιν κλείεσθαι.

Ἔστω ὁ προειρημένος ναΐσκος ἐπὶ βάσεως τῆς
ΑΒΓΔ, ἐφ᾽ ἧς ἐπικείσθω βωμίσκος ὁ *ΕΔ*· διὰ δὲ 15
τοῦ βωμίσκου διώσθω σωλὴν ὁ *ΗΖ*, οὗ τὸ μὲν *Ζ*
ὑγρὸν διὰ τοῦ *ΚΛΜ* σωλῆνος. καὶ πρῶτον μὲν πληρωθήσεται ὁ ἀσκὸς ὕδατος· εἶτα ἐκχυθήσεται εἰς τὸ λουτηρίδιον·
τὸ δὲ ἐγχεθὲν ἐν αὐτῷ ὕδωρ φερόμενον πάλιν εἰς τὸ *ΓΒ*
ἀγγεῖον ἐκθλίψει ὁμοίως τὸν ἐν αὐτῷ ἀέρα, ὃς δὴ πάλιν 20
τὸ ἐν τῷ *ΑΔ* ἀγγείῳ ὕδωρ ἐκθλίψει εἰς τὸν ἀσκὸν καὶ εἰς
τὸ λουτηρίδιον· καὶ τοῦτο ἀεὶ γενήσεται, ἄχρις ἂν κενωθῇ
τὸ ἐν τῷ *ΑΔ* ἀγγείῳ ὕδωρ. δεήσει δὲ τὸν *ΚΛΜ* σωλῆνα
λεπτότατον παντάπασιν ὑπάρχειν ἕνεκα τοῦ τὴν ἐπίδειξιν
ἐπὶ πλείονα χρόνον παραμένειν. 25

---

2 β̄γ AG: ᾱβ̄ T   4 ἐθλίψει T₁: ἐκθλίβει AG: ἐθλίβει T₂ˉ
6 λ̄μ̄κ T   8 ἕνεκεν T   11 θυσίας γινομένης (γένομένης G₁)
AG₁: πυρὸς ἀναπτομένου G₂ b L: πυρὸς ἁπτομένου T   12 σβεσθείσης δὲ τῆς θυσίας A₁: σβεσθέντος δὲ τοῦ πυρὸς A₂ G T b
15 f. ⟨καὶ⟩ βωμίσκος   18 f. εἶτα ⟨τὸ ὕδωρ⟩

dringt und die darin enthaltene Flüssigkeit durch die
Röhre $\varkappa\lambda\mu$ in das Becken drängt. Dieses läuft dann
wieder in die Kammer $\beta\gamma$ und verdrängt (abermals) in
gleicher Weise die darin enthaltene Luft, die ihrerseits
5 nun wieder das in der Kammer $\alpha\delta$ enthaltene Wasser
ins Becken treibt. Dieser Vorgang wiederholt sich so
lange, bis das in der Kammer $\alpha\delta$ enthaltene Wasser ausgelaufen ist. Die Röhre $\mu\lambda\varkappa$ muſs aber durch die Schlauch-
öffnung gehen und ganz fein (eng) sein, damit das Schau-
10 spiel länger andauert.

XXXVIII.

Bau einer Kapelle, deren Thüren infolge eines
Opferfeuers sich von selbst öffnen, dagegen nach Er-
löschen des Feuers wieder schlieſsen.
15 Die erwähnte Kapelle stehe auf einer Basis $\alpha\beta\gamma\delta$
(Fig. 39), auf welche man (auch) einen kleinen Altar $\varepsilon\delta$
stelle. Durch den Altar stecke man eine Röhre $\eta\zeta$, deren

Automatische Tempelthüren. I. Fig. 39. (Mit Verwendung erwärmter Luft.)

dringt und die darin vorhandene Flüssigkeit durch die Röhre
$\varkappa\lambda\mu$ prefst. Und zwar füllt sich zuerst der Schlauch mit
20 Wasser[1]), sodann ergiefst sich dieses ins Becken. Das Wasser
aber, welches sich in das Becken ergofs, geht wieder in die
Kammer $\gamma\beta$ und prefst in ähnlicher Weise (wie vorher) die
darin vorhandene Luft hinaus. Diese drängt nun ihrerseits
wieder das in der Kammer $\alpha\delta$ enthaltene Wasser in den
25 Schlauch und das Becken. Dieser Vorgang spielt sich immer
wieder ab, bis das Wasser in der Kammer $\alpha\delta$ erschöpft ist.
Die Röhre $\varkappa\lambda\mu$ muſs aber besonders eng sein, wenn das Schauspiel länger dauern soll.

---

1) Nach b) muſs man sich die Lage der Mündung μ der
Röhre. $\varkappa\lambda\mu$ bei ihrem Eintritt in den Schlauch denken. Dafs
sich erst der Schlauch füllen soll, stimmt schlecht zu der unten
verlangten Enge der Röhre.

---

16 $\overline{\zeta\eta}$ CP   19 $\dot{\varepsilon}\gamma\varkappa\varepsilon\vartheta\grave{\varepsilon}\nu$ b. cf. Veitch *Greek Verbs*[4] p. 702
$\gamma\beta$ B: $\sigma\beta$ CP: ·a·b· L   24 $\tau\grave{\eta}\nu$ $\dot{\varepsilon}\pi\dot{\iota}\delta\varepsilon\iota\xi\iota\nu$: *monstratio ista* L

στόμιον ἐντὸς ἔστω τοῦ βωμίσκου, τὸ δὲ Η ἐν σφαίρᾳ τινὶ περιειλήφθω τῇ Θ ἀπέχον ἀπὸ τοῦ κέντρου αὐτῆς βραχύ· συνεστεγνώσθω δὲ καὶ ἡ σφαῖρα τῷ ΗΖ σωλῆνι. ἔστω δὲ καὶ ἐν τῇ σφαίρᾳ καμπύλος

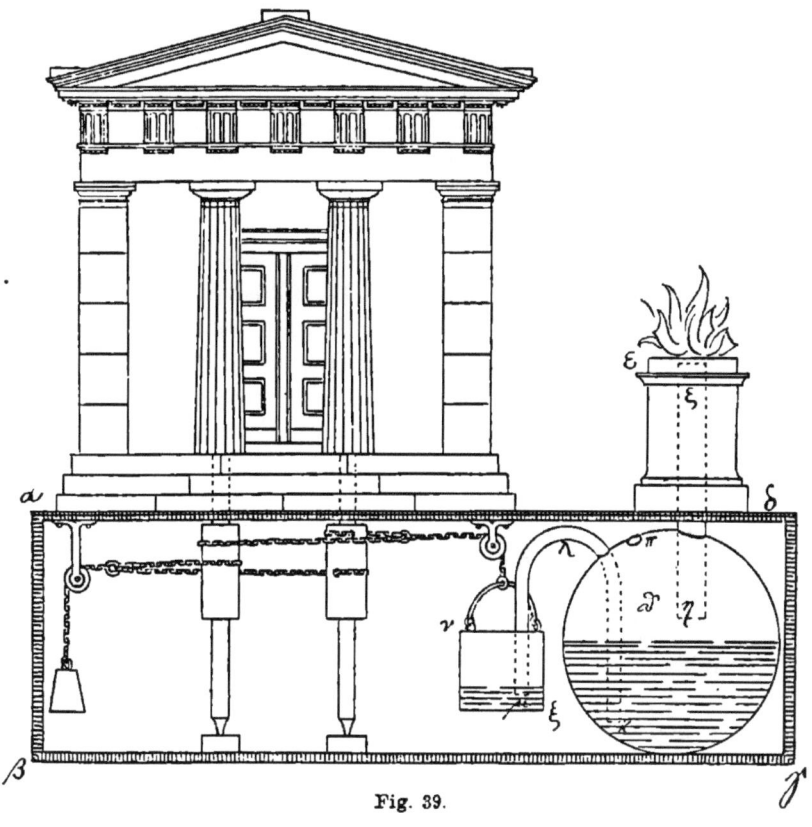

Fig. 39.

σίφων ὁ ΚΛΜ. οἱ δὲ στροφεῖς τῶν θυρῶν παρεκτε- 5 τάσθωσαν εἰς τὸ κάτω μέρος καὶ στρεφέσθωσαν ἐν κνωδακίοις οὖσιν ἐν τῇ ΑΒΓΔ βάσει εὐλύτως. ἐκ δὲ 192 τῶν στροφέων | ἁλυσείδια εἰς ἓν ἀποδεθέντα διὰ τροχίλου ἀποδεδέσθω εἰς ἀγγεῖον κοῖλον τὸ ΝΞ κρεμά-

Mündung ζ innerhalb des Altars[1]) liege, während η von einer Kugel ϑ umschlossen sei und fast deren Mittelpunkt berühre. Die Röhre ηζ werde in die Kugel eingelötet. Die Kugel enthalte ferner einen gekrümmten Heber κλμ.
5 Die Thürangeln sollen nach unten verlängert sein und sich leicht um kleine, in der Basis αβγδ stehende Zapfen drehen. Von den Thürangeln aus sind Kettchen, die zu einer einzigen Kette sich verbinden, über eine Rolle hin an ein hohles, schwebendes Gefäfs νξ zu knüpfen. Andere
10 kleine Ketten, die in entgegengesetzter Richtung als die ersteren um die Thürangeln geschlungen sind, sollen (ebenfalls) sich zu einer einzigen Kette verbinden und über eine Rolle hin an ein Bleigewicht gebunden werden, durch dessen Niedersinken die Thüren geschlossen werden. Der
15 äufsere Schenkel des Hebers κλμ führe in das hängende Gefäfs. Die Kugel werde zur Hälfte mit Wasser durch irgend ein Loch π gefüllt, welches nach dem Eingiefsen zu verschliefsen ist. Wenn nun das Feuer brennt, so ist die Folge, dafs die Luft in dem Altare erwärmt wird,
20 sich ausdehnt und einen gröfseren Raum einzunehmen sucht. Diese Luft geht durch die Röhre ηζ in die Kugel und prefst deren Flüssigkeit durch den Heber κλμ in das hängende Gefäfs. Dieses zieht jetzt, infolge seiner Schwere sinkend, die Ketten an und öffnet die Thüren. Ist nun
25 das Feuer gelöscht, so entweicht die verdünnte Luft wieder durch die Poren der Kugelwand.[2]) Der gekrümmte Heber

---

1) Zusatz in b: ʽunmittelbar neben dem Feuerraumeʼ.
2) Wir würden etwa sagen: ʽDie Luft verdichtet sich wieder'. Vgl. auch S. 17, 12.

---

2 ἀπέχον Mb: ἀπέχων a

---

1 post βωμίσκου add. παρ' αὐτὴν τὴν πυρκαϊάν bL   2 ἀπὸ om. b   3 αὐτῆς a: τῆς σφαίρας bL   4 καὶ ἐν om. P   5—6 παρεκτάσθωσαν CP

μενον· ἕτερα δὲ ἀλυσείδια ἐπειληθέντα πρὸς τοὺς
στροφεῖς τὰ ἐναντία τοῖς πρότερον εἰς ἓν ἀποδεθέντα
διὰ τροχίλου εἰς βάρος μολιβοῦν ἀποδεδέσθω, δι' οὗ
καταρρέποντος ἀποκεκλεισμέναι ἔσονται αἱ θύραι. ὁ
δὲ ΚΛΜ σίφων τὸ ἐκτὸς σκέλος ἐχέτω φέρον εἰς τὸ 5
κρεμαστὸν ἀγγεῖον. ἐμβεβλήσθω δὲ διά τινος τρυπήματος τοῦ Π ὕδωρ εἰς τὴν σφαῖραν, ὥστε δι' ἡμίσους
γενέσθαι, ὃ μετὰ τὴν ἔγχυσιν ἐστεγνώσθω. συμβήσεται οὖν τοῦ πυρὸς θυμιαθέντος θερμαινόμενον τὸν
ἐν τῷ βωμίσκῳ ἀέρα χεῖσθαι εἰς πλείονα τόπον· οὗτος 10
δὲ διὰ τοῦ ΗΖ σωλῆνος εἰς τὴν σφαῖραν χωρῶν ἐκθλίψει τὸ ἐν αὐτῇ ὑγρὸν διὰ τοῦ ΚΛΜ σίφωνος εἰς
τὸ κρεμαστὸν ἀγγεῖον, ὃ δὴ καταβαρῆσαν ἐπισπάσεται
τὰ ἀλυσείδια καὶ ἀνοίξει τὰς θύρας. πάλιν δὴ σβεσθέντος τοῦ πυρὸς ὁ μὲν λεπτυνθεὶς ἀὴρ ἐκχωρήσει 15
διὰ τῶν ἀραιωμάτων τοῦ τεύχους τῆς σφαίρας. ὁ δὲ
καμπύλος σίφων ἐπισπάσεται τὸ ὑγρὸν τὸ ἐκ τοῦ κρε-
μαστοῦ ἀγγείου, ὥστε ἀναπληρῶσαι τὸν τῶν ἐκκριθέντων ἀραιωμάτων τόπον· ἔσται γὰρ αὐτοῦ τὸ ἄκρον
βαπτιζόμενον εἰς τὸ ἐν τῷ κρεμαστῷ ἀγγείῳ ὕδωρ. 20
κουφισθέντος δὲ τοῦ ἀγγείου πάλιν τὸ ἐκκρεμάμενον
βάρος καταρρέψαν κλείσει τὰς θύρας. ἔνιοι δὲ ἀντὶ
ὕδατος ὑδραργύρῳ χρῶνται, ἐπειδήπερ βαρύτερός
ἐστι τοῦ ὕδατος καὶ εὐκόπως ὑπὸ τῆς θερμότητος
λύεται. 25

XXXIX.

Ἔστι δὲ καὶ ἄλλως θυσίας γινομένης τὰς θύρας
ἀνοίγεσθαι.

Caput XXXIX secundum b: Ἔστι δὲ καὶ ἄλλως πυρὸς
ἀναπτομένου τὰς θύρας ἀνοίγεσθαι. 30

zieht dann die Flüssigkeit in dem schwebenden Gefäfse an,
um den Raum der durch jene Ausscheidung entstandenen
Vakua auszufüllen. Seine Spitze soll nämlich in das Wasser
tauchen, welches in dem schwebenden Gefäfse enthalten
5 ist. Ist so das Gefäfs leichter geworden, so senkt sich
das schwebende Gewicht[1]) wieder und schliefst die Thüren.
Manche verwenden statt Wasser Quecksilber, da dieses
schwerer ist als Wasser und leicht von der Wärme ausgedehnt wird.[2])

10 .XXXIX.

Noch auf andere Weise können die Thüren mit
Hilfe eines Opferfeuers geöffnet werden.

Man denke sich wieder eine Kapelle auf einer
Basis $\alpha\beta\gamma\delta$ (Fig. 40), auf welcher (auch) ein Altar ε
15 stehe. Durch den Altar gehe eine Röhre $\zeta\eta\vartheta$. Man leite sie

Automatische
Tempelthüren.
II. Fig 40.
(Mit Verwen-
dung erwärm-
ter Luft.)

1) Nach b: 'Bleigewicht'.
2) Bekanntlich ist die Ausdehnung des Quecksilbers der
Erwärmung etwa proportional. (Vgl. A. F. Weinhold *Vorschule
der Experimentalphysik* S. 471.) Das spezifische Gewicht des
Quecksilbers beträgt 13,6.

---

1 ἐπειληφθέντα T πρὸς: f. περί. cf. p. 94, 7. 180, 5
2 πρότερον AGT₂ b: προτέροις T₁ 5 φέρον BCM: φέρων
a, P in corr. 7 δι' ἡμίσους AGT₂: διημίση T 9 θυμιαθέντος G: θυμισθέντος A: θυμιασθέντος T 11 ζη T 18
ἐκκριθέντων ⟨διὰ τῶν⟩ H. Schoene 19 ἀραιωμάτων: f. ἀέρος
σωμάτων. cf. p. 22, 3 γὰρ om. T 21 πάλιν AGT₂: om. T₁
ἐκκρεμασμένον T₁, corr. T₂ 23 βαρύτερος b: βαρύτερον a
24 εὐκόπως AGT₂ b: εὐκόλως T₁ 27 θυσίας γινομένης A₁:
πυρὸς ἁπτομένου A₂GT (ά- T) 28. 30 f. ⟨αὐτομάτως⟩ ἀνοίγεσθαι. cf. p. 174, 12

1—2 πρὸς τοὺς στροφεῖς a: εἰς τοὺς στροφεῖς B: εἰς τὰ
στροφεῖα CP 2 ἀποδοθέντα B 3 μολιβοῦν a: μολιβδοῦν
BCb: μολυβδοῦν P 9 θυμιαθέντος: ἀναπτομένου b, accenso L
θερμαινόμενον a: θερμαίνεσθαι bL 10 καὶ χεῖσθαι bL
12 αὐτῇ a: αὐτῷ b 14 δή a: δὲ b: om. L 17—18 ἐκ
... ἀγγείου a: ἐν τῷ κρεμαστῷ ἀγγείῳ b, in vas appensile L
22 μολιβδοῦν βάρος bL 30 ἁπτομένου P

12*

Ἔστω πάλιν ναΐσκος ἐπί τινος βάσεως τῆς ΑΒΓΔ,
193 ἐφ᾽ ἧς ἔστω βωμὸς ὁ Ε. διὰ | δὲ τοῦ βωμοῦ σωλὴν
ἔστω ὁ ΖΗΘ· ἀποδεδόσθω δὲ εἰς ἀσκωμάτιον τὸ Κ
στεγνὸν πάντοθεν, ᾧ ἐπικείσθω βαρύλλιον τὸ Λ, ἐξ
οὗ ἁλυσείδιον διὰ τροχίλου ἀποδεδέσθω εἰς τὰ περὶ 5
τοὺς στροφεῖς ἁλυσείδια, ὥστε ἐπτυγμένου τοῦ ἀσκώ-
ματος κατακρατεῖν τὸ Λ βάρος καὶ κλείειν τὰς θύρας,
ἐπιτεθέντος δὲ τοῦ πυρὸς ἀνοίγειν· πάλιν γὰρ θερμαινόμενος ὁ ἐν τῷ βωμίσκῳ ἀὴρ χεθεὶς χωρήσει
διὰ τοῦ ΖΗΘ σωλῆνος εἰς τὸ ἀσκωμάτιον καὶ 10
ἐπαρεῖ αὐτὸ σὺν τῷ Λ βάρει, καὶ ἀνοιχθήσονται αἱ
θύραι· ἤτοι γὰρ αὗται δι᾽ ἑαυτῶν αὐτομάτως ἀνοιχθή-

Ἔστω πάλιν ναΐσκος ἐπί τινος βάσεως τῆς ΑΒΓΔ, ἐφ᾽
ἧς ἔστω βωμὸς ὁ ΕΔ. διὰ δὲ τοῦ βωμοῦ σωλὴν ἔστω ὁ
ΖΗΘ καὶ ἀποδεδέσθω οὗτος εἰς ἀσκὸν τὸν Κ στεγνὸν 15
πάντοθεν, ᾧ ἐπικείσθω βαρύλλιον τὸ Λ, ἐξ οὗ ἁλυσείδιον
διὰ τροχίλου ἀποδεδέσθω εἰς τὰ περὶ τοὺς στροφεῖς ἁλυσείδια,
ὥστε ἐπτυγμένου μὲν τοῦ ἀσκοῦ κατακρατεῖν τὸ Λ βάρος
καὶ κλείειν τὰς θύρας, ἀναφθέντος δέ τοῦ πυρὸς ἀνοίγεσθαι·
πάλιν γὰρ θερμαινόμενος ὁ ἐν τῷ βωμίσκῳ ἀὴρ χεθεὶς 20
χωρήσει διὰ τοῦ ΖΗΘ σωλῆνος εἰς τὸν ἀσκὸν καὶ ἐπαρεῖ
αὐτὸν σὺν τῷ Λ βάρει, καὶ ἀνοιχθήσονται αἱ θύραι. πάλιν
δὲ σβεσθέντος τοῦ πυρὸς καὶ ἐκχωρήσαντος τοῦ ἐν τῷ

3 ἀποδεδόσθω AGT₂: ἀποδεδέσθω T₁   τὸ Κ post πάντοθεν habet T₁ sed delet, suo loco ponit T₂   4 στεγνὸν ὂν
Vindob. 120   ᾧ ἐπικείσθω om. AG₁, add. G₂   βαρύλλιον
AG: βαρύδιον T   5 ἀποδεδόσθω Vindob. 120   9 χεθεὶς a
(χυθεὶς Coisl. 158, Neapol.). v. supra p. 174, 19 et infra lin. 20
11—182, 1 αἱ θύραι . . . ἀνοιχθήσονται om. T₁, add. T₂
12 αὐταὶ H. Schoene

15 ἀποδεδέσθω bL: f. ἀποδεδόσθω   16 βαρύδιον CP,
(pondus) plumbeum add. L (secund. Ambros. J 38)   18 μὲν B:
μετὰ C: om. P   19 f. ⟨τὰς θύρας⟩ ἀνοίγεσθαι   23 ἐγχω-
ρήσαντος Β

nach einem kleinen, auf allen Seiten luftdicht geschlossenen
Ledersacke[1] κ. Auf diesen lege man ein kleines Gewicht λ,
von dem eine kleine Kette über eine Rolle derart an die
um die Thürangeln geschlungenen Ketten geknüpft werde,
5 daſs das Gewicht λ die Kette nach unten zieht und die

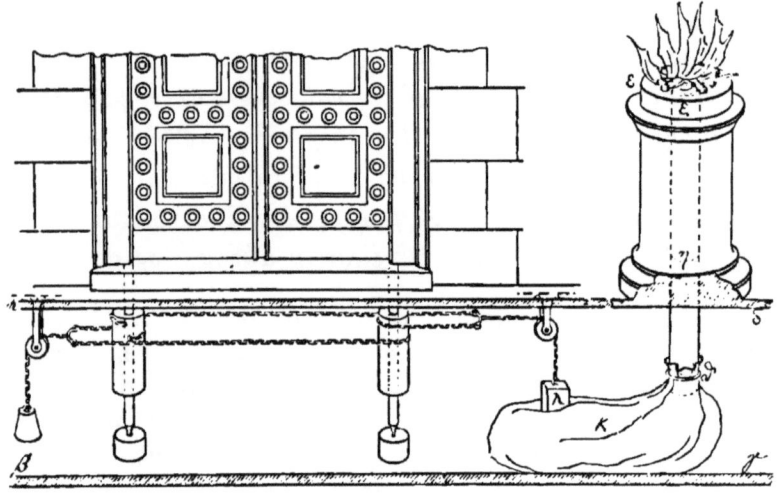

Fig. 40.

Thüren schliefst, wenn der Sack zusammengedrückt ist,
daſs es dagegen die Thüren öffnet, sobald das Feuer aufgelegt ist.[2] Wird nämlich die in dem kleinen Altare
enthaltene Luft erhitzt, so dehnt sie sich wieder aus,
10 geht durch die Röhre ζηϑ in den Sack und hebt ihn
samt dem Gewichte λ empor. Dann werden sich die
Thüren öffnen. Das thun diese entweder automatisch
durch ihr eigenes Gewicht, ähnlich wie die Thüren der

a 181,11—183,6 Das thun ... schliefsen = b 181,14—183,23:
Wenn das Feuer gelöscht und die in den Schlauch gcströmte Luft
entwichcn ist, so senkt sich zugleich mit dem Schlauche das

1) Nach b statt dessen allemal ʻSchlauchʼ.
2) Nach b: ʻangezündet istʼ.

σονται, καθάπερ καὶ αἱ τῶν βαλανείων θύραι αὐτομάτως κλείονται, ἢ ἕξουσί τι ἀντισηκοῦν βάρος τὸ
ἀνοῖγον αὐτάς. σβεσθείσης δὲ τῆς θυσίας καὶ ἐκχωροῦντος τοῦ ἐν τῷ ἀσκωματίῳ εἰσελθόντος ἀέρος, τὸ
Δ βάρος καταφερόμενον σὺν τῷ ἀσκώματι ἐπισπάσεται 5
καὶ κλείσει τὰς θύρας.

XL.

Ἀγγείου ὄντος πλήρους οἴνου καὶ κρουνοὺς ἔχοντος
τρεῖς διὰ μὲν τοῦ μέσου ῥέειν τὸν οἶνον· ὅταν δὲ
ὕδωρ ἐπιχέωμεν, τὸν μὲν οἶνον μηκέτι ῥέειν, ἀλλὰ τὸ 10
ὕδωρ διὰ τῶν λοιπῶν δύο κρουνῶν· ὅταν δὲ παύση-
ται τὸ ὕδωρ ῥέον, τὸν οἶνον διὰ τοῦ μέσου ῥέειν·
καὶ τοῦτο γίνεται, ὁσάκις ἂν ὕδωρ ἐπιχέωμεν.
Ἔστω τι ἀγγεῖον τὸ ΑΒ διαπεφραγμένον τὸν τράχηλον τῷ ΓΔ διαφράγματι. πρὸς δὲ τῷ πυθμένι κρουνὸν 15
ἐχέτω τὸν Ε. διὰ δὲ τοῦ διαφράγματος δύο καθείσθωσαν σωλῆνες οἱ ΖΗΘ, ΚΛΜ εἰς κρουνοὺς ἀποδεδομένοι καὶ ὑπερέχοντες ἄνω τοῦ διαφράγματος·
ἀσκῷ εἰσελθόντος ἀέρος, τὸ Δ βάρος καταφερόμενον σὺν
τῷ ἀσκῷ ἐπισπάσεται καὶ κλείσει τὰς θύρας. δεῖ δὲ τὸ ἐν 20
τῷ ἀσκῷ βαρύλλιον βαρύτερον εἶναι τοῦ ἑτέρου βάρους,
ὡς ἂν συμπτυσσομένου τοῦ ἀσκοῦ εἰς ἑαυτὸν κατακρατῇ τὸ
μεῖζον τοῦ ἐλάττονος.

2 ἢ T: εἰ AG   5 λ̄ AGT₁ mg.: om. T₁   f. ἐπισπάσεται
⟨τὰ ἀλυσείδια⟩. cf. p. 178, 14   10 ὕδωρ b: τὸ ὕδωρ a
12 ῥέειν AG: ῥέον T   13 γίνεσθαι H. Schoene   f. καὶ ...
ἐπιχέωμεν post ῥέει 186, 11 tr. cf. p. 118, 15. 82, 4. 106, 13. 110, 11.
126, 19 passim   16—17 καθείσθωσαν B: καθίσθωσαν AG(-ίστ-),
T e corr.: κείσθωσαν CPT₁: dimittantur L

9 τὸν οἶνον ῥεῖν tr. b   10 ῥεῖν P   11—12 διὰ τῶν
... τὸν οἶνον om. BL   12 πάλιν τὸν CP   τοῦ CPT₁ mg.:
om. BT₁   ῥέειν: ῥεὶν b   17—18 ἀποδεδομένοι a B: ἀποδιδό-

Bäder sich von selber schliefsen[1]), oder sie werden mit
irgend einem Gegengewichte versehen, welches die Öffnung
herbeiführt. Ist das Opferfeuer gelöscht und verschwindet
aus dem Sacke wieder die hineingeströmte Luft, so wird
5 das Gewicht λ nebst dem Sacke sinken, die Ketten anziehen und die Thüren schliefsen.

XL.

Wenn ein Gefäfs mit drei Ausflufsröhren voll Wein Wechselnder
ist, so soll der Wein durch die mittlere fliefsen; wenn Ausflufs.
Fig. 41.
10 man Wasser zugiefst,˙ soll nicht mehr der Wein,
sondern das Wasser durch die beiden übrigen Ausflufsröhren
fliefsen. Hört jedoch das Wasser auf zu fliefsen, so soll
(wieder) der Wein durch die mittlere ausfliefsen. Dies
geschieht, so oft wir Wasser zugiefsen.
15 Ein Gefäfs αβ (Fig. 41) sei im Halse durch die
Scheidewand γδ verschlossen. Am Boden sei es mit einem
Ausflufsrohre ε versehen. Durch die Scheidewand sind
zwei Röhren ζηϑ und κλμ einzusetzen, die (unten) als
Ausflufsröhren endigen und oben die Scheidewand über-

20 Gewicht λ wieder, zieht die Ketten an und schliefst die Thüren.
Das Gewicht auf dem Schlauche mufs übrigens schwerer sein
als das andere Gewicht (das Gegengewicht), damit das gröfsere
Gewicht das kleinere emporzieht, wenn der Schlauch sich
zusammenlegt.

1) In den Thermen, z. B. den kleineren in Pompeji (Overbeck-Mau *Pompeji* S. 208), schlossen sich die Thüren sowohl
zwischen dem Apodyterium (Auskleidezimmer) und dem Tepi-
darium (Auskleidezimmer für heifse Bäder u. s. w.), als zwischen
diesem und dem Caldarium (Schwitz- und warme Wasserbäder)
durch ihr eigenes Gewicht, um Zugluft oder das Entweichen
von Hitze zu verhüten, falls aus Nachlässigkeit die Thür offen
gelassen war. Zu dem Zwecke sind in Pompeji die Thür-
pfosten geneigt.

μενοι CP: *assignati* L   19 εἰσελθόντος om. L (*aere qui est in*
utre). vid. indicem s. v. ἐν   20 f. ἐπισπάσεται ⟨τὰ ἀλυσείδια⟩.
cf. p. 178, 14

περὶ δὲ τὰς ὑπεροχὰς ἕτεροι ἐπικείσθωσαν οἱ Ν, Ξ
ἐπιπεπωμασμένοι ἄνωθεν καὶ ἀπέχοντες ἀπὸ τοῦ διαφράγματος ὅσον
ὕδατι διάρρυσιν.
ἕτερος δὲ σωλὴν ὁ
194 ΠΟ συντετρή|σθω
τῷ ΖΗΘ σωλῆνι
ἀπέχων ἀπὸ τοῦ
ΓΔ διαφράγματος
βραχύ. καταλη-
φθέντος οὖν τοῦ Ε
κρουνοῦ, πεπλη-
ρώσθω διά τινος
ὀπῆς τῆς Φ τὸ ΑΒ

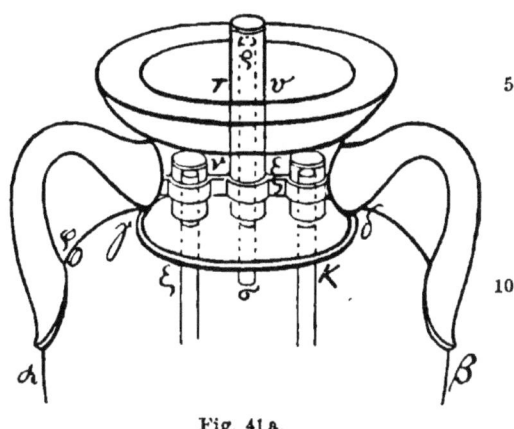

Fig. 41 a.

ἀγγεῖον οἴνου, ὃ μετὰ τὴν ἔγχυσιν ἐστεγνώσθω. συμ- 15
βήσεται οὖν ἀφεθέντος τοῦ Ε κρουνοῦ ῥέειν τὸν οἶνον·
ὁ γὰρ ἀὴρ ἔξωθεν διὰ τοῦ Θ στομίου καὶ τοῦ ΟΠ
σωλῆνος εἰς τὸν κενούμενον τόπον χωρεῖ. ἐὰν δὲ
ἐγχέωμεν ὕδωρ ἐπὶ τὸ ΓΔ διάφραγμα, ἐνεχθήσεται
εἰς τὸ ἐκτὸς μέρος διὰ τῶν ΖΗΘ, ΚΛΜ σωλήνων· 20
τοῦ δὲ ἀέρος μὴ ἔχοντος παρείσδυσιν εἰς τὸ ΑΒ
ἀγγεῖον, οὐκέτι ῥεύσει ὁ οἶνος, ἄχρις ἂν ἐκρεύσῃ πᾶν
τὸ ὕδωρ. καὶ πάλιν τοῦ ἀέρος ἔχοντος παρείσδυσιν

1—3 περὶ ... διαφράγματος om. T₁, add. T₂   2 οἱ ἄνω-
θεν G   15 δ: ἢ Par. 2512   20 $\overline{\eta\zeta\vartheta}$ T   23 ἔχοντος α:
σχόντος Vind. 120

---

1 οἱ Ν, Ξ om. L   4 διάρρυσιν εἶναι b   7 $\overline{\zeta\vartheta\eta}$ C
16 ῥέειν τὸν οἶνον om. bL   17 τοῦ (ante ΟΠ) om. B
18 δὲ aP: δὴ BC   22 ἐκρεύσῃ aCP: ἐκρεύσει B   23 ἔχοντος om. bL   παρείσδυσιν εὑρόντος bL

ragen. Um die hervorstehenden Enden sollen andere Röhren ν und ξ gelegt werden, welche oben verschlossen sind, unten fast bis an die Scheidewand reichen und nur den nötigen Raum für den Durchfluſs von Wasser freilassen. Eine andere Röhre πo stehe dicht unter der Scheidewand $\gamma \delta$ mit der Röhre $\zeta \eta \vartheta$ durch eine Öffnung in Verbindung. Nun fülle man, nachdem man die Ausfluſsröhre ε zugehalten, das Gefäſs $\alpha \beta$ durch eine Öffnung φ mit Wein. Das Gefäſs[1]) ist nach dem Eingieſsen (wieder) zu verschlieſsen. Wird nun das Ausfluſsrohr ε geöffnet,

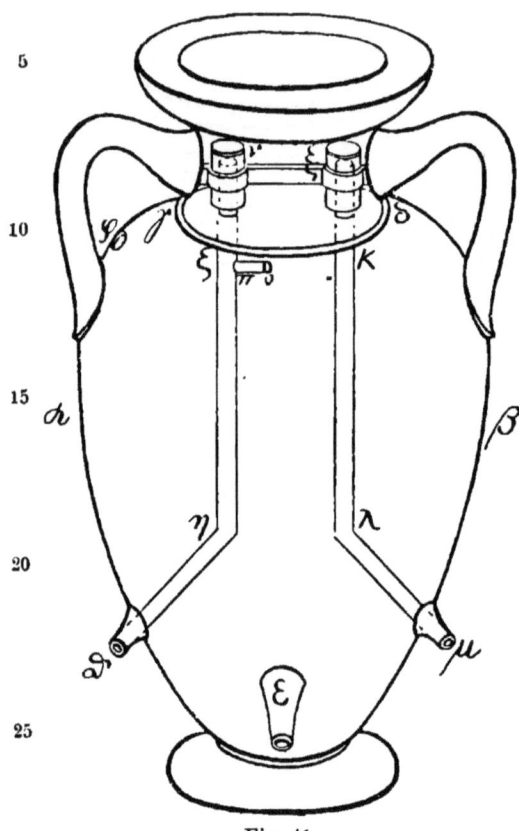

Fig. 41.

30 so erfolgt der Ausfluſs des Weines. Denn die Luft dringt von auſsen durch die Mündung ϑ und die Röhre $o \pi$ in das entstehende Vakuum ein. Gieſsen wir aber Wasser auf die Scheidewand $\gamma \delta$, so geht es durch die Röhren $\zeta \eta \vartheta$ und $\varkappa \lambda \mu$ nach auſsen. Da alsdann die Luft keinen Zu-
35 tritt mehr zum Gefäſse $\alpha \beta$ hat, wird der Wein so lange

---

1) Genauer wäre: 'Die Öffnung'.

ὁ οἶνος ῥέει. δύναται δὲ ἀντὶ τοῦ ΟΠ σωλῆνος
ἕτερος συντετρημένος τῷ διαφράγματι εἶναι ὁ ΡΣ,
περὶ ὃν ἕτερος ὁ ΤΥ περικείσθω ὁμοίως τοῖς Ν, Ξ,
ὑψηλότερος μέντοι αὐτῶν, ὥστε ὑπὲρ τὸ χεῖλος εἶναι
τοῦ ἀγγείου τὸν ΡΣ. καὶ τὰ αὐτὰ συμβήσεται. 5

XLI.

Βάσεως οὔσης, ἐφ᾽ ἧς ἐφέστηκε δενδρύφιον, περὶ
ὃ δράκων εἰλεῖται, καὶ παρεστὼς Ἡρακλῆς τοξεύων
καὶ μήλου ἐπικειμένου τῇ βάσει, ἐπὰν τὸ μῆλον μικρὸν
ἀπὸ τῆς βάσεώς τις κουφίσῃ τῇ χειρί, ὁ μὲν Ἡρακλῆς 10
. ἀφήσει τὸ βέλος πρὸς τὸν δράκοντα, ὁ δὲ δράκων
συρίσει.

Ἔστω ἡ μὲν εἰρημένη βάσις στεγνὴ ἡ ΑΒ διάφραγμα ἔχουσα τὸ ΓΔ· τῷ δὲ διαφράγματι συμφυὲς
ἔστω κοῖλον κόλουρον κωνάριον τὸ ΕΖ ἔχον ἐλάσσονα 15
τὸν Ζ κύκλον ἀνεῳγότα πρὸς τῷ πυθμένι, ὀλίγον δὲ
ἀπέχοντα ὅσον ὕδατι διάρρυσιν· τούτῳ δὲ συνεσμηρισμένον ἔστω ἕτερον τὸ Θ καὶ ἐξ ἁλυσειδίου τινὸς
ἀποδεδεμένον διὰ τρήματος εἰς τὸ Κ μῆλον ἐπικεί-
μενον τῇ βάσει. κατεχέτω δὲ | ὁ Ἡρακλῆς τοξάριον 20
κεράτινον ἔχον ἐντεταμένην τὴν νευρὰν ἀπέχουσαν
ἀπὸ τῆς δεξιᾶς χειρὸς τὸ αὔταρκες· ἐν δὲ τῇ δεξιᾷ
χειρὶ κατὰ τὸν δράκοντα ἔστω χεὶρ ὁμοία τῇ ἐκτὸς

---

3 τοῖς M: τῆς AG: om. T   7 ἐφ᾽ ἧς om. T₁, add. T₂
8 εἰλεῖται AB: εἰλεῖται CGPT   18 καὶ A(?)BCGT₂: om. PT₁
23 ἐκτὸς Leid. Scalig. 45: ἐντὸς a (ν ex κ corr. T) bL

---

2 εἶναι τῷ διαφράγματι tr. b   5 τὸν ΡΣ om. bL   7 ἐφέστηκε a: ἔστηκε b: consistat L   8 καὶ τοξευόντων BC   9 μικρὸν
om. bL   10 τῇ χειρὶ om. b: manu L   15 κόλουρον BL
(conus .. mutilus): om. CP   15—16 τὸν ἐλάσσονα κύκλον τὸν

aufhören zu fliefsen, bis das ganze Wasser abgelaufen ist.
Wenn die Luft wieder Einlafs hat, so fliefst der Wein
(von neuem). Es kann an Stelle der Röhre $o\pi$ eine
andere $\varrho\sigma$ (Fig. 41ª) durch die Scheidewand getrieben
5 sein. Um diese setze man in gleicher Weise wie ν und ξ
eine andere $\tau\nu$, die jedoch so viel höher sei als diese
(beiden), dafs sich $\varrho\sigma$ über den Rand des Gefäfses erhebt.
Dann werden sich dieselben Vorgänge wiederholen.

XLI.

10   Auf einer Basis stéht ein Bäumchen, um welches   Herkules und
sich eine Schlange windet; daneben steht Herkules   die Schlange.
                                                       Fig. 42.
als Schütze. Auch ein Apfel liegt auf der Basis.
Hebt man mit der Hand[1]) den Apfel ein wenig[1]) von der
Basis auf, so soll Herkules den Pfeil nach der Schlange
15 schiefsen, diese dagegen zischen.
        Die erwähnte Basis sei $\alpha\beta$ (Fig. 42). Sie sei luft-
dicht verschlossen und mit einer Scheidewand $\gamma\delta$ versehen. An dieser sei ein kleiner, hohler Kegelstumpf $\varepsilon\zeta$
befestigt, dessen kleinere Grundfläche ζ nahe dem Boden
20 offen sei, aber noch Raum genug für den Durchflufs von
Wasser freilasse. In diesen hohlen Kegelstumpf sei ein
anderer (massiver) Kegelstumpf ϑ genau eingepafst und
mit Hilfe einer kleinen, durch ein Loch (nach oben) gehenden Kette an den auf der Basis liegenden Apfel $\varkappa$ ge-
25 bunden. Herkules halte einen kleinen Bogen aus Horn
mit gespannter Sehne, letztere in genügendem Abstande
von seiner rechten Hand. In dieser sei in der Richtung
auf die Schlange (ein Drücker, d. h.) eine Hand angebracht, die der äufsern in allem ähnlich ist, nur dafs sie

----

1) Die Worte 'mit der Hand' und 'ein wenig' fehlen in b.

ξ ($\varepsilon\zeta$ CP) tr. b   17 $\delta\iota\acute{\alpha}\varrho\varrho\upsilon\sigma\iota\nu$ $\varepsilon\tilde{\iota}\nu\alpha\iota$ b   19—20 $\varepsilon\acute{\iota}\varsigma$ $\tau\grave{o}$ $\dot{\varepsilon}\pi\iota$-
$\varkappa\varepsilon\acute{\iota}\mu\varepsilon\nu o\nu$ $\tau\tilde{\eta}$ $\beta\acute{\alpha}\sigma\varepsilon\iota$ $\mu\tilde{\eta}\lambda o\nu$ $\tau\grave{o}$ $\bar{\varkappa}$ tr. b ($\tau\grave{o}$ $\bar{\varkappa}$ om. BL)   20 $\varkappa\alpha\tau\varepsilon$-
$\chi\acute{\varepsilon}\tau\omega$ aB: $\varkappa\alpha\grave{\iota}$ $\dot{\varepsilon}\chi\acute{\varepsilon}\tau\omega$ CP: teneat autem L

κατὰ πάντα πλὴν ὅτι μικρά, ἔχουσα καὶ τὴν σχαστηρίαν.
ἐκ δὲ τοῦ ἄκρου τῆς σχαστηρίας ἀλυσείδιον ἢ σπάρτος
ἀποδεδόσθω διὰ τῆς βάσεως
εἰς τρόχιλον ὑπὲρ τὸ διά-
φραγμα κείμενον καὶ ἔτι εἰς
τὸ ἀλυσείδιον τὸ ἐνδεδεμένον
εἴς τε τὸ κωνάριον καὶ τὸ
μῆλον. ἐπισπασώμεθα οὖν
τὸ τόξον καὶ ὑποβαλόντες ὑπὸ
τὴν χεῖρα κατακλείσωμεν τὴν
σχαστηρίαν, ὥστε εἶναι τεταμένην τὴν σπάρτον καὶ βιά-

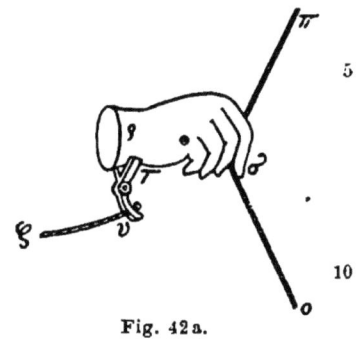

Fig. 42 a.

ζεσθαι τὸ μῆλον εἰς τὸ κάτω μέρος. ἔστω δὲ ἡ σπάρτος διὰ τοῦ σώματος καὶ τῆς χειρὸς ἔσωθεν τοῦ Ἡρα-

a 188, 8—190, 5 ἐπισπασώμεθα . . . τοξάριον δὲ τὸ
ΝΞ = b 188, 16—190, 25 ἐπισπασόμεθα οὖν τὸ τόξον καὶ
ὑπὸ τὴν χεῖρα τοῦ Ἡρακλέους βαλόντες κατακλείσομεν τὴν
σχαστηρίαν, ὥστε εἶναι τεταμένην τὴν σπάρτον καὶ βιάζεσθαι
τὸ μῆλον εἰς τὸ κάτω μέρος. ἔστω δὲ ἡ σπάρτος διὰ τοῦ
σώματος καὶ τῆς χειρὸς ἔσωθεν τοῦ Ἡρακλέους. ἐκ δὲ τοῦ

1 καὶ ATb: δὲ G   3 ἀποδεδόσθω Leid. Scal. 45 alii:
ἀποδεδέσθω G: ἀποδεδέσθω ATbL   διὰ τῆς βάσεως ἀποδεδέσθω tr. T   9 f. ⟨βέλος⟩ ὑποβαλόντες. cf. p. 186, ·11.
188, 17 adn. 190, 16   10 κατακλείσομεν Τ

1 ὅτι om. b: praeterquam quod L   ἔχουσα aBC: ἔχοντα P:
habens L   f. καὶ ἔχουσα tr.   σχαστηρίαν (χαστηρ. CP) τῆς
νευρᾶς bL   5 ἔτι ἐνδεδεμένον bL   17 sub manum sagit-
tam Herculis proiciens L   f. ⟨βέλος⟩ βαλόντες   19—204, 22
ἔστω . . . ὁ ἐμβολεὺς om. B, in textu signo Λ ab alia manu
addito, quae eadem in margine adscripsit: λείπει πολλὰ ἐνταῦθα. manus prior verbo μέρος nullo intervallo nulloque
signo verba καὶ ἐκθλίψει (p. 204, 22) adiungit.   easdem partes

klein und mit dem Abzuge (Schasteria) versehen ist
(Fig. 42 a). Vom Ende des Abzuges leite man eine kleine
Kette oder eine Schnur durch die Basis nach einer auf
der Scheidewand stehenden Rolle und aufserdem nach dem

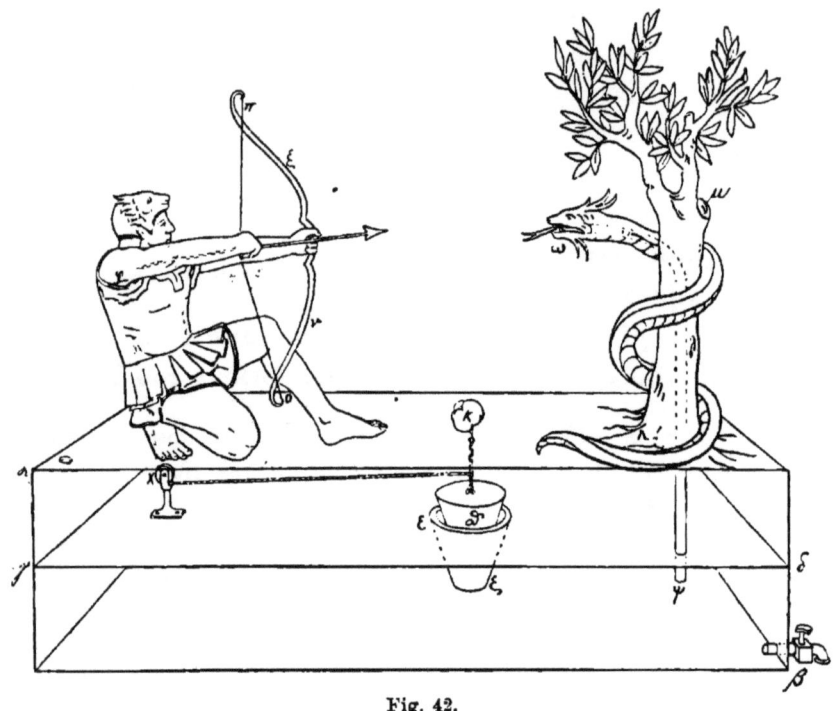

Fig. 42.

5 Kettchen, welches den massiven Kegelstumpf mit dem Apfel
verbindet. Nun wollen wir den Bogen spannen, (einen
Pfeil) unter die Hand[1]) legen und den Abzug einstellen
(schliefsen), dafs die Schnur straff und der Apfel fest nach
unten gezogen wird. Die Schnur gehe im Innern des

1) Zusatz in b: 'des Herkules'.

(p. 188, 19—204, 22 ἔστω ... ἐμβολεύς) versio Latina cum recensione priore (a) consentientes habet

κλέους. ἐκ δὲ τοῦ διαφράγματος ἀνατεινέτω σωληνάριον ὑπὲρ τὴν βάσιν τῶν εἰθισμένων συρίζειν· τοῦτο δὲ
ἔστω ὑπὸ τὸ δενδρύφιον ἢ παρ᾽ αὐτὸ τὸ δενδρύφιον.
πεπληρώσθω δὲ τὸ ΑΔ ἀγγεῖον ὕδατος. καὶ ἔστω τὸ
μὲν δενδρύφιον τὸ ΛΜ, τοξάριον δὲ τὸ ΝΞ, νευρὰ δὲ 5
ἡ ΟΠ, ἡ δὲ ἐπιλαμβανομένη χεὶρ ἡ ΡΣ, σχαστηρία δὲ
ἡ ΤΥ, σπάρτος δὲ ἡ ΦΧ, τρόχιλος δὲ ὁ Χ, περὶ ὃν ἡ
σπάρτος, συρίγγιον δὲ τὸ ΨΩ. ἐὰν οὖν ἐπάρῃ τις τὸ
Κ μῆλον, συνεπαρεῖ καὶ τὸ Θ κωνάριον καὶ ἐπισπάσεται
τὴν ΥΦΧ σπάρτον καὶ σχάσει τὴν χεῖρα, ὥστε ἀφεθῆναι 10
τὸ βέλος. καὶ τὸ ἐν τῷ ΑΔ ἀγγείῳ ὕδωρ φερόμενον
·εἰς τὸ ΒΓ ἐκκρούσει τὸν ἐν αὐτῷ ἀέρα διὰ τοῦ
συριγγίου καὶ τὸν ἦχον ἀποτελέσει. τεθέντος δὲ τοῦ
μήλου πάλιν τὸ κωνάριον ἐναρμόσαν τῷ ἑτέρῳ στε-
γνώσει τὴν ῥύσιν, ὥστε μηκέτι φθέγγεσθαι. πάλιν 15
οὖν καταρτισώμεθα τὰ κατὰ τὸ βέλος καὶ ἐάσωμεν.
πληρωθέντος δὲ τοῦ ΓΒ ἀγγείου, πάλιν κενωθήσεται
διά τινος κρουνοῦ κλειδίον ἔχοντος· τὸ δὲ ΑΔ πληρώ-
195¹⁵ σομεν ὡς καὶ τὸ πρότερον.

διαφράγματος ἀνατεινέτω σωληνάριον ὑπὲρ τὴν βάσιν τῶν 20
εἰθισμένων συρίζειν πνεύματος εἰσπεσόντος· τοῦτο δὲ ἔστω
ὑπὸ τὸ δενδρύφιον παρ᾽ αὐτὸν τὸν ὄφιν, ὥστε τὸ ἄνω
στόμιον αὐτοῦ δοκεῖν τὸ αὐτὸ εἶναι τῷ τοῦ ὄφεως στόματι.
πεπληρώσθω οὖν τὸ ΑΔ ἀγγεῖον ὕδατος. καὶ ἔστω τὸ μὲν
δενδρύφιον τὸ ΛΜ, τόξον δὲ τὸ ΝΞ. 25

---

7 τρόχιλος Vindob. 120: τράχιλος a ἡ (post ὃν) G₂ b:
ὁ AG₁, T e corr.

---

6 ϱ͞σ a: ϱ͞π b (in his igitur partibus = CP) 10 υχφ P
11 α͞δ aC: α͞β P 14 μήλου ἔνθα ἔκειτο b 14—15 στεγνώ-

Herkules durch den Körper und die Hand. Aus der Scheidewand steige über die Basis ein Röhrchen auf, von derjenigen Art, die zu pfeifen pflegt.[1]) Diese Röhre gehe unter oder unmittelbar neben das Bäumchen.[2]) Man fülle 5 nun die Kammer $\alpha\delta$ mit Wasser. Das Bäumchen sei $\lambda\mu$, der Bogen $\nu\xi$, die Sehne $o\pi$, der Drücker, der sie fafst, $\varrho\sigma$, der Abzug $\tau\nu$, die Schnur $\varphi\chi$, die Rolle, über welche die Schnur läuft, χ, die Pfeife $\psi\omega$. Hebt man nun den Apfel $\varkappa$ auf, so zieht man auch den Kegel ϑ mit empor, spannt die 10 Schnur $\nu\varphi\chi$ (noch mehr) und zieht den Drücker[3]) ab, dafs der Pfeil fortfliegt. Zugleich geht das in der Kammer $\alpha\delta$ enthaltene Wasser nach $\beta\gamma$, prefst die dort vorhandene Luft durch die Pfeife heraus und erzeugt den (zischenden) Ton. Wird der Apfel wieder[4]) hingelegt, so schiebt sich 15 der (massive) Kegel wieder in den andern (den Hohl-kegel) und stopft den Ausflufs ab. Und so hört die Pfeife auf zu zischen. Nun mag man den Pfeil wieder auflegen und (eine Zeit lang) liegen lassen. Hat sich $\gamma\beta$ gefüllt, so wird man es durch irgend ein mit einem Hahne ver-20 sehenes Ausflufsrohr (einen Kran) wieder leeren. $\alpha\delta$ aber füllen wir wie vorher.

---

1) Zusatz in b: 'wenn Luft eindringt'.
2) Zusatz in b: 'Diese Röhre gehe unter das Bäumchen unmittelbar neben die Schlange, dafs ihre obere Mündung scheinbar den Rachen der Schlange bildet'.
3) Es wird bei der Rekonstruktion Fig. 42a, zu welcher eine handschriftliche Figur nicht vorhanden ist, vorausgesetzt, dafs der Drücker (d. h. die innere Hand) bei ϱ schwerer ist als bei σ und infolgedessen bei ϱ sich senkt, bei σ aber hebt, sobald τ nach unten gezogen ist.
4) Zusatz in b: 'an seine frühere Stelle'.

$\sigma\varepsilon\iota$ a: $\dot{\varepsilon}\varphi\dot{\varepsilon}\xi\varepsilon\iota$ C: $\varkappa\alpha\dot{\iota}$ $\ddot{\varepsilon}\xi\varepsilon\iota$ P   15 $\varphi\vartheta\dot{\varepsilon}\gamma\gamma\varepsilon\sigma\vartheta\alpha\iota$ $\tau\dot{o}$ $\sigma\nu\varrho\dot{\iota}\gamma\gamma\iota o\nu$ b

16 $\varkappa\alpha\tau\alpha\varrho\tau\iota\sigma\dot{o}\mu\varepsilon\vartheta\alpha$ b $\dot{\varepsilon}\dot{\alpha}\sigma o\mu\varepsilon\nu$ b   17 $\pi\lambda\eta\varrho\omega\vartheta\dot{\varepsilon}\nu$ $\delta\dot{\varepsilon}$ $\tau\dot{o}$ $\overline{\gamma\beta}$ $\dot{\alpha}\gamma\gamma\varepsilon\tilde{\iota}o\nu$ b   19 $\varkappa\alpha\dot{\iota}$ om. b   20 $\dot{\upsilon}\pi\dot{\varepsilon}\varrho$ $\tau\dot{\eta}\nu$ $\beta\dot{\alpha}\sigma\iota\nu$ om. b   23 $\tau\dot{o}$ $\alpha\dot{\upsilon}\tau\dot{o}$ C: $\alpha\dot{\upsilon}\tau\dot{o}$ $\tau\dot{o}$ tr. P

XLII.

227ᵛ ῾Υδραυλικοῦ ὀργάνου κατασκευή.

²²⁸ "Εστω τις βωμίσκος χάλκεος ὁ ΑΒΓΔ, ἐν ᾧ ὕδωρ
ἔστω· ἐν δὲ τῷ ὕδατι κοῖλον ἡμισφαίριον κατεστραμμένον ἔστω, ὃ καλεῖται πνιγεὺς ὁ ΕΖΗΘ ἔχων ἐν 5
τῷ ὑγρῷ διάρρυσιν εἰς τὰ πρὸς τῷ πυθμένι μέρη.
ἀπὸ δὲ τῆς κορυφῆς αὐτοῦ δύο ἀνατεινέτωσαν σωλῆνες
συντετρημένοι αὐτῷ ὑπὲρ τὸν βωμίσκον, εἶς μὲν ὁ
ΗΚΛΜ κατακεκαμμένος εἰς τὸ ἐκτὸς τοῦ βωμίσκου
μέρος καὶ συντετρημένος πυξίδι τῇ ΝΞΟΠ κάτω τὸ 10
στόμα ἐχούσῃ καὶ τὴν ἐντὸς ἐπιφάνειαν ὀρθὴν πρὸς
ἐμβολέα ἀπειργασμένην. ταύτῃ δὲ ἐμβολεὺς ἁρμοστὸς
ἔστω ὁ ΡΣ, ὥστε ἀέρα μὴ παραπνεῖν· τῷ δὲ ἐμβολεῖ
συμφυὴς ἔστω κανὼν ὁ ΤΥ ἰσχυρὸς σφόδρα· πρὸς δὲ
τὸν ἁρμόζοντα ἕτερος κανὼν ὁ ΥΦ περὶ περόνην 15
κινούμενος τὴν πρὸς τῷ Υ· ὁ αὐτὸς δὲ κηλωνευέσθω
πρὸς ὄρθιον κανόνα τὸν ΨΧ βεβηκότα ἀσφαλῶς. τῇ
δὲ ΝΞΟΠ πυξίδι ἐπικείσθω κατὰ τὸν πυθμένα ἕτερον
πυξίδιον τὸ Ω συντετρημένον αὐτῇ καὶ ἐπιπεπωμασμένον ἐκ τῶν ἄνω μερῶν καὶ ἔχον τρύπημα, δι᾽ οὗ 20
ὁ ἀὴρ εἰσελεύσεται εἰς τὴν πυξίδα. ὑπὸ δὲ τὸ τρύπημα λεπίδιον ἔστω ἐπιφράσσον αὐτὸ καὶ ἀνεχόμενον

---

1 Hoc caput edidit J. G. Schneider *Eclog. phys.* I, 2, 227—230

5 ἔχωᵒν T   7 ἀνατεινέσθωσαν T   15 ἁρμόζοντα a: *ad*
hanc autem accommodata L: f. πρὸς δὲ τὸν ⟨ΤΥ κανόνα ἔστω⟩
ἁρμόζων   περὶ A₁ G b: παρὰ A₂ T   17—18 τῇ δὲ PT: τῇ A:
τὴν G   19 αὐτῇ CG₂ P: αὐτῇ δὲ AG₁ T   20 ἔχον AG b:
ἔχωᵒν T   22 ἀνεχόμενον PT: ἀντεχόμενον ACG

3 τις βωμίσκος χάλκεος ὁ a: ἀγγεῖον χάλκεον τὸ b   5 ὁ a:
τὸ b   ἔχον P   8 ὑπὲρ τὸν βωμίσκον a: ὑπερέχοντες εἰς τὰ

XLII.

Bau einer Wasserorgel.

Es sei $\alpha\beta\gamma\delta$ (Fig. 43) ein kleiner bronzener Altar (altarähnlicher Behälter)[2], welcher Wasser enthalte.
5 Im Wasser befinde sich eine umgestülpte, hohle Halbkugel, ein sogenannter Windkessel (Pnigeus)[3] $\varepsilon\zeta\eta\vartheta$ mit einem Durchfluſs im Wasser nach dem Boden des Behälters. Vom Scheitel des Windkessels sollen zwei Röhren über den Altar[4] aufsteigen und sich nach dem Windkessel
10 öffnen. Die eine $\eta\varkappa\lambda\mu$ sei auf der Aufsenseite des Altars gebogen und münde in eine Büchse (Kolbenrohr, Stiefel) $\nu\xi o\pi$, welche ihre Öffnung unten hat und deren innere Oberfläche zur Aufnahme eines Kolbens gerade gearbeitet ist. Mit diesem Stiefel sei luftdicht ein Kolben $\varrho\sigma$ ver-
15 paſst. An diesem sei eine sehr starke Kolbenstange $\tau\upsilon$ befestigt. In diese sei eine andere Stange (Querstange) $\upsilon\varphi$ eingelenkt, die sich um einen Stift bei υ bewege. Eben-diese werde auf einer senkrecht und fest stehenden Stütz-gabel $\psi\chi$ wie ein Brunnenschwengel auf- und niederbewegt.
20 Oben auf den Boden des Stiefels $\nu\xi o\pi$ setze man eine andere, nach dem Stiefel offene, oben verschlossene und mit einem Loche versehene kleine Büchse ω (Fig. 43 und 43 a). Durch das Loch wird dem Stiefel die Luft zugeführt. Unter dem Loche sei ein Scheibchen angebracht, welches
25 das Loch verschliefst und von einigen mit Köpfen ver-

---

1) Vgl. auch Fig. 43 c—h in den Prolegomena.
2) Nach b: 'ein bronzenes Gefäfs'.
3) Der Pnigeus (sonst ein Kohlenersticker) dient als 'Regu-lator'. Eine andere Verwendung desselben s. S. 99, 7.
4) Statt dessen in b: 'zwei nach aufsen über das Gefäfs hinausragende Röhren'.

ἐκτὸς τοῦ ἀγγείου μέρη b   9—10 τοῦ βωμίσκου μέρος om. b
10 συντετριμμένος b   14—15 πρὸς δὲ τὸν ἁρμόζοντα a:
τούτῳ δ' b   15 ἕτερον P   κανὼν ἁρμοζέτω b   17 $\overline{\psi\chi}$ a:
$\overline{\chi\psi}$ b   19—20 ἐπιπεπωμασμένον P: ἐπιπωμασμένον C

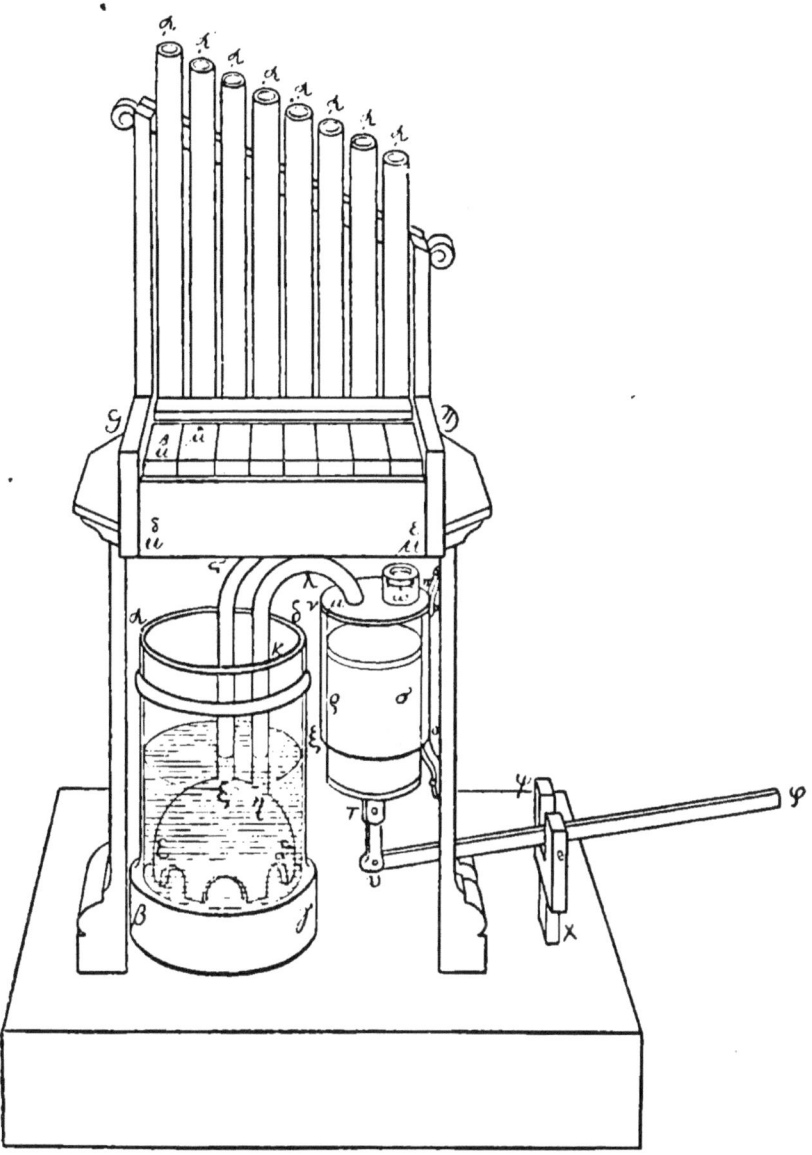

Fig. 43.

διὰ τρηματίων ὑπό τινων περονίων κεφαλὰς ἐχόντων,

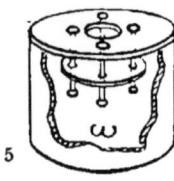

Fig. 43 a.

sehenen Stiftchen mit Hilfe kleiner Löcher oben gehalten wird, so dafs die Scheibe nicht abfallen kann. Diese Scheibe nennt man Plättchen (Platysmation). Von ζ steige eine andere Röhre ϛζ auf, die in ein anderes, quer liegendes Rohr (Windkasten) ϙϡ mündet (Fig. 43 b). Auf diesen Windkasten sind die nach ihm offenen Pfeifen ͵α (Fig. 43) zu setzen. An ihren unteren Enden sollen sie gleichsam

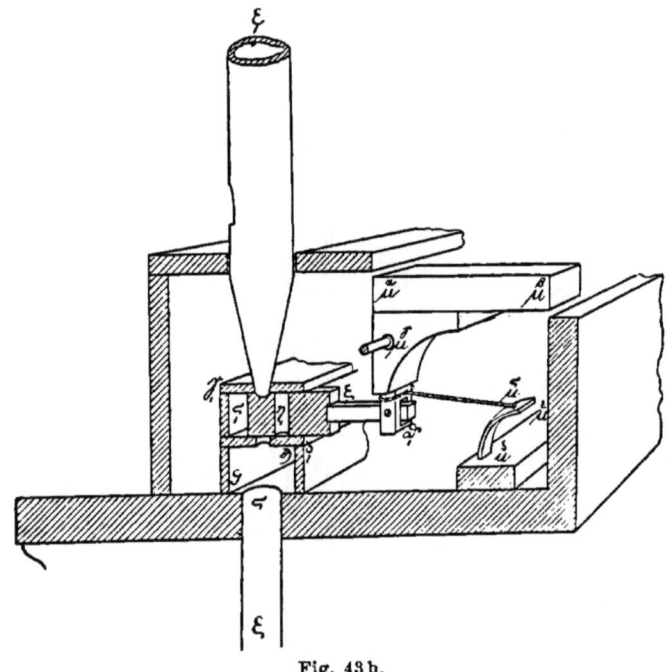

Fig. 43 b.

10 Kästchen (Schubfächer) haben und mit ihnen durch Öffnungen in Verbindung stehen. Deren Mündungen ͵β (Fig. 43 c)[1])

1) In der rekonstruierten Figur ist ͵β nicht sichtbar. Die Mündung ͵β ist mit der Öffnung ͵δ in der Spezialfigur 43 b identisch.

1 τϱηματίων aC: τϱημάτων P

ὥστε μὴ ἐκπίπτειν τὸ λεπίδιον, ὃ δὴ καλεῖται πλατυσμάτιον. ἀπὸ δὲ τοῦ Ζ ἕτερος ἀνατεινέτω σωλὴν ὁ
ϛΖ συντετρημένος ἑτέρῳ σωλῆνι πλαγίῳ τῷ ϙ꙰, ἐν
ᾧ ἐπικείσθωσαν οἱ αὐλοὶ συντετρημένοι αὐτῷ οἱ Α
καὶ ἔχοντες ἐκ τῶν κάτω μερῶν καθάπερ γλωσσόκομα 5
συντετρημένα αὐτοῖς, ὧν τὰ στόματα ἀνεῳγότα ἔστω
τὰ Β. διὰ δὲ τῶν στομάτων τὰ πώματα διώσθω
τρήματα ἔχοντα, ὥστε εἰσαγομένων τῶν πωμάτων τὰ
ἐν αὐτοῖς τρήματα κατάλληλα γίνεσθαι τοῖς τῶν αὐλῶν
τρήμασιν, ἐξαγομένων δὲ παραλλάσσειν καὶ ἀποφράσσειν 10
τοὺς αὐλούς. ἐὰν οὖν ὁ πλάγιος κανὼν κηλωνεύηται
διὰ τοῦ Φ εἰς τὸ κάτω μέρος, ὁ ΡΣ ἐμβολεὺς ἐκθλίψει
μετεωριζόμενος τὸν ἐν τῇ ΝΞΟΠ πυξίδι ἀέρα, ὃς
ἀποκλείσει μὲν τὸ ἐν τῷ Ω πυξιδίῳ τρύπημα διὰ τοῦ
προειρημένου πλατυσματίου· χωρήσει δὲ διὰ τοῦ 15
ΜΛΚΗ σωλῆνος εἰς τὸν πνιγέα· ἐκ δὲ τοῦ πνιγέως
χωρήσει εἰς τὸν πλάγιον σωλῆνα τὸν ϙ꙰ διὰ τοῦ ϛΖ
σωλῆνος· ἐκ δὲ τοῦ πλαγίου σωλῆνος εἰς τοὺς αὐλοὺς
χωρήσει, ὅταν κατάλληλα ᾖ κείμενα [ἐν] τοῖς αὐλοῖς
τὰ ἐν τοῖς πώμασι τρήματα, τουτέστιν ὅταν εἰσηγμένα 20

a 11—20 ἐὰν οὖν . . . τὰ ἐν τοῖς πώμασι τρήματα
= b 22—32: ἐὰν οὖν ὁ πλάγιος κανὼν κηλωνεύηται
διὰ τοῦ Φ εἰς τὸ κάτω μέρος, ὁ ΡΣ ἐμβολεὺς κατερ-
χόμενος ἐπισπάσεται ἀέρα διὰ τοῦ ἐν τῷ πυξιδίῳ τῷ Ω
πλατυσματίου ἀνοιγομένου εἰς τὴν ΝΞΟΠ πυξίδα, αὖθις 25
δὲ ἀνερχόμενος διὰ τοῦ κηλωνευομένου κανόνος ἀποκλείσει
μὲν τὸ ῥηθὲν πλατυσμάτιον, τὸν δὲ ἀέρα ὠθήσει διὰ τοῦ
ΜΛΚΗ σωλῆνος εἰς τὸν πνιγέα· ἐκ δὲ τοῦ πνιγέως πάλιν
διὰ τοῦ Ζϛ σωλῆνος ὁ ἀὴρ χωρήσει εἰς τὸν πλάγιον σωλῆνα
τὸν ϙ꙰· ἐκ δὲ τοῦ πλαγίου σωλῆνος χωρήσει εἰς τοὺς 30
αὐλούς, ὅταν κατάλληλα ὦσι κείμενα [ἐν] τοῖς αὐλοῖς τὰ
ἐν τοῖς πώμασι τρήματα.

seien offen. ·Durch diese stofse man die Schieber (Fig.43b)[1]), deren Bohrungen so angebracht sind, dafs sie den Pfeifenmündungen gegenüber zu liegen kommen, wenn die Schieber hineingeschoben werden, dafs dagegen die Boh
5 rungen der Schieber von den Pfeifen wegrücken und sie schliefsen, wenn die Schieber herausgezogen werden. Wenn nun die Querstange mit Hilfe von φ niedergedrückt wird (Fig. 43), so geht der Kolben $\varrho\sigma$ in die Höhe und verdrängt die in dem Stiefel $\nu\xi o\pi$ enthaltene Luft.
10 Diese wird mit Hilfe der erwähnten kleinen Platte das Loch in dem Büchschen ω (Fig. 43a) schliefsen und durch die Röhre $\mu\lambda\varkappa\eta$ (Fig. 43) in den Windkessel gehen. Aus diesem tritt sie durch die Röhre $\varsigma\zeta$ in den Windkasten $\varsigma\text{\raisebox{0pt}{℁}}$, aus diesem dann in die Pfeifen, wenn
15 die Schieberbohrungen unter den Pfeifen liegen, nämlich wenn die Schieber entweder alle oder einige von ihnen

a 7—12 Wenn . . . Windkessel gehen = b 17—24: Wenn nun die Querstange mit Hilfe von φ gehoben wird, so geht der Kolben $\varrho\sigma$ nieder und zieht durch die in dem Büchschen
20 ω befindliche kleine Platte, welche sich nach der Büchse $\nu\xi o\pi$ öffnet, Luft an. Steigt der Kolben aber wieder infolge Niederdrückens der Querstange in die Höhe, so verschliefst er die erwähnte Platte, während er die Luft durch die Röhre $\mu\lambda\varkappa\eta$ in den Windkessel drängt.

1) Die Schieber (griech. $\pi\acute{\omega}\mu\alpha\tau\alpha$, pómata Deckel) haben in der äufseren Form mit den Registerschleifen der modernen Orgeln eine gewisse Ähnlichkeit, sind aber gleichwohl nicht mit ihnen identisch, da die Schleifen bei gezogenem Register einer ganzen Pfeifenreihe den Zutritt der Luft vermitteln, die Heronischen Schieber aber immer nur für je eine Pfeife.

2 ζ Ab: $\overline{\eta\zeta}$ G: $\overline{\zeta\eta}$ Amg.T   6 $\sigma\tau\acute{o}\mu\alpha\tau\alpha$ ATb: $\sigma\tau\acute{o}\mu\iota\alpha$ G
14 Ω om. T   15 $\pi\varrho o\varepsilon\iota\varrho\eta\mu\acute{\varepsilon}\nu o\nu$ AG: $\varepsilon\acute{\iota}\varrho\eta\mu\acute{\varepsilon}\nu o\nu$ T   19 $\ddot{o}\tau\alpha\nu$
T: $\ddot{o}\tau\alpha\nu$ $\varkappa\alpha\acute{\iota}$ AG_1, sed G_1 $\varkappa\alpha\acute{\iota}$ del. $\ddot{\eta}$ scripsi: $\varepsilon\ddot{\iota}\eta$ a   [$\dot{\varepsilon}\nu$]
seclusi: $\tau o\ddot{\iota}\varsigma$ $\dot{\varepsilon}\nu$ Paris. 2512. cf. p. 198, 16, sed v. etiam lin. 9

3 $\overline{\varsigma\zeta}$ a: $\overline{\zeta\varsigma}$ b   7 $\overline{\beta}$ a: $\overline{\zeta}$ b   23 $\varkappa\acute{\alpha}\tau\omega$ spurium: f. $\acute{\alpha}\nu\omega$.
sed v. prolegomena   27 $\mu\grave{\varepsilon}\nu$ C: om. P   31 [$\dot{\varepsilon}\nu$] seclusi

ἢ τὰ πώματα ἤτοι πάντα ἤ τινα αὐτῶν. ἵνα οὖν,
ὅταν προαιρώμεθα τῶν αὐλῶν τινα φθέγγεσθαι, ἀνοίγη
ται τὰ κατ᾽ ἐκείνους τρήματα, ὅταν δὲ βουλώμεθα
παύεσθαι, ἀποκλείηται, κατασκευάσωμεν τάδε.

Νοείσθω ἐν τῶν γλωσσοκόμων ἐγκείμενον χωρὶς 5
τὸ ΓΔ, οὗ τὸ στόμα ἔστω τὸ Δ, ὁ δὲ συντετρημένος
τούτῳ αὐλὸς ὁ Ε, πῶμα δὲ ἔστω ἁρμοστὸν αὐτῷ τὸ
ϚΖ τρῆμα ἔχον τὸ Η παρηλλαγμένον ἀπὸ τοῦ Ε
αὐλοῦ. ἔστω δέ τις καὶ ἀγκωνίσκος τρίκωλος ὁ
229 ΖΘΜΜ, οὗ τὸ ΖΘ κῶλον | συμφυὲς μὲν ἔστω τῷ 10
ϚΖ πώματι· πρὸς δὲ τῷ ΘΜ περὶ περόνην κινείσθω
μέσην τὴν Μ. ἐὰν οὖν κατάξωμεν τῇ χειρὶ τὸ Μ
ἄκρον τοῦ ἀγκωνίσκου ἐπὶ τὸ Δ στόμιον τοῦ γλωσσο
κόμου, παρώσομεν τὸ πῶμα εἰς τὸ ἔσω μέρος, ὥστε
ὅταν ἐμπέσῃ εἰς τὸ ἐντὸς μέρος, τότε τὸ ἐν αὐτῷ 15
τρῆμα κατάλληλον τῷ αὐλῷ γίνεται. ἵνα οὖν, ὅταν
ἀφέλωμεν τὴν χεῖρα, αὐτόματον τὸ πῶμα ἐξελκυσθῇ

a 198, 11—200, 3 πρὸς δὲ τῷ ΘΜ ... ὁ ΜΜ =
b 198, 19—200, 22 πρὸς δὲ τῷ ΘΜ κατὰ τὸ μέσον περόνη
ἔστω ἡ Μ, περὶ ἣν κινηθήσεται. ἐὰν οὖν καταγάγωμεν τῇ 20
χειρὶ τὸ Μ ἄκρον τοῦ ἀγκωνίσκου ὡς ἐπὶ τὸ Δ στόμιον τοῦ
γλωσσοκόμου, παρώσομεν τὸ ϚΖ πῶμα εἰς τὸ ἔσω μέρος,
ὥστε ὅταν ἐμπέσῃ εἰς τὸ ἐντὸς μέρος, τότε τὸ ἐν αὐτῷ
τρῆμα κατάλληλον γενήσεται τῷ αὐλῷ. ἵνα δὲ πάλιν, ὅταν
ἀφέλωμεν τὴν χεῖρα, αὐτόματον τὸ πῶμα ἐξελκυσθῇ καὶ 25

---

1 ἵν᾽ οὖν T   2 f. τινας. cf. p. 200, 15   4 κατασκευά
σωμεν AG: κατασκευάσομεν Tb   5 distinguit T   ἐγκεί
μενον AGT₂: ἐγχύμενον T₁, f. ἐκκείμενον   11 f. πώματι ⟨πρὸς

hineingedrückt sind. Damit nun die den Pfeifen entsprechenden Bohrungen sich öffnen, wenn von den Pfeifen
einige[1]) tönen sollen, dagegen sich schliefsen, wenn sie aufhören sollen, treffe man folgende Vorrichtungen.

5 Man denke sich, dafs eins der Fächer (Kästchen) γ,δ
abgesondert liege (Fig. 43b)[2]); seine Öffnung sei δ und
die mit dem Fache in Verbindung stehende Pfeife ε.
Der in die Lade passende Schieber ς,ζ sei mit einer
Bohrung η versehen, die von der Pfeife ε abgerückt sei.

10 Von einer dreigliedrigen Taste[3]) $\zeta,\vartheta\overset{\alpha}{\mu}\overset{\beta}{\mu}$ sei das Glied ζ,ϑ
an dem Schieber ς,ζ befestigt. In der Mitte des Gliedes $\vartheta\overset{\alpha}{\mu}$
bewege sich die Taste um einen Stift $\overset{\gamma}{\mu}$. Wenn wir nun
die Tastenspitze $\overset{\beta}{\mu}$ nach der Fachöffnung δ hin mit der
Hand niederdrücken, so stofsen wir den Schieber ς,ζ in
5 das Innere. Und so kommt, sobald er hineingeschoben ist,
die in ihm befindliche Bohrung der Pfeife gerade gegenüber
zu liegen. Damit aber, wenn wir die Hand fortnehmen, der
Schieber sich von selbst wieder herausziehen und von der

---

1) Handschriftlich in a: 'eine'. Nach b: 'eine oder einige'.
2) Vgl. auch die handschriftlichen Figuren 43d und 43f
in den Prolegomena.
3) Einem dreigliedrigen Winkelhebel, dessen beide Enden
sich nach entgegengesetzten Seiten rechtwinklig umbiegen.
Das dritte Glied ζ,ϑ ist in der Rekonstruktion mit dem zweiten
$\vartheta\mu$ nicht aus einem Stück, sondern hat freien Spielraum darin,
um ein Einschieben von ς,ζ ohne besondere Schwierigkeit zu
ermöglichen.

τῷ ϑ περὶ περόνην κινούμενον⟩· πρὸς δὲ   κείσθω T₁, corr. T₂
14 παρώσομεν M: παρώσωμεν A₁T₁ mg.: περάσομεν A₂GT₁
16 τῶν αὐλῶν T

---

2 τινὰ ἢ τινὰς b   5 ἕν τῶν om. b   γλωσσόκομον b
ἐγκείμενον: κείμενον b   6 ὁ δὲ a: καὶ b   10 μὲν om. b

καὶ παραλλάξῃ τὸν αὐλόν, ἔσται τάδε· ὑποκείσθω ὑπὸ
τὰ γλωσσόκομα κανὼν ἴσος τῷ ϛ᛬᛬ σωλῆνι καὶ παράλληλος αὐτῷ κείμενος ὁ *ΜΜ.* ἐν δὲ τούτῳ ἐμπεπηγέτω
σπαθία κεράτινα εὔτονα καὶ ἐπικεκαμμένα, ὧν ἓν ἔστω
τὸ *Μ̅* κείμενον κατὰ τὸ ͵Δ͵Γ γλωσσόκομον. ἐκ δὲ 5
τοῦ ἄκρου αὐτοῦ νευρὰ ἀποδεθεῖσα ἀποδεδόσθω περὶ
τὸ ͵Θ ἄκρον, ὥστε ἔξω παρωσθέντος τοῦ πώματος
τετάσθαι τὴν νευράν. ἐὰν οὖν κατάξαντες τὸ *Μ̇*
ἄκρον τοῦ ἀγκωνίσκου παρώσωμεν τὸ πῶμα εἰς τὸ
ἔσω μέρος, ἡ νευρὰ ἐπισπάσεται τὸ σπαθίον, ὥστε 10
ἀνορθῶσαι τὴν καμπὴν αὐτοῦ βίᾳ· ὅταν δὲ ἀφῶμεν,
πάλιν τὸ σπαθίον εἰς τὴν ἐξ ἀρχῆς τάξιν καμπτόμενον
ἐξελκύσει τὸ πῶμα τοῦ στόματος, ὥστε παραλλάξαι τὸ
τρῆμα. τούτων οὖν καθ᾽ ἕκαστον γλωσσόκομον γενηθέντων, ὅταν βουλώμεθά τινας τῶν αὐλῶν φθέγγεσθαι, 15
κατάξομεν τοῖς δακτύλοις τὰ κατ᾽ ἐκείνους ἀγκωνίσκια·
ὅταν δὲ μηκέτι φθέγγεσθαι βουλώμεθα, ἐπαροῦμεν
τοὺς δακτύλους, καὶ τότε παύσονται τῶν πωμάτων
ἐξελκυσθέντων. τὸ δὲ ἐν τῷ βωμίσκῳ ὕδωρ ἐμβάλλε-

παραλλάξῃ τὸν αὐλόν, ἔστω τάδε· ὑποκείσθω ὑπὸ τὸ γλωσσό- 20
κομον κανὼν ἴσος τῷ ϛ᛬᛬ σωλῆνι καὶ παραλλήλως αὐτῷ
κείμενος ὁ *ΜΜ.*

---

1 ἔσται AG: ἔστω T   3 ἐμπεπηγέτω AG: ἐμπεπηγέσθω T
5 τὸ (prius) Tb: ὁ AG   16 κατάξομεν Tb: κατάξωμεν AG
19 ἐξελκυσθέντων AG T₂b: ἑλκυσθέντων T₁

---

3 ἐμπεπηγέτω: ἐμπεπήχθω b   4 ἕν om. b   6 ἀποδεδόσθω AG (ἀποδεδώσθω T): ἀποδεδέσθω b   8 κατάξαντες
a: καταγαγόντες b   14—15 τούτων ... γενηθέντων a: τοιού-

Pfeife abrücken kann, wird folgende Vorrichtung getroffen.
Man setze unter die Fächer[1]) eine Leiste $\overset{\delta}{\mu}\overset{\varepsilon}{\mu}$, die ebenso
lang als der Windkasten ϛ❧ ist und ihm parallel liegt.
Auf dieser Leiste sollen kleine, elastische und gekrümmte
5 Hornspateln festsitzen, und davon soll eine $\overset{\varsigma}{\mu}$ dem Fache
$\overset{\delta}{,}\gamma$ gegenüber angebracht sein. An ihr Ende binde man
eine Sehne und ziehe[2]) sie rings um das Ende $,\vartheta$, so dafs
die Sehne schon straff ist, wenn der Schieber heraus-
geschoben ist. Drücken wir nun die Tastenspitze $\overset{\beta}{\mu}$ nieder
10 und schieben den Schieber hinein, so zieht die Sehne die
Spatel an und richtet so deren Krümmung gewaltsam
gerade. Lassen wir aber los, so biegt die Spatel sich
wieder in ihre frühere Lage um und zieht den Schieber
aus der Mündung heraus. Und so wird die Bohrung ab-
15 gerückt. Diese[3]) Vorrichtungen werden bei jedem Fache[4])
getroffen. Sollen nun einige von den Pfeifen ertönen, so
drücken wir die entsprechenden Tasten mit den Fingern
nieder. Sollen sie dagegen nicht mehr pfeifen, so heben
wir die Finger hoch. Dann werden sie aufhören, sobald
20 die Schieber herausgezogen sind. Das Wasser wird deswegen in den kleinen Altar[5]) gethan, damit die überschüssige
Luft in dem Windkessel, ich meine die aus dem Stiefel
hineingeprefste, das Wasser zum Steigen bringt und die
Luft selbst so zusammengehalten wird, auf dafs die Pfeifen
25 immer Luft haben und tönen können. Der Kolben $\varrho\sigma$
prefst, wenn er emporgehoben wird, wie gesagt, die in

---

1) Nach b: 'das Fach'.
2) Nach. b: 'binde'.
3) Nach b: 'Derartige'.
4) Nach b: 'bei jeder Pfeife'.
5) Nach b: 'Gefäfs'.

των οὖν γλωσσοκόμων καθ᾽ ἕκαστον αὐλὸν γεγονότων b   18 πω-
ματίων b   19 βωμίσκῳ a: ἀγγείῳ b

ται ένεκα τοῦ τὸν περισσεύοντα ἀέρα ἐν τῷ πνιγεῖ,
λέγω δὴ τὸν ἐκ τῆς πυξίδος ὠθούμενον, ἐπαίροντα τὸ
ὕδωρ συνέχεσθαι πρὸς τὸ ἀεὶ ἔχειν τοὺς αὐλοὺς δυνα-
μένους φθέγγεσθαι. ὁ δὲ ΡΣ ἐμβολεὺς ἐπαιρόμενος
μὲν ἐπὶ τὸ ἄνω, ὡς εἴρηται, ἐξωθεῖ τὸν ἐν τῇ πυξίδι 5
ἀέρα εἰς τὸν πνιγέα, καταγόμενος δὲ ἀνοίγει τὸ ἐν
τῷ Ω πυξιδίῳ πλατυσμάτιον, δι' οὗ ἡ πυξὶς ἀέρος
ἔξωθεν πληροῦται, ὥστε πάλιν τὸν ἐμβολέα ἀνωθού-
μενον ἐκθλίβειν αὐτὸν εἰς τὸν πνιγέα. βέλτιον δέ
ἐστι καὶ τὸν ΤΥ κανόνα περὶ περόνην κινεῖσθαι πρὸς 10
τῷ Τ διτορμίας οὔσης ἐν τῷ πυθμένι τοῦ ἐμβολέως
· †ἁρμοσθήσεται, δι' ἧς δεήσει περόνην διωθεῖσθαι πρὸς
τὸ τὸν ἐμβολέα μὴ διαστρέφεσθαι, ἀλλὰ ὀρθὸν ἀνωθεῖ-
σθαί τε καὶ κατάγεσθαι.

XLIII.

Ὀργάνου κατασκευή, ὥστε ἀνέμου συρίζοντος ἦχον
ἀποτελεῖσθαι αὐλοῦ.

a 9—14 βέλτιον . . . κατάγεσθαι = b 19—23:
βέλτιον δέ ἐστι καὶ τὸν ΤΥ κανόνα περὶ περόνην κινεῖσθαι
πρὸς τῷ Τ, ὥστε δεήσει πρὸς τῷ πυθμένι τοῦ ἐμβολέως 20
πηγμάτιον εἶναι, ᾧ ἁρμοσθήσεται διὰ περόνης ὁ ΤΥ κανὼν
πρὸς τὸ τὸν ἐμβολέα μὴ διαστρέφεσθαι, ἀλλ' ὀρθὸν ἀνω-
θεῖσθαί τε καὶ κατάγεσθαι.

---

5 ἐξωθεῖ AG b: ἐξωθεῖν T   7 ῶ AC: om. GΡΤ   10 τὸν
AG₁: τὸ τὸν G₂T, sed τὸ del. T   11 διτορμίας A₁ (quam lectio-
nem optimam coniectura invenerat Meister): διὰ τὸ ῥ μιᾶς A₂ GT
ἐμβολέος T   12 ἁρμοσθήσεται a: ⟨ᾧ⟩ ἁρμοσθήσεται Buttmann l. l. p. 143: ⟨διὸ⟩ ἁρμοσθήσεται Meister l. l. p. 185 adnot.:
f. ⟨ᾗ⟩ ἁρμοσθήσεται (sc. ὁ ΤΥ κανὼν) ⟨καὶ⟩

---

2 ἐκ a C: ἐπὶ Ρ   7—8 ἔξωθεν ἀέρος tr. b   8—9 ἀνω-
θούμενον a: εἰσωθούμενον b   16—17 Ὀργάνου ... αὐλοῦ a:

dem Stiefel enthaltene Luft in den Windkessel. Wird
er nach unten gezogen, so öffnet er das in der kleinen
Büchse ω befindliche Plättchen, durch welches das Kolbenrohr von aufsen mit Luft gefüllt wird. Wird der Kolben
5 dann wieder aufwärts bewegt[1]), so drängt er daher die
Luft wieder in den Windkessel. Praktischer ist es, wenn
sich auch die Kolbenstange τv bei τ (Fig. 43)[2]) um einen
Stift bewegt und am Boden des Kolbens in einen Doppel-
zapfen, durch welchen ein Stift zu stecken ist, eingelenkt
10 wird, auf dafs der Kolben sich nicht verdreht, sondern
senkrecht auf- und niedergezogen wird.

XLIII.

Bau einer Orgel, die eine Pfeife tönen läfst, wenn Die Windorgel.
der Wind bläst.[3]) (Orgel mit
Windmotor.)
15   Es seien α (Fig. 44) die Pfeifen, $\beta\gamma$ das mit Fig. 44.
ihnen durch Öffnungen in Verbindung stehende Querrohr
(Windkasten) und $\delta\varepsilon$ das Steigrohr. Aus diesem führe
ein anderes, horizontal liegendes Rohr $\varepsilon\zeta$ in den Stiefel
$\eta\vartheta$, dessen innere Oberfläche für einen Kolben gerade
20 gemacht sei. In diesen Stiefel passe ein Kolben $\varkappa\lambda$,
der sich leicht darin abwärts bewegen kann. Mit dem
Kolben sei eine Kolbenstange μv verbunden, die (selbst)

a 6—10 Praktischer . . . eingelenkt wird = b 24—27:
Besser ist es, wenn auch die Kolbenstange τv sich bei τ um
25 einen Stift bewegt. Daher ist am Boden des Kolbens ein
kleines Gestell anzubringen, in welches die Kolbenstange τv
mit Hilfe eines Stiftes eingelenkt wird.

---

1) Nach b: 'hineingestofsen'.
2) Vgl. auch die handschriftlichen Figuren 43c und 43e.
3) Statt dessen b: 'Ein solches Instrument kann auch
tönen, wenn Wind weht'.

δυνατὸν (δύναται C) δὲ καὶ. ἀνέμου πνέοντος τὸ τοιοῦτον ὄργανον ἦχον ἀποτελεῖν b   20 τῷ (ante T) C: τὸ P

Ἔστωσαν αὐλοὶ μὲν οἱ Α, ὁ δὲ συντετρημένος
αὐτοῖς πλάγιος σωλὴν ὁ ΒΓ, ὁ δὲ ὄρθιος ὁ ΔΕ, ἐκ
δὲ τούτου πλάγιος ἕτερος ὁ ΕΖ φέρων εἰς πυξίδα
τὴν ΗΘ ἔχουσαν τὴν ἐντὸς ἐπιφάνειαν πρὸς ἐμβολέα
ἀπωρθωμένην. ταύτῃ δὲ ἁρμοζέτω ἐμβολεὺς ὁ ΚΛ 5
εὐλύτως δυνάμενος εἰς αὐτὴν κατέρχεσθαι· τούτῳ δὲ
συμφυὲς ἔστω κανόνιον τὸ ΜΝ προσκείμενον ἑτέρῳ
κανονίῳ τῷ ΝΞ κηλωνευομένῳ περὶ ἄξονα τὸν ΡΠ· |
230 καὶ πρὸς μὲν τῷ Ν περόνιον ἔστω εὔλυτον· πρὸς δὲ
τῷ Ξ πλατυσμάτιον προσκείσθω συμφυὲς τὸ ΞΟ, τῷ 10
δὲ ΞΟ παρακείσθω ἄξων ὁ Σ καὶ ἔστω κινούμενος
περὶ κνώδακας σιδηροῦς ἐν πήγματι δυναμένῳ μετά-
γεσθαι. τῷ δὲ Σ ἄξονι συμφυῆ ἔστω τυμπάνια δύο
τὰ Υ, Φ, ὧν τὸ μὲν Υ σκυτάλια ἐχέτω ἐπικείμενα τῷ
ΞΟ πλατυσματίῳ· τὸ δὲ Φ πλάτας ἐχέτω καθάπερ 15
τὰ καλούμενα ἀνεμούρια. ὅταν οὖν ὑπὸ τοῦ ἀνέμου
τυπτόμεναι ἐπείγωνται πᾶσαι καὶ ἐπιστρέφωσι τὸ Φ
τυμπάνιον, ἐπιστραφήσεται καὶ ὁ ἄξων, ὥστε καὶ τὸ
Υ τυμπάνιον καὶ τὰ ἐν αὐτῷ σκυτάλια ἐκ διαλείμματος
τύπτοντα τὸ ΞΟ πλατυσμάτιον ἐπαίρει τὸν ΚΛ ἐμβο- 20
λέα· καὶ ἀποστάντος τοῦ σκυταλίου κατενεχθήσεται ὁ
ἐμβολεὺς καὶ ἐκθλίψει τὸν ἐν τῇ ΗΘ πυξίδι ἀέρα εἰς

---

1 μὲν om. T   2 ὀρθὸς A₂T₁   5 ἀπωρθωμένην A₁G₂b:
ἀπωρθουμένην A₂G₁T   ταύτην T   6 τούτῳ AGb: τοῦτο T
9 τῷ Tb: τὸ AG   10 προκείσθω T   11 σ̄ AGb: ϛ̄ T ut
etiam lin. 13   15 πλάτας Paris. 2512, Lipsiens. 17: πλάτος ab
17 ἐπείγωνται CT: ἐπείγονται AGP   f. πᾶσαι ⟨αἱ πλάται⟩
18 καὶ (ante ὁ) AG₂Tb: δὲ G₁   20 ἐπαρεῖ Paris. 2512
22 εἰς om. T

---

2 αὐτοῖς C: om. P   3 ἕτερος πλάγιος tr. b   18 ὁ ῡ
ἄξων b   22 a verbis καὶ ἐκθλίψει B (fol. 142ʳ, 11) et L
rursus incipiunt (hinc igitur b = BCP)   τῇ aB: τῷ CP

an einer andern Stange $\nu\xi$ befestigt ist. Diese bewege
sich wie ein Brunnenschwengel um eine Achse $\varrho\pi$ auf und
nieder. Bei ν sei ein leicht beweglicher, kleiner Stift.
Auf ξ lege man eine kleine Platte ξo fest. Neben ξo

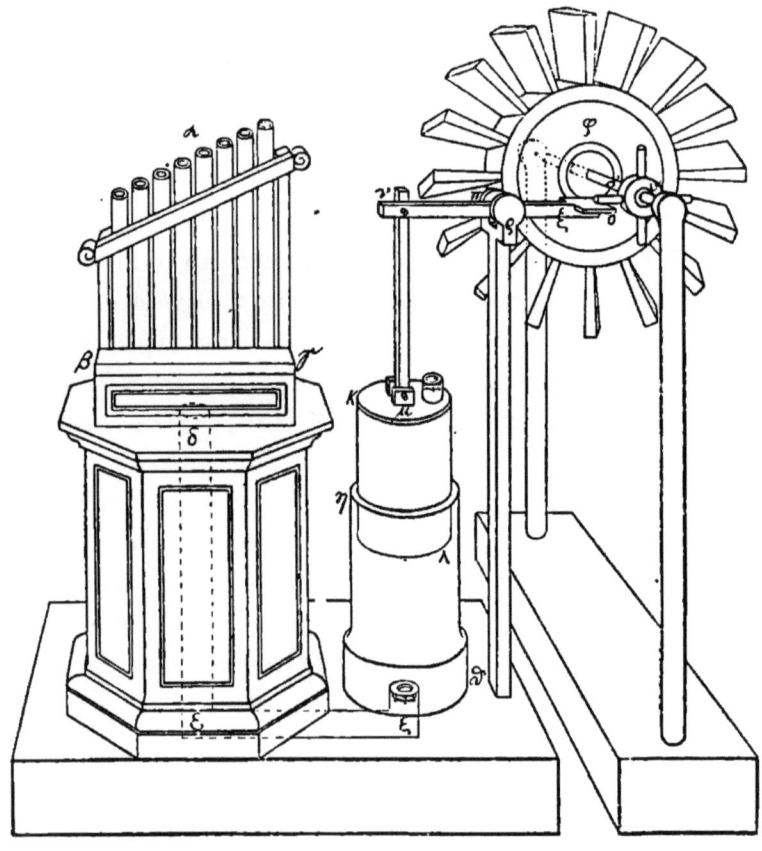

Fig. 44.

5 setze man eine Querstange σ als Achse; sie bewege sich
um eiserne Zapfen in einem transportabeln Gestelle. Mit
der Achse σ seien zwei kleine Wellen ν und φ verbunden.
Von diesen sei ν mit (speichenförmigen,) kleinen Stäben
versehen, die sich auf die Platte ξo legen. φ habe dagegen

τὰς σύριγγας καὶ τοὺς αὐλοὺς καὶ τὸν ἦχον ἀποτελέσει. ἔξεστι δὲ τὸ πῆγμα τὸ ἔχον τὸν ἄξονα ἐπιστρέφειν ἀεὶ πρὸς τὸν πνέοντα ἄνεμον, ὡς ἂν βιαιοτέρα καὶ 230¹⁹ συνεχεστέρα ἡ ἐπιστροφὴ γίνηται.

---

4 γίνηται AG: γένηται Τ   in fine libri Ἥρωνος ἀλεξανδρέως πνευματικῶν πρῶτον add. AG₂: Ἥρωνος ἀλεξανδρέως πνευματικῶν πρώτου τέλος add. Τ: om. G₁

---

4 γίνηται Β: γίγνηται CP   subscriptionem om. b

ruderartige Flügel, wie die sogenannten Windmotore
(Anemuria).[1]) Wenn nun (der Reihe nach) alle Flügel
vom Winde einen Stofs erhalten und angetrieben werden
und die Welle φ umdrehen, so dreht sich auch die Achse
5 (σ) mit. Die Folge ist, dafs die Welle v mit ihren
Speichen in Absätzen auf die Platte ξo schlägt und den
Kolben $\varkappa \lambda$ emporhebt. Wenn die Speiche sich wieder (von
der Platte) entfernt, fällt der Kolben nieder, prefst die
in dem Stiefel $\eta \vartheta$ enthaltene Luft in die Röhren und
10 Pfeifen und bringt den Schall hervor. Das Gestell mit der
Achse kann man immer nach der Windrichtung drehen,
damit die Umdrehung ˙lebhafter und stetiger wird.

---

1) Anemurion ist sonst die 'Windfahne'. Seine äufsere
Einrichtung kann indessen nach der handschriftlichen Figur
nicht zweifelhaft sein. S. oben in den Prolegomena Fig. 44a.
Es ist danach fraglich, ob man mit Woodcroft (a.˙ a. O. S. 108)
und Rochas (a. a. O S. 200, 1) an Windmühlenflügel denken
darf, da aufser den pompejanischen, von Sklaven oder Eseln
getriebenen Mühlen (Overbeck-Mau *Pompeji* S. 386—388) aus
römischer Zeit nur Wassermühlen (Vitruv, Varro) bekannt sind.

ΗΡΩΝΟΣ ΑΛΕΞΑΝΔΡΕΩΣ
ΠΝΕΥΜΑΤΙΚΩΝ
ΔΕΥΤΕΡΟΝ.
I.

195³⁶ Ἀγγείου κατασκευὴ τοῦ λεγομένου δικαιομέτρου· 5
τούτου δὲ πληρωθέντος ὑγροῦ, ὁσάκις ἐὰν καταστραφῇ,
τὸ ἴσον ἐκρεῖ.

Ἔστω τι ἀγγεῖον τὸ *ΑΒ* διαπεφραγμένον τὸν
τράχηλον τῷ *ΑΒ* διαφράγματι· πρὸς δὲ τῷ πυθμένι
τοῦ ἀγγείου σφαιρίον ἔστω τὸ *Γ* χωροῦν τὸ μέτρον 10
ὅσον βουλόμεθα ἀπορρέειν. διὰ δὲ τοῦ διαφράγματος
καθείσθω σωληνάριον λεπτότατον τὸ *ΔΕ* συντετρημένον τῷ σφαιρίῳ· εἰς δὲ τὸ σφαιρίον τρημάτιον
ἔστω τὸ *Ζ* ἐν τῷ κατωτάτω μέρει, ἀφ᾽ οὗ ἀνατείνεται
σωληνάριον τὸ *ΖΗ* φέρον ὑπὸ τὸ ὠτίον τοῦ ἀγγείου 15

a 208, 11—212, 2 διὰ δὲ τοῦ διαφράγματος ... τὸ
σωληνάριον = b 208, 17—212, 22 διὰ δὲ τοῦ διαφράγματος
καθείσθω σωληνάριον λεπτὸν τὸ *ΔΕ* συντετρημένον τῷ
σφαιρίῳ· εἰς δὲ τὸ σφαιρίον τρημάτιον ἔστω πρὸς τὸ κάτω
μέρος, τὸ *Ζ*, ἀφ᾽ οὗ ἀνατεινέτω σωληνάριον τὸ *ΖΗ* συνημ- 20

---

6 ὁσάκι A   ἐὰν a b: ἂν Paris. 2512   7 ἐκρεῖ A₁ b:
ἐκρεῖσθαι A₂ G₁ T: ἐκρεῖ G₂: effundit L   9 τῷ (ante *ΑΒ*) T b:

DIE DRUCKWERKE
HERONS VON ALEXANDRIA.

BUCH II.

I.

5 Konstruktion eines Gefäfses, welches die Mafs-
kanne (Dikaiometer) heifst. Füllt man diese mit einer
Flüssigkeit, so fliefst immer die gleiche Quantität aus, so
oft man sie auch umkippt. Es sei $\alpha\beta$ (Fig. 45) ein Gefäfs, dessen Hals durch die
10 Scheidewand $\alpha\beta$ verschlossen sei. Auf dem Boden des Gefäfses stehe eine kleine Kugel γ, welche ein so grofses Mafs
aufnehmen kann, als ausfliefsen soll. Durch die Scheide-
wand setze man ein sehr enges[1]) Röhrchen $\delta\varepsilon$ ein, welches
luftdicht in die Kugel mündet. In ihrem untersten[2]) Teile
15 habe die Kugel ein kleines Loch ζ, von dem eine kleine
Röhre $\zeta\eta$ aufsteigt, sich unter den Henkel des Gefäfses

---

1) Nach b: 'ein enges'.
2) b: 'unteren'.

τὸ AG   12 λεπτὸν proponit Rochas p. 152   13 τῷ G_2:
τὸ AT

1—3 inscriptionem hab. AG_2T: om. G_1 bL   6 τούτου δὲ a:
οὕτινος b, quo L   11 ἀπορρεῖν βουλόμεθα tr. b   18 καθείσθω BC: κείσθω P   λεπτὸν b: tenuissimus L   20 ἀνατεινέτω CP: ἀνατεινέσθω B

210 ΗΡΩΝΟΣ ΑΛΕΞΑΝΔΡΕΩΣ ΠΝΕΥΜΑΤΙΚΩΝ Β.

συντετρημένον αὐτῷ κοίλῳ ὑπάρχοντι. παρὰ δὲ τὸ
εἰρημένον τρῆμα ἕτερον ἔστω τρῆμα φέρον εἰς τὸ
κύτος τοῦ ἀγγείου τὸ Δ. ἐχέτω δὲ τὸ ὠτίον καὶ
διαύγιον τὸ Θ. καταλαβόμενοι οὖν τὸ Θ διαύγιον
πληρώσομεν τὸ ἀγγεῖον ὑγροῦ διά τινος ὀπῆς, ἥτις 5
196 μετὰ | τὴν ἔγχυσιν στεγνωθήσεται, ἢ καὶ δι' αὐτοῦ
τοῦ ΔΕ σωλῆνος πληρούσθω τὸ ἀγγεῖον, ὄντος μέντοι
ἐν τῷ κύτει τοῦ ἀγγείου λεπτοῦ τρήματος, δι' οὗ ὁ
ἀὴρ ἐκκρουσθήσεται· συμπληρωθήσεται δὲ καὶ τὸ Γ
σφαιρίον ὑγροῦ διὰ τοῦ ΔΕ σωληναρίου. ἐὰν οὖν 10
καταστρέψαντες τὸ ἀγγεῖον ἀνῶμεν τὸ Θ διαύγιον,
ἐκρεύσει τὸ ἐν τῷ Γ σφαιρίῳ ὑγρὸν καὶ τὸ ἐν τῷ
ΔΕ σωληναρίῳ. πάλιν οὖν ἐὰν καταλαβόμενοι τὸ
μένον τῷ ὠτίῳ τοῦ ἀγγείου σωληνοειδεῖ καὶ τούτῳ ὑπάρχοντι. παρὰ δὲ τὸ εἰρημένον τρῆμα τὸ Ζ ἔστω τρῆμα 15
ἕτερον φέρον εἰς τὸ κύτος τοῦ ἀγγείου τὸ Δ. ἐχέτω δὲ
τὸ ὠτίον καὶ διαύγιον τὸ Θ. καταλαβόμενοι οὖν τὸ Θ
διαύγιον πληρώσομεν τὸ ἀγγεῖον ὑγροῦ διά τινος ὀπῆς,
ἥτις μετὰ τὴν ἔγχυσιν στεγνωθήσεται, ἢ καὶ δι' αὐτοῦ τοῦ
ΔΕ σωλῆνος πληρούσθω τὸ ἀγγεῖον, τοῦ ἀέρος ἐκχωροῦντος 20
διὰ τοῦ Θ διαυγίου. φανερὸν οὖν ὅτι καὶ τὸ Γ σφαιρίον
πληρωθήσεται ὑγροῦ ἢ διὰ [τε] τοῦ ΔΕ σωληναρίου ἢ διὰ
τοῦ Δ τρηματίου. ἐὰν οὖν καταστρέψαντες τὸ ἀγγεῖον
ἀνῶμεν τὸ Θ διαύγιον, ἐκρεύσει τὸ ἐν τῷ Γ σφαιρίῳ ὑγρὸν
καὶ τὸ ἐν τῷ ΔΕ σωληναρίῳ. δεῖ δὲ τό τε Δ τρημάτιον 25
καὶ τὸ Ζ στόμιον τοῦ ΗΘΖ σωλῆνος ἐγγὺς εἶναι ἀλλήλων
πρὸς αὐτῷ τῷ πυθμένι τοῦ σφαιρίου. πάλιν οὖν ἐὰν

1 αὐτῷ AG: αὐτῷ° T   2 ἔστω τρῆμα ἕτερον tr. T   4 οὖν
AG₁: δὲ Α₂G₂T   5 πληρώσομεν, ο ex ω corr., A   8 τρήματος AG: τρυπήματος T   9 καὶ AGT₂: om. T₁   9—10 τὸ
σφαίριον ὑγροῦ τὸ Γ tr. T₁   10 f. σωληναρίου ⟨ἢ διὰ τοῦ Δ
τρηματίου⟩   12 ἐν τῷ (ante ΔΕ) G₂T: om. AG₁

17 καὶ CP: τὸ B   18 πληρώσομεν BCL: πληρώσωμεν P
22 τε b: ipse seclusi, om. L   26 f. ΘΗΖ

legt und in den ausgehöhlten Henkel mündet.[1]) Neben dem erwähnten Loche[2]) führe ein anderes Loch λ in den Bauch des Gefäfses. Ferner sei der Henkel mit einem Luftloche ϑ versehen. Nun wollen wir dieses zuhalten und das Gefäfs mit einer Flüssigkeit durch eine Öffnung füllen, die nach dem Eingiefsen geschlossen wird. Oder es mag das Gefäfs auch durch die Röhre δε selbst gefüllt werden; doch mufs alsdann in der Gefäfswand ein kleines Loch[3]) sein, durch welches die Luft hinausgetrieben wird. Zugleich wird auch die Kugel γ durch die Röhre δε mit Flüssigkeit gefüllt.[4]) Kippen wir nun das Gefäfs um und lassen das Luftloch ϑ los, so fliefst die in der Kugel γ und der Röhre δε enthaltene Flüssigkeit aus.[5]) Schliefsen wir das Luftloch wieder und richten das Gefäfs auf, so füllt

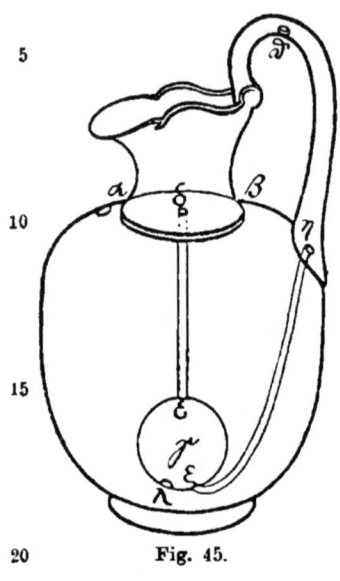

Fig. 45.

1) Nach b: 'von dem eine kleine Röhre ζη aufsteige und mit dem gleichfalls röhrenförmigen Gefäfshenkel verbunden sei'.

2) b fügt ζ zu.

3) Dafs auch dieses nach dem Eingiefsen durch die Röhre δε wieder zu schliefsen ist, setzt der Autor nach dem Vorhergehenden als selbstverständlich voraus. Übrigens könnte das Luftloch ϑ oder die zuvor erwähnte Öffnung sehr wohl den Dienst des kleinen Loches versehen.

4) Nach b: 'Oder es mag das Gefäfs auch durch die Röhre δε selbst gefüllt werden, indem die Luft durch das Luftloch ϑ entweicht. Offenbar füllt sich nun auch die Kugel γ entweder durch die Röhre δε oder durch das kleine Loch λ mit Flüssigkeit.' (Die Luft entweicht bei ζ zum Teil in Form von Luftblasen.)

5) Zusatz in b: 'Das Loch λ und die Mündung ζ der Röhre ϑηζ müssen unmittelbar am Boden der Kugel nahe bei einander liegen.'

14*

διαύγιον ἀναστρέψωμεν, πληρωθήσεται τὸ σφαιρίον
καὶ τὸ σωληνάριον· ὁ γὰρ ἐν αὐτοῖς ἀὴρ ἐκκρουσθήσεται ὑπὸ τοῦ ἐμπίπτοντος ὑγροῦ. εἶτα πάλιν ὅταν
καταστρέψωμεν τὸ ἀγγεῖον, πάλιν τὸ ἴσον ὑγρὸν ῥυήσεται, εἰ μὴ ἄρα παρὰ τὴν διαφορὰν τοῦ ΔΕ σωλῆνος· 5
οὐ γὰρ ἀεὶ πληρωθήσεται, ἀλλὰ κατὰ τὴν τοῦ ἀγγείου
κένωσιν καὶ αὐτὸς κενωθήσεται· αὕτη δὲ ἡ διαφορὰ
παντάπασιν ἐλαχίστη ἐστίν.

II.

Εἰς ἔνια ἀγγεῖα διαφυσηθέντα ὕδωρ ἀναπιέζει οὕτως. 10
Διὰ τοῦ στόματος αὐτοῦ διωθεῖται σωλὴν ἀπέχων
μὲν ἀπὸ τοῦ πυθμένος βραχύ, συνεστεγνωμένος δὲ τῷ
στόματι καὶ εἰς λεπτὸν συνηγμένος στόμιον. ἐὰν
⟨οὖν⟩ καταλαβόμενοι τὸ εἰρημένον στόμιον τῷ δακτύλῳ
ἐγχέωμεν διά τινος ὀπῆς ὑγρὸν καὶ μετὰ τὴν ἔγχυσιν 15
διὰ τῆς αὐτῆς ὀπῆς ἐμφυσήσαντες κλειδίῳ ἀποκλεί-
σωμεν τὴν ὀπὴν καὶ ἀνῶμεν τὸ τοῦ σωλῆνος στόμιον,
ἀναπυτισθήσεται δι' αὐτοῦ τὸ ὑγρὸν ὑπὸ τοῦ ἐμφυση-
196 extr. θέντος καὶ πεπιλημένου ἀέρος.

καταλαβόμενοι τὸ διαύγιον ἀναστρέψωμεν τὸ ἀγγεῖον, πληρω- 20
θήσεται τὸ σφαιρίον διὰ τοῦ Δ τρήματος καὶ τὸ ΔΕ
σωληνάριον.

---

5 παρὰ ΑΤₐb: περὶ Α₂ΓΤ₁: iuxta L   8 ἐστιν ἐλαχίστη tr.Τb
10 ἀγγεῖα ΑGb: ἀγγεῖον Τ   διαφυσηθέντα (-σιθ- ΑG) ab:
f. ⟨ἀέρος⟩ ἐμφυσηθέντος. cf. lin. 18—19, sed v. etiam II 15
(p. 242, 9)   ἀναπιέζει ab: ἀναπιέζεται Μ₂: comprimitur L
11 δὲ τοῦ Τ   αὐτοῦ codd., per orificium ipsum L: f. ἀγγείου,
nisi forte sic legendum est: ⟨Ἔστω τι ἀγγεῖον⟩ διὰ δὲ τοῦ
στόματος αὐτοῦ κτέ   12 τῷ Τb: om. ΑG   14 οὖν bL: om. a

5 σωλῆνος a: σωληναρίου bL   12 μὲν CP: om. BL
18 ἀναποτισθήσεται CP: ἀναπυτισθήσεται B   19 πεπιλημένου a: πιληθέντος b   20 τὸ ἀγγεῖον BCL: om. P

sich die Kugel und die Röhre.[1]) Denn die in ihnen enthaltene Luft wird von der eindringenden Flüssigkeit verdrängt. Kippen wir das Gefäfs dann abermals um, so
fliefst wiederum die gleiche Menge Flüssigkeit, wenn man
5 nämlich von der Differenz absieht, die sich bei der Röhre $\delta\varepsilon$
ergiebt. Denn diese ist nicht immer voll, sondern entleert
sich ebenfalls, je nachdem das Gefäfs sich entleert. Diese
Differenz ist aber ganz unbedeutend.

II.

10 Manche Gefäfse spritzen, wenn man hineinbläst, Ein Heronsball.
auf folgende Weise Fig. 46.
Wasser empor.

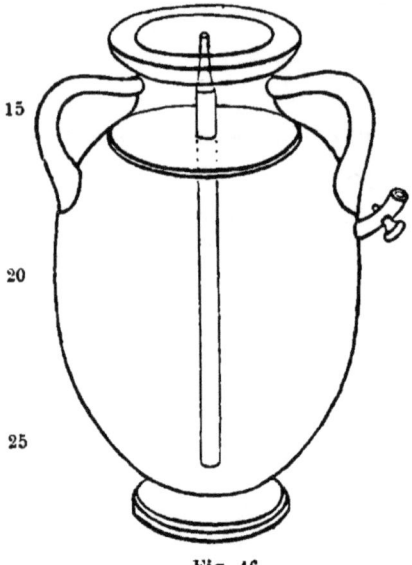

.Fig. 46.

Durch die Mündung
eines Gefäfses (Fig. 46)
wird eine Röhre hindurch-
gesteckt, die fast bis auf
den Boden reiche, in die
Gefäfsmündung eingelötet
sei und (selbst) in eine
enge Mündung auslaufe.
Halten wir nun letztere
mit dem Finger zu, gie-
fsen durch eine Öffnung
eine Flüssigkeit, blasen
nach dem Eingiefsen durch
dieselbe Öffnung hinein,
verschliefsen sie durch
einen Hahn und lassen
die Mündung der Röhre
30 los, so wird durch sie
das Wasser von der eingeblasenen, komprimierten Luft
emporgetrieben.

---

1) Nach b: 'so füllt sich die Kugel sowie auch die Röhre $\delta\varepsilon$
durch das Loch λ'.

III.

221¹⁷ Ἐπί τινος βωμοῦ πυρὸς ἀνακανθέντος ζῴδια καταφανήσεται χορεύοντα· οἱ γὰρ βωμοὶ διαφανεῖς, ἤτοι
ὑάλινοι ἢ κεράτινοι, ἔσονται.

Διὰ τοῦ ἐπιπύρου καθίεται σωλὴν πρὸς μὲν τὴν 5
βάσιν τοῦ βωμοῦ ἐν κνώδακι στρεφόμενος, πρὸς δὲ
τὸ ἄνω μέρος συριγγίῳ συμφυεῖ ὄντι τῷ ἐπιπύρῳ.
ἐχέτω δὲ καὶ ἐπικεκαμμένα σωληνάρια ὁ σωλὴν συντετρημένα καὶ συμφυῆ ἑαυτῷ κατὰ διάμετρον κείμενα
ἀλλήλοις καὶ τὰς ⟨καμπὰς⟩ καὶ ἐναλλὰξ ἔχοντα. ἐχέτω 10
. δὲ ὁ σωλὴν καὶ τύμπανον συμφυές, ᾧ ἐπίκειται τὰ
χορεύοντα ζῴδια. ἐξαφθείσης οὖν τῆς θυσίας θερμαι-

Caput III secundum b: Ἐπί τινος βωμοῦ πυρὸς ἀναφθέντος ζῴδιά τινα κυκλικῶς ἱστάμενα δοκεῖν χορεύειν.

Ἔστω βωμὸς ὁ ΑΒΓΔ καὶ ἐν αὐτῷ ἐπίπυρον τὸ ΕΖ· 15
ἀπὸ δὲ τῆς κορυφῆς τοῦ ἐπιπύρου σωλὴν καθείσθω πρὸς
τὴν βάσιν τοῦ βωμοῦ ὁ ΗΘ, οὗ τὸ πρὸς τῷ Θ μέρος ἐν
κνώδακι στρεφέσθω. ἐχέτω δὲ ὁ σωλὴν οὗτος καὶ ἑτέρους
σωλῆνας τέσσαρας ἐγκαρσίως κειμένους καὶ διαμετροῦντας
ἀλλήλους, ἐν τῷ αὐτῷ μέρει δὲ συναπτομένους τῷ ἀπὸ τῆς 20
κορυφῆς σωλῆνι τούτῳ· οἵτινες δὴ πλάγιοι σωλῆνες ἐχέτωσαν
ἐπὶ τῶν ἄκρων ἐπικαμπάς, ὥστε τὸν ἕνα πρὸς τὸν ἕτερον
στρέφεσθαι· ἐπὶ τούτων δὲ τῶν σωλήνων πρὸς τοῖς ἄκροις
ἐπικείσθω κύκλος συμφυὴς αὐτοῖς ὁ ΚΛΜΝ, ἐφ᾽ οὗ

---

1 De huius capitis in singulis codicibus loco v. prolegom.
2—3 καταφανήσεται AG: καταφανίζεται T   5 non disting.
codd.   7 f. ⟨ἐν⟩ συριγγίῳ   συμφυεῖ M: συμφυῆ a (ἢ ex εἰ
corr. A)   10 καμπὰς M: om. a spatiis litterarum quinarum
vel senarum vacuis relictis

---

17 ηθ BL: κθ CP   τῷ B: τὸ CP   18 δὲ om. L
19 τέσσαρας B: δ΄ CP   21 τούτῳ b: om. L   δὴ BC:
δὲ P: om. L

III.

Wird auf einem gewissen Altare (Fig. 47) Feuer angezündet, so kann man Figuren tanzen sehen; denn die Altäre sollen durchsichtig sein, entweder aus Glas oder Horn. Durch das Feuerbecken wird bis zur Basis des Altars eine Röhre eingelassen, die sich (unten) um einen Zapfen dreht, oben aber in einer

Der Opfertanz. (Druck erwärmter Luft.) Fig. 47.

Kapitel III nach b: Wird auf einem gewissen Altar Feuer angezündet, so sollen scheinbar einige rings im Kreise stehende Figuren einen Reigen aufführen.

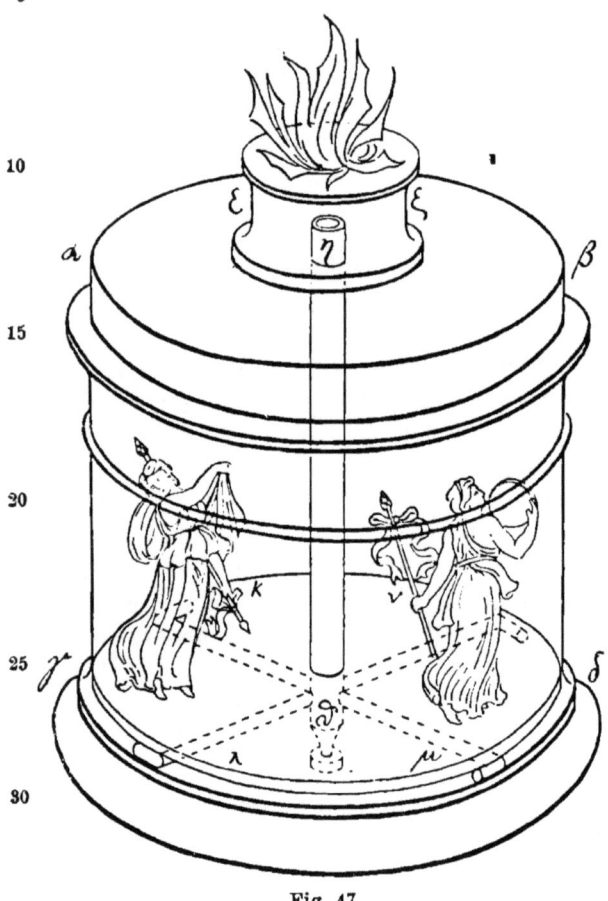

Fig. 47.

Es sei $\alpha\beta\gamma\delta$ (Fig. 47) ein Altar mit einem Herde (Feuerbecken) $\varepsilon\zeta$. Von dem oberen Teile des Herdes lasse man eine Röhre $\eta\vartheta$ nach der Basis des Altars hinab. Das bei ϑ befindliche Ende drehe sich um einen Zapfen. Diese Röhre sei

νόμενος ὁ ἀὴρ διὰ τοῦ συριγγίου χωρήσει εἰς τὸν
σωλῆνα, ἐκ δὲ τούτου διὰ τῶν ἀνακεκαμμένων ⟨σωλη-
ναρίων⟩ ἐξωθούμενος καὶ ἀντερείδων τῷ τεύχει τοῦ
221 extr. βωμοῦ ἐπιστρέψει τὸν σωλῆνα καὶ τὰ χορεύοντα ζῴδια.

IV.   5

197   Ἐκ διαλειμμάτων φωναὶ γίνονται ὀρνιθαρίων οὕτως.
Ἀγγεῖον ἔσται στεγνόν, δι' οὗ χώνη διεῖται, ἧς ὁ
καυλὸς ἀπέχει ἀπὸ τοῦ πυθμένος ὅσον ὕδατι διάρρυσιν.
ὑπέρκειται δὲ τῆς χώνης ἀγγεῖον κοῖλον ἐν κνώδαξι
στρεφόμενον τὰ βάρη εἰς τὸ ἄνω μέρος ἔχον, εἰς ὃ 10
στήσονται τὰ ζῴδια. ἔστω δὲ καὶ ἡ τοῦ βωμοῦ ὕλη δια-
φανής, ἢ ἐξ ὑέλου δηλαδὴ ἢ κεράτινος, πρὸς τὸ δι' αὐτῆς
φαίνεσθαι τὰ χορεύοντα ζῴδια. τούτων οὕτως κατεσκευασμένων ἐὰν ἀνάψωμεν ἐπὶ τοῦ ἐπιπύρου πῦρ, θερμαινόμενος
ὁ ἐν τῷ σωλῆνι ἀὴρ χωρήσει καὶ διὰ τῶν †ἀνακεκαλυμμένων 15
σωλήνων καὶ στρέψει αὐτόν, ἅμα δὲ καὶ τὸν κύκλον, ἐφ'
οὗ τὰ ζῴδια βέβηκε, καὶ δόξει ταῦτα χορεύειν.
a 216, 6—218, 1 Ἐκ διαλειμμάτων ... ἐπίρρυτον ὕδωρ
= b 216, 19—218, 19 Ἐκ διαλειμμάτων φωναὶ ὀρνιθαρίων
γίνονται οὕτως.   20
Ἀγγεῖον ἔστω στεγνόν, δι' οὗ χώνη καθεῖται, ἧς ὁ
καυλὸς ἀπεχέτω ἀπὸ τοῦ πυθμένος, ὅσον ὕδατι διάρρυσιν
εἶναι. ὑπερκείσθω δὲ τῆς χώνης ἀγγεῖον κοῖλον ἐν κνώδαξι

2—3 ⟨σωληναρίων⟩ inserui. cf. lin. 16, v. etiam II 11
p. 232, 1   7 ἔσται a: f. ἔστω   χώνη G₂T: χῶνος AG₁
ὁ G₂T: om. AG₁   8 ἀπέχει AG: ἀπέχων T̅   10 τὰ βάρη
T: τὰ βάρυ AG: f. τὸ βαρὺ   ἄνω a: κάτω Burneianus 81 in
margine, quod Woodcroftio et Rochasio iniuria probatur

12 aut ex vitro aut utique ex cornu L   13 f. τούτων ⟨οὖν⟩
οὕτως om. L   15 ἀνακεκαλυμμένων (-υμεν- P) b: coopertos
L (= συγκεκαλυμμένων): f. ἀνακεκαμμένων   21 δι' οὗ ...
καθεῖται b: cui effusorium insideat L

kleinen, mit dem Feuerbecken verbundenen Pfeife (Rohr).
An der Röhre seien auch kleine, (am Ende) umgebogene,
nach ihr offene Röhren befestigt. Sie liegen einander
diametral gegenüber, ihre Biegungen (x, μ und λ, ν) gehen
5 nach entgegengesetzten Richtungen. Mit der Röhre sei
ferner eine Welle (Scheibe) verbunden, auf welche die den
Reigen tanzenden Figuren gestellt werden. Ist nun das
Opferfeuer angezündet, so wird die Luft erwärmt und
geht durch die Pfeife in die Röhre. Aus dieser wird die
10 erwärmte Luft durch die umgebogenen Röhren hindurch
ausgestofsen, und indem sie auf die Wand des Altars einen
Druck[1]) ausübt, läfst sie das Rohr und die tanzenden
Figuren kreisen.

IV.

15   Man kann auf folgende Weise mit Unterbrechung
die Stimmen kleiner Vögel nachahmen.

Der unter-
brochene Ge-
sang. Fig. 48.

In einen luftdicht geschlossenen Behälter (Fig. 48)
ist ein Trichter gesteckt, dessen Röhre (Schaft) nur so
weit vom Boden absteht, als nötig ist, um Wasser durch-
20 zulassen. Über den Trichter wird ein hohles Gefäfs gesetzt, das sich um Zapfen dreht und dessen Schwerpunkt[2])

ferner mit vier andern, quer (zu ihm, also horizontal) liegenden
Röhren versehen, die sich gegenseitig durchschneiden und an
demselben Punkte mit der von der Spitze kommenden Röhre
25 verbunden werden. Diese quer liegenden Röhren nun sollen
an den Enden so umgebogen sein, dafs sich eine Röhre nach
der andern wendet. Auf diese Röhren lege man an ihren
Enden eine kreisrunde Scheibe (Welle) $x\lambda\mu\nu$ und befestige sie
daran. Darauf sollen die Figuren stehen. Das Material des
30 Altars schliefslich sei durchsichtig, nämlich aus Glas oder
Horn, auf dafs die tanzenden Figuren durch dasselbe sichtbar
sind. Wenn wir bei diesen Vorrichtungen auf dem Herde
Feuer anzünden, wird die Luft in der Röhre erwärmt, geht
durch die verdeckten Röhren und bringt die (senkrechte) Röhre
35 selbst zur Drehung, zugleich auch die Scheibe, auf der die
Figuren stehen, und diese werden zu tanzen scheinen.

---

1) Wir sprechen von einer Reaktion der ausströmenden Luft.
2) Vgl. die Bemerkung zu Fig. 48 in den Prolegomena.

φέρεται ἀεὶ ἐπίρρυτον ὕδωρ. συμβαίνει οὖν κενοῦ
ὄντος τοῦ· ἐκνωδακισμένου ἀγγείου ὀρθὸν αὐτὸ δια-
198 μένειν· βαρύλλιον γὰρ ἔχει | προσκείμενον τῷ πυθμένι.
πληρωθέντος δὲ καταστρέφεται τὸ ὕδωρ εἰς τὸ στεγνὸν
ἀγγεῖον. ὁ δὲ ἐν τούτῳ ἀὴρ ἐκθλιβόμενος διά τινος 5
συριγγίου τὸν ἦχον ἀποτελεῖ. κενοῦται δὲ τὸ ἀγγεῖον
διά τινος καμπύλου σίφωνος. ἐν ὅσῳ δὲ ἡ κένωσις
γίνεται, πάλιν τὸ ἐκνωδακισμένον ἀγγεῖον πληρωθὲν
καταστρέφεται. δεήσει δὲ τὴν ἐπίρρυσιν μὴ κατὰ
μέσον φέρεσθαι τοῦ ἐκνωδακισμένου, ὥστε πληρωθὲν 10
ταχέως καταστρέφεσθαι.

V.

Καὶ ἄλλως δὲ ἐκ διαλειμμάτων ἦχοι γίνονται τόνδε
τὸν τρόπον.

Ἀγγεῖόν ἐστι πλείονα ἔχον διαφράγματα πλάγια· 15
ἐν δὲ ταῖς χώραις διαβῆταί εἰσι φέροντες εἰς τὰς
ὑποκειμένας χώρας ἄνισοι ταῖς ἐπιρρύσεσιν· ἐν δὲ τῷ
στρεφόμενον τὰ βάρη εἰς τὸ ἄνω μέρος ἔχον, εἰς ὃ φέρεται
ἀεὶ ὕδωρ ἐπίρρυτον.

a 218, 15—220, 21 Ἀγγεῖον ... ἀποτελεῖ = b 218, 21— 2)
220, 28: Ἀγγεῖον ἔστω πλείονα ἔχον διαφράγματα πλάγια, ἐν
δὲ ταῖς χώραις διαβῆται φέροντες εἰς τὰς ὑποκειμένας χώρας,
ἤγουν ἀπὸ μὲν τῆς πρώτης εἰς τὴν δευτέραν, ἀπὸ δὲ τῆς
δευτέρας εἰς τὴν τρίτην καὶ ἀπὸ τῆς τρίτης εἰς τὴν τετάρτην

---

3 βαρύλλιον AG₂b: βαρύδιον T₁: βαρίδιον A mg. G₁T₂
προσκείμενον AGbL: προκείμενον T   8 ἐκνωδάκιον A₁,
corr. A₂   11 καταστρέφεσθαι bL: καταφέρεσθαι a   15 f. ἔστω
πλέονα T   17 sqq. de recensione a v. prolegom. adnot. ad
fig. 49

---

2 κεκνωδακισμένου B   3 γὰρ BCL: δὲ, sed γὰρ supra
scr. P   6 ἀποτελεῖν B   13 δὲ om. B

oben liegt. In dieses ergiefst sich ständig ein Wasserstrom. Ist nun das sich um Zapfen drehende Gefäfs leer,
so steht es aufrecht. Es
hat nämlich ein kleines
Gewicht auf dem Boden
liegen. Ist es aber voll,
so kippt das Wasser nach
dem geschlossenen Be-
hälter um. Die in diesem
enthaltene Luft wird hin-
ausgedrängt und erzeugt
mit Hilfe einer kleinen
Pfeife den Ton. Der Be-
hälter wird durch einen
gebogenen Heber geleert.
Während der Entleerung
füllt sich wieder das sich
um Zapfen drehende Ge-
fäfs und kippt (von
neuem) um. Das zu-
strömende Wasser darf
aber nicht in die Mitte des Gefäfses mit den Zapfen fallen,
damit es schnell umkippt, sobald es voll ist.

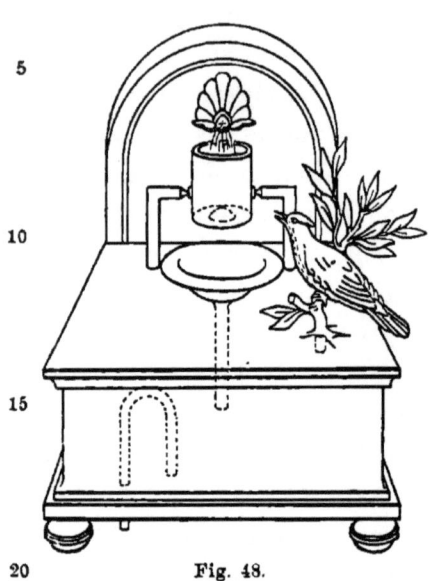

Fig. 48.

V.

Man kann noch auf andere Weise in Zwischenräumen Töne hervorbringen, und zwar in folgender.
Ein Behälter (Fig. 49) hat mehrere horizontale
Scheidewände. Jeder Raum (Kammer) enthält einen Heber,
welcher in die darunter liegende Kammer führt. Die Heber
sollen nicht gleichmäfsig fliefsen. In dem unteren Raume

Dasselbe
in anderer
Ausführung.
Fig. 49.

a 219, 28—221, 10 Jeder Raum ... hervor = b 219, 32—221, 32
Jeder Raum (Kammer) enthalte einen Heber, welcher in die
darunter liegende Kammer führt, d. h. von der ersten in die
zweite, von der zweiten in die dritte, von der dritten in die
vierte u. s. w. Die Heber sollen aber nicht gleichmäfsig
fliefsen. In jeder Scheidewand ist ein Pfeifchen angebracht,

ὑποκάτω ἀγ-
γείῳ πρόσ-
κειται τὸ
συρίγγιον
τὸ καὶ τὸν
ἦχον ποι-
οῦν· εἰς δὲ
τὸ ἄνω ἀγ-
γεῖον φέρε-
ται ἡ ῥύσις.
καὶ συμβαί-
νει πληρω-
θέντος τοῦ
ἄνω ἀγγείου
μεταχωρεῖν
διὰ τοῦ ἐν

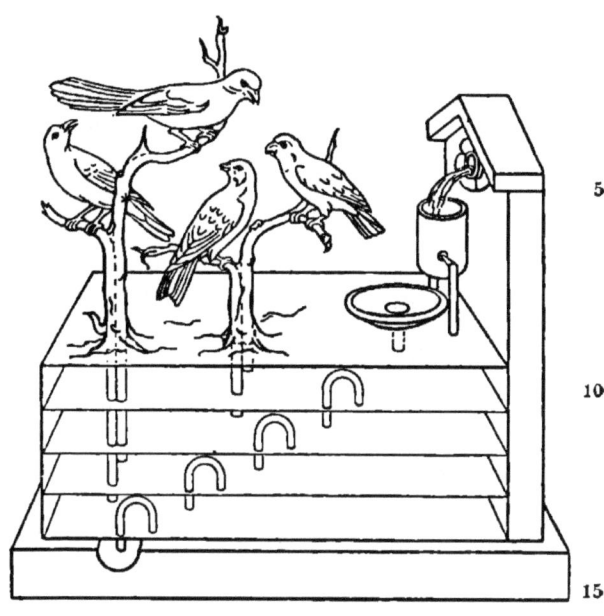

Fig. 49.

αὐτῷ διαβή-
του εἰς τὸ ὑποκείμενον, ἄχρις ἂν ἐπὶ τὸ τελευταῖον παραγένηται τὸ ὑγρὸν στεγνοῦ αὐτοῦ ὄντος· ὁ δ᾽ ἐν τούτῳ
ἀὴρ ἐκθλιβόμενος διὰ τοῦ συριγγίου τὸν ἦχον ἀποτελεῖ. 20
καὶ καθεξῆς, ἄνισοι δὲ ταῖς ἐπιρρύσεσιν. ἐν ἑκάστῳ δὲ
διαφράγματι πρόσκειται τὸ συρίγγιον τὸ καὶ τὸν ἦχον
ποιοῦν. φερομένη οὖν ἡ ῥύσις πρῶτον ἐν τῷ ἄνω ἀγγείῳ
καὶ τοῦτο πληροῦσα χωρεῖν ποιεῖ τὸν ἀέρα διὰ τοῦ ἐν αὐτῇ
συριγγίου καὶ οὕτως ἠχεῖν. εἶτα πάλιν διὰ τοῦ ἐν αὐτῇ 25
διαβήτου χωροῦν τὸ ὑγρὸν εἰς τὴν κατωτέρω χώραν ποιεῖ τὸ
ἐν αὐτῇ συρίγγιον ἠχεῖν καὶ ἐπὶ τῶν λοιπῶν χωρῶν ὁμοίως.

19 στεγνοῦ AG: στενοῦ T   αὐτοῦ codd.: f. τοῦ ὅλου ἀγγείου, et f. στεγνοῦ τοῦ ὅλου ἀγγείου ὄντος post ἀποτελεῖ (20)
transpon.   τούτῳ: f. ἑκάστῳ ⟨ἀγγείῳ⟩, nisi forte στεγνοῦ...
ἀποτελεῖ interpolata sunt.   cf. p. 218, 4—6

24. 25 αὐτῇ b: f. αὐτῷ   26 κατωτέρω BC: κατωτέραν P

wird allemal das Pfeifchen angebracht, das den Ton hervorbringen soll. Der Wasserstrahl geht (zunächst) in den oberen Raum. Ist der obere Raum voll, so geht die Flüssigkeit durch dessen Heber in den darunter liegenden, 5 bis sie zum letzten kommt. Da der Behälter[1]) geschlossen ist, so wird die Luft, welche in jedem einzelnen[1]) Raume enthalten ist, durch das Pfeifchen hinausgedrängt und 10 bringt den Schall hervor.

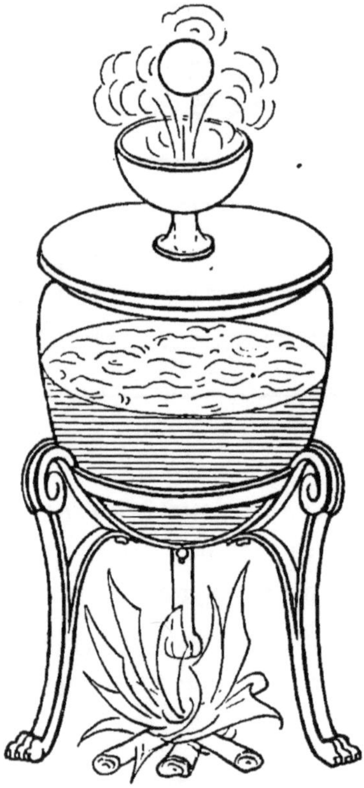

VI.

Ferner können Bälle auf folgende Weise[2]) in der Luft schweben.[3])

Der springende Ball. (Dampfkraft.) Fig. 50.

15 Unter einem Kessel (Fig. 50) mit Wasser, dessen Mündung verschlossen ist, wird Feuer angezündet. Von dem Deckel steigt eine Röhre auf, 20 deren offenes Ende in eine kleine, hohle Halbkugel mündas den Ton hervorbringen soll. Indem nun das zuströmende Wasser zuerst in den 25 oberen Raum geht und diesen anfüllt, läfst es die Luft durch dessen Pfeifchen entweichen und so den Ton hervorbringen. Dann läuft die Flüssigkeit

Fig. 50.

30 wieder durch dessen Heber in die niedriger gelegene Kammer und läfst deren Pfeifchen tönen und bei den übrigen Kammern ebenso.

---

1) Die Worte: 'der Behälter' und 'jedem einzelnen' sind nach Vermutung übersetzt. Vgl. auch vorn die Bemerkung zu Fig. 49.
2) Nach b: 'mittels folgender Vorrichtung'.
3) Statt dessen in b: 'springen'.

VI.

Καὶ σφαῖραι δὲ ὀχοῦνται ἐπ᾽ ἀέρος οὕτως.

Λέβης ὕδωρ ἔχων ὑποκαίεται ἐπιπεφραγμένος τὸ
στόμα· ἀπὸ δὲ τοῦ ἐπιφράγματος ἀνατείνεται σωλήν,
οὗ ἐκ τοῦ ἄκρου ἡμισφαίριον κοῖλον συντέτρηται. 5
ἐὰν οὖν κοῦφον σφαιρίον ἐμβάλωμεν εἰς τὸ ἡμισφαίριον,
συμβήσεται τὴν ἐκ τοῦ λέβητος ἀτμίδα διὰ τοῦ σωλῆνος
φερομένην ἀνακουφίζειν τὸ σφαιρίον εἰς τὸν ἀέρα,
ὥστε ἐποχεῖσθαι.

VII. 10

Γίνεται δὲ καὶ σφαῖρα διαφανὴς ἔχουσα ἐντὸς
ἑαυτῆς ἀέρα καὶ ὑγρὸν καὶ ἐντὸς αὐτῆς ἐν μέσῳ
σφαιρίον εἰς ὑπόδειγμα τοῦ κόσμου.

Γίνεται γὰρ δύο ἡμισφαίρια ὑάλινα· τὸ δὲ ἓν
αὐτῶν ἐπιφράσσεται λεπίδι χαλκῇ τρύπημα ἐχούσῃ 15
ἐν μέσῳ στρογγύλον· τούτῳ δὲ σφαιρίον γίνεται
ἔλαττον κοῦφον, καὶ ἐμβάλλεται τὸ σφαιρίον εἰς ὕδωρ
ἐν τῷ ἑτέρῳ ἡμισφαιρίῳ. εἶτα προστίθεται τούτῳ τὸ
διαπεφραγμένον ἡμισφαίριον, καὶ ποσοῦ ὑγροῦ ἐξαιρε-
θέντος ἐκ τοῦ ὕδατος καθέξει τὸ σφαιρίον ὁ ἐν μέσῳ 20
τόπος. προστεθέντος οὖν τοῦ ἑτέρου ἡμισφαιρίου
ἀποτελεῖται τὸ προκείμενον.

---

4 στόμα A G: στόμιον T   8 εἰς τὸν ἀέρα om. T₁, add. T₂
9 ὑποχεῖσθαι T   10 caput distinguunt G T: non dist. A (?) b L:
interpolatum existimat Rochas p. 156 adnot.   12 αὐτῆς scripsi:
αὐτῆς a   16 δὲ ⟨ἁρμοστὸν⟩   18 προτίθεται G   20 ὕδατος: f. ἡμισφαιρίου   τῷ μέσῳ A₂ T   22 ἀποτελεῖται b L:
ἀποτελεῖ a

---

2 καὶ ... οὕτως a: καὶ σφαῖραι δὲ ὀρχοῦνται διὰ κατασκευῆς τοιαύτης b   8 εἰς τὸν ἀέρα om. b L   9 ἐποχεῖσθαι:

det. Werfen wir nun einen leichten Ball in die Halbkugel, so ist die Folge, dafs der aus dem Kessel durch
die Röhre aufsteigende Dampf den Ball in die Luft hebt,
so dafs er schwebt.[1])

5 **VII.**

Man stellt ferner zur Darstellung des Weltalls   Figürliche
eine durchsichtige Kugel her, die in ihrem Innern   Darstellung
                                                    des Weltalls.
Luft und Flüssigkeit und in ihrer Mitte eine kleine   Fig. 51.
Kugel enthält.

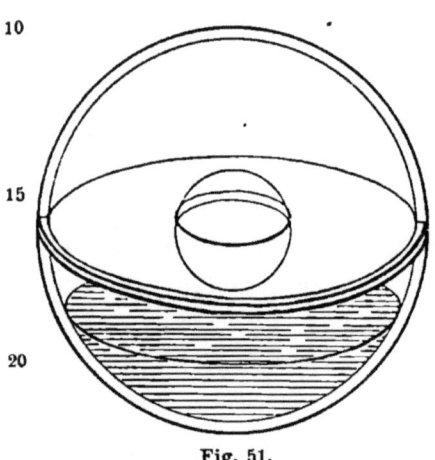

Fig. 51.

10   Man macht nämlich
zwei Halbkugeln aus
Glas (Fig. 51). Eine
von ihnen wird durch
eine in der Mitte mit
15   einem runden Loche
versehene Bronzeplatte
verschlossen. Man stellt
auch eine in dieses Loch
passende, leichte, klei-
20   nere Kugel her und
wirft sie in die andere
Halbkugel ins Wasser.
Dann wird auf diese
die verschlossene Halb-
25 kugel gesetzt. Und auch wenn man eine beliebige Quantität Wasser herausnimmt, so bleibt die Kugel doch in
der Mitte sitzen.[2]) Durch das Aufsetzen der zweiten
Halbkugel ist also die Aufgabe gelöst.

---

1) Nach b: 'den Ball hebt, dafs er zu springen scheint'.
2) Vgl. die Bemerkung zu Fig. 51 in den Prolegomena.

δοκεῖν ὀρχεῖσθαι bL   12 ἐντὸς αὐτῆς om. bL   τῷ μέσῳ b
14 γίνονται b   γὰρ aBL: δὲ CP   τὸ δὲ a: καὶ τὸ b
15 ἔχουσα P   18 ἑτέρῳ om. L

VIII.

200 Ἡ καλουμένη λιβὰς στάξει, ἡλίου ἐπιβαλόντος αὐτῇ.

Ἔστω βάσις στεγνὴ ἡ ΑΒΓΔ, δι' ἧς χώνη διώσθω, ἧς ὁ καυλὸς ἀπεχέτω ἀπὸ τοῦ πυθμένος βραχὺ λίαν. ἔστω δὲ καὶ σφαιρίον τὸ ΕΖ, ἀφ' οὗ σωλὴν φερέτω 5 εἰς τὴν βάσιν ἀπέχων ἀπὸ τοῦ πυθμένος τοῦ ἀγγείου καὶ τοῦ τεύχους τοῦ σφαιρίου βραχύ. καμπύλος δὲ σίφων ἐναρμοσθεὶς εἰς τὸ σφαιρίον φερέτω εἰς τὴν χώνην, καὶ ἐμβεβλήσθω εἰς τὸ σφαιρίον ὕδωρ. ὅταν οὖν ὁ ἥλιος ἐπιβάλῃ τῷ σφαιρίῳ, θερμανθεὶς ὁ ἐν 10 αὐτῷ ἀὴρ ἐκθλίψει τὸ ὑγρόν, ὃ δὴ διὰ τοῦ Η σίφωνος ἔξω ἐνεχθήσεται καὶ διὰ τῆς χώνης εἰς τὴν βάσιν χωρήσει. ὅταν δὲ ἐπισκιασθῇ, ἐκχωρήσαντος τοῦ ἀέρος διὰ τοῦ σφαιρίου ὁ σωλὴν ἀναλήψεται τὸ ὑγρὸν καὶ ἀναπληρώσει τὸν κενωθέντα τόπον· καὶ τοῦτο ἔσται, 15 ὁσάκις ἂν ὁ ἥλιος ἐπιβάλῃ.

IX.

Θύρσον εἰς ὕδωρ χαλάσαντα ἦχον ἀποτελέσαι ἤτοι σύριγγος ἢ ὀρνέου τινός.

Ἔστω θύρσος ὁ ΑΒΓΔ τρῆμα ἔχων κατὰ τὴν 20 τοῦ κορύμβου κορυφὴν τὸ Δ· κοῖλος δὲ ἔστω ὁ κόρυμβος

---

2 ἐπιβαλόντος ABCG: ἐπιβάλλοντος PT   7 καὶ Ab: om. GT
9 f. ὕδωρ ⟨διά τινος τρυπήματος, ὃ μετὰ τὴν ἔγχυσιν πάλιν ἀπεστεγνώσθω⟩. cf. p. 228, 3—4   12 ἔξω ἐνεχθήσεται AG₁:
ἐξενεχθήσεται G₂TbL   18 Θύρσον κατασκευάσαι, ὥστε χαλασθέντα εἰς ὕδωρ ἦχον ἀποτελέσαι κτέ Vindob. 120   21 ὁ om. T

---

3 αβγ b   5 φερέσθω b   6 ἀπὸ om. b   10 ἐπιβάλῃ
BC: ἐπιβάλλῃ P, ut lin. 16   13 τοῦ ἀέρος om. bL   14 ὁ
σωλὴν: spherula L   18 χαλάσαντα: descendentem L

VIII.

Die sogenannte Traufe (Libás) wird tröpfeln, Ein Thermo-
skop. Fig. 52.
wenn die Sonne darauf scheint.

Durch eine geschlossene Basis $\alpha\beta\gamma\delta$ (Fig.
5 52) stecke man einen Trichter, dessen Rohr (Schaft) ganz dicht bis
auf den Boden reiche. Ferner sei $\varepsilon\zeta$ eine kleine Kugel,

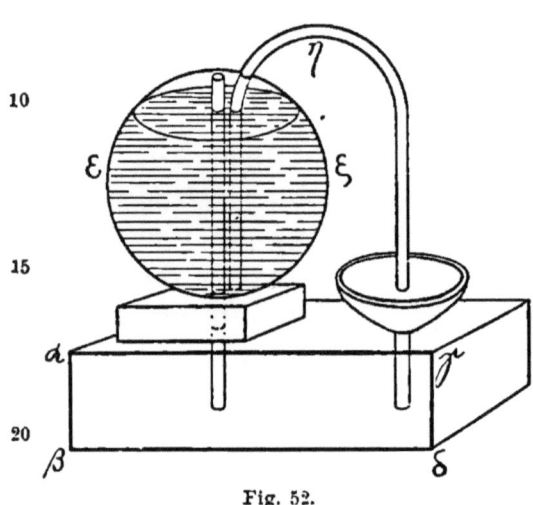

von der nach der
Basis eine Röhre
10 gehe, welche nur
wenig Abstand
vom Boden des
Gefäßes und der
Kugelwand habe.
Ein gebogener,
15 luftdicht in die
Kugel eingepaß-
ter Heber führe
nach dem Trich-
ter. In die Kugel
20 thue man Wasser.
Scheint nun die
Sonne auf die

Fig. 52.

Kugel, so wird
die Luft darin erwärmt und drängt die Flüssigkeit hinaus.
25 Diese geht durch den Heber η nach aufsen und dringt
durch den Trichter in die Basis. Wird die Kugel in den
Schatten gestellt, so saugt die Röhre die Flüssigkeit wieder
auf und füllt das entstandene Vakuum aus, nachdem die
Luft durch die Kugel entwichen ist.[1]) Dies wiederholt
30 sich, so oft die Sonnenstrahlen darauf fallen.[2])

---

1) Vgl. oben S. 177, 26. Wir würden sagen: 'nachdem die
Luft sich zusammengezogen hat'. Heron stellt sich vor, die
Luft sei in dem Maſse verdünnt, dafs die Luftmoleküle durch
die Poren der Kugelwand entweichen können. S. Rochas S. 158.
2) Vgl. auch unten Philo de ingeniis spiritualibus VII, wo ein
ähnlicher Versuch, aber in einfacherer Weise, vorgeführt wird.

καθάπερ στρόβιλος καὶ τὸν καυλὸν ἐχέτω διαπεφραγμένον μικρὸν ὑπὸ τὸ στόμα τῷ ΑΕ διαφράγματι·
τούτῳ δὲ προσκείσθω συρίγγιον τὸ Ζ ὑπὸ τὸ στόμα
κείμενον τοῦ σωλῆνος καὶ συντετρημένον τῷ διαφράγματι. ὅταν οὖν ἐμβαλόντες τὸ θυρσίον εἰς ὕδωρ θλί- 5
βωμεν εἰς τὸ κάτω, ὁ ἐν αὐτῷ ἀὴρ ἐκθλιβόμενος ἐκ
τοῦ ὕδατος ἦχον ἀποτελέσει. καὶ ἐὰν μὲν ᾖ ψιλὸν τὸ
συρίγγιον, συρίσει μόνον· ἐὰν δὲ ἔχῃ καὶ ποσὸν
ὑδάτιον ὑπὲρ τὸ διάφραγμα, καχλάζων ἔσται ἦχος.

X. 10

201 Ζῳδίου ἐπὶ βάσεως ὄντος καὶ ἔχοντος ἐν τῷ στόματι σάλπιγγα, ἐὰν ἐμφυσήσωμεν, σαλπίσει.

Ἔστω βάσις στεγνὴ ἡ ΑΒΓΔ, ἐφ᾽ ἧς ἐφεστάτω
ζῴδιον· ἐντὸς δὲ τῆς βάσεως ἡμισφαίριον ἔστω κοῖλον
ἐπιπεφραγμένον τὸ ΕΖΗ ἔχον παρὰ τὸν πυθμένα 15
τρυπημάτια· ἐκ δὲ τοῦ ἡμισφαιρίου ἀνατεινέτω σωλὴν

a 5—9 ὅταν οὖν ... ἦχος = b 17—22: ἐὰν οὖν
ἐμβαλόντες τὸ θυρσίον εἰς τὸ ὕδωρ θλίψωμεν εἰς τὸ κάτω,
ὁ ἐν αὐτῷ ἀὴρ ἐκθλιβόμενος ὑπὸ τοῦ ὕδατος ἦχον ἀποτελέσει. καὶ ἐὰν μὲν ᾖ ψιλὸν τὸ συρίγγιον, συρίσει μόνον· 20
ἐὰν δὲ καὶ ὑδάτιόν τι ᾖ ἐπάνω τοῦ διαφράγματος, καχλάζων
ἔσται ὁ ἦχος.

2 τὸ om. T₁   2—3 τῷ ΑΕ ... στόμα om. A₁, add. A₂ mg.
(iterato κείμενον)   9 ὑπὲρ A₁: ὑπὸ A₂GT   ὁ ἦχος Vind. 120

15 παρὰ A (= π͒, quod scripturae compendium saepe a libra-
riis falso legitur), T₁: περὶ GT₂bL

1 καθάπερ στρόβιλος: ad coni similitudinem L   3—5 τούτῳ ... διαφράγματι om. CP   16 ἀνατεινέσθω BL   21 τι
om. P

IX.

Den Ton einer Pfeife oder die Stimme eines Der pfeifende Thyrsus. Fig. 53.
Vögleins dadurch nachzuahmen, dafs man einen
Thyrsus in Wasser taucht.

5 Ein Thyrsus αβγδ (Fig. 53) sei mit einem Loche δ
an der Spitze des Kopfes
(Knaufs) versehen. Der Knauf,
wie ein Fichtenzapfen geformt,
sei hohl. Der Stiel (Rohr-
10 schaft) sei dicht unter der
Mündung durch die Scheidewand αε abgeschlossen. An
dieser sei ein Pfeifchen ζ angebracht, welches unterhalb
15 der Mündung des Rohres liegt
und durch die Scheidewand
getrieben ist. Tauchen wir
nun den kleinen Thyrsus in
Wasser und drücken ihn nach
20 unten, so wird die darin enthaltene Luft vom Wasser
verdrängt und bringt einen
Ton hervor. Wenn die Pfeife
ihre Mündung frei hat, pfeift

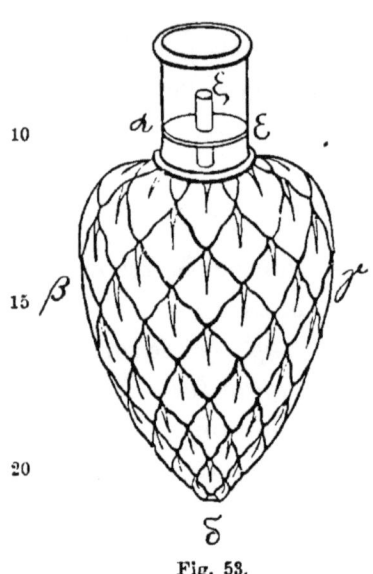

Fig. 53.

25 sie blofs; hat sie aber eine beliebig kleine Quantität Wasser
über der Scheidewand, so ist es ein glucksender Ton.

X.

Bläst man in eine auf einer Basis stehende Die tönende Trompete. Fig 54.
Figur, welche eine Trompete im Munde hält, so er-
30 tönt Trompetenschall.

Es sei αβγδ (Fig. 54) eine luftdicht geschlossene
Basis, auf welcher eine kleine Figur stehe. Innerhalb
der Basis liege eine hohle, am Boden durchlöcherte, sonst
verschlossene kleine Halbkugel εζη. Aus dieser steige

15*

ὁ ΘΖ εἰς τὸ ζῴδιον φέρων ἐπὶ τὴν σάλπιγγα· ἐχέτω
δὲ καὶ γλωσσίδα ἡ σάλπιγξ. κεχύσθω δὲ εἰς τὴν
βάσιν ὑγρὸν διά τινος ὀπῆς, ἢ μετὰ τὴν ἔγχυσιν πάλιν
ἀπεστεγνώσθω σμηρίσματί τινι. ὅταν οὖν ἐμφυσῶ]-
202 μεν εἰς τὸν κώδωνα τῆς σάλπιγγος, ὁ ἐξ ἡμῶν ἀὴρ 5
ἐκθλίψει τὸ ἐν τῷ ἡμισφαιρίῳ ὕδωρ διὰ τῶν τρυπημάτων, ὃ προσαναβήσεται εἰς τὴν βάσιν μετεωριζόμενον·
ὅταν δὲ ἀποσπάσωμεν, πάλιν εἰσελεύσεται εἰς τὸ ἡμισφαίριον καὶ ἐκθλίψει τὸν ἀέρα. οὗτος δὲ διὰ τῆς
γλωσσίδος ἐξερχόμενος τὸν τῆς σάλπιγγος ἦχον ἀποτε- 10
λέσει.

XI.

Λέβητος ὑποκαιομένου σφαιρίον πρὸς κνώδακα
κινεῖσθαι.

Ἔστω λέβης ὑποκαιόμενος ἔχων ὕδωρ ὁ ΑΒ καὶ 15
ἐπιπεφράχθω τὸ στόμιον τῷ ΓΔ πώματι· τούτῳ δὲ
συντετρήσθω σωλὴν ἐπικαμπὴς ὁ ΕΖΗ, οὗ τὸ ἄκρον

a 2—11 κεχύσθω δὲ . . . ἀποτελέσει = b 18—26: καὶ
κεχύσθω εἰς τὴν βάσιν ὑγρὸν διά τινος ὀπῆς, ἢ μετὰ τὴν
ἔγχυσιν πάλιν ἐστεγνώσθω σμηρίσματί τινι. ἐὰν οὖν ἐμ- 20
φυσήσωμεν εἰς τὸν κώδωνα τῆς σάλπιγγος, ὁ ἐξ ἡμῶν ἀὴρ
ἐκθλίψει τὸ ἐν τῷ ἡμισφαιρίῳ ὕδωρ διὰ τῶν τρυπημάτων,
ὃ προσαναβήσεται εἰς τὴν βάσιν μετεωριζόμενον. ὅταν δὲ
παύσωμεν ἐμφυσῶντες, πάλιν ἐπαναστρέψει εἰς τὸ ἡμισφαίριον καὶ ἐκθλίψει τὸν ἀέρα. οὗτος δὲ διὰ τῆς γλωσσίδος 25
ἐξερχόμενος τὸν τῆς σάλπιγγος ἦχον ἀποτελέσει.

---

2 γλωσσίδα BM: γλωσσίδια aCP: lingulam L   7 μετά-
βασιν G₂   μετεωριζόμενον G₂T₁: μηξωριζόμενον AG₁T₂
13 πρὸς: f. περὶ. cf. 204, 12   15 ἔχων Tb: ἔχον AG

---

17 ἐπικαμπὴς (-ῆς AG) a: ἐπικαμπτὸς b   τὸ ἄκρον τὸ ῆ bL
22 τῶν CP: τινων BL   24 de παύω intrans. usurp. v. lex.

eine Röhre $\vartheta\zeta$ in der Figur auf und münde in die mit
einem Mundstücke versehene Trompete. In die Basis
giefse man durch eine Öffnung, die nach dem Eingiefsen
wieder mit Hilfe eines Ventils (Smerisma)[1]) zu verschliefsen

Fig. 54.

5 ist, eine Flüssigkeit. Blasen wir nun in den Schalltrichter
der Trompete, so drängt die von uns ausströmende Luft
das in der Halbkugel enthaltene Wasser durch die Löcher
hinaus, und dieses geht in der Basis nach oben.[2]) Setzen
wir aber ab[3]), so fliefst es wieder in die Halbkugel und

---

1) Vgl. S. 55. 245, 3. 251, 9.   2) Heron hätte besser gesagt: 'und dieses bringt das Wasser in der Basis zum Steigen'.
3) Nach b: 'Hören wir aber mit dem Blasen auf'.

εἰς κοῖλον σφαιρίον ἐνηρμόσθω τὸ ΘΚ· τῷ δὲ ἄκρῳ
τῷ Η κατὰ διάμετρον ἔστω κνώδαξ ὁ ΛΜ βεβηκὼς
ἐπὶ τοῦ ΓΔ
πώματος. ἡ
δὲ σφαῖρα
ἐχέτω δύο
σωληνάρια
ἐπικαμπῆ
κατὰ διάμε-
τρον συντε-
τρημένα αὐ-
·τῇ καὶ ἐπι-
κεκαμμένα
ἐναλλάξ. αἱ
δὲ καμπαὶ
ἔστωσαν
πρὸς ὀρθὰς
ἐπινοούμε-
ναι καὶ διὰ
τῶν Η, Λ
εὐθειῶν.

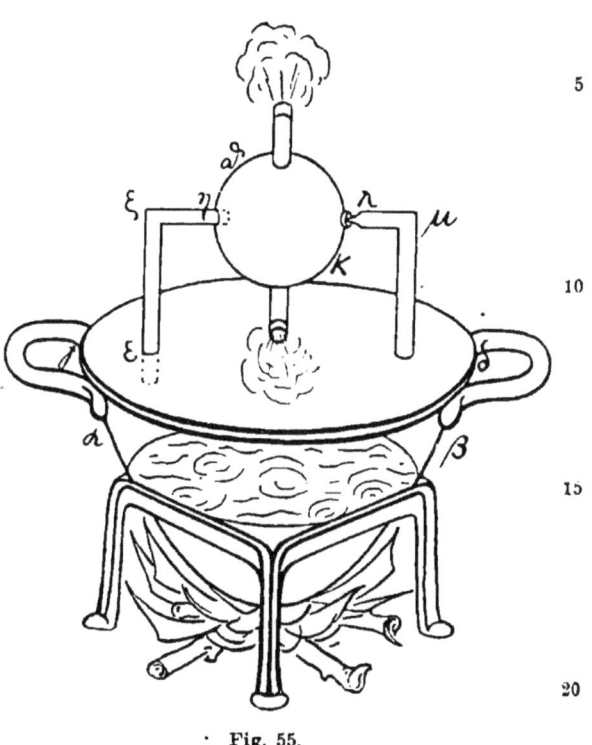

· Fig. 55.

συμβήσεται
οὖν θερμαινομένου τοῦ λέβητος τὴν ἀτμίδα διὰ τοῦ
ΕΖΗ εἰς τὴν σφαῖραν ἐμπίπτουσαν ἐκπίπτειν διὰ τῶν

1—2 ἄκρῳ τῷ BCG₂T|: ἄκρον τὸ AG₁P   19 καὶ G₂T:
om. AG₁   20 an ΗΖ, ΜΛ?   23—24 τοῦ ἑξῆ σωλῆνος
Par. 2512, Voss. 19

1 σφαιρίον om. P   2 τῷ Η: τὸ ϑ P   18—21 ἐπινοού-
μεναι ... εὐθειῶν om. bL

verdrängt die Luft daraus, welche durch das Mundstück entweicht und den Trompetenton hervorbringt.

XI.

5 Über einem geheizten Kessel soll eine Kugel sich um einen Zapfen bewegen.

Es sei $\alpha\beta$ (Fig. 55) ein mit Wasser gefüllter, geheizter Kessel.

Der Äolsball (Äolipile). Fig. 55, 55a und 55b.[1]

Seine Mündung sei mit dem Deckel $\gamma\delta$ verschlossen; durch

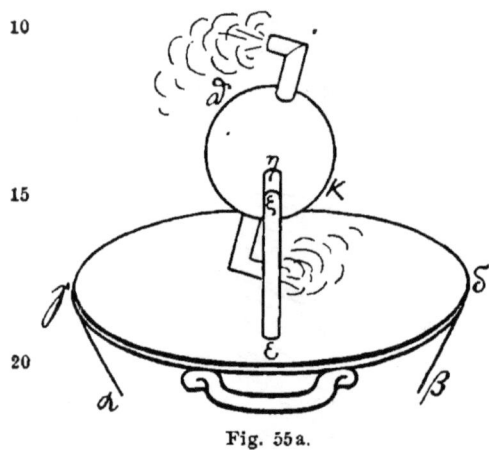

10 diesen sei eine gebogene Röhre $\varepsilon\zeta\eta$ getrieben, deren Ende[2] luftdicht in eine Hohlkugel $\vartheta\varkappa$ eingepaßt

15 sei. Dem Ende η liege ein auf dem Deckel $\gamma\delta$ feststehender Zapfen $\lambda\mu$ diametral gegenüber. Die Kugel sei mit

20 zwei gebogenen, einander diametral gegenüber stehenden

Fig. 55a.

Röhrchen versehen, die in sie münden und nach entgegen-
25 gesetzten Richtungen gebogen sind (Fig. 55a). Die Biegungen muſs man sich rechtwinklig und quer durch die Linien η und λ[3] denken. Wird nun der Kessel geheizt, so ist die Folge, daſs der Dampf durch $\varepsilon\zeta\eta$ in die Kugel dringt, durch die umgebogenen Röhren nach dem Deckel

---

1) Fig. 55b ist handschriftliche Figur und steht in den Prolegomena.
2) Zusatz in b: ʻderen Ende ηʼ.
3) Ungenau statt ʻ$\zeta\eta$ und $\lambda\mu$ʼ. In b fehlen die Worte ʻund quer ... λʼ. Ebenso läſst b weiter unten die Worte ʻnach dem Deckel hinʼ und den Schluſs ʻähnlich ... Figurenʼ aus.

ἀνακεκαμμένων ⟨σωληναρίων⟩ εἰς τὸ πῶμα καὶ στρέφειν
τὴν σφαῖραν, καθάπερ ἐπὶ τῶν χορευόντων ζωδίων.

XII.

Κρατῆρος ὄντος ἐπί τινος βάσεως καὶ κρουνὸν
ἔχοντος ἀνεῳγότα μεταξὺ τοῦ ῥέειν παύσασθαι μὴ 5
ὄντος ἁρμοστοῦ πώματος τοῦ κλείοντος τὸν κρουνόν.
Ἔστω κρατὴρ ὁ ΑΒ ἐπὶ βάσεως τῆς Γ. διὰ δὲ
τοῦ πυθμένος τοῦ ἀγγείου καὶ τῆς βάσεως σωλὴν
διώσθω ὁ ΔΕΖ εἰς κρουνὸν ἀποδεδομένος. ἐπὶ δὲ
τοῦ ὠτίου τοῦ κρατῆρος κανόνιον ἐφεστάτω τὸ ΗΘ 10
πεπηγός, πρὸς ὃ κηλωνευέσθω ἕτερον τὸ ΚΛ περὶ
περόνην τὴν Θ· ἐκ δὲ τοῦ Κ ἄκρου κανόνιον καθείσθω
ἕτερον τὸ ΚΜ περὶ μὲν τὸ Κ περόνῃ | κινούμενον· 203
πρὸς δὲ τῷ Μ πυξίδα ἐχέτω τὴν ΝΞ βάρος ἔχουσαν
καὶ δυναμένην περιβαίνειν περὶ τὸν ΔΕΖ σωλῆνα. 15
ὅταν οὖν πλήρους ὄντος τοῦ κρατῆρος πιέσωμεν τὸ Λ
ἄκρον τοῦ κανόνος εἰς τὸ κάτω μέρος, ἀνενεχθήσεται
ἡ ΝΞ πυξίς· ταύτης δὲ ἐπαρθείσης τὸ ἐν τῷ κρατῆρι ὕδωρ διὰ τοῦ ΔΕΖ σωλῆνος ἔξω ἐνεχθήσεται·

---

1 σωληναρίων inserui ex bL   στρέφειν σωληναρίων M₂
2 τὴν Vindob. 120, b: εἰς τὴν a   σφαῖραν AGT₂b: χώραν T₁   ἐπὶ AG: καὶ ἐπὶ T   ζωδίων AG₁ (ζοδ- G₁) T₂:
ζωδαρίων G₂T₁   12 καθείσθω Tb: καθίσθω AG   13 μὲν
om. T₁, add. T₂   περόνη Tb: περόνην AG   14 τῶ BCT:
τὸ AGP   πυξίδα Tb: πυξίδια AG   18 νξ̄ G₂Tb: μξ̄ AG₁
(μ ex ν corr. A)

1 εἰς τὸ πῶμα om. bL   2 καθάπερ ... ζωδίων om. bL
10 τοῦ κρατῆρος om. bL   10—11 ἐφεστάτω πεπηγὸς τὸ η̄θ̄
tr. BC   11 πεπηγός om. P   14 ἐχέτω a: habeat L: ἔχον b
19 διὰ ... σωλῆνος om. L   ἔξω ἐνεχθήσεται APL: ἐξενεχθήσεται BC

hin ausströmt und die Kugel zur Drehung bringt, ähnlich wie schon bei den tanzenden Figuren.[1)]

XII.

Steht auf einem Untersatze (Fuße) ein Misch-krug mit offener Ausflußröhre, so soll er mitten

5

Der unter-brochene Aus-fluß. Fig. 56.

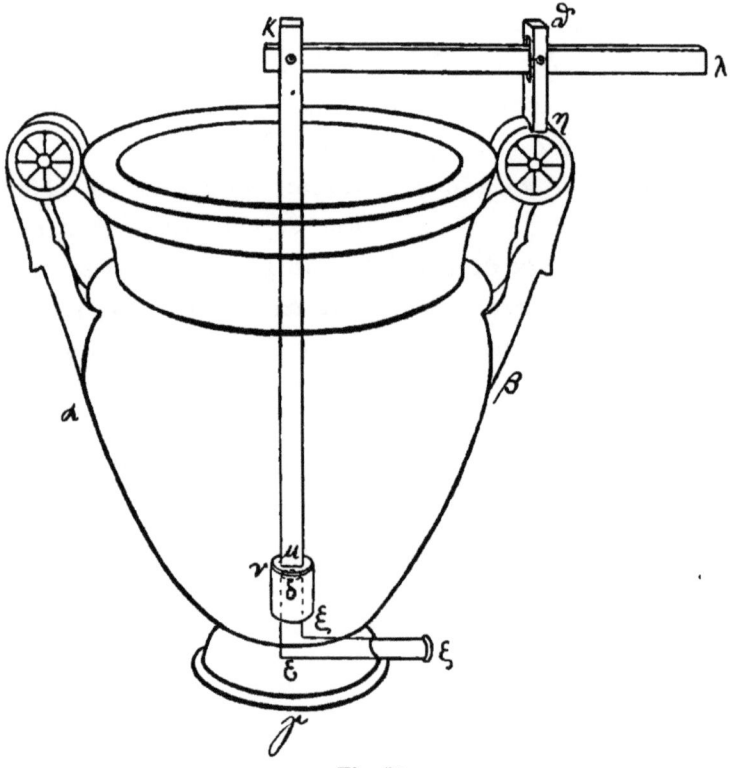

Fig. 56.

im Fließen aufhören, ohne Hilfe eines passenden Deckels, der die Ausflußröhre schließen könnte.

1) Vgl. oben S. 215, wo indessen nicht Dampf, sondern erwärmte Luft die Bewegung verursacht.

234 ΗΡΩΝΟΣ ΑΛΕΞΑΝΔΡΕΩΣ ΠΝΕΥΜΑΤΙΚΩΝ Β.

ἐὰν δὲ ἀφῶμεν τὸ Α ἄκρον, καταχθήσεται ἡ πυξὶς καὶ
περικείσεται τῷ ΔΕΖ σωλῆνι, καὶ· ὁ ἐν αὐτῇ ἀὴρ
μὴ ἔχων διέξοδον διαστέλλει τὸ περὶ τὸν ΔΕΖ σωλῆνα
ὑγρόν, ὥστε μηκέτι φέρεσθαι διὰ τοῦ Δ στομίου.
ὅταν δὲ πάλιν πιέσωμεν εἰς τὸ κάτω μέρος τὸ Α ἄκρον, 5
ῥεύσει ὁ κρουνός.

XIII.

Ρυτοῦ κατασκευή, ὥστε ἐπικειμένου ὑελίνου ἐπιθέματος καὶ ἐκρέοντος τοῦ ῥυτοῦ προσαναβαίνειν τῷ
204 ὑαλίνῳ καὶ ἀναβάλλεσθαι τὸ | ὑγρόν.   10
Ἔστω ῥυτὸν τὸ ΑΒΓ ἐπιπεφραγμένον τῷ ΔΕ
ἐπιφράγματι· ἐκ δὲ τοῦ ΔΕ δύο σωλῆνες φερέτωσαν
οἱ ΖΗ, ΘΚ, ὧν ὁ μὲν ΖΗ εἰς τὸ ἐκτός, ὁ δὲ ΘΚ
εἰς τὸ ἐντός. τούτους δὲ περιλαμβανέτω ὑέλινον ἐπί-

a 1—6 ἐὰν δὲ ἀφῶμεν ... ὁ κρουνός = b 16—19: 15
ἐὰν δὲ ἀφῶμεν τὸ Α ἄκρον, καταχθήσεται ἡ πυξὶς καὶ
περικείσεται τῷ ΔΕΖ σωλῆνι καὶ ἐμφράξει αὐτόν, ὥστε
μηκέτι ῥεῖν. ὅταν δὲ πάλιν πιέσωμεν τὸ Α ἄκρον εἰς τὸ
κάτω μέρος, ῥεύσει ὁ κρουνός.

a 234, 11—236, 14 Ἔστω ῥυτὸν ... τὸ ΖΗ = b 234, 20
21—236, 32: Ἔστω ῥυτὸν τὸ ΑΒΓ ἐπιπεφραγμένον τῷ ΔΕ
ἐπιφράγματι· ἐκ δὲ τοῦ ΔΕ δύο σωλῆνες φερέτωσαν οἱ
ΖΗ, ΘΚ, ὧν ὁ μὲν ΖΗ εἰς τὸ ἐκτὸς τοῦ πυθμένος τοῦ
ῥυτοῦ, ὁ δὲ ΘΚ εἰς τὸ ἐντός. τούτους δὲ περιλαμβανέτω

---

1 καταχθήσεται AGT₂: κατενεχθήσεται T₁   3 διαστέλλει
AGT₂: διασταίη T₁ : f. διαστελεῖ   9 ῥυτοῦ ab: ὑγροῦ Vind. 120
10 f. ὑαλίνῳ ⟨ἐπιθέματι⟩   ὑγρὸν AGb: ὕδωρ T   11 ἐκ-
πεφραγμένον T   12 δε ἐπιφράγματος Voss. 19   δύο om. T₁,
add. T₂   φερέσθωσαν T₁, corr. T₂   13 οἱ T: ἡ AG   14 τὸ
om. T   f. ἐντὸς ⟨φερέτω⟩   τούτους AGT₂: τούτω T₁

10 ὑελίνῳ b, Vind. 120   18 ῥεῖν BC: ῥεύσει P, νσει e
corr.   24 f. ἐντὸς ⟨φερέτω⟩, deferatur L

Es sei $\alpha\beta$ (Fig. 56) ein Mischkrug auf einem Untersatze γ. Durch den Boden des Kruges und den Fuſs
stecke man eine Röhre $\delta\varepsilon\zeta$, die in einen (offenen) Hahn
ausläuft. Auf dem Henkel des Kruges stehe ein Stäbchen $\eta\vartheta$
5 fest. Auf diesem bewege sich ein anderes Holz, der
Hebel $\varkappa\lambda$, um einen Stift ϑ wie ein Wagebalken auf und
nieder. Von dem Ende $\varkappa$ lasse man eine andere Stange $\varkappa\mu$
hinab und lasse sie sich mittels eines Stiftes um $\varkappa$ bewegen. Bei μ sei sie mit einer Büchse $\nu\xi$ versehen, die
10 (eine gewisse) Schwere besitzt und sich um die Röhre $\delta\varepsilon\zeta$
zu legen vermag. Drücken wir nun bei gefülltem Kruge
das Hebelende λ nach unten, so geht die Büchse $\nu\xi$ nach
oben, und sobald diese emporgehoben ist, flieſst das in
dem Kruge enthaltene Wasser durch die Röhre $\delta\varepsilon\zeta$ nach
15 auſsen. Lassen wir dagegen das Ende λ los, so fällt die
Büchse nieder und legt sich um die Röhre $\delta\varepsilon\zeta$[1]), und
die in der Büchse enthaltene Luft unterbricht, da sie
keinen Ausweg hat, den Zusammenhang der Flüssigkeit,
welche die Röhre $\delta\varepsilon\zeta$ rings umgiebt, und verhindert den
20 Ausfluſs durch die Mündung δ. Erst wenn wir das
Ende λ wieder niederdrücken, beginnt der Ausfluſs durch
den Hahn von neuem.

XIII.

Ein Trinkhorn anzufertigen, daſs die Flüssigkeit
25 beim Entleeren des Trinkhorns erst nach einem Glasaufsatze geht und gehoben wird.

Der
unterbrochene
Heber. Fig. 57 a
und 57 b.

Es sei ein Trinkhorn $\alpha\beta\gamma$ (Fig. 57 a und 57 b) durch
den Deckel $\delta\varepsilon$ geschlossen. Von $\delta\varepsilon$ sollen zwei Röhren $\zeta\eta$
und $\vartheta\varkappa$ ausgehen, von denen $\zeta\eta$ nach auſsen[2]), $\vartheta\varkappa$ nach
30 innen führe. Diese Röhren fasse ein Glasaufsatz $\mu\nu$
ein. Der Deckel sei auſserhalb des Glasaufsatzes mit

---

1) Nach b lautet das Folgende: 'und verschlieſst sie, daſs
sie zu flieſsen aufhört. Erst wenn wir u. s. w.'.
2) Nach b: 'aus dem Boden des Trinkhorns heraus'.

θεμα τὸ *MN*. ἔστω δὲ τῷ ἐπιφράγματι ἐκ τοῦ ὑελίνου διαύγιον τὸ Ξ, δι' οὗ ὕδωρ ἐγχυθήσεται. πληρωθέντος οὖν τοῦ ῥυτοῦ διὰ τοῦ εἰρημένου διαυγίου, συμπληρωθήσεται καὶ ὁ
ΘΚ σωλήν· καὶ ἐγχυνο-
μένου τοῦ ὑγροῦ, προσ-
αναβήσεται εἰς τὸ ὑέλι-
νον, ὥστε διὰ τοῦ ΖΗ
σωλῆνος εἰς τὸ ἐκτὸς ἐνε-
χθήσεται· καὶ ἔσται σί-
φωνος καμπύλου τάξις,
οὗ τὸ μὲν ἔλασσον σκέλος
τὸ ΘΚ, τὸ δὲ μεῖζον τὸ
ΖΗ. διὸ δὴ ἐπισπάσεται
τὸ ἐν τῷ ῥυτῷ ὑγρὸν
προσαναβαῖνον εἰς τὸ
ὑέλινον ἐπίθεμα. πρό-
τερον δὲ τὸν ἐν αὐτῷ
ἀέρα ἐπισπάσεται διὰ τὸ

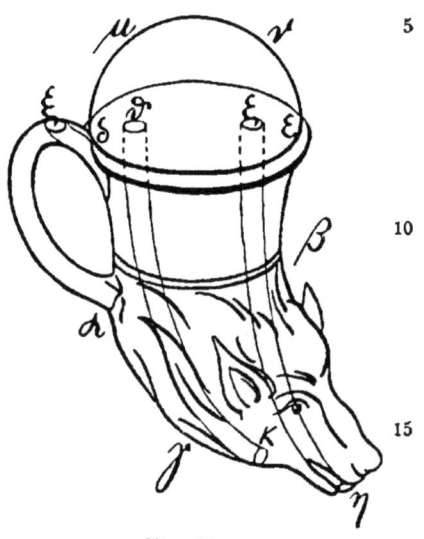

Fig. 57a.

κουφότερον εἶναι τοῦ ὑγροῦ. εἰς δὲ τὸν κενούμενον
τοῦ ἀέρος τόπον τὸ ὑγρὸν ἀναβαλλόμενον φανήσεται
καὶ τῷ ἰδίῳ βάρει καταφερόμενον· παρὰ φύσιν γὰρ
αὐτῷ ἡ φορὰ εἰς τὸ ἄνω μέρος γίνεται.

ὑέλινον ἐπίθεμα τὸ *MN* ἀκριβῶς ἡρμοσμένον καὶ ἐστεγνω-
μένον τῷ ῥυτῷ. διὰ δὲ τοῦ ὑελίνου ἐπιθέματος καὶ τοῦ
ἐπιφράγματος καθείσθω σωλὴν ὁ ΞΟ, δι' οὗ τὸ ὕδωρ
ἐγχυθήσεται. πληρωθέντος οὖν τοῦ ῥυτοῦ διὰ τοῦ τοιούτου
σωλῆνος, συμπληρωθήσεται καὶ ὁ ΘΚ σωλήν, καὶ προσαναβήσεται δι' αὐτοῦ εἰς τὸ ὑέλινον ἐπίθεμα, ὥστε καὶ διὰ
τοῦ ΖΗ σωλῆνος εἰς τὸ ἐκτὸς ἐκχυθήσεται· καὶ ἔσται
σίφωνος καμπύλου τάξις, οὗ τὸ μὲν ἔλασσον σκέλος ἔσται
τὸ ΘΚ, τὸ δὲ μεῖζον τὸ ΖΗ.

einem Luftloche ξ (Fig. 57a)[1]) versehen, durch welches
Wasser eingegossen wird.[2]) Wenn nun das Trinkhorn
durch das erwähnte Luftloch[3]) gefüllt wird, so füllt sich
auch die Röhre ϑϰ mit, und die eingegossene Flüssigkeit
steigt[4]) in den Glasaufsatz, so
dafs sie durch die Röhre ζη
nach aufsen gelangt. Man
bekommt so die Einrichtung
eines gebogenen Hebers, dessen
kürzerer Schenkel ϑϰ, dessen
längerer ζη ist. Deshalb
wird also der letztere die im
Trinkhorn enthaltene Flüssigkeit, welche in den Glas-
aufsatz steigt, anziehen. Zuvor zieht er aber die hierin

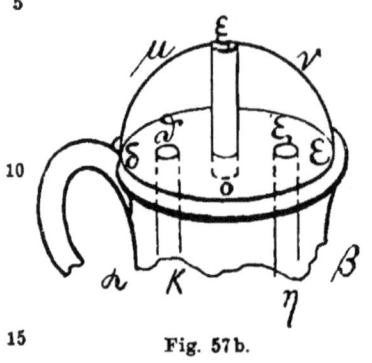

Fig. 57 b.

enthaltene Luft an, weil sie leichter ist als die Flüssigkeit.
Dafs aber die Flüssigkeit in den luftverdünnten Raum
aufsteigt und infolge ihrer eigenen Schwere sich wieder
abwärts bewegt, kann man deutlich sehen. Ihre Aufwärts-
bewegung ist freilich nicht natürlich.

1) Vgl. auch die handschriftl. Fig. 57 c in den Prolegomena.
2) Statt dessen b: 'Diese Röhre fasse ein Glasaufsatz μν
(Fig. 57 b) ein, der mit dem Trinkhorn genau verpafst und
verkittet sei. Durch den Glasaufsatz und den Deckel lasse
man eine Röhre ξο gehen, durch welche das Wasser eingegossen wird.'
3) Nach b: 'durch solche Röhre'.
4) Zusatz in b: 'durch sie'. Es fehlen in b die Worte
'die eingegossene Flüssigkeit'.

1 ἐϰ a: f. ἐϰτός. cf. p. 238, 14   12 f. σϰέλος ⟨ἔσται⟩.
cf. lin. 31   13 ϰϑ T₁, corr. T₂   17—18 πρότερον A₁G₂T₂:
πρὸς A mg. G₁T₁   20 ϰενούμενον G₂: ϰινούμενον A G₁T   21—22
φανήσεται ... ϰαταφερόμενον om. G₁, add. G₂ (ϰατάφερω. G₂)

14 attrahetur (= ἐπισπασϑήσεται) L   20 δὲ CP: om. B
23 ἡ εἰς τὸ ἄνω μέρος γίνεται φορά tr. b   24—25 f. συνεστεγνωμένον   29 f. αὐτοῦ ⟨τὸ ὑγρὸν⟩   31 ἔσται om. P

XIV.

Ἔστι δὲ καὶ ἄλλο κατασκεύασμα, ἐν ᾧ ὑγρὸν ἀναφέρεται ἠρέμα καὶ μένει, ὥστε ἀεὶ προσαναβαῖνον ὁρᾶσθαι.

Ἔστω τις βάσις ἡ *ΑΒ* στεγνὴ πάντοθεν διάφραγμα 5 ἔχουσα τὸ *ΓΔ*, ὑέλινον δὲ ἐπίθεμα κυλινδρικὸν τὸ *ΕΖ* καὶ αὐτὸ στεγνὸν πάντοθεν· ἐν δὲ τῷ *ΕΖ* ἐπιθέματι σωλὴν ἔστω ὁ *ΗΘ* ἀπέχων ἀπὸ τῆς στέγης αὐτοῦ βραχύ, συντετρημένος δὲ τῷ *ΓΔ* διαφράγματι. ἕτερος δὲ σωλὴν ὁ *ΚΛ* συν- 10 τετρήσθω μὲν τῷ ἐπιφράγματι τῆς βάσεως, ἀπεχέτω δὲ ἀπὸ τοῦ διαφράγματος βραχύ. ἔστω δὲ καὶ τῇ βάσει ἐκτὸς τοῦ ὑελίνου ἐπιθέματος ὀπὴ ἡ *Μ*, δι᾽ ἧς πληρωθήτω τὸ *ΑΔ* ἀγγεῖον. ἐχέτω δὲ καὶ ἡ *ΑΒ* βάσις κρουνὸν παρ᾽ αὐτὸν τὸν πυθμένα,

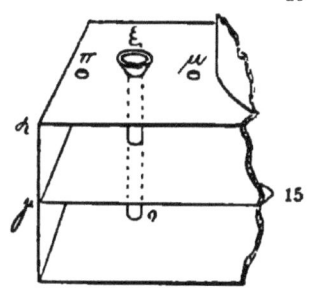

Fig. 58 a.

a 238, 5—242, 7 Ἔστω τις βάσις ... διὰ τῆς *Μ* ὀπῆς
= b 238, 20—242, 27: Ἔστω τις βάσις ἡ *ΑΒ* στεγνὴ πάν- 20 τοθεν διάφραγμα ἔχουσα τὸ *ΓΔ*· ὑέλινον δὲ ἐπίθεμα ἔστω κυλινδρικὸν ἐπ᾽ αὐτῆς συνεστεγνωμένον αὐτῇ ἀσφαλῶς τὸ *ΕΖ*. ἐν δὲ τῷ *ΕΖ* ἐπιθέματι σωλὴν ἔστω ὁ *ΗΘ* ἀπέχων ἀπὸ τῆς στέγης αὐτοῦ βραχύ, συντετρημένος ⟨δὲ⟩ τῷ *ΓΔ* διαφράγματι. ἕτερος δὲ σωλὴν ὁ *ΚΛ* συντετρήσθω μὲν τῇ 25 στέγῃ τῆς βάσεως, ἀπεχέτω δὲ ἀπὸ τοῦ διαφράγματος βραχύ. ἔστω δὲ καὶ τῇ βάσει ἐκτὸς τοῦ ὑελίνου ἐπιθέματος ὀπὴ ἡ *Μ*, δι᾽ ἧς πληρωθήσεται τὸ *ΑΔ* ἀγγεῖον. ἐχέτω δὲ καὶ ἡ

2 καὶ om. T₁, add. T₂   7 τῷ A₂ GT: τὸ A₁   7—8 ἐπιθέματι A₂ GT₁: ἐπίθεμα A₁ T₂   12 ἀπεχέτω T: ἀπέχων A G
16 $\overline{αδ}$ G₂ T: $\overline{αβ}$ AG₁

XIV.

Es giebt noch eine andere Vorrichtung, in welcher Der saugende Glascylinder. Fig. 58 und 58 a.
eine Flüssigkeit allmählich nach oben steigt und
(dort) bleibt, so daſs man eine stetige Aufwärts-
5 bewegung sieht.

Eine Basis $\alpha\beta$ (Fig. 58) sei von allen Seiten geschlossen und mit einer Scheidewand $\gamma\delta$ versehen. Ferner
sei[1]) $\varepsilon\zeta$ ein
Glascylinder
10 (cylindri-
scher Glas-
aufsatz), der
gleichfalls
auf allen Sei-
15 ten luftdicht
verschlossen
sei.[2]) In dem
Aufsatze $\varepsilon\zeta$
reiche eine
20 Röhre $\eta\vartheta$ fast
an die Decke,
sei aber auch
durch die

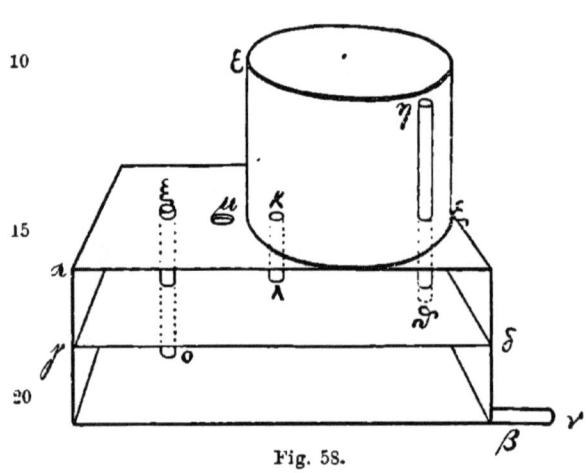

Fig. 58.

Scheidewand $\gamma\delta$ gebohrt. Eine andere Röhre $\varkappa\lambda$ durch-
25 schneide den Deckel[3]) der Basis und reiche fast bis an die
Scheidewand. Auſserdem habe die Basis auſserhalb des
Glascylinders eine Öffnung μ, durch welche die Kammer $\alpha\delta$
zu füllen ist.[4]) Dicht am Boden sei ferner die Basis $\alpha\beta$

---

1) Nach b: 'Ferner stehe auf der Basis ein cylindrischer
Glasaufsatz $\varepsilon\zeta$'.
2) Nach b: 'der in die Basis fest eingekittet sei'.
3) Nach b: 'die Decke'.
4) Nach b: 'gefüllt wird'.

---

22 $\dot{\varepsilon}\pi'$ CP: $\dot{\upsilon}\pi'$ BL   23—25 $\sigma\omega\lambda\dot{\eta}\nu$ . . . $\delta\iota\alpha\varphi\varrho\dot{\alpha}\gamma\mu\alpha\tau\iota$
om. P   24 $\sigma\upsilon\nu\tau\varepsilon\tau\varrho\eta\mu\acute{\varepsilon}\nu\upsilon\nu$ B $\delta\dot{\varepsilon}$ inserui   28 $\dot{\eta}$ CP: om. B

205 τὸν Ν. ἔστω δὲ καὶ | ἕτερος σωλὴν ὁ ΞΟ συντετρη-
μένος μὲν τῷ διαφράγματι, ἀπέχων δὲ ἀπὸ τῆς βάσεως
βραχύ, δι᾽ οὗ πληρωθήσεται τὸ ΓΒ ἀγγεῖον. καταληφθέντος οὖν τοῦ Ν κρουνοῦ, ὁ ἐν τῷ ΓΒ ἀὴρ ἐκχωρήσει διὰ τοῦ ΗΘ καὶ τοῦ ΚΛ καὶ τῆς Μ ὀπῆς εἰς 5
τὸ ἐκτός. ὅταν οὖν πληρωθῇ τὸ ΓΒ ἀγγεῖον, πληρώσωμεν καὶ τὸ ΑΔ διὰ τῆς Μ ὀπῆς· ὁ γὰρ ἐν αὐτῷ
ἀὴρ διὰ τῆς ὀπῆς ἐκχωρήσει. ἐὰν οὖν ἀφῶμεν τὸν Ν
κρουνὸν ῥέειν, εἰς τὸν κενούμενον τοῦ ΓΒ τόπον ὁ
ἀὴρ ἐκ τοῦ ὑελίνου ἐπιθέματος μεταχωρήσει διὰ τοῦ 10
ΗΘ σωλῆνος· εἰς δὲ τὸν κενούμενον τούτου τόπον ἐκ
τοῦ ΑΔ ἀγγείου ὕδωρ προσαναβήσεται διὰ τοῦ ΚΛ
σωλῆνος. πάλιν δὲ εἰς τὸν κενούμενον τόπον τοῦ ΑΔ
ἀγγείου ὁ ἀὴρ διὰ τῆς Μ ὀπῆς παρεισελεύσεται· καὶ
τοῦτο ⟨ἔσται⟩, ἄχρις ἂν πληρωθῇ τὸ ὑέλινον ἐπίθεμα. 15

ΑΒ βάσις κρουνὸν παρ᾽ αὐτὸν τὸν πυθμένα τὸν Ν. ἔστω
δὲ καὶ ἕτερος σωλὴν ὁ ΞΟ συντετρημένος τῇ τε στέγῃ καὶ
τῷ διαφράγματι τῆς βάσεως, ἀπέχων δὲ τῆς στέγης βραχύ,
δι᾽ οὗ πληρωθήσεται τὸ ΓΒ ἀγγεῖον. καταληφθέντος οὖν
τοῦ Ν κρουνοῦ, ὁ ἐν τῷ ΓΒ ἀὴρ ἐκχωρήσει διά τε τοῦ 20
ΘΗ καὶ τοῦ ΚΛ καὶ ἔτι τῆς Μ ὀπῆς εἰς τὸ ἐκτός.
πληρώσομεν δὲ καὶ τὸ ΑΔ διὰ τῆς Μ ὀπῆς, τοῦ ἐν αὐτῷ
ἀέρος ἐκχωρήσαντος διὰ τοῦ Π διαυγίου, ὃ μετὰ τὴν πλήρωσιν ἀποφράξομεν. ἐὰν οὖν ἀφῶμεν τὸν Ν κρουνὸν ῥέειν,
εἰς τὸν κενούμενον τοῦ ΓΒ τόπον ὁ ἀὴρ ἐκ τοῦ ὑελίνου 25
ἐπιθέματος μεταχωρήσει διὰ τοῦ ΗΘ σωλῆνος· εἰς δὲ τὸν
κενούμενον τοῦ ὑελίνου τόπον ἀπὸ τοῦ ΑΔ ἀγγείου τὸ
ὑγρὸν προσαναβήσεται διὰ τοῦ ΛΚ σωλῆνος. δεήσει οὖν

---

1 δὲ AG: δὴ T   2 f. ἀπὸ ⟨τοῦ πυθμένος⟩   5 τοῦ ΚΛ
scripsi: τῆς κλ a   6—7 πληρώσωμεν AG: πληρώσομεν T
9 βγ G   11 τόπον τούτου tr. T   14 τῆς μ ὀπῆς A₁G₁:

mit einem Ausflufsrohre ν versehen. Eine andere Röhre ξo
gehe schliefslich durch die Scheidewand und reiche fast
bis auf den Boden der Basis.[1]) Diese Röhre dient zum
Füllen der Kammer $\gamma\beta$. Hält man nun das Ausflufsrohr ν
5 zu, so entweicht die in $\gamma\beta$ enthaltene Luft durch $\eta\vartheta$[2]),
durch $\varkappa\lambda$ und endlich durch die Öffnung μ nach aufsen.
Wenn die Kammer $\gamma\beta$ nun voll ist, so wollen wir auch
$\alpha\delta$ durch die Öffnung μ füllen. Die in der Kammer $\alpha\delta$
enthaltene Luft kann nämlich durch dieselbe Öffnung ent-
10 weichen. Lassen wir nun das Ausflufsrohr ν fliefsen, so
wandert die Luft aus dem Glasaufsatze durch die Röhre $\eta\vartheta$
in den leer werdenden Raum von $\gamma\beta$. Dann steigt in den
luftverdünnten Raum des Glascylinders aus der Kammer $\alpha\delta$
Wasser durch die Röhre $\varkappa\lambda$[3]) empor. Dagegen tritt in
15 das in der Kammer $\alpha\delta$ entstehende Vakuum die Luft
durch die Öffnung μ. Dieser Vorgang wiederholt sich
so lange, bis der Glasaufsatz gefüllt ist.[4]) Die Räume

a 7—10 Wenn . . . entweichen = b 18—21: Wir werden
ferner $\alpha\delta$ durch die Öffnung μ füllen, indem die darin ent-
20 haltene Luft durch das Luftloch π (Fig. 58a) entweicht, welches
wir nach der Füllung verstopfen.

1) Nach b: 'Eine andere Röhre ξo gehe schliefslich durch
die Decke und die Scheidewand der Basis und habe von der
Decke (so die Handschriften, richtiger wohl 'dem Boden') nur
wenig Abstand (Fig. 58a).'
2) Besser b: $\vartheta\eta$.
3) Besser b: $\lambda\varkappa$.
4) Zeile 14—17 'Dagegen . . . gefüllt ist' fehlt in b.

$\tau o\tilde{\nu}$ $\bar{\mu}$ $\tau\varrho\upsilon\pi\acute{\eta}\mu\alpha\tau o\varsigma$ T ($\tau\varrho\upsilon\pi\acute{\eta}\mu\alpha\tau o\varsigma$ etiam $A_2 G_2$ in margine)
15 $\check{\epsilon}\sigma\tau\alpha\iota$ ins. Haasius in schedis Schoenianis

17 $\tau\epsilon$ om. P   18 $\delta\grave{\epsilon}$ om. P $\sigma\tau\acute{\epsilon}\gamma\eta\varsigma$ spurium. cf. lin. 2
21 $\varkappa\alpha\grave{\iota}$ $\check{\epsilon}\tau\iota$ . . . $\grave{\epsilon}\varkappa\tau\acute{o}\varsigma$: et adhuc in foramen exterius L   21—22
$\epsilon\grave{\iota}\varsigma$ . . . $\grave{o}\pi\tilde{\eta}\varsigma$ iterant CP   23 $\varPi$ scripsi secundum figuras
codicum BC: ·p· L: ξ b (in textu)   24 $\grave{\alpha}\pi o\varphi\varrho\acute{\alpha}\xi o\mu\epsilon\nu$ scripsi,
obturabimus L: $\grave{\alpha}\nu\alpha\varphi\varrho\acute{\alpha}\xi o\mu\epsilon\nu$ b   27 $\tau\acute{o}\pi o\nu$ P   28 $o\tilde{\check{\upsilon}}\nu$ ex
$\delta\grave{\epsilon}$ corr. P

δεήσει δὲ τὰ ΑΔ, ΓΒ, ΕΖ χωρήματα ἴσα εἶναι, ὅπως εἰς ἄλληλα μεταχωρῇ ὅ τε ἀὴρ καὶ τὸ ὑγρόν. ὅταν δὲ κενωθῇ τὸ ΓΒ ἀγγεῖον καὶ διασταθῇ ἡ τοῦ ἀέρος συνέχεια, πάλιν κατενεχθήσεται ἐκ τοῦ ὑελίνου ὕδωρ εἰς τὸ ΑΔ ἀγγεῖον, τοῦ ἀέρος μεταχωροῦντος διὰ τοῦ Ν 5 κρουνοῦ καὶ τοῦ ΗΘ σωλῆνος εἰς τὸ ὑέλινον ἐπίθεμα· ὁ δὲ ἐν τῷ ΑΔ ἀὴρ ἐκχωρήσει διὰ τῆς Μ ὀπῆς.

XV.

Εἰς ἔνια ζῴδια ἐμφυσηθέντα διὰ τοῦ στόματος δι' ἑτέρου τόπου ὕδωρ ἐκπυτίζει· οἷον ἐὰν Σατυρίσκος 10 ἀσκὸν κατέχῃ, διὰ τοῦ ἀσκοῦ ἐκπυτισθήσεται.

Ἔστω βάσις στεγνὴ ἡ ΑΒΓΔ, ἐφ' ἧς ἐπικείσθω τὸ ζῴδιον, καὶ διὰ τοῦ στόματος τοῦ ζῳδίου σωλὴν διώσθω ὁ ΕΖ συντετρημένος τῇ βάσει καὶ ἔχων ὑποκείμενον πλατυσμάτιον τὸ ΗΘ ἐπιφράσσον τὸ Ζ 15 τρῆμα τοῦ σωλῆνος καὶ ἀνεχόμενον ὑπὸ περονίων κωλυμάτια ἐχόντων πρὸς τὸ μηκέτι ἐκπίπτειν τὸ 206 πλατυσμάτιον. | ἕτερος δὲ σωλὴν ὁ ΚΛ διὰ τῆς βάσεως διώσθω, οὗ τὸ μὲν Κ ἄκρον προσκείσθω τῷ ..., δι' οὗ βουλόμεθα τὸ ὕδωρ ἐκπυτίζεσθαι. τὸ δὲ Α ἀπεχέτω 20 τὰ ΑΔ, ΓΒ, ⟨ΕΖ⟩ διαχωρήματα ἴσα εἶναι ἀλλήλοις, ὅπως εἰς ἄλληλα μεταχωρῇ ὅ τε ἀὴρ καὶ τὸ ὑγρόν. ὅταν δὲ κενωθῇ τὸ ΓΒ ἀγγεῖον καὶ διασταθῇ ἡ τοῦ ἀέρος συνέχεια, πάλιν κατενεχθήσεται ἐκ τοῦ ὑελίνου τὸ ὕδωρ εἰς τὸ ΑΔ ἀγγεῖον, τοῦ ἀέρος μεταχωρήσαντος διὰ τοῦ Ν κρουνοῦ καὶ 25 τοῦ ΗΘ σωλῆνος εἰς τὸ ὑέλινον ἐπίθεμα· ὁ δὲ ἐν τῷ ΑΔ ἀὴρ ἐκχωρήσει διὰ τῆς Μ ὀπῆς.

---

3 διασταθῇ AGT₂: σταθῇ T   ἡ: ἡ διὰ Rochas   9 ἐμφυσηθέντα AGT₂: διαφυσηθέντα T₁   19 προκείσθω G f. τῷ ⟨τόπω⟩. cf. lin. 10. p. 254, 6: τῷ στόματι τοῦ ἀσκοῦ Paris. 2512, Voss. 19 m. 2   20 βουλόμεθα T

$\alpha\delta$, $\gamma\beta$, $\varepsilon\zeta$ müssen[1]) gleich sein, damit die Luft und die
Flüssigkeit ihre Plätze gegenseitig wechseln können.
Wenn die Kammer $\gamma\beta$ sich entleert hat und der Zusammenhang der Luft (mit dem ausströmenden Wasser)
5 unterbrochen ist, so fliefst das Wasser aus dem Glascylinder wieder in die Kammer $\alpha\delta$ hinunter. Denn die
(atmosphärische) Luft dringt durch das Ausflufsrohr ν
und die Röhre $\eta\vartheta$ in den Glascylinder, während die in
$\alpha\delta$ enthaltene Luft durch die Öffnung μ entweicht.

10   · XV.

Blasen wir bei manchen Figuren in den Mund, Ein Heronsball.
so bewirkt dies an einer andern Stelle ein Hervor- Fig. 59 und 59a.
sprudeln von Wasser. Wenn z. B. ein kleiner Satyr einen
Schlauch hält, so soll ein Wasserstrahl aus dem Schlauche
15 hervorspritzen.

Es sei $\alpha\beta\gamma\delta$ (Fig. 59) eine geschlossene Basis, auf
welcher die Figur stehe. Durch ihren Mund stecke man
eine Röhre $\varepsilon\zeta$. Diese münde in die Basis und habe ein
Ventil $\eta\vartheta$ (Platysmation, Plättchen) unter sich, welches
20 die Röhrenmündung ζ verschliefse und von Stiften mit
Haken (Kolymatia, Hemmungen) festgehalten werde, damit
das Plättchen nicht abfällt. Durch die Basis stecke man
eine andere Röhre $\varkappa\lambda$, deren Ende $\varkappa$ an der Stelle[2]) anzubringen ist, aus welcher das Wasser hervorsprudeln soll.

---

1) Zusatz in b: 'einander'.
2) Die Worte 'an der Stelle' sind nach Vermutung übersetzt, da der griechische Text hier lückenhaft ist.

---

9 $\zeta\acute{\omega}\delta\iota\alpha$ aBP: $\zeta\tilde{\omega}\alpha$ C $\dot{\varepsilon}\mu\varphi\upsilon\sigma\eta\vartheta\acute{\varepsilon}\nu\tau\alpha$: $\delta\iota\alpha\varphi\upsilon\sigma\eta\vartheta\acute{\varepsilon}\nu\tau\alpha$ CP:
$\varphi\upsilon\sigma\eta\vartheta\acute{\varepsilon}\nu\tau\alpha$ B   10 $\dot{\varepsilon}\varkappa\pi\upsilon\tau\acute{\iota}\zeta\varepsilon\iota$ ab: expuitur L $\dot{\varepsilon}\grave{\alpha}\nu$ aBC:
$\ddot{\alpha}\nu$ P   12 $\dot{\varepsilon}\pi\iota\varkappa\varepsilon\acute{\iota}\sigma\vartheta\omega$ a: $\dot{\varepsilon}\sigma\tau\eta\varkappa\acute{\varepsilon}\tau\omega$ b: stent animalia L   13 $\tau\grave{o}$
om. BP   17 $\mu\eta\varkappa\acute{\varepsilon}\tau\iota$ a: $\mu\grave{\eta}$ bL   20 $\beta o\upsilon\lambda\acute{\omega}\mu\varepsilon\vartheta\alpha$ B   21 EZ
inserui: om. bL   f. $\chi\omega\varrho\acute{\eta}\mu\alpha\tau\alpha$ ($\delta\iota\grave{\alpha}$ ex $\varepsilon\zeta$ depravato)   24 $\overline{\alpha\delta}$
CP: $\overline{\alpha\beta}$ BL

16*

τοῦ πυθμένος ὅσον ὕδατι διάρρυσιν. τὸ δὲ Κ ἄκρον
αὐτοῦ ἐχέτω σμηρισμάτιον, δι᾽ οὖ ἀποκλεισθήσεται τὸ
Κ στόμιον αὐτοῦ λεπτὸν ὑπάρχον. ἐγχέοντες οὖν εἰς
τὴν βάσιν ποσὸν ὑγρὸν διά τινος ὀπῆς, ἣν μετὰ τὴν
ἔγχυσιν ἀποστεγνώσομεν, ἐὰν ἀποκλείσαντες τὸ Κ 5

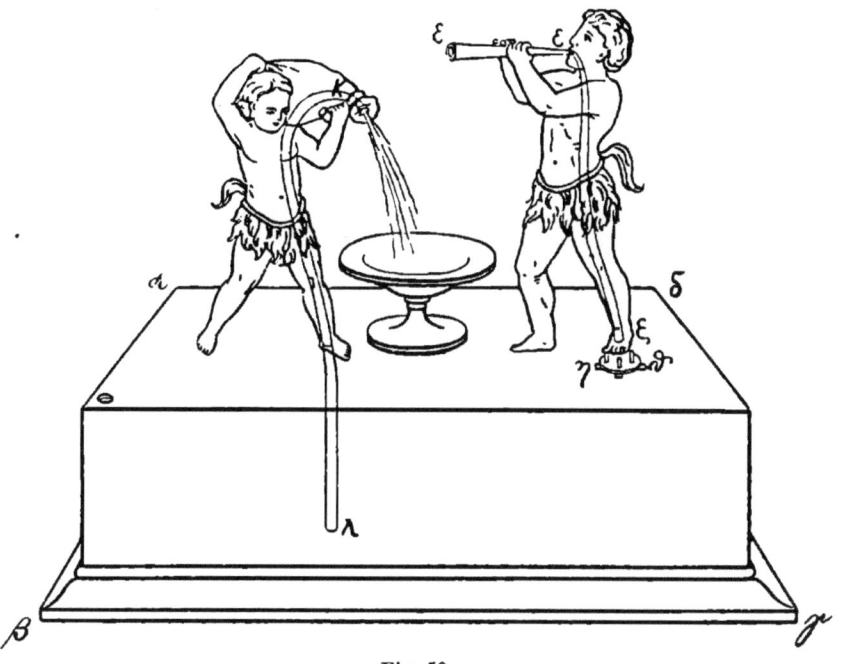

Fig. 59.

στόμιον ἐμφυσήσωμεν διὰ τοῦ ΕΖ σωλῆνος ἀέρα, ὁ
ἐμφυσηθεὶς ἀὴρ παρώσει τὸ πλατυσμάτιον καὶ κατενεχθήσεται εἰς τὴν βάσιν, καὶ τούτου πλεονάκις γινομένου
πιληθήσεται ὁ ἐν τῇ βάσει ἀὴρ καὶ ἀποκλείσει τὸ
πλατυσμάτιον. ἀνοιχθέντος οὖν τοῦ σμηρίσματος, μετ᾽ 10
ὀλίγον χρόνον ὁ πιληθεὶς ἀὴρ ἐκθλίψει τὸ ἐν τῇ
βάσει ὑγρὸν διὰ τοῦ Κ στομίου μετὰ πολλῆς βίας,

Das Ende λ reiche so weit nach dem Boden hin, als für den Durchflufs von Wasser erforderlich ist. Das Ende κ sei mit einem kleinen Hahne (Smerisma[1]), Fig. 59 a) versehen, mit dem man die enge Mündung κ verschliefsen 5 kann. Wenn wir nun in die Basis eine beliebige Menge Flüssigkeit durch eine Öffnung giefsen, die wir nach dem Eingiefsen zustopfen, wenn wir dann die Mündung κ verschliefsen und durch die Röhre εζ Luft einblasen, so stöfst die eingeblasene Luft das Ventil fort (nach unten) und dringt in die Basis, und wenn sich dieser Vorgang öfter wiederholt, wird die Luft in der Basis komprimiert und ver-15 schliefst das Ventil. Öffnet man nun den Hahn (Smerisma), so wird nach kurzer Zeit die komprimierte Luft die in der Basis enthaltene Flüssigkeit mit starkem Drucke durch die Mündung κ pressen, bis entweder die ganze Flüssigkeit ausgespritzt ist oder[2]) die Luft ihre natür-20 liche Ausdehnung wiedergewonnen hat, d. h. wenn ihre Verdichtung[3]) aufhört.

Fig. 59 a.

1) S. S. 55. 229, 4. 251, 9.
2) In den Handschriften steht 'und' statt 'oder'.
3) Die Verdichtung hört natürlich auch auf, wenn alles Wasser ausgespritzt ist. Sie kann aber schon vorher durch Öffnen von ε ihr Ende finden.

2—3 ἐχέτω ... αὐτοῦ om. T₁, add. T₂   3 ἐγχέοντες M: ἔχοντες a: f. ἐγχέαντες   7 ἀήρ om. T₁, add. T₂

2 αὐτοῦ om. bL   3 ἐγχέοντες: ἐγχύσωμεν BC: ἐγχύσομεν P: infundemus L   4 ποσὸν om. bL   τὴν (ante ἔγχυσιν) om. P   5 ἐὰν οὖν bL   7—10 καὶ κατενεχθήσεται ... τὸ πλατυσμάτιον om. bL   10 τοῦ σμηρίσματος a: τούτου bL

ἄχρις ἂν ἤτοι πᾶν ἐκπυτισθῇ τὸ ὑγρὸν καὶ ὁ ἀὴρ
εἰς τὴν κατὰ φύσιν τάξιν κατασταθῇ, τουτέστιν ὅταν
πίλησιν ἐν ἑαυτῷ μηκέτι ἔχῃ.

XVI.

Ἔνια δὲ ἀγγεῖα κατ᾽ ἀρχὰς ἐγχυθέντος τοῦ ὑγροῦ 5
ῥέει· διαλείμματος δὲ γενομένου οὐκέτι ῥέει ἐγχυνομένου τοῦ ὑγροῦ, ἄχρι δι᾽ ἡμίσους γένηται· καὶ τότε
ἄρχεται ῥέειν· διαλείμματος δὲ γενομένου οὐκέτι ῥέει,
ἄχρις ἂν πληρωθῇ.

Ἔστω γὰρ ἀγγεῖον τὸ ΑΒ ἔχον ἐν ἑαυτῷ τρεῖς 10
καμπύλους σίφωνας τοὺς Γ, Δ, Ε κεκρυμμένους ἐν
τῇ γάστρᾳ, ὧν τὰ μὲν ἕτερα σκέλη πρὸς τῷ πυθμένι
ἔστω τοῦ ἀγγείου, τὰ δὲ ἕτερα ἐκτὸς φερέτω εἰς κρουνοὺς διεσκευασμένα. τοῖς δὲ ἐκτὸς ἄκροις αὐτῶν
προσκείσθω ἀγγεῖα τὰ Ζ, Η, Θ, ὧν οἱ πυθμένες 15
ἀπεχέτωσαν ἀπὸ τῶν στομίων ὅσον ὕδατι διάρρυσιν.
πάντα δὲ περιειλήφθωσαν ἑτέρῳ ἀγγείῳ καθάπερ βάσει
τῇ ΚΛΜΝ κρουνὸν ἐχούσῃ τὸν Ξ. καὶ ὁ | μὲν Γ
διαβήτης τὴν κυρτότητα ἐχέτω πρὸς αὐτῷ τῷ πυθμένι,
ὁ δὲ Δ πρὸς τῷ ἡμίσει τοῦ ὕψους τοῦ ΑΒ ἀγγείου, 20
ὁ δὲ Ε παρ᾽ αὐτὸν τὸν τράχηλον. ἐὰν οὖν ἐγχέωμεν
ὕδωρ εἰς τὸ ΑΒ ἀγγεῖον, κατ᾽ ἀρχὰς μὲν ῥεύσει διὰ

---

1 ἤτοι AGT₂: om. T₁   καὶ ab: f. ἤ   21 ἐγχέωμεν:
ἐχέτω μὲν T₁, corr. T₂

1 ἤτοι om. bL   3 αὐτῶ b   6—7 ἐγχυνομένου τοῦ
ὑγροῦ om. L   8 πάλιν ἄρχεται b (ἄρχεσθαι P): iterum incipiunt L   12 γάστρᾳ a: κοιλίᾳ τοῦ ἀγγείου bL   14 αὐτῶν
om. CP   15 ἀγγεῖα a: ἀγγείδια bL   16 στομίων τῶν σωλήνων bL   19 πυθμένι aL: πυθμένι τοῦ ἀγγείου b   20 ὁ
δὲ ... ἀγγείου om. P

XVI.

Manche Gefäße lassen gleich zu Anfang, sobald die Flüssigkeit eingegossen ist, sie (wieder) ausströmen, fließen aber nicht mehr, wenn man das 5 Eingießen unterbricht, selbst wenn man es (darauf) fortsetzt. Vielmehr beginnt der Ausfluß (erst wieder),

Intermittierender Ausfluß aus einem Gefäße mit drei gebogenen Hebern.
Fig. 60.

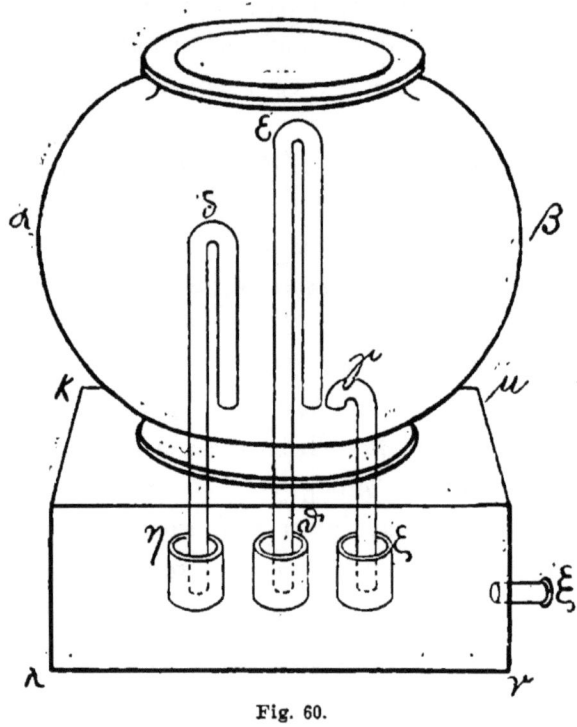

Fig. 60.

wenn die Gefäße bis zur Hälfte gefüllt sind. Tritt (nochmals) eine Unterbrechung ein, so hören sie so lange auf, bis sie ganz voll sind.
10   Ein Gefäß $\alpha\beta$ (Fig. 60) enthalte drei in seinem Bauche[1]) versteckt angebrachte, gebogene Heber γ, δ, ε.

---

1) Nach b: 'in der Gefäßhöhlung'.

τοῦ Γ διαβήτου, ἐπείπερ ἡ κυρτότης αὐτοῦ πρὸς τῷ
πυθμένι ἐστίν· ἐὰν δὲ διαλίπωμεν, κενωθήσεται μὲν
τὸ ὑγρὸν τὸ ἐγχυθὲν διὰ τοῦ Ξ κρουνοῦ, τὸ δὲ Ζ
ἀγγεῖον καταλειφθήσεται πλῆρες ὕδατος· τὸ δὲ λοιπὸν
τοῦ Γ σίφωνος μέρος ἔσται ἀέρος πλῆρες. ὅταν οὖν 5
πάλιν ἐπιχέωμεν τὸ ὑγρόν, οὐ χωρήσει διὰ τοῦ Γ
σίφωνος διὰ τὸ ἀέρα εἶναι ἐν τῷ Γ σίφωνι μεταξὺ
τοῦ τε ἐγχυνομένου καὶ τοῦ ἐν τῷ Ζ ἀγγείῳ ὕδατος.
προσαναβήσεται οὖν τὸ ὑγρὸν ἄχρι τῆς τοῦ Δ διαβήτου καμπῆς, ἥτις πρὸς τῷ ἡμίσει μέρει ἐστί. καὶ 10
τότε ἄρχεται ῥέειν. διαλείμματος δὲ γενομένου πάλιν
τὸ αὐτὸ συμβήσεται, ὃ καὶ ἐπὶ τοῦ Γ εἴρηται. τὰ δ᾽
αὐτὰ καὶ ἐπὶ τοῦ Ε διαβήτου νοείσθω. δεήσει δὲ τὸ
ἐγχυνόμενον ὑγρὸν ἠρέμα ἐγχύνειν πρὸς τὸ μὴ ὑπὸ
τῆς βίας ἐκθλιβῆναι τὸν ἐναπολαμβανόμενον ἐν τοῖς 15
σίφωσιν ἀέρα.

a 5—16 ὅταν οὖν ... ἀέρα = b 17—28: ὅταν οὖν
πάλιν ἐπεγχέωμεν τὸ ὑγρόν, οὐ χωρήσει διὰ τοῦ Γ σίφωνος
διὰ τὸ τὸν ἐν τῷ Γ σίφωνι ἀέρα μὴ δύνασθαι ἐξελθεῖν διὰ
τοῦ πρὸς τῷ Ζ ἀγγείῳ στομίου πεφραγμένου ὄντος ὑπὸ 20
τοῦ ἐν τῷ αὐτῷ Ζ ἀγγείῳ ὕδατος. προσαναβήσεται οὖν τὸ
ὑγρὸν ἄχρι τῆς τοῦ Δ διαβήτου καμπῆς, ἥτις πρὸς τῷ
ἡμίσει μέρει τοῦ ἀγγείου ἐστί· καὶ τότε ἄρξεται ῥέειν· διαλείμματος δὲ γενομένου πάλιν τὸ αὐτὸ συμβήσεται, ὃ καὶ
ἐπὶ τοῦ Γ εἴρηται. τὰ δ᾽ αὐτὰ καὶ ἐπὶ τοῦ Ε διαβήτου 25
νοείσθω. δεήσει δὲ τὸ ἐγχυνόμενον ὕδωρ ἠρέμα ἐγχύνειν
πρὸς τὸ μὴ ὑπὸ τῆς σφοδρότητος καὶ τῆς βίας ἐκθλίβεσθαι
τὸν ἐν τοῖς ἄλλοις σίφωσιν ἀέρα.

---

2 διαλείπωμεν PT   3 ξ̄ Ab: ξ̄ GT   6 ἐπιχέωμεν AG:
ἐπεγχέωμεν T   ἐπεγχέωμεν πάλιν τὸ ὑγρὸν tr. T   13 ε̄ G₂T:
om. AG₁

---

21 ἀγγείῳ P: ἀγγείου BC   22 Δ om. L   26 oportet L

Die einen Schenkel derselben sollen nahe dem Boden des Gefäßes liegen, die andern in Gestalt von Ausflußröhren nach außen führen. An ihren äußeren Enden seien die Gefäße[1] ζ, η, ϑ aufgestellt, deren Böden von den Mün-
5 dungen[2] nur so viel Abstand haben sollen, als nötig ist, um Wasser durchfließen zu lassen. Sämtliche kleinere Gefäße seien von einem anderen Gefäße (Behälter) $\varkappa\lambda\mu\nu$ umschlossen, das gleichsam als Basis dient und mit einem Ausflußrohre ξ versehen ist. Die Krümmung des Hebers γ
10 liege unmittelbar am Boden[3], die von δ in halber Höhe des Gefäßes $\alpha\beta$, die von ε dicht am Halse. Gießen wir nun Wasser in das Gefäß $\alpha\beta$, so fließt es anfangs durch den Heber γ, da dessen Krümmung nahe dem Boden liegt. Unterbrechen wir das Eingießen, so fließt das ein-
15 gegossene Wasser durch das Ausflußrohr ξ ab. Das Ge-fäß ζ wird jedoch voll Wasser bleiben, während der übrige Teil des Hebers γ voll Luft sein wird. Wenn wir nun wieder Flüssigkeit zugießen, so geht sie nicht durch den Heber γ, weil in diesem zwischen der einge-
20 gossenen Flüssigkeit und dem Wasser im Gefäße ζ sich Luft befindet.[4] Die Flüssigkeit wird also bis zur Krümmung des Hebers δ steigen, welche in halber Höhe[5] liegt, und dann beginnt der Ausfluß (von neuem). Tritt abermals eine Unterbrechung ein, so wiederholt sich der-
25 selbe Vorgang, wie er bei γ beschrieben ist. Auch bei dem Heber ε hat man sich die Vorgänge ebenso zu denken. Das Wasser, welches zum Eingießen bestimmt ist, muß man langsam eingießen, auf daß nicht infolge

---

1) Nach **b**: 'kleine Gefäße'.
2) Zusatz in **b**: 'der Röhren'.
3) Zusatz in **b**: 'des Gefäßes'.
4) Nach **b**: 'Gießen wir nun wieder die Flüssigkeit zu, so geht sie nicht durch den Heber γ, weil die in diesem enthaltene Luft nicht durch dessen Mündung bei (= in) dem Gefäße ζ entweichen kann. Denn die Mündung ist durch das in dem-selben Gefäße ζ enthaltene Wasser verschlossen.'
5) Zusatz in **b**: 'des Gefäßes'.

XVII.

Σικύας κατασκευὴ τῆς ἄνευ πυρὸς ἐπισπωμένης.

Ἔστω σικύα ἡ ΑΒΓ, οἵα εἴθισται γίνεσθαι τῷ σχήματι, διάφραγμα μέσον ἔχουσα τὸ ΔΕ· διὰ δὲ τοῦ πυθμένος σμήρισμα διώσθω, οὗ ὁ μὲν ἐκτὸς αὐλίσκος 5 ἔστω ὁ ΖΗ, ὁ δὲ ἐντὸς ὁ ΘΚ. οὗτοι δὲ ἐχέτωσαν κατάλληλα τρήματα τὰ Λ, Μ ἐκτὸς ὄντα τῆς σικύας· τὰ δὲ ἐντὸς αὐτῶν στόμια ἀνεῳγότα ἔστω· τοῦ δὲ ΘΚ τὸ ἐκτὸς ἐπιπεφράχθω καὶ ἐπιτόνιον ἐχέτω. ἔστω δὲ καὶ ὑπὸ τὸ ΔΕ 208 διάφραγμα σμήρισμα τὸ ΝΞ ὅμοιον τῷ πρὸς τῷ πυθμένι εἰρημένῳ. τὰ

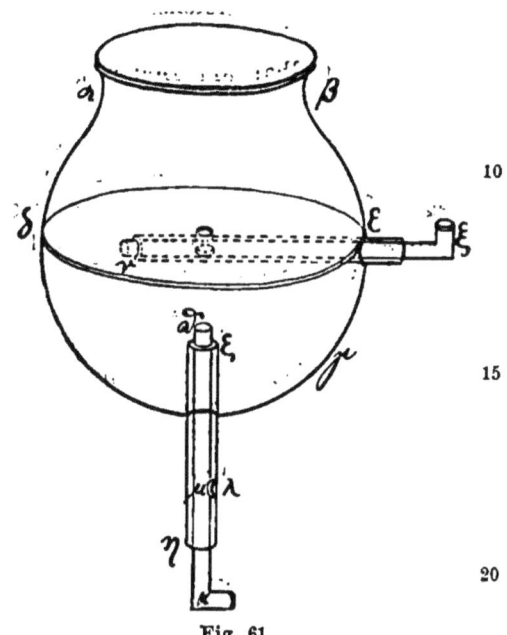

Fig. 61.

μέντοι κατάλληλα τρήματα εἰς τὸ ἐντὸς τῆς σικύας μέρος ⟨ἔστω⟩ καὶ συντετρημένα τῷ ΔΕ διαφράγματι. τούτων δὴ κατασκευασθέντων ἐπιστρεφέσθω τὰ ἐπιτόνια 25 τῶν σμηρισμάτων, ὥστε τὰ μὲν ἐν τῷ πυθμένι τρήματα κατάλληλα κεῖσθαι, τὰ δὲ ὑπὸ τὸ διάφραγμα παρηλλαχέναι καὶ ἀποκεκλεῖσθαι. τοῦ ΔΓ ἄρα ἀγγείου

a 250, 28—252, 14 τοῦ ΔΓ ἄρα ἀγγείου ... καλοῦμεν =
b 250, 30—252, 31: τοῦ ΔΓ ἄρα ἀγγείου πλήρους ὄντος 30

ungestümen[1]) Eingiefsens die in den[2]) Hebern enthaltene
Luft hinausgetrieben wird.[3])

XVII.

Anfertigung eines Schröpfkopfes, der ohne Er- ·Der kalte
5 wärmung anzieht. ‾Schröpfkopf.
Fig. 61.

Es sei $\alpha\beta\gamma$ (Fig. 61) ein Schröpfkopf von ge-
wöhnlicher Form mit einer Scheidewand $\delta\varepsilon$ in der Mitte.
Durch den Boden stecke ·man eine Rohrverschleifung
(Smerisma)[4]), deren äufsere Hülse $\zeta\eta$, deren innere Röhre
10 $\vartheta\varkappa$ ·sei. Diese Röhren sollen aufserhalb des Schröpfkopfes
einander entsprechende Löcher λ und μ haben. Ihre
inneren Enden seien offen, dagegen das äufsere von $\vartheta\varkappa$
geschlossen und mit einem Griffe versehen. Ferner sei
unter der Scheidewand $\delta\varepsilon$ ein Ventil (Smerisma) $\nu\xi$ an-
15 gebracht, welches dem erwähnten, am Boden befindlichen
ähnlich ist. Doch müssen die mit einander korrespondierenden Löcher in das Innere des Schröpfkopfes führen
und mit einem Loche in der Scheidewand $\delta\varepsilon$ in Verbindung stehen. Hat man nun diese Vorkehrungen ge-
20 troffen, so drehe man die Griffe der Drehrohre (Smerismata) derart, dafs die Löcher am Boden einander gegenüber
zu liegen kommen, während die unter der Scheidewand
(von einander) abgerückt und verschlossen seien. Man
kann daher aus der mit Luft gefüllten Kammer $\delta\gamma$ einen

1) Nach b: 'infolge heftigen und ungestümen'.
2) Zusatz in b: 'übrigen'.
3) Vgl. die Bemerkung zu Fig. 60 in den Prolegomena.
4) Ein als Ventil dienendes, in eine Hülse luftdicht eingeschliffenes, drehbares Rohr, eine Art Hahn. Vgl. auch oben
S. 55. 229, 4. 245, 3.

---

4 $\sigma\chi\dot\eta\mu\alpha\tau\iota$ A G b : $\dot\sigma\dot\omega\mu\alpha\tau\iota$ T $\delta\dot\varepsilon$ T b : om. A G   14 $\overline{\varkappa\vartheta}$ A G
24 $\check\varepsilon\sigma\tau\omega$ b : om. a

---

15 $\tau\dot o$ $\dot\varepsilon\varkappa\tau\dot o\varsigma$: *extrinsecum orificium* L   25 $\delta\dot\eta$: $\delta\dot\varepsilon$ P
27—28 $\pi\alpha\varrho\eta\lambda\lambda\alpha\chi\dot\varepsilon\nu\alpha\iota$ a : $\pi\alpha\varrho\eta\lambda\lambda\dot\alpha\chi\vartheta\alpha\iota$ b   30 $\varDelta\varGamma$ om. L

πλήρους ὄντος ἀέρος, δυνατόν ἐστι προσθέντα τῷ
στόματι τὸ ΛΜ τρῆμα ἐκμυζῆσαί τι μέρος τοῦ ἀέρος,
εἶτα πάλιν ἐπιστρέψαντα τὸ ἐπιτόνιον καὶ μὴ ἀφελόντα
τοῦ στόματος τὸ σμήρισμα ἔχειν ἠραιωμένον τὸν ἐν
τᾷ ΓΔ ἀγγείῳ ἀέρα. τοῦτο οὖν πλεονάκις ποιοῦμεν, 5
μέχρις οὗ πολὺν ἐκμυζήσωμεν ἀέρα. ἔπειτα προσθεὶς
τῇ σαρκὶ τὴν σικύαν, ὡς ἔθος ἐστίν, ἀνοίγω τὰ ἐν
τῷ ΝΞ σμηρίσματι τρήματα διὰ τοῦ ἐπιτονίου. ἀναγκαῖον οὖν ἐστιν εἰς τὸν τοῦ ἐν τᾷ ΓΔ ἀέρος τόπον
μεταχωρῆσαί τι μέρος τοῦ ἐν τῷ ΑΔΕ ἀγγείῳ ἀέρος· 10
εἰς δὲ τὸν κενούμενον ἀντὶ τούτου τόπον ἐπισπάσεται
· τήν τε σάρκα καὶ τὴν ὑπὸ τὴν σάρκα ὕλην διὰ τῶν
ἀραιωμάτων τῆς σαρκός, ἃ δὴ ἀθεωρήτους πόρους
καλοῦμεν.

XVIII. 15

Καὶ ὁ καλούμενος δὲ πυοῦλκος διὰ ταύτην τὴν
αἰτίαν ἐνεργεῖ.

Κατασκευάζεται γὰρ αὐλίσκος κοῖλος ἐπιμήκης ὁ
ἀέρος, δυνατόν ἐστι προσθέντα τῷ στόματι τὰ Λ, Μ σμηρίσματα
ἐκμυζῆσαί τι μέρος τοῦ ἀέρος, εἶτα πάλιν ἐπιστρέψαντα τὸ 20
ἐπιτόνιον καὶ ἀφελόντα τοῦ στόματος τὸ σμήρισμα ἔχειν
ἠραιωμένον τὸν ἐν τῷ ΓΔ ἀγγείῳ ἀέρα. τοῦτο οὖν πλεονάκις ποιοῦμεν, μέχρις οὗ πολὺν ἐκμυζήσωμεν ἀέρα. ἔπειτα
προσθέντες τῇ σαρκὶ τὴν σικύαν, ὡς ἔθος ἐστίν, ἀνοίγομεν
τὰ ἐν τῷ ΝΞ σμηρίσματι τρήματα διὰ τοῦ ἐπιτονίου. καὶ 25
ἐξ ἀνάγκης εἰς τὸν τοῦ ἐν τῷ ΓΔ ἀγγείῳ ἀέρος τόπον
μεταχωρήσει τι μέρος τοῦ ἐν τῷ ΑΔΕ στομίῳ τῆς σικύας
ἀέρος εἰς ἀναπλήρωσιν τοῦ κενωθέντος· εἰς δὲ τὸν κενούμενον τοῦ στομίου ἀέρα ἀντεπισπασθήσεται τῆς σαρκός τε
μέρος καὶ ἡ περὶ τὴν σάρκα ὕλη διὰ τῶν ἀραιωμάτων τῆς 30
σαρκός, ἃ δὴ πόρους ἀδήλους καλεῖν εἰώθασιν.

---

6 ἐκμυζήσωμεν Τ: ἐκμυζήσομεν AG   12 ὑπὸ Haase in

bestimmten Teil der Luft aussaugen, wenn man das Loch $\lambda\mu$[1]) an den Mund hält. Dreht man den Griff dann wieder um, wobei man das Smerisma nicht vom Munde abzu-setzen braucht[2]), so erhält man in dem Raume $\gamma\delta$ ver-
5 dünnte Luft. Dies wiederholt man öfter, bis man eine Menge Luft ausgesogen hat. Dann setze ich, wie ge-wöhnlich, den Schröpfkopf auf die Haut und öffne mit Hilfe des Griffes die in dem Ventile $\nu\xi$ befindlichen Löcher. Alsdann tritt in den luftverdünnten Raum in
10 $\gamma\delta$ notgedrungen ein Teil der in dem Raume $\alpha\delta\varepsilon$[3]) ent-haltenen Luft. Zum Ersatz dafür wird der Schröpfkopf nach dem entstehenden Vakuum sowohl die Haut als auch die darunter liegende Materie durch die Zwischen-räume der Haut, die man unsichtbare Poren nennt, hin-
15 ziehen.[4])

XVIII.

Auch die Wirksamkeit des sogenannten Eiter- ziehers (Pyulkos) beruht auf diesem Prinzipe.

Der Eiterzieher (Pyulkos). Fig. 62.

Man fertigt ein längliches, hohles Rohr $\alpha\beta$ (als

---

1) Nach b: 'die mit einander korrespondierenden Löcher λ . und $\mu\varsigma$.
2) Nach b: 'indem man das Smerisma vom Munde absetzt'.
3) Nach b: 'Mündung $\alpha\delta\varepsilon$'.
4) Der letzte Satz lautet in b: 'Nach der verdünnten Luft in der Mündung wird sowohl ein Teil des Fleisches als auch die rings darin liegende Materie durch dessen Zwischenräume, die man gewöhnlich unsichtbare Poren nennt, zum Ersatz hingezogen'.

---

schedis: $\dot{v}\pi\dot{\varepsilon}\varrho$ a   13 $\pi\acute{o}\varrho ovg$ AG: $\tau\acute{o}\pi ovg$ T   18 $\gamma\grave{\alpha}\varrho$ AG$_2$ T: $\delta\dot{\varepsilon}$ G$_1$ $\varkappa o\tilde{\iota}\lambda og$ om. L

---

19 $\tau\grave{\alpha}$ $\overline{\lambda\mu}$ $\sigma\mu\eta\varrho\acute{\iota}\sigma\mu\alpha\tau\alpha$ bL: f. $\tau\grave{\alpha}$ $\langle\dot{\varepsilon}\nu$ $\tau\tilde{\wp}\rangle$ $\varLambda M$ $\sigma\mu\eta\varrho\acute{\iota}\sigma\mu\alpha\tau\iota$ $\langle\tau\varrho\acute{\eta}\mu\alpha\tau\alpha\rangle$. cf. lin. 25   20 $\tauo\tilde{v}$ $\dot{\alpha}\acute{\varepsilon}\varrho og$ om. P   21 $\dot{\varepsilon}\pi\iota\tau\acute{o}\nu\iota ov$ scripsi: intentorium L: $\dot{\eta}\mu\iota\tau\acute{o}\nu\iota ov$ b   23 faciamus L   24 ape-riamus L   28 $\delta\dot{\varepsilon}$ om. BL   29 $\dot{\alpha}\nu\tau\varepsilon\pi\iota\sigma\pi\alpha\sigma\vartheta\acute{\eta}\sigma\varepsilon\tau\alpha\iota$ CP: $\dot{\alpha}\nu$-$\varepsilon\pi\iota\sigma\pi\alpha\sigma\vartheta\acute{\eta}\sigma\varepsilon\tau\alpha\iota$ BL

AB, ᾧ ἕτερος συνεσμηρισμένος ὁ *ΓΔ*, οὗ τὸ μὲν *Γ*
ἄκρον ἐπιπεπωμάσθω λεπιδίῳ· πρὸς δὲ τῷ *Δ* ἐπιτόνιον
ἐχέτω τὸ *ΕΖ*. καὶ τοῦ *AB* δὲ αὐλίσκου τὸ πρὸς τῷ
Α στόμιον ἐπιπεφράχθω λεπίδι ἐχούσῃ συντετρημένον
λεπτὸν συρίγγιον τὸ *ΗΘ*. ὅταν οὖν βουλώμεθα πῦον ⁵
209 ἕλκειν, προσθέντες τῷ τόπῳ, ἐν ᾧ | τὸ πῦόν ἐστι, τὸ
ἄκρον τοῦ συριγγίου, τὸ *Θ* στόμιον, ἐπισπώμεθα τὸν
ΓΔ αὐλίσκον διὰ τοῦ ἐπιτονίου εἰς τὸ ἐκτὸς μέρος.
γενομένου δὴ τόπου ἐν τῷ *AB* αὐλίσκῳ κενοῦ, ἀνάγκη
εἰς τοῦτον ἄλλο τι ἀντικαταστῆναι. μὴ ὄντος οὖν ¹⁰
ἄλλου τόπου ἢ τοῦ στόματος τοῦ συριγγίου, ἀνάγκη
διὰ τούτου τὸ παρακείμενον ὑγρὸν ἐπισπάσασθαι.
πάλιν οὖν ὅταν ἐνέσαι τι βουλώμεθα ὑγρόν, ἐμβαλόντες αὐτὸ εἰς τὸν *AB* αὐλίσκον καὶ καταλαβόμενοι
τὸ *ΕΖ* ὠθοῦντες τὸν *ΓΔ* αὐλίσκον θλίβομεν, ἄχρις ¹⁵
ἂν ἡμῖν αὐτοῖς δόξῃ ἡ ἔνεσις γενέσθαι.

a 9—16 γενομένου δὴ ... γενέσθαι = b 18—25:
γενομένου δὴ τοῦ τόπου τοῦ ἐν τῷ *AB* αὐλίσκῳ κενοῦ,
ἀνάγκη εἰς τοῦτον ἄλλο τι ἀντικαταστῆναι. μὴ ὄντος δὲ
ἄλλου τόπου ἢ τοῦ στόματος τοῦ συριγγίου, ἀνάγκη διὰ ²⁰
τούτου τὸ παρακείμενον ὑγρὸν ἐπισπασθῆναι. πάλιν δὲ
ὅταν ἐνέσαι τι ὑγρὸν βουλώμεθα, ἐμβαλόντες τὸ ὑγρὸν εἰς
τὸν *AB* αὐλίσκον, τὸν δὲ *ΓΔ* αὐλίσκον ὠθοῦντες εἰς τὰ
ἔνδον τοῦ *AB* θλίψομεν τὸ ὑγρόν, ὃ ἐκπεμφθήσεται διὰ
τοῦ *ΗΘ* συριγγίου. ²⁵

1 f. ἕτερος ⟨ἔστω⟩, coaptatus sit L   2 τῷ M, Vind. 120, b:
τὸ a   5 βουλώμεθα GT: βουλόμεθα A   πύον codd. ut
infra lin. 6   11 τοῦ AG₁T: κατὰ G₂   12 κατακείμενον T₁,
corr. T₂   13 οὖν om. T (?)   ἐνέσαι a: γρ. ἐνιέναι Par. 2512
in marg.   13—14 ἐμβάλλοντες T   15 γδ T₁: γβ AGT₂.
16 δόξῃ αὐτοῖς tr. T

Hülse, Fig. 62) mit luftdicht eingeschliffener Röhre $\gamma\delta$ an, deren eines Ende γ durch ein Plättchen geschlossen werde, während sie bei δ mit einem Griffe $\varepsilon\zeta$ versehen sei. Ferner sei bei α die Öffnung der Hülse $\alpha\beta$ durch eine
5 Platte verschlossen, durch welche ein enges Pfeifchen $\eta\vartheta$ (eine Düse) getrieben ist. Wollen wir nun Eiter herausziehen, so halten wir die Spitze der Düse,[1]) die Mündung ϑ an die Stelle, an welcher sich der Eiter befindet,

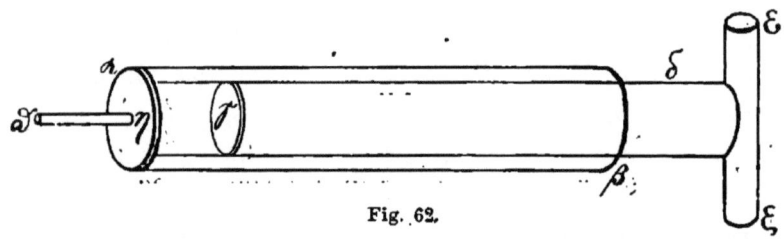

Fig. 62.

und ziehen die Röhre $\gamma\delta$ mit Hilfe des Griffes nach aufsen.
10 Dadurch entsteht in der Hülse $\alpha\beta$ ein leerer Raum, an dessen Stelle etwas anderes treten mufs. Da es nun keinen anderen Eintrittspunkt giebt als die Mündung der Düse, so mufs der Eiterzieher durch diese die in der Nähe befindliche Flüssigkeit anziehen.[2]) Wenn wir da-
15 gegen eine Flüssigkeit einspritzen wollen, so giefsen wir sie in die Hülse $\alpha\beta$, fassen an $\varepsilon\zeta$, stofsen die Röhre $\gamma\delta$ hinein und drücken so lange, bis wir glauben, dafs die Einspritzung erfolgt sei.[3])

1) Zusatz in **b**: 'd. h.'.
2) Nach **b**: 'so wird notgedrungen durch diese die in ihrer Nähe befindliche Flüssigkeit aufgesogen'.
3) Nach **b**: 'und werden auf die Flüssigkeit einen Druck ausüben. Diese wird dann durch die Düse $\eta\vartheta$ hinausgeprefst'.

7 τουτέστι τὸ $\bar{\vartheta}$ **b**   18 δὴ BC: δὲ P: *autem* L   αὐλίσκῳ
scripsi: αὐλίσκου **b**: (*in*) *tubulo* L   21 δὲ om. L

XIX.

Ἀγγείου τινὸς ὄντος πλήρους οἴνου καὶ κρουνὸν
ἔχοντος ῥέοντα, ὅταν ἐπιχέωμεν ἐπὶ τὸν τράχηλον
αὐτοῦ κύαθον ὕδατος, οὐκέτι ῥυήσεται· ἐὰν δὲ ἕτερον
κύαθον ἐπιχέωμεν, τότε ῥυήσεται καὶ αὐτὸς σὺν τῷ 5
προτέρῳ κυάθῳ ἤτοι καὶ οἱ δύο κύαθοι τοῦ ὕδατος
ἐξ ἑτέρων δύο κρουνῶν. καὶ μετὰ τὸ ἐκρεῦσαι τὸ
ὕδωρ πάλιν ὁ οἶνος ἐκ τοῦ μέσου κρουνοῦ ῥυήσεται·
καὶ τοῦτο ἔσται, ὁσάκις ἂν ἐπιχεόμενος ἐκρυῇ.

Ἔστω τι ἀγγεῖον τὸ ΑΒ ἔχον περὶ τὸν πυθμένα 10
κρουνὸν τὸν Γ καὶ διαπεφράχθω τὸν τράχηλον τῷ
ΔΕ διαφράγματι· ἐκ δὲ τοῦ διαφράγματος σωλὴν
ἀνατεινέτω ὁ ΖΗ, περὶ ὃν ἕτερος περικείσθω ἀπέχων
ἀπὸ τοῦ διαφράγματος ὅσον ὕδατι διάρρυσιν, καθάπερ
ἐπὶ τῶν πνικτῶν διαβητῶν. διώσθω δὲ καὶ ἕτερος 15

a 2—9 Ἀγγείου τινὸς . . . ἐκρυῇ = b 17—24:
Ἀγγείου ὄντος πλήρους οἴνου καὶ κρουνὸν ἔχοντος ῥέοντα,
ὅταν ἐγχέωμεν ἐπὶ τὸν τράχηλον κύαθον ὕδατος, οὐκέτι
ῥυήσεται· ἐὰν δὲ ἕτερον κύαθον ἐπιχέωμεν, τότε ῥυήσεται
καὶ αὐτὸς σὺν τῷ προτέρῳ κυάθῳ ἤτοι ὁμοῦ καὶ οἱ δύο 20
κύαθοι τοῦ ὕδατος ἐξ ἑτέρων δύο κρουνῶν. καὶ μετὰ τὸ
ἐκρεῦσαι τὸ ὕδωρ πάλιν ὁ οἶνος ἐκ τοῦ μέσου κρουνοῦ
ἄρξεται ῥέειν· καὶ τοῦτο γενήσεται, ὁσάκις ἂν προαιρώμεθα,
ἔστ᾽ ἂν δηλονότι ὅλος ὁ οἶνος ἐκρυῇ.

3 ἐπιχέωμεν AGT₂: ἐγχέωμεν T₁. similiter lin. 5   4 αὐτοῦ A₂GT: om. A₁   9 f. ὁσάκις ἂν ⟨ὁ κύαθος⟩ ἐπιχεόμενος.
cf. p. 260, 3   ἐκρυῇ scripsi: ἐκρῇ AG: ἐκρεῖ T   10 περὶ:
f. παρά. cf. 226, 15. 238, 18

13 ἀνατεινέτω aB: ἀνατεινέσθω CP: extendatur L   14
διάρρυσιν εἶναι b   20 ἤτοι: hoc est (simul) L   21 κύαθοι
om. P

XIX.

Ein Gefäſs sei voll Wein und mit einem Aus-
fluſsrohr versehen, das flieſst. Gieſsen wir einen
Becher (Kyathos zu 0,05 l) Wasser in den Hals des
Gefäſses, so soll das
Rohr aufhören zu flieſsen.

Wechselnder
Ausfluſs. (Mit
Benutzung
von Kapsel-
hebern.)
Fig. 63.

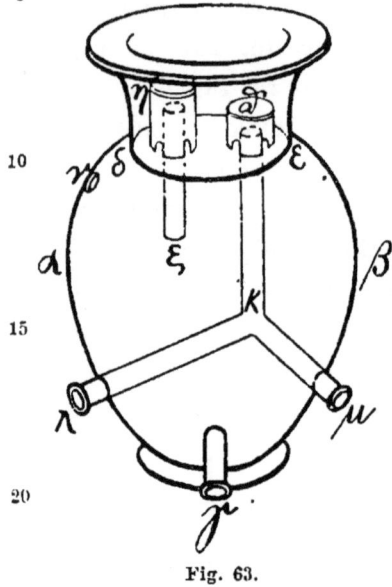

Wenn wir dann einen zweiten
Becher daraufgieſsen, soll
dieser mit dem ersten ausströmen, oder vielmehr beide
Becher Wasser sollen aus
den beiden andern Ausfluſs-
röhren flieſsen. Nach dem
(vollständigen) Abfluſs des
Wassers soll der Wein wieder
aus der mittleren Ausfluſsröhre flieſsen.[1]) Dieser Vorgang wiederholt sich, so oft
als der Becher[2]) (Wasser)
zugegossen wird und aus-
läuft.[3])

Ein Gefäſs $\alpha\beta$ (Fig. 63)
habe am Boden eine Aus-

Fig. 63.

fluſsröhre γ und sei im Halse durch die Scheidewand $\delta\varepsilon$
verschlossen. Aus dieser steige eine Röhre $\zeta\eta$ auf. Um
diese Röhre ist eine andere[4]) zu setzen, die fast bis auf

---

1) Nach b: 'soll der Wein wieder anfangen, aus der mittleren Ausfluſsröhre zu flieſsen'.

2) 'Becher' ist nach Vermutung übersetzt. Nach den Handschriften von a müſste es eigentlich heiſsen: 'so oft als er
(nämlich der Wein, von dem zuletzt die Rede ist) zugegossen
wird und ausläuft'.

3) In b lautet der letzte Satz: 'Dies wird beliebig oft geschehen, bis nämlich der ganze Wein ausgelaufen ist'.

4) Statt die umschlieſsende Röhre wie sonst in der Schwebe
zu halten, haben wir in dieser Figur die Möglichkeit des un-
gehinderten Eintritts von Wasser durch seitliche Ausschnitte
angedeutet.

διὰ τοῦ διαφράγματος σωλὴν ὁ ΘΚ ὑπερέχων εἰς τὸ
ἄνω τοῦ διαφράγματος ἔλασσον ἢ ὁ πρότερος, ἐσχι-
σμένος εἰς δύο κρουνοὺς τοὺς Λ, Μ· καὶ τούτῳ δὲ
περικείσθω ἕτερος σωλὴν ἀπέχων τοῦ διαφράγματος
210 βραχύ. ἐχέτω | δὲ τὸ ἀγγεῖον καὶ ὑπὸ τὸ διάφραγμα 5
διαύγιον τὸ Ν. ἐὰν οὖν καταλαβόμενοι τοὺς κρουνοὺς
ἐγχέωμεν τὸν οἶνον, χωρήσει εἰς τὸ κύτος διὰ τοῦ
ΖΗ σωλῆνος· ὁ γὰρ ἀὴρ ἐκχωρήσει διὰ τοῦ Ν διαυ-
γίου· ἐὰν δὲ καταλαβόμενοι τὸ διαύγιον ἀφῶμεν τοὺς
κρουνούς, ἐκ μὲν τῶν Λ, Μ ῥυήσεται τὸ ἐναποληφθὲν 10
ἐν τῷ ΘΚ σωλῆνι ὑγρόν, ἐκ δὲ τοῦ Γ τὸ ἐν τῷ
κύτει ὑγρόν. ἐὰν οὖν ῥέοντος τοῦ Γ ἐπεγχέωμεν
κύαθον ὕδατος ἐπὶ τὸ διάφραγμα, οὐκέτι ἕξει ὁ ἀὴρ
παρεισπίπτειν διὰ τοῦ ΖΗ σωλῆνος, ἀλλὰ παύσεται
ὁ Γ κρουνὸς ῥέων. ἐὰν δὲ ἕτερον ἐπεγχέωμεν, ὑπερ- 15
βλύσει τὸν ΘΚ σωλῆνα καὶ δι᾽ αὐτοῦ ἐνεχθήσεται
εἰς τοὺς Λ, Μ κρουνούς, καὶ ὅλον ἐπισπάσεται τὸ

a 258, 3—260, 3 καὶ τούτῳ ... τοὺς κυάθους = b
258, 19—260, 22: καὶ τούτῳ δὲ περικείσθω ἕτερος σωλὴν
ὡσεὶ πνικτὸς διαβήτης [οἰονεί]. ἐχέτω δὲ τὸ ἀγγεῖον ὑπὸ 20
τὸ διάφραγμα καὶ διαύγιον τὸ Ν. ἐὰν οὖν καταλαβόμενοι
τοὺς κρουνοὺς ἐγχέωμεν τὸν οἶνον, χωρήσει εἰς τὸ κύτος
τοῦ ἀγγείου διὰ τοῦ ΗΖ σωλῆνος· ὁ γὰρ ἀὴρ ἐκχωρήσει
διὰ τοῦ Ν διαυγίου· ἐὰν δὲ καταλαβόμενοι τὸ διαύγιον
ἀφῶμεν τοὺς κρουνούς, ἐκ μὲν τῶν Λ, Μ ῥυήσεται τὸ 25
ἐναπολειφθὲν ἐν τῷ ΘΚ σωλῆνι ὑγρόν, ἐκ δὲ τοῦ Γ τὸ ἐν
τῷ κύτει ὑγρόν. ἐὰν οὖν ῥέοντος τοῦ Γ ἐπεγχέωμεν
κύαθον ὕδατος ἐπὶ τὸ διάφραγμα, οὐκέτι ἕξει ὁ ἀὴρ
παρείσδυσιν διὰ τοῦ ΖΗ σωλῆνος. διὸ καὶ παύσεται ὁ Γ
κρουνὸς ῥέων. ἐὰν δὲ καὶ ἕτερον κύαθον ἐπεγχέωμεν, ὥστε 30
ὑπερεκβλύσαι τὸν ΘΚ σωλῆνα, ἐνεχθήσεται τὸ ὕδωρ δι᾽
αὐτοῦ εἰς τοὺς Λ, Μ κρουνούς, καὶ ὅλον ἐπισπάσεται τὸ
ὕδωρ. εἶτα λαβὼν ἀναπνοὴν ὁ ΖΗ σωλὴν ποιήσει ὁμοίως

die Scheidewand reiche, aber dem Wasser noch freien
Spielraum läfst, wie bei den Kapselhebern. Man stecke
ferner eine andere Röhre ϑκ durch die Scheidewand,
lasse sie oben weniger über die Scheidewand hervorragen
5 als die erste und sich in zwei Ausflufsröhren λ und μ
gabeln. Auch um diese lege man[1]) eine andere Röhre
mit geringem Abstande von der Scheidewand. Das Gefäfs
sei ferner unterhalb der Scheidewand mit einem Luftloche ν versehen. Schliefsen wir nun die Ausflufsröhren
10 und giefsen den Wein in das Gefäfs, so dringt er durch
.die Röhre ζη in den Bauch[2]); denn die Luft entweicht
durch das Luftloch ν. Halten wir aber das Luftloch zu
und öffnen die Ausflufsröhren, so wird aus λ und μ die
in der Röhre ϑκ eingeschlossene[3]) Flüssigkeit, aus γ die
15 in dem Bauche (des Gefäfses) enthaltene ausströmen.
Giefsen wir nun, während γ noch fliefst, einen Becher
Wasser auf die Scheidewand, so kann die Luft nicht
mehr durch die Röhre ζη eindringen[4]), vielmehr wird die
Ausflufsröhre γ aufhören zu fliefsen. Giefsen wir noch
20 einen zweiten darauf, so fliefst es über die Röhre ϑκ
über[5]) und geht durch sie hindurch nach den Ausflufsröhren λ und μ, und so zieht sie das ganze Wasser an.

---

1) Zusatz in b: 'nach Art des Kapselhebers'.
2) Zusatz in b: 'des Gefäfses'.
3) Nach b: 'zurückgebliebene'.
4) Nach b: 'so hat die Luft durch die Röhre ζη keinen
Zutritt mehr'.
5) Nach b: 'Giefsen wir noch einen zweiten Becher darauf,
so dafs es über die Röhre ϑκ überläuft, so geht es u. s. w.'

---

7 ἐγχέωμεν AGT₂: ἐγχύνωμεν T₁   8 ZH om. T   10
τῶν T: τοῦ AG   ἐνἀπολῃφϑὲν A, G: ἀπολειφϑὲν T₁: ἐν-
ἀπολειφϑὲν A₂T₂   17. 32 malim ἐπισπασϑήσεται

20 οἰονεί seclusi, om. L   21 οὖν om. P   23 ζη P
24 δὲ BL: δὴ CP (P ex corr.)   26 ὑγρόν om. L   30—31
ὥστε ... σωλῆνα om. L   31 ὑπερεκβλύσαι BC: ὑπερεκβλύσει P

ὕδωρ. εἶτα λαβὼν ἀναπνοὴν ὁ ΖΗ σωλὴν ποιήσει
ὁμοίως τὸν Γ κρουνὸν ῥέειν. καὶ τοῦτο ἔσται, ὁσάκις
ἂν ἐπεγχέωμεν τοὺς κυάθους.

XX.

Ἀγγείου ὄντος πλήρους ἀκράτου καὶ κρουνὸν ἔχον- 5
τος ὁτὲ μὲν τὸν οἶνον ἐκρέειν, ὕδατος δὲ ἐγχυνομένου
καθαρὸν τὸ ὕδωρ ἐκρεῖν, εἶτα πάλιν τὸν ἄκρατον·
κἂν βούληταί τις, τοῦ ὕδατος ἐγχυνομένου κρᾶμα
ῥυήσεται.
Ἔστω τι ἀγγεῖον τὸ ΑΒ διάφραγμα ἔχον περὶ 10
τὸν τράχηλον τὸ ΓΔ, δι' οὗ καθείσθω σωλὴν ὁ ΕΖ
ἔξω τοῦ πυθμένος φέρων, ὃς ἔσται κρουνός. ἐχέτω
δὲ ὁ ΕΖ σωλὴν τρυπημάτιον ἐντὸς τοῦ ἀγγείου παρὰ
τὸν πυθμένα τὸ Η. ἔστω δὲ καὶ διαύγιον ὑπὸ τὸν
τράχηλον τὸ Θ. ἐὰν οὖν καταλαβόμενοι τὸν κρουνὸν 15
τὸν Ζ ἐγχέωμεν τὸν οἶνον, χωρήσει εἰς τὸ κύτος,
τοῦ ἀέρος ἐκχωροῦντος διὰ τοῦ Θ διαυγίου. ἐὰν δὲ
211 καταλαβόμενοι τὸ διαύγιον | ἀφῶμεν τὸν κρουνόν, οὐ
ῥυήσεται, εἰ μὴ μόνον τὸ ἐναπολειφθὲν ἐν τῷ ΖΕ
σωλῆνι. ἐὰν οὖν ἐπεγχέωμεν ὕδωρ, καθαρὸν ῥυήσεται, 20

τὸν Γ κρουνὸν ῥέειν. καὶ τοῦτο ἔσται, ὁσάκις ἂν ἐπεγχέωμεν
τοὺς κυάθους.

---

3 ἐπεγχέωμεν AG: ἐπιχέωμεν T   7 ἐκρρέειν (sic) T
f. εἶτα ... ἄκρατον post ῥυήσεται (9) tr.   8 βούληται Tb:
βούλεται AG   13 τρυπημάτιον T₁: τρυμάτιον AGT₂   16 ζ
AGT₂: ϑ T₁

---

7 τὸν ἄκρατον: mixtum L   8 δέ τις b (δὲ om. L)   10
τι om. bL   11 τὸ aB: τὸν CP   καθείσθω aBL: κείσθω CP
σωλὴν om. L   12 ὃς ἔσται κρουνός a: καὶ ποιῶν κρουνὸν

Alsdann bekommt die Röhre $\zeta\eta$ (wieder) Luft und wird in gleicher Weise die Ausflufsröhre γ fliefsen lassen. Dies wiederholt sich, so oft wir die Becher (Wasser) zugiefsen.

XX.

5 Wenn man ein Gefäfs voll ungemischten Weins hat, das mit einem Ausflufsrohre versehen ist, so soll zunächst der Wein ausfliefsen. Giefst man aber Wasser ein, so soll das Wasser rein auslaufen, dann wieder der ungemischte Wein, und wenn man

Ein Zauberkrug, aus dem bald Wein, bald Wasser, bald eine Mischung fliefst. Fig. 64.

10 wünscht, eine Mischung (von Wein und Wasser), so lange (wenigstens) das Wasser eingegossen wird.

Es sei ein Gefäfs $\alpha\beta$ (Fig. 64)

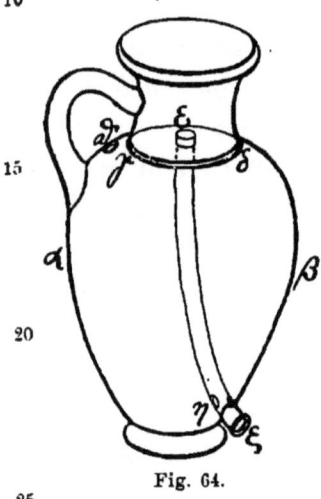

Fig. 64.

rings im Halse mit einer Scheidewand $\gamma\delta$ versehen, durch welche man eine Röhre $\varepsilon\zeta$ hinablasse, die als Ausflufsröhre aus dem Boden heraustrete. Die Röhre $\varepsilon\zeta$ habe innerhalb des Gefäfses nahe dem Boden ein kleines Loch η. Ferner sei unter dem Halse ein Spundloch ϑ angebracht. Halten wir nun die Ausflufsröhre ζ zu und giefsen den Wein ein, so dringt er in den Bauch (des Gefäfses), indem die Luft durch das Luftloch ϑ entweicht. Schliefsen wir aber das Luftloch und öffnen das Zapfloch, so fliefst der Wein nicht aus, abgesehen von dem, was etwa in der Röhre $\zeta\varepsilon$ zurückgeblieben war. Giefsen wir nun Wasser 30 auf, so fliefst es rein ab. Lassen wir aber das Luftloch

---

$\tau\grave{o}\nu~\bar{\zeta}$ b L   13—14 $\pi\varepsilon\varrho\grave{\iota}~\tau\grave{o}\nu~\pi\upsilon\vartheta\mu\acute{\varepsilon}\nu\alpha~\tau\varrho\upsilon\pi\eta\mu\acute{\alpha}\tau\iota\upsilon\nu$ b L ($\tau\varrho\upsilon\pi\eta\mu$. ante $\grave{\varepsilon}\nu\tau\grave{o}\varsigma$ om. b)   15 $\varkappa\alpha\tau\alpha\lambda\alpha\beta\acute{o}\mu\varepsilon\nu\upsilon\varsigma$ C P   19 $\overline{\varepsilon\zeta}$ b L   20 $\upsilon\grave{\tilde{\upsilon}}\nu$ om. B L

ἐὰν δὲ ἀνῶμεν τὸ διαύγιον, κρᾶμα, ἐὰν δὲ μηκέτι
ἐγχύνωμεν, καθαρὸς ὁ οἶνος.

XXI.

Βωμοῦ ἀναπτομένου τὰ μὲν παριδρυμένα ζώδια
σπένδειν, τὸν δὲ δράκοντα συρίζειν.   5
Ἔστω τις βάσις κοίλη ἡ ΑΒ, ἐφ᾽ ἧς βωμὸς ὁ Γ
ἔχων αὐλὸν μέσον ἐπὶ τὴν βάσιν καθιέμενον ἀπὸ τοῦ

Fig. 65.

ἐπιπύρου τὸν ΔΕ, ὃς εἰς τρεῖς ἐσχίσθω σωλῆνας τὸν
μὲν ΕΖ ἐπὶ τὸ στόμα τοῦ δράκοντος φέροντα, τὸν δὲ
ΕΗΘ ἐπὶ οἰνοδόχον ἀγγεῖον τὸ ΚΛ, οὗ ὁ πυθμὴν 10
ἀνωτέρω ἔστω τοῦ Μ ζῳδίου, προσηνωμένον τῷ ἐπιφράγματι τοῦ ΚΛ. ἀγγείου χαρακοειδῶς· ἕτερος δὲ ὁ

los, so fließt ein Gemisch (von Wein und Wasser) und,
wenn wir nichts mehr[1]) eingießen, reiner Wein.

XXI.

Wenn man Feuer auf einem Altare anzündet, so *Die Libation.*
5 sollen die daneben stehenden Figuren ein Trankopfer *Fig. 65*
und 65 a.
darbringen, während die Schlange zischt.

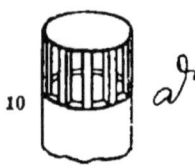

Fig. 65 a.

Man denke sich eine hohle Basis $\alpha\beta$
(Fig. 65)[2]), auf der ein Altar γ mit einem
in der Mitte vom Feuerbecken nach der
10 Basis gehenden Rohre $\delta\varepsilon$ stehe. Dieses
gabele sich in drei Röhren, von denen $\varepsilon\zeta$
nach dem Rachen der Schlange führe und
$\varepsilon\eta\vartheta$ nach einem Weinbehälter $\varkappa\lambda$, dessen
Boden oberhalb der Figur μ liege. Die Röhre sei mit
15 dem Deckel des Behälters $\varkappa\lambda$ palissadenartig (gitterförmig

---

1) Nach b: 'kein Wasser mehr'.
2) Die Figuren sind mit einigen Änderungen einem pompejanischen Relief nachgebildet, das ehemals Winckelmann
gehörte und sich jetzt in Paris befindet. S. O. Jahn *De
antiquissimis Minervae simulacris Atticis*, Bonnae 1866, S. 15
Anmerk. 49 und Taf. II. (Die Tafel wurde mir von Herrn
Prof. Loeschcke in Bonn gütigst zur Verfügung gestellt.) Man
erwartet eigentlich, daſs auch die Hebervorrichtung für das
Auge unsichtbar sei. Aber dennoch erscheint es nicht statt-
haft, sie nebst den Rohren und Behältern ins Innere der Figuren
zu verlegen. Darauf weist weder der Text hin, noch ist es in
der handschriftlichen Figur angedeutet. Dieser entsprechen
vielmehr die beiden Pfeiler, wie sie in unserer Zeichnung dargestellt sind. Schließlich sei hinsichtlich der Schlange daran
erinnert, eine wie groſse Rolle sie in Pompeji (Overbeck-Mau
S. 244) in bildlichen Darstellungen spielte.

---

2 $\acute{o}$ om. CT$_1$, add. T$_2$ 6 $\acute{\varepsilon}\varphi'$: $\acute{\alpha}\varphi'$ G   f. $\acute{\varepsilon}\varphi'$ $\tilde{\eta}\varsigma$ $\langle\acute{\varepsilon}\varphi\varepsilon$-
$\sigma\tau\acute{\alpha}\tau\omega\rangle$. cf. p. 80, 7. 226, 13   8 $\acute{\varepsilon}\pi\iota\pi\acute{\upsilon}\varrho o\nu$ G$_2$T$_1$b: $\pi\acute{\upsilon}\varrho o\nu$ A G$_1$T$_2$
10 $\varepsilon\eta\vartheta$ ABG$_2$TL: $\overline{\eta\vartheta}$ CG$_1$P   11 $\pi\varrho o\sigma\eta\nu\omega\mu\acute{\varepsilon}\nu o\nu$ T: $\pi\varrho o\sigma$-
$\eta\nu\omega\mu\acute{\varepsilon}\nu o\varsigma$ AGb

2 $\acute{\varepsilon}\gamma\gamma\acute{\upsilon}\nu\omega\mu\varepsilon\nu$ a: $\acute{\varepsilon}\gamma\chi\acute{\varepsilon}\omega\mu\varepsilon\nu$ $\H{\upsilon}\delta\omega\varrho$ b   7—8 $\grave{\alpha}\pi\grave{o}$ $\tau o\tilde{\upsilon}$ $\acute{\varepsilon}\pi\iota$-
$\pi\acute{\upsilon}\varrho o\nu$ om. L

ΕΝΞ καὶ αὐτὸς ὁμοίως ἀνηκέτω εἰς ἕτερον οἰνοδόχον
ἀγγεῖον τὸ *ΟΠ* καὶ αὐτὸς χαρακοειδῶς· συνεστεγνά-
σθωσαν δὲ καὶ ἀμφότεροι τοῖς πυθμέσι τῶν ἀγγείων.
ἔστωσαν δὲ ἐν ἑκατέρῳ τῶν οἰνοδόχων ⟨ἀγγείων⟩ καμ-
πύλοι σίφωνες ὅ τε *ΡΣ* καὶ ὁ *ΤΥ*, ὧν αἱ μὲν ἀρχαὶ 5
ἔστωσαν ἐν τῷ οἴνῳ, τὰ δὲ τέλη διήκοντα πνικτῶς
διὰ τοῦ περιφράγματος τῶν οἰνοδοχείων, καθ' ὧν δεῖ
γίνεσθαι τὰς σπενδούσας χεῖρας τῶν ζῳδίων. ὅταν
οὖν μέλλῃς ἐξάπτειν, προεμβάλλων τοῖς σωλῆσιν ὑδάτιον βραχύ, ὥστε μὴ διαρραγῆναι τοὺς σωλῆνας ὑπὸ 10
ξηροῦ τοῦ πυρός, ἀπόφραξον ἅπαντα, ὡς μὴ διαπνέειν.
· τὸ δὲ τοῦ πυρὸς πνεῦμα ἐγκαταμιγὲν τῷ ὕδατι διὰ
τῶν σωλήνων ἀνελεύσεται ἐπὶ τοὺς χάρακας καὶ δι'
αὐτῶν θλίψαν τὸν οἶνον ἀνοίσει ἐπὶ τοὺς καμπύλους
σίφωνας τόν τε *ΡΣ* καὶ τὸν *ΤΥ*, ὥστε διὰ τῶν χειρῶν 15
τῶν ζῳδίων ῥέοντα σπένδειν, ἐφ' ὅσον ὁ βωμὸς καίεται·
ὁ δὲ ἕτερος σωλὴν τὸ πνεῦμα ἀνενεγκὼν ἐπὶ τὸ στό-
211 extr. μιον τοῦ δράκοντος συρίζειν ποιήσει τὸν δράκοντα.

XXII.

222 *Λυχνίας κατασκευή*, ὥστε λύχνου ἐπικειμένου, ὅταν 20
ἐλλιπὴς ἐλαίου γένηται, ἐκ τοῦ ὠτὸς αὐτοῦ ἐπιχεῖσθαι
ἔλαιον εἰς τὸν λύχνον, ὅσον ἂν προαιρώμεθα, μηδενὸς

---

2 f. αὐτὸς ⟨προσηνωμένος τῷ ἐπιφράγματι⟩   4 ἀγγείων B:
om. a C P   8 γίγνεσθαι T C   9 μέλλῃς A G b: μέλλῃ T
προενβάλλων A: προσενβάλλων G: προσεμβάλλων T   11 καὶ
ἀπόφραξον T   12 ἐγκαταμιγὲν A₁ b: ἐγκαταμεμιγμένων A₂T:
ἐγκαταμεμιγμένων (sic) G   13 ἀνελεύσεται A₂GT: ἀνέλθῃ A₁
16 ζῳδίων A₁ b: ζῳδαρίων A₂GT

1—2 οἰνοδόχον ἀγγεῖον aBC: οἰνοδοχεῖον P   2 ō π aBL:
ō CP   2—3 συνεστεγνώσθωσαν . . . ἀγγείων a: συνεστεγνωμένος τῷ πυθμένι τοῦ ἀγγείου bL   6 οἴνῳ: utero L   9 προ-
εμβάλων P   11˙ξυροῦ P   12 δὲ a: οὖν bL   πνεῦμα τοῦ

mit Schlitzen, Fig. 65a) verbunden. Ferner steige eine andere Röhre $εvξ$ in ähnlicher Weise nach einem andern Weinbehälter $oπ$ auf und sei gleichfalls palissadenartig (mit dem Deckel des Gefäfses $oπ$ verbunden). Beide
5 Röhren seien in die Böden der Gefäfse eingelötet. In beiden Weinbehältern seien gekrümmte Heber $ϱσ$ und $τv$. Ihr eines Ende möge in den Wein tauchen, das andere dagegen durch den Deckel der Weinbehälter luftdicht hindurchgehen. Unter diesen müssen die das Trankopfer
10 spendenden Hände der Figuren liegen.[1]) Wenn du nun das Feuer anzünden willst, so giefse zuvor in die Röhren ein wenig Wasser, dafs sie nicht infolge der trockenen Hitze platzen, und verschliefse alles luftdicht. Die durch das Feuer in Bewegung gesetzte (erwärmte) Luft wird
15 nun mit dem Wasser vermischt durch die Röhren nach oben zu den Palissaden (bezw. den Schlitzen) steigen, durch sie hindurch auf den Wein einen Druck ausüben und ihn nach den gebogenen Hebern $ϱσ$ und $τv$ hinaufdrängen. Und so bringen die Figuren, indem der Wein
20 durch ihre Hände fliefst,[2]) ein Trankopfer dar, so lange das Altarfeuer brennt. Die andere Röhre leitet die (erwärmte) Luft nach oben zum Rachen der Schlange und läfst sie zischen.

XXII.

25 Einen Kandelaber herzustellen, dafs aus dem Henkel einer aufgesetzten Lampe sich eine beliebige Menge Öl in sie ergiefst, wenn das Öl in der Lampe

Eine unversieg-
liche Lampe
(ein Herons-
brunnen).
Fig. 66.

---

1) Es wäre deutlicher, wenn Heron gesagt hätte: ʻDie Heber endigen in den Händen der Figuren'. Das ist jedenfalls gemeint.
2) Zusatz in b: ʻanscheinend'.

$πυϱὸς$ tr. b   14 $ἀνοίσει$ aB: $ἀνήσει$ CP: *efferetur* L   16 $τῶν$
om. P $σπένδειν$ a: $σπένδειν$ $δοκεῖν$ bL   17 $σωλῆν$ a:
$αὐλὸς$ b   18 $συϱίζειν$ aBL: $συϱίσειν$ CP   19 cap. XXII
om. bL.   de libris decurtatis v. prolegomena

266 ΗΡΩΝΟΣ ΑΛΕΞΑΝΔΡΕΩΣ ΠΝΕΥΜΑΤΙΚΩΝ Β.

ἀγγείου ἐπὶ τοῦ λύχνου ἐπικειμένου, ἐξ οὗ τὸ ἔλαιον
ἐπιρρέει.

Κατασκευαζέσθω ἡ λυχνία κοίλην ἔχουσα βάσιν
τρίγωνον καθάπερ πυραμίδα γίνεσθαι. καὶ ἔστω βάσις
ἡ ΑΒΓΔ κοίλη διάφραγμα ἔχουσα τὸ ΕΖ. ὁ δὲ τῆς ⁵
λυχνίας καυλὸς ἔστω ὁ ΗΘ καὶ αὐτὸς κοῖλος, ὑπὲρ
δὲ τὸν καυλόν, ὡς εἴρηται, κοῖλος κάλαθος ὁ ΚΛ
δυνάμενος πλέον ἔλαιον χωρεῖν. καὶ ἐκ μὲν τοῦ ΕΖ
διαφράγματος ἀνατεινέτω σωλὴν ὁ ΜΝ συντετρημένος
τῷ διαφράγματι καὶ ἀπέχων ἀπὸ τοῦ ΚΛ ἐπιφράγ- ¹⁰
ματος τοῦ καλάθου, ἐφ' ὃ δὴ καὶ ἐπίκειται ὁ λύχνος,
ὅσον ἀέρι διέξοδον. ἕτερος δὲ σωληνίσκος ὁ ΞΟ
καθείσθω διὰ τοῦ ΚΛ ἐπιφράγματος ἀπέχων ἀπὸ τοῦ
πυθμένος τοῦ καλάθου ὅσον ὕδατι διάρρυσιν. ὑπερεχέτω δὲ ὁ ΞΟ σωλὴν τοῦ ΚΛ ἐπιφράγματος βραχύ. ¹⁵
τῇ δὲ ὑπεροχῇ συνεσμηρίσθω ἕτερον σωληνάριον τὸ
Π ἐπιπεφραγμένον τὸ ἄνω στόμιον, ὃ διὰ τοῦ πυθμένος τοῦ λύχνου †διωθει συνηνώσθω τῷ λύχνῳ μηδὲν
†ἔχων εἰς τὸ ἐκτὸς τοῦ λύχνου. τῷ δὲ Π σωλῆνι
συγκεκολλήσθω ἕτερον σωληνάριον λεπτὸν ἀνατεῖνον ²⁰
εἰς τὸ ἄκρον τοῦ ὠτὸς καὶ συντετρήσθω αὐτῷ, ὥστε
ἐπιρρεῖν ἐν τῷ κοιλάσματι τοῦ λύχνου, ἔχον τρῆμα
ὥσπερ καὶ οἱ ἄλλοι. ὑπὸ δὲ τὸ ΕΖ διάφραγμα
ὑποκεκολλήσθω κλειδίον φέρον εἰς τὴν ΓΔΕΖ χώραν,
ὥστε, ἐὰν ἀνοιχθῇ, τὸ ἐκ τῆς ΑΒΕΖ χώρας ὕδωρ ²⁵
μεταβαίνειν εἰς τὴν ΓΔΕΖ. ἔστω δὲ ἐν τῷ ΑΒ

---

4 f. ⟨ὥστε⟩ καθάπερ   7 καυλὸν M₂: αὐλὸν a   ὡς εἴρηται suspecta, nisi initio capitis quaedam interciderunt   18
διωθεὶ codd.: f. διωσθὲν   μηδὲν AG: μηδὲ T   19 ἔχων
codd.: f. ἔχον. particip. ἔχων recte se haberet, si haec fere ab
Herone scripta essent: τοῦ λύχνου διώσθω, ⟨ὁ δὲ Π σωλὴν⟩
συνηνώσθω τῷ λύχνῳ μηδὲν ἔχων κτέ   22 τοῦ λύχνου om. G

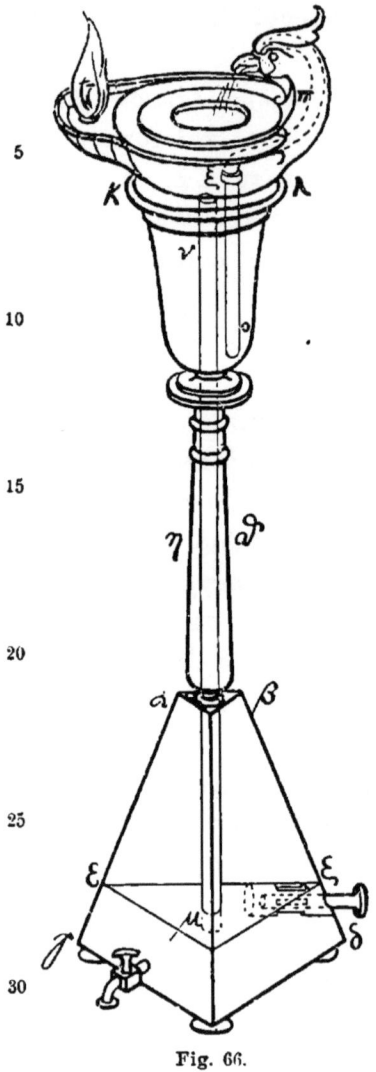

Fig. 66.

ausgeht, ohne dafs man nötig hätte, einen Behälter auf die Lampe zu stellen, aus dem Öl zufliefsen kann.

Man stelle den Kandelaber mit einer hohlen Basis in Form einer dreiseitigen Pyramide her. Die hohle Basis sei $\alpha\beta\gamma\delta$ (Fig. 66), sie sei mit einer Scheidewand $\varepsilon\zeta$ versehen. Der Kandelaberschaft sei $\eta\vartheta$ und sei gleichfalls hohl. Oberhalb des Schaftes, [wie gesagt,] sei ein hohler Behälter $\varkappa\lambda$ in Gestalt eines Kühlers[1]), der reichlich Öl zu fassen vermag. Aus der Scheidewand $\varepsilon\zeta$ steige eine Röhre $\mu\nu$ auf, welche durch jene hindurchgetrieben sei und fast bis an den Deckel $\varkappa\lambda$ des Ölbehälters reiche; doch lasse sie noch Raum für den Austritt der Luft. Gerade auf diesen Deckel ist die Lampe gestellt. Ein anderes Röhrchen ξo stecke man durch den Deckel $\varkappa\lambda$ fast bis auf den Boden des Kühlers, dafs nur noch Wasser durchfliefsen kann. Die Röhre ξo rage etwas über den Deckel $\varkappa\lambda$ hervor. In den überragenden Teil sei ein anderes Röhrchen π luftdicht eingeschliffen,

---

1) Kálathos gewöhnlich ein Korb in der gezeichneten Form, aber auch ein Kühlgefäfs.

ἐπιφράγματι τρημάτιον, δι' οὗ πληρώσομεν τὴν ΑΒΕΖ
χώραν ὕδατος, καὶ ὁ ἐν αὐτῇ ⟨ἀὴρ⟩ ἐκχωρήσει διὰ
τοῦ εἰρημένου τρήματος. ἀφαιρεθέντος οὖν | τοῦ
λύχνου πληρώσομεν ἐλαίου τὸν κάλαθον διὰ τοῦ ΞΟ
σωληναρίου, τοῦ ἐν τῷ καλάθῳ ἀέρος ἐκχωροῦντος 5
διὰ τοῦ ΜΝ σωληνίσκου καὶ ἔτι διὰ τῆς ἐν τῷ ΓΔ
πυθμένι κλειδὸς ἀνοιχθείσης, ὅτε δὴ καὶ τὸ ἐν τῇ
ΓΔΕΖ χώρᾳ ὕδωρ ἐκρυήσεται. ἐπιτεθέντος οὖν τοῦ
λύχνου διὰ τοῦ Π σμηρίσματος, ὅταν δέῃ ἔλαιον
ἐπιχέειν, ἀνοίξωμεν τὸ ἐν τῷ ΓΔ πυθμένι κλειδίον. 10
μεταχωροῦντος οὖν τοῦ ἐν τῇ ΑΒΕΖ χώρᾳ ὕδατος
εἰς τὴν ΓΔΕΖ, ὁ ἐν τῇ ΓΔΕΖ ἀὴρ διὰ τοῦ ΜΝ
σωληνίσκου εἰς τὸν κάλαθον ἀφικνούμενος θλίψει τὸ
ἐν αὐτῷ ἔλαιον, ὃ δὴ διὰ τοῦ ΞΟ σωλῆνος καὶ τοῦ
συνεχοῦς αὐτῷ εἰς τὸν λύχνον χωρήσει. ὅταν δὲ 15
μηκέτι βουλώμεθα ῥέειν, ἀποκλείσεται τὸ κλειδίον καὶ
παύσεται. καὶ πάλιν ὅταν δέῃ, ⟨τὸ⟩ αὐτὸ ποιήσομεν.

XXIII.

Δύναται δὲ καὶ ἄλλως ἐπὶ τῆς αὐτῆς καταγραφῆς
προχειρότερον, ὥστε ⟨μὴ⟩ βάσιν κατασκευάζειν, ἐν ᾗ 20
τὸ ὕδωρ ἐστί· τὰ μὲν οὖν ἄλλα τὰ αὐτὰ ἔστω χωρὶς
τῆς βάσεως καὶ τοῦ ἐν αὐτῇ ὕδατος.

---

2 f. ὕδατος ⟨καὶ ὃ μετὰ τὴν ἔγχυσιν ἀπεστεγνώσθω⟩. cf.
supra p. 118, 10   ἀὴρ M₂: om. a   7 ὅτε scripsi: ὅταν codd.
10 ἀνοίξωμεν a: ἀνοίξομεν Monac. 431   γδ πυθμένι: f.
γδεξ ἀγγείῳ   12 ὁ M: ἡ a   16 f. ἀπο⟨κε⟩κλείσεται   17
⟨τὸ⟩ inserui. cf. p. 274, 2   20 μὴ inserui

---

18 Cap. XXIII om. bL

dessen obere Mündung verschlossen sei. Das Röhrchen gehe
durch den Boden der Lampe und sei derart mit ihr vereinigt,
dafs es ganz im Innern derselben liegt. Mit der Röhre π
sei ein anderes, enges Röhrchen zusammengelötet, das nach
5 dem Ende der Handhabe aufsteige und nach der Röhre (π)
sich öffne, so dafs das Öl in den Hohlraum der Lampe
fliefsen kann; denn das Röhrchen ist mit einer Mündung
(Loch) versehen wie die übrigen. Unterhalb der Scheide-
wand $\varepsilon\zeta$ löte man ein in den Raum $\gamma\delta\varepsilon\zeta$ führendes
10 Ventil derart fest, dafs das Wasser aus dem Raume $\alpha\beta\varepsilon\zeta$
nach $\gamma\delta\varepsilon\zeta$ laufen kann, wenn es offen ist. In der Deckwand $\alpha\beta$ sei ein kleines Loch, durch welches wir den
Raum $\alpha\beta\varepsilon\zeta$ mit Wasser füllen, indem die darin enthaltene Luft durch das genannte Loch entweicht.[1]) Wenn
15 wir nun die Lampe abgenommen haben, wollen wir den
Ölbehälter durch die Röhre ξo mit Öl füllen, indem die
im Behälter enthaltene Luft durch die Röhre $\mu\nu$ und
ferner durch den am Boden $\gamma\delta$ befindlichen Hahn entweicht, der geöffnet wird, wenn nämlich auch das in dem
20 Raume $\gamma\delta\varepsilon\zeta$ enthaltene Wasser ausfliefsen soll.[2]) Hat man
nun die Lampe mit Hilfe der (in ξo) genau passenden
Röhre (Smerisma, Rohrverschleifung) π aufgesetzt, so
öffne man das Ventil im Bodenraume $\gamma\delta(\varepsilon\zeta)$, wenn man
Öl aufgiefsen mufs. Läuft nun das im Raume $\alpha\beta\varepsilon\zeta$ ent-
25 haltene Wasser nach $\gamma\delta\varepsilon\zeta$, so gelangt die in $\gamma\delta\varepsilon\zeta$ eingeschlossene Luft durch die Röhre $\mu\nu$ in den Kühler und
übt auf das darin enthaltene Öl einen Druck aus. Dieses
geht natürlich durch die Röhre ξo und was damit zusammenhängt nach der Lampe. Soll es aber nicht mehr
30 fliefsen, so schliefst man das Ventil, und der Zuflufs hört
auf. Dies kann man je nach Bedürfnis wiederholen.

---

1) Dieses Loch ist natürlich nach dem Füllen luftdicht zu
verschliefsen. 2) Man denke sich hinzu: 'und der dann
eine Zeit lang offen steht'. Im griechischen Texte ist ein Fehler.
Wenn man statt der Konjunktion das Verbum ($\dot{\varepsilon}\varkappa\varrho\nu\acute{\eta}\sigma\varepsilon\tau\alpha\iota$ in
$\dot{\varepsilon}\varkappa\varrho\nu\tilde{\eta}$) ändern dürfte, erhielte man folgende Lesart: 'der offen
steht, wenn nämlich das . . . Wasser abgelaufen ist'.

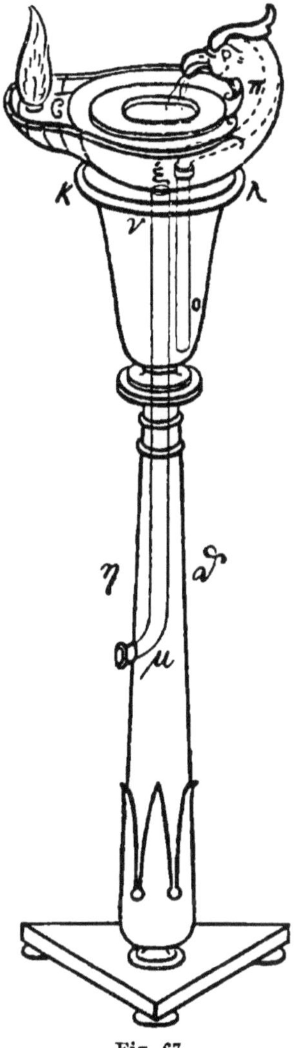

Ὁ δὲ ΜΝ σωλὴν τὸ Μ
στόμιον ἐχέτω συντετρημένον
τῷ τεύχει τοῦ καυλοῦ, ὥστε εἰς
τὸ ἐκτὸς φαίνεσθαι τοῦ καυλοῦ,
καὶ περιεστεγνώσθω. ἐὰν οὖν
τις προσαγαγὼν τὸ στόμα ἐμ-
φυσήσῃ εἰς τὸ ἐκτὸς στόμιον,
χωρήσει τὸ πνεῦμα εἰς τὸν
κάλαθον καὶ θλίψει τὸ ἔλαιον
διὰ τοῦ ΞΟ σωλῆνος. καὶ ἔσται
τὸ αὐτὸ τῷ πρότερον· ὁσάκις
γὰρ ἐὰν ἐμφυσῶμεν, ἐπιχυθή-
σεται εἰς τὸν λύχνον ἔλαιον.
δεήσει δὲ τὸ τοῦ ὠτὸς ἄκρον
ἐπικεκάμφθαι κατὰ κάθετον τῷ
λύχνου τρήματι, ὥστε μὴ ἔξω
223 extr. ἀκοντίζειν τὸ ἔλαιον.

XXIV.

212 ⟨Λυχνίας κατασκευή, ὥστε
τοῦ ἐλαίου μειουμένου ἐν τῷ
τὸν λύχνον ἅπτειν ὕδατος ἐγχυνομένου προσαναπληροῦσθαι
τὴν λυχνίαν ἐλαίου.⟩

Ἔστω γὰρ ὑπὸ τὴν λυχνίαν
ἀγγεῖον στεγνὸν πάντοθεν τὸ
ΑΒ ἤτοι συμφυὲς αὐτῇ ἢ καὶ
ἰδίᾳ κείμενον. ἐκ δὲ τούτου ἀνατεινέτωσαν δύο σωλῆνες

Fig. 67.

a 270, 24—274, 23 Ἔστω γὰρ ... ἐπιρρεῖν = b 270,
29—274, 32: Ἔστω ὑπὸ τὴν λυχνίαν ἀγγεῖον στεγνὸν πάντοθεν συμφυὲς αὐτῇ τὸ ΑΒ. ἐκ δὲ τούτου ἀνατεινέτωσαν 30

XXIII.

Unter Benutzung desselben Entwurfes kann man Eine unversieg-
denselben Versuch noch anders und leichter ausführen, liche Lampe (ein Herons-
ohne Herrichtung einer Basis mit Wasser. Die ball). Fig. 67.
5 übrigen Vorrichtungen seien also dieselben mit Ausnahme
der Basis und des darin enthaltenen Wassers.

Die Mündung μ (Fig. 67) der Röhre $\mu\nu$ sei durch
die Wand des Schaftes getrieben, so dafs sie aufserhalb
des Schaftes sichtbar ist, und die Röhre sei rings eingelötet.
10 Wenn man nun den ·Mund ansetzt und in die äufsere
Mündung hineinbläst, so dringt der Hauch in den Ölbehälter
und drückt das Öl durch die Röhre ξo. Dann wiederholt
sich derselbe Vorgang wie vorhin. Denn so oft man
hineinbläst, fliefst Öl auf die Lampe. Das Ende der
15 Handhabe mufs aber rechtwinklig zu dem Loche der
Lampe gebogen sein, damit sie das Öl nicht nach aufsen
laufen läfst.

XXIV.

Einen Kandelaber anzufertigen, dafs infolge Ein- Verwendung des Wasser-
20 giefsens von Wasser sich die Lampe mit Öl füllt, drucks zum
je nachdem das Öl beim Brennen[1]) der Lampe auf- Nachfüllen einer Lampe.
gebraucht wird. Fig. 68 u. 68 a.

Unter dem Leuchtständer befinde sich ein allseitig
geschlossener Behälter $\alpha\beta$ (Fig. 68), der entweder mit
25 ihm verbunden sei oder für sich (ohne Verbindung) aufgestellt werde.[2]) Aus diesem sollen zwei Röhren $\gamma\delta$ und

---

1) Wörtlicher: ʻbeim Anstecken'. Z. 19—22 fehlt in a.
2) Die Worte ʻentweder' und ʻoder . . . werde' fehlen in b.

---

1 $\overline{\mu\nu}$ AG: $\mu\grave{\epsilon}\nu$ T   6—7 $\dot{\epsilon}\mu\varphi\upsilon\sigma\acute{\eta}\sigma\epsilon\iota$ T   10 $\check{\epsilon}\sigma\tau\alpha\iota$ AG:
$\check{\epsilon}\sigma\tau\omega$ T   16 f. $\langle\tau o\tilde{\upsilon}\rangle$ $\lambda\acute{\upsilon}\chi\nu o\nu$ 17 $\dot{\alpha}\kappa o\nu\tau\acute{\iota}\zeta\epsilon\iota\nu$ M: $\dot{\alpha}\kappa o\nu\tau\acute{\iota}\zeta\epsilon\iota$ G:
$\dot{\alpha}\kappa o\nu\tau\acute{\iota}\zeta\epsilon$ AT   19—23 $\Lambda\upsilon\chi\nu\acute{\iota}\alpha\varsigma$ ... $\dot{\epsilon}\lambda\alpha\acute{\iota}o\upsilon$ ex b inserui: om. a:
$\Lambda\upsilon\chi\nu\acute{\iota}\alpha\varsigma$ $\kappa\alpha\tau\alpha\sigma\kappa\epsilon\upsilon\acute{\eta}$ lacunae signo addito edit. Paris.   26 $\alpha\dot{\upsilon}\tau\tilde{\eta}$
A mg. GT: $\alpha\dot{\upsilon}\tau\tilde{\omega}$ A_1 27 $\dot{\alpha}\nu\alpha\tau\epsilon\iota\nu\acute{\epsilon}\tau\omega\sigma\alpha\nu$ A_1: $\dot{\alpha}\nu\alpha\tau\epsilon\iota\nu\acute{\epsilon}\sigma\vartheta\omega\sigma\alpha\nu$
A mg. GT

οἱ ΓΔ, ΕΖ συντετρημένοι τῷ ΑΒ ἀγγείῳ. τὸ δὲ Γ
στόμιον τοῦ σωλῆνος ἀπεχέτω ἀπὸ τοῦ πυθμένος τοῦ
ΑΒ ἀγγείου ὅσον ὕδατι διάρρυσιν· καὶ ὁ μὲν ΓΔ
ἄχρι τῆς ἐπιφανείας ἔστω τοῦ λύχνου φιάλιον ἔχων
πρὸς τῷ Δ ἄκρῳ, δι' οὗ ἔσται ἡ ἔγχυσις τοῦ ὕδατος. 5
ὁ δὲ ΕΖ σωλὴν συντετρήσθω τῷ πυθμένι τοῦ λύχνου.
ἐὰν οὖν τις διὰ τοῦ ὀμφαλοῦ τοῦ λύχνου ἐγχύνῃ
ἔλαιον, χωρήσει πρῶτον εἰς τὸ ΑΒ ἀγγεῖον, εἶτα
πληρωθέντος αὐτοῦ πληρωθήσονται καὶ οἱ ΓΔ, ΕΖ
σωλῆνες καὶ ὁ λύχνος. καιόμενος οὖν ὁ λύχνος ἀπό- 10
κενος ἔσται. ὅταν οὖν ἐγχέωμεν διὰ τοῦ πρὸς τῷ
Δ φιαλίου ὕδωρ, χωρήσει εἰς τὸ ΑΒ ἀγγεῖον μιγνύμενον τῷ ἐλαίῳ, τὸ δὲ ἐν τῷ ΑΒ ἀγγείῳ ἔλαιον
προσαναβὰν πληρώσει τὸ ἐλλιπὲς τοῦ λύχνου, ἄχρις

δύο σωλῆνες οἱ ΓΔ, ΕΖ συντετρημένοι τῷ ΑΒ ἀγγείῳ. καὶ 15
τὸ μὲν Γ στόμιον τοῦ ΓΔ σωλῆνος ἀπεχέτω ἀπὸ τοῦ πυθμένος τοῦ ἀγγείου βραχύ, ὅσον ὕδατι διάρρυσιν εἶναι· τὸ
δὲ Δ μέρος ἄνω τῆς ἐπιφανείας ἔστω τοῦ λύχνου φιάλιον
ἔχον πρὸς τῷ Δ ἄκρῳ, δι' οὗ ἔσται ἡ ἔγχυσις τοῦ ὕδατος.
ὁ δὲ ΕΖ σωλὴν διηκέσθω μέχρις αὐτῆς τῆς κοίλης ἐπι- 20
φανείας τοῦ λύχνου. ἐὰν οὖν τις διὰ τῆς κοίλης ἐπιφανείας
τοῦ λύχνου ἐγχέῃ ἔλαιον, χωρήσει πρῶτον εἰς τὸ ΑΒ ἀγγεῖον,
εἶτα πληρωθέντος αὐτοῦ πληρωθήσονται καὶ οἱ σωλῆνες ὅ
τε ΓΔ καὶ ὁ ΕΖ, ἀλλὰ δὴ καὶ ὁ λύχνος αὐτός. καιόμενος
οὖν ὁ λύχνος ἀπόκενος ἔσται. ὅταν δὲ ἐγχέωμεν διὰ τοῦ 25
πρὸς τῷ Δ φιαλίου ὕδωρ, χωρήσει εἰς τὸ ΑΒ ἀγγεῖον καὶ

---

8 $\overline{αβ}$ A₁ G: $\overline{κλ}$ A₂ T   11 τῷ AG: τὸ T   12—13 f. ⟨μὴ⟩
μιγνύμενον

---

16 ΓΔ scripsi: $\overline{βγ}$ bL   18 Δ scripsi secundum L: $\overline{β}$ b
19 ἔχον scripsi: ἔχων b   22 procedit L   25 ἀπόκενος
ἔσται om. L

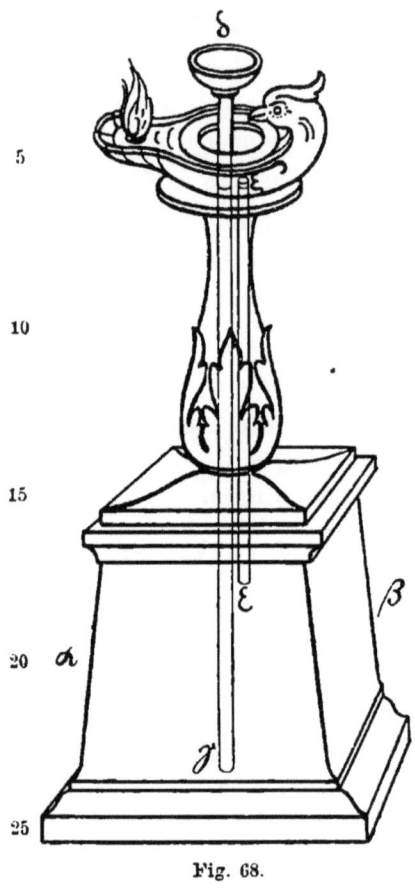

Fig. 68.

εζ aufsteigen und nach dem Behälter αβ offen stehen. Die Röhrenmündung γ reiche fast bis auf den Boden des Behälters αβ, lasse aber noch Raum für den Durchfluſs von Wasser. Die Röhre γδ gehe bis zur oberen Seite der Lampe[1]) und sei am Ende δ mit einer kleinen Schale versehen, durch welche man das Wasser eingieſst. Die Röhre εζ münde in den Boden der Lampe.[2]) Wenn man nun in den Nabel (Mittelpunkt)[3]) der Lampe Öl gieſst, so läuft es zuerst in den Behälter αβ. Ist dieser gefüllt, so füllen sich auch die Röhren γδ und εζ nebst[4]) der Lampe. Steckt man nun die Lampe an, so wird sie sich entleeren. Gieſsen wir dann Wasser durch das Becken bei δ, so läuft es in den Behälter αβ, ohne[5]) sich mit dem Öle zu vermischen, während das im Behälter αβ enthaltene Öl aufsteigt und das in der Lampe Fehlende ersetzt, bis das Öl zur Tülle

1) Nach **b**: 'Der Abschnitt δ befinde sich über der oberen Seite der Lampe'.
2) Nach **b**: 'Die Röhre εζ gehe unmittelbar in das Bassin der Lampe'.
3) Nach **b**: 'den Hohlraum (das Bassin)'.
4) Nach **b**: 'aber natürlich auch die Lampe selbst'.
5) Nach Vermutung übersetzt. Handschriftlich: 'und vermischt sich'.

ἂν πρὸς τὴν μύξαν γένηται τὸ ἔλαιον. εἶτα πάλιν ἐὰν ὑποκαθίσῃ τὸ ἔλαιον, τὸ αὐτὸ ποιήσομεν καὶ τοῦτο, ἄχρις ἂν τὸ ἔλαιον δαπανηθῇ. ἐὰν δὲ δέῃ ἔτι καταλειφθέντος ἐλαίου εἰς
τὸν λύχνον ἀφελεῖν τὸ
ΑΒ ἀγγεῖον, ἔσται σμη-
ρισμάτια ἐν τοῖς ΓΔ,
ΕΖ σωλῆσι πρὸς τῷ
ΑΒ ἀγγείῳ καὶ πρὸς
τῷ λύχνῳ κλειδία, ὥστε
ἐπιστραφέντων αὐτῶν
. συνέχεσθαι τό τε ἐν τῷ
λύχνῳ ἔλαιον καὶ τὸ ἐν
τοῖς σωλῆσι, καὶ οὕτως
ἀφαιρετὸν ἔσται. καὶ
ὅταν βουλώμεθα, πάλιν
προστεθέντων αὐτῶν

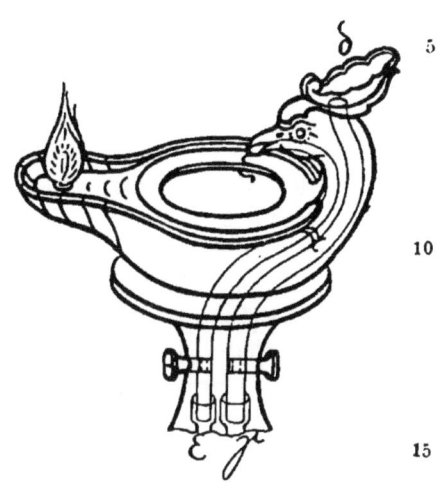

Fig. 68 a.

ἀνοίξομεν τὰ κλειδία. βέλτιον δὲ τὸ μὲν ΕΖ σωλη-
213 νάριον εἰς τὸ οὖς τοῦ λύχνου φέρειν, τὸ δὲ ΓΔ ὀπίσω
τοῦ ὠτὸς μικρὸν μετεωρότερον ἔχον προσκείμενόν τι
ἄνω φιαλοειδὲς συντετρημένον αὐτῷ, δι' οὗ ἐγχυθήσεται τὸ ὕδωρ, ὥστε ἅμα τῇ ἐγχύσει τοῦ ὕδατος ἐκ τοῦ
ὠτὸς τὸ ἔλαιον ἐπιρρεῖν.

τὴν κάτω χώραν ζητῆσαν προσαναβῆναι ποιήσει τὸ ἔλαιον
καὶ ἀναπληρώσει τὸ λεῖπον, ἄχρις ἂν πρὸς τὴν μύξαν
γένηται τὸ ἔλαιον. εἶτα πάλιν ἐὰν ὑποκαθίσῃ τὸ ἔλαιον,
τὸ αὐτὸ ποιητέον καὶ τοῦτο, ἄχρις ἂν τὸ ἔλαιον δαπανηθῇ.
βέλτιον δὲ τὸ μὲν ΕΖ σωληνάριον εἰς τὸ οὖς τοῦ λύχνου
φέρειν, τὸ δὲ ΓΔ ὀπίσω τοῦ ὠτὸς μικρὸν μετεωρότερον
ἔχον προσκείμενον ἄνω τὸ συντετρημένον φιάλιον, δι' οὗ
ἐγχυθήσεται τὸ ὕδωρ, ὥστε ἅμα τῇ ἐγχύσει τοῦ ὕδατος ἐκ
τοῦ ὠτὸς τὸ ἔλαιον ἐπιρρεῖν.

kommt.[1]) Wenn das Niveau des Öls dann wieder sinkt,
wiederholen wir[2]) das Verfahren, und zwar so lange, bis
das Öl aufgebraucht ist. Sollte[3]) man den Behälter $\alpha\beta$
fortnehmen müssen und doch noch Öl auf der Lampe
5 behalten wollen, so werden an den Röhren $\gamma\delta$ und $\varepsilon\zeta$
dicht am Behälter $\alpha\beta$ kleine, genau passende Verschlei-
fungen (Smerismata, Fig. 68a)[4]) und bei dem Leuchter
kleine Hähne angebracht. Dreht man sie daher um (bez.
schliefst man sie), so kann man das Öl in der Lampe
10 und den Röhren zurückhalten. Und so kann man auch
den Behälter $\alpha\beta$ fortnehmen[5]) und nach Belieben die
Röhren wieder ansetzen und die Hähne öffnen. Besser
ist es, wenn die Röhre $\varepsilon\zeta$ (unmittelbar) nach der Handhabe der Lampe (Fig. 68a) führt, $\gamma\delta$ aber oben hinter
15 der Handhabe mit einem nach der Röhre offenen, schalen-
förmigen, etwas· höher liegenden Aufsatze[6]) versehen ist.
Durch diesen wird das Wasser eingegossen, so dafs das
Öl zur selben Zeit aus dem Henkel zufliefst, in welcher
das Wasser eingegossen wird.

---

1) Nach b: 'Giefsen wir Wasser durch das Becken bei δ
hinein, so geht es in den Behälter $\alpha\beta$, bringt dadurch, dafs
es nach unten läuft, das Öl zum Steigen und ersetzt so das
Fehlende, bis das Öl zur Tülle kommt'.
2) Nach b: 'mufs man das Verfahren wiederholen'.
3) Zeile 3—12: 'Sollte . . . öffnen' fehlt in b.
4) In der abgebrochenen Figur ist diese Vorrichtung der
Raumersparnis wegen etwas höher angebracht.
5) In Pompeji (Overbeck-Mau S. 439) ist ein Kandelaber
aufgefunden, dessen Schaft aus zwei in einander steckenden
Teilen besteht.
6) Nach b: 'mit der etwas höher liegenden, nach der Röhre
offenen Schale versehen ist. Durch diese u. s. w.'

---

2 ὑποκαθίσῃ A₁: ὑποκαθέσῃ A₂GT   3—4 καταλειφθέντος
ἐλαίου M: καταλειφθὲν τὸ ἔλαιον AG: καταλειφθέντες ἐλαίου
T₁ (ἐλαίου in τὸ ἔλαιον corr. T₂)   6—7 σμηρισμάτιον T
8 σωλῆνες T   20 ὠτὸς AG₂T: ὠτίον G₁

---

27 ποιητέον BCL: ποιήσομεν P

XXV.

Ἀγγείου ὄντος στεγνοῦ καὶ κρουνὸν ἔχοντος ἀνεῳγότα καὶ θύρσου παρακειμένου, ᾧ ὑπόκειται ποτήριον
πλῆρες ὕδατος, ἐὰν ἀποσπάσῃ τις τὸ ποτήριον, μικρὸν
ῥεύσει ὁ κρουνός, ἐφ᾽ ὅσον ἂν τὸ ποτήριον εἴη 5
ὑπεσπασμένον. ἀνωσθέντος οὖν τοῦ ποτηρίου, οὐκέτι
ῥεύσει ὁ κρουνός.
Ἔστω τὸ εἰρημένον ἀγγεῖον τὸ ΑΒ διαπεφραγμένον
τὸν τράχηλον τῷ ΓΔ διαφράγματι. ἐκ δὲ τοῦ ΓΔ
σωλὴν ἀνατεινέτω συντετρημένος αὐτῷ ὁ ΕΖ. τούτῳ 10
δὲ περικείσθω ἕτερος ὁ ΚΛ, ὥστε εἶναι πνικτὸν διαβήτην. τῷ δὲ ΚΛ συντετρήσθω ἕτερος σωλὴν ὁ ΜΝ
ἀνεῳγὸς ἔχων τὸ Μ· τὸ δὲ ἐκτὸς σκέλος τοῦ ΜΝ
σωλῆνος ἔστω ἔν τινι ποτηρίῳ τῷ ΟΞ, εἰς ὃ ἐγκεχύσθω

Caput XXV secundum b: Ἀγγείου ὄντος στεγνοῦ καὶ 15
κρουνὸν ἔχοντος ἀνεῳγότα καὶ θύρσου παρακειμένου, ᾧ
ὑπόκειται ποτήριον πλῆρες ὕδατος, ἐὰν ὑποσπάσῃ τις τὸ
ποτήριον, μικρὸν ῥεύσει ὁ κρουνός, ἐφ᾽ ὅσον ἂν τὸ ποτήριον
εἴη ὑπεσπασμένον· προσαναβιβασθέντος δὲ τοῦ ποτηρίου
εἰς τὴν ἐξ ἀρχῆς θέσιν, οὐκέτι ῥεύσει ὁ κρουνός. 20
Ἔστω τὸ εἰρημένον ἀγγεῖον τὸ ΑΒ διαπεφραγμένον τὸν
τράχηλον τῷ ΓΔ διαφράγματι. ἐκ δὲ τοῦ ΓΔ σωλὴν ἀνατεινέτω συντετρημένος αὐτῷ ὁ ΕΖ. τούτῳ δὲ περικείσθω
ἕτερος ὁ ΚΛ, ὥστε εἶναι πνικτὸν διαβήτην. τῷ δὲ ΚΛ
συντετρήσθω ἕτερος σωλὴν ὁ ΚΜΡ φέρων μὲν τὸ Ρ στόμιον 25
εἰς τὸν ΡΝ θύρσον, τὸ δὲ Μ ἀνεῳγμένον ἔχων· ὁ δὲ
θύρσος ὅλος ὁ ΡΝ ἔστω ἔν τινι ποτηρίῳ τῷ ΟΞ, εἰς ὃ
ἐγκεχύσθω ὕδωρ, ὥστε τὸν θύρσον καταβαπτίζεσθαι ἔχοντα

---

4 f. ὑποσπάσῃ. cf. lin. 6. 17. p. 278, 7. 280, 2. 3   5 εἴη
a: f. ἢ   12 ὁ μ̅ν̅ M: om. a   14 τῷ G₂M: τὸ ΑG₁T   ξ̅ο̅ T

17—18 πλῆρες ... ποτήριον om. P   19 εἴη b: f. ἢ

XXV

Ein Gefäfs sei verschlossen und mit einer offenen Ausflufsröhre versehen. Daneben setze man einen Thyrsus, unter welchen ein Becher voll Wasser gestellt ist.

Der unterbrochene Ausfluſs. Fig. 69.

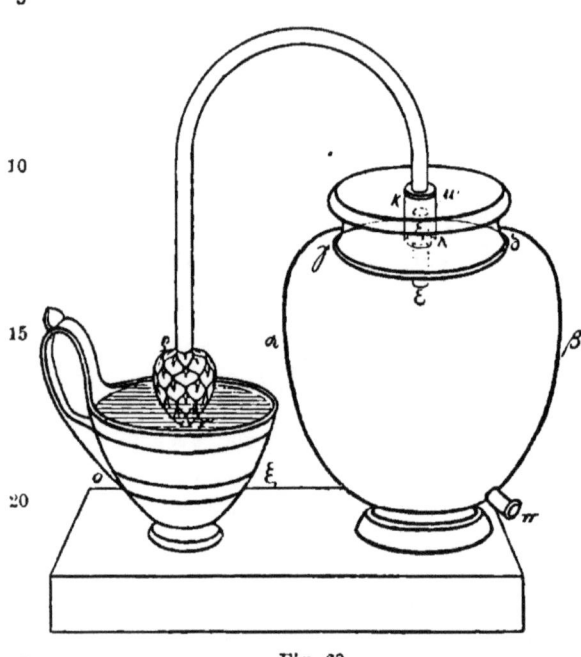

Zieht man den Becher fort (bezw. hält man ihn niedriger), so fliefst die Ausflufsröhre, so lange der Becher nach unten gezogen ist, nur wenig. Hält man ihn wieder höher[1]), so hört die Ausflufsröhre auf zu fliefsen. Das er-

Fig. 69.

wähnte Gefäfs sei αβ (Fig. 69), es sei im Halse durch die Scheidewand γδ geschlossen. Aus γδ steige eine Röhre εζ auf, die durch die Scheidewand hindurchgetrieben ist. Diese Röhre sei von einer andern Röhre κλ derart umschlossen, dafs ein Kapselheber entsteht. In κλ münde eine andere, bei μ offene Röhre μν. Deren äufserer Schenkel tauche

a 277, 31—279, 3 In κλ ... mit = b 277, 33—279, 24: Mit κλ stehe durch eine Öffnung ein anderes Rohr κμϱ in Verbindung,

---

1) Nach **b**: 'Hebt man ihn wieder in seine frühere Stellung'.

ὕδωρ, ὥστε πλῆρες εἶναι. συμπληρωθήσεται δὴ καὶ
τὸ ἐν τῷ ποτηρίῳ σκέλος τοῦ σωλῆνος. ἐγκεχύσθω
δὲ καὶ εἰς τὸν τράχηλον τοῦ ΑΒ ἀγγείου ὕδωρ ὀλίγον,
ὥστε ἐπιφράξαι τὴν ἀναπνοήν. πλήρους ὄντος τοῦ
ΑΒ ἀγγείου, οὐ ῥεύσει ὁ Π κρουνὸς καίτοι ἀνεῳγώς, 5
ἐπειδήπερ ὁ ἀὴρ οὐκ ἔχει παρείσδυσιν διὰ τὸ ἐγχυθὲν
εἰς τὸν τράχηλον ὕδωρ. ὑποσπασθέντος δὲ τοῦ ποτηρίου ἀνάγκη κενωθῆναί τι μέρος τοῦ ἐν τῷ ποτηρίῳ
σκέλους τοῦ σίφωνος· εἰς δὲ τὸν κενούμενον τόπον
ἐπισπασθήσεται ὁ συνεχὴς ἀήρ. οὗτος δὲ τὸ ἐγχυθὲν 10
εἰς τὸν τράχηλον ὑδάτιον συνεπισπάσεται, ὥστε ὑπερ-
βῆναι τὸ Ζ στόμιον. καὶ διὰ τοῦτο τοῦ ἀέρος ἐσχη-
214 κότος παρείσδυσιν, ῥεύσει ὁ Π κρουνός, | ἄχρις ἂν τὸ
ΞΟ ποτήριον ἀνωσθὲν τὸ ἐν τῷ τραχήλῳ ὕδωρ ποιήσῃ
ἐπιφράξαι τὴν ἀναπνοήν· πάλιν γὰρ εἰς τὸν ἐξ ἀρχῆς 15
τὸ πρὸς τῷ Ν στόμιον ἀνεῳγός. συμπληρωθήσεται οὖν
ὕδατος ὅ τε θύρσος, ἀλλὰ δὴ καὶ τοῦ σκέλους τοῦ σωλῆνος
τὸ μέρος ὅσον ὑπὸ τοῦ ὕδατος βαπτίζεται. ἐγκεχύσθω δὲ
καὶ εἰς τὸν τράχηλον τοῦ ΑΒ ἀγγείου ὕδωρ ὀλίγον, ὥστε
ἐπιφράξαι τὴν ἀναπνοὴν τοῦ πνικτοῦ διαβήτου. πλήρους 20
οὖν ὄντος τοῦ ΑΒ ἀγγείου, οὐ ῥεύσει ὁ Π κρουνὸς καίτοι
ἀνεῳγώς, ἐπειδήπερ ὁ ἀὴρ οὐκ ἔχει παρείσδυσιν διὰ τὸ
ἐγχυθὲν εἰς τὸν τράχηλον ὕδωρ. ὑποσπασθέντος δὲ τοῦ
ποτηρίου ἀνάγκη κενωθῆναί τι μέρος τοῦ ἐν 'τῷ ποτηρίῳ
σκέλους τοῦ σίφωνος· εἰς δὲ τὸν κενούμενον τόπον ἐπι- 25
σπασθήσεται ὁ συνεχὴς ἀήρ. οὗτος δὲ τὸ ἐγχυθὲν εἰς τὸν
τράχηλον ὕδωρ συνεπισπάσεται, ὥστε ἀποφράξαι τὴν τοῦ
πνικτοῦ διαβήτου τοῦ ΕΖ ἀναπνοήν. καὶ διὰ τοῦτο τοῦ
ἀέρος ἐσχηκότος παρείσδυσιν, ῥεύσει ὁ Π κρουνός, ἄχρις
ἂν τὸ ΞΟ ποτήριον ἀνωσθὲν ποιήσῃ ἐπιφράξαι τὴν ἀναπνοήν· 30
πάλιν γὰρ εἰς τὸν ἐξ ἀρχῆς τόπον ἀποκατασταθήσεται· καὶ

---

1 δὴ AG: δὲ T   3 καὶ om. T   4 f. πλήρους ⟨οὖν⟩.
cf. lin. 21   ὄντος Α₂GT: ὂν Α₁   5 ἀνεῳγώς Α₁: ἀνεῳγότος

in einen Becher $o\xi$, der voll Wasser gegossen werde. Daher füllt sich auch der in den Becher eingetauchte Schenkel der Röhre mit. Man giefse auch in den Hals des Gefäfses $\alpha\beta$ ein wenig Wasser, dafs es die Luft[1]) absperrt. Trotzdem
5 nun das Gefäfs $\alpha\beta$ voll ist und die Ausflufsröhre π offen steht, fliefst sie doch nicht, da ja die Luft wegen des in den Hals geschütteten Wassers keinen Zutritt hat. Senkt man aber den Becher, so leert sich notwendigerweise ein Teil des im Becher befindlichen Heberschenkels, und in
10 das entstehende Vakuum wird die (mit der auslaufenden Flüssigkeit) in Verbindung stehende Luft gezogen. Diese zieht ihrerseits das wenige[2]), in den Hals gegossene Wasser mit an. Die Folge ist, dafs das Wasser über die Mündung ζ hinaus nach oben steigt.[3]) Und wenn infolge
15 dieses Umstandes die Luft Zutritt erhalten hat, so fliefst die Ausflufsröhre π, bis der Becher ξo wieder gehoben wird und durch das im Halse enthaltene Wasser[4]) die Luft absperren läfst. Denn dieses kehrt dann wieder an

dessen Mündung ϱ in den Thyrsus $\varrho\nu$ führe und dessen Mündung
20 μ offen stehe. Der ganze Thyrsus $\varrho\nu$ liege in einem Becher $o\xi$, in welchen (so viel) Wasser gegossen sei, dafs der bei ν mit einer offenen Mündung versehene Thyrsus untertaucht. Es wird sich nun wenigstens[5]) der Thyrsus mit Wasser füllen, doch auch der Schenkel der Röhre, soweit er unter Wasser taucht.

---

1) Nach b: 'dafs es das Luftloch des Kapselhebers schliefst'.
2) Nach b einfach: 'das in den Hals gegossene Wasser'.
3) Nach b: 'Die Folge ist, dafs sie die Öffnung des Kapselhebers $\varepsilon\zeta$ frei macht (so nach Vermutung übersetzt; in der Handschrift steht 'schliefst' statt 'frei macht').
4) Die Worte: 'durch das . . . Wasser' fehlen in b.
5) Dieses Wort ist nach Vermutung übersetzt.

A_2 G T   9 $\sigma\varkappa\acute{\varepsilon}\lambda o\upsilon\varsigma$ A_2 G T: $\sigma\varkappa\acute{\varepsilon}\lambda o\varsigma$ A_1 11 $\sigma\upsilon\nu\acute{\varepsilon}\pi\iota\sigma\pi\acute{\alpha}\sigma\varepsilon\tau\alpha\iota$ $\sigma\upsilon\nu\varepsilon\chi\grave{\eta}\varsigma$ $\mathring{\alpha}\acute{\eta}\varrho$ T

---

16 $\tau\tilde{\omega}$ CP: $\tau\grave{o}$ B   17 $\tau\varepsilon$ b (om. L): f. $\gamma\varepsilon$ $\delta\acute{\eta}$ ex $\mu\grave{\varepsilon}\nu$ corr. B   27 $\mathring{\alpha}\pi o\varphi\varrho\acute{\alpha}\xi\alpha\iota$ b L: f. $\mathring{\alpha}\nu\alpha\varphi\varrho\acute{\alpha}\xi\alpha\iota$

τόπον ἀποκατασταθήσεται· καὶ οὐκέτι ῥεύσει ὁ Π
κρουνός. καὶ τοῦτο, ὁσάκις ἂν ὑποσπᾶται καὶ προσφέρηται τὸ ποτήριον. δεῖ δὲ αὐτὸ μὴ ὅλον ὑποσπάσαι,
ἵνα μὴ ὅλον γυμνωθῇ τὸ σκέλος τοῦ σίφωνος. ὁ μὲν
οὖν ΜΝ σωλὴν εἰς θύρσον διεσκευάσθω, ὁ δὲ ΡΝ 5
εἰς τὴν περὶ τοῦτον διάμετρον, ἵνα εὐδιάθετον ᾖ τὸ
ὅραμα.

XXVI.

Λαγύνου κατασκευὴ τῆς φθεγγομένης, ὅταν προΐη-
ται ὑγρόν.   10

Ἔστω ἡ ὑπογεγραμμένη λάγυνος διαπεφραγμένη
τὸν μὲν τράχηλον τῷ ΑΒ, τὸ δὲ στόμα τῷ ΓΔ. διὰ
δὲ ἀμφοτέρων τῶν διαφραγμάτων σωλὴν διώσθω ὁ
ΕΖ συντετρημένος ἀμφοτέροις τοῖς διαφράγμασι. τὸ
δὲ τῆς λαγύνου ὠτίον ἔστω τὸ ΗΘ. ἐκ δὲ τοῦ 15
ἑτέρου μέρους τοῦ ὠτὸς σωλὴν ἔστω ὁ ΚΛ συντετρημένος μὲν τῷ ΑΒ διαφράγματι, ἀπὸ δὲ τοῦ ΓΔ
οὐκέτι ῥεύσει ὁ Π κρουνός. καὶ τοῦτο, ὁσάκις ἂν ὑποσπᾶται
καὶ προσφέρηται τὸ ποτήριον. δεῖ δὲ αὐτὸ μὴ ὅλον ὑποσπάσαι, ἵνα μὴ ὅλον γυμνωθῇ τὸ σκέλος τοῦ σίφωνος.   20
a 280, 11—282, 13 Ἔστω ... ἀντιμεταχωροῦντος =
b 280, 22—282, 27: Ἔστω ἡ ὑπογεγραμμένη λάγυνος διαπεφραγμένη τὸν ⟨μὲν⟩ τράχηλον τῷ ΑΒ, τὸ δὲ στόμα τῷ
ΓΔ. δι᾽ ἀμφοτέρων δὲ τῶν διαφραγμάτων σωλὴν διώσθω
ὁ ΕΖ συντετρημένος ἀμφοτέροις τοῖς διαφράγμασι, τὸ δὲ 25
τῆς λαγύνου ὠτίον ἔστω τὸ ΗΘ. ἐκ δὲ τοῦ ἀντικρὺ τοῦ
ὠτίου μέρους σωλὴν ἔστω ὁ ΚΛ συντετρημένος μὲν τῷ
ΑΒ διαφράγματι, ἀπὸ δὲ τοῦ ΓΔ ἀπέχων, ὅσον ὕδατι διάρ-

1 ἀποκατασταθήσεται AG: ἀποκαταστήσεται Τ   2 f. τοῦτο
⟨ἔσται⟩   3 ὑποσπάσαι A₂GT: ὑποσπάσθαι A₁   5 f. θύρσον
⟨τὸν ΡΝ⟩   6 διάμετρον a: f. περίμετρον   12. 23 f. τῷ ΑΒ
⟨διαφράγματι⟩   14 συντετρημένος a: f. συνεστεγνωμένος
15 ηθ AGT₂: κθ T₁

seine frühere Stelle zurück, und das Ausflufsrohr π hört
auf zu fliefsen. Dieser Vorgang wiederholt sich, so oft
man den Becher senkt und hebt. Man darf ihn aber nicht
ganz wegziehen, damit nicht der ganze Heberschenkel
blofsgelegt wird. Die Röhre
μν lasse man des gefälligeren
Aussehens wegen in einen
Thyrsus übergehen, und man
setze (den Thyrsus) ϱν auf
den (äufseren) Umfang der
Röhre.[1])

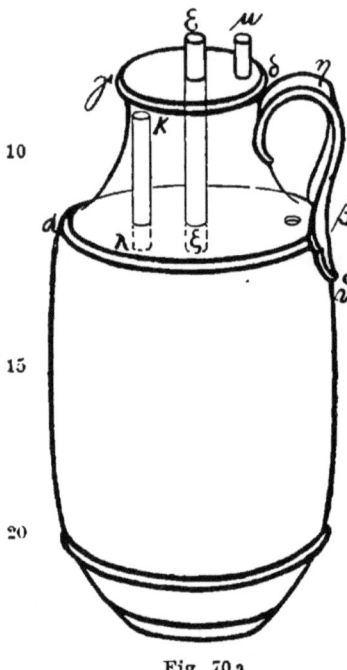

Fig. 70 a.

XXVI.

Eine Flasche herzu- Die pfeifende
stellen, die pfeift, wenn Flasche.
sie Flüssigkeit auslaufen Fig. 70a und
läfst. 70b.

Die unten gezeichnete Flasche sei im Halse durch (die
Scheidewand) αβ (Fig. 70a),
in der Mündung durch γδ
abgeschlossen. Durch beide
Scheidewände stecke man eine
Röhre εζ, die durch sie hindurchgetrieben sei.[2]) Der
Henkel der Flasche sei ηϑ.
Auf der andern Seite des Henkels[3]) sei ϰλ eine Röhre,
welche durch die Scheidewand αβ getrieben sei und von γδ

1) Die Worte 'Die Röhre μν ... der Röhre' fehlen in b.
2) Wohl richtiger: 'die in sie eingelötet sei'.
3) Nach b: 'Auf der dem Henkel gegenüberliegenden Seite'.

9 λαγύνον a: λάϊνου b ut lin. 26. p. 282, 24   18 f. τοῦτο
⟨ἔσται⟩   22 λάγυνος scripsi: λάϊνος b ut p. 282, 20   23 ⟨μὲν⟩
inserui: om. b   25 συντετρημένος b: f. συνεστεγνωμένος τοῖς
om. P   διαφράγμασι scripsi secundum L (diaphragmatis): δια-
γράμμασι b   28 ὕδατος P

ἀπέχων ὅσον ὕδατι διάρρυσιν. πρὸς δὲ τῷ ΓΔ
συρίγγιον ἔστω τὸ Μ δυνάμενον φθέγγεσθαι. πληρωθήσεται οὖν ἡ λάγυνος διὰ τοῦ ΕΖ σωλῆνος, τοῦ
ἀέρος ἐκχωροῦντος διά τε τοῦ ΚΛ σωλῆνος καὶ διὰ
τοῦ Μ συριγγίου. ὅταν οὖν κατασχόντες τὸ ὠτίον 5
τῆς λαγύνου ἐπικλίνωμεν, ὥστε προέσθαι, προήσεται
μὲν διὰ τοῦ ΕΖ σωλῆνος εἰς τὸ ἐκτὸς μέρος· διὰ δὲ
τοῦ ΚΛ τὸ ὑγρὸν χωρήσει εἰς τὸν ΒΓ τράχηλον·
ὁ δὲ ἐν αὐτῷ ἀὴρ ἐκκρουόμενος διὰ τοῦ Μ συριγγίου
φθέγξεται. ἔστω δὲ καὶ ἐν τῷ ΑΒ διαφράγματι 10
τρύπημα ἕτερον, δι' οὗ ὀρθωθείσης τῆς λαγύνου τὸ
ἐν τῷ τραχήλῳ ἀπολειφθὲν ὑγρὸν πάλιν χωρήσει εἰς
τὸ κύτος τῆς λαγύνου τοῦ ἀέρος ἀντιμεταχωροῦντος.

XXVII.

215 Ἐπί τινος βάσεως ἀγγείου ὄντος οἶνον ἔχοντος καὶ 15
κρουνὸν ἀνεῳγότα παραφερομένης λείας ποιῆσαι ῥέειν
τὸν κρουνὸν πρὸς μέτρον, οἷον ὁτὲ μὲν ἡμικοτύλιον,
ὁτὲ δὲ κοτύλην καὶ καθόλου ὅσον ἐάν τις προαιρῆται.
ῥύσιν εἶναι. πρὸς δὲ τῷ ΓΔ συρίγγιον ἔστω τὸ Μ δυνάμενον φθέγγεσθαι. πληρωθήσεται οὖν ἡ λάγυνος διὰ τοῦ 20
ΕΖ σωλῆνος, τοῦ ἀέρος ἐκχωροῦντος διά τινος διαυγίου
τοῦ Ν, ὃ μετὰ τὴν πλήρωσιν τοῦ ἀγγείου ἀποφραχθήσεται.
ἔσται δὲ ἕτερον ἀνεῳγὸς τὸ Ξ. ὅταν οὖν κατέχοντες τὸ
ὠτίον τῆς λαγύνου ἐπικλίνωμεν, ὥστε προέσθαι ὕδωρ,
προήσεται μὲν διὰ τοῦ ΕΖ σωλῆνος εἰς τὸ ἐκτὸς μέρος· διὰ 25
δὲ τοῦ ΚΛ χωρήσει τὸ ὑγρὸν εἰς τὸν ΓΒ τράχηλον· ὁ δὲ
ἐν αὐτῷ ἀὴρ ἐκκρουόμενος διὰ τοῦ Μ συριγγίου φθέγξεται.

---

1 ὕδατι AG₁T: ὕδατος G₂   10 φθέγξεται AG: φθέγγεται T
13 τοῦ ἀέρος ἀντιμεταχωροῦντος A₁G₂: ὁ ἀὴρ ἀντιμεταχωρεῖ
A₂mg. (etiam in textu ex -ροῦντος A₂ -ρεῖ αὐτός corr.), G₁:
τοῦ ἀέρος ἀντιμεταχωρεῖ αὐτός T   16 ποιῆσαι Tb: ποιῆσθαι A:
ποιεῖσθαι G₁, σθ expunxit et σ supra scripsit G₂

nur so weit abstehe, als nötig ist, um Wasser durchzulassen. An $\gamma\delta$ sitze ferner ein Pfeifchen μ, welches ertönen kann. Nun soll die Flasche durch die Röhre $\varepsilon\zeta$ gefüllt werden,

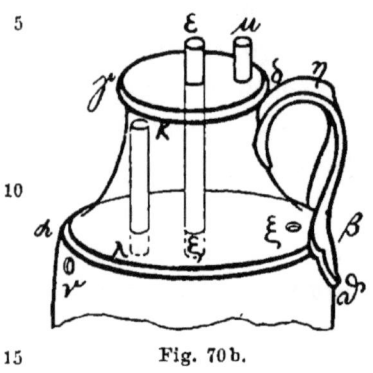

Fig. 70b.

indem die Luft durch die Röhre $\varkappa\lambda$ und die Pfeife μ entweicht.[1]) Wenn wir dann die Flasche am Henkel fassen und sie nach der Seite kippen, dafs sie Flüssigkeit auslaufen läfst, so wird sie dieselbe durch die Röhre $\varepsilon\zeta$ nach aufsen strömen lassen, während durch $\varkappa\lambda$ die Flüssigkeit in den Hals $\beta\gamma$ geht. Wird die darin enthaltene Luft durch das Pfeifchen μ hinausgedrängt, so wird sie pfeifen. Es sei ferner in der Scheidewand $\alpha\beta$ ein anderes Loch, durch welches die im Halse zurückgebliebene Flüssigkeit wieder in den Bauch der Flasche zurückfliefst, wenn sie wieder aufgerichtet ist und die Luft als Ersatz für die Flüssigkeit (in den Raum $\gamma\beta$) einströmt.[2])

XXVII.

Aus der offenen Zapfröhre eines auf einer Basis stehenden Gefäfses mit Wein durch Anhängen eines Gewichtes ein (bestimmtes) Mafs ausfliefsen zu lassen, z. B. bald einen halben Becher ($= 0{,}137$ l), bald einen Becher ($= 0{,}274$ l)[3]), überhaupt beliebig viel.

Ein Weinauto-mat. Fig. 71.

---

1) Nach b: 'Nun wird die Flasche durch die Röhre $\varepsilon\zeta$ gefüllt, indem die Luft durch irgend ein Luftloch ν entweicht, welches nach dem Füllen des Gefäfses wieder verstopft wird. Ein anderes ξ soll offen sein (Fig. 70b).'
2) Die Worte: 'Es sei ... einströmt' fehlen in b.
3) Genauer 0,2736 l. Vgl. F. Hultsch *Griechische und römische Metrologie* S. 703[2].

---

18 $\dot{\varepsilon}\acute{\alpha}\nu$ a: $\ddot{\alpha}\nu$ b   19 $\tau\tilde{\omega}$ CP: $\tau\grave{o}$ B   23 $\ddot{\varepsilon}\sigma\tau\alpha\iota$ BCL: $\ddot{\varepsilon}\sigma\tau\omega$ P $\ddot{\varepsilon}\tau\varepsilon\rho o\varsigma$ P

Ἔστω τὸ μὲν ἀγγεῖον τὸ *ΑΒΓ*, ἐν ᾧ ὁ οἶνος
ἐγχυθήσεται, κρουνὸς δὲ ἐν αὐτῷ παρὰ τὸν πυθμένα
ἔστω ὁ *Δ*· διαπεφράχθω δὲ τὸν τράχηλον τῷ *ΕΖ*
διαφράγματι. διὰ δὲ τοῦ *ΕΖ* διαφράγματος διώσθω
σωλὴν ὁ *ΗΘ* ἀπέχων ἀπὸ τοῦ πυθμένος τοῦ ἀγγείου 5
ὅσον ὕδατι διάρρυσιν. ἡ δὲ ὑποκειμένη τῷ ἀγγείῳ
βάσις ἔστω ἡ *ΚΛΜΝ*. ἕτερος δὲ σωλὴν ἔστω ὁ *ΞΟ*
ἀπέχων μὲν ἀπὸ τοῦ διαφράγματος βραχύ, διήκων δὲ
διὰ τῆς βάσεως. ἔστω δὲ καὶ ἐν τῇ βάσει ὕδωρ
ἐπιφράσσον τὸ στόμιον τοῦ *ΞΟ* σωλῆνος. ἔστω δὲ 10
καὶ κανὼν ὁ *ΠΡ* ἔχων τὸ μὲν ἥμισυ μέρος ἐντὸς τῆς
βάσεως, τὸ δὲ ἥμισυ ἐκτὸς κηλωνευόμενον περὶ τὸ
Σ σημεῖον. ἐκκρεμάσθω δὲ ἐκ τοῦ *Π* ἄκρου τοῦ
κανόνος κλεψύδρα ἡ *Τ* τρύπημα ἔχουσα ἐν τῷ πυθμένι. τὸ μὲν οὖν ἀγγεῖον πληρώσομεν διὰ τοῦ *ΗΘ* 15
σωλῆνος, πρὶν ἐγχυθῆναι τὸ ἐν τῇ βάσει ὕδωρ, τοῦ
ἀέρος ἐκχωροῦντος διὰ τοῦ *ΞΟ* σωλῆνος, καταλαβόμενοι
τὸν *Δ* κρουνόν. εἶτα ἐμβαλοῦμεν ἐν τῇ βάσει τὸ
ὕδωρ διά τινος ὀπῆς, ἄχρις οὗ ἐπιφράξωμεν τὸ *Ο*

a 284, 18—288, 7 εἶτα ἐμβαλοῦμεν ... ἀφῶμεν ῥεῖν 20
= b 284, 21—288, 24: εἶτα ἐμβαλοῦμεν ἐν τῇ βάσει τὸ
ὕδωρ διά τινος ὀπῆς, ἄχρις οὗ ἐπιφράξωμεν τὸ *Ο* στόμιον·

1 τὸ (prius) om. T   ᾱβ̄γ̄ AGT₂: ᾱβ̄ T₁   2 ἐγχυθήσεται Gb:
ἐκχυθήσεται AT   4 δὲ G₂Tb: om. AG₁   7 ἔστω (ante ὁ)
om. T   9 f. διὰ ⟨τῆς στέγης⟩ τῆς βάσεως   δὲ Tb: om. AG
11 μέρος AGT₂b: μέτρον T₁   12 κηλωνευόμενον AGT₂
(-λον- A): .κηλωνευόμενος T₁b   15 η̄θ̄ BCGL: ϑ̄η̄ ΛPT
17 καταλαβόμενοι AGb: καταλαμβανόμενοι T   19 ἐπιφράξωμεν T: ἐπιφράξομεν AG

1 ᾱβ̄ bL   2 παρὰ a: περὶ bL   3 τὸ δ̄ B   6 διάρρυσιν εἶναι b   9—10 ἔστω ... σωλῆνος om. bL   13 ἐκ
a: ἐκτὸς b: ex L   15 πληρώσωμεν P   22 ἐπιφράξωμεν BP:
ἐπιφράξομεν C

Das Gefäfs, in welches der Wein gegossen wird, sei $\alpha\beta\gamma$ (Fig. 71); es habe am Boden eine Ausflufsröhre δ. Sein Hals sei durch die Scheidewand $\varepsilon\zeta$ verschlossen.

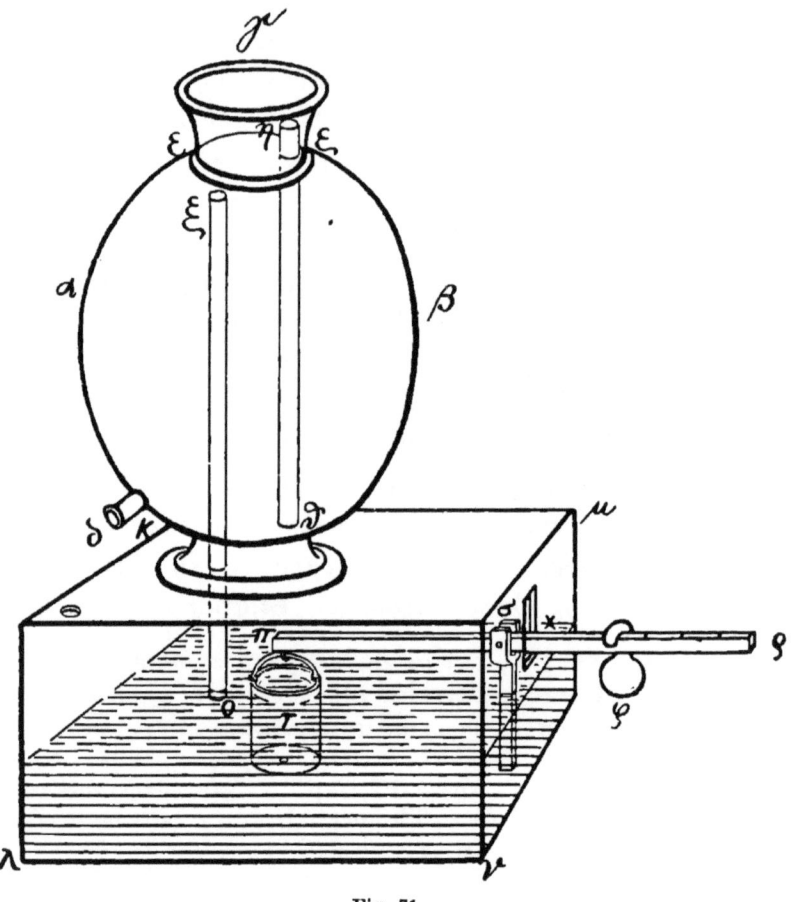

Fig. 71.

Durch diese stecke man eine Röhre $\eta\vartheta$ und bringe sie
5 dem Boden des Gefäfses so nahe, dafs nur noch Wasser durchfliefsen kann. Die unter das Gefäfs gesetzte Basis sei $\varkappa\lambda\mu\nu$. Eine andere Röhre ξo reiche fast an die

στόμιον, καὶ ἀφῶμεν τὸν Δ κρουνόν. φανερὸν οὖν
ὅτι οὐ ῥεύσει ὁ οἶνος διὰ τὸ μηδαμόθεν ἀέρα δύνασθαι
εἰσκριθῆναι. ὅταν δὲ κατάξωμεν τὸ Ρ ἄκρον τοῦ
κανόνος, ἐπαρθήσεται μέρος τι τῆς κλεψύδρας ἐκ τοῦ
ὕδατος, καὶ γυμνωθείσης τῆς Ο ἀναπνοῆς ῥεύσει ὁ Δ 5
κρουνός, ἄχρις ἂν τὸ μετεωρισθὲν τῇ κλεψύδρᾳ ὕδωρ
ἀπορρεῦσαν ἐπιφράξῃ τὴν Ο ἀναπνοήν. ἐὰν δὲ πάλιν |
²¹⁶ πληρωθείσης τῆς κλεψύδρας κατάγωμεν τὸ Ρ ἄκρον
πλέον ἢ τὸ πρότερον, πλείονα χρόνον ἐκρεύσει τὸ ἐν
τῇ κλεψύδρᾳ μετεωρισθὲν ὑγρόν, ὥστε καὶ ἐκ τοῦ 10
κρουνοῦ πλέον ῥυήσεται. ἐὰν δὲ καὶ ὅλη ἡ κλεψύδρα
μετεωρισθῇ, πολλῷ πλέον ῥυήσεται. ἵνα οὖν μὴ τῇ
χειρὶ κατάγωμεν τὸ Ρ ἄκρον τοῦ κανόνος, ἔσται τις
λεία ἡ Φ παραφερομένη ἐν τῷ ἐκτὸς μέρει τοῦ κανόνος
ἀφήσομεν δὲ καὶ τὸν Δ κρουνόν. φανερὸν οὖν ὅτι οὐ 15
ῥεύσει ὁ οἶνος διὰ τὸ μηδαμόθεν δύνασθαι εἰσκριθῆναι
ἀέρα. ἀποφράττομεν γὰρ καὶ τὸ Η στόμιον τοῦ ΗΘ σωλῆνος.
ὅταν δὲ καταγάγωμεν τὸ Ρ ἄκρον τοῦ κανόνος, ἐπαρθήσεται
μέρος τι τῆς κλεψύδρας ἐκ τοῦ ὕδατος, καὶ γυμνωθείσης
τῆς Ο ἀναπνοῆς ῥεύσει ὁ Δ κρουνός, ἄχρις ἂν τὸ μετεω- 20
ρισθὲν τῇ κλεψύδρᾳ ὕδωρ ἀπορρεῦσαν ἀποφράξῃ τὴν Ο
ἀναπνοήν. ἐὰν δὲ πάλιν πληρωθείσης τῆς κλεψύδρας
καταγάγωμεν τὸ Ρ ἄκρον πλέον ἢ πρότερον, πλείονα χρόνον
ἐκρεύσει τὸ ἐν τῇ κλεψύδρᾳ μετεωρισθὲν ὕδωρ, ὥστε καὶ
ἐκ τοῦ κρουνοῦ πλέον ῥυήσεται. ἵνα οὖν μὴ τῇ χειρὶ 25
κατάγωμεν τὸ Ρ ἄκρον τοῦ κανόνος, ἔστω τις λεία ἡ Φ
παραφερομένη ἐν τῷ ἐκτὸς μέρει τοῦ κανόνος τῷ ΡΧ. καὶ

---

1 ἀφῶμεν: f. ἀφήσομεν. cf. lin. 15   3 f. εἰσκριθῆναι . . .
ὅταν. cf. lin. 16—18   9 τὸ om. T

17 ἀποφράττομεν scripsi secundum L (obturamus): ἀναφράτ-
τομεν b   γὰρ BCL: om. P   ΗΘ scripsi: η̅ ζ̅ B: ·e·z· L: κ̅ ζ̅ CP
23 καὶ ante πλείονα inser. L (et)   26 ἔστω BC: ἔσται P: sit L

Scheidewand und gehe durch die (Deckwand der) Basis.
Die Basis enthalte ferner Wasser, welches die Mündung
der Röhre ξo verschliefst.[1]) Es sei auch ein Balken $\pi\varrho$
angebracht, der zur Hälfte sich innerhalb der Basis, zur
5 andern Hälfte aufserhalb befindet und um den Punkt σ
sich wie ein Brunnenschwengel auf- und niederbewegt. Am
Balkenende π hänge eine Wasseruhr τ, die im Boden ein
Loch hat. Wir füllen nun das Gefäfs durch die Röhre $\eta\vartheta$,
bevor das Wasser in die Basis gegossen wird, indem die
10 Luft durch die Röhre ξo entweicht; denn die Ausflufsröhre δ halten wir zu. Dann giefsen wir durch irgend
eine Öffnung das Wasser in die Basis, bis wir die Mündung o geschlossen haben, und lassen darauf die Ausflufsröhre δ los. Es ist klar, dafs der Wein nicht ausfliefst,
15 weil auf keiner Seite Luft zugeführt werden kann; (denn
wir stopfen auch die Mündung η der Röhre $\eta\vartheta$ zu).[2])
Drücken wir das Balkenende ϱ nieder, so wird die Wasseruhr zum Teil aus dem Wasser gehoben, und wenn das
Luftloch o frei geworden ist, fliefst die Ausflufsröhre δ,
20 bis das durch die Wasseruhr emporgehobene Wasser (aus
dieser) wieder abgeflossen ist und das Luftloch o geschlossen hat. Füllt sich nun abermals die Wasseruhr
und drücken wir das Ende ϱ noch mehr als vorher nieder,
so wird der Ausflufs des in der Wasseruhr emporgehobenen
25 Wassers länger dauern. Folglich wird auch aus der
Ausflufsröhre mehr ausfliefsen. Falls man aber die Wasseruhr ganz heraushebt, so strömt noch viel mehr aus.[3])
Um nun das Balkenende ϱ nicht mit der Hand niederdrücken zu müssen, bringt man an dem äufseren Teile
30 des Balkens $\varrho\chi$ ein Gewicht[4]) φ an. Wenn es nahe bei

---

1) Dieser Satz fehlt in b.
2) Die Worte: 'denn . . . zu' fehlen in a.
3) Dieser Satz fehlt in b.
4) Unsere Zeichnung giebt das Gewicht in einfacher Form.
Bekanntlich sind die in Pompeji (und auch sonst) gefundenen
Gewichte meist mehr oder weniger verziert. S. Overbeck-Mau
a. a. O. S. 447. 448.

τῷ PX. καὶ ὅταν μὲν ἐγγὺς ᾖ τοῦ P, ὅλην ἀνάξει
τὴν κλεψύδραν· ὅταν δὲ ἀπώτερον, ἔλαττον. πείρᾳ
οὖν εὑρόντες τὰ μέτρα ἃ βουλόμεθα ῥεῖν τὸν Δ
κρουνόν, ἐντομὰς ποιήσωμεν ἐν τῷ PX κανόνι καὶ
ἐπιγραφὰς τῶν μέτρων, ὥστε ὁπόταν βουλώμεθα μέρος 5
τι ἐκρεῦσαι, ἐπ᾽ ἐκείνην τὴν ἐντομὴν παράγοντες τὴν
λείαν ἀφῶμεν ῥεῖν.

XXVIII.

Ῥυτοῦ κατασκευή, ὥστε ἐν ἀρχῇ μὲν κρᾶμα ῥέειν,
ὅταν δὲ βουλώμεθα ἐπεγχυνομένου ὕδατος, τὸ ὕδωρ 10
αὐτὸ καθ᾽ αὑτὸ ἐκρέειν, καὶ πάλιν κρᾶμα.
Ἔστω ῥυτὸν τὸ ΑΒ διαπεφραγμένον τὸν τράχηλον
τῷ ΓΔ ⟨διαφράγματι⟩, δι᾽ οὗ σωλὴν διώσθω ὁ ΕΖ
φέρων εἰς τὴν ἔκρυσιν, τρημάτιον ἔχων ἐντὸς τοῦ
ῥυτοῦ τὸ Η. διαύγιον δὲ ἔστω ἐν τῷ ῥυτῷ ὑπὸ τὸ 15
διάφραγμα, τὸ Θ. ἐὰν οὖν καταλαβόμενοι τὴν Ζ
ἔκρυσιν ἐγχέωμεν τὸ κρᾶμα, εἰσελεύσεται εἰς τὸ ῥυτὸν
διὰ τοῦ Η τρηματίου· ὅταν δὲ ἀφῶμεν τὴν ἔκρυσιν,
ὅταν μὲν ἐγγὺς ᾖ τοῦ P, ὅλην ἀνάξει τὴν κλεψύδραν·
ὅταν δὲ ἀπώτερον, ἔλαττον. πείρᾳ οὖν εὑρόντες τὰ μέτρα 20
ἃ βουλόμεθα ῥεῖν τὸν Δ κρουνόν, ἐντομὰς ποιήσομεν ἐν
τῷ XP κανόνι καὶ ἐπιγραφὰς τῶν μέτρων, ὥστε ὁπόταν
βουλώμεθα τοσόνδε μέρος ἐκρεῦσαι, ἐπ᾽ ἐκείνην τὴν ἐντομὴν
παράγοντες τὴν λείαν ἀφιέναι ῥεῖν.

---

1 ρχ A (sed χ in κ, ut videtur, corr.), T: ρυ G   μὲν
om. T₁, add. T₂   2 ἀπώτερον T₁: εὐπώτερον A T₂ (εὐποτ. G₁,
ἀποτ. G₂)   3. 20—21 f. μέτρα ⟨πρὸς⟩ ἃ. cf. p. 282, 17   4 ποιήσωμεν A G: ποιήσομεν T   7 ἀφῶμεν: f. ἀφήσομεν   13 τῶ
G₂ b: τὸ A G₁: ᾧ T   διαφράγματι b L: om. a   14 f. ⟨καὶ⟩
τρημάτιον   17 ἐγχέωμεν T   18 ἀφῶμεν A₂ G T b: ἀφῶ A₁

11 ῥέειν B   18 ὅταν a: ἐὰν b   19 ἀνάξει B: ἀλλάξει
CP: adaperiet L   20 οὖν om. L   21 βουλώμεθα B

ϱ hängt, wird es die Wasseruhr ganz herausheben; je
weiter es davon entfernt ist, desto weniger. Man mag
nun die Mafse ausprobieren, nach denen die Ausflufsröhre δ
fliefsen soll, und auf dem Balken ϱχ Einschnitte (als
5 Skala) machen und die Mafse daran schreiben. Wenn
daher ein bestimmter Teil[1]) ausströmen soll, möge man
das Gewicht auf den entsprechenden Einschnitt schieben
und die Röhre fliefsen lassen.

XXVIII.

10 Ein Trinkhorn anzufertigen, dafs anfangs eine *Ein Zauber-*
Mischung fliefst, dann aber auf Wunsch blofs reines *trinkhoru.*
Fig. 72.
Wasser ausströmt, wenn Wasser hinzugegossen wird,
und (schliefslich) wieder
eine Mischung.

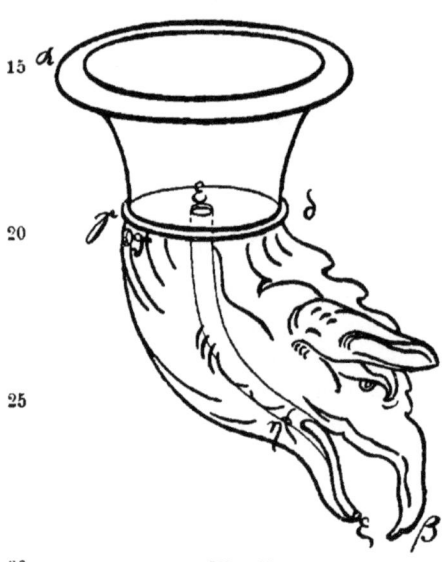

Ein Trinkhorn αβ
(Fig. 72) sei im Halse
durch (die Scheidewand)
γδ verschlossen. Durch
diese stecke man eine
Röhre εζ, die im Zapf-
loche endige und inner-
halb des Trinkhorns mit
einem kleinen Loche η
versehen sei. Unterhalb
der Scheidewand habe
das Trinkhorn ein Luft-
loch ϑ. Halten wir nun
das Zapfloch ζ zu und
giefsen die Mischung
hinein, so läuft sie
durch das Loch η in

Fig. 72.

das Trinkhorn. Lassen wir dann das Zapfloch los, so
fliefst die Mischung aus, indem die Luft durch das Luft-

1) Nach b: ʻso und so viel'.

ῥεύσει τὸ κρᾶμα, τοῦ ἀέρος εἰσπίπτοντος διὰ τοῦ Θ
διαυγίου. ὅταν δὲ καταλαβόμενοι τὸ Θ διαύγιον ὕδωρ
καθαρὸν ἐπεγχέωμεν, τὸ μὲν κρᾶμα οὐ ῥυήσεται διὰ
τὸ μὴ ἔχειν παρείσδυσιν τὸν ἀέρα, ὕδωρ δὲ καθαρόν.
ὅταν δὲ ἀνῶμεν τὸ Θ, ἀμφότερα ῥυήσεται, τό τε ὕδωρ 5
καὶ τὸ κρᾶμα, ὃ δὴ ἐξ ἀμφοτέρων πάλιν γίνεται
κρᾶμα.

XXIX.

217 Ἀγγείου ὄντος ἐπὶ βάσεως καὶ κρουνὸν ἔχοντος
ὑπεράνω τοῦ πυθμένος ... καὶ ἐγχυνομένου εἰς αὐτὸ 10
ὕδατος, ὁτὲ μὲν καθαρὸν τὸ ὕδωρ ἐκρέειν, ὁτὲ δὲ
κρᾶμα, ὁτὲ δὲ μόνον ἄκρατον.

Ἔστω ἀγγεῖον τὸ ΑΒ ἐπὶ βάσεως κρουνὸν ἔχον
τὸν ΓΔ, οὗ τὸ Γ στόμιον ὑπεράνω ἔστω τοῦ πυθμένος
τοῦ ἀγγείου. διαπεφράχθω δὲ τὸν τράχηλον τῷ ΕΖ 15
διαφράγματι, δι' οὗ καθείσθω σωλὴν ὁ ΗΘ μικρὸν
ὑπερέχων τοῦ διαφράγματος εἰς τὸ ἄνω μέρος, ἀπέχων
δὲ ἀπὸ τοῦ πυθμένος τοῦ ἀγγείου ὅσον ὕδατι διάρρυσιν. ἔστω δὲ καὶ ἕτερος σωλὴν πρὸς τῇ γάστρᾳ τοῦ
ἀγγείου ὁ ΚΛ ἐκτός, ᾧ ὑποκείσθω ἀγγεῖον ἀκράτου 20
τὸ ΚΜ. ἔστω δὲ καὶ ἐν τῷ ΕΖ διαφράγματι λεπτὸν
τρύπημα τὸ Ν. τούτων οὖν ὄντων ἐὰν ἐγχέωμεν

---

1 εἰσπίπτοντος AGT₂b: ἐκπίπτοντος T₁   3 ἐπεγχέωμεν
Tb: ἐπιχέωμεν AG   6 ὃ codd.: f. καὶ   10 f. πυθμένος ⟨καὶ
σωλῆνα, ᾧ ὑπόκειται ἀγγεῖον ἀκράτου,⟩. cf. liu. 20. p. 292, 16
14 τὸν Tb: τὸ AG   18—20 ὅσον ... ἀγγείου om. G₁, add. G₂
22 f. ⟨οὕτως⟩ ὄντων, his autem ita se habentibus L

---

10 post πυθμένος add. ἔχοντος δὲ καὶ οἶνον bL   11 ἐκρέειν aCP: ῥέειν B   12 τὸ ἄκρατον BC   14 Γ om. P
15 δὲ om. P   collum ·a·b· L   16 καθείσθω B: κείσθω
CP: expellatur L   18—19 διάρρυσιν εἶναι b   19 γάστρα a:
κοιλία b

loch ϑ eindringt. Halten wir aber das Luftloch ϑ zu und giefsen reines Wasser zu, so fliefst, weil die Luft keinen Zutritt hat, nicht die Mischung, sondern reines Wasser. Lassen wir (darauf) ϑ los, so fliefst beides, 5 sowohl das Wasser als die Mischung. Aus beidem entsteht nun wieder eine (neue) Mischung.

XXIX.

Wenn auf einer Basis ein oberhalb des Bodens mit einer Ausflufsröhre versehenes Gefäfs[1]) steht

Der wechselnde Ausflufs. Fig. 73.

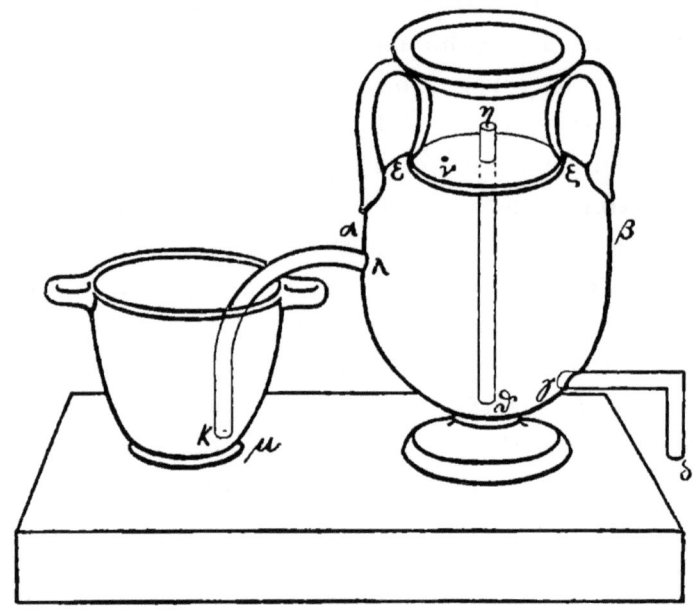

Fig. 73.

10 und man Wasser hineingiefst, so soll bald reines Wasser ausfliefsen, bald eine Mischung, bald nur reiner Wein. Ein auf einer Basis stehendes Gefäfs αβ (Fig. 73)

1) Zusatz in b: 'mit Wein'.

ὕδωρ εἰς τὸ ἀγγεῖον διὰ τοῦ τραχήλου, τὸ μὲν περὶ
τὴν ὑπεροχὴν τοῦ σωλῆνος ἐν τῷ τραχήλῳ μενεῖ, τὸ
δὲ ὑπὲρ τοῦτον εἰς τὸ κύτος ἐνεχθήσεται, ἄχρις ἂν
ἐπὶ τὸ Γ στόμιον τοῦ κρουνοῦ παραγένηται. καὶ οὕτως
καθαρὸν τὸ ὕδωρ ἐκρυήσεται. ἀρξαμένου δὲ ῥέειν 5
τοῦ κρουνοῦ, καθάπερ ἐπὶ τοῦ διαβήτου συνεπισπάσεται
καὶ τὸν ἐν τῷ ΚΜ ἀγγείῳ ἄκρατον, καὶ ἐκρυήσεται
κρᾶμα. ὅταν δὲ δαπανηθῇ τὸ ὕδωρ, τότε ἄκρατος
μόνος ῥυήσεται, εἰ μὴ παρ᾽ ὅσον τὸ παρὰ τὸ ΕΖ
διάφραγμα ὕδωρ συνεπισπάσεται. ὅταν δὲ διὰ τοῦ 10
Ν τρυπήματος πᾶν ἐκρεύσῃ τὸ περὶ τὸ διάφραγμα
. ὑδάτιον, τότε παρεισελθὼν ὁ ἀὴρ διαλύσει τε τὴν
συνέχειαν, καὶ οὐδὲν ἔτι ῥεύσει.

XXX.

Ἀγγείου ὄντος πλήρους οἴνου καὶ κρουνὸν ἔχοντος, 15
ᾧ ὑπόκειται ποτήριον, πρὸς μέτρον τὸ δοθὲν τὸν
οἶνον εἰς τὸ ποτήριον ἐπιρρέειν.

Ἔστω τὸ τὸν οἶνον ἔχον ἀγγεῖον τὸ ΑΒ κρουνὸν
218 ἔχον τὸν ΓΔ· τὸ δὲ | πρὸς τῷ Γ στόμιον τοῦ κρουνοῦ
λείαν ἐχέτω τὴν ἄνω ἐπιφάνειαν, ὥστε τυμπανίου 20

---

2 μενεῖ ΤbL: μένει AG   8 τότε om. G₁, add. G₂   f. ὕδωρ
⟨καὶ ἀποφραγῇ τὸ Η στόμιον τοῦ σωλῆνος⟩   10 ὅταν Τ: ὅτε
AGb   10—11 διὰ τοῦ Ν G₂Tb: om. AG₁   11 ἐκρεύσῃ A
(η ex ει corr.), G: ἐκρεύσεῖ T, η supra scripsit ead. m.   περὶ
ab: f. παρά.   cf. lin. 9   18 ἔστω τὸ ἀγγεῖον τὸ τὸν οἶνον ἔχον
τὸ αβ tr. T   19 τῷ Tb: τὸ AG

---

7 η̅μ̅ CP   8 ὁ ἄκρατος B   11 ἐκρεύσει b   13 Ἀγγείου
ὄντος ἐπὶ βάσεως . . . λεπτὸν τρύπημα τὸ r̅ (290, 9—22) hic iterat C   15 οἴνου om. L   20 ἄνω om. bL   ἐπιφάνειαν
ἀκριβῶς b, superficie ad amussim levigata L

mit einer Ausflufsröhre $\gamma\delta$ habe oberhalb seines Bodens
die Mündung γ. Sein Hals sei durch die Scheidewand $\varepsilon\zeta$
verschlossen. Durch diese stecke man eine Röhre $\eta\vartheta$, die
oben etwas über die Scheidewand hinausrage und fast
5 bis auf den Boden des Gefäfses reiche, aber noch Raum
für den Durchflufs von Wasser lasse. Ferner sei eine
andere Röhre $\varkappa\lambda$ aufsen am Bauche des Gefäfses angebracht. Unter diese stelle man ein Gefäfs ungemischten
Weines $\varkappa\mu$. Schliefslich sei auch in der Scheidewand $\varepsilon\zeta$
10 ein (ganz) kleines Loch ν. Giefsen wir nun bei diesen
Vorrichtungen durch den Hals Wasser ins Gefäfs, so verbleibt das Wasser, welches den hervorstehenden Teil der
Röhre umgiebt, im Halse, während das Wasser, welches
über diese hinausgeht, in das Innere läuft, bis es zu γ,
15 der Mündung der Ausflufsröhre, kommt. In diesem Falle
wird das Wasser rein auslaufen. Hat aber die Zapfröhre
angefangen zu fliefsen, so wird sie wie beim Heber auch
den ungemischten Wein im Gefäfse $\varkappa\mu$ anziehen, und es
fliefst eine Mischung aus. Ist das Wasser verbraucht[1]),
20 dann fliefst allein der ungemischte Wein aus, abgesehen
von dem Wasser, das er etwa an der Scheidewand $\varepsilon\zeta$
mit anzieht. Wenn das ganze Wasser auf der Scheidewand durch das Loch ν gesickert ist, dann tritt die Luft
hinzu, unterbricht den Zusammenhang, und der Ausflufs
25 hört auf.

XXX.

Wenn ein Gefäfs voll Wein eine Ausflufsröhre
hat, unter welcher ein Becher steht, so soll eine
bestimmte Quantität Wein in den Becher fliefsen.
30 Das Gefäfs mit dem Weine sei $\alpha\beta$ (Fig. 74); es sei
mit einer Ausflufsröhre $\gamma\delta$ versehen, deren Mündung γ
oben an ihrer Oberfläche[2]) abgeschliffen sei, auf dafs sie
kein Wasser auslaufen läfst, wenn sich eine kleine

Ein Weinauto-
mat (durch ein
Gewicht gere-
gelt). Fig. 74.

---

1) Soll die Vorrichtung als Heber weiter wirken, ist η
natürlich zu verstopfen.
2) Zusatz in b: 'scharf'.

ἐπιτεθέντος τοῦ ΕΖ στέγειν τὸ ὕδωρ. ἔστω δὲ καὶ
κανόνιον ὀρθὸν πεπηγὸς ἐπὶ τοῦ ὠτὸς τὸ ΗΘ, ἀφ᾽
οὗ ἕτερον κηλωνευέσθω τὸ ΚΛ. ἔστω δὲ καὶ ἕτερος
κανὼν ὑπὸ τὴν βάσιν τοῦ ἀγγείου ὁ ΜΝ κηλωνευόμενος περὶ τὸ Ξ· ἕτεροι δὲ δύο κανόνες οἱ ΚΟ, ΛΠ 5
προσήφθωσαν ἐν περόναις κινούμενοι, ὥστε ὁπόταν
κατάγῃ τις τὸ Μ ἄκρον τοῦ κανόνος, ἐπαιρομένου τοῦ
ΕΖ τυμπάνου ἀνοίγεσθαι τὸν κρουνὸν καὶ ἐκρεῖν,
ἀφεθέντος δὲ πάλιν κατακλείεσθαι. ἐπικείσθω οὖν
τῷ ΜΝ κανόνι ποτήριον, εἰς ὃ βουλόμεθα τὸ πρὸς 10
μέτρον ὑγρὸν δέξασθαι, καὶ ἔσται τὸ Ρ ὑποκείμενον
τῷ κρουνῷ. ἔστω δὲ καὶ λεία τις ἡ Σ δυναμένη διὰ
κρίκου παράγεσθαι εἰς τὴν ὑπεροχὴν τοῦ κανόνος τὴν
ΜΟ. ἐὰν οὖν παράξω εἰς τὸ πρὸς τῷ Μ μέρος,
ἀνοιχθήσεται ὁ κρουνὸς καὶ ῥεύσει εἰς τὸ ποτήριον, 15
καὶ βαρουμένου τοῦ ποτηρίου πάλιν ἀνανεύσει ἡ λεία
καὶ ἀποκλείσει τὸν κρουνόν. ἵνα οὖν πρὸς μέτρον
ἀπορρέῃ, ἐμβεβλήσθω εἰς τὸ ποτήριον, εἰ τύχοι, κοτύλη.
τὸ δ᾽ ἐκ τοῦ κρουνοῦ ἐκρέον ἐν ἄλλῳ ἀγγείῳ λαμβα-
νέσθω, καὶ παραγέσθω ἡ λεία, ἕως οὗ πρώτως μηκέτι 20

1 καὶ AGT₂b: τὸ T₁   3 κηλωνευέσθω b: κηλωνευέτω a
5 δύο om. G   κ̄ο, λ̄π T: κ ο λ π AGb: om. L   9 δὲ om. T₁,
add. T₂   10 εἰς om. T₁, add. T₂   βουλόμεθα T   11 ἔσται
AG: ἔστω Tb: sit L   12 ἡ AGT₂b: τὸ T₁   14 ἐὰν AGT₂b:
ὅταν T₁   τῷ Mb: τὸ a   15 f. ⟨τὸ ὑγρὸν⟩ ῥεύσει   17 οὖν
AGb: γοῦν T   18 ποτήριον: f. ἀγγεῖον   19 δ᾽ ἐκ AC: δὲ
ἐκ BGPT   ἐκρέον AGT₂b: ῥέον T₁   20 παραγέσθω T₁b:
παραγενέσθω AGT₂   οὗ: οὖν T

1 cooperiatur L (στέγεσθαι?)   2 ἀφ᾽ aCP: ἐφ᾽ B, Vind. 120
4—5 κηλωνευόμενος καὶ οὗτος bL   8 τυμπανίου C   11
δέξασθαι a: ἐκρεῖν b, fluere L   14 μ̄ο BL: μ̄ CP   παράξω
a: παραγάγωμεν αὐτὴν bL   16 βαρουμένου a: βαρυνομένου b
18 τύχοι CP: τύχῃ B   20 πρώτως om. L

Scheibe ε ζ darauf legt. Auf dem Henkel stehe ein senkrechter Stützbalken η ϑ fest, von welchem ein anderer,
(der Querbalken) κ λ, auf- und niederwippe. Unter dem
Fuße des Gefäßes sei ferner ein anderer Querbalken μ ν
5 angebracht, der[1]) um ξ wie ein Brunnenschwengel auf-

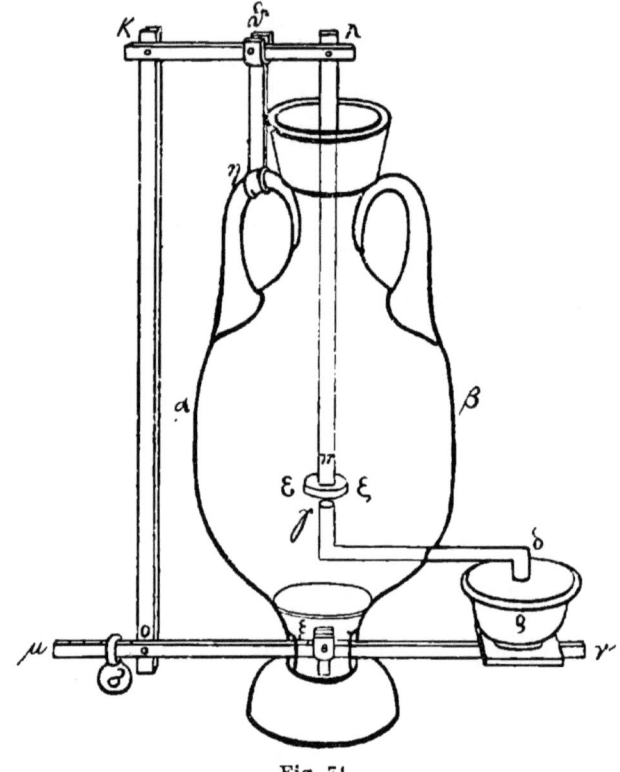

Fig. 74.

und niedergehe. Noch zwei andere Hölzer κ o und λ π sind
(an κ λ) zu befestigen und sollen sich derart um Stifte
drehen, daß, wenn man das Balkenende μ nach unten
zieht, die Scheibe ε ζ sich hebt und die Ausflußröhre sich
10 öffnet und fließt, sich dagegen wieder schließt, wenn man

1) Zusatz in b: 'gleichfalls'.

ῥέη ὁ κρουνός, καὶ σεσημειώσθω ἐπὶ τοῦ κανόνος καὶ
ἐπιγεγράφθω κοτύλῃ· ὁμοίως δὲ καὶ ἡμικοτύλη καὶ
δύο κοτυλῶν· καὶ οὗ ἐὰν βουλώμεθα μέτρου, τὰ αὐτὰ
ποιήσομεν καὶ ἕξομεν τῶν μέτρων τὰ σημεῖα, καθ᾽ ἃ
δεῖ παραγομένην τὴν λείαν τὰ μέτρα ἀποδιδόναι. 5
δυνατὸν δὲ ἀντὶ τοῦ ΕΖ τυμπανίου περιτίθεσθαι τῷ
κρουνῷ ὡς στεγνόν τι ἀγγεῖον, ὥστε διαστελλομένου
τοῦ ὑγροῦ ὑπὸ τοῦ ἐν αὐτῷ ἀέρος μηκέτι ῥέειν τὸν
κρουνόν.

XXXI. 10

219 Ἀγγείου οἶνον ἔχοντος καὶ κρουνὸν καὶ ὑποκειμένου
κρατῆρος, ὅσον ἄν τις τοῦ κρατῆρος ἀφέληται, τοσοῦτον
εἰς αὐτὸν ἐπιρρέειν οἶνον ἐκ τοῦ κρουνοῦ.

Ἔστω τὸ τοῦ οἴνου ἀγγεῖον τὸ ΑΒ (κρουνὸς δὲ
ὁ ΓΔ) ἔχον τὸ ΕΖ τυμπάνιον καὶ τοὺς ΗΘ, ΚΛ, 15
ΚΟ, ΛΜ κανόνας ὡς καὶ ἐπάνω· ὑποκείσθω δὲ τῷ
κρουνῷ ποτήριον τὸ Π· τῷ δὲ ΚΟ κανονίῳ προσφυὲς
ἔστω λεβητάριον τὸ Ρ ἐνὸν ἐν ἀγγείῳ τῷ ΣΤ. σωλὴν
δὲ ὁ ΥΦ συντετρήσθω τοῖς ΣΤ, Π ἀγγείοις. τούτων
... ὄντων καὶ κενῶν ὄντων τῶν Π, ΣΤ ἀγγείων τὸ 20

---

1 ῥέη T: ῥέει AGb   σεσημειώσθω Tb: σεσημαιώσθαι AG
2 f. κοτύλης et ἡμικοτύλης   4 καὶ AGb: ἕως T   μέτρων
AGb: μερῶν T   6 τοῦ Tb: om. AG   7 ὡς suspectum, nisi
quid intercidit   15 ἔχον AG: ἔχων Tb   15—16 τοὺς ...
κανόνας A₁G: τὰ ... κανόνια A₂Tb   18 τῷ CG₂PT: τὸ ABG₁
20 lacunam statui; f. τούτων ⟨οὖν οὕτως⟩ ὄντων, his ita
(itaque cod. Taurin.) se habentibus L: τούτων δὲ ὄντων Leid.
Voss. 19 καὶ κενῶν ὄντων om. T

---

1 κανόνος aB: κανονίου CP   2 ἡμικοτύλιον BCL   3 κο-
τυλῶν a: κοτύλαι b   οὗ ἐὰν a: ὃ ἂν b   μέτρον b   6 et
pro (= καὶ ἀντὶ) L   τυμπανίου a: τυμπάνου b   7 ὡς: et L
8 ὑγροῦ a: ἀέρος bL   16 ΚΟ om. b: ΚΟΛ om. L   · 17 Π:
·x·r· L   19 σ̄τ̄π̄ aBL: τ̄π̄ P: °τ̄ π̄ C   20 σ̄τ̄π̄ bL

es losläfst. Auf dem Querholz $\mu\nu$ stehe ein Becher, in welchen wir das entsprechende Mafs Flüssigkeit zapfen[1]) wollen. Das soll ϱ sein, der unter der Ausflufsröhre steht. Schliefslich bringe man ein Gewicht σ an, welches 5 sich mittels eines Ringes auf dem Vorsprunge μo verschieben läfst. Schiebe ich[2]) es nun nach μ hin, so öffnet sich die Ausflufsröhre, und die Flüssigkeit strömt in den Becher. Wenn infolge dessen der Becher schwerer wird, so hebt sich das Gewicht wieder und verschliefst 10 die Ausflufsröhre. Damit nun ein bestimmtes Quantum abfliefst, schütte man in den Becher[3]) etwa eine Kotyle (= 0,27 l). Die aus der Ausflufsröhre ausströmende Flüssigkeit fange man in einem andern Gefäfse auf, und man schiebe das Gewicht so lange zur Seite, bis zum 15 ersten Male eine Unterbrechung des Ausflusses eintritt, bringe auf dem Holze eine Marke an und schreibe 'Kotyle' daran, ebenso '½ Kotyle' und '2 Kotylen'. Dies wiederholen wir bei jedem beliebigen Mafse und bekommen so für die Mafse die Marken, nach denen man das Gewicht 20 verschieben mufs, um die entsprechenden Mafse zum Ausflufs zu bringen. Statt der Scheibe $\varepsilon\zeta$ kann man ein geschlossenes Gefäfs (eine Art Glocke) um die Ausflufsröhre legen, so dafs der Ausflufs aufhört, wenn der Zusammenhang der Flüssigkeit von der in jener Glocke enthaltenen Luft unterbrochen wird.

XXXI.

Hat ein Gefäfs mit Wein eine Ausflufsröhre, unter der ein Mischkrug steht, so soll so viel Wein, als man dem Mischkruge entnimmt, aus der Ausflufs-30 röhre zufliefsen.

Ein Weinautomat (durch das Steigen und Sinken eines Schwimmers geregelt). Fig. 75.

Das Gefäfs mit Wein sei $\alpha\beta$ (Fig. 75), die Ausflufsröhre $\gamma\delta$. Es sei wie vorhin mit dem Scheibchen $\varepsilon\zeta$

---

1) Nach b: 'in welchen das entsprechende Mafs ... fliefsen soll'.   2) Nach b: 'Schieben wir'.   3) Richtiger wohl: 'in das Gefäfs'.

P λεβητάριον πρὸς τῷ πυθμένι ἔσται τοῦ ΣΤ ἀγγείου
καὶ ἀνοίξει τὸν ΓΔ κρουνόν. ῥέοντος δὲ αὐτοῦ εἰς
ἀμφότερα τὰ ΤΣ, Π ἀγγεῖα, προσαναβαῖνον τὸ λεβη-

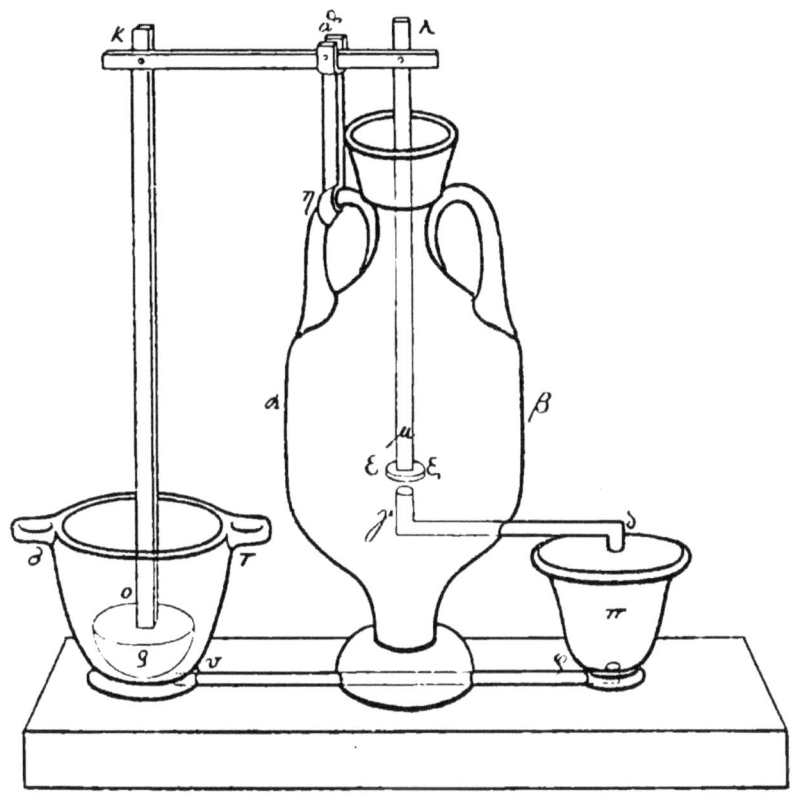

Fig. 75.

τάριον πάλιν κλείσει τὸν κρουνόν, ἕως οὗ πάλιν
ἀφέλωμεν ἀπὸ τοῦ κρατῆρος. καὶ τοῦτο ἔσται, ὁσάκις 5
ἂν ἀφέλωμεν.

XXXII.

Θησαυροῦ κατασκευὴ τροχὸν ἔχοντος στρεφόμενον
χάλκεον, ὃς καλεῖται ἁγνιστήριον· τοῦτο γὰρ εἰώθασιν

und den Stangen $\eta\vartheta$, $\varkappa\lambda$, $\varkappa o$, $\lambda\mu$ versehen. Unter der Ausflufsröhre stehe ein Krug π. Mit der Stange $\varkappa o$ sei ein kleiner Kessel ϱ verbunden, der sich in einem Gefäfse $\sigma\tau$ befinde. Eine Röhre $\upsilon\varphi$ setze die Gefäfse $\sigma\tau$ und π in
5 Verbindung. Sind nun bei derartigen Vorrichtungen die Gefäfse π und $\sigma\tau$ leer, so liegt der Kessel ϱ am Boden des Gefäfses $\sigma\tau$ und läfst die Ausflufsröhre $\gamma\delta$ offen. Da nun die (infolgedessen ausströmende) Flüssigkeit sich in die beiden Gefäfse π und $\sigma\tau$ ergiefst, so steigt der Kessel
10 und schliefst die Ausflufsröhre wieder, bis man den Mischkrug von neuem ausschöpft. Dieser Vorgang wiederholt sich jedesmal, wenn man etwas herausnimmt.

XXXII.

Eine Schatzkammer mit einem rotierenden Bronze- Der pfeifende Mönch (Vogel)
15 rade, dem sogenannten Sühnrade (Hagnisteriou)[1]), zu Fig. 76.
bauen; dieses pflegen nämlich die Tempelbesucher zu drehen. Wenn sich das Rad dreht, so soll die Stimme eines Mönches (Vogel) erschallen und das Vöglein selbst, welches obenauf steht, sich drehen. Steht dagegen das
20 Rad (wieder) still, so soll der Mönch aufhören sowohl zu pfeifen als sich zu drehen.
Es sei $\alpha\beta\gamma\delta$ (Fig. 76) eine Schatzkammer; darin sei eine leicht drehbare Achse $\varepsilon\zeta$ quer gelegt. Mit dieser sei das Rad $\vartheta\varkappa$ verbunden, welches man umdrehen mufs.
25 An der Achse seien innen zwei Räder λ und μ befestigt, von denen λ mit einer Winde versehen sei[2]), μ dagegen

---

1) Vgl. oben S. 149, 1—4.
2) Vgl. auch Fig. 76 a—c in den Prolegomena.

---

1 $\H{\varepsilon}\sigma\tau\alpha\iota$ Tb L: $\H{\varepsilon}\sigma\tau\omega$ AG   2 $\dot{\alpha}\nuo\acute{\iota}\xi$ (sic) A   3 $\tau\overline{\sigma\pi}$ B G$_2$ T$_1$: $\tau\overline{\alpha\pi}$ AG$_1$T$_2$: f. Π, ΣT. cf. p. 296, 20

---

1 $\tauo\tilde{\upsilon}$ $\overline{\sigma\tau}$ $\dot{\alpha}\gamma\gamma\varepsilon\acute{\iota}o\upsilon$ a: $\tauo\tilde{\upsilon}$ $\dot{\alpha}\gamma\gamma\varepsilon\acute{\iota}o\upsilon$ $\tauo\tilde{\upsilon}$ $\overline{o\tau}$ b   2—4 $\acute{\varrho}\acute{\varepsilon}o\nu\tauo\varsigma$ . . . $\varkappa\varrhoo\upsilon\nu\acute{o}\nu$ om. CP

οἱ εἰς τὰ ἱερὰ εἰσιόντες στρέφειν. ἔστω οὖν τοῦ
τροχοῦ στραφέντος μελαγκορύφου γίνεσθαι φωνήν,
καὶ αὐτὸ δὲ τὸ ὀρνύφιον ἐφεστὼς στρέφεσθαι, σταθέν-
τος δὲ τοῦ τροχοῦ μηκέτι φθέγγεσθαι τὸν μελαγκόρυφον
μήτε στρέφεσθαι. 5
Ἔστω θησαυρὸς μὲν ὁ ΑΒΓΔ, ἄξων δὲ διακείμενος
ἐν αὐτῷ ὁ ΕΖ εὐλύτως δυνάμενος στρέφεσθαι, ᾧ
συμφυὴς ἔστω ὁ ΘΚ τροχός, ὃν δεῖ στρέφειν. ἔστωσαν
δὲ τῷ ἄξονι δύο τροχοὶ συμφυεῖς ἐντὸς οἱ Λ, Μ, ὧν
ὁ μὲν Λ ἐξελίκτραν ἐχέτω, ὁ δὲ Μ ἀκτινωτὸς ἔστω. 10
περὶ δὲ τὴν ἐξελίκτραν σπάρτος ἐπειλήσθω, ἧς ἀπὸ
220 τοῦ ἄκρου ἐκκρεμάσθω πνιγεὺς ὁ Ν σωλῆνα ἔχων | τὸν
ΞΟ καὶ συρίγγιον ἔχων ἐπ᾽ ἄκρου μελαγκορυφίζον.
ὑποκείσθω δὲ τῷ πνιγεῖ ὕδατος ἀγγεῖον τὸ ΠΡ.
καθείσθω δὲ καὶ ἀξονίσκος ὁ ΣΤ ἀπὸ τῆς κορυφῆς 15
τοῦ θησαυροῦ εὐλύτως δυνάμενος στρέφεσθαι, πρὸς
μὲν τῷ Σ ἔχων τὸν μελαγκόρυφον, πρὸς δὲ τῷ Τ
ἀκτινωτὸν τύμπανον ἐμπεπλεγμένον τῷ Μ τυμπάνῳ.
συμβήσεται οὖν ἐπιστραφέντος τοῦ ΘΚ τροχοῦ ἐπειλεῖσθαι τὴν σπάρτον περὶ τὴν ἐξελίκτραν καὶ ἀνέχειν 20
τὸν πνιγέα, ἀφεθέντος δὲ τοῦ τροχοῦ τῷ βάρει κατα-

---

1 f. οὖν ⟨δέον⟩. cf. p. 302, 10 3 ὀρνύφιον AG: ὀρνύ-
θιον Tb ἐφεστὼς ab: ἐφεστὸς M, alii deteriores 3—4 στα-
θέντος scripsi: ^{με}σταθέντος A₁: στραφέντος A₂GLTb 5 μήτε
AG: μηκέτι T 10 Λ om. AG 11 σπάρτον A 14 ὕδατος
G₂Tb: om. AG₁ 17 Σ om. T 19 κϑ T 19—20 ἐπειλεῖσθαι AG₂Tb, εἴ ex ἦ corr. A: ἐπειλῆσθαι G₁

1 ἔστω: accidit (= συμβήσεται) L 5 μήτε στρέφεσθαι
om. CP στρέφεσθαι τὸν μελαγκόρυφον B 6 διακείμενος
aCP: κείμενος BL 8 ἔστωσαν om. B 9 ·l· et ·m· L
13 καὶ om. bL ἔχων a: ἔχοντα bL 15 καθείσθω BCL:
κείσθω P ἕτερος ἀξονίσκος BCL ὁ ΣΤ om. bL ἀπὸ a:
ἐκ τῶν ἄνωθεν ἤγουν bL 17 τῷ BC: τὸ (bis) P 19 ϑ BL

ein Sternrad bilde. Um die Winde sei eine Schnur geschlungen. An ihrem Ende hänge ein Windkessel ν,
der eine Röhre ξo und auf deren Spitze eine kleine
Pfeife habe, welche die Stimme eines Mönches nachahmen
5 kann. Unter dem Windkessel stehe ein Gefäfs $\pi\varrho$ mit

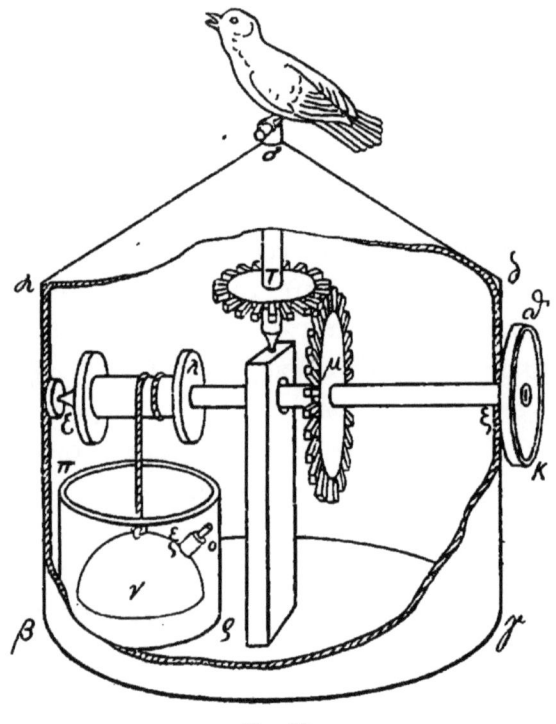

Fig. 76.

Wasser. Von der Spitze der Schatzkammer lasse man
eine kleine, leicht drehbare Achse $\sigma\tau$ hinab, sie habe bei σ
den Mönch, bei τ ein Sternrad, welches in das Wellrad μ
fasse. Wird nun das Rad $\vartheta\varkappa$ umgedreht, so ist die
10 Folge, dafs die Schnur sich um die Winde wickelt und
den Windkessel nach oben zieht. Wenn dagegen das
Rad losgelassen wird, so fällt der Windkessel infolge

φερόμενον τὸν πνιγέα εἰς τὸ ὕδωρ τὸν ἦχον ἀποτελεῖν
τοῦ ἀέρος ἐκθλιβομένου, ἅμα δὲ καὶ τὸν μελαγκόρυφον
ἐπιστρέφεσθαι διὰ τῆς τῶν τυμπάνων ἐπιστροφῆς.

XXXIII.

Ἔνιοι ἐν τοῖς ἀγγείοις ἐμβαλλόμενοι σίφωνες ῥέουσιν, 5
ἕως ἂν ἢ κενωθῇ τὰ ἀγγεῖα ἢ ἡ τοῦ ὕδατος ἐπιφάνεια
γένηται κατὰ
τὸ ἐκτὸς στό-
221 μιον|τοῦ σίφω-
νος· δέον ἔστω
ῥέοντος αὐτοῦ,
ὅτε βουλόμεθα,
μηκέτι ῥέειν.
Ἔστω τι ἀγ-
γεῖον τὸ ΑΒ,
ἐν ᾧ σίφων
⟨ἔστω⟩ ὁ ΓΔΕ
ἔχων τὸ μὲν ἐν-
τὸς σκέλος ἀνα-
κεκαμμένον ὡς
τὸ ΓΖΗ. ἔστω
δὲ καὶ κανόνιον
ὀρθὸν πεπηγὸς
τὸ ΘΚ, πρὸς
ὃ ἕτερον κη-
λωνενέσθω τὸ
ΛΜ, ἐξ οὗ ἕτε-

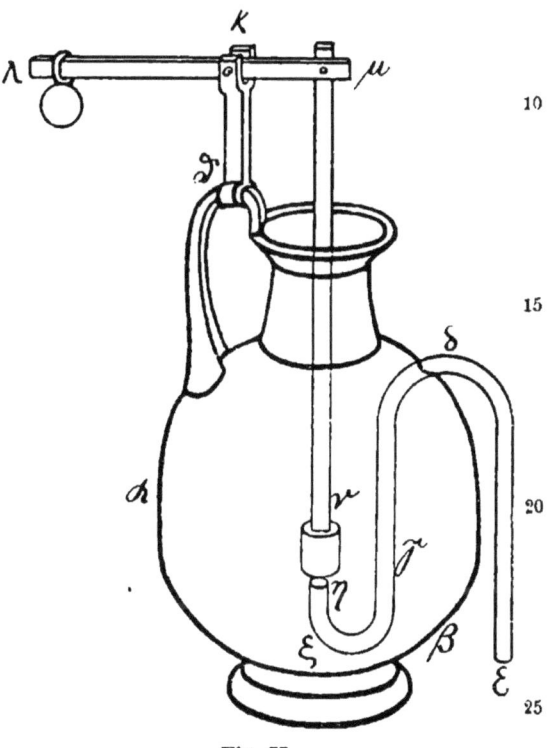

Fig. 77.

ρον κανόνιον ἐν περόνῃ κινούμενον τὸ ΜΝ ἔχον πρὸς
τῷ Ν ἄκρῳ ἀγγεῖον δυνάμενον περιβαίνειν τὴν ΖΗ
τοῦ σίφωνος ἀνακαμπήν· ἐχέτω δὲ τὸ ΛΜ κανόνιον 30

seiner Schwere ins Wasser und erzeugt den Schall, indem
die Luft hinausgeprefst wird. Die Umdrehung der Zahn-
räder hat zugleich eine Umdrehung des Mönches zur Folge.

XXXIII.

5 Manche Heber fliefsen, wenn sie in die Gefäfse   Der Wasser-
gesetzt werden, bis entweder die Gefäfse leer sind   automat (durch
ein Gewicht
oder der Wasserspiegel mit der äufseren Heber-   geregelt).
Fig. 77.
mündung auf gleichem Niveau steht. Nun sei verlangt, dafs der Ausflufs in jedem beliebigen Zeitpunkte
10 aufhören kann.
Ein Gefäfs $\alpha\beta$ (Fig. 77) enthalte einen Heber $\gamma\delta\varepsilon$,
dessen innerer Schenkel nach oben umgebogen sei wie
$\gamma\zeta\eta$. Auf einem senkrechten, feststehenden Stützbalken $\vartheta\varkappa$
gehe eine Querstange $\lambda\mu$ wie eine Wippe auf und nieder.
15 Daran hänge eine andere Stange $\mu\nu$, sie bewege sich um
einen Stift und sei an ihrem Ende ν mit einem (kleinen)
Gefäfse versehen, welches das umgebogene Heberende $\zeta\eta$
umschliefsen kann.[1]) Die Querstange $\lambda\mu$ habe in λ ein
Gewicht hängen, so dafs das Gefäfs, welches sich um die
20 Heberbiegung legen soll, über der (inneren) Mündung des
Hebers liegt und dieser fliefsen kann. Soll aber der
Ausflufs aufhören, so nehmen wir das bei λ hängende
Gewicht weg, so dafs sich das in ν befindliche Gefäfs
(Deckel) senkt und sich um die Biegung $\zeta\eta$ legt. Und so
25 hört der Heber auf zu fliefsen. Soll der Ausflufs dagegen
wieder beginnen, hängen wir das Gewicht von neuem an.

---

1) Also einem cylindrischen Deckel für die innere Hebermündung.

---

6 ἕως: ὡς T   10 f. δέον ⟨δὲ⟩   17 ἔστω BC: sit L:
om. aP   28 f. κανόνιον ⟨ἐκκρεμάσθω⟩   ἔχον ABG: ἔχων
CPT   29 ἀγγεῖον om. T₁, add. T₂

5 σίφωνες ἐμβαλλόμενοι ἐν ἀγγείοις tr. b (om. τοῖς)   10 καὶ
δέον bL   21 γ̅ζ̅η̅ BC: γ̅η̅ζ̅ P: ·e·z·f· L

βάρος ἐκκρεμάμενον πρὸς τῷ Λ, ὥστε τὸ περιβαῖνον
ἀγγεῖον τὴν τοῦ σίφωνος ἀνακαμπὴν ὑπεράνω εἶναι
τοῦ στομίου καὶ ῥεῖν τὸν σίφωνα. ὅταν δὲ βουλώμεθα μηκέτι ῥέειν, ἀφελοῦμεν τὸ πρὸς τῷ Λ βάρος,
ὥστε καταχθῆναι τὸ πρὸς τῷ Ν ἀγγεῖον καὶ περιβῆναι 5
τὴν ΖΗ ἀνακαμπήν. καὶ οὕτως οὐκέτι ῥεύσει ὁ διαβήτης. ὅταν δὲ βουλώμεθα ῥέειν, πάλιν ἐκκρεμάσομεν
221ᵘ τὸ βάρος.

XXXIV.

224 Μιλιαρίου κατασκευή, ὥστε ἐπικειμένου ζῳδαρίου 10
διεσκευασμένου εἰς φυσῶντος τρόπον αὐτό τε τὸ ζῴδιον
φυσᾶν εἰς τοὺς ἄνθρακας καὶ οὕτως καίεσθαι τὸ '
μιλιάριον ἔτι τε κρουνοῦ προσκειμένου παρὰ τὸν
τράχηλον τοῦ μιλιαρίου καὶ ἀνεῳγότος μὴ ῥέειν, εἰ
μὴ πρότερον ψυχρὸν [ἂν] ἐγχέομεν εἴς τι κρατήριον, 15
τὸ δὲ ψυχρὸν μὴ πρότερον συναναμίγνυσθαι τῷ θερμῷ,
εἰ μὴ εἰς τὸν πυθμένα χωρήσει, ἐκ δὲ τοῦ κρουνοῦ
τὸ θερμότατον ἐκρέειν.

Ἔστω τὸ μὲν σχῆμα τοῦ μιλιαρίου οἷον ἄν τις
προαιρῆται. ἐν δὲ τῇ χώρᾳ τῇ τὸ ὕδωρ δεχομένη 20

---

1 πρὸς om. T₁, add. T₂   τῷ AG b: τὸ T ut lin. 4   2 σίφων (sic) A   4 de futuro ἀφελοῦμεν cf. Heron. Metrica III 18
(vid. vol. III), Diopt. 312, 28 Vi   10 Μιλιαρίου b: μηλιαρίου AG:
μῆλιαρίου T, ι supra scr. m. 1   13 μιλιάριον b: μηλιάριον a
14 μηλιαρίου a ut lin. 19. p. 306, 5. 10. 25. 310, 4. 314, 9;
omnibus locis secundum b correxi   15 ἂν seclusi   ἐγχέομεν A: ἐγχέωμεν GT b   20 post προαιρῆται lacunam statuam.
dici enim debebat, quot et qualia spatia discernenda essent,
utro spatio aqua contineretur, utro carbones

5 καταχθῆναι aB: κατενεχθῆναι CP   11 καὶ διεσκευασμένου b L   τρόπον φυσῶντος tr. b   13 τε B: τοῦ CP
15 κρατήριον a: κρατηρίδιον b   18 ἐκρέειν a: ἐκρέει b L

XXXIV.

Einen Badeofen (Milliarium)[1]) herzustellen, dafs
obenauf eine kleine Figur eine pustende Stellung
einnimmt und auf die Kohlen bläst und dafs so der
5 Badeofen geheizt wird. Ferner soll an dem Halse (oberen
Teile) des Badeofens eine Ausflufsröhre angebracht sein,
aber obwohl sie offen stehe, soll nichts ausfliefsen, es sei
denn, dafs man zuvor kaltes Wasser in einen kleinen Krug
giefst. Das kalte Wasser soll sich nicht eher mit dem
10 warmen vermischen, als bis es an den Boden kommt.
Erst dann soll aus der Ausflufsröhre sehr heifses Wasser
ausströmen.

Ein Badeofeu.
Fig. 78 a und 78 b.[2])

---

1) Das Milliarium ist ein Badeofen in Form eines römischen
Meilensteins. Die Heronische Beschreibung des Ofens weicht
von der aus der Litteratur (s. die Stellen vorn in den Prolegomena unter der Bemerkung zu Fig. 78) bekannten Einrichtung
ab. Nach der Beschreibung des Seneca z. B. lagen im Innern
dünne, kupferne Röhren in Spiralwindungen um den Feuer-
raum. Bis zu einem gewissen Grade kann man dagegen einen
pompejanischen Herd vergleichen, von dem bei Overbeck-Mau
S. 442 ein Durchschnitt abgebildet ist. Allerdings ist darin
der cylindrische Zwischenraum mit dem Wasser ziemlich eng.
Auch in dem samovarähnlichen Gefäfse, das a. a. O. S. 443
abgebildet ist und das zur Bereitung der Calda diente, umgiebt
der Raum mit der Flüssigkeit ein inneres, mit glühenden Holz-
kohlen gefülltes Rohr. In letzterem Gefäfse sieht man ferner
unten deutlich einen siebartigen Rost, der den durchaus notwendigen Luftzutritt vermittelt. Wir haben daher kein Bedenken getragen, auch in unserer Figur einen derartigen Rost
zu zeichnen, obwohl im Text nichts davon erwähnt ist. Auch
dem abgesonderten Raume mufs von unten Luft zugeführt
werden können, daher ist die Röhre $\lambda\xi$ von uns innerhalb des
Kohlenbehälters noch mit einer Öffnung versehen. Von technischer Seite werden übrigens gegen die Zulässigkeit eines
derartig abgesonderten Raumes Bedenken erhoben. (Neuerdings
ist nach Mau *Scavi di Boscoreale*, Mitteil. des Deutsch. Archaeol.
Instit. Roem. Abteil. IX, 349—358, 1894, in Boscoreale bei
Pompeji ein Badeofen, 'la caldaia dell' aqua calda', gefunden,
der aber für Heron nicht zu verwerten ist.)
2) Vgl. auch die handschriftlichen Figuren 78c und 78d
in den Prolegomena.

ἀπολαμβάνεταί τις χώρα μικρὰ δυσὶ διαφράγμασιν
ὀρθίοις, ὡς πάντοθεν εἶναι στεγνήν, ἐξ ἧς παρὰ τὸν
πυθμένα σωλὴν συντέτρηται εἰς ὃν τῶν ὑποκειμένων
τοῖς ἄνθραξιν, οὗ τὸ ἕτερον μέρος ἀποπεφράχθω,
ὥστε μὴ εἰσιέναι εἰς αὐτὸν ὕδωρ ἐκ τοῦ μιλιαρίου. 5
οἱ δὲ λοιποὶ σωλῆνες εἰς τὴν λοιπὴν χώραν, ἐν ᾗ τὸ
ὕδωρ, φέρουσιν, ὥστε καιομένους τοὺς ἄνθρακας διὰ
μὲν τοῦ ἑνὸς σωλῆνος τοῦ εἰς τὴν μικρὰν ἔχοντος
φέρειν χώραν ἀτμὸν ἐγγεν⟨ν⟩ᾶν. οὗτος δὲ διά τινος
σωλῆνος συντετρημένου τῷ ἐπιφράγματι τοῦ μιλιαρίου 10
φέρεται διὰ τοῦ στόματος τοῦ ζῳδαρίου εἰς τοὺς
ἄνθρακας· ἐπινένευκε γὰρ τὸ ζῴδιον, ὥστε κάτω
φυσᾶν. ἀεὶ οὖν ἀτμοῦ ἐγγεν⟨ν⟩ωμένου ἀεὶ καὶ φυσᾷ.
ὁ δὲ ἀτμὸς γεννᾶται ἐκ τοῦ πυρός. ἐὰν δὲ καὶ μικρὸν
ὑδάτιον ἐγχέωμεν εἰς τὴν μικρὰν χώραν, πλέονα τὸν 15
ἀτμὸν γεννήσομεν, ὥστε ὑπὲρ μέτρον φυσῶν τὸ ζῴδιον
πλεῖον ἐκθερμαίνειν τὸ μιλιάριον, καθάπερ ὁρῶμεν
ἐπὶ τῶν καιομένων λεβήτων ἀναφερόμενον καπνὸν ἐκ
τοῦ ὕδατος. ἔσται δὲ ἀφαιρετὸν τὸ ζῳδάριον διά
τινος σμηρισματίου πρὸς τὸ ἐγχύνεσθαι τὸ μικρὸν 20
ὑγρόν. ἅμα δὲ καὶ ἐὰν μὴ βουλώμεθα τὸ ζῴδιον
φυσᾶν εἰς τοὺς ἄνθρακας, ἀποστρέφομεν αὐτὸ διὰ
τοῦ σμηρίσματος εἰς τὸ ἔξω μέρος. ἔστω δὲ καὶ
κρατηρίδιον ἐπικείμενον τῷ ἐπιφράγματι, ἐξ οὗ σωλὴν
φερέτω παρὰ τὸν πυθμένα τοῦ μιλιαρίου, ὥστε δι᾽ 25

---

4 ἀποπεφράχθω Mb: ἀποφράχθω a   6 λοιπὴν om. T
11 ζωδαρίου Mb: ζωδιαρίου a   17 μηλιάριον a ut p. 308, 2.
316, 1, correxi ex b   23 σμηρίσματος G: σμηρίσμα ΑΤ

1 ἀπολαμβάνεται a: ἀποληφθήτω bL (-θείτω P)   7 aqua
est L   φέρουσιν a: φερέτωσαν bL   8 ἔχοντος φέρειν a:

Die äuſsere Form des Badeofens sei beliebig. In dem
Raume, der das Wasser enthalten soll, teilt man einen
kleinen Raum (Kammer) durch zwei senkrechte Scheidewände so ab, daſs er allseitig verschlossen ist. In diese
5 Kammer geht und öffnet sich am Boden eine von den
unter den Kohlen liegenden Röhren. Deren anderes Ende
sei verschlossen, so daſs kein Wasser aus dem Badeofen
in sie eindringen kann. Die übrigen Röhren führen in
den übrigen Raum, in dem sich das Wasser befindet.
10 Daher geht der Dampf (bezw. die heiſse Luft), den die
brennenden Kohlen erzeugen, durch jene eine nach der
kleinen Kammer führende Röhre. Dann gelangt er mit
Hilfe einer Röhre, die durch den Deckel des Badeofens
getrieben ist, durch die Mündung der kleinen Figur nach
15 den Kohlen hin. Denn die Figur ist geneigt, so daſs sie
nach unten bläst. Jedesmal nun, wenn sich Dampf entwickelt, bläst sie. Der Dampf wird vom Feuer erzeugt.
Wenn wir ferner ein wenig Wasser in die kleine Kammer
gieſsen, bringen wir den Dampf in gröſserer Menge hervor,
20 wie wir ja auch bei den geheizten Kesseln aus dem
Wasser Rauch aufsteigen sehen. Wenn daher die Figur
stärker als gewöhnlich bläst, so erwärmt sie den Badeofen auch mehr. Die kleine Figur sei in die Röhre so
eingepaſst (eingeschliffen), daſs man sie zum Eingieſsen
25 jener geringen Quantität Wasser abnehmen kann. Zugleich
kann man die Figur, wenn sie nicht mehr auf die Kohlen
blasen soll, mit Hilfe der Verschleifung (Smerisma) nach
auſsen drehen. Auf dem Deckel stehe auch ein kleiner
Krug, von dem eine Röhre nach dem Boden des Bade-
30 ofens gehe, so daſs durch sie das kalte Wasser, welches

φέϱοντος bL   13 ἐγγενωμένον C: ἐγγενονμένον B: γενο-
μένον P   15 πλέονα aB: πλείονα CP   16 γεννήσομεν a:
ποιήσομεν bL   φυσῶν ex φυσᾶν corr. C: φυσᾶν P   18 καὶ
ἐπὶ bL (et in)   19 ἀφαιρετὸν CP: ἀφαιρεϑὲν B   20 μικρὸν
om. L   21 ἐὰν βουλώμεϑα μὴ φυσᾶν τὸ ζῳδάϱιον tr. bL
22 avertamus L

20*

αὐτοῦ τὸ ὕδωρ τὸ ψυχρὸν ἐγχυνόμενον εἰς τὸν πυθμένα χωρεῖν. ἵνα δὲ καὶ δύνηται τὸ μιλιάριον πληροῦσθαι ἐγχυνομένου τοῦ ὕδατος καὶ ἅμα τὸ ὑπερκαχλάζον

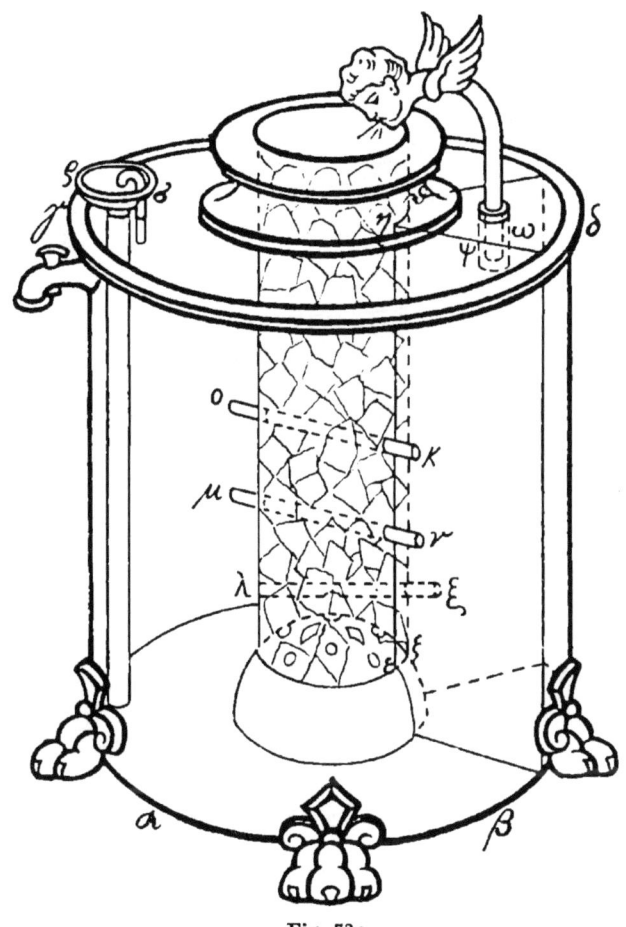

Fig. 78a.

a 308, 2—316, 13 ἵνα δὲ καὶ δύνηται . . . ἐμβληθήσεται
= b 308, 5—316, 31 ἵνα δὲ δύνηται τὸ μιλιάριον καὶ 5
5 καὶ om. L

(etwa) eingegossen wird, nach dem Boden laufen kann.
Damit der Badeofen, wenn das Wasser eingegossen wird,
sich auch wirklich zu füllen vermag und zugleich das

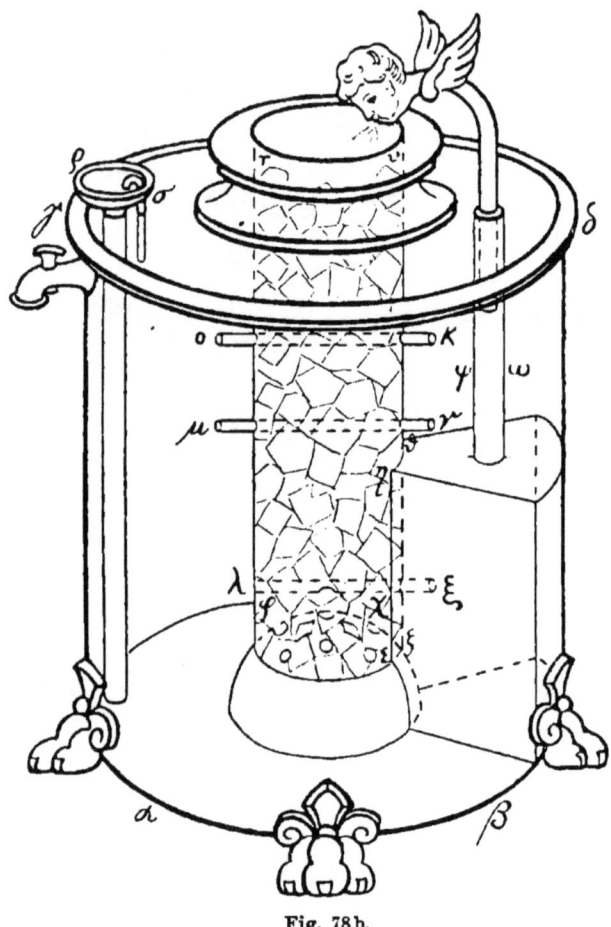

Fig. 78b.

übersprudelnde Wasser nicht nach aufsen abfliefst, münde
5 eine andere, kleine Röhre in den kleinen Krug, und zwar,

a 309, 4—313, 13 münde ... neigt = b 309, 6—313, 27: so
werde eine andere kleine Röhre durch den Deckel des Bade-

ὕδωρ μὴ ἔξω ἐκχύνηται, ἕτερον σωληνίδιον συντετρήσθω
εἰς τὸ κρατηρίδιον διὰ τῆς ἐντὸς αὐτοῦ ἐπιφανείας,
ὥστε μὴ τραχύτητα τῇ ὄψει παρέχειν. τὴν δὲ τοῦ
μιλιαρίου κατασκευὴν ὑπ᾽ ὄψιν ἐκθησόμεθα.

Ἐκκείσθω δὴ κύλινδρος κοῖλος, οὗ ἕδρα μὲν ἡ 5
ΑΒ, ἐφέδρα δὲ ἡ ΓΔ· ἄλλος δέ τις κύλινδρος κοῖλος
κατεσκευάσθω περὶ τὸν αὐτὸν ἄξονα τῷ προειρημένῳ,
οὗ ἡ μὲν ἕδρα ἔστω ἡ ΕΖ, ἐφέδρα δὲ ἡ ΗΘ. ταῖς
δὲ ἴτυσι τῶν ἔξω τῶν κοίλων ἐπικείσθω ἐπιφράγματα
225 δυνάμενα συνέχειν τοὺς κυλίνδρους καὶ ἐπιφράσ|σοντα 10
τὰς ἴτυας. ἐχέτω δὲ ὁ ΕΖΗΘ κύλινδρος σωλῆνας
τοὺς ΟΚ, ΛΞ, ΜΝ, ὧν ὁ μὲν ΛΞ συντετρήσθω ἐκ

πληροῦσθαι ἐγχυννομένου τοῦ ὕδατος καὶ ἅμα τὸ ὑπερκαχλάζον
ὕδωρ μὴ ἔξω ἐκχέηται, ἕτερον σωληνίδιον συντετρήσθω τῷ
ἐπιφράγματι τοῦ μιλιαρίου καὶ ἀνακεκάμφθω εἰς τὸ κρατη- 15
ρίδιον διὰ τῆς ἐντὸς αὐτοῦ ἐπιφανείας, ὥστε μὴ τραχύτητα
τῇ ὄψει παρέχειν. τὴν δὲ τοῦ μιλιαρίου κατασκευὴν ὑπ᾽
ὄψιν ἐκθησόμεθα.

Ἔστω δὴ τὸ σχῆμα τοῦ μιλιαρίου κυλινδροειδές, οὗ
βάσις μὲν ἡ ΑΒ, κορυφὴ δὲ ἡ ΓΔ· ἄλλος δέ τις κύλινδρος 20
κατεσκευάσθω περὶ τὸν αὐτὸν ἄξονα τῷ προειρημένῳ, οὗ
βάσις μὲν ἔστω ἡ ΕΖ, κορυφὴ δὲ ἡ ΗΘ ὑπερέχουσα τὴν
ΓΔ κορυφὴν διαπεφραγμένην οὖσαν. ταῖς δὲ ἴτυσι τῶν
κύκλων τοῦ τε κοίλου καὶ τοῦ κυρτοῦ ἔστωσαν κανόνες
δυνάμενοι συνέχειν τοὺς κυλίνδρους διὰ τοῦ συνδέσμου 25
τῶν κύκλων. ἐχέτω δὲ ὁ ΕΖΗΘ κύλινδρος σωλῆνας τοὺς
ΟΚ, ΜΝ, ΛΞ, ὧν ὁ μὲν ΛΞ ἐκ τοῦ ἑνὸς μέρους συντε-

1 ἐκχύνηται AG: ἐκχύνεται T   1—2 f. συντετρήσθω ...
εἰς. cf. b lin. 14—15   4 ἐκθησόμεθα Fr. Haase: ἐκθησόμεθα a
5 δὴ AG: δὲ T   f. μὲν ⟨ἔστω⟩   7 κατεσκευάσθω AG:
κατασκευάσθω T   8—11 ταῖς δὲ ἴτυσι ... τὰς ἴτυας secludi
vult Rochas   9 τῶν (ante ἔξω): f. ταῖς   10 τοὺς κυλίνδρους
secundum b (lin. 25) scripsi: τὴν κυλίνδρα a   11 τὰς om. G

um die äufsere Erscheinung nicht zu beeinträchtigen,
durch seine Innenseite. Wir wollen nun die Einrichtung
des Badeofens vor Augen führen.

Es werde also ein Hohlcylinder aufgestellt, dessen
5 untere Grundfläche $\alpha\beta$ (Fig. 78a), dessen obere $\gamma\delta$ sei.
Man stelle ferner einen anderen, (inneren) Hohlcylinder
her, der mit dem erwähnten Cylinder um dieselbe Achse
liegt; dessen Grundfläche sei $\varepsilon\zeta$, seine Oberfläche $\eta\vartheta$. Auf
den Kreisrändern[1]) aufserhalb der Hohlräume seien Deckel
10 befestigt, welche die Cylinder zusammenhalten können und
die Ränder (also auch den ganzen cylindrischen Zwischenraum oder Wasserraum) bedecken. Der (innere) Cylinder
$\varepsilon\zeta\eta\vartheta$ enthalte die Röhren $o\varkappa$, $\lambda\xi$ und $\mu\nu$, von denen

ofens getrieben und werde oben nach dem Kruge, aus Rück-
15 sicht auf ein gefälliges Aussehen durch dessen Innenseite,
umgebogen. Wir wollen nun die Einrichtung des Badeofens
vor Augen führen.
Die Gestalt des Badeofens sei also cylinderförmig, seine
Basis $\alpha\beta$ (Fig. 78a), seine obere Seite $\gamma\delta$. Man stelle noch
20 einen andern Cylinder her, der dieselbe Achse hat als der
vorhin genannte. Dessen Basis sei $\varepsilon\zeta$, seine obere Seite $\eta\vartheta$,
welche über die verdeckte obere Grundfläche $\gamma\delta$ hinausgeht.[2])
An den Rändern des innern und äufsern[3]) Kreises (Cylinders)
seien Leisten angebracht, die mit Hilfe des Kreisbandes die
25 Cylinder zusammenhalten können. Der (innere) Cylinder $\varepsilon\zeta\eta\vartheta$
sei mit den Röhren $o\varkappa$, $\mu\nu$ und $\lambda\xi$ versehen, von denen $\lambda\xi$ auf

---

1) Das entsprechende griechische Wort bezeichnet sonst
schon allein den Zwischenraum zwischen zwei konzentrischen
Kreisen, also einen Kreisring. Ein solcher ist ohne Zweifel
auch hier gemeint. Der Kreisring bildet hier die obere Grundfläche des Hohlraumes zwischen dem äufsern und innern Cylinder.
Vgl. die Bemerkung zu Fig. 78 in den Prolegomena.

2) Dieser Vorsprung ist in der Beschreibung von a nicht
erwähnt.

3) Eigentlich: 'des hohlen (konkaven) und gebogenen (kon-
vexen)'. Gemeint ist entweder die Innenseite des innern und
die Aufsenseite des äufsern Cylinders oder besser der Innenrand
des äufsern und der Aufsenrand des innern.

τοῦ ἑνὸς μέρους τοῦ πρὸς τῷ Ξ· οἱ δὲ λοιποὶ ἐξ
ἑκατέρου μέρους διατετρήσθωσαν, καὶ ἔστωσαν αὗται
αἱ ἀρχαὶ ἐξ ἑκατέρου εἰς τὴν χώραν τὴν ἐν μέσῳ τῶν
κυλίνδρων. καθείσθω δὲ εἰς τὴν χώραν τὴν ἀπολαμβανο-
μένην ὑπὸ τῶν δύο κυλίνδρων δύο διαφράγματα τὰ 5
ΕΗ, ΖΘ ἀπολαμβάνοντα χώραν τὴν ΗΘΕΖ, εἰς ἣν
τετρήσθω τὸ εἰρημένον σωληνάριον τὸ ἐκ τοῦ ἑνὸς
μέρους τετρημένον. ἐπικείσθω δὲ τῷ ἐπιφράγματι,
τουτέστι τῷ ΗΘ, σωληνάριον ἔχον τὸ ζῳδάριον ἐπικείμενον καὶ συντετρημένον· καὶ διόλου δὲ τὸ ζῳδά- 10
ρίδιον τετρήσθω καὶ ἐπικεκάμφθω πρὸς τὸ ἐννεύειν
εἰς τὴν τῶν ἀνθράκων χώραν. πρὸς δὲ τὸ ὁπόταν
βουλώμεθα μὴ φυσᾶν τὸ ζῳδάριον ὁ σωλήν, ἐφ' ᾧ
κάθηται, συνεσμηρισμένος ἔστω ἑτέρῳ, ὡς ὅταν ἐπιστρέψωμεν αὐτὸν εἰς τὸ ἔξω μέρος, οὐκέτι φυσήσῃ 15
τρήσθω τῷ ΕΖΗΘ κυλίνδρῳ, οἱ δὲ λοιποὶ ἐξ ἑκατέρου
μέρους, ὥστε εἶναι† αὐτοὺς εἰς ἀρχὰς καὶ ἐξ ἑκατέρου μέρους
εἰς τὴν χώραν τὴν μεταξὺ τῶν κυλίνδρων. διῃρήσθω δὲ
ἡ χώρα αὕτη διὰ δύο διαφραγμάτων τοῦ τε ΗΕ καὶ τοῦ
ΖΘ †ἀπολαμβάνοντα χώραν τὴν ΗΘΖΕ, εἰς ἣν τετρήσθω 20
τὸ εἰρημένον σωληνάριον τὸ ἐκ τοῦ ἑνὸς μέρους τετρημένον,
τουτέστι τὸ ΛΞ. ἐπικείσθω δὲ τῷ ΗΘ ἐπιφράγματι τοῦ
ΗΕΖΘ κυλίνδρου σωληνάριον, ἐν ᾧ ἐφεστάτω τὸ ζῳδάριον·
ὃ δὴ σωληνάριον διὰ τοῦ στόματος τοῦ ζῳδαρίου ἐξερχό-
μενον ἐπικεκλάσθω πρὸς τὴν τῶν ἀνθράκων πυρκαϊὰν τὴν 25
ΤΥΦΧ. πρὸς δὲ τὸ ὁπόταν βουλώμεθα μὴ φυσᾶν τὸ
ζῳδάριον ὁ σωλήν, ἐφ' ᾧ κάθηται, συνεσμηρισμένος ἔστω
ἑτέρῳ τῷ ΨΩ, ὡς ὅταν ἐπιστρέψωμεν αὐτὸν εἰς τὸ ἔξω

---

2 αὗται a, spurium videtur (an αὐτοῖς?)   6 ἣν: τὴν T₁,
corr. T₂   11 ἐνενύειν a, corr. T₂   13 ἐφ' AG: ἐξ T   14 ἔστω
AG: τῷ T

16 λοιποὶ καὶ BC   17—18 ut et ad principia tendant
(= τείναι?) et ex utraque parte ad locum qui inter cylindros est L

sich λξ nur auf der einen Seite bei ξ öffne; die übrigen
seien auf beiden Seiten durchbohrt. Die Enden (Öffnungen)
der letzteren sollen auf beiden Seiten in den Zwischenraum
mitten zwischen den Cylindern (den Wasserraum) führen.

5 In diesen von den beiden Cylindern eingeschlossenen Raum
lasse man zwei Scheidewände εη und ζϑ hinab, die eine
Zwischenkammer ηϑεζ absondern. In diese münde die
vorhin erwähnte kleine Röhre, die nur auf einer Seite
(durch den inneren Cylinder) getrieben ist. Auf den Deckel,
10 d. h. auf ηϑ, sei die Röhre gesetzt, auf welche die kleine
Figur gesteckt ist. Die kleine Figur sei nach der Röhre
hin offen, sei ganz und gar ausgebohrt und so gebogen,
dafs sie sich nach dem Kohlenraume neigt. Damit die
Figur nach Belieben aufhören kann zu blasen, sei die
15 Röhre, auf der sie sitzt, in eine andere[1]) genau eingepafst
(eingeschliffen), auf dafs sie nicht mehr nach dem Kohlenraume, sondern nach aufsen bläst, sobald wir sie nach

einer Seite durch den Cylinder εζηϑ getrieben sei, die übrigen
auf beiden Seiten, so dafs ihre Enden beiderseits in den
20 Zwischenraum zwischen den Cylindern zu liegen kommen.
Dieser Raum sei durch zwei Scheidewände ηε und ζϑ geteilt,
die den Raum ηϑζε absondern. In diesen münde die erwähnte,
nur durch eine Seite (des innern Cylinders) getriebene Röhre,
nämlich λξ. Auf den Deckel ηϑ [des Cylinders[2]) ηεζϑ] werde
25 eine Röhre gesetzt, auf welcher die kleine Figur stehe.
Diese Röhre endige in dem Munde der Figur und sei nach
dem Feuerraume τυφχ (Fig. 78b)[3]) hin umgebogen.

1) Zusatz in b: 'ψω'.
2) Richtiger wäre: 'des cylindrischen Zwischenraumes'
oder noch genauer: 'der Zwischenkammer ηεζϑ'. Es scheint
indessen eine Interpolation vorzuliegen.
3) Vgl. auch die handschriftliche Figur in den Prolegomena.

17 f. αὐτοῖς τὰς ἀρχάς. cf. lin. 2—3   19 δύο om. L   20 ἀπολαμβάνοντα b, requiritur ἀπολαμβανόντων. sed vid. prolegom.
interseptum locum ·f·th·z·e· L   22—23 f. τοῦ ΗΕΖΘ
κυλίνδρου del.   26 litterae τυφχ in codicum figuris recte
positae esse non possunt. vid. prolegom. de fig. 78

εἰς τὸν τῶν ἀνθράκων τόπον, ἀλλ᾽ ἐκτός. πρὸς δὲ
τὸ βάλλειν ἡμᾶς ὕδωρ εἰς τὴν ΗΖΕΘ χώραν ἔσται
ἡμῖν χρήσιμον αὐτὸ τὸ σωληνάριον τὸ συνεσμηρισμένον·
ἀρθέντος γὰρ τοῦ ζῳδίου ἐκ τοῦ σωλῆνος, ᾧ ἐπίκειται,
ἐγχέομεν δι᾽ αὐτοῦ τὸ ὑδάτιον· πλείων γὰρ ἀτμὸς 5
διαδοθήσεται εἰς τὸ ζῳδάριον. ἐπικείσθω δὴ τῷ ΘΓ
ἐπιφράγματι κρατὴρ ὁ ΡΣ συντετρημένος αὐτῷ καὶ
ἔχων πρὸς τὸ ἄκρον σωλῆνα διήκοντα μέχρι τοῦ πυθμένος τοῦ μιλιαρίου, ἀπέχοντα δὲ ἀπὸ τοῦ πυθμένος
ὅσον ὕδατι διάρρυσιν. ὅταν οὖν βουλώμεθα προέσθαι 10
θερμόν, ἐμβαλοῦμεν διὰ τοῦ ΡΣ ψυχρόν. τὸ δὲ
διελεύσεται διὰ τοῦ σωλῆνος τοῦ συντετρημένου εἰς
τὴν χώραν τοῦ θερμοῦ· καὶ ὑπεραναβὰν τὸ θερμὸν
ἐκρεύσει διὰ τοῦ περὶ τὸν τράχηλον κρουνοῦ· οὐδέπω
226 γὰρ τὸ εἰσκριθὲν ψυχρὸν | διὰ τοῦ σωλῆνος συνεμίγη 15
τῷ ὑποκειμένῳ θερμῷ. καὶ τοῦτο ἀεὶ ποιοῦντες ἕξομεν
θερμὸν ἀντὶ ⟨τοῦ⟩ ἐπιβαλλομένου ψυχροῦ. ὑπὲρ δὲ

μέρος, οὐκέτι φυσήσει εἰς τὸν τῶν ἀνθράκων τόπον, ἀλλ᾽
ἐκτός. πρὸς δὲ τὸ βάλλειν ἡμᾶς ὕδωρ εἰς τὴν ΕΗΘΖ
χώραν ἔσται ἡμῖν χρήσιμον αὐτὸ τὸ σωληνάριον τὸ συνε- 20
σμηρισμένον· ἀρθέντος γὰρ τοῦ ζῳδίου ἐκ τοῦ σωλῆνος, ᾧ
ἐπίκειται, ἐγχέομεν δι᾽ αὐτοῦ τὸ ὑδάτιον· πλείων γὰρ ἀτμὸς
διαδοθήσεται εἰς τὸ ζῳδάριον. ἐπικείσθω δὴ τῷ ΓΔ ἐπιφράγματι καὶ κρατὴρ ὁ ΡΣ συντετρημένος αὐτῷ καὶ ἔχων
πρὸς τῷ ἄκρῳ σωλῆνα διήκοντα μέχρι τοῦ πυθμένος τοῦ 25
μιλιαρίου, ἀπέχοντα δὲ ἀπὸ τοῦ πυθμένος, ὅσον ὕδατι
διάρρυσιν εἶναι. ὅταν οὖν βουλώμεθα προέσθαι θερμόν,
ἐμβαλοῦμεν διὰ τοῦ ΡΣ ψυχρόν. τὸ δὲ διελεύσεται διὰ
τοῦ σωλῆνος εἰς τὴν χώραν τοῦ θερμοῦ· καὶ ὑπεραναβὰν
τὸ θερμὸν ἐκρεύσει διὰ τοῦ περὶ τὸν τράχηλον κρουνοῦ· 30
οὐδέπω γὰρ τὸ εἰσελθὸν ψυχρὸν διὰ τοῦ σωλῆνος ἐμίγη
τῷ ὑποκειμένῳ θερμῷ. καὶ τοῦτο ἀεὶ ποιοῦντες ἕξομεν
θερμὸν ἀντὶ τοῦ ἐπιβαλλομένου ψυχροῦ. ὑπὲρ δὲ τοῦ

aufsen drehen. Gerade die eingeschliffene Röhre wird sich
uns beim Eingiefsen von Wasser in die Kammer $\eta\zeta\varepsilon\vartheta^1$)
als nützlich erweisen. Denn wenn wir die Figur aus der
Röhre heben, auf der sie sitzt, können wir durch sie
5 jene geringe Quantität Wasser eingiefsen. Dadurch wird
nämlich mehr Dampf für die Figur beschafft. Auf dem
Deckel $\vartheta\gamma^2$) stehe nun ein Krug $\varrho\sigma$, der durch den Deckel
getrieben ist und am Ende mit einer Röhre versehen ist,
welche bis auf den Boden des Badeofens reiche, aber am
10 Boden noch genügenden Raum für den Durchflufs von
Wasser lasse. Soll der Ofen nun warmes Wasser liefern,
giefsen wir (zuvor) kaltes durch $\varrho\sigma$ ein. Dieses gelangt
durch die Röhre, die mit dem Kruge in Verbindung steht³),
in den Raum für das warme Wasser. Dann steigt das
15 heifse Wasser auf und strömt durch die am Halse befindliche Ausflufsröhre aus. Denn noch hat sich das
durch die Röhre zugeführte kalte Wasser nicht mit dem
unter ihm befindlichen heifsen Wasser vermischt. So oft
wir dies wiederholen, bekommen wir heifses Wasser statt
20 des eingegossenen kalten Wassers. Um aber zu wissen,
wann das Wasser im Ofen aufwallen wird⁴), stellt man
das Chasmation (kleine Öffnung; Sicherheitsventil?) her,
das ganz durchbohrt ist. Es sitze⁵) auf dem Halse (bezw.

---

1) Besser b: $\varepsilon\eta\vartheta\zeta$. Ebenso S. 317, 6 in b besser $\zeta\varepsilon\eta\vartheta$.
2) Nach b: $\gamma\delta$.
3) Die Worte: 'die mit . . . steht' fehlen in b.
4) Nach b: 'wann in dem Badeofen die Mischung angebracht ist'.
5) Nach b: 'werde gesetzt'.

---

2 $\dot\eta\mu\tilde\alpha\varsigma$ A: $\dot\upsilon\mu\tilde\alpha\varsigma$ G(?)T   f. $EH\Theta Z$. cf. b lin. 19   5
$\pi\lambda\varepsilon\iota\acute o\nu\omega\nu$ T₁, corr. T₂   6 $\dot\varepsilon\pi\acute\iota\varkappa\varepsilon\iota\sigma\vartheta\alpha\iota$ T $\Theta\Gamma$ a: $\overline{\delta\gamma}$ M₂.
cf. b lin. 23   8 f. $\tau\tilde\omega$ $\breve\alpha\varkappa\varrho\omega$. cf. b lin. 25 $\sigma\omega\lambda\tilde\eta\nu\iota$ G   14 $\pi\varepsilon\varrho\grave\iota$
a: f. $\pi\alpha\varrho\grave\alpha$. cf. p. 304, 13   17 $\tau o\tilde\upsilon$ inserui. cf. b lin. 33

---

22 *infundamus* L   23 $\delta\acute\eta$ CP: $\delta\grave\varepsilon$ BL   30 $\pi\varepsilon\varrho\grave\iota$ b L:
f. $\pi\alpha\varrho\grave\alpha$. vid. a lin. 14

τοῦ γινώσκειν ἡμᾶς, πότε τὸ μιλιάριον ἀναβράσει,
κατασκευάζεται τὸ χασμάτιον τετρημένον διόλου· καὶ
τρηθέντος τοῦ ἐπιφράγματος ἐπικαθήσθω τῷ τραχήλῳ
ἔχον σωλῆνα μικρόν. οὗτος δὲ ἀποβλέψει εἰς τὸν ΡΣ
κρατῆρα, ὅπως παραγινομένου τοῦ θερμοῦ ἡ προφορὰ 5
εἰς τὸν κρατῆρα γίνηται. ἡ μὲν οὖν κατασκευὴ τοιαύτη.
ἐὰν μέντοι προαιρώμεθα μὴ διόλου τὴν ΖΗΕΘ χώραν
ἀπολαμβάνειν, ἀλλὰ μέχρι μέρους, κατασκευάζεται τὰ
διαφράγματα μέχρι τοῦ ἡμίσους. καὶ ἐπιτίθεται αὐτοῖς
ἕτερον διάφραγμα καὶ σωλῆνα λαμβάνει διήκοντα μέχρι 10
τοῦ ζῳδίου, καὶ ἐπικαιομένου ἔσται ἡ προφορὰ τῆς
ἀτμίδος ἐκ τῆς μικρᾶς χώρας. ὁμοίως δὲ καὶ εἰς αὐτὴν
τὸ ὕδωρ ἐμβληθήσεται.

XXXV.

Χρῶνται δὲ καὶ ἑτέρᾳ κατασκευῇ τοιαύτῃ πρὸς τὸ 15
σαλπίζειν καὶ κοσσύφου φωνὴν ἀποτελεῖν.

Πάλιν γὰρ τὸ αὐτὸ μιλιάριον κατασκευάζεται ἔχον
πάντας τοὺς σωλῆνας τοὺς ἐν τῇ ἕδρᾳ συντετρημένους
εἰς τὰ παρ᾽ ἑκάτερα μέρη. περὶ δὲ τὴν ἐφέδραν ἔστω

γινώσκειν ἡμᾶς, πότε τὸ μιλιάριον ἁρμόζει πρὸς τὸ κιρνᾶν, 20
κατασκευάζεται τὸ χασμάτιον τετρημένον διόλου· καὶ τρηθέντος τοῦ ἐπιφράγματος ἐπικαθείσθω τῷ τραχήλῳ ἔχον
σωλῆνα μικρόν. οὗτος δὲ ἀποβλέψει εἰς τὸν ΡΣ κρατῆρα,
ὅπως παραγινομένου τοῦ θερμοῦ ἡ προφορὰ εἰς τὸν κρατῆρα γίνηται. ἡ μὲν οὖν κατασκευὴ τοιαύτη. ἐὰν μέντοι 25
προαιρώμεθα μὴ διόλου τὴν ΖΕΗΘ χώραν ἀπολαμβάνειν,
ἀλλὰ μέχρι μέρους, κατασκευάζεται τὰ διαφράγματα μέχρι
τοῦ ἡμίσους. καὶ ἐπιτίθεται αὐτοῖς ἕτερον διάφραγμα καὶ
λαμβάνει σωλῆνα διήκοντα μέχρι τοῦ ζῳδίου, καὶ ἐπικαιομένου ἔσται ἡ προφορὰ τῆς ἀτμίδος ἐκ τῆς μικρᾶς χώρας. 30
ὁμοίως δὲ καὶ εἰς αὐτὴν τὸ ὕδωρ ἐμβληθήσεται.

der oberen Seite), wo der Deckel durchbohrt ist, und sei
mit einer kleinen Röhre versehen. Diese Röhre soll nach
dem Kruge ϱσ (nach dem Innern desselben) gerichtet sein,
damit das aufsteigende heiße Wasser in den Krug abfließt.[1])
5 Derart ist also die Einrichtung des Badeofens. Wenn
man jedoch den Raum ζηεϑ nicht völlig, sondern nur
zum Teil (Fig. 78b) absondern will, so stellt man die
Scheidewände nur in halber Höhe her und legt eine
andere Scheidewand darüber. Und diese erhält eine
10 Röhre, die bis zur Figur geht. Wird dann Feuer angezündet, so steigt der Dampf aus der kleinen Kammer auf.
Das Wasser schüttet man auch in diese in ähnlicher
Weise (wie vorher).

XXXV.

15 Man verwendet noch eine andere derartige Einrichtung, um den Ton einer Trompete und das Gezwitscher einer Drossel nachzuahmen.

Man fertigt nämlich wieder denselben Badeofen
(Fig. 79) an mit sämtlichen Röhren, die sich wieder
20 an der Grundfläche auf beiden Seiten öffnen.[3]) An der

Derselbe Bade-
ofen mit Vor-
richtung zur
Nachahmung
von Trom-
petentönen
oder Drossel-
gezwitscher.
Fig. 79.[2])

1) Das Ventil hat nach Rochas a. a. O. S. 193 Anm. den
Zweck, den Dampf hinauszulassen. Das ist richtig, so lange
der Hahn geschlossen ist. Vgl. aber auch oben S. 305, 7;
danach soll der Hahn offen stehen. Ein Ventil zum Ablassen
des Dampfes ist in dem S. 305 Anm. erwähnten samovarähnlichen
Gefäße (Overbeck-Mau S. 443) angebracht, aber unmittelbar
mit dem Hahn in Verbindung gesetzt.
2) Vgl. auch die handschriftliche Figur 79a in den Prolegomena.
3) Indessen ist eine Röhre auszunehmen. Vgl. oben S. 313,1.

1 τοῦ AT: τὸ G   2 χασμάτιον AT: χαλασμάτιον G
3 ἐπικαθείσθω M   4 ἔχον A: ἔχων GT, sed o supra scr. T
7 f. ZEHΘ. cf.b lin. 26   11 ἐπικαιομένον AG: ἐπικαλουμένον T
17 μιλιάριον b: μηλιάριον a   ἔχον Mb: ἔχων a   18—19 συντετρημένους ... μέρη suspecta   19 περὶ abL: f. παρὰ

15 τοιαύτη om. P   22 ἔχων B   23 ἀποβλέπει P

τις σωλὴν ὁ *ΦΕ* θῆλυς ἔχων ἕτερον συνεσμηρισμένον
τὸν *ΚΛ* διηνοιγμένον εἰς τὴν χώραν τοῦ θερμοῦ. καὶ
κινούμενον περὶ τὴν περόνην τὴν *ΚΛ.* τοῦτο δὲ
τιτρᾶται εἰς τρία τρήματα κατὰ τὰ *Μ, Ν, Ξ·* ὁμοίως
καὶ ὁ *ΦΕ* σωλὴν τιτρᾶται εἰς τρία τρήματα κατάλληλα 5
τοῖς *Μ, Ν, Ξ,* καὶ πρὸς μὲν τῷ *Ξ* τιτρᾶται βάσις τις
ἔχουσα ἐν αὐτῇ σωλῆνα συνεστεγνωμένον τῷ *Ξ,* ἐφ᾽
ὃν κεῖται τὸ ζῳδάριον ὁμοίως, ὥσπερ καὶ ἐπάνω
εἰρήκαμεν. ἐκ δὲ τῶν *Μ, Ν* σωλῆνές εἰσι διήκοντες
227 οἱ *ΜΟ, ΝΠ* ἔχοντες | τὰ μὲν ἄνω ἄκρα κεκαμμένα· 10
τούτοις δὲ συντετρήσθω καὶ συνεστεγνώσθω ἡ ἐφέδρα
τοῦ μιλιαρίου. διὰ δὲ τῶν τρημάτων διήκουσιν ἕτεροι
σωλῆνες συνεσμηρισμένοι τοῖς *Π, Ο,* οἷς ἐπικάθηται
τάδε· ἐφ᾽ ἑνὶ μὲν στρουθίον ἔχον τὰ ἐντὸς κενὰ πρὸς

a 318, 3—322, 6 τοῦτο δὲ τιτρᾶται . . . οὕτως γίγνεται 15
= b 318, 16—322, 21: τοῦτο δὲ τετρήσθω εἰς τρία τρήματα
ἐπὶ μιᾶς εὐθείας τὰ *Μ, Ν, Ξ,* ὁμοίως καὶ ὁ *ΦΕ* σωλὴν
εἰς τρία τρήματα κατάλληλα τοῖς *Μ, Ν, Ξ,* καὶ πρὸς μὲν
τῷ *Ξ* συντετρήσθω βάσις σωληνοειδής, ἐφ᾽ ἧς ἵσταται τὸ
ζῳδάριον ὁμοίως, ὥσπερ καὶ ἐπάνω εἰρήκαμεν. ἐκ δὲ τῶν 20
Μ, Ν σωλῆνες ἡκέτωσαν οἱ *ΜΟ, ΝΠ* ἔχοντες τὰ ἄκρα
κεκαμμένα. τούτοις δὲ συντετρήσθω καὶ συνεστεγνώσθω ἡ
ἐφέδρα τοῦ μιλιαρίου. διὰ δὲ τῶν τρημάτων διηκέτωσαν
ἕτεροι σωλῆνες συνεσμηρισμένοι τοῖς *Π, Ο,* οἷς ἐπικάθηται
τάδε· ἐφ᾽ ἑνὶ μὲν στρουθίον ἔχον τὰ ἐντὸς κενὰ πρὸς τὸ 25

2 διηνοιγμένον a b: διηνοιμένον P: διενηνεγμένον Woodcroft, delatum L 3 τοῦτο: f. οὗτος 4 κατὰ om. T 6 τοῖς
M: τῆς a 7 αὐτῇ a: ἑαυτῇ Scalig. 45 9 τῶν scripsi: τοῦ a.
cf. b lin. 20 σωλῆνες M: σωλῆνος a διήκοντος G 10 οἱ M:
ἡ a 12 μιλιαρίου ex b correxi: μηλιαρίου AG: μειλιαρίου T

3 τὴν (ante περόνην) om. b 16 τοῦτο: f. οὗτος 16—19
εἰς τρία τρήματα . . . συντετρήσθω om. P 17—18 ὁμοίως . . .
τοῖς M, N, Ξ om. C 20 εἰρήκειμεν C 21 ἔχοντα P

Fig. 79.

Oberfläche (bez. dem Deckel) sei eine Röhre $\varphi\varepsilon$ angebracht, welche als äufsere Umfassung eine andere Röhre $\varkappa\lambda$ umschliefse. Diese wird luftdicht in jene eingefügt, ist nach

τὸ δύνασθαι δέξασθαι ὕδωρ. αὐτὸς οὖν ὁ σωλήν, ᾧ
ἐπικάθηται, κέκαμπται ἔχων φθογγάριον τῶν γινομένων πρὸς τὸ τὰς φωνὰς παρίεσθαι· καὶ ἡ ἀνακαμπὴ
διήκουσα μέχρι τοῦ ὕδατος ἐν τῷ στρουθίῳ. ὅταν
μὲν οὖν ἡ φωνὴ τοῦ φθογγαρίου προΐῃ εἰς τὸ ὕδωρ, 5
τότε ἦχον κοσσύφου ποιεῖ. πάλιν δὲ ὁ ἕτερος σωλὴν
ἔχει καὶ αὐτὸς ἕτερον σωλῆνα συνεσμηρισμένον, ᾧ
ἐπικάθηται ζῳδάριον ἐσχηματισμένον εἰς Τρίτωνα καὶ
ἔχον ἐν τῷ στόματι σάλπιγγα. πάλιν δὲ αὐτὸς οὗτος
ὁ σωλήν, ᾧ ἐπικάθηται, ἕξει τὴν γλωσσίδα καὶ τὸν 10
κώδωνα, ὡς εἴωθει γίγνεσθαι. προϊοῦσα οὖν ἡ ἀτμὶς
καὶ συναντῶσα τῇ τε γλωσσίδι καὶ τῷ κώδωνι τὴν
φωνὴν ἀποτελέσει τῆς σάλπιγγος. πείρᾳ οὖν σκεψώ-
μεθα, πότε μὲν κατάλληλον τὸ τρῆμα τῷ ΜΟ σωλῆνι,
πότε δὲ τῷ ΝΠ, πότε δὲ τῷ Ξ ἐπὶ Ζ τῷ ἐπικειμένῳ 15

δύνασθαι δέξασθαι ὕδωρ. αὐτὸς δὲ ὁ σωλήν, ᾧ ἐπικάθηται,
κεκάμφθω ἔχων φθογγάριον τῶν γινομένων πρὸς τὸ τὰς
φωνὰς παρίεσθαι· καὶ ἡ ἀνακαμπὴ διήκουσα μέχρι τοῦ
ὕδατος ἐν τῷ στρουθίῳ. ὅταν οὖν ἡ φωνὴ τοῦ φθογγαρίου
προΐῃ εἰς τὸ ὕδωρ, τότε ἦχον κοσσύφου ποιεῖ. πάλιν δὲ 20
ὁ ἕτερος σωλὴν ἔχει καὶ αὐτὸς ἕτερον σωλῆνα συνεσμηρισμένον, ᾧ ἐπικάθηται ζῳδάριον ἐσχηματισμένον εἰς Τρίτωνα
ἔχοντα ἐν τῷ στόματι σάλπιγγα. οὗτος δὲ ὁ σωλήν, ᾧ
ἐπικάθηται, ἕξει τὴν γλωσσίδα καὶ τὸν κώδωνα, καθὼς
εἰώθει γίγνεσθαι. προϊοῦσα οὖν ἡ ἀτμὶς καὶ συναντῶσα 25
τῇ τε γλωσσίδι καὶ τῷ κώδωνι τὴν φωνὴν ἀποτελέσει τῆς
σάλπιγγος. πείρᾳ οὖν σκεψόμεθα, πότε μὲν κατάλληλον τὸ
τρύπημα τῷ ΜΟ σωλῆνι, πότε δὲ τῷ ΝΠ . . . . καὶ ταῦτα

---

1 ᾧ om. G   2 ἔχων G: ἔχω AT   3 f. καὶ ⟨ἔστω⟩
12 συναντῶσα G: συνατῶσα A: συναπτῶσα T

---

17 ἔχον CP   in voce φθογγάριον desinit L   18 f. καὶ ⟨ἔστω⟩
25 καὶ om. CP   26 καὶ τὴν P   28 lacunam indicavi. cf. a lin. 15

dem Raume mit der heifsen Luft offen und wird mittels
eines Stiftes (Handgriffs) $\varkappa\lambda$ gedreht. In diese Röhre
werden drei Löcher in μ, ν und ξ gebohrt.[1]) Ebenso
werden auch in die Röhre $\varphi\varepsilon$ drei Löcher gebohrt, die
5 den Löchern μ, ν und ξ entsprechen. Bei ξ wird eine
Basis durchbohrt, die eine in ξ eingelötete Röhre enthält.[2])
Auf diese Röhre wird die kleine Figur gesetzt, ähnlich
wie wir es oben (S. 313, 10) bereits beschrieben haben.
Von μ und ν gehen die Röhren μo und $\nu\pi$ aus, deren
10 obere Enden gebogen sind.[3]) Diese Röhren sind durch
den Deckel des Badeofens zu bohren und in ihn einzu-
löten. Durch die (so entstandenen) Löcher (des Deckels)
gehen[4]) andere Röhren, die mit π und o genau verpafst
sind. Auf diesen Röhren sitzen folgende Figuren: auf der
15 einen ein Vöglein, dessen Inneres hohl ist, damit es
Wasser aufnehmen kann. Die Röhre selbst, auf der es
sitzt, ist[5]) gebogen und mit einer kleinen Pfeife (Stimm-
röhrchen) von derjenigen Art versehen, wie man sie zur
Hervorbringung von Stimmen anfertigt. Der umgebogene
20 Abschnitt (der Röhre) erstrecke sich bis zum Wasser
im Vöglein. Wenn nun der Ton des Stimmröhrchens in
das Wasser dringt, dann ruft es das Gezwitscher einer
Drossel hervor. Die zweite Röhre ist ebenfalls wieder
mit einer andern, genau eingepafsten Röhre versehen, auf
25 der eine kleine Figur in Gestalt eines Triton mit einer

---

1) Nach b In diese Röhre sind drei Löcher μ, ν, ξ zu
bohren, die auf einer (vertikalen) Linie liegen'.
2) Die Figur 79 weicht im Anschlufs an die handschriftliche Figur 79a (in den Prolegomena) etwas ab und verlegt die
erwähnte Röhre dicht über die Basis. Die andere Rezension b
versteht unter der Basis die Röhre $\xi\zeta$.
3) Nach b: 'Bei ξ sei (mit der Röhre $\varphi\varepsilon$) durch eine Öffnung
ein röhrenförmiger Untersatz [nämlich $\xi\zeta$] in Verbindung gesetzt, auf welchem ähnlich, wie oben (S. 313, 10) erwähnt, die
kleine Figur steht. Von μ und ν sollen die Röhren μo und $\nu\pi$
ausgehen, deren Enden gebogen seien.'
4) Nach b: 'sollen ... gehen'.
5) Nach b: 'sei gebogen'.

ζωδαρίῳ. καὶ ταῦτα γνόντες σημεῖά τινα ἐν αὐτοῖς
παρασημειωσόμεθα παρὰ τὴν ΚΛ περόνην πρὸς τὸ
ὁπόταν μὲν προαιρώμεθα σαλπίζειν, ὅταν δὲ πάλιν
βουλώμεθα φυσᾶν, αὐτὸ φυσᾶν, ὁπόταν δὲ βουλώμεθα,
κοσσυφίζειν. τὸ δὲ τοῦ κρατῆρος καὶ τῆς τοῦ θερμοῦ 5
227²ᵃ ἀναβάσεως, ὥσπερ καὶ ἐπάνω εἰρήκαμεν, οὕτως γίγνεται.

XXXVI.

230²⁰ Ζῷον τέμνεσθαί τε καὶ πίνειν.

Ἔστω γὰρ ἐν τῷ στόματι αὐτοῦ σωλὴν ὁ ΑΒ, ἐν
δὲ τῷ τραχήλῳ ὁ ΓΔ διήκων δι' ἑνὸς τῶν ἐκτὸς 10
ποδῶν· μέσος δὲ ἀμφοτέρων ἄρρην κύλινδρος ἔστω
ὁ ΕΖ, ᾧ προσκεκολλήσθωσαν κανόνες ὀδοντωτοὶ οἱ
Η, Θ. καὶ τοῦ μὲν Η ὑπερκείσθω τυμπάνου ὀδοντωτοῦ μέρος τὸ Κ· τῷ δὲ Θ ὑποκείσθω ὁμοίως μέρος
τυμπάνου ὀδοντωτοῦ τὸ Λ· ὑπερκείσθω δὲ πάντων τὸ 15
Μ τρόχιον ἔχον τὴν ἐντὸς ἄντυγα παχυτέραν τῆς ἐκτός.

γνόντες σημεῖά τινα παρασημειωσόμεθα παρὰ τὴν ΚΛ
περόνην πρὸς τὸ ὁπόταν μὲν προαιρώμεθα σαλπίζειν, ὅταν
δὲ πάλιν βουλώμεθα, φυσᾶν αὐτό, ὁπόταν δὲ βουλώμεθα,
κοσσυφίζειν. τὸ δὲ τοῦ κρατῆρος καὶ τῆς τοῦ θερμοῦ 20
ἀναβάσεως, ὥσπερ ἐπάνω εἰρήκαμεν, οὕτως γίνεται.

---

1 ἐν αὐτοῖς spuria 6 γίγνεσθαι G 9 f. ante ἔστω
lacuna statuenda est; desideratur enim descriptio basis earum-
que rerum quae ad hanc pertinent 10 f. ⟨ἕτερος σωλὴν⟩ ὁ ΓΔ
11 μέσος b: μέση AG: μέσῳ T 12 προσκεκολλήσθωσαν b:
προσκεκωλύσθωσαν a 13 καὶ AGT₂: ἐκ T₁ τοῦ b: τῶν a
15 τὸ (ante Λ) b: τοῦ a. cf. p. 326, 20 16 τρόχιον T b:
τροχίονι AG δὲ ἔχον T τὴν om. T ἐκτὸς et ἐντὸς inter
se permutanda esse censet Rochas. ἐκτὸς pro ἐντὸς habet
Monacens. 431, habebat Argentoratens. C ΠΙ 6 deperditus

---

8 ζῶον τί b 12 εξ a: εξη b ᾧ a: καὶ b 19 αὐτὸ
Β: αὐτὸν CP 21 εἰρήκειμεν CP οὕτως Β: οὕτω CP

Trompete[1]) im Munde sitzt. Eben die Röhre, auf welcher
der Triton sitzt, soll wieder mit dem Mundstücke und dem
Schalltrichter, wie gewöhnlich, versehen werden. Dringt
nun der Dampf vorwärts und trifft auf das Mundstück und
5 den Schalltrichter, so bringt er den Ton der Trompete
hervor. Durch Probieren mag[2]) man nun festzustellen
suchen, wann das (einzelne) Loch (in der Röhre $\varkappa\lambda$) der
Röhre μo entspricht, wann $\nu\pi$, wann ξ nebst ζ, der aufgesetzten Figur.[3]) Sobald man dies weifs, vermerkt man
10 einige Zeichen an ihnen[4]) neben dem Griffe $\varkappa\lambda$, um je
nach Belieben das eine· Mal die Trompete erschallen., ein
anderes Mal wieder die Figur (auf die Kohlen) blasen,
oder die Drossel zwitschern lassen zu können. Alle Einrichtungen, die . mit dem Kruge und dem Steigen des
15 heifsen Wassers zusammenhängen, gleichen den oben erwähnten.

XXXVI.

Ein Tier soll geschnitten werden und trinken.
In seinem Munde sei eine Röhre $\alpha\beta$ (Fig. 80 und
20 80 a), in seinem Halse (eine andere) $\gamma\delta$, die durch
einen der Hinterfüfse geht. Mitten zwischen beiden
sei ein innerer (männlicher, d. h. in die beiden erwähnten
Röhren eingeschliffener) Cylinder $\varepsilon\zeta$ (Fig. 80 a) angebracht,
an welchem die gezahnten Leisten η und ϑ befestigt seien.
25 Über η setze man ein Zahnradstück $\varkappa$, unter ϑ liege gleichfalls ein Zahnradstück λ. Über dem Ganzen liege die kleine
Welle (Rad) μ, deren äufsere[5]) Rundung dicker sei als die

Das geschnit-
tene und auto-
matisch trin-
kende Rind.
Fig. 80 und
80 a—c.

---

1) Bekanntlich werden den Tritonen Muscheltrompeten
beigelegt. Vgl. Ovid Met. I, 333: Caeruleum Tritona vocat,
conchaeque sonanti inspirare iubet.
2) Nach b: 'wird man'.
3) Die Worte: 'wann ξ . . . Figur' fehlen in b.
4) Wohl richtiger 'an dem oberen Rande der Röhre $\varphi\varepsilon$',
um zu wissen, wie weit man den Griff oder die Röhre $\varkappa\lambda$ umdrehen mufs. Die Worte 'an ihnen' fehlen in b.
5) In den griechischen Handschriften: 'innere'.

21*

ἐκτετμήσθω κύκλοις τρισὶ τοῖς Μ, Ν, Ξ, ὥστε ἕκαστον
διάστημα τῶν τομῶν ἴσον | εἶναι τῇ ἐκ τοῦ κέντρου
τοῦ τυμπάνου· τοῖς δὲ κύκλοις συντετμήσθω καὶ ἡ

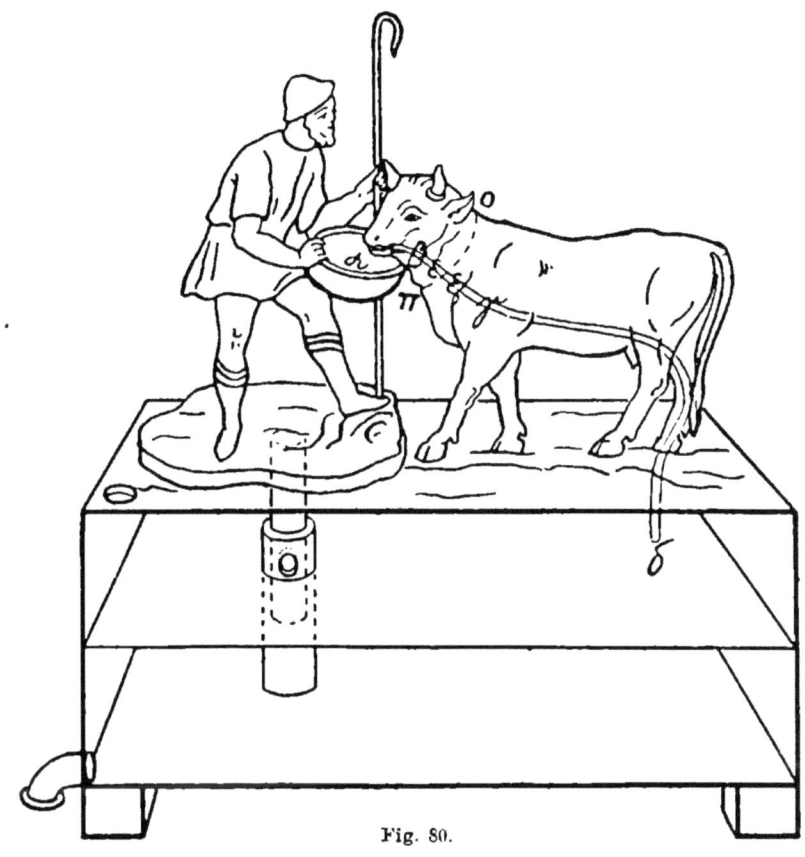

Fig. 80.

ἄντυξ, ὥστε μηκέτι κύκλον εἶναι τὴν τοῦ τροχοῦ περιφέρειαν. διατετμημένου δὲ ἐπάνωθεν τοῦ τραχήλου 5
τῇ ΟΠ τομῇ καὶ ἐντὸς τῆς τομῆς κεχωρισμένης τῆς

---

1 ἐκτετμήσθω Μ: ἐκτεμήσθω aP: ἐκτετμήσθω δὲ cod.
Paris. 2433 in marg.   2 ἴσως GT

innere[1]) (vgl. 'den Querschnitt Fig. 80c). Die Welle sei[2])
mit drei kreisförmigen Ausschnitten μ, ν und ξ in der
Weise versehen, dafs jeder Abstand der Schnitte (von
einander) dem Radius der Welle gleich sei. Zugleich mit

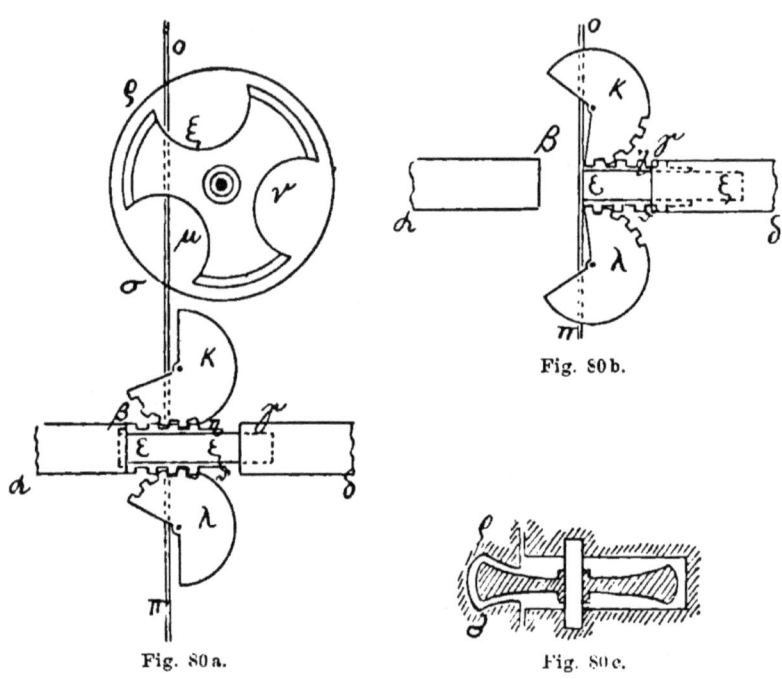

Fig. 80b.

Fig. 80a.   Fig. 80c.

5 den Kreisen sei auch der (äufsere) Rand ausgeschnitten,
so dafs die Peripherie des Rades keinen (zusammen-
hängenden) Kreis mehr[3]) bilde. Man mache aber von

1) Handschriftlich: 'äufsere'.
2) Zusatz in b: 'ferner'.
3) Das Wort 'mehr' fehlt in b.

1 ὃ καὶ ἐκτετμήσθω b   τρισὶ aCP: τισὶ B   2 τῶν
τομῶν διάστημα tr. b   4 μηκέτι a: μὴ b   5 τοῦ om. CP

κεφαλῆς, ἐγκεκολάφθω ἐν αὐτῇ κοιλότης·περιφερὴς τὰ
ἐν βάθει πλατύτερα ἔχουσα τῶν ἐκτὸς μερῶν, ἵνα ᾖ
ὥσπερ θῆλυς πελεκινοειδὴς σωλήν, ὅσπερ ἕξει δύο
πλευρὰς τοῦ ἐγγραφομένου ἑξαγώνου εἰς τὸν τύμπανον·
ἔστω δὲ ἡ ΡΣ, εἰς ἣν ἐμβᾶσα πᾶσα τροχάσει ἡ ΜΝΞ 5
ἄντυξ, ὥστε πρὶν ἐκφανῆναι τὸ τέλος τοῦ ἑνὸς μέρους,
ἀντεισελθεῖν τὴν ἀρχὴν τοῦ δευτέρου καὶ οὕτως τὸ
τρίτον, ὥστε βληθέντος περονίου διὰ τοῦ τυμπάνου
στρέφεσθαι μὲν τὸν τροχόν, συνέχεσθαι δὲ τὴν κεφαλὴν·
τῷ σώματι. ἐὰν οὖν καθῇ τις μαχαίριον διὰ τῆς 10
ΟΠ τομῆς, ἐμβὰν εἰς μίαν τοῦ τροχίου περιφερῆ
ἐντομήν, τὴν Ξ, †παρακλεῖσθαι αὐτὸ τῇ ΟΠ κοίλῃ
κεκολαμμένῃ περιφερείᾳ· καταβὰν δὲ ἐπιβήσεται τῇ
ἐξεχούσῃ κεραίᾳ τοῦ Κ μέρους τοῦ τυμπάνου, ὅπερ
μέρος καταγόμενον ἐναρμόσει τοὺς ἰδίους ὀδόντας τοῖς 15
ὀδοῦσι τοῦ Η κανόνος, ὅσπερ εἰς τὸ ὀπίσω παραγενό-
μενος ἐκδύσεται τοῦ ΑΒ σωλῆνος τὸν κύλινδρον,
ὥστε διὰ τοῦ γενομένου διαστήματος ἐκχωρῆσαν καὶ
κατελθὸν τὸ μαχαίριον ἐμπεσεῖν τῇ ἐξεχούσῃ κεραίᾳ
τοῦ Λ μέρους τοῦ τυμπάνου. τοῦτο δὲ καταγόμενον 20
καὶ ἐναρμόζον τοὺς ὀδόντας τῷ Θ ὀδοντωτῷ κανόνι
ἐξάξει τὸν ἄρρενα κύλινδρον ἐκ τοῦ ΓΛ [ἔστι δὲ

2 βάθυ G   3 πελεκινοειδὴς b: πελεκινοειδοὺς AG: πελε-
κινοειδιδοὺς T   ὅσπερ b: ὅπερ a   4 f. τό. cf. b   6 μέρος G   11 περιφερῇ b: περιφεροῦς a   12 τὴν b: τὸ a
παρακλεῖσθαι a: παρακλεῖσαι b: παρακλείεσθαι Fr. Haase:
f. παρακλινεῖ   13 κεκολαμμένη b: κεκολαμένη a   16 ᾗ AGb:
ᾆ T   17 ἐκδύσεται M (v supra o scripto): ἐκδόσεται a
21 καὶ b: om. a   22—328, 4 ἔστι … πόδα seclusi. cf. etiam
Rochas 1. 1. p. 202

4 ἐγγραφομένου εἰς τὸ τύμπανον (τυμπάνιον CP) ἑξαγώνου
tr. b   5 ῥσ a: ρπ b   10 καθῇ a: καθείς b   16 τού-

oben den Einschnitt $o\pi$ (Fig. 80 und 80a) in den Hals,
sondere innerhalb des Schnittes den Kopf ab, stelle darin
eine kreisförmige Höhlung her, die in der Tiefe breiter
ist als am äußeren Rande (vgl. den Querschnitt Fig. 80c),
5 damit sie gleichsam eine schwalbenschwanzförmige[1])
Trommel bilde, die zwei Seiten des auf die Welle einge-
schriebenen Sechsecks in sich fassen soll. Das sei $\varrho\sigma$
(Fig. 80a und 80c). Darin läuft der ganze Radkranz
$\mu\nu\xi$, sobald er hineingetreten ist, derart, dafs, bevor der
10 eine Flügel zu Ende ist, schon der Anfang des zweiten
dafür einrückt und so auch der dritte. Steckt man daher
einen kleinen Stift (als Achse, Fig. 80a und 80c) durch
die Welle (Rad), so dreht sich das Rad und stellt gleichzeitig eine Verbindung zwischen Kopf und Rumpf her.
15 Läfst man nun ein Messer durch den Einschnitt $o\pi$ fallen,
so stöfst es auf einen der kreisförmigen Ausschnitte der
Welle, (z. B.) ξ (Fig. 80a), und schiebt das Rad (d. h. den
zugehörigen Flügel der Welle) mit Hilfe der kreisförmigen
Aushöhlung (Trommel) $o\pi$ zur Seite.[2]) Ist das Messer
20 aber weiter nach unten gekommen, so trifft es auf den
vorspringenden Arm des Zahnradstückes $\varkappa$ (Fig. 80a).
Eben dieses wird niedergedrückt und fafst mit seinen
Zähnen in die der Leiste η. Dadurch wird diese zurück-
geschoben und zieht aus dem Rohre $\alpha\beta$ den Cylinder $(\varepsilon\zeta)$
25 heraus. Infolgedessen entsteht eine Lücke (Fig. 80b);
durch diese geht das Messer hindurch, bewegt sich noch
(weiter) abwärts und fällt dann auf den vorspringenden
Arm des Zahnradstückes λ (Fig. 80b). Dann wird dieses

---

1) D. h. mit trapezförmigem Querschnitt (Fig. 80c). Die
erwähnte Höhlung innerhalb des Kopfes stellt sich nicht als
eine vollständige Trommel dar, sondern nur als einen Teil
einer solchen.

2) Denn der Flügel bewegt sich in der Höhlung (Trommel)
zunächst nach unten und dann seitwärts.

σωλὴν μέσος ἐναρμοξόμενος δύο σωλήνων ὁ κύλινδρος
τοῦ τε ἐν τῷ στόματι τοῦ ζῳδίου καὶ τοῦ ἐν τῷ ἀπὸ
τῆς τομῆς τοῦ τραχήλου διήκοντος εἰς τὸν ὀπίσω
πόδα] σωλῆνος καὶ ἁρμόσει τῷ ΑΒ θήλει. διελθόντος
δὴ τοῦ μαχαιρίου δι᾽ ὅλου τοῦ τραχήλου καὶ τοῦ ΕΖ 5
σωλῆνος ἐφαψαμένου ἀμφοτέρων τοῦ τε ΑΒ καὶ τοῦ
232 ΓΔ, | εἰ προσενέγκοι τις ὕδωρ τῷ ζῴῳ καὶ ἐπιστρέψει
τὸ ὑποκείμενον τῷ βουκόλῳ σμήρισμα, δι᾽ οὗ στραφέντος καταρρεύσει τὸ ἐν τῇ ἄνω χώρᾳ ὑγρὸν εἰς τὴν
κάτω, διὰ τοῦ ΓΔΕΖΑΒ σωλῆνος τὸ πνεῦμα τὸ 10
ἑλκόμενον ὑπὸ τοῦ καταρρέοντος ὕδατος ἐπισπάσεται
· τὸ προσενεχθὲν τῷ στόματι ὑγρόν. νῦν μέντοι τὸ
σμήρισμα κατασκευάζεται οὕτως, ὥστε ἐπιστραφέντος
τοῦ βουκόλου κατάλληλα γίγνεσθαι τὰ τρυπήματα.

XXXVII. 15

Δύναται δὲ καὶ ἄλλως μὴ ὑπάρχοντος ἐπιρρύτου
ὕδατος τὸ αὐτὸ γίνεσθαι οὕτως.
Ἔστω βάσις πάλιν στεγνὴ πάντοθεν ἡ ΑΒΓΔ,
διάφραγμα μέσον ἔχουσα τὸ ΕΖ, ὁ δὲ ἐκ τοῦ στόματος
a 8—14 δι᾽ οὗ ... τὰ τρυπήματα = b 21—24: 20
τούτου στραφέντος καταρρεύσει τὸ ἐν τῇ ἄνω χώρᾳ ὑγρὸν
εἰς τὴν κάτω, διὰ τοῦ ΓΔ καὶ ΕΖ καὶ ΑΒ σωλῆνος συν-
ελκομένου τοῦ πνεύματος ὑπὸ τοῦ καταρρέοντος ὕδατος· καὶ
ἐπισπάσεται τὸ ζῴδιον τὸ προσενεχθὲν τῷ στόματι ὑγρόν.

---

2 f. ἐν τῷ (ante ἀπὸ) del. cf. b   3 διήκοντος b: διή-
κοντι a   4 post θήλει lacunam statuit Rochas l. l. p. 202
adnot. 3   7 εἰ ΑΤ₁ b: καὶ GT₂   προσενέγκοι b: προσενέγκει
a (f. corrupt. ex προσενέγκαι)   f. ἐπιστρέψει   8—9 στραφέντος b: στρέφοντος a   11 ἐπισπάσηται Τ   12 μέντοι GM:
μέτοι Α: μέτροι Τ   13 κατασκευάζεται Μ: κατασκευάσεται a

niedergedrückt, fafst mit seinen Zähnen in die Zahnstange ϑ,
zieht den inneren Cylinder (das Rohr $\varepsilon\zeta$) aus der Röhre $\gamma\delta$
heraus[1]) und schiebt ihn wieder in das weibliche (um-
schliefsende) Rohr $\alpha\beta$ hinein (Fig. 80b). So also geht
5 das Messer durch den ganzen Hals hindurch, und es wird
mit Hilfe der Röhre $\varepsilon\zeta$ zwischen den beiden Röhren $\alpha\beta$
und $\gamma\delta$ die Verbindung wiederhergestellt. Falls darauf
jemand dem Tiere Wasser reichen und zugleich das unter
dem Hirten (Fig. 80)[2]) liegende Ventil (Smerisma, s.
10 oben S. 251, 4) umdrehen sollte, ein Ventil, durch dessen
Umdrehung das im oberen Raume (der Basis) enthaltene
Wasser in den unteren läuft, so wird die Luft von dem
nach unten fliefsenden Wasser angezogen und zieht ihrerseits
mit Hilfe des Gesamtrohrs $\gamma\delta\varepsilon\zeta\alpha\beta$ die vor den Mund ge-
15 haltene Flüssigkeit an.[3]) Das Ventil wird natürlich so
eingerichtet, dafs die Löcher einander gegenüberliegen,
wenn der Rinderhirt sich (nach dem Tiere) hinwendet.[4])

---

1) An dieser Stelle findet sich folgendes handschriftliche
Einschiebsel: 'Der Cylinder ist eine Röhre, die mitten in zwei
(andere) Röhren passend eingefügt ist, nämlich in die in dem
Munde des Tieres befindliche und die, welche sich in dem
Rumpfe vom Halseinschnitte ab nach dem Hinterfufse erstreckt'.
Diese Erklärung ist mit andern Worten bereits oben S. 323, 21
gegeben.
2) Da dieser oben nicht erwähnt wird, so ist im Vorhergehenden eine Lücke anzunehmen, in der aufser dem Hirten
auch die Basis beschrieben war.
3) Nach b: 'so läuft infolge der Umdrehung des Ventils das
im oberen Raume enthaltene Wasser in den unteren, indem
zugleich infolge des nach unten fliefsenden Wassers durch das
Rohr $\gamma\delta$, $\varepsilon\zeta$ und $\alpha\beta$ hin die Luft angezogen wird. Und so
schlürft die Figur die ihr vor den Mund gehaltene Flüssigkeit.'
4) Der Schlufssatz fehlt in b.

---

14 $\tau\dot{\alpha}$ om. T   15 de hoc capite vid. prolegomena   17 $\gamma\dot{\iota}\gamma\nu\varepsilon$-
$\sigma\vartheta\alpha\iota$ T

---

1 $\mu\dot{\varepsilon}\sigma o\nu$ CP   2 $\dot{\varepsilon}\nu\ \tau\tilde{\omega}$ (ante $\dot{\alpha}\pi\dot{o}$) om. b   5 $\delta\dot{\eta}$ CP: $\delta\dot{\varepsilon}$ B
18 $\pi\dot{\alpha}\lambda\iota\nu$ om. b

σωλὴν φέρων εἰς τὴν βάσιν ὁ ΗΘΚ, ἕτερος δὲ σωλὴν
διά τε τῆς ΑΔ ἐφέδρας τῆς βάσεως καὶ διὰ τοῦ ΕΖ
διαφράγματος ὁ ΛΜΝ τρύπημα ἔχων ὑπὲρ τὸ ΕΖ
διάφραγμα τὸ Ξ. ἕτερος δὲ σωλὴν συνεσμηρισμένος
αὐτῷ ἔστω ὁ Π καὶ οὗτος τρύπημα ἔχων κατὰ τὸ Ξ 5

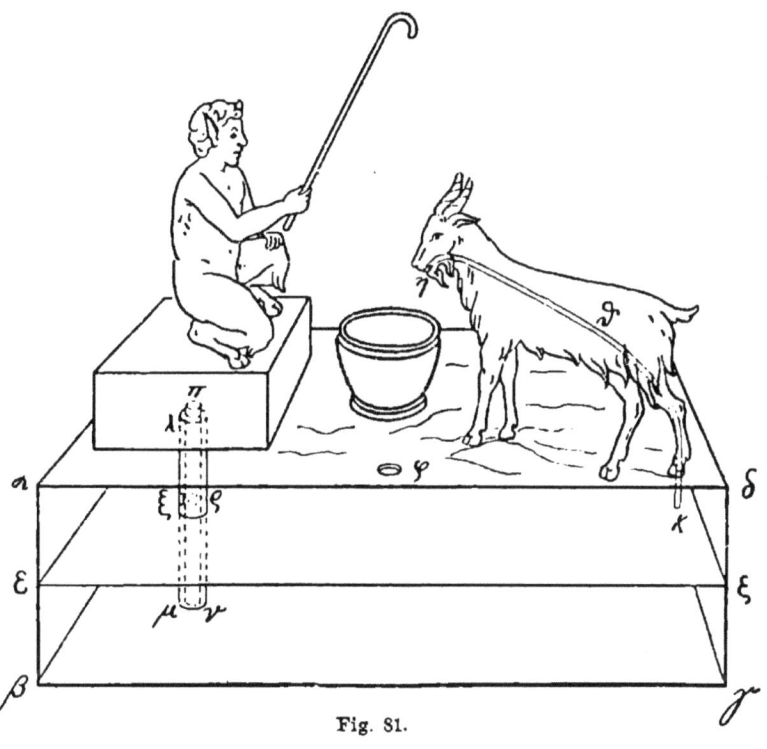

Fig. 81.

κείμενον τὸ Ρ, ᾧ συμφυὴς ἔστω ἤτοι Πὰν ἢ ἄλλο τι
ζῴδιον ῥάβδον ἔχον. ὅταν μὲν οὖν ἐπεστραμμένον ᾖ
τὸ ζῴδιον πρὸς τὸ ζῶον, οὐ μὴ πίῃ καθάπερ ὑπὸ
φόβου κωλυόμενον· ὅταν δὲ ἀποστραφῇ, τότε πίεται.
ἐὰν οὖν ἐμβάλωμεν εἰς τὸ ΑΔΕΖ ἀγγεῖον διά τινος 10
τρυπήματος τοῦ Φ ὕδωρ καὶ πάλιν ἐπιστεγνώσωμεν

XXXVII.

Man kann dieselbe Wirkung noch auf folgende Der trinkende Bock. Fig. 81.
Weise erzielen, ohne dafs man fliefsendes Wasser
benutzt.[1])
5 Es sei *αβγδ* eine Basis, die wieder[2]) auf allen Seiten
verschlossen und in der Mitte mit einer Scheidewand *εζ*
versehen sei. Die Röhre, welche aus dem Munde nach der
Basis führt, sei *ηϑκ*. Eine andere Röhre *λμν* gehe durch
αδ, die Deckwand der Basis, und die Scheidewand *εζ*
10 hindurch und sei oberhalb[3]) der Scheidewand *εζ* mit
einem Loche *ξ* versehen. In die Röhre *λμν* sei eine
andere Röhre *π* eingeschliffen und enthalte gleichfalls ein
Loch *ϱ*, das in gleicher Höhe mit *ξ* liege. Mit dieser
Röhre sei entweder ein Pan oder irgend eine andere
15 Figur verbunden, die mit einem Stocke ausgerüstet ist.
Ist nun die Figur nach dem Tiere hingewendet, so wird
dieses, gleichsam eingeschüchtert, gewifs nicht trinken.
Ist die Figur dagegen abgewendet, dann wird es trinken.
Schütten wir nun durch ein Loch *φ* Wasser in den Ge-
20 fäfsraum *αδεζ* und stopfen es wieder mit Wachs oder
einem andern Stoffe zu, so ist die Folge, dafs das ein-

---

1) Dieses Kapitel steht vermutlich an unrechter Stelle,
obgleich sämtliche Handschriften, die es überhaupt haben, es
an den Schlufs des Werkes setzen. Vgl. die Prolegomena.
2) In b fehlt 'wieder'.
3) Nach einer Vermutung übersetzt; die griechischen Handschriften haben alle 'unterhalb'.

---

3 *ὑπὲρ* Woodcroft: *ὑπὸ* a b   *τὸ* A: *τῷ* GT, sed T *o* supra
scripsit   *εζ* Ab: *λεζ* Amg.GT   4 *διάφραγμα* b: *δια-*
φράγματι a   *σμηριςμένος* T₁, corr. T₂   5 *ὁ π̄* AGb: *ο π̄* T
7 *ῥάβδον* Paris. 2428, Leid. Scalig. 45: *ῥαῦδον* a   *ἐπεστραμ-*
μένον Mb: *ἐπιστραμμένον* a

---

2 *ᾱδ̄* a: *ᾱβ̄* b   7 *ῥάβδον* BC: *ῥαῦδον* Γ   11 *ἐπιστεγνώ-*
σομεν b

τὸ τρύπημα κηρῷ ἢ ἄλλῳ τινί, συμβήσεται καταλλήλων
κειμένων τῶν P, Ξ τρυπημάτων τὸ ἐμβληθὲν ὕδωρ
μεταχωρεῖν εἰς τὸ ΕΒΓΖ ἀγγεῖον· κενούμενον δὲ τὸ
ΑΔΕΖ ἐπισπάσεται διὰ τοῦ στόματος τοῦ ζώου τὸν
ἀέρα, καὶ τηνικαῦτα προσενεχθέντος αὐτῷ ποτηρίου 5
πίεται.

---

6 Τέλο⟨ς⟩ τῆς τοῦ ἥρωνος ἀλεξανδρέως βίβλου β̄ περὶ
πνευματικῶν· θεῷ χάρις. ἀμήν subscribit T: subscriptio deest
in A G b

gegossene Wasser[1]) in den Raum $\varepsilon\beta\gamma\zeta$ wandert, wenn die Löcher ϱ und ξ einander gegenüberliegen. Infolgedessen leert sich $\alpha\delta\varepsilon\zeta$ und saugt durch den Mund des Tieres die Luft an. Wird alsdann dem Tiere ein Becher 5 vorgehalten, so wird es trinken.

1) Zusatz in b: 'durch das Loch χ' (wohl verschrieben statt ξ).

2 $\tau\tilde{\omega}\nu\ \bar{\varrho},\ \bar{\xi}\ \tau\varrho\upsilon\pi\eta\mu\acute{\alpha}\tau\omega\nu\ \varkappa\varepsilon\iota\mu\acute{\varepsilon}\nu\omega\nu$ tr. b 3 $\mathring{\alpha}\gamma\gamma\varepsilon\tilde{\iota}o\nu\ \delta\iota\mathring{\alpha}\ \tau o\tilde{\upsilon}$ $\bar{\chi}\ \tau\varrho\upsilon\pi\acute{\eta}\mu\alpha\tau o\varsigma$ b (f. $\bar{\xi}$ pro· χ legend. sed etiam codicum figurae foramen quoddam in diaphragmate factum littera χ significant).

HERONIS ALEXANDRINI
DE AVTOMATIS

CONSPECTUS NOTARUM.

A = cod. Marcianus 516 saec. XIII.
G = cod. Gudianus 19 saec. XVI.
T = cod. Taurinensis B, V, 20 anni 1541.
a = consensus codicum AGT.
M = cod. Magliabecchianus II. III 36 saec. XVI.
. . . lacunam significat,
† locum corruptum,
[ ] delenda,
⟨ ⟩ inserenda.
  Potiores tantum lectiones dabuntur.

ΗΡΩΝΟΣ ΑΛΕΞΑΝΔΡΕΩΣ
ΠΕΡΙ ΑΥΤΟΜΑΤΟΠΟΙΗΤΙΚΗΣ

ΗΡΩΝΟΣ ΑΛΕΞΑΝΔΡΕΩΣ
ΠΕΡΙ ΑΥΤΟΜΑΤΟΠΟΙΗΤΙΚΗΣ.

Τῆς αὐτοματοποιητικῆς πραγματείας ὑπὸ τῶν πρότερον ἀποδοχῆς ἠξιωμένης διά τε τὸ ποικίλον τῆς ἐν
αὐτῇ δημιουργίας καὶ διὰ τὸ ἔκπληκτον τῆς θεω- 5
ρίας. ἔστι γάρ, ὡς συνελόντι εἰπεῖν, πᾶν μέρος
τῆς μηχανικῆς ἐν αὐτῇ τῇ αὐτοματοποιητικῇ παραλαμ-
βανόμενον διὰ τῶν κατὰ μέρος ἐν αὐτῇ ἐπιτελουμέ-
2 νων. ἔστι δὲ αὐτῆς ἡ ἐπαγγελία τοιάδε· κατασκευάζονται ναοὶ ἢ βωμοὶ σύμμετροι αὐτόματοί τε 10
προσαγόμενοι καὶ κατά τινας ὡρισμένους ἱστάμενοι
τόπους, καὶ τῶν ἐνόντων αὐτοῖς ζῳδίων ἕκαστον ἰδίᾳ
κινεῖται πρὸς λόγον τὸν κατὰ τὴν προκειμένην πρό-
244 θεσιν ἢ μῦθον ἁρμόζοντα, καὶ εἰς τὸν ἐξ ἀρχῆς ἀπο-
καθίστανται τόπον. τὰ μὲν οὖν τοιαῦτα δημιουργή- 15
3 ματα τῶν αὐτομάτων καλεῖται ὑπάγοντα. ἔστι δὲ
καὶ ἕτερον εἶδος ἐν αὐτοῖς, ὃ καλεῖται στατόν. ἔστι

2 αὐτοματοποιητικῆς A G: αὐτοματοποιητικῶν T   3—4 προ-
τέρων G   5—6 f. θεωρίας, ⟨ἀναγκαῖον ὑπάρχειν νομίζομεν
καὶ αὐτοὶ τὰ παραδοθέντα ὑπὸ τῶν ἀρχαίων εἰς τάξιν ἀγαγεῖν,
καὶ ἃ ἡμεῖς δὲ προσευρήκαμεν εἰσθέσθαι⟩. cf. p. 2, 7—10
6 συνελόντι εἰπεῖν ὡς tr. a, corr. Diels   7 ἐν AT: καὶ ἐν G
9 ἔστι δὲ Leidens. Vulcan. 4 et Barberin. II 82: ἔστιν a (ν ex
compendio vocis δὲ corr. A)   10 ἢ: f. καὶ   11 προσάγονται a,
corr. Diels: προάγοντες Brinkmann   15 post τόπον quaedam
intercidisse suspiceris. cf. p. 350, 15 (καθάπερ εἴρηται).   de

DIE AUTOMATENTHEATER[1)]
HERONS VON ALEXANDRIA.

I   Die Schaustellung der Automaten (Automaten- Die zwei Arten
theater) erfreute sich bei den Alten grofser Beliebtheit, der Automaten.
5 einmal, weil eine mannigfaltige Kunstfertigkeit dabei entwickelt wird, sodann, weil das (dargebotene) Schauspiel
geradezu staunenerregend ist.[2)] Denn eben die Anfertigung
der Automaten bringt, um es kurz zu sagen, jeden Teil der
Mechanik vermittelst dessen, was im einzelnen dabei aus-
10 geführt wird, zur Anwendung. Was der Bau der Automaten 2
verspricht, ergiebt sich aus folgendem. Man stellt Tempel
oder Altäre von mäfsigem Umfange her, die sich von selbst
heranbewegen und auf einigen bestimmten Punkten halten;
dann bewegt sich jede von den darin befindlichen Figuren
15 entsprechend dem vorliegenden Plane oder einer passenden
Fabel für sich, und (schliefslich) kehren Tempel und
Altar nach ihrem ursprünglichen Platze zurück (Fig. 82).
Die auf solche Art gearbeiteten Automaten nennt man
fahrende. Es giebt aber unter den Automaten auch 3
20 eine andere Art, die sogenannten stehenden Automaten.

---

1) Wörtlicher, aber nicht so bezeichnend, lautet die Überschrift: 'Der Automatenbau'.
2) Im griechischen Texte ist hier vermutlich eine Lücke,
welche vielleicht nach S. 3, 7—11 ('Daher . . . einzuschalten')
zu ergänzen ist.

---

turriculae superficie igitur scriptor se iam ante egisse dicere
videtur, si modo vox εἴρηται sana est. sed cf. infra adnot. ad
p. 350, 15

δὲ καὶ τούτου ἡ ὑπόσχεσις τοιαύτη· ἐπί τινος κιονίσκου πίναξ ἐφέστηκε θύρας ἔχων ἀνοιγομένας, καὶ ἐν
αὐτῷ ... διάθεσις ζῳδίων πρός τινα μῦθον διεσκευα-
4 σμένων. κεκλεισμένου οὖν τοῦ πίνακος αἱ θύραι αὐτό-
ματοι ἀνοίγονται, καὶ φαίνεται ἡ τῶν ζῳδίων τάξις 5
γεγραμμένη· καὶ μετ᾽ οὐ πολὺν χρόνον κλεισθεισῶν
τῶν θυρῶν πάλιν αὐτομάτως καὶ ἀνοιχθεισῶν, ἑτέρα
φαίνεται διάθεσις ζῳδίων ἁρμόζουσα τῇ πρότερον φα-
νείσῃ· καὶ πάλιν κλεισθεισῶν καὶ ἀνοιχθεισῶν τῶν
θυρῶν ἑτέρα διάθεσις πάλιν φαίνεται ζῳδίων ἁρμό- 10
ζουσα τῇ πρότερον κειμένῃ, καὶ ἤτοι ἀπαρτίζει τὸν
προκείμενον μῦθον ἢ πάλιν μετὰ ταύτην ἑτέρα φαί-
5 νεται, ἄχρις ἂν ἀπαρτισθῇ ὁ μῦθος. καὶ τῶν φαινομένων δὲ ζῳδίων τῶν γεγραμμένων ἐν τῷ πίνακι ἓν
ἕκαστον ἐν κινήσει δύναται φαίνεσθαι, ἐὰν ἀπαιτῇ ὁ 15
μῦθος, οἷον ἃ μὲν πρίζοντα, ἃ δὲ σκεπαρνίζοντα, ἃ δὲ
σφύραις ἢ πελέκεσιν ἐργαζόμενα, ψόφον ποιοῦντα καθ᾽
6 ἑκάστην πληγὴν καθάπερ ἐπὶ τῆς ἀληθείας. δύνανται
δὲ καὶ ἕτεραι κινήσεις ὑπὸ τὸν πίνακα γίγνεσθαι, οἷον
πῦρ ἀνάπτεσθαι ἢ ζῴδια ἐπιφαίνεσθαι πρότερον μὴ 20
φαινόμενα καὶ πάλιν ἀφανίζεσθαι. καὶ ἁπλῶς, ὡς ἄν
τις ἕληται δυνατόν ἐστι κινεῖν μηδενὸς προσιόντος
7 τοῖς ζῳδίοις. ἔστι δὲ ἡ τῶν στατῶν αὐτομάτων ἐν-

---

3 f. ⟨φαίνεται⟩ διάθεσις. cf. lin. 8. 10. 12—13: ⟨γέγραπται⟩
δ. Brinkmann   3—4 διεσκευασμένων T₂: διεσκευαμένων AT₁:
διεσκευασμένα G   4 κεκλεισμένων T   οὖν ⟨ἐξ ἀρχῆς⟩ H. Schoene
11 f. ἤτοι ⟨αὕτη⟩   ἀπαρτίζει R. Schoene: ἀπαρτίζουσα a
14 δὲ om. T   14—15 πίνακι ἕκαστον AG: πίνακι, να ἕκαστον T (να add. etiam A mg.): corr. R. Schoene   15 εὐπαιτῇ T
16 περίζοντα T   σκερπαρνίζοντα a: corr. M₂ et cod. Paris. 2431
17 σφύραις AT: ἀφύραις ex ἀφύρες corr. G   an ἐργαζόμενα,
⟨ἃ δὲ ἀρίσι καὶ τρυπάνοις χρώμενα⟩? cf. p. 412, 25   19 ὑπὸ:
f. ὑπὲρ. cf. p. 414, 15. 18: κατὰ Diels   22 προέληται H. Schoene
προσιόντος AT: προσιέντος (sed ε ex o correcto) G

Diese Art verspricht folgendes zu leisten. Auf einer niedrigen Säule steht eine Tafel mit Thüren (Fig. 101), die sich öffnen können, und auf dieser sieht man eine Darstellung von Figuren, die in ihrer Anordnung irgend
5 einem Stücke entsprechen. Die Tafel ist nun (zu Anfang) 4 geschlossen; dann öffnen sich die Thüren von selbst, und die Gruppierung der Figuren auf dem Bilde wird sichtbar. Haben sich nach kurzer Zeit die Thüren wieder von selbst geschlossen und geöffnet, so erscheinen die Figuren anders
10 verteilt, aber doch der zuerst vorgeführten Darstellung entsprechend. Wenn die Thüren wieder geschlossen und geöffnet sind, zeigt sich abermals eine andere Verteilung der Figuren, die zu der vorher erschienenen pafst, und entweder führt diese das zu Grunde liegende Stück zu
15 Ende, oder es kommt nach dieser nochmals eine andere Darstellung zum Vorschein, bis das Stück zu Ende geführt ist. Von den auf der Tafel sichtbaren, gemalten Figuren 5 läfst sich jede einzelne in Bewegung zeigen, sobald es die Fabel erfordert, z. B. können die einen sägen, die andern
20 das Schlichtbeil handhaben, wieder andere mit Hämmern oder Zimmeräxten arbeiten, indem sie bei jedem Schlage ein der Wirklichkeit entsprechendes Geräusch hervorbringen. Es können auch andere Bewegungen auf der Bühne[1]) vor- 6 geführt werden, z. B. kann Feuer angezündet werden oder
25 es können bis dahin nicht sichtbare Figuren plötzlich erscheinen und wiederum verschwinden. Kurz, man kann jede beliebige Bewegung ausführen, ohne dafs man sich den Figuren nähert. Die Thätigkeit (bezw. der Mechanismus) 7 der stehenden Automaten ist sicherer und weniger gefährdet
30 und läfst in gröfserem Mafse jede Art der Darstellung zu

---

1) Wohl richtiger 'über der Bühne'. Wenigstens erhellt aus S. 415, 15. 20, dafs das Feuerzeichen und die Erscheinung der Athene auf der Schwebemaschine (woran hier vermutlich gedacht ist) 'über der Bühne' vor sich gingen und nicht 'auf der Bühne'. (Letzteres [auf der Bühne] bedeutet nämlich ὑπὸ τὸν πίνακα, obwohl man versucht sein könnte, es nach Analogie von ὑπὸ σκηνήν 'hinter der Scene' zu übersetzen.)

ἔργεια ἀσφαλεστέρα τε καὶ ἀκινδυνοτέρα καὶ μᾶλλον
πᾶσαν ἐπιδεχομένη διάθεσιν τῶν ὑπαγόντων. ἐκάλουν
δὲ οἱ παλαιοὶ τοὺς τὰ τοιαῦτα δημιουργοῦντας θαυ-
8 ματουργοὺς διὰ τὸ ἔκπληκτον τῆς θεωρίας. ἐν μὲν
οὖν τούτῳ τῷ βιβλίῳ περὶ τῶν ὑπαγόντων γράφομεν 5
ἐκθέμενοι διάθεσιν ποικίλην κατά γε ἡμᾶς, ἥτις ἁρμόσει πάσῃ διαθέσει πρὸς τὸ δύνασθαι τὸν προαιρού-
μενον ἑτέρως διατίθεσθαι μηδὲν ἐπιζητοῦντα πρὸς τὴν
τῆς διαθέσεως ἐνέργειαν· ἐν δὲ τῷ ἑξῆς περὶ τῶν
στατῶν αὐτομάτων γράφομεν. 10

II Δεῖ δὲ πρῶτον ἀπόκροτον εἶναι καὶ ἀκλινὲς καὶ
ὁμαλὸν τὸ ἔδαφος ἐν ᾧ μέλλει τὸ αὐτόματον ὑπάγειν,
ἵνα μήτε οἱ τροχοὶ αὐτοῦ καταδύνωσι πιεζόμενοι μήτε
ἐμποδίζωνται ὑπὸ τραχύτητός τινος μήτε πρὸς ἀνά-
2 βασιν βιαζόμενοι εἰς τὸ ὀπίσω ἐπινεύωσιν. ἐὰν δὲ μὴ 15
ὑπάρχῃ τὸ ἔδαφος τοιοῦτον οἷον εἴρηται, δεῖ σανίδας
ἀπορθώσαντας ἐπὶ τοῦ ἐδάφους διατιθέναι, ἐν αἷς
κατὰ μῆκος ἔσονται σωλῆνες δι᾽ ἐφηλωτῶν κανόνων
πρὸς τὸ τοὺς τροχοὺς ἐν τοῖς σωλῆσι κυλίεσθαι. δεῖ
δὲ τὰ ὑπάγοντα κατασκευάζειν ἐκ κούφων τε καὶ ξηρῶν 20
ξύλων, κἂν ἐξ ἄλλης δέ τινος ὕλης ὑπάρχῃ τι ἐν αὐ-
245 τοῖς κατεσκευασμένον, καὶ τοῦτο δεήσει | ὡς κουφότα-
τον πειρᾶσθαι ποιεῖν, ἵνα μὴ διὰ τὸ βάρος δυσκίνητα
3 γένηται. δεῖ δὲ καὶ ὅσ᾽ ἂν ἐγκυκλίους στροφὰς ἢ

1 ἀκινδυνοτέρα M et Leid. Scalig. 45: ἀκινδυννωτέρα a
3 δημιοῦντας G   5 τούτων T   6 ἐκτιθέμενοι H. Schoene
7 διαθέσει: προθέσει coll. p. 338, 13 Brinkmann   8 μηδὲν
ἐπιζητοῦντα Barberin. II 82, Leid. Vulc. 4: μὴ ἐνεπιζητοῦντα·a
10 f. γράφομεν. cf. p. 28, 13   11 capita distinguunt, sed
non numerant codd.   14 ἐμποδίζωνται A: ἐμποδίζονται GT
16 ὑπάρχει T   17 ἀπορθώσαντας scripsi: ἀποθώσαντας AG:
ἀπωθώσαντες T. cf. Papp. III 166, 2 ed. Hu. τύμπανον πρὸς
κανόνα ἀπωρθωμένον: f. ⟨ἀκλινεῖς⟩ ἀπορθώσαντας. cf. p. 4, 19.

als die fahrenden. Die Männer, welche sich mit dergleichen
Dingen befafsten, nannten die Alten, weil das Schauspiel ihre
Verwunderung erregte, Wunderkünstler (Thaumaturgen).[1])
In diesem Buche schreiben wir nun über die fahrenden S
5 Automaten, indem wir eine Darstellung veranschaulichen,
welche wenigstens nach unserer Meinung mannigfaltig
ist und zu jeder beliebigen (anderen) Darstellung pafst,
damit der, welcher die Vorführung eines andern Stückes
plant, dazu imstande ist und in Hinsicht auf das Ge-
10 lingen der Vorstellung nichts vermifst. Im folgenden
Buche[2]) handeln wir dagegen von den stehenden Automaten.

II Zunächst mufs der Boden, auf dem der Automat Beschaffenheit
vorrücken soll, fest, wagerecht und eben sein, damit des Bodens und
des verwende-
seine Räder weder infolge des Druckes einsinken, noch ten Materiales
15 von einer rauhen Stelle gehemmt werden, noch bergauf
getrieben zurücklaufen. Wenn ein solcher Boden, wie er 2
eben beschrieben, nicht vorhanden ist, mufs man Bretter
wagerecht auf den Boden legen, auf denen der Länge nach
Schienen vermittelst festgenagelter Latten hergestellt werden,
20 damit die Räder in den Schienen (Fig. 83a und 83b) rollen.
Die fahrenden Automaten mufs man aus leichtem, trocknem
Holz anfertigen. Sind sie aber teilweise aus anderem Material
gemacht, mufs man versuchen, auch dieses möglichst leicht
zu machen, damit nicht infolge der Schwere ihre Bewegung
25 zu schwerfällig wird. Es mufs ferner alles, was kreisförmige 3

---

1) Thaumaturgen im gewöhnlichen Sinne sind Gaukler
und Taschenspieler. Vgl. Baumeister *Denkmäler des klassischen
Altertums* I, 584. 585.
2) Es ist der zweite Abschnitt gemeint. Eine Einteilung
in Bücher kennen die griechischen Handschriften nicht.

356, 9. Dioptr. 242, 3 Vinc. (ἀκλινῆ καθιστάναι) ἐν: ἐφ' Prou l. l.
p. 143 18 ἐφηλατῶν T 21 ὑπάρχη G: ὑπαρχειν (sed fortasse
ὑπάρχη scribere voluit; scribit enim sic: ὑπάϱ) A: ὑπάρχων T
22 κατεσκευασμένον Leid. Scalig. 45: κατασκευασμένον a καὶ
Fr. Haase: εἰ a 24 ὅσ' ἂν scripsi: ὅσα a ἐγκυκλίους M: ἐνῆν
κλοιοῦς A: ἐν ἦν κλοιοὺς T: ἐνῆν κλοιοῦ (= κλοιουσῶν, quod in
codd. deterioribus exstat) G

κινήσεις ποιῆται, ταῦτα ἔντορνά τε ἀκριβῶς καὶ περὶ
ἃ κινεῖται λεῖα καὶ μὴ τραχέα ὑπάρχειν, οἷον οἱ μὲν
τροχοὶ περὶ κνώδακας σιδηροῦς ἐμβεβηκότας εἰς ἐμ-
πνελίδας σιδηρᾶς, τὰ δὲ ζώδια περὶ ἄξονας χαλκοῦς
ἐμβεβηκότας εἰς χοινικίδας χαλκᾶς συνεσμηρισμένας 5
4 αὐτοῖς. καὶ ἔλαιον δὲ παρεπιχέειν δεήσει εἰς ταῦτα,
ὅπως κατὰ [πάντα] τρόπον εὐκύλιστα πάντα ὑπάρχῃ καὶ
μηδὲν παρὰ τοῦτο σφίγμα γένηται· εἰ δὲ μή, οὐκ ἔσται
τῶν προκειμένων κατὰ λόγον οὐδὲ ἕν. δεῖ δὲ καὶ τὰς
σπάρτους, αἷς εἰς ταῦτα προσχρώμεθα, μήτε ἐπέκτασιν 10
μήτε συστολὴν λαμβάνειν, ἀλλὰ τοιαύτας διαμένειν
'5 τοῖς μήκεσιν οἷαι καὶ ἐξ ἀρχῆς κατεστάθησαν. τοῦτο
δὲ ἔσται, ἐὰν λαβόντες αὐτὰς περί τινας πασσαλίσκους
διατείναντες εὖ μάλα καὶ ἐάσαντες αὐτὰς ὀλίγον χρόνον πάλιν ἐπεκτείνωμεν καὶ τοῦτο πλεονάκις ποιή- 15
σαντες κηρὸν μετὰ ῥητίνης καταψήσωμεν. βέλτιον δ'
εἰ καὶ βάρος ἐξ αὐτῶν ἐξάψαντες ἐάσομεν ἐπὶ πλείονα
χρόνον. προβασανισθεῖσα δὲ οὕτως οὐδεμίαν ἐπέκτασιν λήψεται ἢ παντελῶς βραχεῖαν. ἢ πάλιν ἀποκόψο-
μεν, ὅταν ἐξαρτύσαντες τὸ αὐτόματόν τινα αὐτῶν 20
6 παρεκτεταμένην εὕρωμεν. νευρίνῳ δὲ οὐδενὶ δεῖ χρῆσθαι, ἐπειδὴ παρεκτείνεται καὶ συστέλλεται κατὰ τὴν
τοῦ ἀέρος περίστασιν, εἰ μὴ ἄρα ὅταν δέῃ ὕσπληγγι
χρήσασθαι. ὁ δὲ ὕσπληγξ ἔστω καθάπερ ἐν τοῖς κατα-

---

1 ποιῆται scripsi: ποιεῖσθαι a: (ὅσα) ποιεῖται Brinkmann
εὔτορνα Prou l. l. p. 161   3 εἰς om. T₁, add. T₂   3—4 ἐμπιε-
λύσθας T   5 inter χαλκᾶς et συνεσμηρισμένας album quinque
litterarum T   σμηρισμένας T₁, corr. T₂   συ (in συνεσμ.) ex
ἔχων corr. A   6 αὐτοῖς T: αὐτοῖς ex αὐτὰς corr. A: αὐτὰς G
παρεπιχέειν AT: περὶ ἐπιχέειν G   7 πάντα AG: πάντη M:
πάντι T: del. R. Schoene coll. Philon. Mech. Synt. p. 88, 32. 96, 4.
cf. etiam Heron. Belop. p. 73, 8 ed. Wesch. Dioptr. 300, 10 Vinc.
τόπον Brinkm.   ὑπάρχειν T   9 οὐδεέν (sic) AG: οὐδέν T

Wendungen oder Bewegungen macht, recht rund, und die
Gegenstände, um welche die Bewegung stattfindet, müssen
glatt und nicht rauh sein, wie z. b. die Räder um eiserne, in
eisernen Naben ruhende Achsen und die Figuren um kupferne
5 Achsen, die in kupfernen, entsprechend ausgeschliffenen
Büchsen (Lagern) liegen. Man mufs auch Öl daran giefsen, 4
damit in rechter Weise alles leicht rollt (sich bewegt), ohne
dafs dabei irgend welche Klemmung entsteht. Sonst wird
die Lösung der vorliegenden Aufgabe auch nicht in einem
10 einzigen Punkte unserer Erwartung entsprechen. Es dürfen
ferner die Schnüre, welche wir noch dazu gebrauchen, sich
weder dehnen noch zusammenziehen, sondern sie müssen
immer so lang bleiben, als sie anfangs gemacht sind. Das er- 5
reichen wir, wenn wir sie um einige Pflöcke hängen, sie recht
15 fest anspannen, kurze Zeit so lassen, dann wieder weiter
ausdehnen und nach öfterer Wiederholung dieses Verfahrens
Wachs mit Harz daranstreichen. Besser aber ist es, wenn
wir auch ein Gewicht daranhängen und längere Zeit es so
hängen lassen. Wenn man die Schnur vorher so erprobt
20 hat, dehnt sie sich gar nicht weiter oder nur ganz wenig.
Oder falls wir beim Bespannen des Automaten finden, dafs
eine von ihnen sich noch mehr gedehnt hat, schneiden wir
sie ab. Man darf aber nichts verwenden, was aus Sehnen 6
gemacht ist, da es je nach der Beschaffenheit der Luft sich
25 ausdehnt oder zusammenzieht, falls es nicht etwa nötig ist,
ein Spannholz zu verwenden. Das Spannholz (Hysplēnx) sei

---

11 συστολὴν M, Leid. Scalig. 45: συστολὴν ex σωλὴν corr. A:
σωλὴν GT   13 λαβόντες: f. περιβαλόντες. cf. p. 356, 10. 358, 19:
βαλόντες H. Schoene   14 ⟨καὶ⟩ διατείναντες Diels   16 κατεψή-
σωμεν a, correxi   16—17 δὲ εἰ T   17 βάρος M: βάρους a
ἐάσομεν AG˙(ο ex ω corr. A): ἐάσωμεν T   πλείον T   19 ἢ (ante
πάλιν): καὶ R. Schoene: ἦν Hildebrandt   20 ἐξαρτήσαντες a,
corr. Brinkm. coll. Philon. Mech. Synt. IV 54, 44. 56, 45. 57, 40.
58, 2. 61, 9 et H. Schoene   21 παρεκτεταμένην scripsi. cf. lin. 22:
παρεντεταμένην AG: παρεντεττάμίνον T   οὐδενὶ δεῖ: οὐδενῐ̈
δεῖ A (οὐδενὶ igitur corrigere voluisse videtur): οὐδενὶ ἱ δεῖ
(οὐδενὶ ex οὐδενὸς corr.) G: οὐδενὸς ἱδεῖ T   21—22 χρῆσθαι,
η ex α corr., A   22 καὶ: an ἤ?

πέλταις ὁ ἄξων κατατεταγμένος ἐν τῷ ἡμιτονίῳ, ὡς
ἑξῆς ἔσται δῆλον. πάντα δὲ ταῦτα τὰ ὑπάγοντα τὴν
ἀρχὴν λαμβάνει τῆς κινήσεως διὰ ὕσπληγγος ἢ λείας
7 μολιβῆς. κοινὸν δέ ἐστι τοῦ κινοῦντος καὶ τοῦ κινου-
μένου σπάρτος ἔχουσα τὴν μὲν μίαν ἀρχὴν πρὸς τῷ 5
κινοῦντι προσδεδεμένην, τὴν δὲ ἑτέραν πρὸς τῷ κινουμένῳ προση⟨γκυ⟩λωμένην. τὸ δὲ κινούμενον ἄξων ἐστί,
περὶ ὃν ἡ σπάρτος περιείληται. τῷ δὲ ἄξονι προσ-
αραρότες εἰσὶ τροχοί, ὥστε τοῦ ἄξονος στρεφομένου καὶ
ἀπειλισσομένης τῆς σπάρτου συστρέφεσθαι καὶ τοὺς 10
τροχοὺς ἐρείδοντας ἐπὶ τὸ ἔδαφος. τοῖς δὲ τροχοῖς
περίκειται τὸ τοῦ ὑπάγοντος αὐτομάτου πλινθίον.
8 τάσιν δὲ ὕσπληγγος ἢ βάρος λείας δεῖ πρὸς τὰ ὅλα
ἡρμόσθαι, ὅπως μὴ κατακρατῆται ἤτοι τὸ βάρος ἢ ἡ
τοῦ ὑσπληγγος τάσις ὑπὸ τοῦ πλινθίου. αἱ δὲ ἐκ τῆς 15
πορείας κινήσεις γίνονται πασῶν τῶν σπάρτων προσ-
ηγκυλωμένων μὲν τοῖς κινουμένοις ὀργάνοις, ἀποδεδεμένων δὲ εἰς τὴν λείαν. ἡ δὲ λεία ἐστὶν ἔν τινι
σύριγγι, ἁρμοστῶς καὶ εὐλύτως δυναμένη καταβαίνειν
9 εἰς αὐτήν. ἐν δὲ τῇ σύριγγι ἐπὶ μὲν τῶν ὑπαγόντων 20
ἢ κέγχρος ἢ νᾶπυ ἐμβάλλεται διὰ τὸ κοῦφά τε ἀμφότερα εἶναι καὶ ὀλισθηρά, ἐν δὲ τοῖς στατοῖς ἄμμος
ξηρὰ ἐμβάλλεται, ὧν ἐκρεόντων διὰ τοῦ πυθμένος τῆς

---

1 ἄξων a: ἄγκων (i. e. ἀγκὼν) supra scripsit Paris. 2434
κατατεταγμένος a: κατατεταμένος M et Paris. suppl. 11   de
axe et hemitonio cf. Heron. Belop. p. 83, 5 ed. Wesch. et huius
editionis vol. II   2 ἔσται δῆλον M, Paris. suppl. 11, Leid. Vulc. 4:
ἔσ ... λον spatio trium fere litterarum relicto a. cf. p. 404, 9
4 κοινὸν G: κοινὸν ex κοινὸς corr. A: κοινός T   καὶ AGT₂:
τῆς T₁   7 προσηλωμένην a, corr. Brinkm. coll. v. 16. p. 348, 4. 16
8 περιείληται M: περιεί^{πτ}ληται A: περιείληπται GT   11 ἐρείδοντας Leid. Vulc. 4: ἐρείδοντος a   ἐπὶ om. T   12 αὐτομάτου
scripsi: αὐτομάτοc a: αὐτομάτως M   13 βάρους a: corr.

aber ähnlich wie bei den Katapulten die in den Halbspann
(Hemitonion, Sehnenstrang) gesetzte, (sogenannte) Achse
(Spannbolzen), wie man weiter unten [1]) sehen wird. Alle diese
fahrenden Automaten erhalten den Antrieb zur Bewegung
5 durch eine Schnur oder vielmehr ein Gegengewicht aus Blei.
Gemeinsam ist dem bewegenden und dem bewegten Gegen- 7
stande eine Schnur, deren eines Ende an den bewegenden
Körper gebunden, deren anderes aber mittels einer Öse an
dem bewegten Gegenstande befestigt ist. Der bewegte
10 Körper ist eine Achse, um welche die Schnur gewickelt ist
(Fig. 83[b]). An der Achse sitzen Räder fest. Wenn daher
die Achse sich dreht und die Schnur sich abwickelt, drehen
sich auch die Räder, die auf dem Boden ruhen. Die Räder
umgiebt beim fahrenden Automaten der Radkasten. Die 8
15 Spannung der Schnur oder die Schwere des Gewichtes mufs
aber dem Ganzen angepafst sein, damit nicht der Kasten
das Gegengewicht oder die Spannung der Schnur überwiegt.
Abgesehen von der Bewegung von Ort zu Ort erfolgen
die Bewegungen dadurch, dafs sämtliche Schnüre sowohl an
20 die bewegten Vorrichtungen vermittelst Schlingen befestigt
als an das Gegengewicht angebunden sind. Das Gegengewicht befindet sich in irgend einem Gewichtskasten
(Syrinx, Pfeife) und kann passend und leicht in demselben
hinuntergleiten. In den Gewichtskasten wird bei den 9
25 fahrenden Automaten entweder Hirse oder Senfkorn geschüttet, weil beides leicht und schlüpfrig ist; bei den
stehenden Automaten thut man trockenen Sand hinein.
Wenn dies nun durch den Boden des Gewichtskastens aus-

---

1) Das dürfte ein Hinweis auf die Belopoiika (s. Bd. II) sein.
Vgl. in der Einleitung die Bemerkung vor der Erläuterung zu
Fig. 82.

Fr. Haase in schedis Schoenianis δεὶς T   14 κατακρατεῖται T
15 f. ἐκτός. cf. p. 380, 14, *fuori di quello che si fà da luogo
a luogo* Baldi   19 ἁρμοστῶς AG (οι supra ὡς scripsit A):
ἁρμοστοὶ ὡς T: ἁρμοστὴ ὡς M. cf. p. 372, 28   20 τῇ, η ex ω
corr., A: τῷ GT   21 κέγχρος M: κέχρος a   21—23 διὰ . . .
ἐμβάλλεται in textu om., in margine add. A   22 ὀλισθηρά
Leid. Vulc. 4: ὀλιστηρά a   23 τῆς AG: καὶ T

σύριγγος ἡ λεία ἠρέμα καταφερομένη τὰς κινήσεις
ἀποτελεῖ ἐπισπωμένη ἑκάστην σπάρτον. ἀρχὴ δὲ κινή-
216 σεώς ἐστι τάσις σπάρτου, κινήσεως | δὲ στάσις ἀπόλυσις
σπάρτου ἐκπεσούσης τῆς ἀγκύλης ἀπὸ τοῦ τύλου τοῦ
10 ἐν τῷ κινουμένῳ ὀργάνῳ. αἱ δὲ ὑπὸ τῆς λείας ἑλκό- 5
μεναι σπάρτοι πᾶσαι ἰσοταχῶς μὲν ἕλκονται, οὐκ ἰσο-
ταχεῖς δὲ τὰς κινήσεις ποιοῦνται διὰ τὸ μὴ περὶ ὅμοια
ὄργανα αὐτὰς περιειλεῖσθαι, ἀλλὰ ἃς μὲν περὶ μείζονας
κύκλους, ἃς δὲ περὶ ἐλάσσονας. δεῖ δὲ τῶν μὴ ἅμα
κινουμένων ὀργάνων τὰς σπάρτους μὴ ἅμα τετάσθαι, 10
ἀλλὰ τῶν ὕστερον κινουμένων τὰς σπάρτους χαλάσματα
11 ἔχειν. τὰ δὲ χαλάσματα μηρύματα δεῖ ποιεῖν καὶ
προσκολλᾶν κηρῷ ἐντὸς τοῦ πλινθίου κατὰ τὸν ἐπι-
βάλλοντα τόπον, ὅπως ἡ λεία ἐπισπωμένη τὸ χάλασμα
πραέως τείνῃ τὴν σπάρτον. προσέχειν δὲ δεῖ καὶ ταῖς 15
σπάρτοις, ὅπως ἑκάστη αὐτῶν τῷ ἰδίῳ ὀργάνῳ προσ-
αγκυλωθῇ καὶ μὴ ἐπ' ἀριστερὰ τὴν ἐπείλησιν λάβῃ·
μιᾶς γὰρ αὐτῶν ἀλλαγείσης ἢ ἐπ' ἀριστερὰ ἐπειληθεί-
12 σης τὰ ὅλα στάσιν λήψεται. δεῖ δὲ καὶ τὰς τῶν ἀρχαίων ἐκφυγεῖν διαθέσεις, ὅπως καινότερον τὸ κατα- 20
σκεύασμα φαίνηται· δυνατὸν γάρ, ὡς προείρηται, ταῖς
αὐταῖς μεθόδοις χρώμενον ἑτέρας καὶ ἑτέρας διαθέσεις
ποιεῖσθαι. βέλτιον δ' ἐν τούτοις ἀναστρέψει ὁ χαρι-
εστέραν ἐπινοῶν διάθεσιν. ἣν δὲ ἡμεῖς ἐκτιθέμεθα,
ἔστι τοιαύτη. 25

---

2 ἐπισπομένη Τ   3 τάσις ed. Paris.: πάσης a: σπάσις M
4 ἀγκύλοις Τ   6 σπάρτοι G: σπάρτοι, οι ex αι corr., A:
σπάρται Τ   7 ποιοῦνται A (ἔμ ante ποιοῦνται del. A) GT₁:
ἐμποιοῦνται T₂   8 αὐτοῖς T₂   μείζονας M: μείζονα a
10—11 ὀργάνων . . . κινουμένων om. G   12 μηρύματα AT:
μηρύσματα G   13 κηρῶν Τ   14 ὅπως AT: ὅπἐρ G   15 πραέως
Leid. Vulc. 4 et Barberin. II 82 (supra scr.). (πραέως etiam

läuft, so senkt sich allmählich das Gegengewicht und
bringt durch das Anziehen jeder (einzelnen) Schnur die
Bewegungen hervor. Den Antrieb zur Bewegung giebt
die Anspannung der Schnur, das Aufhören der Bewegung
5 aber die Loslösung derselben, indem die Öse von dem
an der bewegten Vorrichtung befindlichen Pflocke abfällt. Die von dem Gegengewicht gezogenen Schnüre 10
werden alle gleich schnell gezogen, rufen aber nicht gleich
schnelle Bewegungen hervor, weil sie nicht um gleiche
10 (maschinelle) Vorrichtungen gewickelt werden, sondern die
einen um gröfsere Pcripherien (nämlich Achsen), die anderen
um kleinere. Die Schnüre derjenigen Vorrichtungen, die
nicht zur selben Zeit mit bewegt werden, dürfen nicht
gleichzeitig gespannt sein, sondern die Schnüre der sich
15 später bewegenden müssen lockere (nicht gespannte) Teile
haben; diese ungespannten Teile müssen (lockere) Stränge 11
(Schnurlagen, s. Fig. 83—85, S. 360) bilden und sind
innerhalb des Kastens mit Wachs an der richtigen Stelle
anzukleben, damit das Gegengewicht durch das Anziehen
20 des lockeren Teiles allmählich die Anspannung der Schnur
herbeiführt. Man mufs auch darauf achten, dafs jede der
Schnüre mittels der Öse an die zugehörige Vorrichtung
geknüpft und nicht verkehrt aufgewickelt wird. Wird
nämlich eine von ihnen vertauscht oder verkehrt auf-
25 gewickelt, so wird das Ganze zum Stehen kommen. Man 12
mufs ferner die Darstellungen der Vorgänger zu vermeiden
suchen, damit der Apparat als etwas Neues erscheint. Denn
man kann, wie oben bemerkt, unter Anwendung derselben
Methoden immer wieder andere Darstellungen bieten. Je
30 anmutiger die Scenerie ist, welche einer erfindet, um so
gröfser wird sein Erfolg sein. Diejenige, welche wir veranschaulichen wollen, ist folgendermafsen beschaffen.

Philon. Mech. Synt. IV, p. 66, 19 ed. R. Schoene) 16—17 προσ-
αγκυλωσθῇ T 18—19 ἐπιληθείσης T 22 ἑτέρας (antc καὶ)
AT: ἑτέρα G 23 δ' ἐν ex ἐξ οὗ corr. A: δ' ἂν G: οὖν T
f. ἀναστρέψεται. cf. p. 2, 11. 404, 6. Philon. Mech. Synt. IV,
p. 59, 44 ed. R. Schoene

III ⟨Ἔστω⟩ βάσις μῆκος ἔχουσα ὡς πήχεος, πλάτος δὲ
ὡς παλαιστῶν τεσσάρων, ὕψος δὲ ὡς παλαιστῶν τριῶν,
κυμάτιον ἔχουσα περιτρέχον εἴς τε τὸ ἄνω καὶ τὸ κάτω
μέρος. ἐπὶ δὲ τῶν γωνιῶν αὐτῆς ἐφέστηκε κιόνια
τέσσαρα, ὕψος μὲν ἔχοντα ὡς παλαιστῶν η′, πλάτος 5
δὲ παλαιστῶν δύο, ἔχοντα ὑποκείμενα σπειρία καὶ τούτοις ἁρμοζούσας κεφαλὰς ἐπικειμένας. ἐπὶ δὲ τῶν
κεφαλίων ἐπίκειται καθάπερ ἐπιστύλιον κύκλῳ ὕψος
2 ἔχον ὄγδοον τοῦ κίονος ὅλου, ὡς δακτύλων ε′. κατὰ
δὲ τῶν ἐπιστυλίων κατέστρωται σανίδια καλύπτοντα 10
τὴν ἐπάνω ἐπιφάνειαν, καὶ περίκειται κύκλῳ κυμάτιον.
ἐπὶ δὲ τοῦ καταστρώματος ἐφέστηκε μέσον ναΐσκος
στρογγύλος περιφανὴς ἔχων κίονας ἕξ. ἐπὶ δὲ τούτου
πυργίον κωνοειδὲς ἐφέστηκεν ἐντεταμένην ἔχον τὴν
3 ἐπιφάνειαν, καθάπερ εἴρηται. ἐπὶ δὲ τῆς κορυφῆς 15
ἐφέστηκε Νίκη ἐκπεπετακυῖα τὰς πτέρυγας καὶ ἐν τῇ
δεξιᾷ χειρὶ στέφανον κατέχουσα. ἐν δὲ μέσῳ τοῦ ναΐσκου ζῴδιον Διονύσου ἐφέστηκεν ἐν μὲν τῇ ἀριστερᾷ
χειρὶ θύρσον κατέχον, ἐν δὲ τῇ δεξιᾷ σκύφον. παρα-
καθέξεται δὲ πανθηρίσκος πρὸς τοῖς τοῦ Διονύσου 20
4 ποσίν. ἐν δὲ τοῖς ἔμπροσθεν καὶ τοῖς ὄπισθεν μέρεσι
τοῦ Διονύσου ἐπὶ τοῦ καταστρώματος βωμὸς ἐπίκειται

---

1 Ἔστω inserui πήχεος a (cf. Philon. l. l. p. 73, 42):
πήχεως Paris. 2431, Leid. Scalig. 45. sed formae ionicae Heroni
non incognitae sunt 3 εἴς τε M: εἴτε a 7 ἁρμοζούσης T
8 f. ἐπίκειταί ⟨τι⟩. cf. Philon. Mech. Synt. 62, 6 ed. R. Schoene
ἐπικεῖσθαί τι καθάπερ ἐπιστύλιον 9 ἔχον Leid. Vulc. 4 et
Fr. Haase: ἔχων a ε a: f. δ′ 10 τὸ ἐπιστύλιον R. Schoene:
f. τοῦ ἐπιστυλίου κατέστρωταισ $\overset{αν}{\wedge}$ διακαλύπτοντι T₁, ἴδια add.
T₂ mg. (σανίδια igitur corrigere voluit T₂) 15 εἴρηται: futur.
requirit R. Schoene. cf. p. 384, 7. vid. etiam prolegomena ad
fig. 82 16 ἐκπεπετακυῖα M, Leid. Vulc. 4: ἐκπεπετακυίας A G:
ἐκπεπετακούσας T 17 δὲ iterant A T

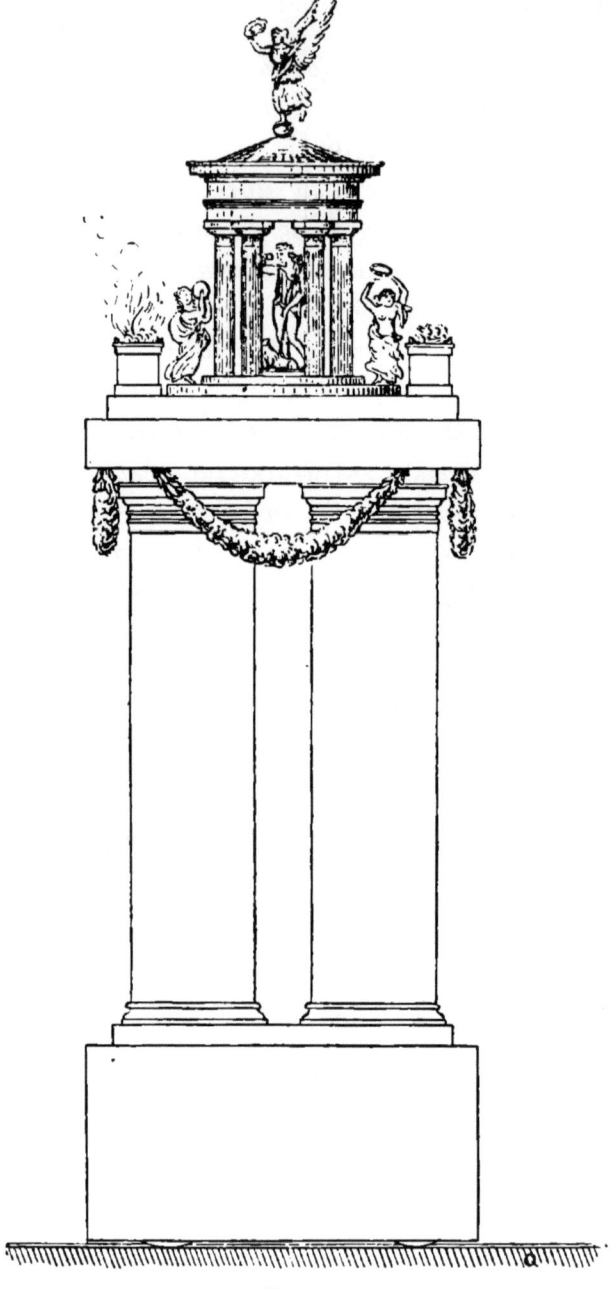

Fig. 82.

352 ΗΡΩΝΟΣ ΑΛΕΞΑΝΔΡ. ΠΕΡΙ ΑΥΤΟΜΑΤΟΠΟΙΗΤΙΚΗΣ.

ἔχων ξύσματα τῶν σανίδων τεκτονικὰ ξηρὰ ὥστε
247 εὔκαυστα εἶναι. κατὰ δὲ κίονα τῶν ἐν τῷ ναΐσκῳ | τοῦ
Διονύσου παρέστηκεν ἐκτὸς τοῦ ναΐσκου Βάκχη διε-
σκευασμένη ὡς ἄν τις προαιρῆται.
IV   Τούτων δὲ οὕτως ὑπαρχόντων ἐν ἀρχῇ τεθέντος 5
τοῦ αὐτομάτου ἐπί τινα τόπον καὶ ἀποστάντων μετ᾽ οὐ
πολὺν χρόνον ὑπάξει τὸ αὐτόματον ἐπί τινα ὡρισμένον
τόπον. καὶ στάντος αὐτοῦ ἀνακαυθήσεται ὁ κατὰ
πρόσθεν τοῦ Διονύσου βωμός. καὶ ἐκ μὲν τοῦ θύρσου
τοῦ Διονύσου ἤτοι γάλα ἢ ὕδωρ ἐκπιτυσθήσεται, ἐκ 10
δὲ τοῦ σκύφους οἶνος ἐκχυθήσεται ἐπὶ τὸν ὑποκεί-
2 μενον πανθηρίσκον. στεφανωθήσεται δὲ πᾶς ὁ παρὰ
τοὺς τέσσαρας κίονας τῆς βάσεως τόπος. αἱ δὲ περικύκλῳ Βάκχαι περιελεύσονται χορεύουσαι περὶ τὸν
ναΐσκον. καὶ ἦχος ἔσται τυμπάνων καὶ κυμβάλων. 15
καὶ μετὰ ταῦτα σταθέντων τῶν ἤχων ἀποστραφήσεται
τὸ τοῦ Διονύσου ζῴδιον εἰς τὸ ἐκτὸς μέρος. ἅμα δὲ
τούτῳ καὶ ἡ ἐπικειμένη τῷ πυργίῳ Νίκη συνεπιστρα-
3 φήσεται. καὶ πάλιν ὁ ἔμπροσθεν γεγονὼς τῷ Διο-
νύσῳ βωμός, πρότερον δὲ ὀπίσθιος ὑπάρχων ἀνακαυ- 20
θήσεται. καὶ πάλιν ἐκ μὲν τοῦ θύρσου ὁ ἀναπιτυσμὸς
ἔσται, ἐκ δὲ τοῦ σκύφους ἡ ἔκχυσις. καὶ πάλιν αἱ
Βάκχαι χορεύουσι περιερχόμεναι τὸν ναΐσκον μετὰ ψόφου

1 f. τῶν σανίδων del. cf. p. 382, 11. 442, 21   2 εὔκαστα T
κίονα ⟨ἕκαστον⟩ R. Schoene   6 f. ἀποστάντων ⟨ἡμῶν⟩.
cf. p. 402, 12   7 ὑπάξει scripsi: ἐπάξει T: ἐπάξει A: ἐπάξει G
8—9 κατὰ πρόσθεν T: καταπρόσθεν AG. cf. p. 432, 4. 440, 25.
vid. etiam lin. 19   10 ἐκπυτισθήσεται M₂. cf. p. 134, 19. 382, 21
13—14 περικύκλῳ Diels: περὶ κύκλῳ a   14 περιελάσονται T
χορευούσας T   16 f. σταθεισῶν τῶν Βακχῶν. cf. p. 354, 1—2:
σταθ⟨εισῶν τῶν Βακχῶν καὶ πανθ⟩έντων Brinkm. σταθέντων
⟨τῶν ζῳδίων καὶ παυσθέντων⟩ H. Schoene   ἠχῶν? R. Schoene
19—20 f. τοῦ Διονύσου   23 f. χορεύσουσι   περιεχόμεναι T₁,
corr. T₂

III   Man denke sich einen Sockel (Fig. 82), etwa eine Äufsere Ein-
richtung des
fahrenden
Automaten.
Fig. 82.[1]) Elle (= 46 cm)[2]) lang, etwa vier Spannen (= 31 cm) breit und ungefähr drei Spannen (= 23 cm) hoch, mit einer oben und unten ringsum laufenden Hohl-
5 kehle versehen. Auf den vier Ecken des Sockels stehen vier kleine, etwa acht Spannen (= 62 cm)[3]) hohe und zwei Spannen (= 15,5 cm) breite Pilaster, unten mit Wulsten und oben mit entsprechenden Kapitälen versehen. Auf den Kapitälen ruht ringsum eine Art Architrav, ein Achtel
10 des ganzen Pilasters (= 7,71 cm), etwa vier[4]) Finger (= 7,71 cm), hoch. Über die Architrave[5]) hin sind kleine 2 Bretter gelegt, welche die Oberfläche verdecken, ringsum liegt eine Hohlkehle. Auf der Überdeckung steht in der Mitte ein rundes Tempelchen, von allen Seiten sichtbar,
15 mit sechs Säulen. Auf diesem steht eine kegelförmige Kuppel (Türmchen), deren Oberfläche überspannt (über- dacht) ist, wie oben bemerkt.[6]) Auf der Spitze steht Nike 3 mit ausgebreiteten Flügeln und in der Rechten einen Kranz (s. auch unten Fig. 94) haltend. In der Mitte des
20 Tempelchens steht eine Bacchusfigur mit einem Thyrsus in der Linken und einem Becher in der Rechten. Zu den Füfsen des Bacchus sitzt ein kleiner Panther. Vor und 4 hinter Bacchus steht auf der Überdeckung ein Altar mit trockenen, leicht brennenden Hobelspänen. An jeder Säule
25 am Bacchustempel steht aufserhalb desselben eine Bacchantin in beliebiger Stellung.

---

1) Die Figuren zu den Automaten sind auf Grund der vor- liegenden deutschen Übersetzung und nach Mafsgabe der hand- schriftlichen Figuren (von denen einige vorn abgebildet sind) von Herrn H. Querfurth, Maschinerie-Inspektor am Herzoglichen Hoftheater in Braunschweig, rekonstruiert.
2) Vgl. F. Hultsch *Griech. u. röm. Metrologie* S. 697[2].
3) Genauer 61,7 cm.
4) In den Handschriften steht 'fünf'. Das wären beinahe 10 cm. Das stimmt aber nicht mit den obigen Angaben.
5) Wohl richtiger 'den Architrav', wie R. Schöne vermutet.
6) Thatsächlich ist davon oben noch nicht die Rede ge- wesen. Vgl. die Einleitung zu Fig. 82.

τυμπάνων καὶ κυμβάλων. καὶ πάλιν σταθεισῶν αὐτῶν τὸ αὐτόματον ἀναχωρήσει εἰς τὸν ἐξ ἀρχῆς τόπον.
4 καὶ οὕτως τέλος ἕξει ἡ ἐπίδειξις. τοῖς δὲ εἰρημένοις
μέτροις ἐχρησάμεθα ἀναγκαίως· μειζόνων γὰρ γενηθέντων ὑπόνοιαν ἕξει τὸ ὅραμα ὡς ἐντός τινος ταῦτα δη- 5
μιουργοῦντος. διὸ δὴ ἔν τε τοῖς ὑπάγουσι καὶ ἐν τοῖς
στατοῖς αὐτομάτοις δεῖ φυλάσσεσθαι τὰ μεγέθη διὰ τὴν
ἐσομένην ὑπόνοιαν. τῆς οὖν διαθέσεως εἰρημένης ἑξῆς
τὴν κατασκευὴν τῶν κατὰ μέρος ἐν αὐτῇ ποιησόμεθα.
V Οἱ μὲν οὖν πρὸ ἡμῶν τὴν ἐπὶ μιᾶς ὁδὸν τῆς τε 10
πορείας καὶ τῆς ἀποπορείας παρέδωκαν ἡμῖν καὶ ταύ-
· την κακοπαθῆ τε καὶ ἐπικίνδυνον· σπάνιον γὰρ ἐπι-
τυχεῖν κατακολουθοῦντα ταῖς ὑπ᾽ αὐτῶν ἀναγεγραμ-
μέναις μεθόδοις, ὡς ἔστι φανερὸν τοῖς πεπειραμένοις
2 αὐτῶν. ἡμεῖς δὲ ὑποδείξομεν, ὡς ἔστι τὴν ἐπ᾽ εὐθείας 15
πορείαν καὶ ἀποπορείαν γίνεσθαι εὐκόπως τε καὶ ἀκινδύνως ἔτι τε καὶ ὡς ⟨ἔστι⟩ τὸ πλινθίον ἢ τὸ ζῴδιον
κατὰ κύκλου τοῦ δοθέντος φέρεσθαι, οὐ μὴν ἀλλὰ καὶ
ἐν παραλληλογράμμῳ ὀρθογωνίῳ τῷ δοθέντι φέρεσθαι.
3 Καὶ πρότερον, ὡς ἐπὶ εὐθείας, ἐροῦμεν. 20
Ἔστω γάρ τι πλινθίον τὸ ΑΒΓΔ, ἐν ᾧ ἄξων δια-
κείσθω ὁ ΕΖ ἐν κνώδαξι στρεφόμενος, ἐμβεβηκὼς εἰς
πυελίδας οὔσας ἐν τοῖς τοῦ πλινθίου τοίχοις. τῷ δὲ
ἄξονι συμφυεῖς ἔστωσαν δύο τροχοὶ ἴσοι οἱ ΗΘ, ΚΛ

2 ἀναχωρήσει M: ἀναχωρίσει a   7 φιλάσσεσθαι a: ex M
correxi 11 ἀποπορείας T: εὐποπορείας A: εὐπορείας G   14 ἔστι:
ἐπι T₁, corr. T₂   πεπειρασμένοις T   15 ενθείας A₁: αληθείας
A₂ GT   16 ἀποπορείαν ed. Paris.: εὐπορείαν ex εὐποπορείαν
corr. A: εὐπορείαν GT   17 ἔστι inserui   ὡς del. Hildebrandt
τό: f. τι. cf. lin. 21   f. ἢ τὸ ζῴδιον del.   18 οὐ AG: καὶ T
20 ἐπὶ a: ἐπ᾽ M   23 an ἐμπυελίδας? cf. p. 344, 3. 370, 1
ἐν τοῖς G: ἔντοι AT (ἔν- T)   24 συμφυεῖς M: συμφυὴς a
ἔστωσαν T: ἔστοσαν AG   οἱ M: ἡ a

IV   Ist bei solchen Vorrichtungen zu Anfang der
Automat an irgend einem Punkte aufgestellt, so wird
bald nachdem wir zurückgetreten sind, der Automat
nach einer bestimmten Stelle vorrücken. Wenn er dann
5 stehen bleibt, wird der Altar (das Altarfeuer) vor Bacchus
angezündet. Und aus seinem Thyrsus spritzt Milch oder
Wasser, aus dem Becher ergiefst sich Wein auf den darunter
liegenden Panther, der ganze Unterbau wird an den vier 2
Pilastern bekränzt, die Bacchantinnen ringsum umkreisen im
10 Tanze den Tempel, Trommelwirbel und Beckenschlag wird
vernehmbar. Hat sich darauf der Lärm gelegt, so wird sich
die Bacchusfigur nach aufsen wenden. Zugleich mit ihr
wird sich auch die auf der Kuppel stehende Nike drehen.
Dagegen wird nun der Altar, der jetzt vor Bacchus steht, 3
15 vorher aber hinter ihm stand, aufflammen. Abermals
sprudelt es aus dem Thyrsus hervor und erfolgt aus dem
Becher der Ausgufs, und die Bacchantinnen tanzen von
neuem unter Pauken- und Beckenschall um den Tempel.
Wenn sie dann zum zweiten Male stehen bleiben, fährt
20 der Automat nach seinem Ausgangspunkte zurück. Und
so wird die Vorstellung ein Ende haben. Die erwähnten 4
Mafse haben wir notgedrungen verwendet. Werden sie
nämlich gröfser genommen, so wird die Schaustellung
Verdacht erwecken, als ob im Innern jemand diese Be-
25 wegungen hervorbringe. Deshalb mufs man also sowohl
bei den fahrenden als den stehenden Automaten sich vor
grofsen Dimensionen hüten, weil eben Verdacht entstehen
könnte. Nachdem nun die (allgemeine) Einrichtung angegeben ist, wollen wir der Reihe nach die einzelnen Teile
30 darin konstruieren.
V   Unsere Vorgänger haben uns als Weg der Vor- und
Rückwärtsbewegung nur den auf einer Linie überliefert, und noch dazu einen mühseligen und unsicheren.
Denn selten hat einer Erfolg, der sich nach ihren schrift-
35 lich aufgezeichneten Methoden richtet, wie denen bekannt
ist, welche sie auf die Probe gestellt haben. Wir werden 2
aber zeigen, dafs die Hin- und Rückfahrt auf einer geraden

τὰς περιφερείας εἰργασμένοι φακοειδεῖς· καὶ κατὰ μέσον
τὸν ἄξονα ἐξελίκτρα ἡ ΜΝ καὶ αὐτὴ συμφυὴς τῷ
4 ἄξονι, περὶ ἣν ἡ σπάρτος ἐπειληθήσεται. ταύτῃ δὲ
συμφυὴς ἔστω τύλος ὁ Ξ, περὶ ὃν ἡ τῆς σπάρτου
ἀγκύλη περικείσεται. ἕτερος δὲ ἔστω τροχὸς κατὰ μέ- 5
σην τὴν ΓΔ πλευρὰν ὁ ΟΠ ἐν πήγματι πολευόμενος
243 τῷ | ΡΣΤΥ περὶ ἄξονα τὸν ΦΧ μικρὸν σφόδρα. οὕ-
τως δὲ ἐνηρμόσθωσαν οἱ ἄξονες τῶν τροχῶν, ὥστε τὸ

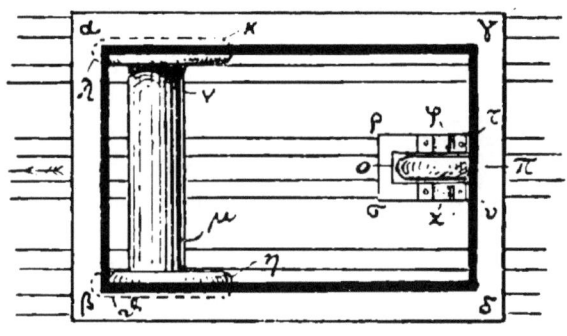

Fig. 83 a.

πλινθίον ἀκλινὲς καθεστάναι κατὰ πᾶν μέρος. τῆς
οὖν ἀγκύλης τῆς σπάρτου περιβληθείσης περὶ τὸν Ξ 10
τύλον, ἐπειλείσθω περὶ τὴν ἐξελίκτραν ἡ σπάρτος.
5 καὶ σύριγγος ἐπικειμένης τετραγώνου πρὸς ὀρθὰς κατὰ
μέσον τὸ πλινθίον, ἡ ἑτέρα ἀρχὴ τῆς σπάρτου διὰ
τροχίλου ἀποδεδόσθω εἰς τὸ ἄνω μέρος τῆς σύριγγος
καὶ ἐξήφθω εἰς μολιβοῦν βάρος ἐνὸν ἐντὸς ἐν τῇ. σύ- 15
ριγγι. οὐκοῦν ἐάν τις ἀφῇ τὸ βάρος ἐν τῇ σύριγγι

1 φακοειδεῖς Paris. suppl. 11: φασκοειδεῖς a f. καὶ ⟨ἔστω⟩
κατὰ AGT₂: μετὰ T₁   4 Ξ scripsi ut infra lin. 10. p. 358, 9:
νξ (ter) a   5 δ' ἔστω Τ   6 ΟΠ scripsi: ρπ a   11 ἐπειλείσθω Τ: ἐπειλείσθη Α (?), G

Linie sich sowohl mit leichter Mühe als mit sicherem
Erfolge ausführen läfst, und werden ferner die Möglichkeit darthun, dafs ein[1])
Kasten oder eine[1]) Figur
sich auf einem gegebe-
nen Kreise bewegt, ja
sogar auf einem ge-
gebenen rechtwinkligen
Parallelogramme.

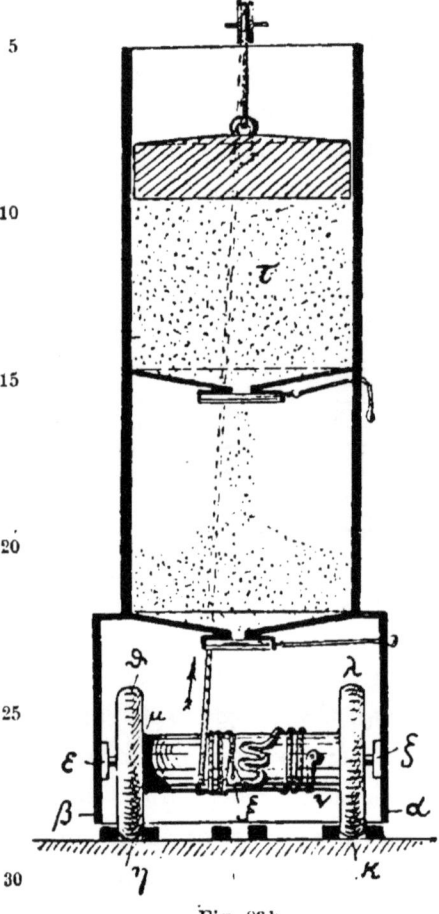

Fig. 83 b.

Zunächst wol-
len wir die Mög-
lichkeit der Be-
wegung auf einer
geraden Linie erörtern.

Das Vorrücken
des Automaten
auf einer ge-
raden Linie.
Fig. 83 a u. 83 b.

Es sei $\alpha\beta\gamma\delta$ ein
Kasten (Fig. 83 a)[2]); in
diesem bringe man quer
eine Achse $\varepsilon\zeta$ (Fig. 83 b)
an, die sich um Zapfen
dreht und in Büchsen
(Zapfenlagern, Pyelides)
ruht, welche sich in den
Wänden des Kastens
befinden. Mit der Achse
seien zwei gleiche Räder
$\eta\vartheta$ und $\varkappa\lambda$ verbunden,
deren Peripherien (Lauf-
flächen im Querschnitt)
linsenförmig gearbeitet
sind. Mitten an der
Achse befinde sich eine
Walze $\mu\nu$, welche gleich-
falls mit der Achse verbunden (aus einem Stücke) ist;
um diese wickelt man die Schnur. Mit der Walze sei ein 4

---

1) In den Handschriften: 'der Kasten', 'die Figur'.
2) S. vorn auch die handschriftliche Figur 83 c.

κάτω φέρεσθαι, τείνει τὴν σπάρτον. αὕτη δὲ ἀπειλου-
μένη ἀπὸ τῆς ἐξελίκτρας ἐπιστρέψει τοὺς ΗΘ, ΚΛ
τροχούς· οὗτοι δὲ κατὰ τοῦ ἐδάφους κυλιόμενοι ἄξουσι
τὸ πλινθίον, ἄχρις ἂν ἤτοι ἡ ἀγκύλη ἐκπέσῃ ἀπὸ τοῦ
τύλου ἢ τὸ βάρος ἐπικαθίσῃ τινί.   5
VI Ἡ μὲν οὖν πορεία γίνεται τὸν εἰρημένον τρόπον,
ἡ δὲ ἀποπορεία οὕτως.

Ἐπειληθείσης γὰρ τῆς σπάρτου περὶ τὴν ἐξελίκτραν ἐπί τι μέρος, περιτεθεῖσα περὶ τὸν Ξ τύλον τὰ
ἐναντία ἐπειλείσθω τῇ πρότερον περὶ τὴν ἐξελίκτραν.   10
εἶτα ἀποδεδόσθω ὁμοίως εἰς τὴν λείαν κρίκου συνεχο-
μένου αὐτῇ. πάλιν οὖν καταφερομένη ἡ λεία ἀπειλήσει
τὴν πρώτην ἐπείλησιν, καὶ τὸ πλινθίον πορευθή-
2 σεται. εἶτα ἀποστᾶσα ἀπὸ τοῦ τύλου εἰς τὰ ἐναντία
ἐπιστρέψει τοὺς τροχούς. καὶ οὕτως ἔσται ἡ ἀποπο-   15
ρεία τοῦ πλινθίου. ἐὰν δὲ βουλώμεθα πορευθὲν τὸ
πλινθίον στῆναι ἐπί τινα χρόνον καὶ οὕτως τὴν ἀποπορείαν ποιήσασθαι, ἐπειλήσαντες τὴν σπάρτον καὶ
περιβαλόντες περὶ τὸν τύλον οὐκ εὐθέως τὰ ἐναντία
ἐπειλησόμεθα, ἀλλὰ μηρυμάτιον ποιήσαντες καὶ προσ-   20
κολλήσαντες [ἐπειλήσομεν] ἐπὶ τὴν ἐξελίκτραν καὶ

---

1 f. καταφέρεσθαι. cf. p. 348, 1. 358, 12. 368, 10—11. 392, 10. 22.
f. τενεί   4 ἡ om. T   6 ἡ Μ: εἰ a   9 τεθεῖσα T₁, corr. T₂
⟨ἄλλη⟩ περὶ Prou   10 f. πρότερον ⟨ἐπειλήσει⟩. cf. lin. 13.
minus placet ἢ pro τῇ   11 ⟨διὰ⟩ κρίκου Brinkmann συνεχο-
μένου: an σγκεκοινωμένου ut infra p. 388, 9?   11—12 ἀποδεδόσθω ... καταφερομένη om. T₁ (pro his, uno versu sine
dubio omisso, habet ἀποδεμένη, sed del. T₁), add. T₂ mg.
15—16 ἀποπορεία G: ἀποπειρεία AT   17 τὴν Leid. Vulc. 4:
τε a   19 περιβαλόντες A: περιβαλλόντες GT   20 ἐπειλήσομεν
Brinkm.   an μηρυμάτια? cf. p. 348, 12. 360, 6   20—21 προσ-
κολλήσαντες Leid. Vulc. 4, Taurin. B, I, 18, Riccard. 47 m. 2,
Fr. Haase: προσκολύσαντες a: προσκολάσαντες Μ   21 ἐπειλήσομεν del. Brinkm. ut correcturam ad ἐπειλησόμεθα v. 20 appositam

Pflock ξ[1]) fest verbunden, um den die Öse der Schnur gelegt
wird. Ein anderes Rad $o\pi$ (Fig. 83 a) befinde sich mitten
an der Seite $\gamma\delta$ und drehe sich in einem Rollenkasten $\varrho\sigma\tau\upsilon$
um eine sehr kleine Achse $\varphi\chi$. Die Achsen der Räder seien
5 so in ihre Lager eingepafst, dafs der Radkasten mit jedem
seiner Teile wagerecht steht. Ist nun die Öse der Schnur
um den Pflock ξ gelegt, so wickle man die Schnur um
die Walze. Und nachdem eine viereckige Pfeife (Syrinx, 5
Gewichtskasten, Fig. 83 b) rechtwinklig mitten auf den
10 Radkasten gesetzt ist, leite man das eine Ende der Schnur
vermittelst einer Rolle nach dem oberen Teile des Gewichtskastens und knüpfe es an ein Bleigewicht, welches sich im
Innern des Gewichtskastens befindet. Wenn man nun das
Gewicht in dem Gewichtskasten losläfst, dafs es niedergeht,
15 so spannt es die Schnur. Diese wird dadurch, dafs sie
sich von der Walze abwickelt, die Räder $\eta\vartheta$ und $\varkappa\lambda$ drehen.
Diese werden aber über den Boden hin rollen und den Kasten
fortbewegen, bis entweder die Öse von dem Pflocke fällt oder
das Gegengewicht auf irgend einen Gegenstand aufstöfst.

VI   Die Hinfahrt wird also in der besprochenen Weise   Die Rückfahrt
ausgeführt, die Rückfahrt aber in folgender.   des Automaten
auf einer ge-
Nachdem nämlich die Schnur nur zu einem ge-   raden Linie.
wissen Teile um die Walze gewickelt ist, lege man   Fig. 84—86.
sie um den Pflock ξ (Fig. 84) und wickle sie in einer der
25 früheren Umwicklung entgegengesetzten Richtung um die
Walze. Sodann leite man sie ebenso nach dem Gegengewichte, indem die Verbindung mit ihm durch einen Ring
hergestellt wird (Fig. 86). Wieder wird nun das Gegengewicht, indem es niedergeht, die erste Aufwicklung[2]) ab-
30 wickeln, und der Radkasten wird vorrücken. Ist dann die 2
Schnur vom Pflocke abgesprungen, so wird sie die Räder
nach der entgegengesetzten Richtung (Fig. 84) drehen.
Und so wird die Rückfahrt des Kastens erfolgen. Soll der
Kasten aber nach dem Vorrücken eine Zeit lang stehen

---

1) In den Handschriften steht $\nu\xi$ statt ξ. Ebenso Z. 7 u. 24.
2) Man beachte, dafs die erste Aufwicklung in Fig. 84 folg.
rechts vom Pflocke ξ liegt.

249 πάλιν τὰ ἐναντία ἐπειλήσαντες ἀποδώσομεν εἰς τὴν
3 λείαν, καὶ ἔσται τὸ προκείμενον. ἐὰν δὲ καὶ πολλάκις
βουλώμεθα πορεύεσθαί τε καὶ ἀποπορεύεσθαι τὸ πλινθίον, πλεονάκις καὶ τὰς ἐναλλὰξ ἐπειλήσεις ποιησό-

Fig. 84.

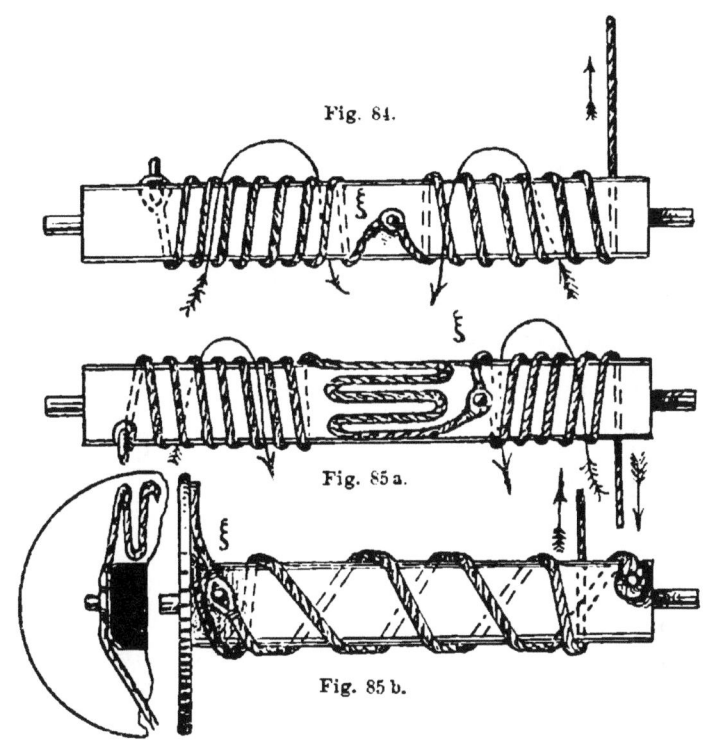

Fig. 85 a.

Fig. 85 b.

μεθα καὶ τὰ διαστήματα ἡλίκα ἂν προαιρώμεθα καὶ 5
τοὺς τῶν δαιμόνων χρόνους ποιήσομεν διὰ τῶν μηρυ-
4 μάτων ἡλίκους ἂν προαιρώμεθα. νοείσθω δὲ καὶ
κατὰ κρόταφον τὸ πλινθίον σὺν τῇ σύριγγι ὁρώμενον,

2—7 ad ἐὰν ... πρυαιρώμεθα v. prolegom.   5—6 τὰ διαστήματα ... ποιήσομεν om. G, add. G mg.   5 ἡλίκα Riccard. 47 mg.
et Fr. Haase: ἡνίκα a   6 δαιμόνων: δὲ μονῶν Brinkmann
('non opus videtur scribere κ. τοὺς δὲ τῶν μ. vel κ. τῶν δὲ μ.
τοὺς χρ.' Br.)   f. χορούς

bleiben und dann erst den Rückweg antreten, so wird man
die Schnur, nachdem man sie aufgewickelt und um den

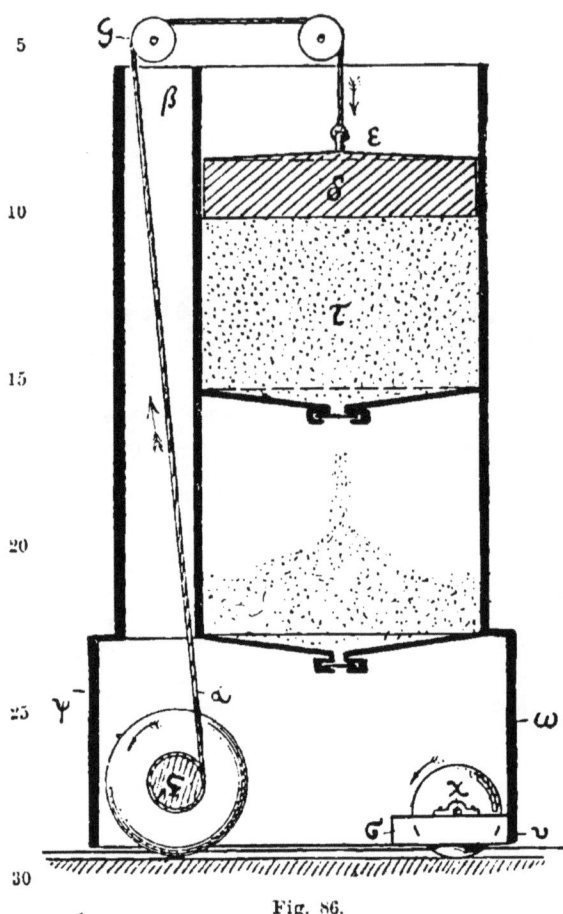

Pflock gelegt
hat, nicht so-
fort nach der
entgegenge-
setzten Rich-
tung wickeln,
sondern eine
lockereSchnur-
lage (Fig. 85a
und 85b)[1])
herstellen, sie
auf die Walze
kleben, dann
wieder nach
der entgegen-
gesetzten
Richtung auf-
wickeln und
wieder nach
dem Gegenge-
wichte leiten.
Dann ist die
Aufgabe ge-
löst. Wenn der 3
Kasten oft vor-
und zurück-
gehen soll, so
lassen wir die
Richtungen
der Aufwick-

Fig. 86.

lung öfter abwechseln, machen die Abstände nach Belieben
grofs und dehnen die Tänze[2]) der Gottheiten vermittelst der

1) Vgl. auch Fig. 83b S. 357.
2) 'Tänze' ist nach Vermutung übersetzt; die Handschriften
haben 'Zeiten'. Nach anderer Vermutung: 'dehnen die Halte-

καὶ ἔστω πλινθίον μὲν τὸ ΨΩ, ἐξελίκτρα δὲ ἡ ϛ,
σύριγξ δὲ ἡ Τ, σπάρτος δὲ ἡ ΑΒ περὶ τρόχιλον [δὲ]
περικειμένη τὸν ϛ, λεία δὲ ἡ Δ, ὁ δὲ ἐν αὐτῇ κρίκος ὁ Ε.
VII Ἡ δὲ ἐπὶ κύκλου πορεία γίνεται τόνδε τὸν τρόπον.
Ἔστω γὰρ κύκλος, καθ᾽ οὗ φέρεσθαι δεῖ τὸ πλιν- 5
θίον, τὸ ΑΒΓ, οὗ κέντρον τὸ Δ. καὶ διήχθω τις ἡ
ΑΔ, καὶ ταύτῃ ὀρθὴ ἀπὸ τοῦ Α ἡ ΕΑΖ· ἡ δὲ ΕΖ

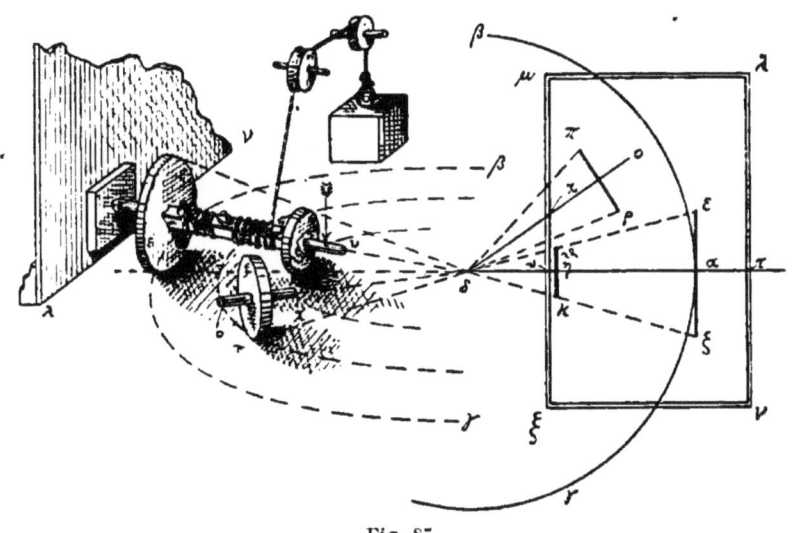

Fig. 87.

διάμετρος ἔστω ἑνὸς τῶν τριῶν τροχῶν, ἡλίκου ἂν
προαιρώμεθα. διχοτομία δὲ αὐτῆς ἔστω τὸ Α. καὶ
2 ἐπεζεύχθωσαν αἱ ΔΕ, ΔΖ. τῷ δὲ μεγέθει τοῦ ἄξονος 10
τῶν τροχῶν ἴση ἔστω ἡ ΑΗ, καὶ τῇ ΕΖ παράλληλος
ἡ ΗΘΚ. τὸ δὲ πλινθίον ἔστω τὸ ΜΛΝΞ παράλληλον ἔχον τὴν ΝΞ τῇ ΑΔ. καὶ ἤχθω τις ἑτέρα ἡ
ΔΟ, καὶ ταύτῃ πρὸς ὀρθὰς ἡ ΠΡ δίχα τεμνομένη
ὑπὸ τοῦ Ο· ἔσονται δὴ αἱ τῶν τροχῶν θέσεις κατὰ 15
διαμέτρους τὰς ΕΖ, ΘΚ, ΠΡ, ἄξονες δὲ αὐτῶν οἱ

lockeren Schnurlagen nach Belieben aus. Man stelle sich 4
den Radkasten mit dem Gewichtskasten auch in einer
Seitenansicht (Fig. 86) vor. Es sei der Radkasten $\psi\omega$, die
Walze ς, der Gewichtskasten τ, die Schnur $\alpha\beta$, welche um
5 eine Rolle ϙ läuft, das Gegengewicht δ, der Ring daran ε.

VII   Die Fahrt auf einem Kreise geht folgendermafsen   Die Kreisfahrt
vor sich.   Fig. 87.[1]

Es sei $\alpha\beta\gamma$ ein Kreis, auf dem sich der Kasten bewegen soll und dessen Mittelpunkt δ sei. Man ziehe eine
10 gerade Linie (Radius) $\alpha\delta$ und errichte auf derselben in α
das Lot $\varepsilon\alpha\zeta$. Es sei aber $\varepsilon\zeta$ Durchmesser eines der drei
Räder, in welcher Gröfse es auch beliebt. Halbierungs-
punkt von $\varepsilon\zeta$ sei α, und man verbinde $\delta\varepsilon$, $\delta\zeta$. Es sei $\alpha\eta$ 2
an Gröfse der Achse der Räder gleich und $\eta\vartheta\varkappa$ der Linie $\varepsilon\zeta$
15 parallel. Der Radkasten sei $\mu\lambda\nu\xi$, dessen Seite $\nu\xi$ mit $\alpha\delta$
parallel ist. Auch ziehe man eine andere Linie δo, und
rechtwinklig zu dieser $\pi\varrho$, die von o[2]) halbiert wird. Die
Stellungen der Räder befinden sich also auf den Durch-
messern $\varepsilon\zeta$, $\vartheta\varkappa$ und $\pi\varrho$, während τv, $o\chi$ ihre Achsen sind.
20 Die Räder seien nun beim Aufstellen so hingesetzt, dafs 3
der auf ihnen stehende Kasten sich im Gleichgewicht befindet. Es werden also die Zapfen der Achsen an den
Punkten τ, v, o, χ sein. Dagegen soll zwischen α und η
die Walze liegen, um welche die Schnur geschlungen wird.
25 Sonst verfahre man ebenso wie oben angegeben. Auf diese
Weise führt dann der Kasten auf dem bezeichneten Kreise.

zeiten ... aus'. (Auch die Tänze finden statt, während der
Automat hält und die lockeren Schnurlagen der Radachse
sich abwickeln.)
   1) Die geometrische Figur entspricht im wesentlichen der
handschriftlichen.
   2) Richtiger: 'von δo'.

2 $\sigma\acute{v}\varrho\iota\gamma\xi$ M: $\sigma\acute{v}\varrho\iota\xi$ a $\delta\grave{\varepsilon}$ seclusi   3 $\pi\varepsilon\varrho\iota\varkappa\varepsilon\iota\mu\acute{\varepsilon}\nu\eta$ Leid.
Vulc. 4: $\pi\varepsilon\varrho\iota\varkappa\varepsilon\iota\mu\acute{\varepsilon}\nu\eta\nu$ a $\tau\grave{o}\nu$ scripsi: $\tau\grave{\eta}\nu$ a   6 $\tau\grave{o}$ (ante $AB\Gamma$):
f. $\acute{o}$.   cf. p. 380, 25   7 $\mathit{\grave{o}\varrho\vartheta\acute{\eta}}$: f. $\pi\varrho\grave{o}\varsigma$ $\mathit{\grave{o}\varrho\vartheta\grave{\alpha}\varsigma}$.   cf. v. 14. p. 440, 2
   10 $\mu\varepsilon\gamma\acute{\varepsilon}\vartheta\eta$ T   11 $\tau\tilde{\jmath}$ ed. Paris.: $\tau\grave{o}$ a   12 f. $\Theta H K$
   13 f. $N\Xi$ ⟨$\pi\lambda\varepsilon\nu\varrho\grave{\alpha}\nu$⟩   15 $\tau o\tilde{v}$ O: f. $\tau\tilde{\eta}\varsigma$ $\varDelta O$

3 *ΤΥ, ΟΧ.* οὕτως οὖν τετάχθωσαν οἱ τροχοὶ τῇ θέσει,
ὥστε ἑστὸς ἐπ᾽ αὐτῶν τὸ πλινθίον ἰσορροπεῖν. οἱ ἄρα
κνώδακες τῶν ἀξόνων ἔσονται πρὸς τοῖς *Τ, Υ, Ο, Χ*
σημείοις. πάλιν οὖν μεταξὺ τῶν *Α, Η* ἡ ἐξελίκτρα
κείσθω, περὶ ἣν ἡ σπάρτος ἐπειλεῖται, καὶ τὰ αὐτὰ 5
250 γεγονέτω τοῖς ἔμπροσθεν εἰρημένοις. καὶ οὕτως | ἐνεχ-
θήσεται κατὰ τοῦ εἰρημένου κύκλου τὸ πλινθίον.

VIII Ἐὰν γὰρ κῶνος κυλίηται κατὰ ἐπιπέδου, ἡ μὲν
βάσις αὐτοῦ γράψει κύκλον, οὗ ἡ ἐκ τοῦ κέντρου ἴση
ἐστὶ τῇ τοῦ κώνου πλευρᾷ, ἡ δὲ κορυφὴ αὐτοῦ μένει 10
ἀκίνητος κέντρον οὖσα τοῦ εἰρημένου κύκλου.

Οἱ δὲ *ΕΖ, ΘΚ, ΠΡ* τροχοὶ ἐν κώνοις εἰσὶ δυσίν,
ὧν βάσεις μὲν οἱ *ΕΖ, ΠΡ* κύκλοι, κορυφὴ δὲ τὸ *Δ*
2 σημεῖον. ὅτι δὲ οἱ κῶνοι οἱ ἰσοσκελεῖς κυλιόμενοι
κύκλους τε γράφουσι καὶ τὴν κορυφὴν ἔχουσιν ἀκίνη- 15
τον, φανερόν· κείμενος γὰρ ἐν τῷ ἐπιπέδῳ καὶ βεβηκὼς κατὰ τὴν ἑαυτοῦ πλευρὰν ἰσόρροπός ἐστιν ἑαυτῷ·
τέμνεται γὰρ ὑπὸ τοῦ διὰ τῆς πλευρᾶς ἐκβαλλομένου
ἐπιπέδου ὀρθοῦ πρὸς τὸν ὁρίζοντα δίχα. ὅταν δὲ
ἑτέρᾳ δυνάμει κατακρατηθεὶς κυλίηται, ἕκαστον τῶν ἐν 20
τῇ ἐπιφανείᾳ αὐτοῦ ἡμικυκλίων τῶν ἐπὶ τὰ αὐτὰ τῇ
ἴσῃ δυνάμει κατακρατεῖ τοῦ λοιποῦ τοῦ αὐτοῦ κύκλου
3 ἡμικυκλίου, καὶ οὕτως τοῦτο κινεῖται. ἐπινοουμένων
δὲ τῶν ἡμικυκλίων τῶν ἄχρι τῆς κορυφῆς, οὐ λείπεται
πρὸς τῇ κορυφῇ οὔτε ἡμικύκλιον οὔτε ἄλλο τι διαστατόν. 25
διὸ ἡ κινοῦσα δύναμις μηκέτι ἔχουσα, τίνι κατακρατήσει
τοῦ ἐπὶ τὰ ἕτερα κειμένου μέρη, ἀδυνατεῖ κινῆσαι τὴν
κορυφὴν ἐν τῇ κατὰ τὴν ἐπιστροφὴν κινήσει, εἰ μὴ
ἄρα κατὰ τὸν προωσμὸν ἡ ἐπικράτησις αὐτῆς γίνεται.

2 ἑστὸς ΑΤ: ἑστὼς G. vid. p. 48, 28   αὐτὸν Τ   5 ἐπειλεῖται, priore ει ex ι (?) et altero ex η corr., Α   7 κυκλίου Τ

III   Wenn nämlich ein Kegel über eine Ebene rollt, Mathematische
so beschreibt seine Grundfläche einen Kreis, dessen der Kreisfahrt.
Radius der Seite des Kegels gleich ist, während
seine Spitze als Mittelpunkt des genannten Kreises un-
5 beweglich bleibt.

Die Räder $\varepsilon\zeta$, $\vartheta\varkappa$ und $\pi\varrho$ befinden sich in zwei Kegeln,
deren Grundflächen die Kreise $\varepsilon\zeta$ und $\pi\varrho$ bilden und deren
(gemeinsame) Spitze Punkt δ darstellt. Dafs die gleich- 2
schenkligen (gleichseitigen) Kegel beim Rollen Kreise be-
10 schreiben und dabei ihre Spitze unbeweglich bleibt, ist
bekannt. Wird nämlich der Kegel in die Ebene gelegt und
ruht er auf seiner Seite, so ist er im Gleichgewicht. Denn
er wird von der Fläche, welche durch die Seite rechtwinklig
zur horizontalen Ebene gezogen wird, halbiert. Wenn
15 er aber dem Drucke einer anderen Kraft nachgebend ins
Rollen kommt, so hat jeder der auf seiner Oberfläche nach
derselben Seite liegenden Halbkreise infolge der gleichen
(bewegenden) Kraft über den anderen, zum selben Kreise
gehörigen Halbkreis das Übergewicht. Und so wird dieser
20 in Bewegung gesetzt. Wenn man sich die Halbkreise bis 3
zur Spitze vorstellt, so bleibt an dieser weder ein Halbkreis noch irgend eine andere räumliche Ausdehnung übrig.
Daher vermag die bewegende Kraft die Spitze bei der
rollenden Bewegung nicht zu bewegen, weil sie eben nichts
25 mehr hat, wodurch sie über den nach der anderen Seite
liegenden Punkt ein Übergewicht gewinnen könnte, es sei
denn etwa, dafs sie einem vorwärts gerichteten Stofse
nachgiebt.   '

---

8 $\varkappa\tilde{\omega}\nu o\varsigma$ $\langle i\sigma o\sigma\varkappa\varepsilon\lambda\dot{\eta}\varsigma\rangle$ H. Schoene   9 $\gamma\varrho\dot{\alpha}\psi\varepsilon\iota$ A (ψ ex φ corr.),
G: $\gamma\varrho\dot{\alpha}\varphi\varepsilon\iota$ T (cf. lin. 15)   10 f. $\mu\varepsilon\nu\varepsilon\tilde{\iota}$ 13 $\beta\dot{\alpha}\sigma\varepsilon\iota\varsigma$ scripsi:
$\beta\dot{\alpha}\sigma\iota\varsigma$ a $o\dot{\iota}$ scripsi: $\dot{\eta}$ a   15 $\varkappa\alpha\dot{\iota}$ om. T$_{1}$, add. T$_{2}$ 16 f. $\tau\tilde{\omega}$
$\langle\pi\alpha\varrho\dot{\alpha}\ \tau\dot{o}\nu\ \dot{o}\varrho\dot{\iota}\zeta o\nu\tau\alpha\rangle$ $\dot{\varepsilon}\pi\iota\pi\dot{\varepsilon}\delta\omega$ (cf. Heron. Dioptra 226, 9 Vinc.
Papp. 1028, 12. 1054, 5 ed. Hultsch) vel $\tau\tilde{\omega}\ \dot{\varepsilon}\pi\iota\pi\dot{\varepsilon}\delta\omega\ \langle\pi\alpha\varrho\alpha\lambda\lambda\dot{\eta}\lambda\omega$
$\tau\tilde{\omega}\ \dot{o}\varrho\dot{\iota}\zeta o\nu\tau\iota\rangle$ (Heron. Dioptra 194, 4. 220, 8. 18. 224, 3. 9. 17 passim)
18 $\gamma\dot{\alpha}\varrho$ om. T   19 $\ddot{o}\tau\alpha\nu$ AG: $o\ddot{\upsilon}\tau\omega\varsigma$ T   22 $\ddot{\iota}\sigma\eta$: an $\varkappa\iota\nu o\dot{\upsilon}\sigma\eta$?
24 $\tau\tilde{\omega}\nu$ (ante $\dot{\eta}\mu\iota\varkappa\nu\varkappa\lambda\dot{\iota}\omega\nu$) om. T $\tau\tilde{\omega}\nu$ (ante $\ddot{\alpha}\chi\varrho\iota$) Brinkmanno
suspectum   26 $\dot{\eta}$ ex $\varkappa\alpha\dot{\iota}\ \dot{\eta}$ corr. A   27 $\varkappa\varepsilon\iota\mu\dot{\varepsilon}\nu o\upsilon$ AT: $\varkappa\iota\nu o\upsilon$-
$\mu\dot{\varepsilon}\nu o\upsilon$ G   29 $\pi\varrho o\omega\sigma\mu\dot{o}\nu$ AT: $\pi\varrho o\omega\varrho\iota\sigma\mu\dot{o}\nu$ G

IX Ἡ δὲ ἐν τῷ ὀρθογωνίῳ παραλληλογράμμῳ πορεία
τοῦ πλινθίου ἔσται τόνδε τὸν τρόπον.

251 Ἔστω γὰρ πλινθίον τὸ ΑΒΓΔ, ἐν ᾧ ἄξων ἔστω
ὁ ΕΖ συμφυεῖς ἔχων τροχοὺς τοὺς ΗΘ, ΚΛ, ὁ δὲ
τρίτος τροχὸς ἔστω ὁ ΜΝ, δι' ὧν | ἥ τε πορεία καὶ 5
ἡ ἀποπορεία γίνεται, ὡς προγέγραπται. ἔστω δὲ καὶ
ἕτερος ἄξων ὁ ΞΟ συμφυεῖς ἔχων τροχοὺς τοὺς ΠΡ,

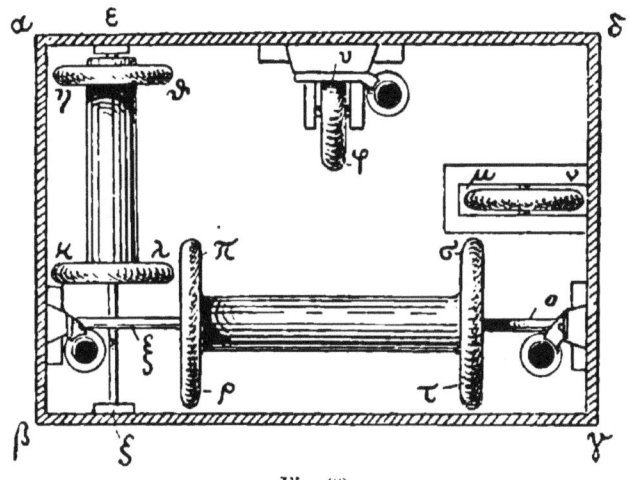

Fig. 88.

2 ΣΤ καὶ ὁμοίως τὸν ΥΦ. ἐπάνω δὲ ἔστω ὁ ΞΟ ἄξων
τοῦ ΕΖ ἄξονος ἀπέχων ἀπὸ τοῦ ΕΖ ἄξονος ἱκανόν.
δυνάσθωσαν δὲ οἱ ΠΡ, ΣΤ τροχοὶ σὺν τῷ ΞΟ ἄξονι 10
μετεωρίζεσθαι καὶ ταπεινοῦσθαι, ὡς ἑξῆς ἐροῦμεν·
ὁμοίως δὲ καὶ ὁ ΥΦ τροχός. ἐὰν οὖν καταβιβάσωμεν
τοὺς ΠΡ, ΣΤ, ΥΦ τροχούς, ὥστε ἐπικαθῖσαι τῷ ἐδάφει, μετεωρισθήσονται οἱ ΗΘ, ΚΛ, ΜΝ τροχοὶ ἀπὸ
τοῦ ἐδάφους, καὶ ποιήσεται τὴν πορείαν τὸ πλινθίον 15
3 διὰ τῶν ΠΡ, ΣΤ, ΥΦ· καὶ ἀνασπασθέντος τοῦ ΞΟ
ἄξονος, ὥστε πάλιν τοὺς ΗΘ, ΚΛ, ΜΝ ἐπικαθῖσαι

X   Die Fahrt des Kastens auf dem Rechtecke bringt Die Fahrt in
Form eines
Rechtecks.
man in folgender Weise zustande.

Es sei nämlich $\alpha\beta\gamma\delta$ (Fig. 88) ein Radkasten, in   Fig. 88.
welchem sich eine Achse $\varepsilon\zeta$ befinde, mit der die Räder $\eta\vartheta$
5 und $\varkappa\lambda$ verbunden sind. Das dritte Rad sei $\mu\nu$. Durch
diese Räder erfolgt sowohl die Vorwärts- als die Rückwärtsbewegung, wie oben vermerkt ist. Es seien ferner mit
einer anderen Achse ξo die Räder $\pi\varrho$ und $\sigma\tau$ verbunden,
und ähnlich sei es mit $\nu\varphi$. Die Achse ξo liege über der 2
10 Achse $\varepsilon\zeta$, in genügendem Abstande von ihr. Die Räder $\pi\varrho$
und $\sigma\tau$ sollen mit der Achse ξo sich heben und senken
können, wie wir weiter unten auseinandersetzen wollen;
in ähnlicher Weise auch das Rad $\nu\varphi$. Wenn wir nun
die Räder $\pi\varrho$, $\sigma\tau$ und $\nu\varphi$ senken, daſs sie auf den Boden
15 zu stehen kommen, so werden die Räder $\eta\vartheta$, $\varkappa\lambda$ und $\mu\nu$
vom Boden emporgehoben, und der Kasten wird vermittelst
der Räder $\pi\varrho$, $\sigma\tau$ und $\nu\varphi$ vorrücken. Und wird die Achse ξo 3
emporgezogen, daſs wieder die Räder $\eta\vartheta$, $\varkappa\lambda$ und $\mu\nu$ auf
den Boden zu stehen kommen, so rückt auf ihnen der
20 Kasten vor und bildet so die zweite Seite des Rechtecks.
Nachdem er dann wieder zum Stehen gebracht ist, werden
die Räder $\pi\varrho$, $\sigma\tau$ und $\nu\varphi$ niedergelassen. Und durch sie
wird der Kasten von neuem auf der anderen Seite des Recht-
ecks vorrücken. Wenn so gewechselt wird, so wird der Kasten
25 beliebig oft durch seine Vorwärtsbewegung das Rechteck
bilden. Infolge der Aufwicklungen der Schnur und ihrer 4
locker zusammengelegten Teile wird er nach Belieben halten.

Damit nun das Gegengewicht infolge seiner Schwere
nicht allzu heftig in dem Gewichtskasten niedergeht und
30 so eine schnelle Bewegung des Radkastens herbeiführt, so
wollen wir in den Gewichtskasten (τ, Fig. 83b und 86)
einen leichten, feinen, leicht hinuntergleitenden Körper thun,
z. B. Hirse oder Senfkörner. Auf diese wird dann das

---

4 $\tau o\grave{v}\varsigma$ ed. Paris.: $\tau\grave{o}\nu$ **a**   6 $\acute{\eta}$ M: om. a   7 $\tau o\grave{v}\varsigma$ ed.
Paris.: $\tau\grave{o}\nu$ **a**   8 f. $\acute{o}\mu o\acute{\iota}\omega\varsigma$ $\langle\tau\varrho\acute{\iota}\tau o\varsigma\ \tau\varrho o\chi\grave{o}\varsigma\rangle$ $\acute{o}$ $T\Phi$ 12 $\varkappa\alpha\tau\alpha$-
$\beta\iota\beta\acute{\alpha}\sigma\omega\mu\epsilon\nu$ G: $\varkappa\alpha\tau\alpha\beta\eta\beta\acute{\alpha}\sigma\omega\mu\epsilon\nu$ A: $\varkappa\alpha\tau\alpha\beta\iota\beta\acute{\alpha}\sigma\alpha\mu\epsilon\nu$ T

τῷ ἐδάφει, [καὶ] δι' αὐτῶν τὴν ἑτέραν τοῦ παραλληλογράμμου πλευρὰν πορευθήσεται τὸ πλινθίον. εἶτα πάλιν
στάντος αὐτοῦ καταβιβασθήσονται οἱ ΠΡ, ΣΤ, ΥΦ,
καὶ πάλιν δι' αὐτῶν τὴν ἑτέραν τοῦ παραλληλογράμμου πλευρὰν ἐνεχθήσεται τὸ πλινθίον. καὶ τούτου 5
ἐναλλὰξ γινομένου, ὁσάκις ἐὰν προαιρώμεθα ἐλεύσεται
4 ἐπὶ τὸ παραλληλόγραμμον τὸ πλινθίον. πορείας δὲ
μονὰς ποιήσεται, ὡς ἂν προαιρώμεθα, διά τε τῶν τῆς
σπάρτου ἐπειλήσεων καὶ τῶν χαλασμάτων.

Ἵνα οὖν μὴ τὸ βάρος τῆς λείας σφοδρότερον κατα- 10
φερόμενον ἐν τῇ σύριγγι ταχεῖαν ποιῆται τὴν τοῦ
πλινθίου κίνησιν, ἐμβαλοῦμεν ἐν τῇ σύριγγι κοῦφόν
τι καὶ λεπτὸν καὶ γλίσχρον, οἷον κέγχρον ἢ νᾶπυ, εἰς
5 ὃ ἐπικείσεται ἡ λεία. τρυπήσομεν δὲ τὸν πυθμένα τῆς
σύριγγος συμμέτρῳ τρυπήματι, ὃ κλειθρίῳ ἀνοιχθή- 15
σεταί τε καὶ κλεισθήσεται †ἐκδεθὲν σπάρτῳ, ἧς τὸ
ἄκρον ἐκτὸς διὰ τρυπήματος φανερὸν ἡμῖν ἔσται, ὅπως
ὅταν βουλώμεθα κινεῖσθαι τὸ πλινθίον, ἐπιλαμβανό-
μενοι τῆς σπάρτου λεληθότως ἀνοίξωμεν τὸ κλειθρίον.
καὶ οὕτως τῆς κέγχρου ῥεούσης ἠρέμα εἰς τὴν ὑπο- 20
6 κειμένην βάσιν, κινεῖ τὸ πλινθίον. ἵνα δὲ μὴ ἅμα
τῷ ἀνοιχθῆναι τὸ κλειθρίον ὁρμὴν τὸ πλινθίον λάβῃ,
ἕξει μικρὸν χαλασμάτιον ἡ σπάρτος, ὅπως ὀλίγης κέγχρου ἐκρυείσης τότε ταθεῖσα κινήσει τὸ πλινθίον.

X   Ὡς δὲ δεῖ τοὺς τρεῖς τροχοὺς μετεωρίζεσθαί τε καὶ 25
ταπεινοῦσθαι ἐναλλάξ, νῦν ἐροῦμεν.

Ἔστωσαν οἱ εἰρημένοι τροχοὶ τρεῖς οἱ ΑΒ, ΓΔ,
ΕΖ, τῶν δὲ ΑΒ, ΓΔ ἄξων ὁ ΗΘ. φανερὸν οὖν ὅτι
οἱ πρὸς τοῖς Η, Θ κνώδακες ἐνηρμοσμένοι εἰσὶν εἰς

---

1 καὶ del. Brinkmann   2 πορευθῆναι a, correxi. cf. 368,5.
358,13   7 f. ἐπὶ τοῦ παραλληλογράμμου. cf. p. 362, 4   8 ⟨καὶ⟩ μονὰς

Gegengewicht gelegt. In den Boden des Gewichtskastens 5
bohrt man ein Loch von mäfsigem Umfange, das durch
einen kleinen Schieber geöffnet und geschlossen wird.
Dieser ist an eine Schnur geknüpft, deren Ende durch ein Loch
5 nach aufsen geht (Fig. 83 b) und uns sichtbar ist, damit
wir, wenn der Radkasten sich bewegen soll, heimlich an
die Schnur fassen und den Schieber öffnen. Und indem
so die Hirse allmählich in den unter ihr liegenden Raum
(Basis) rinnt, setzt die Schnur den Radkasten in Bewegung.
10 Damit aber nicht zugleich mit dem Öffnen des Schiebers 6
der Radkasten einen Antrieb zur Bewegung erhält, so soll
die Schnur eine kleine lockere Stelle enthalten, damit erst
dann, wenn etwas Hirse ausgelaufen ist, die Schnur sich
spannt und den Kasten in Bewegung setzt.

X   Wie die drei Räder sich abwechselnd heben und   Das abwech-
16 senken müssen, wollen wir jetzt erklären.   selnde Heben
     Es seien die genannten drei Räder $\alpha\beta$, $\gamma\delta$ und $\varepsilon\zeta$ und Senken
(Fig. 89)[1]; zu $\alpha\beta$, $\gamma\delta$ gehöre die Achse $\eta\vartheta$. Nun   der Räder-
ist bekannt, dafs die Zapfen bei η und ϑ in gewisse Lager   paare. Fig. 89,
20 verpafst worden sind, die sich an den Wänden des Rad-   90a u. 90b.

---

1) S. auch vorn die handschriftliche Figur 89 a. In dem
rekonstruierten Querschnitte (Fig. 89) sind das Rad $\gamma\delta$ und das
Achsenende ϑ nicht sichtbar. Es entspricht indessen $\gamma\delta$ dem
Rade $\sigma\tau$ in Fig. 88 wie $\alpha\beta$ dem Rade $\pi\varrho$ und ϑ dem Ende o
der Achse ξo ebenda. $\varepsilon\zeta$ in Fig. 89 entspricht dem Rade $\nu\varphi$
in Fig. 88. Die in Fig. 89 in Klammern zugefügten Buchstaben
sind aus Fig. 88 zur Identifizierung übernommen.

Brinkm.; ipse 8—9, $\tau\varepsilon$ ... $\varkappa\alpha\grave{\iota}$ delere volueram   8 $\mu\acute{o}\nu\alpha\varsigma$ a,
corr. Fr. Haase in schedis Schoenianis   11 $\pi o\iota\varepsilon\tilde{\iota}\tau\alpha\iota$ T   13 $\tau\iota\varsigma$ T
$\varkappa\acute{\varepsilon}\gamma\chi\varrho o\nu$ ed. Paris.: $\varkappa\acute{\varepsilon}\chi\varrho o\nu$ a $\nu\acute{\alpha}\pi\upsilon$ a   16 $\acute{\varepsilon}\varkappa\delta\varepsilon\vartheta\grave{\varepsilon}\nu$ a:
$\acute{\varepsilon}\nu\delta\varepsilon\vartheta\acute{\varepsilon}\nu$ M, Leid. Vulc. 4: f. $\acute{\varepsilon}\varkappa\delta\varepsilon\vartheta\acute{\varepsilon}\nu\tau\iota$ sive $\acute{\varepsilon}\nu\delta\varepsilon\vartheta\acute{\varepsilon}\nu\tau\iota$. cf.
p. 188, 6: $\acute{\varepsilon}\varkappa\delta\varepsilon\vartheta\acute{\varepsilon}\nu\langle\tau\iota~\acute{\varepsilon}\nu\rangle$ Brinkm.   19 $o\acute{\upsilon}$ ante $\lambda\varepsilon\lambda\eta\vartheta\acute{o}\tau\omega\varsigma$
add. a: om. Leid. Scalig. 45, Parisin. 2431   20 $\varkappa\acute{\varepsilon}\chi\varrho o\nu$ a, corr.
Riccard. 47 m. 2   21 $\varkappa\iota\nu\varepsilon\tilde{\iota}\tau\alpha\iota$ Leid. Vulc. 4 in marg. cf. p. 372, 9
22 $\varkappa\lambda\varepsilon\iota\vartheta\varrho\acute{\iota}o\nu$ ... $\pi\lambda\iota\nu\vartheta\acute{\iota}o\nu$ om. T$_1$, add. T$_2$ in marg. $\acute{o}\varrho\mu\grave{\eta}\nu$
A T$_2$ mg.: $\acute{o}~\mu\grave{\eta}\nu$ G   23—24 $\varkappa\acute{\varepsilon}\gamma\chi\varrho o\nu$ Riccard. 47 m. 2: $\varkappa\acute{\varepsilon}\chi\varrho o\nu$ a
25—26 $\tau\varepsilon~\varkappa\alpha\grave{\iota}~\tau\alpha\pi\varepsilon\iota\nu o\tilde{\upsilon}\sigma\vartheta\alpha\iota$ om. G   27 hic caput disting. a
29 $\acute{\varepsilon}\nu\eta\varrho\mu o\sigma\mu\acute{\varepsilon}\nu o\iota\varsigma$ a, corr. Riccard. 47 m. 2

τινα ἐμπυελίδια ὄντα πρὸς τοῖς τοίχοις τοῦ πλινθίου.
τὰ οὖν εἰρημένα ἐμπυελίδια ἔστω εἴς τινα κανόνια·
τὰ δὲ κανόνια διὰ πελεκίνων καταβαινέτω ὀρθὰ εἰς
2 τοὺς τοῦ πλινθίου τοίχους. ὁμοίως δὲ καὶ τὸ ΕΖ
τρόχιον ἔστω ἔν τινι κανονίῳ ὀρθῷ διά τινος πελε- 5
κίνου καταβιβαζομένῳ εἰς τὸν πρὸς τῷ ΕΖ τοῖχον τοῦ

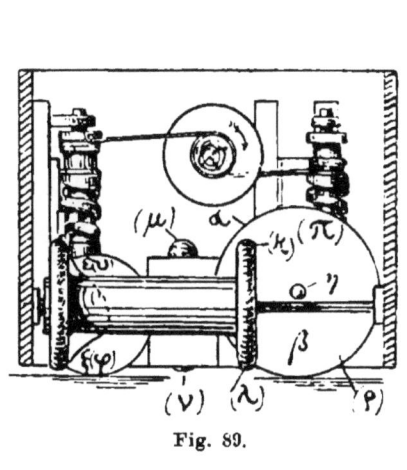

Fig. 89.

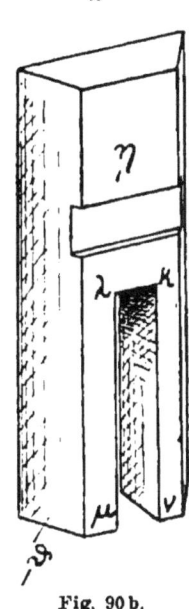

Fig. 90 b.

πλινθίου. ἔστω οὖν τὸ μὲν εἰρημένον κανόνιον τὸ
252 ‚Η‚Θ· ἐκκοπὴ δὲ ἐν αὐτῷ ἡ ΛΚ|ΜΝ· ἐν δὲ ταύτῃ
τρόχιον τὸ ΕΖ ἄξονα ἔχον τὸν ΞΟ. πρὸς δὲ τῷ ‚Η
ἄκρῳ τοῦ κανονίου τύλος ἐνειλείσθω ὁ Π· ἐν δὲ τῷ 10
τοίχῳ τοῦ πλινθίου τῷ πρὸς τῷ ΕΖ ἐνειλείσθωσαν

1 τινα M: τι α τείχοις G   2 ἐμπυλίδια a, corr. M₂ f. ἔστω
⟨ἐνηρμοσμένα⟩ (cf. 368, 29) sive ἔστω ⟨ἐμβεβηκότα⟩   6 καταβιβαζομένῳ scripsi: καταβιβαζομένου a   8 ‚Η‚Θ scripsi ut
p. 372, 5: η̅θ̅ (bis) a. cf. p. 368, 28   9 ‚Η scripsi: η̅ a
10 ἐνειλείσθω: ἐνείσθω Paris. 2428 (? habet Fr. Haase in schedis)

kastens befinden. Die genannten Lager sollen sich nun in gewissen Latten befinden, diese aber mittels Schwalben- schwänze sich in vertikaler Richtung in die Wände des Radkastens einfügen. In ähnlicher Weise befinde sich auch 2 das kleine Rad $\varepsilon\zeta$ in einer senkrechten Latte (Fig. 90 a),

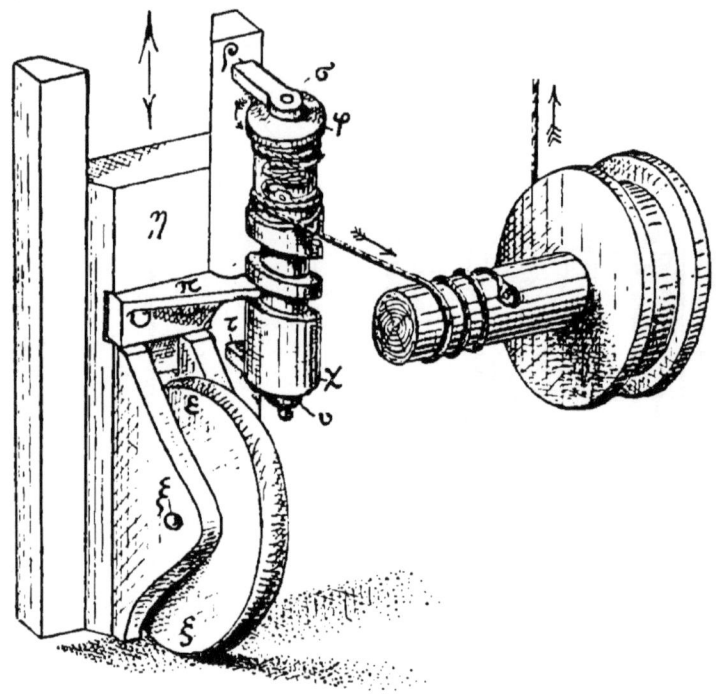

Fig. 90 a.

die mittels einer schwalbenschwanzartigen Vertiefung in die Wand des Radkastens bei $\varepsilon\zeta$ (Fig. 90 a) eingelassen (ein- geschwalbt) wird. Die genannte Latte (Fig. 90 b) sei $\eta\vartheta^1)$, ein Ausschnitt darin $\lambda\varkappa\mu\nu$; in diesem sei ein kleines 10 Rad $\varepsilon\zeta$ mit der Achse ξo. Am Lattenende η schraube man eine Nase π (Fig. 90 a) hinein, in die bei $\varepsilon\zeta$ gelegene

---

1) Die Handschriften haben blofs $\eta\vartheta$. Das widerspricht der oben erwähnten Bezeichnung der einen Achse mit $\eta\vartheta$.

24*

δύο γόμφοι καθάπερ κανόνια, οἱ ΡΣ, ΤΥ· ἐν δὲ
τούτοις πολενέσθω κοχλίας ὁ ΦΧ, καὶ ἐμβεβηκέτω ὁ
3 Π τύλος εἰς τὴν τοῦ κοχλίου ἕλικα. ἐὰν οὖν τις
ἐπιστρέφῃ τὸν ΦΧ κοχλίαν, μετεωρισθήσεται καὶ τα-
πεινωθήσεται τὸ ῬΗ,Θ κανόνιον διὰ τοῦ Π τύλου. ἵνα 5
οὖν αὐτόματον τοῦτο γίνηται, ἐπειλείσθω περὶ τὸ
ἀργὸν μέρος τοῦ κοχλίου σπάρτος ἐναλλὰξ τὰς ἐπειλήσεις ἔχουσα καὶ χαλάσματα διαμεμηρυμένα, ἁρμοστὰ
τοῖς διαστήμασιν οἷς κινεῖται τὸ πλινθίον· τὰ δὲ αὐτὰ
γεγονέτω καὶ ἐπὶ τῶν λοιπῶν δύο κανονίων, ἐν οἷς 10
4 εἰσιν οἱ πρὸς τοῖς Η, Θ κνώδακες· δεῖ δὲ τοὺς τρεῖς
κοχλίας ἴσους τοῖς πάχεσιν εἶναι καὶ τὰς ἐπειλήσεις
τὰς περὶ αὐτοὺς ἀκριβῶς ἴσας καὶ τὰ χαλάσματα
ὁμοίως, ὅπως ἅμα τε ἐπαίρωνται οἱ τρεῖς τροχοὶ καὶ
ἅμα καθιῶνται· οὕτω γὰρ ἀσφαλὴς καὶ εὐκίνητος ἡ 15
τοῦ πλινθίου πορεία ἔσται.

XI Δυνατὸν δέ ἐστι καὶ ἄλλως κάμπτειν τὸ πλινθίον,
οὐ μόνον ἐν ὀρθογωνίῳ παραλληλογράμμῳ, ἀλλὰ καὶ
ἐν παντὶ εὐθυγράμμῳ σχήματι· ἔτι δὲ καὶ τὴν πορείαν
ὀφιώδη γίνεσθαι δυνατόν ἐστι καὶ πολλῷ εὐχερέστερον 20
τῆς προγεγραμμένης μεθόδου.

2 Ἔστω γὰρ τὸ πλινθίον, ἐν ᾧ εἰσιν οἱ τροχοί, τὸ
ΑΒΓΔ, ἐν ᾧ διακείσθωσαν ἄξονες δύο οἱ ΕΖ, ΗΘ,
ὧν ὁ μὲν ΗΘ ἐν κνώδαξιν εὐλύτως στρεφέσθω ἔχων
συμφυῆ τροχὸν τὸν ΚΛ, ὁ δὲ ΕΖ συναραρὼς ἔστω 25
τῷ πλινθίῳ ἀπὸ τόρνου ἰσοπαχὴς εἰργασμένος. περὶ
253 δὲ τοῦτον περικείσθωσαν χοινι|κίδες δύο αἱ ΜΝ, ΞΟ
εὐλύτως καὶ ἁρμοστῶς περὶ αὐτὸν στρεφόμεναι καὶ
αὗται ἀπὸ τόρνου τὴν ἐντὸς καὶ τὴν ἐκτὸς ἐπιφάνειαν

4 ἐπιστρέφει Τ   6 γίνεται Τ   7 ἀρτὸν Τ   8 διαμεμηρυμένα scripsi. cf. p. 380, 8—9 (sed v. διαμεμηρυσμένου

Wand des Kastens aber zwei lattenähnliche (= flache)
Bolzen ϱσ und τυ. In diesen drehe sich eine Schrauben-
spindel (Schneckenschraube) φχ, und die Nase π fasse in
die Schraubenwindung. Dreht man nun die Schraube φχ, **3**
5 so wird sich die Latte ‚η‚ϑ vermittelst der Nase π heben
und senken. Damit dies nun von selbst geschieht, so
wickle man um den freien (zu Schraubenwindungen nicht
benutzten) Teil der Schraube eine Schnur, deren (gespannte)
Aufwicklungen und quergezogene lockere Schnurlagen ab-
10 wechseln; sie mögen den Entfernungen entsprechen, auf
welche der Kasten sich bewegt. Dieselbe Vorrichtung treffe
man auch an den beiden übrigen Latten, in welchen bei
η und ϑ die Zapfen lagern. Die drei Schrauben müssen **4**
aber gleiche Umfänge, genau gleiche Aufwicklungen rings-
15 herum und ebenso gleiche lockere Schnurlagen haben,
damit die drei Räder sich zu gleicher Zeit heben und zu
gleicher Zeit senken. So wird nämlich der Kasten sicher
und leicht vorwärts gehen.

XI   Der Kasten kann noch auf andere Weise Wen- Kompliziertere
20 dungen machen, nicht blofs in Form eines Rechtecks, Fig. 91a, 91b,
sondern auch jeder (beliebigen) geradlinigen Figur; 92a und 92b.
ferner kann die Bewegung schlangenförmig gemacht werden,
und zwar viel leichter als auf die oben beschriebene Art
und Weise.

25   Es sei nämlich αβγδ (Fig. 91a und 91b) der Kasten **2**
mit den Rädern, in welchem man zwei Achsen εζ und ηϑ
quer lege. Von diesen drehe sich ηϑ leicht um Zapfen
und sei mit einem Rade κλ verbunden, εζ dagegen sei fest
in den Radkasten gefügt und gleichmäfsig dick gedrechselt.
30 Um diese lege man zwei Büchsen μν und ξο, welche
sich leicht und passend um die Achse (εζ) drehen und
gleichfalls auf der Innen- und Aufsenseite gedrechselt sind.

Heron. Belop. 98, 11 ed. Wesch.): διαμεμηϱημένα a   12 an ⟨ἀκϱι-
βῶς⟩ ἴσους?   ἐπειλήσεις T: ἐπιλήσεις A G   15 καϑίωνται codd.
  19 ἔτι: ἐστὶ T   26 ἰσοπαχὴ G   28—29 καὶ αὗται a: f. καὶ
αὗται. cf. p. 356, 2

374 ΗΡΩΝΟΣ ΑΛΕΞΑΝΔΡ. ΠΕΡΙ ΑΥΤΟΜΑΤΟΠΟΙΗΤΙΚΗΣ.

εἰργασμέναι. ταῖς δὲ χοινικίσι συμφυεῖς ἔστωσαν τρο-
3 χοὶ ἴσοι οἱ ΠΡ, ΣΤ. ἐὰν οὖν περὶ ἑκατέραν χοινικίδα σπάρτος περιειληθεῖσα ἀποδοθῇ εἰς τὴν ἐν τῇ
σύριγγι λείαν, συμβήσεται καταφερομένης τῆς λείας
ἀπειλουμένων τῶν σπάρτων ἐπιστρέφεσθαι σὺν ταῖς 5
χοινικίσι τοὺς τροχοὺς καὶ οὕτως τὸ πλινθίον ἐπ᾽ εὐθείας πορεύεσθαι συνεπιστρεφομένου καὶ τοῦ ΚΛ

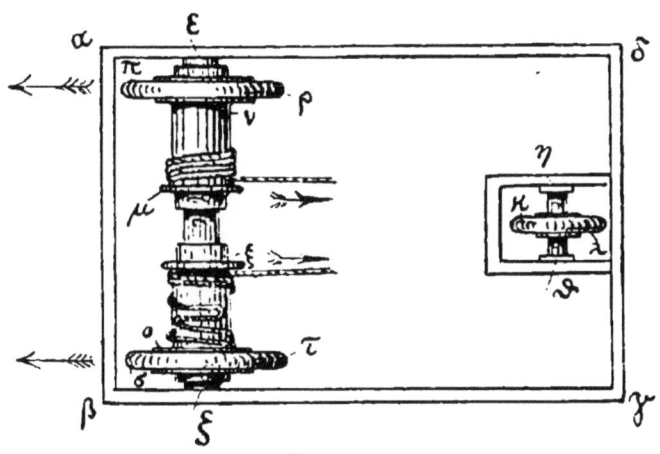

Fig. 91 a.

4 τροχοῦ. ἐὰν οὖν ἐκ τῶν ΠΡ, ΣΤ τροχῶν ὁ ΠΡ μένῃ
ἀκίνητος χάλασμα ἐχούσης τῆς κατ᾽ αὐτὸν σπάρτου,
ἐπιστραφήσεται ὁ ΣΤ τροχὸς καὶ συνεπιστρέψει τὸν 10
ΚΛ, ἄχρις οὗ τὸ ἐν τῇ ΜΝ χοινικίδι χάλασμα τοῦ
μηρύσματος ἐπισπάσεται ἡ λεία. εἶτα πάλιν τάσιν λα-
βούσης τῆς σπάρτου, ἅμα οἱ ΠΡ, ΣΤ τροχοὶ στραφή-
σονται. καὶ ἐνεχθήσεται τὸ πλινθίον ἐπὶ εὐθείας τῆς
5 κατὰ τὴν ἐπιστροφὴν τοῦ πλινθίου γενηθείσης. δεήσει 15

1 εἰργασμένας Τ   3 περιειληφθεῖσα Τ   4 καὶ ante
συμβήσεται delevit Τ   12 μηρύσματος scripsi (μηρυμ. p. 376,
4—5. 8): μηρίσματος a   14 τῆς ΑΤ: τὴν G

Mit den Büchsen seien gleiche Räder $\pi\varrho$ und $\sigma\tau$ verbunden.
Wenn nun um jede Büchse eine Schnur geschlungen und 3
nach dem Gegengewichte in dem Gewichtskasten geleitet
wird, so ist die Folge, dafs, wenn das Gegengewicht sich
5 senkt und infolgedessen die Schnüre sich abwickeln, mit
den Büchsen sich auch die Räder drehen und so der Radkasten auf einer geraden Linie fährt, indem sich auch das
Rad $\varkappa\lambda$ mitdreht. Bleibt nun $\pi\varrho$ von den Rädern $\pi\varrho$ 4.

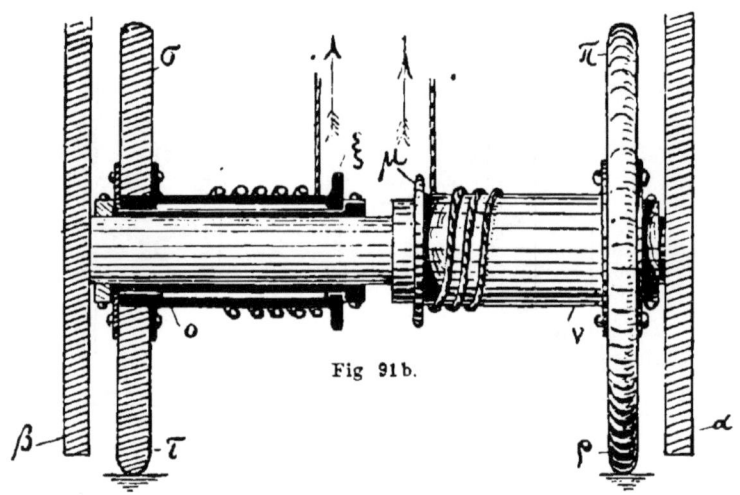

Fig 91 b.

und $\sigma\tau$ unbeweglich, indem seine Schnur eine lockere
10 Schlinge bildet[1]), so wird das Rad $\sigma\tau$ sich drehen und wird
auch $\varkappa\lambda$ mitdrehen, bis das Gegengewicht die an der
Büchse $\mu\nu$ befindliche lockere Schlinge des Stranges anzieht. Ist dann die Schnur wieder gespannt, so werden
sich die Räder $\pi\varrho$ und $\sigma\tau$ zusammen drehen, und der Kasten
15 wird sich auf einer Linie bewegen, welche die Drehungs-
linie des Kastens in gerader Richtung fortsetzt. Die ge- 5
nannte lockere Schlinge wird nun so grofs sein müssen,
dafs sich der Kasten nach der geraden Linie hin dreht,

---

1) Fig. 91a illustriert dies für $\sigma\tau$. Vgl. S. 377, 1.

376 ΗΡΩΝΟΣ ΑΛΕΞΑΝΔΡ. ΠΕΡΙ ΑΥΤΟΜΑΤΟΠΟΙΗΤΙΚΗΣ.

οὖν τὸ εἰρημένον χάλασμα τοσοῦτον εἶναι, ὥστε ἐπι
στραφῆναι τὸ πλινθίον κατὰ τὴν εὐθεῖαν ἣν βουλό
μεθα αὐτὸ ἐνεχθῆναι. τὰ δ' αὐτὰ ἐπινοείσθω καὶ ἐπὶ
τοῦ ΣΤ τροχοῦ. πλειόνων οὖν ἐπειλήσεων καὶ μηρυ
μάτων γινομένων ἀκολούθως ταῖς εἰρημέναις εὐθείαις, 5
καθ' ἃς δεῖ φέρεσθαι τὸ πλινθίον, ἔσται γεγονὸς τὸ
6 προκείμενον. δεήσει δὲ τά τε μήκη τῶν ἐπειλήσεων
καὶ τὰ τῶν μηρυμάτων ἐξ αὐτῆς τῆς πείρας γίνεσθαι,
ἀρχομένων ἡμῶν τὰς ἐπειλήσεις ποιεῖσθαι ἀπὸ τοῦ
τόπου ἐφ' οὗ μέλλει καταλήγειν τὸ πλινθίον· ἀνάπαλιν 10
γὰρ αὐτὸ κινοῦντες ταῖς χερσίν, ὡς μέλλει πορεύεσθαι,
ἐπειλήσομεν τὰς σπάρτους καὶ χάλασμα δώσομεν· οὕτω
254 γὰρ ἀρ|ξάμενον πορεύεσθαι τὸ πλινθίον καταλήξει
δεόντως εἰς τὸν τόπον ὅθεν ἠρξάμεθα ἐπειλεῖν τὰς
7 σπάρτους. [βέλτιον δὲ καὶ τὸν ΚΛ τροχὸν ἐν χοινι 15
κίδι περικεῖσθαι τῷ ΗΘ ἄξονι, τὸν δὲ ἄξονα συμφυῆ
ὁμοίως τῷ πλινθίῳ γίνεσθαι καθάπερ καὶ τὸν ΕΖ καὶ
πάλιν περὶ τὴν χοινικίδα τοῦ ΚΛ τροχοῦ τὴν σπάρτον
ἐπειληθεῖσαν καὶ τὰ χαλάσματα ἔχουσαν τῇ λείᾳ ἀπο
δοθῆναι, †ὅπως ὅταν βουλώμεθα κάμπτειν τὸ πλινθίον, 20
ἕνα τῶν ΠΡ, ΣΤ τροχῶν ἑστάναι, δηλονότι χαλά
σματος ὄντος ἐν τῇ κατ' αὐτὸν σπάρτῳ τῇ περὶ τὴν
χοινικίδα, τὸν δὲ ΚΛ τροχὸν μετὰ τοῦ λοιποῦ στρέ
φεσθαι τροχοῦ, ἄχρις ἂν τὸ πλινθίον τὴν δέουσαν
λάβῃ ἐπιστροφήν, εἶτα πάλιν ταθείσης τῆς τὸ χάλασμα 25
ἐχούσης σπάρτου ἅμα τῶν τριῶν κινουμένων τροχῶν
8 τὴν ἐπ' εὐθείας ὁδὸν φέρηται τὸ πλινθίον.] ἐπεὶ οὖν

2—3 βουλώμεθα T   3 δὲ αὐτὰ G   4 ἐπειλήσεων M:
ἐπιλήσεων a   6 γεγονὸς, ος ex ως corr., A   7 ἐπειλήσεων G:
ἐπιλήσεων AT   9 ἐπειλήσεις, ει ex ι corr., A   11 de ὡς
cf. Kühner Gr. II 842 adn. 5   12 f. χαλάσματα. cf. lin. 19. p. 372, 8.
380, 8   14—16 ὅθεν ... χοινικίδι om. G   15—27 βέλ

auf welcher er sich bewegen soll. Dasselbe Verfahren
denke man sich auch bei dem Rade $\sigma\tau$ (Fig. 91a). Wenn
nun mehrere Aufwicklungen und lockere Schnurlagen entsprechend den genannten geraden Linien, nach welchen sich
5 der Kasten hinbewegen soll, gemacht werden, so wird die
Aufgabe gelöst sein. Man wird aber die Längen der Auf- 6
wicklungen und lockeren Schnurlagen durch die Praxis
selbst finden müssen, indem man mit den Aufwicklungen
von der Stelle aus beginnt, auf welcher der Kasten die
10 Drehung beendigen soll. Denn indem wir ihn mit den
Händen in entgegengesetzter Richtung bewegen als er
(nachher) fahren soll, werden wir die Schnüre aufwickeln
und eine lockere Schlinge machen. Wenn der Kasten
nämlich unter solchen Umständen anfängt vorzurücken,
15 so wird er notgedrungen an der Stelle aufhören, wo wir
anfingen die Schnüre aufzuwickeln. [Praktischer aber ist 7
es, wenn auch das Rad $\varkappa\lambda$, an einer Büchse befestigt,
um die Achse $\eta\vartheta$ liegt, die Achse ($\eta\vartheta$) in gleicher Weise
wie schon $\varepsilon\zeta$ mit dem Radkasten verbunden wird und
20 wiederum die Schnur um die Büchse des Rades $\varkappa\lambda$ gewickelt ist, lockere Schlingen enthält und nach dem Gegengewichte geleitet wird. Wenn daher der Kasten einen
Bogen machen soll, bleibt eins von den Rädern $\pi\varrho$, $\sigma\tau$
stehen, nämlich weil an seiner um die Büchse gewickelten
25 Schnur sich eine lockere Schlinge (Fig. 91a) befindet,
während das Rad $\varkappa\lambda$ sich mit dem übrigen Rade dreht, bis
der Kasten die nötige Drehung ausgeführt hat und bis,
wenn darauf die mit der lockeren Schlinge versehene Schnur
wieder gespannt ist, der Kasten infolge der gleichzeitigen
30 Bewegung der drei Räder auf gerader Linie läuft.][1] Da 8

---

1) S. die Bemerkung zu Fig. 91 in der Einleitung.

$\tau\iota o\nu$ ... $\pi\lambda\iota\nu\vartheta\iota o\nu$ seclusi. v. proleg. ad fig. 91   15 $\dot\varepsilon\nu$ a: f. $\sigma\dot\nu\nu$
16 f. $\tau\grave{o}\nu$ $\delta\grave{\varepsilon}$ $\langle H\Theta\rangle$ $\check\alpha\xi o\nu\alpha$ 19 $\dot\varepsilon\pi\varepsilon\iota\lambda\eta\varphi\vartheta\varepsilon\tilde\iota\sigma\alpha\nu$ T $\varkappa\alpha\grave\iota$ $\tau\grave\alpha$
$\chi\alpha\lambda\dot\alpha\sigma\mu\alpha\tau\alpha$ $\check\varepsilon\chi o\upsilon\sigma\alpha\nu$ suspecta   19—20 $\dot\alpha\pi o\delta\varepsilon\vartheta\tilde\eta\nu\alpha\iota$ M   20 $\check o\pi\omega\varsigma$
spurium, f. $\dot\omega\varsigma$ ($=\check\omega\sigma\tau\varepsilon$): $\check o\pi\omega\varsigma$ $\langle\sigma\upsilon\mu\beta\tilde\eta$ vel $\pi o\iota\dot\eta\sigma\omega\mu\varepsilon\nu\rangle$ Brinkm.
25 $\tau\tilde\eta\varsigma$ om. T   27 $\varphi\dot\varepsilon\varrho\eta\tau\alpha\iota$ cum $\check o\pi\omega\varsigma$ iungit Brinkm.

αἱ χοινικίδες αἱ τοὺς τροχοὺς ἔχουσαι [περικείμεναι
τοῖς ἄξοσιν] ἐν τῇ κινήσει δυσχερῶς ἐπιστρέφονται διὰ
⟨τὸ⟩ τὸ ὅλον τοῦ πλινθίου βάρος ἐπ᾽ αὐτὰς ἐπικεῖσθαι, ἀρέσκει ἐν τοῖς αὐτομάτοις πάντα τὰ ἐγκυκλίως
κινούμενα περὶ κνώδακας στρέφεσθαι. ποιήσομεν οὖν 5
9 οὕτω· γεγονέτω γὰρ †τὸ πλινθίον καθ᾽ ὃν τρόπον ὁ
τοὺς δύο τροχοὺς ἔχων ἄξων, ὄρθιον διάπηγμα ἀρα-

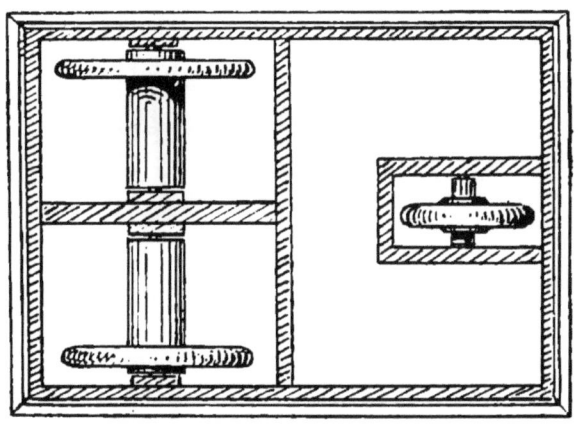

.Fig. 92a.

ρός· ἐν δὲ τούτῳ ἐμπυελίδια ἔστω ἐξ ἑκατέρου μέρους,
εἰς ἃ οἱ κνώδακες ἐμβιβασθήσονται. δύο δὲ ἄξονες
γεγονέτωσαν συμφυεῖς ἔχοντες τοὺς τροχούς, ὧν ἑκά- 10
τερος κείσθω μεταξὺ τοῦ εἰρημένου ὀρθίου διαπήγμα-
τος καὶ τῶν τοῦ πλινθίου τοίχων ἐν κνώδαξιν, ὥστε
βεβηκέναι ἐπὶ τοῦ ἐδάφους τοὺς τροχοὺς καὶ ἕκαστον
10 στρέφεσθαι ἐν τοῖς ἑαυτοῦ κνώδαξιν. [αἱ δὲ περὶ τοὺς

1—2 περικείμεναι τοῖς ἄξοσιν delevi   3 τὸ prius inserui
4 ἀρέσκει ΑΤ: ἀρέσει G   6 γεγονέτω Α₁Τ: γενέσθω Α₂G
f. ⟨ἐν τῷ ἔμπροσθεν μέρει⟩ τοῦ πλινθίου. cf. 424, 17   τῷ πλινθίῳ Brinkm.   πλινθίον ⟨ἔχον⟩ Hildebr.   6—7 καθ᾽ ὃν . . .

nun die Büchsen, die mit den Rädern um die Achsen liegen, sich bei der Bewegung schwer drehen, weil das gesamte Gewicht des Kastens darauf ruht, so empfiehlt es sich, bei den Automaten alles, was kreisförmige Be-
5 wegungen macht, sich um Zapfen drehen zu lassen. Wir wollen daher folgende Einrichtung treffen. Es habe näm- 9 lich der Kasten vorn eine festgefügte, aufrechte Querwand (Fig. 92a und 92b). In dieser seien auf beiden Seiten Lager,

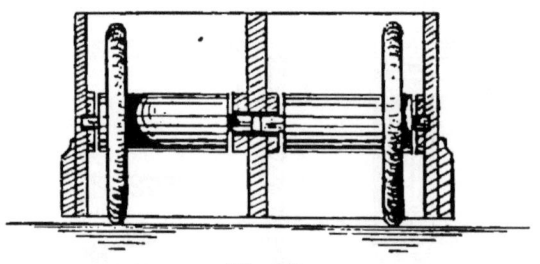

Fig. 92b.

in welche die Zapfen eingelassen werden. Man mache aber
10 (in der Weise wie die Achse mit den zwei Rädern)[1]) zwei Achsen, die mit den Rädern verbunden sind; von diesen soll jede zwischen der genannten, aufrechten Querwand und den Wänden des Kastens in Zapfen ruhen, so daſs die Räder auf dem Boden stehen (Fig. 92b) und jedes
15 sich um seine eigenen Zapfen dreht. [Die Schnüre sind 10 doppelt um die Achsen zu legen, so daſs sie das Rad in die Mitte nehmen und auf gleiche Weise drehen. Man stelle noch eine andere Achse her, welche ebenso wie diese

---

1) Die eingeklammerten Worte stehen im griechischen Texte nicht hier, sondern irrtümlich nach 'Kasten' Zeile 7. Statt 'in der Weise, wie' ist vielleicht auch 'an der Stelle, wo' zu lesen, falls überhaupt die eingeklammerten Worte echt sind.

ἄξων secludam, nisi f. hinc post γεγονέτωσαν lin. 10 transponenda sunt (mutato fortasse τρόπον in τόπον) 12 an ὥστε ... κνώδαξιν del.? 14—380, 6 αἱ δὲ ... τροχόν seclusi 14 τοῦ G

255 ἄξονας σπάρτοι | διπλαῖ ἔστωσαν, ὥστε μέσον λαβεῖν
τὸν τροχὸν καὶ ἐξ ἴσου στρέφειν. γεγονέτω δὲ καὶ
ἕτερος ἄξων τούτοις ὁμοίως κινούμενος ἔμπροσθεν τοῦ
πλινθίου, ὥστε πάλιν ἐπὶ τῶν τριῶν τροχῶν φέρεσθαι
τὸ πλινθίον. καὶ περὶ τοῦτον ὁμοίως διπλῇ περικείσθω 5
11 σπάρτος μεσολαβοῦσα τὸν τροχόν.] πάλιν οὖν τῶν
σπάρτων ἐπειληθεισῶν ἐναλλὰξ ὁσάκις ἐὰν βουλώμεθα
καὶ τὰ χαλάσματα ἐχουσῶν ὡς ἐὰν προαιρώμεθα διαμεμηρυμένα, ὡς εἴρηται, καὶ ἡ τοῦ πλινθίου πορεία
ἔσται ὡς ἐὰν προαιρώμεθα, εὐκόπως τε καὶ εὐκυλίστως 10
διὰ τοὺς κνώδακας.

XII   Περὶ μὲν οὖν τῆς πορείας καὶ τῆς ἀποπορείας τοῦ
πλινθίου αὐτάρκως νομίζομεν εἰρηκέναι. ἑξῆς δὲ περὶ
τῶν ἐκτὸς τῆς πο-
ρείας κινήσεων ἐροῦ-
μεν· ἔστι δὲ ἡμῖν ἡ
πρώτη κίνησις περὶ
τῆς τοῦ πυρὸς ἀνα-
καύσεως τοῦ ἐν τῷ
βωμῷ.

2   Γίνεται οὖν οὕ-
τως· ἔστω γὰρ βωμὸς
ἐκ λεπίδων χαλκῶν ἢ
σιδηρῶν πεποιημένος
ὁ ΑΒΓΔ, τρύπημα
ἔχων ἐν μέσῳ τῷ ἐπι-
πύρῳ τὸ Ε. ὑπὸ δὲ
τοῦτο λεπίδιον ἔστω
τὸ ΖΗ παρακτὸν
ὥσπερ γλωσσοκόμου
πῶμα, ἐπικαλύπτον

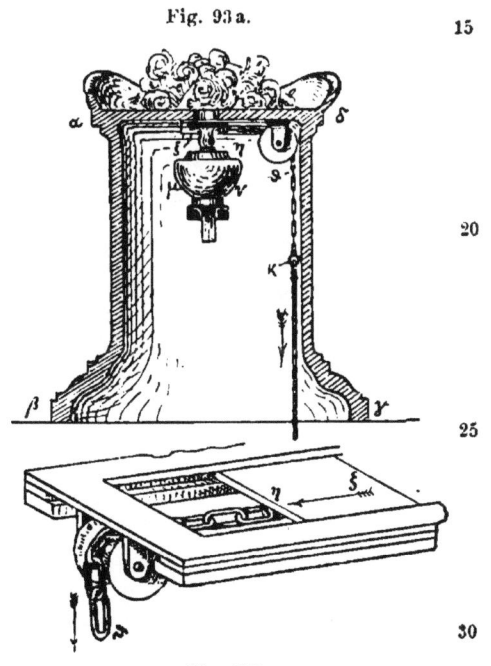

Fig. 93a.

Fig. 93b.

in dem vorderen (?) Teile des Kastens¹) bewegt wird, so
daſs der Kasten wieder auf den drei Rädern läuft. Um
diese Achse lege man in gleicher Weise eine doppelte
Schnur, welche das Rad in die Mitte nimmt.]²) Wenn 11
5 nun die Schnüre in beliebiger Abwechslung aufgewickelt
und unseren Absichten entsprechend mit lockeren, (quer)
durchgezogenen Schlingen versehen sind, wie bemerkt, so
wird auch wieder die Vorwärtsbewegung des Kastens in
der beabsichtigten Weise erfolgen, nämlich wegen der
10 Zapfen ohne Mühe und in leicht rollender Bewegung.

XII   Die Hin- und Rückfahrt des Radkastens glauben   Die übrigen
wir genügend besprochen zu haben. Wir werden   mechanischen
nun der Reihe nach die (übrigen) Bewegungen mit   apparate.
Ausschluſs des Fahrens (also die Bewegungen am Orte)
15 besprechen. Die erste Bewegung aber, die wir erklären
wollen, betrifft das Anzünden des Feuers auf dem Altare.

2   Sie wird folgendermaſsen ausgeführt. Es sei   Das Altarfeuer.
nämlich αβγδ ein aus Bronze- oder Eisenplatten her-   Fig. 93 a u. 93 b.
gestellter Altar (Fig. 93a), mit einem Loche ε mitten auf
20 der Feuerstätte. Darunter sei ein Metallplättchen ζη
(Fig. 93b), das sich wie ein Kastendeckel verschieben läſst
und das Loch ε verdeckt. Von dem Plättchen leite man

---

1) In den Handschriften steht merkwürdigerweise 'vor dem
Kasten'. Man erwartet Z. 1 'hinteren' statt 'vorderen'.
2) Die eingeklammerten Worte unterliegen starken Bedenken. Bei der geringen Breite von 31 cm ist, zumal bei der
nicht unbedeutenden Belastung, ein Umkippen zu befürchten,
wenn die Räder einander noch mehr genähert würden. Ferner
ist die Bemerkung, daſs nach Einrichtung der zweiten Achse
der Kasten wieder auf drei Rädern laufe, seltsam. Gerade das
dritte Rad (κλ) bleibt, wie es war, und läuft immer mit. S. auch
die Bemerkung zu Fig. 92.

---

1 διπλόη̃ν T   f. μεσολαβεῖν. cf. p. 380, 6   3 ἕτερος G:
ἕτερος τρίτος AT   ὁμοίων T   an ⟨ἐν τῷ⟩ ὄπισθεν?   5 τὸ
AG: καὶ T   τοῦτον scripsi: τούτων a.   cf. p. 372, 27
διπλῆ, η ex οι corr., A   9 ὥστε καὶ ὡς T   17 κίνησις
suspectum Brinkmanno: an μήνυσις?   cf. Dioptr. 33 p. 298, 14

τὸ *E* τρύπημα, ἐκ δὲ τούτου ἀλυσείδιον τὸ *ΗΘΚ*
ἀποδεδομένον περὶ ἀξόνιον ἐντὸς τοῦ βωμοῦ κεί-
3 μενον καὶ εὐλύτως στρεφόμενον. †ἐν δὲ τῷ ἀξονίῳ
ἀποδεδόσθω εἰς τὴν λείαν σπάρτος· αὕτη δὲ μετὰ τὴν
πορείαν ταθεῖσα ὑπὸ τῆς λείας ἐπιστρέψει τὸ ἀξόνιον 5
καὶ παραλλάξει τὸ λεπίδιον, καὶ τῆς ἀγκύλης ἐκπεσούσης ἀπὸ τοῦ τύλου τὰ ἑξῆς ἐπιτελεσθήσεται. ὑποκείσθω δὲ τῷ *E* τρυπήματι λαμπτὴρ ὁ *ΜΝ* τὴν φλόγα
ἔχων ὑποκειμένην τῷ τρυπήματι. ἐπικείσθω δέ, ὡς
προείρηται, ἐν τῷ βωμῷ ὕλη δυναμένη εὐκόπως ἀν- 10
4 άπτεσθαι. μᾶλλον δὲ τῶν ἄλλων ποιεῖ τὰ τεκτονικὰ
256 ξύσματα. ὅταν οὖν πορευόμενον τὸ | πλινθίον στῇ,
τότε ἡ ἐκ τοῦ *ΗΘΚ* ἀλυσειδίου σπάρτος ταθεῖσα
ἐπισπάσεται τὸ *ΖΗ* λεπίδιον, ὥστε ἀνοιχθῆναι τὴν
ὀπὴν καὶ τὴν φλόγα ἄνω ἐνεχθεῖσαν ἀνακαῦσαι τὸν 15
βωμόν. τὰ δ' αὐτὰ ἐπινοείσθω καὶ ἐπὶ τοῦ ἑτέρου
βωμοῦ, μόνον ὅτι τὸ τῆς σπάρτου χάλασμα μεῖζον
εἶναι δεῖ τοῦ νῦν εἰρημένου, ὅπως κατὰ τὰς ἑξῆς κινήσεις ταθεῖσα ἡ σπάρτος τὴν ἑτέραν ἔκαψιν ποιήσηται.

XIII   Μετὰ δὲ τὴν θυσίαν δεῖ ἐκ μὲν τοῦ θύρσου γάλα 20
ἀναπιτυσθῆναι, ἐκ δὲ τοῦ σκύφους οἶνον.

2   Γίνεται οὖν καὶ τοῦτο οὕτως· ὑπὸ τοὺς πόδας τοῦ
Διονύσου συμφυὴς γίνεται σωλὴν ἔχων τρυπήματα ἐν
τῇ ἐπιφανείᾳ ἐγγὺς ἀλλήλων δύο, ἐκ δὲ τούτων σω-

---

2 ἀποδεδομένον G: ἀποδεδομένων Α(?)Τ: ἀποδεδεμένων Μ
ἐντὸς AG: ἐντὸ Τ   3 ἀλύτως Τ   f. ἐκ δὲ τοῦ ἀξονίου,
nisi lacunam post ἀξονίῳ statuere mavis   4 ἀποδεδόσθω a:
ἀποδεδέσθω Μ   6—7 f. τῆς ... τοῦ τύλου post πορείαν
(lin. 5) transpon. aut omnino del. cf. p. 348, 4   13 ἀλυσιδίου Τ
f. σπάρτος ⟨ἐκδεθεῖσα⟩   18 κατὰ: μετὰ Brinkm.   19 ποιήσεται Τ   21 ἀναπυτισθῆναι Μ. cf. p. 352, 10   23 f. συμφυὴς
⟨τούτῳ⟩. cf. p. 384, 4

ein Kettchen ηϑϰ um eine kleine Achse, die innerhalb des
Altars liegt (Fig. 93b)[1]) und sich leicht dreht. Von der 3
kleinen Achse leite man eine Schnur nach dem Gegengewicht
(Antriebsgewicht). Diese Schnur wird nach dem Vorrücken
5 (des Automaten) von dem Antriebsgewichte gespannt, dreht
die kleine Achse und schiebt das Plättchen zur Seite, und
sobald die Öse vom Pflocke abgesprungen ist[2]), kommt
das Weitere zur Ausführung. Unter dem Loche ε stehe
eine Lampe μν mit der Flamme unter der Öffnung. Wie
10 oben bemerkt, liege auf dem Altar Material, welches leicht
angezündet werden kann.' Leichter als die übrigen Dinge 4
können das die Hobelspäne. Bewegt sich der Radkasten
nun vorwärts und bleibt darauf stehen, dann wird die an
das Kettchen gebundene[3]) Schnur sich spannen und das
15 Plättchen ζη anziehen, so dafs die Öffnung frei wird und
die Flamme nach oben schlägt und das Altarfeuer anzündet. Dasselbe Verfahren denke man sich auch bei dem
anderen Altare, nur dafs die lockere Schlinge der Schnur[4])
gröfser sein mufs als die eben erwähnte, damit während
20 der folgenden Bewegungen die Schnur sich spannt und
das andere Feuer anzündet.

III   Nach dem Opfer soll aus dem Thyrsus Milch Ausflufs von
aufspritzen, aus dem Becher Wein.   Wein und Milch
                                                  aus Becher
2   Die Ausführung ist folgende. Unter Bacchus' und Thyrsus.
                                                  Fig. 94 a u. 94 b.

1) Sie ist hier horizontal gedacht; die handschriftlichen
Figuren stellen sie vertikal. Vgl. die Bemerkung zu Fig. 93
in der Einleitung.
2) Die Worte: 'sobald ... abgesprungen ist' gehören, falls
echt, vermutlich weiter oben hinter die Worte 'dem Vorrücken
des Automaten'. Denn die Öse der die Vorwärtsbewegung ver-
mittelnden Schnur mufs eher von dem Pflocke ξ an der Walze
(s. oben S. 359, 1) abspringen und so mit Hilfe der lockeren
Schnurlagen das Stillstehen des Automaten herbeiführen, als die
vom Antriebsgewichte nach den Apparaten für die Bewegungen
am Orte (also hier nach dem Altare) gehenden Schnüre in
Thätigkeit treten. Vgl. aber die Einl. zu Fig. 93 am Ende.
3) Das Wort 'gebundene' ist nach Vermutung übersetzt.
4) Es ist die nach dem Antriebsgewichte führende Schnur
gemeint.

ληνάρια ἀνατείνοντα εἰς τὸ ἐντὸς μέρος τοῦ Διονύσου
φέροντα τὸ μὲν εἰς τὸν θύρσον, τὸ δὲ εἰς τὸν σκύφον.

3 Ἔστω δὲ ἡ μὲν βάσις τοῦ Διονύσου ἡ ΑΒ, ὁ δὲ
συμφυὴς τούτῳ σωλὴν ὁ ΓΔ· τὰ δὲ ἐν αὐτῷ τρυπήματα
τὰ Ε, Ζ· τὰ δὲ ἐκ τούτων ἀνατείνοντα σωληνάρια 5
τὰ ΖΗ, ΕΘ, τὸ μὲν ΖΗ εἰς τὸν θύρσον, τὸ δὲ ΕΘ
εἰς τὸν σκύφον. ἔστω δὲ καὶ ὁ ἐπικείμενος πυρὴν
τῷ ναΐσκῳ ὁ ΚΛΜ. ἐντὸς δὲ τούτου ἀγγεῖον ἔστω
τὸ ΝΞ μέσον διάφραγμα ἔχον τὸ Ο. καὶ ἐκ μὲν τοῦ
ΝΟ ἀγγείου φερέτω σωλὴν ὁ ΠΡΣΤ εἴς τινα ἕτερον 10
σωλῆνα τὸν ΥΦ συνεσμηρισμένον τῷ ΓΔ σωλῆνι,
συμφυῆ δὲ ὄντα ἐκ τῶν ὑποκάτω μερῶν τῷ καταστρώ-
4 ματι, ἐφ᾽ ὃ ὁ ναΐσκος ἐπίκειται. τὸ δὲ Τ τρύπημα κείσθω κατὰ τὸ Ε. ἐκ δὲ τοῦ ΞΟ ἀγγείου... ἕτερος σωλὴν
ὁ ΧΨΩϚ καὶ φέρων ὁμοίως εἰς τὸν ΥΦ σωλῆνα. 15
τὸ δὲ Ϛ τρύπημα κείσθω κατὰ τὸ Ζ. οὐκοῦν ἐάν τις
ἐν μὲν τῷ ΟΝ ἀγγειδίῳ οἶνον ἐγχέῃ, ἐν δὲ τῷ ΞΟ
γάλα, κειμένων τῶν Ε, Ζ τρυπημάτων κατὰ τὰ Τ, Ϛ
ἐνεχθήσεται ὁ μὲν οἶνος εἰς τὸν σκύφον, τὸ δὲ γάλα
5 εἰς τὸν θύρσον. ἵν᾽ οὖν στέγῃ τὰ ὑγρὰ τὸν πρότερον 20
χρόνον, κλεὶς ἔστω ἡ Ϟ Τ ἀποκλείουσα, ὡς εἴρηται, τὰ
ὑγρὰ δι᾽ ἐπιτονίου τοῦ ‚Α, περὶ ὃ ἀγκύλη σπάρτου
περιβεβλήσθω χάλασμα †ἔχουσα καὶ ἀποδεδομένη εἰς

---

1 ἀνατείνοντα A mg. GT₂: ἀνατείνονται A₁T₁   2 φέροντα
AG: συμφέροντα T   4 τρυπήματα AG: τρύπημα τι T
6 f. ⟨φέροντα⟩ τὸ μὲν. cf. p. 384, 2   8 ὁ om. G
12—13 καταστρώματι Τ: καταστρόματι AG   14 lacunam statui.
f. ⟨καθείσθω⟩ vel, dummodo καὶ φέρων deleantur, ⟨φερέτω⟩.
cf. lin. 10. p. 386, 7: καταφερέτω pro καὶ φέρων Hild.   17 τῷ
(post δὲ) M: τὸ a   21 Ϟ‚Τ scripsi: q̄τ a (τ ex Ϛ corr. G):
Ϟ⅋ Brinkm.   22 σπάρτου M: σπάρτος a   23 f. ἐχούσης
ἀποδεδομένη a: ἀποδεδεμένη M: f. ἀποδεδομένης

Füſse (Fig. 94 a)[1]) wird ein mit ihm in Verbindung
stehendes Rohr gesetzt, das auf der Oberfläche mit zwei
nahe bei einander liegenden Löchern versehen ist. Von
diesen steigen kleine Röhren ins Innere des Bacchus empor,
5 eine führt nach dem Thyrsus, die andere nach dem Becher.[2])
Die Basis des Bacchus sei $\alpha\beta$, der mit ihm verbundene 3
Cylinder (Rohr) $\gamma\delta$, die Löcher darin ε und ζ, die von
da aufsteigenden Röhren $\zeta\eta$ und $\varepsilon\vartheta$, von denen $\zeta\eta$ in
den Thyrsus, $\varepsilon\vartheta$ in den Becher führt. Ferner sei $\varkappa\lambda\mu$ das
10 auf das Tempelchen geşetzte Dach; innerhalb desselben
stehe ein Gefäſs $\nu\xi$ mit einer Scheidewand o in der Mitte.
Aus der Gefäſskammer νo führe eine Röhre $\pi\varrho\sigma\tau$ in
einen anderen Cylinder (Rohr) $\nu\varphi$, welcher mit dem
Cylinder $\gamma\delta$ verpaſst und von unten mit der Überdeckung
15 verbunden ist, auf welche der Tempel gestellt ist. Die 4
Öffnung τ liege ε gegenüber. Aus der Gefäſskammer ξo
führe eine andere Röhre $\chi\psi\omega\varsigma$ in gleicher Weise nach dem
Cylinder $\nu\varphi$. Die Öffnung ς liege ζ gegenüber. Gieſst
man nun in die kleine Kammer $o\nu$ Wein, in ξo Milch,
20 so wird der Wein in den Becher, die Milch in den Thyrsus
flieſsen, wenn die Löcher ε, ζ den Öffnungen τ, ς gegenüber liegen. Um nun nicht gleich im ersten Augenblicke 5
die Flüssigkeiten auslaufen zu lassen, werde ein Verschluſs $\mathsf{G}\tau$ eingerichtet, welcher, wie gesagt, die Flüssig-
25 keiten vermittelst eines Hahnes α abschlieſst. Um diesen
lege man eine Öse einer mit einer lockeren Lage versehenen und nach dem Gegengewichte geleiteten Schnur,
damit sie, im rechten Augenblicke gespannt, den Hahn

---

1) Vgl. auch vorn die handschriftliche Figur 94 c.
2) Eine bildliche Darstellung (Gemälde) einer ähnlichen
Bacchusspende ist in Pompeji in einem zum Tempel des Apollo
gehörigen Raume gefunden und noch erhalten. Ein jugendlich
schöner Bacchus, welcher in der Linken einen Thyrsus hält,
gieſst stehend mit der Rechten einen Becher Weins auf einen
zu seinen Füſsen sitzenden Panther aus. Statt der tanzenden
Bacchantinnen zeigt das Bild allerdings einen die Leier spielen-
den Silen, auf welchen sich Bacchus leicht stützt. Vgl. die
Nachbildung Overbeck-Mau S. 103.

τὴν λείαν, ὅπως κατὰ τὸν δέοντα καιρὸν ταθεῖσα ἐπιστρέψῃ τὸ ἐπιτόνιον καὶ ἐνεχθῇ τὰ ὑγρά. πάλιν δὲ
ἐπιστραφέντος τοῦ Διονύσου καὶ τοῦ ἑτέρου βωμοῦ
ἀνακαυθέντος, δεῖ πάλιν ῥεῦσαι τόν τε οἶνον καὶ τὸ
γάλα· στρέφεσθαι δὲ οὕτως ἡμικυκλίου †περιφέρεια. ⁵
6 γεγονέτω κατὰ διάμετρον τοῖς Τ,ϛ τρήμασιν ἕτερα
τρήματα τὰ ˏΒ, ˏΓ, καὶ ἐκ μὲν τοῦ ˏΒ φερέτω σωλὴν
εἰς τὸν ΡΣ ὁ ˏΒˏΔ, ἐκ δὲ τοῦ ˏΓ ἕτερος σωλὴν εἰς
τὸν ΨΩ ὁ ˏΓˏΕ. ὅταν ἄρα ἐπιστραφέντος τοῦ Διονύσου γένηται τὰ Ε, Ζ τρυπήματα κατὰ τὰ ˏΒ, ˏΓ, καὶ ¹⁰
²⁵⁷ πάλιν ἀνοιχθήσεται ἡ ϟˏΤ κλεὶς, καὶ ῥεύσει ὁμοίως | ὅ
τε οἶνος καὶ τὸ γάλα. [ἀνοίγεται δὲ ἡ κλεὶς ἑτέρας
σπάρτου ἐπισπασαμένης τὸ ἐπιτόνιον εἰς τὰ ἕτερα †βάρη.]
7 δεῖ δὲ τοὺς ΡΣ, ΨΩ σωλῆνας δι' ἑνὸς κιονίσκου
τῶν ἐν τῷ ναΐσκῳ κοίλου ὄντος ἐνεχθῆναι ὑπὸ τὴν ¹⁵
βάσιν τοῦ ναΐσκου, ὅπως ἀφανεῖς ὑπάρχωσιν. ἐπιστρέφεται δὲ ὁ Διόνυσος σὺν τῇ ἐπικειμένῃ Νίκῃ τῷ
πυρῆνι οὕτως. καθείσθω ἄξων συμφυὴς ὢνˏτῇ Νίκῃ
διὰ τοῦ πυρῆνος ὁ ˏϛˏΖ εὐλύτως στρεφόμενος περὶ
κνώδακα τὸν ˏΖ, καὶ περὶ αὐτὸν περιειληθεῖσα σπάρτος ²⁰
διὰ τροχίλου τοῦ ˏΗ ἀποδεδόσθω εἰς τὴν βάσιν τοῦ
ναΐσκου καὶ διὰ τροχίλου τοῦ ˏΘ εἰς τὸ ὑπερέχον τοῦ
8 ΓΔ σωλῆνος. οὐκοῦν ἐὰν ἐπιστρέψῃ τις τὸν ΓΔ
σωλῆνα, ἀπειλήσει τὴν περὶ τὸν ˏϛˏΖ ἄξονα σπάρτον

1—2 ἐπιστρέψει Τ   5 f. στρέφεται   οὕτως: οὗτος Brinkm.
f. περιφέρειαν   6 γεγονέτω Α₁Τ₁: γενέσθω Α₂ G   f. γεγονέτω
⟨δὲ⟩ sive γ. ⟨οὖν⟩   10 καὶ ΑGΤ₂: εἰς Τ₁, sed obliteravit
11 ϟˏΤ scripsi: q̄τ̄ ΑG: q̄ϛ̄ Τ: ϟ☙ Brinkm.   11—12 ὅ τε ὁ
οἶνος G   12—13 ἀνοίγεται … βάρη seclusi   13 βάρη ΑΤ:
βάρα G: f. μέρη. cf. p. 388, 2   20 σπάρτος Ambros. C 266 infer.
marg., Barb. ΙΙ 82: om. a   21 ἀποδεδόσθω a: ἀποδεδέσθω Paris.
suppl. 11, Μ₂   22 καὶ Μ: om. a   24 ˏϛˏζ Μ₂: ˏϛˏζ a

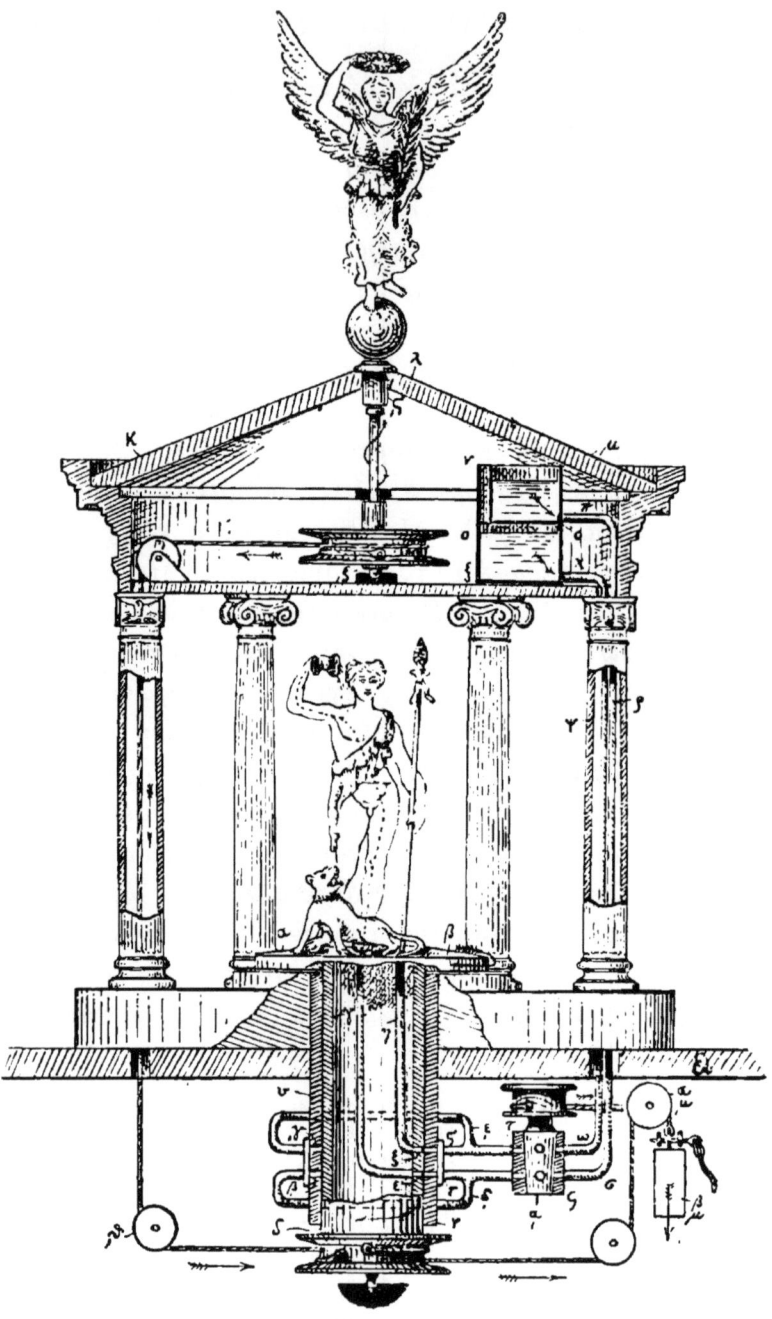

Fig. 94 a.

καὶ ἅμα ἐπιστρέψει τὴν Νίκην καὶ τὸν Διόνυσον·
ἐπὶ τὰ αὐτὰ δὲ ἔστω μέρη ἡ ἐπιστροφὴ αὐτῶν· καὶ
ἴσος δὲ ἔστω κατὰ τὸ πάχος ὁ ͵ς ͵Ζ ἄξων τῷ ΓΔ
σωλῆνι, ὅπως ἅμα ἀποκατασταθῶσιν ἥ τε Νίκη καὶ
ὁ Διόνυσος μηδὲν παραλλάσσοντες κατὰ τὴν θέσιν. 5
ἵνα γοῦν αὐτόματον τοῦτο γίνηται, ἐπειλήσθω ἑτέρα
ἄλυσις περὶ τὴν ὑπεροχὴν τοῦ ΓΔ σωλῆνος καὶ διὰ
9 τροχίλου τοῦ $\overset{A}{M}$ εἰς βάρος ἀποδεδόσθω τὸ $\overset{B}{M}$. ὁ δὲ
συγκεκοινωμένος τῷ βάρει κρίκος χειρὶ κατεχέτω καὶ
σχαστηρίᾳ, καθάπερ ἐπὶ τῶν καταπελτῶν γίνεται, 10
ὅπως τῆς σχαστηρίας ἀπολυθείσης ἀπό τινος σπάρτου τὸ βάρος κατενεχθὲν ἐπιστρέψῃ τόν τε Διόνυσον
καὶ τὴν Νίκην. καὶ ἡ ͵Η ͵Θ δὲ σπάρτος δι' ἑτέρου
κιονίσκου κρυπτέσθω, καθάπερ καὶ ἐπὶ τῶν σωλήνων
εἴρηται. 15

XIV Μετὰ δὲ τὸ σπεῖσαι πρώτως τὸν Διόνυσον δεή|σει
258 κυμβάλων καὶ τυμπάνων κτύπον γενέσθαι.

Γίνεται δὲ καὶ τοῦτο οὕτως· ἐν τῇ κάτω βάσει, ἐν
ᾗ εἰσι καὶ οἱ τροχοί, ἀγγεῖον τίθεται ἔχον σφαιρία
μολιβᾶ συρρέοντα εἰς τὸν πυθμένα. ἐν δὲ τῷ πυθμένι 20
τρῆμα γίνεται εὐλύτως δυνάμενον δέξασθαι τὰ σφαιρία, κλειθρίον ἔχον ἀνοιγόμενον ὑπὸ τῆς σπάρτου,
ὅταν δέῃ. ὑπόκειται δὲ τῷ τρήματι τυμπάνιον ἐπικε-
2 κλιμένον· καὶ τούτῳ ἐξήφθω κυμβάλιον. ἐκπίπτοντα
οὖν τὰ σφαιρία κρούσει πρῶτον τὸ τυμπάνιον καὶ ἐκ 25

1 νίκην AG: κίνην T   6 f. οὖν   γίνεται T   ἐπειλείσθω G
8 ἀποδεδόσθω a: ἀποδεδέσθω M   9 κατεχέσθω sive κα-
τέχεται Brinkm.   11 f. ὑπό. sed cf. p. 152, 6   14 κρυπτέσθω
M: κριπτέσθω a   καὶ om. T   16 πρῶτον M   18 τούτου T
καταβάσει G. cf. p. 396, 8, sed v. Heron. Mens. 16 p. 192, 6 ed. Hu.
20 μολιβᾶ M   22 ἀποιγόμενον T   23 δέη AG (ex δεήσει
corr. A): δεήσει T

umdreht und damit die Flüssigkeit (weiter) fliefsen kann. Wenn dagegen Bacchus sich umgewendet hat und auf dem anderen Altare das Feuer angezündet ist, so mufs wiederum der Wein und die Milch fliefsen. Des Bacchus Drehung
5 macht so einen Halbkreis aus. Man bohre diametral ent- 6 gegengesetzt den Löchern τ, ς andere Löcher β, γ; und von β führe eine Röhre β,δ nach $\varrho\sigma$, von γ eine andere γ,ε nach $\psi\omega$. Wenn also nach der Drehung des Bacchus die Löcher ε, ζ gegenüber β, γ liegen, so öffnet man den Ver-
10 schlufs ς,τ wieder, und Wein und Milch fliefseu in gleicher Weise. [Der Verschlufs wird dadurch geöffnet, dafs eine zweite Schnur den Hahn nach der anderen Seite[1]) dreht.[1])] Die Röhren $\varrho\sigma$, $\psi\omega$ müssen durch eine kleine, hohle Säule am 7 Tempel unter dessen Basis führen, damit sie nicht sichtbar
15 sind. Bacchus dreht sich aber zugleich mit der auf dem Tempeldache stehenden Nike auf folgende Weise. Man lasse durch das Dach eine mit der Nike verbundene Achse ς,ζ hinab, die sich leicht um einen Zapfen ζ dreht, und man leite eine um sie gewickelte Schnur vermittelst einer Rolle η
20 nach der Basis des Tempelchens und mittels einer Rolle ϑ nach dem überstehenden Ende des Cylinders $\gamma\delta$. Wenn 8 man nun den Cylinder $\gamma\delta$ dreht, wird man die um die Achse ς,ζ laufende Schnur abwickeln und zu-gleich Nike und Bacchus drehen. Dereu Drehung

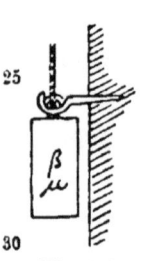

25 erfolge aber nach derselben Richtung. An Um-fang sei die Achse ς,ζ (bez. ihre Welle) dem Cylinder $\gamma\delta$ gleich, damit Nike und Bacchus zu gleicher Zeit unverändert in ihre frühere Stellung zurückkehren. Um diese Bewegung
30 automatisch zu machen, wickle man eine andere
Fig. 94b. Kette um den hervorstehenden Teil des Cylin-ders $\gamma\delta$ und leite sie über eine Rolle $\overset{\alpha}{\mu}$ nach einem Ge-wichte $\overset{\beta}{\mu}$. Der an dem Gewichte befestigte Ring halte 9

1) 'Seite' ist nach Vermutung übersetzt, da der griechische Text verderbt ist. Der ganze Satz ist interpoliert. S. die Ein-leitung zu Figur 94.

τούτου ἀποπίπτοντα εἰς τὸ κυμβάλιον τὸν ἦχον ἀποτελέσει. δύναται δὲ μέσον διάφραγμα λαβὸν τὸ ἀγγεῖον δύο χώρας ποιῆσαι, ὥστε ἐν ἑκατέρᾳ εἶναι σφαιρία ⟨καὶ⟩ τὰ μὲν ἐν τῇ μιᾷ χώρᾳ τὸν πρῶτον ἦχον ἀπο-

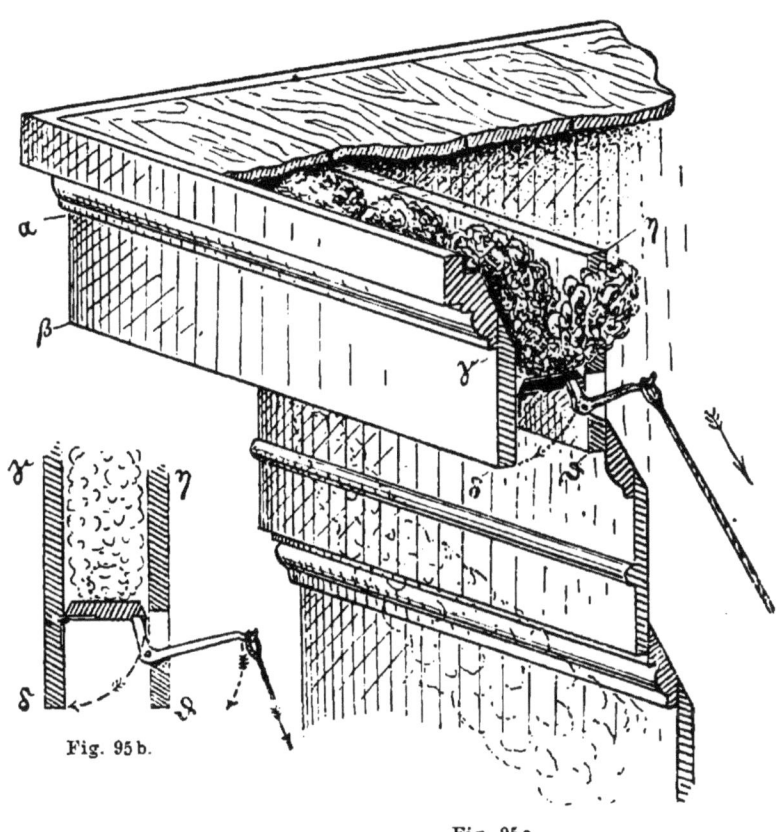

Fig. 95 b.

Fig. 95 a.

τελεῖν, τὰ δὲ ἐν τῇ ἑτέρᾳ τὸν ἑξῆς, κλειθρίου ὁμοίως 5 ἀνοιχθέντος.

XV   Ἑξῆς δὲ δεῖ τὸ περιστύλιον στεφανωθῆναι τὸ ἐν τῇ βάσει.

dieses mit Hilfe einer Hand (Cheir, zweier handartig gebogenen Stifte, Fig. 94 b) und eines Abzuges (Schasteria),
wie er bei den Katapulten verwendet wird, (oben) zurück,
damit das Gewicht (erst) niedersinkt und Bacchus und
5 Nike umdreht, sobald der Abzug von einer Schnur los-
gemacht (zurückgezogen) ist. Auch die Schnur η,ϑ leite
man versteckt durch eine andere kleine Säule, wie es
schon bei den Röhren angegeben wurde.

XIV   Nach der ersten Spende des Bacchus soll Cymbeln-   Cymbelnschall
10 schlag und Trommelklang erschallen.   und
Dies macht man folgendermafsen. In dem unteren Trommelklang.
Raume des Sockels, in welchem auch die Räder sind,
wird ein Gefäfs mit kleinen, nach dem Boden hin zu-
sammenrollenden Bleikugeln aufgestellt. In den Boden
15 wird ein Loch gebohrt, welches die Kugeln leicht aufzunehmen vermag, und mit einem kleinen Schieber (Verschlufs) versehen, der von der Schnur im richtigen Augenblicke geöffnet wird. Unter dem Loche steht eine kleine
Trommel angelehnt, und daran sei ein kleines Becken be-
20 festigt. Fallen nun die Kugeln heraus, so schlagen sie 2
zuerst auf die kleine Pauke und rufen, indem sie von
dieser auf das Becken springen, den Schall hervor. Wenn
das Gefäfs in der Mitte eine Scheidewand bekommt, kann
es zwei Kammern bilden, so dafs in jeder Kugeln sind
25 und die in der einen den ersten Schall hervorbringen,
die in der andern den nächsten, nachdem in ähnlicher
Weise ein Schieber geöffnet ist.

XV   Nun mufs das Peristyl (d. h. die Pilaster) an   Bekränzung
dem Unterbau bekränzt werden.   der Pilaster.
                                   Fig. 95 a u. 95 b.
30   Das macht man so. Man stelle sich vor, dafs der   2
äufseren Brüstung (Rahmen) $\alpha\beta\gamma\delta$ (Fig. 95 a) auf dem
viersäuligen Unterbau innen ein anderer Rahmen $\varepsilon\zeta\eta\vartheta$
entspreche, so dafs der Raum zwischen den beiden Rahmen
nach unten leer (Fig. 95 b) ist. Es wird aber eine recht-
35 eckige Guirlande (Geflecht aus Kränzen), in beliebiger,

---

4 $\varkappa\alpha\grave{\iota}$ inserui   5 $\varkappa\lambda\eta\vartheta\varrho\acute{\iota}o\nu$ T

2 Γίνεται δὲ οὕτως· νοείσθω τὸ θωράκιον τὸ ἐπικείμενον ἐν τῷ τετραστύλῳ τὸ ΑΒΓΔ ἔχον ἐντὸς ἕτερον θωράκιον τὸ ΕΖΗΘ, ὥστε τὴν μεταξὺ τῶν δύο χώραν θωρακίων κενὴν ἐκ τοῦ κάτω μέρους ὑπάρχειν. γενηθὲν δὲ πλέγμα ἐκ στεφάνων †τετραγώνων 5 πλοκῇ οἵᾳ ἐάν τις βούληται καὶ πρὸς τὴν ὄψιν εὐαρμόστως καὶ τοῦτο πτυγὲν ἐγκρύπτεται εἰς τὸν εἰρημένον μεταξὺ τῶν θωρακίων τόπον τὰς ἄνω ἀρχὰς
3 ἐξημμένας ἔχον ἐκ τοῦ θωρακίου. καὶ ἵνα μὴ αὐτόματον καταφέρηται, σανίδιον ἐπίμηκες ἁρμόζον τῷ 10 μεταξὺ τῶν θωρακίων τόπῳ καθ᾽ ἑκάστην πλευρὰν τοῦ
· θωρακίου γίνεται, ὥστε ἐπιπωμάσαι τὸ πλέγμα καὶ
259 συσχεῖν εἰς τὸ ἄνω μέρος. ἵνα δὲ μὴ αὐτόματα τὰ σανίδια ἀποπίπτῃ, ἐκ τῆς μιᾶς πλευρᾶς τῆς εἰς τὸ ἐντὸς τοῦ θωρακίου μέρος στροφωμάτια εὔλυτα λαμ- 15 βάνει, ἵνα ὅταν ἐπιπωμασθῇ, ἐκ τοῦ ἑτέρου μέρους
4 ἐπιστρεπτᾷ κόρακι κατέχηται, ὥστε μὴ ἀνοίγεσθαι. ἐκ δὲ τοῦ ἑτέρου μέρους τοῦ κόρακος ἀγκύλη σπάρτου περιτίθεται, ἥτις ταθείσης τῆς σπάρτου καὶ τοῦ κόρακος ἐπιστραφέντος ἀποπίπτει. καὶ οὕτως τὸ πλέγμα 20 καθίεται. ἕξει δὲ τὸ πλέγμα εἰς τὰ κάτω μέρη βαρύλλια μολιβᾶ ἐκδεδεμένα πρὸς τὸ ταχέως καταφέρεσθαι.

XVI Τὸ λοιπὸν δὲ δὴ καταλείπεται ὑποδεῖξαι, πῶς αἱ Βάκχαι χορεύουσι κατὰ τὸν δέοντα καιρόν.
Γίνεται οὖν καὶ τοῦτο οὕτως· ὁ ναΐσκος ὁ στρογ- 25 γύλος, ἐν ᾧ ἐστιν ὁ Διόνυσος, στυλοβάτην ἐχέτω στρογγύλον καὶ λεῖον κατὰ τὸ ὕψος. ἔστω οὖν οὗτος ὁ ΑΒΓΔ· περὶ δὲ τοῦτον περικείσθω ἴτυς ἡ

---

1 f. δὲ ⟨καὶ τοῦτο⟩. cf. p. 382, 22. 388, 18. 396, 10   1—3
θωράκιον ... ἕτερον om. G, add. G mg.   5 f. τετράγωνον
6—7 f. εὐαρμόστῳ   7 ἐκκρύπτεται T   9 ἔχον Fr. Haase

aber dem Auge gefälliger Form geflochten; und zwar wird
diese zusammengefaltet und in dem genannten Raume
zwischen den beiden Rahmen versteckt gehalten, indem
ihre oberen Enden an den Rahmen gebunden sind. Damit 3
5 sie nicht von selbst herunterfällt, wird ein kleines, längliches Brett, das in den Zwischenraum zwischen den
Rahmen pafst, auf jeder Seite des Rahmens angebracht,
um die Guirlande zu verdecken und nach oben zusammen-
zuhalten. Damit die Bretter nicht von selbst herunter-
10 fallen, erhalten sie auf der einen Seite im Innern des
Rahmens leicht drehbare Scharniere, damit sie, wenn sie
zugeklappt sind, auf der anderen Seite durch einen drehbaren Winkel (Kórax, Haken) festgehalten werden, so dafs
sich nicht (von selbst) öffnen können. Auf der anderen 4
15 Seite des Winkels legt man die Öse einer Schnur herum,
welche abfällt, sobald die Schnur gespannt und der Winkel
gedreht ist. Und so wird die Guirlande heruntergelassen.
Unten werden an die Guirlande kleine Bleikugeln gebunden,
damit sie schnell herunterfällt.

⟨VI   Es bleibt nun noch das Übrige zu zeigen, nämlich   Tanz der
21 wie es kommt, dafs die Bacchantinnen zu rechter   Bacchantinnen.
Zeit tanzen.   Fig. 96a—c.[1])

Dies wird folgendermafsen ausgeführt. Das runde
Tempelchen, in dem Bacchus steht, sei mit einem runden
25 und am Rande glatten Säulenstand (Stylobatstufe) versehen; das sei $\alpha\beta\gamma\delta$ (Fig. 96a). Um diesen liege ein

---

1) Vgl. auch die allerdings ungenaue handschriftliche
Figur 96d in der Einleitung.

---

in schedis Schoenianis: $\check{\epsilon}\chi\omega\nu$ a   10 $\dot{\alpha}\varrho\mu\acute{o}\zeta o\nu$ M₂: $\dot{\alpha}\varrho\mu\acute{o}\zeta\eta$ a
14 $\dot{\alpha}\pi o\pi\acute{\iota}\pi\tau\epsilon\iota$ T   15 $\check{\epsilon}\varkappa\tau\grave{o}\varsigma$ G   17 $\varkappa\alpha\tau\acute{\epsilon}\chi\epsilon\tau\alpha\iota$ a, corr. Fr. Haase
in schedis Schoenianis   f. $\mu\grave{\eta}$ ⟨$\alpha\dot{\upsilon}\tau\acute{o}\mu\alpha\tau\alpha$⟩   18 $\mu\acute{\epsilon}\tau\varrho o\upsilon\varsigma$ T
19 $\pi\epsilon\varrho\iota\tau\acute{\iota}\vartheta\epsilon\tau\alpha\iota$ . . . $\sigma\pi\acute{\alpha}\varrho\tau o\nu$ om. T₁, add. T₂   21 $\tau\grave{o}$ om. T
22 $\mu o\lambda\upsilon\beta\delta\tilde{\alpha}$ M   23 $\delta\grave{\epsilon}$ supra scr. G $\delta\grave{\eta}$ in litura, η ex $\epsilon\iota$ (?)
et' ex ⌢ corr., A   24 an $\chi o\varrho\epsilon\acute{\upsilon}\sigma o\upsilon\sigma\iota$?   25 $\acute{o}$ (ante $\sigma\tau\varrho o\gamma\gamma\acute{\upsilon}$-
$\lambda o\varsigma$) om. T   27 $\tau\grave{o}$ $\ddot{\upsilon}\psi o\varsigma$: an $\varkappa\varrho\acute{o}\tau\alpha\varphi o\nu$? cf. 394, 2. 360, 8
28 $o\tilde{\upsilon}\tau o\varsigma$ om. T $\acute{o}$ AG: $\tau\grave{o}$ T $\tau o\acute{\upsilon}\tau o\nu$ ex $\tau o\acute{\upsilon}\tau\omega\nu$ corr. AT:
$\tau o\acute{\upsilon}\tau\omega\nu$ G

ΕΖΗΘΚΛΜΝ ἁρμοστὴ τῷ στυλοβάτῃ, ὥστε εὐλύτως
2 περὶ αὐτὸν στρέφεσθαι. περὶ δὲ τὸν κρόταφον τῆς
ΚΛΜΝ περιφερείας ἐντετορνεύσθω σωλήν, ἐν ᾧ
σπάρτος ἐπειληθεῖσα ἐγκεκοιμίσθω [εἰς τὸ βάθος
τοῦ σωλῆνος], ἧς ἡ μὲν μία ἀρχὴ κεκρούσθω δι' 5

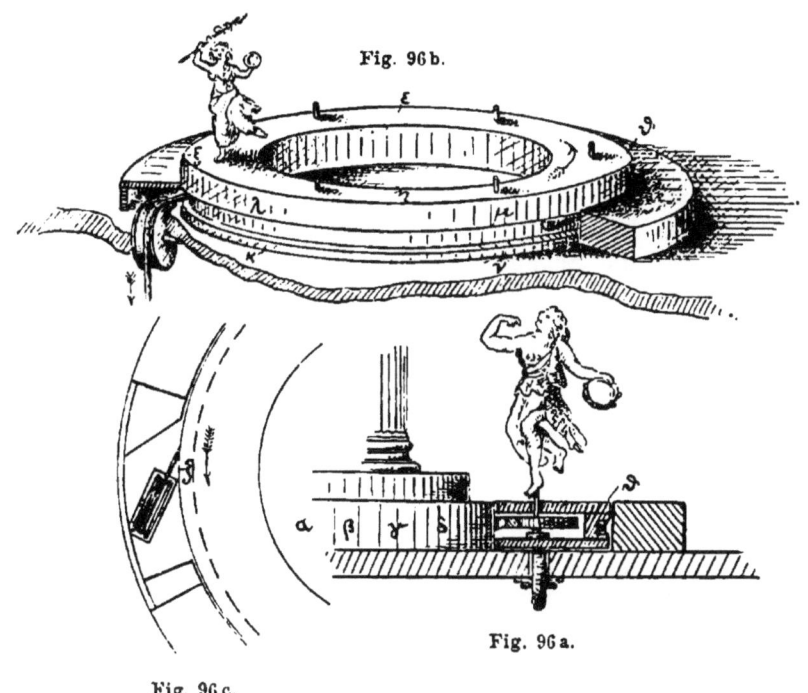

Fig. 96 b.

Fig. 96 a.

Fig. 96 c.

ἐπιούρου εἰς τὸ βάθος τοῦ σωλῆνος, ὥστε μηκέτι ἐκ-
3 σπᾶσθαι· ἡ δὲ ἑτέρα διὰ τροχίλου ἀποδεδόσθω εἰς τὸ
κάτω μέρος τοῦ θωρακίου καὶ ἐπειλήσθω εἰς ἕτερον
σωλῆνα ἐνόντα ἐν τῷ τυμπάνῳ, ᾧ συμφυὴς ἔστω ἄξων
εὐλύτως στρεφόμενος. τῷ δὲ ἄξονι περιειλήσθω ἑτέρα 10
σπάρτος καὶ ἀποδεδόσθω εἰς τὴν λείαν. συμβήσεται
οὖν ταθείσης τῆς περὶ τὸν ἄξονα σπάρτου ἐπειλεῖσθαι

Ring $εζηϑκλμν$ (Fig. 96b), welcher zu der Stufe pafst,
so dafs er sich leicht um ihn dreht. Rings in den äufseren 2
Rand $κλμν$ drechsle man eine Rille, auf welche eine
Schnur gewickelt werde. Diese bette man in die Tiefe
5 der Rille. Das eine Ende der Schnur stofse man mit
Hilfe eines Nagels tief in die Rille, so dafs sie nicht
wieder herausgezogen werden kann. Das andere Ende
leite man mittels einer Rolle (Fig. 96b und 96c) (innen)
nach dem unteren Teile der Brüstung und wickle es in
10 eine andere Rille, die sich in einer Welle befindet, mit
welcher eine leicht drehbare Achse verbunden sei. Um
die Achse sei eine andere Schnur geschlungen und (von
da) nach dem Gegengewichte geleitet. Ist nun die um 3
die Achse laufende Schnur gespannt, so wird die Folge
15 sein, dafs die Schnur von dem Ringe sich (mittels der
Rolle) auf die mit der Achse verbundene Welle wickelt
und dafs so die Bacchantinnen tanzen.[1]) Da sie nun zwei-
mal tanzen müssen, so ist die um die Achse geschlungene
Schnur mit einer quergezogenen, lockeren Schlinge ver-
20 sehen, um die Bacchantinnen mittels des lockeren Teiles
der Schnur zum Stehen zu bringen; ist die Schnur aber
gespannt, werden sie wieder tanzen. Die Bacchantinnen
sollen nämlich auf dem genannten Ringe stehen.

VII   Alle Schnüre aber, die aus dem unteren Raume   Versteckte
25 des Sockels nach dem Gegengewichte geleitet werden,   Anbringung
müssen unsichtbar sein.   der Schnüre.
                                                        Fig. 97.

_____

1) Dieser Tanz ist zunächst als ein Umkreisen des Tempels
zu denken, wie ja überhaupt der antike Tanz in erster Linie
ein Reigentanz war. Indessen ist wohl bei den bacchischen
Tänzen eine Umdrehung des Tänzers um sich selbst nicht völlig
ausgeschlossen. · Fig. 96a zeigt daher, wie es möglich war, die
Bacchantinnen sich auch um sich selbst drehen zu lassen.

_____

1 $στυλο̊βάτους$ T ╲ 3 $ἐντετορνευέσϑω$ a: corr. Fr. Haase in
schedis Schoenianis   4—5 $εἰς τὸ βάϑος τοῦ σωλῆνος$ delevi
cf. p. 394, 6   5 $ἧς$ AG: $εἰς$ T   7 $ἀποδεδόσϑω$ a: $ἀποδεδέσϑω$ M
8 $ἐπειλείσϑω$ M   9 f. $ἕν τω$ 10 $εὔλυτος$ T $περιειλείσϑω$ M
11 $ἀποδεδόσϑω$ a: $ἀποδεδέσϑω$ M

ἐπὶ τὸ συμφυὲς αὐτῷ τύμπανον τὴν ἐκ τῆς ἴτυος |
²⁶⁰ σπάρτον καὶ οὕτως χορεύειν τὰς Βάκχας. ἐπεὶ οὖν
δὶς αὐτὰς δεῖ χορεῦσαι, ἔχει χάλασμα διαμεμηρυμένον
ἡ περὶ τὸν ἄξονα σπάρτος, ὅπως στάσις γένηται τῶν
Βακχῶν διὰ τοῦ χαλάσματος. ταθείσης δὲ αὐτῆς πάλιν 5
χορεύσουσιν· ἐπικείσονται γὰρ τῇ εἰρημένῃ ἴτυι αἱ
Βάκχαι.
XVII Ὅσαι δὲ σπάρτοι ἐκ τῆς κάτω βάσεως εἰς τὴν λείαν
ἀποδίδονται, δεῖ ταύτας ἀφανεῖς ὑπάρχειν.

Γίνεται οὖν καὶ τοῦτο οὕτως· ἔστω γὰρ τὸ στόμα 10
τῆς σύριγγος, ἐν ᾗ ἐστιν ἡ λεία, τὸ ΑΒΓΔ, καὶ
καθείσθω διὰ τοῦ ἐν τῇ σύριγγι στόματος διάφραγμα
κατὰ τὴν ΕΖ εὐθεῖαν ἀπολαμβάνον τὸ ΔΕ διάστημα
2 ὅτι στενότατον. ἡ μὲν οὖν κέγχρος ἐμβληθήσεται εἰς
τὴν ΕΒ χώραν, αἱ δὲ σπάρτοι ἐκ τοῦ κάτωθεν μέρους 15
ἀνενεχθήσονται εἰς τὴν ΓΔΕΖ χώραν καὶ ἀποδοθή-
σονται εἰς τὴν λείαν τὴν ἐν τῇ ΑΒΖΕ χώρᾳ διὰ
τροχίλου· οὕτως γὰρ ἀφανεῖς ἔσονται πᾶσαι αἱ κάτωθεν ἀναφερόμεναι σπάρτοι. ἐπεὶ οὖν πολλῶν κινήσεων
γινομένων καὶ τῆς τοῦ πλινθίου πορείας πολλῆς ὑπαρ- 20
χούσης ἀνάγκη [μὴ] ἐξαρκεῖν τὸ τῆς σύριγγος ὕψος,
3 δεῖ καὶ τοῦτο μηχανήσασθαι. πρὸς μὲν οὖν τὸ μῆκος
τῆς πορείας δύνανται οἱ περὶ τὸν ἄξονα δύο τροχοὶ
αὐξανόμενοι πολὺ μῆκος παρέχειν ἢ τὸ τοῦ ἄξονος
πάχος ἔλασσον γινόμενον· ἅπαξ γὰρ τοῦ ἄξονος στρα- 25
φέντος κινηθήσεται τὸ πλινθίον τηλικαύτην ὁδὸν ἡλίκη

---

1 αὐτὸ G   12 καθείσθω G: καθίσθω AT   14 στενότατον scripsi: στεγνότατον a   16 ἀνενεχθήσονται M: ἀνεχθήσονται a: ἐνεχθήσονται Fr. Haase in schedis Schoenianis   18 αἱ
om. T   20 πολλῆς: μεγάλης Brinkm.   21 μὴ a, delevi: μὲν
M, Paris. suppl. 11   ἐξαρχεῖν T   25—398, 2 an ἅπαξ ...
ποιεῖν del.? v. proleg. ad fig. 97

Das erreicht man auf folgende Weise. Es sei nämlich die Öffnung[1]) des Kastens, in welchem sich das Gegengewicht befindet, $\alpha\beta\gamma\delta$ (Fig. 97). Durch seine Mündung lasse

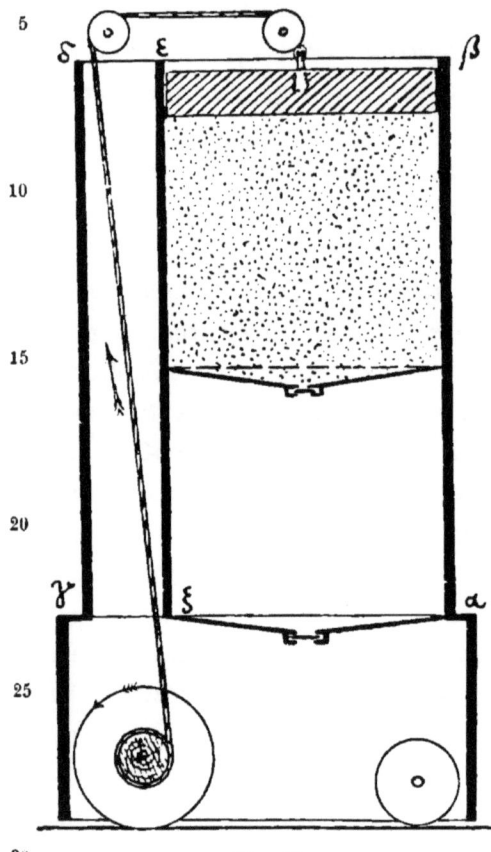

man eine Scheidewand in der Richtung der geraden Linie $\varepsilon\zeta$ mit möglichst engem Abstande $\delta\varepsilon$ hinab. Die Hirse wird nun 2 in den Raum $\varepsilon\beta$ geschüttet, die Schnüre aber werden von unten nach dem Raume $\gamma\delta\varepsilon\zeta$ geführt und mittels einer Rolle nach dem Gegengewichte in dem Raume $\alpha\beta\zeta\varepsilon$ geleitet. So werden nämlich alle Schnüre, die von unten nach oben gehen, unsichtbar sein. Trotzdem nun viele Bewegungen auszuführen sind und die Fahrt des Radkastens lang ist,

Fig. 97.

mufs doch die (geringe) Höhe des Gewichtskastens ausreichen. Daher ist noch folgende Hilfsvorrichtung zu machen. Was die Länge der Fahrt 3 (Strecke) betrifft, so kann die Vergröfserung der beiden

---

1) Diese Öffnung liegt natürlich oben. Unsere Figur giebt aber um der Deutlichkeit willen eine Seitenansicht, auf welche wir die Buchstabenbezeichnung entsprechend übertragen haben.

ἐστὶν ἡ τοῦ ἑνὸς τροχοῦ περιφέρεια. διὸ εὐλόγως
μείζονας αὐτοὺς δεῖ πειρᾶσθαι ποιεῖν.

XVIII   Οὐ μὴν ἀλλὰ καὶ οὕτως δυνατόν ἐστι.
Νοείσθω γὰρ τὸ τοῦ ἄξονος πάχος τὸ ΑΒ, ἡ δὲ
261 τοῦ συμφυοῦς αὐτῷ τροχοῦ | περιφέρεια ἡ ΓΔ, καὶ 5
ὑπερκείσθω ἕτερος ἄξων ἐν κνώδαξιν εὐλύτως στρεφόμενος, οὗ τὸ πάχος ἔστω τὸ ΕΖ. τούτῳ δὲ συμφυὲς

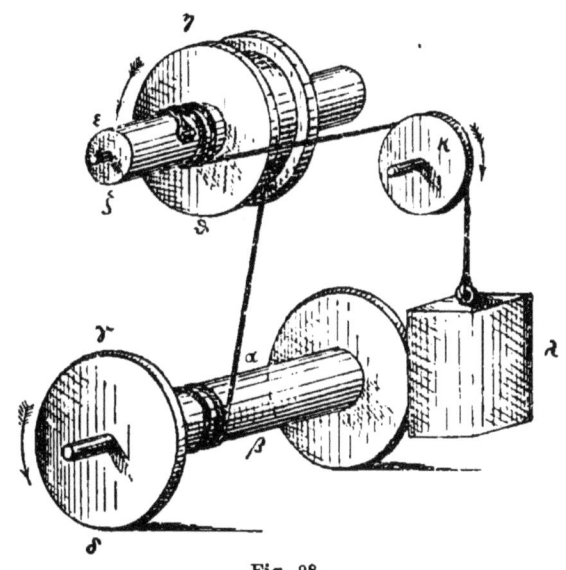

Fig. 98.

ἔστω τύμπανον τὸ ΗΘ. καὶ περὶ μὲν τὸν ΑΒ ἄξονα
σπάρτος περιειληθεῖσα ἀποδεδόσθω περὶ τὸ ΗΘ τύμπανον. ἐκ δὲ τοῦ ΕΖ ἄξονος ἑτέρα σπάρτος ἐκδεθεῖσα 10
καὶ ἐπειληθεῖσα ἀποδεδόσθω διὰ τροχίλου τοῦ Κ εἰς
2 τὴν ἐν τῇ σύριγγι λείαν τὴν Λ. συμβήσεται οὖν ἅπαξ
στραφέντος τοῦ ΕΖ ἄξονος ὀλίγον μὲν μέρος τῆς
σύριγγος κενοῦσθαι, τοσοῦτον ὅση ἐστὶν ἡ τοῦ ΕΖ
ἄξονος περιφέρεια, τὴν δὲ ἐκ τοῦ ΑΒ ἄξονος σπάρτον 15

Räder an der Achse oder die Verkleinerung des Achsen-
umfanges eine recht lange Fahrt herbeiführen. Bei einer
einzigen Achsenumdrehung wird nämlich der Radkasten
einen so grofsen Weg zurücklegen, als die Peripherie des
5 einzelnen Rades ausmacht. Deshalb mufs man verständiger-
weise die Räder gröfser zu machen suchen.[1])

[I   Indessen bietet sich noch folgende Möglichkeit.   Die Über-
Man denke sich nämlich $\alpha\beta$ (Fig. 98) als Umfang   setzung am Wellrade.
der Achse, $\gamma\delta$ als Peripherie des damit verbundenen   Fig. 98.
10 Rades. Darüber liege eine andere Achse, die sich leicht
um Zapfen dreht 'und deren Umfang $\varepsilon\zeta$ sei. Mit dieser sei
eine Welle (Radtrommel) $\eta\vartheta$ verbunden. Um die Achse $\alpha\beta$
wickle man eine Schnur und leite sie um die Welle $\eta\vartheta$.
An die Achse $\varepsilon\zeta$ binde man eine andere Schnur, wickle
15 sie darauf und leite sie mittels einer Rolle $\varkappa$ nach dem
Gegengewichte λ in dem Gewichtskasten. Wenn nun die 2
Achse $\varepsilon\zeta$ eine einzige Drehung macht, so ist die Folge,
dafs nur ein kleiner Teil des Hirsekastens geleert wird,
nämlich so viel, als die Peripherie der Achse $\varepsilon\zeta$ ausmacht,
20 und dafs die von der Achse $\alpha\beta$ kommende Schnur sich
einmal auf die Welle $\eta\vartheta$ wickelt, welche gröfser ist als
die Achse $\alpha\beta$. Daher wird die Achse $\alpha\beta$ wiederholt mitsamt dem Rade $\gamma\delta$ gedreht, und daraus ergiebt sich eine
bedeutende Länge der Fahrt. Doch mufs man sich merken, 3
25 dafs es eines gröfseren Gewichts (= einer gröfseren Kraft)
bedarf, weil die gröfseren Wellen[2]) von den kleineren[2]) bewegt werden. Dies wird nämlich gerade durch die Hebel[3])

1) Vgl. in der Einleitung die Bemerkung zu Fig. 97.
2) Wie $\eta\vartheta$ von $\varepsilon\zeta$.
3) Man erwartet eigentlich 'durch die Ungleichheit der
Durchmesser oder besser der Radien' statt 'durch die Hebel'.
Bekanntlich verhalten sich bei der mechanischen Übertragung

---

3 $\varkappa\alpha\grave{\iota}$ om. T   4 $\tau o\~{v}$ AG: $\sigma o\~{v}$ T   5 $\alpha\grave{v}\tau\~{\omega}$ scripsi:
$\alpha\grave{v}\tau o\~{v}$ a ($\alpha\grave{v}$ A)   7 $\tau o\acute{v}\tau\eta$ (sic) T   9 $\pi\varepsilon\varrho\iota\varepsilon\iota\lambda\eta\varphi\vartheta\varepsilon\~{\iota}\sigma\alpha$ T
10 $\acute{\varepsilon}\tau\acute{\varepsilon}\varrho\alpha$ AT: $\acute{\varepsilon}\tau\varepsilon\varrho o\varsigma$ G   13 $\sigma\tau\varrho\alpha\varphi\acute{\varepsilon}\nu\tau o\varsigma$ scripsi: $\sigma\tau\varrho\acute{\varepsilon}\varphi o\nu\tau o\varsigma$ a:
$\grave{\alpha}\pi o\sigma\tau\varrho\alpha\varphi\acute{\varepsilon}\nu\tau o\varsigma$ Leid. Scal. 45 (om. $\~{\alpha}\pi\alpha\xi$). cf. p. 396, 25—26

ἅπαξ ἐπειλῆσαι τὸ ΗΘ τύμπανον μεῖζον ὂν τοῦ ΑΒ
ἄξονος, ὥστε πλεονάκις τὸν ΑΒ ἄξονα στραφῆναι σὺν
τῷ ΓΔ τροχῷ καὶ διὰ τοῦτο πολὺ μῆκος τῆς πορείας
3 γίνεσθαι. εἰδέναι μέντοι χρή, ὅτι μείζονος λείας προσδεῖται διὰ τὸ τοὺς μείζονας κύκλους ὑπὸ τῶν ἐλασ- 5
σόνων κινεῖσθαι· ταῦτα γὰρ διὰ τῶν μοχλίων δὴ ἔστι.
καὶ τὰς ἄλλας δὲ τὰς ἔξωθεν τῆς πορείας κινήσεις
δυνατόν ἐστι μεγάλας οὔσας διὰ μικρῶν διαστημάτων
4 ἐπιτελεῖσθαι· ἐὰν γὰρ ἡ κινοῦσα τὸ ὄργανον τοῦ Διονύσου σπάρτος περὶ μείζονας κύκλους ἀποδιδῶται, ἡ 10
δὲ εἰς τὴν λείαν περὶ ἐλάσσονας ἄξονας καὶ συμφυεῖς
ὄντας τῷ μείζονι, καθάπερ καὶ ἐπὶ τῆς πορείας ὑπεδείξαμεν.

ΧΙΧ   Δύναται δὲ καὶ ἄλλως ἥ τε ἐπιπορεία καὶ ἡ ἀποπορεία γίνεσθαι καὶ αἱ ἔξωθεν ⟨τῆς πορείας⟩ κινήσεις. 15
Ἔστω γὰρ τὸ τῆς σύριγγος στόμα τὸ ΑΒΓΔ διαπεφραγμένον δυσὶ διαφράγμασι δι' ὅλου τοῦ ὕψους
262 τῆς σύριγγος τοῖς κατὰ τὰς ΕΖ, ΗΘ εὐθείας, | ὥστε
διὰ τοῦ μεταξὺ τόπου τῶν διαφραγμάτων τὰς κάτω
σπάρτους ἀναφέρεσθαι καὶ ἀποδίδοσθαι εἰς τὰς λείας. 20
2 ἡ μὲν οὖν ἐν τῇ ΑΒΕΖ σύριγγι λεία τήν τε ἐπι-

---

1 ἐπειλῆσαι AG: ἐπειλεῖσαι T: f. ἐπειλεῖσθαι ⟨εἰς⟩   2 ὥστε
AG: ὡς τὰ T   4—5 προσδεῖται a: an προσδεῖ? sed
cf. Kühner Gr. II 255   5—6 τοὺς μείζονας κύκλους κτέ.
cf. Heron. Mech. II 7 Dioptr. p. 334, 23 Vinc., Philon. Mech. Synt.
p. 59, 16 ed. R. Schoene, Pappi Collect. p. 1068, 20 ed. F. Hultsch
6 f. κινεῖσθαι, ⟨ὅταν περὶ τὸ αὐτὸ κέντρον κυλίωνται⟩
f. γὰρ δὴ διὰ τῶν μοχλίων tr.   μοχλικῶν δῆλά ἐστι Brinkm.
9—13 an ἐὰν γὰρ ... ὑπεδείξαμεν del.? v. proleg. ad fig. 98
9 γὰρ om. M, Paris. suppl. 11: an γὰρ del.? sed cf. Vahlen
Aristot. poet. p. 128³   ἤ om. T   9—10 τοῦ Διονύσου del.
Brinkm.   10 ἀποδίδωται codd., correxi   12 f. μείζονι ⟨κύκλῳ⟩
15 ⟨τῆς πορείας⟩ inserui. cf. lin. 7   16—17 διαπεφραγμένων T
18 τοῖς AT: τῆς G   21 τε AG: δὲ T

ermöglicht. Aber man kann auch, vom Fahren abgesehen, die anderen Bewegungen trotz längerer Dauer auf kleine Entfernungen ausführen, wenn z. B. die Schnur, welche den 4 Apparat mit dem Bacchus (s. S. 389, 23. 391, 4) bewegt, 5 um gröfsere Wellen geschlungen wird, aber die für das Gegengewicht bestimmte um kleinere Achsen, welche mit der gröfseren Welle verbunden sind, wie wir es schon beim Fahren gezeigt haben.

XIX   Die Hin- und Rückfahrt und die Bewegungen   Die Hin-
                                                  und Rückfahrt
10 am Orte lassen sich noch anders ausführen.   in anderer
   Es sei nämlich die Mündung des Gewichtskastens   Ausführung.
                                                  Fig. 99 a — c.[1]
$\alpha\beta\gamma\delta$ (Fig. 99 a und 99 b) durch zwei Scheidewände der ganzen Länge des Kastens nach in der Richtung der graden Linien $\varepsilon\zeta$, $\eta\vartheta$ so abgeteilt, dafs die Schnüre von 15 unten durch den zwischen den Scheidewänden befindlichen Zwischenraum hinaufgehen und nach den Gegengewichten geleitet werden. Folgendermafsen wird das Gegengewicht 2 in dem Kasten $\alpha\beta\varepsilon\zeta$ sowohl die Hin- als die Rückfahrt bewirken und das in $\eta\vartheta\gamma\delta$ die übrigen Bewegungen. Es 20 sei nämlich $\varkappa$ (Fig. 99 a) das am Boden des Gewichts-   Die Aus-
kastens $\alpha\beta\varepsilon\zeta$ befindliche Loch, durch welches die   führung der
Hirse ausläuft, das in $\eta\vartheta\gamma\delta$ aber λ. Für beide werde   am Orte.
ein kleiner Schieber (Fig. 99 b und 99 c) gemacht,   Fig. 99 a u. 99 b.
der sich leicht verschieben läfst. Soll nun der Radkasten 3 25 hinfahren, so schieben wir den Schieber (S) des Loches $\varkappa$

---

oder Übersetzung beim Rade an der Welle Kraft und Last umgekehrt wie ihre Radien. S. Herons Mechanik II 7, Müller-Lehmann *Grundrifs der Physik*[8] S. 14. Nun gilt aber auch für den zweiarmigen Hebel das Gesetz, dafs sich Kraft und Last umgekehrt wie die Hebelarme verhalten. Vgl. auch Herons Mechanik I 24. 32—34. S. 175, 15. 188—192 de Vaux. Es bleibt also sachlich dasselbe, wenn Heron 'Hebel' (= Hebelarme) statt 'Radien' sagt. Vgl. Mechanik II 8. Schon Philon von Byzanz hatte das Prinzip der Übersetzung in seiner Hebellehre [$\grave{\varepsilon}\nu$ $\tau o \tilde{\iota} \varsigma$ $Mo\chi\lambda\iota\varkappa o \tilde{\iota} \varsigma$] behandelt. In welchem Zusammenhange Heron es erörtert, s. in der Einleitung zu Figur 98.

   1) Die genauere Beschreibung der rekonstruierten inneren Bewegungsvorrichtung nebst Figur 99 c s. in der Einleitung zu Figur 99.

πορείαν ποιήσεται καὶ τὴν ἀποπορείαν, ἡ δὲ ἐν τῇ
ΗΘΓΔ τὰς ἄλλας κινήσεις οὕτως· ἔστω γὰρ τὸ μὲν
ἐν τῷ πυθμένι τῆς ΑΒΕΖ σύριγγος τρῆμα, δι' οὗ
ἡ κέγχρος ἐκρέει, τὸ Κ, τὸ δὲ ἐν τῇ ΗΘΓΔ τὸ Λ.
ἑκατέρῳ δὲ κλειθρίον γεγονέτω δυνάμενον εὐκόπως 5
3 παράγεσθαι. ὅταν οὖν μέλλῃ πορεύεσθαι τὸ πλινθίον,
παράξομεν τὸ τοῦ Κ τρυπήματος κλειθρίον, ὥστε
ἀνοιχθῆναι. καὶ ἵνα ⟨μὴ⟩ εὐθέως ὁρμὴν λαβὸν τὸ
πλινθίον κινηθῇ, ἕξει ἡ σπάρτος ἡ ἐκ τῶν [ὑπὲρ]
τροχῶν ἀποδιδομένη εἰς τὴν λείαν χαλασμάτιον. καὶ 10
δῆλον ὅτι χρόνος τις
ἔσται ἀποστάντων
ἡμῶν πρὸ τοῦ κινη-
θῆναι τὸ πλινθίον,
τοσοῦτος ὅσον ἦν
τὸ τῆς σπάρτου χά-
4 λασμα. ὅταν δὲ δέῃ
στῆναι τὸ πλινθίον
καὶ τὰς ἄλλας ἐπι-
τελέσαι κινήσεις, ἔτι

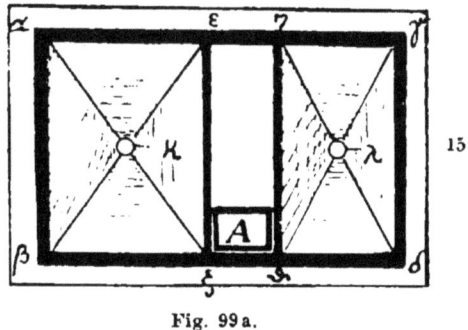

Fig. 99a.

ἐπιπορευομένου αὐτοῦ σπάρτος τις ἐπισπάσεται τὸ πρὸς
τῷ Δ κλειθρίον καὶ ἀνοίξει αὐτό. καὶ πάλιν, ἵνα μὴ
πορευομένου ἑτέρα γένηται κίνησις, ἕξει χάλασμα καὶ
ἡ ἐκ τῆς ἑτέρας λείας ἐκδεδεμένη σπάρτος, (ἥτις τα-
5 θεῖσα ἐπισπάσεται καὶ τὸ πρὸς τῷ Κ κλειθρίον.) καὶ 25
οὕτως στήσεται τὸ πλινθίον, αἱ δὲ ἄλλαι ἐπιτελεσθή-
σονται κινήσεις. ὅταν οὖν πάλιν δέῃ ἀποπορεύεσθαι

4 κέγχρος AG: κέχρος Τ   ἐκρέει AG: ἐκρέῃ, η ex ει
corr., Τ   8 μὴ inserui   9 ὑπὲρ seclusi   20 ἔτι AG:
ἔστι Τ

zur Seite, so dafs es geöffnet wird. Und damit der Kasten nicht sofort einen Antrieb erhält und sich in Bewegung setzt, soll die Schnur, welche von den Rädern nach dem Gegengewichte (G) geleitet wird, eine lockere Schlinge enthalten.

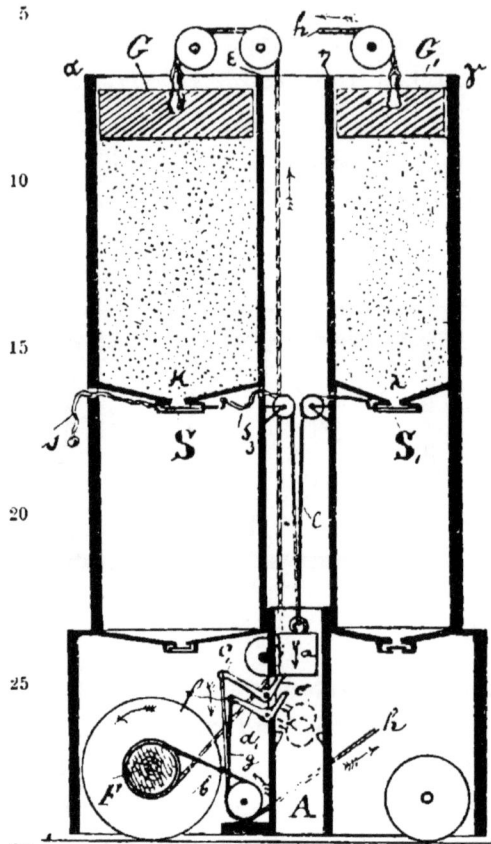

Fig. 99 b.

Treten wir dann zur Seite, so wird offenbar erst einige Zeit vergehen, ehe sich der Radkasten in Bewegung setzt, nämlich so viel, als das lockere Stück der Schnur betrug. Soll 4 der Kasten halten und die übrigen Bewegungen ausführen, so wird noch während seines Vorrückens eine bestimmte Schnur (l, Fig. 99 b und 99 c) den Schieber (S_l) bei λ anziehen und öffnen. Damit nicht noch während der Hinfahrt eine andere Bewegung beginnt, so soll auch die an das andere Antriebsgewicht (G_l, Fig. 99 b) gebundene Schnur[1] (h, Fig. 98 b und 98 c) wieder eine lockere Stelle enthalten. (Diese Schnur 35 zieht, in Spannung[1] versetzt, auch den Schieber bei x an.)

---

1) In der Rekonstruktion (s. vorn zu Fig. 99) besteht dieselbe aus den beiden Teilen b und h, von denen b nach der

τὸ πλινθίον, ἑτέρα σπάρτος ἐπισπάσεται τὸ πρὸς τῷ
Κ κλειθρίον καὶ ἀνοίξει αὐτό. καὶ οὕτως τὴν ἀποπορείαν ποιήσεται.

ΠΕΡΙ ΣΤΑΤΩΝ ΑΥΤΟΜΑΤΩΝ.

XX Ὅσα μὲν οὖν ἔδει περὶ τῶν ὑπαγόντων αὐτομάτων 5
263 πραγματευθῆναι, νομίζομεν ἱκανῶς ἀνεστράφθαι ἐν τοῖς
προγεγραμμένοις· καὶ γὰρ εὐκόπως καὶ ἀκινδύνως καὶ
ξένως παρὰ τὰ πρὸ ἡμῶν ἀναγεγραμμένα κατακεχωρίκαμεν, ὡς ἔστι δῆλον τοῖς πεπειραμένοις τῶν πρότερον ἀναγεγραμμένων. περὶ δὲ τῶν στατῶν αὐτομά- 10
των βουλόμεθα γράφειν καινότερόν τι· καὶ βέλτιον
τῶν πρὸ ἡμῶν ἅμα καὶ πρὸς διδασκαλίαν ⟨μᾶλλον⟩
ἁρμόζον οὐδὲν εὕρομεν τῶν ὑπὸ Φίλωνος τοῦ Βυζαν-
2 τίου ἀναγεγραμμένων. ἔστι δὲ μῦθος καὶ ἡ διάθεσις
τῶν περὶ τὸν Ναύπλιον, ἐν ᾗ πολλαί τε καὶ ποικίλαι 15
διαθέσεις ὑπάρχουσι καὶ οὐ φαύλως οἰκονομούμεναι
πλὴν τῆς μηχανῆς τῆς περὶ τὴν Ἀθηνᾶν· ἐργωδέστερον
γάρ πως τὴν κατασκευὴν ἐποιήσατο· δυνατὸν γὰρ ἦν

1 τὸ (ante πρὸς) ΑΤ: τῷ G   4 inscript. om. M   τῶν στατῶν Par. 2431   4—452, 12 ΠΕΡΙ ... διαλλάσσονται ed. V. Prou
Les théâtres d'automates en Grèce p. 206—248   6 ἀναγεγράφ-
θαι Μ   8 ξένως: καινῶς Diels. sed cf. Phil. Mech. Synt. 56, 23
ed. R. Schoene   8—9 κατακεχωρίκαμεν R. Schoene in schedis:
κατακεχωρήκαμεν a   ἔσται δῆλον τοῖς πεπειραμένοις ⟨τῶν τε
ὑφ' ἡμῶν καὶ τῶν ὑπὸ⟩ τῶν H. Schoene   10 an ⟨καὶ⟩ περὶ?
11 βουλόμεθα ΑΤ: βουλώμεθα G: βουλόμενοι Fr. Haase (Ersch
u. Gruber Encyklop. s. v. Philo p. 432 adnot. 34)   ἐπιγρά-
φειν Τ: ἔτι γράφειν Prou l. l. p. 128   τι: δὲ Prou p. 128. 207,
qui etiam καινότερον cum οὐδὲν iungit   12 μᾶλλον inse-
runt Susemihl Gesch. d. griech. Litter. I, 744 adnot. 190 et Diels
14 f. ⟨ὁ⟩ μῦθος   15 τῶν AG: καὶ Τ: aut deleri aut in
αὐτῷ (Philoni) mutari vult Brinkm.   17 ἐργωδεστέραν Prou

Und so wird der Kasten zum Stehen kommen, während die 5
anderen Bewegungen zur Ausführung gelangen. Soll nun
der Kasten wieder zurückfahren, so wird eine andere Schnur
(m mit h)[1]) den Schieber (S) bei $\varkappa$ anziehen und ihn öffnen
5 (Fig. 99 c). Und so wird sie die Rückfahrt herbeiführen.

DIE STEHENDEN AUTOMATEN.

XX   Mit allem, was über die fahrenden Automaten zu   Einleitendes.
erörtern war, glauben wir uns im Vorstehenden genügend
befafst zu haben. Was wir angegeben haben, ist leicht
10 und sicher auszuführen und ist, mit den Aufzeichnungen
unserer Vorgänger verglichen, eigentümlich (= neu), wie
denjenigen bekannt ist, die nach den früheren Aufzeichnungen praktische Versuche angestellt haben. Jetzt wollen
wir (auch) über die stehenden Automaten etwas Neues[2])
15 schreiben, und (zwar) haben wir unter unsern Vorgängern
nichts Besseres und zugleich für den Unterricht Dienlicheres
gefunden als die Aufzeichnungen Philos von Byzanz.   Philo Quelle.
Den Inhalt des Stückes bildet die Darstellung der Nauplius- 2
sage; dabei kommen viele und mannigfaltige Aufführungen
20 vor, die nicht übel in Scene gesetzt sind mit Ausnahme
der Schwebemaschine (Mechané) mit der Athene.   Deren
Einrichtung hat Philo nämlich etwas zu schwerfällig   Philos
gemacht. Sie hätte nämlich ohne Schwebemaschine   Schwebe-
auf der Bühne erscheinen und hierauf wieder ver-   zu kompliziert.

Hinfahrt abfällt. Die in der Figur abgerissene Schnur mufs
man sich auch über Rollen durch den Schacht geleitet denken.
Oben von h gehen auch die Einzelschnüre aus, welche die Bewegungen am Orte vermitteln. Bei h ist die erste Spannung
(bezw. lockere Schnurlage) oben und die zweite unten anzunehmen.
   1) Die Schnüre h und m treten fast gleichzeitig in Thätigkeit.
   2) D. h. im Vergleich zu unsern Konkurrenten. Vgl. S. 411, 20.
413, 17 ff.

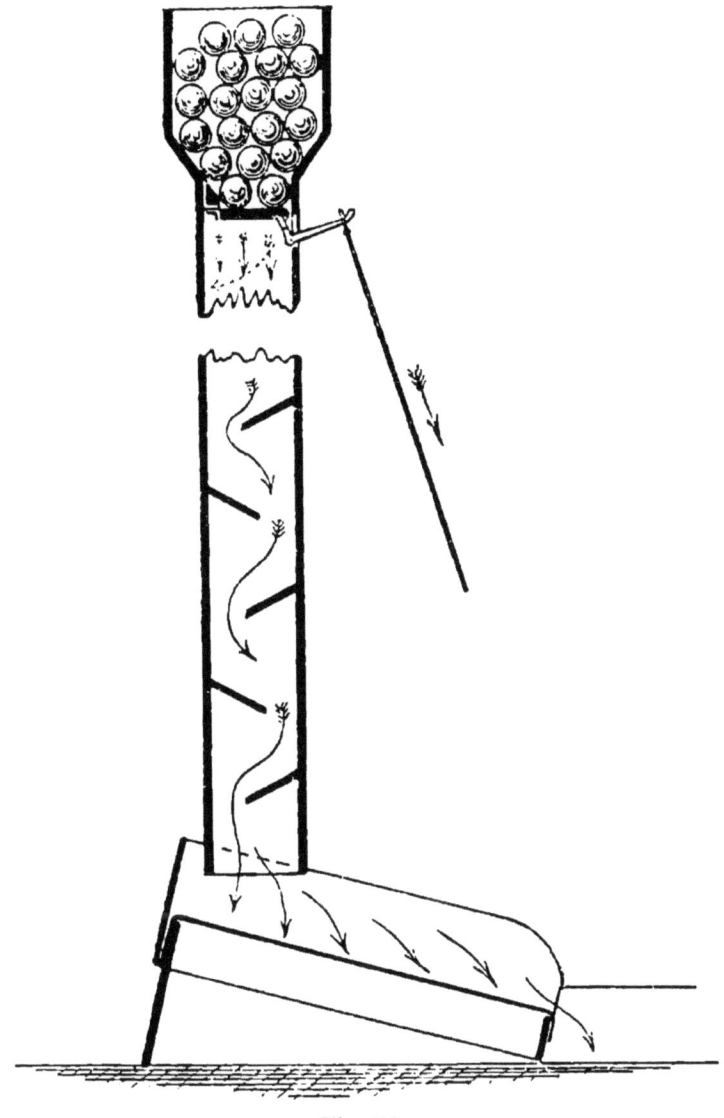

Fig. 100.

χωρὶς μηχανῆς φανῆναι αὐτὴν ὑπὸ τὸν πίνακα καὶ
μετὰ ταῦτα πάλιν ἀφανῆ γενέσθαι· τὸ γὰρ ζῴδιον

schwinden können. Denn es ist möglich, dafs ihre Figur sich
in einem Scharniere um die Füfse bewegt, die erste Zeit
unsichtbar am Boden liegt, dann etwa infolge Anziehens
einer Schnur aufrecht erscheint und von einer andern Schnur
3 wieder niedergelegt wird (Fig. 108). Aufserdem hat Darstellung
6 Philo noch in Aussicht gestellt, es solle ein Blitz in die von Philo ver-
Figur des Ajax schlagen und,Donnergetöse erschallen; gessen.
aber er hat nichts darüber vermerkt. Obwohl wir nämlich
viele Exemplare (seiner Schrift) eingesehen, haben wir keine
10 bezügliche Aufzeichnung gefunden. Und vielleicht wird man
glauben, dafs wir mit unserem Tadel Philo verleumdeten,
als habe er sein Versprechen nicht erfüllen können; aber
dem ist nicht so. Da er bei seiner Aufführung vielerlei in 4
Aussicht gestellt hat, so ist dieses Versprechen ihm vielleicht
15 beim Niederschreiben entfallen. Es kann nämlich ein Heronische
Behälter mit kleinen Bleikugeln und durchlöchertem Nachbildung
des Donners.
Boden sich im richtigen Augenblicke öffnen, die (Fig. 100.)
Kugeln können auf ein trocknes und festes, ausgebreitetes
Fell fallen und so das Getöse des Donners hervorrufen
20 (vgl. Fig. 100)[1]). Auch in den Theatern öffnet man nämlich,
wenn man den gleichen Schall hervorbringen mufs, Behälter
mit schweren Körpern, damit diese auf ein, wie gesagt,
trocknes und wie bei Pauken gespanntes Fell fallen und
so den Schall erzeugen. Die übrigen Einrichtungen, die 5
25 bei der Aufführung des Nauplius im einzelnen vorkommen,
finden unsere Billigung, da sie in gehöriger Ordnung und
in methodischer Weise von ihm aufgezeichnet sind. Gerade
deswegen haben wir Philos Aufzeichnungen über die erwähnten Dinge nicht verschmäht. Denn nach unserer Mei-
30 nung ist es für die Leser am vorteilhaftesten, wenn man
ihnen einmal die richtigen Angaben der Alten vorführt,
dann aber das darlegt, was übersehen oder (inzwischen)
verbessert worden ist.

---

1) Dieser Figur entsprechen im wesentlichen die Donner-
vorrichtungen gröfserer Bühnen der Jetztzeit.

---

1 ὑπὸ T: ὑπὲρ AG

αὐτῆς δυνατόν ἐστι περὶ τοὺς πόδας ἐν γιγγλύμῳ
κινούμενον τὸν μὲν πρῶτον χρόνον κατακεκλιμένον
εἶναι, ὥστε μὴ φαίνεσθαι, ἔπειτα δὲ ὥσπερ ὑπὸ σπάρτου τινὸς ἐπισπασαμένης ὀρθὸν φανῆναι καὶ πάλιν
3 ὑπὸ ἑτέρας κατακλιθῆναι. ἔτι δὲ καὶ ὑποσχόμενος 5
πρὸς τούτῳ κεραυνὸν πεσεῖν ἐπὶ τὸ τοῦ Αἴαντος
ζῴδιον καὶ βροντῆς ἦχον γενέσθαι οὐ κατεχώρισε·
πολλοῖς γὰρ συντάγμασι περιτυχόντες οὐχ εὕρομεν
τοῦτο ἀναγεγραμμένον. καὶ ἴσως δόξει τις ἡμᾶς κατα-
τρέχοντας τοῦ Φίλωνος διαβάλλειν αὐτὸν ὡς μὴ δε- 10
δυνημένον τὴν ὑπόσχεσιν ἀπαρτίσαι· ἀλλ᾽ οὐχ οὕτως
4 ἔχει. πολλῶν δὲ οὐσῶν τῶν ἐν τῇ διαθέσει ὑπο-
σχέσεων, ἴσως ἔλαθεν αὐτὸν ἀναγράφοντα αὕτη.
δυνατὸν γάρ ἐστιν ἀγγεῖόν τι ἐν αὐτῷ σφαιρία ἔχον
μολιβᾶ καὶ ἔχον τετρυπημένον τὸν πυθμένα ἀποσχάζε- 15
σθαι κατὰ τὸν δέοντα καιρόν, τὰ δὲ σφαιρία ἐμπί-
πτοντα διφθέρᾳ ἐξηπλωμένη, ξηρᾷ καὶ πυκνῇ τὸν
ἦχον τῆς βροντῆς ἀποδιδόναι· καὶ γὰρ ἐν τοῖς θεάτροις
ὅταν δέῃ τὸν ὅμοιον ἦχον γενέσθαι, ἀγγεῖα ἀποσχά-
ζονται βάρη ἔχοντα, ἵνα φερόμενα ἐπὶ διφθέρας, ὡς 20
εἴρηται, ξηρᾶς καὶ περιτεταμένης [τῆς βύρσης] καθά-
5 περ ἐν τυμπάνοις τὸν ἦχον ἀποτελῇ. περὶ δὲ τῶν
λοιπῶν τῶν ἐν τῇ διαθέσει τοῦ Ναυπλίου κατὰ μέρος
γινομένων εὐαρεστούμεθα ὡς ἐν τάξει καὶ εὐμεθόδως

---

1 πόδας G: πόδους T: πόδους ex πόδας corr. A   3 ὥσπερ
suspectum, nisi quid intercidit   7 κατεχώρησε a: corr. Prou
9 καὶ ἴσως Fr. Haase in schedis Schoenianis: καθὼς a: κακῶς
Prou: an καθὼς ⟨. . .,⟩?   δόξει a: λέξει Prou   9—10 κατα-
τρέχοντες T   13 αὕτη H. et R. Schoenii: αὐτήν a   14 αὐτῷ
R. Schoene Jahrb. d. Deutsch. Archäol. Inst. V, 1890, p. 75 et
Prou: αὐτῷ a   19—20 ἀποσχάζεται R. Schoene l. l. p. 75 et
Prou (secundum Paris. 2430?)   21 ἐπιτεταμένης M₁   τῆς
βύρσης seclusit R. Schoene ibid.

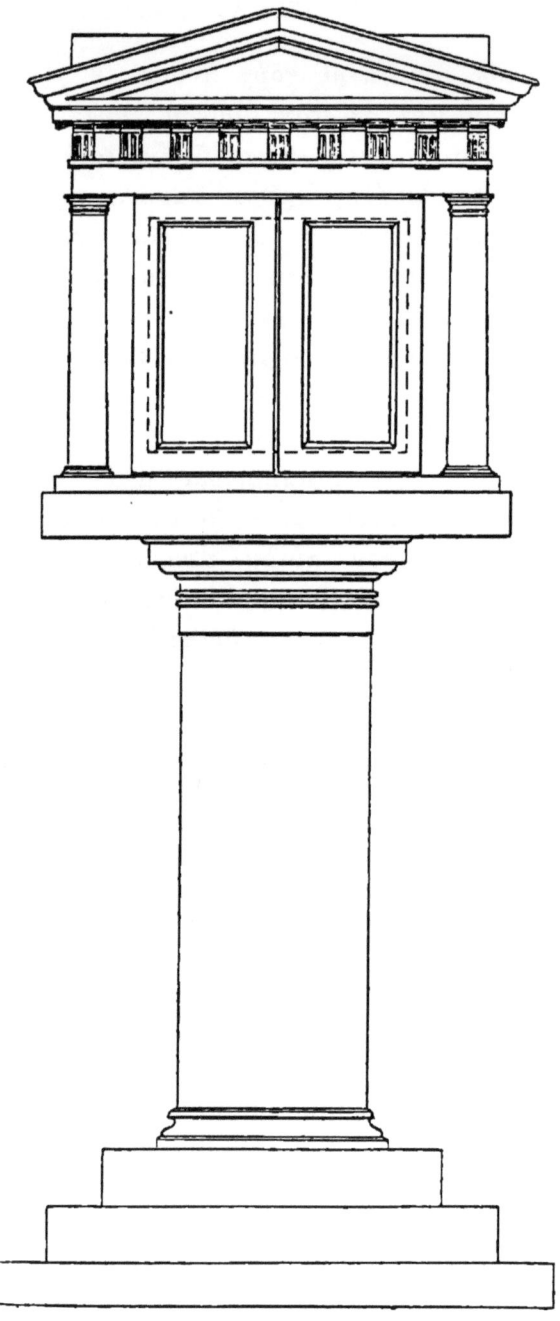

Fig. 101.

ὑπ' αὐτοῦ ἀναγεγραμμένων. διὸ δὴ οὐ παρητησάμεθα
τὰ ὑπ' αὐτοῦ περὶ ὧν εἴπομεν γεγραμμένα· οὕτως γὰρ
νομίζομεν τοὺς ἐντυγχάνοντας τῆς μεγίστης ὠφελείας
τυγχάνειν, ὅταν τὰ μὲν καλῶς ὑπὸ τῶν ἀρχαίων εἰρημένα παρατιθῆται αὐτοῖς, τὰ δὲ παραθεωρηθέντα ἢ 5
²⁶⁴ διορθώσεως τυχόντα καταχωρίζηται.

XXI   Περὶ τῆς τῶν πινακίων οὖν κατασκευῆς νῦν ἀρξώμεθα λέγειν. ἔστι μὲν οὖν παρὰ πολὺ τῶν ὑπαγόντων
ἡ ... ποίησις ἀσφαλεστέρα τε καὶ ἀκινδυνοτέρα καὶ
τὴν ἐπίδειξιν οὐκ ἀπίθανον ἔχουσα. τὸ δὲ πρόβλημά 10
ἐστι τοιοῦτον, ὥστε πίνακος ἐπιτεθέντος ἐπί τι κιόνιον
ξύλινον ἀνοιχθῆναί τε αὐτόματον καὶ τὰ ἐν αὐτῷ
ἐζωγραφημένα φαίνεσθαι κινούμενα πρὸς λόγον τῆς
ὑποκειμένης διαθέσεως, καὶ πάλιν κλεισθέντος αὐτομάτου διαγενέσθαι ὀλίγον παντελῶς χρόνον καὶ ἀνοι- 15
χθέντος φαίνεσθαι· ἄλλα τὰ ἐν αὐτῷ γεγραμμένα καὶ
εἰς τὸ δυνατὸν πάλιν τὰ αὐτὰ ἤ τινα αὐτῶν κινεῖσθαι
2 καὶ τοῦτο πάλιν πλεονάκις γενέσθαι, καὶ ἐκτὸς τῶν
πινάκων ἢ μηχανὰς αἰρομένας φαίνεσθαι καὶ περι-
αγομένας ἢ ἄλλας τινὰς κινήσεις. ἡ μὲν οὖν ὑπόθεσις 20
τοιαύτη· χαριέστατος δὲ τῶν μεταχειριζομένων ὁ γλαφυρωτάτην διάθεσιν ἐπινοῶν. ὥστε προθησόμεθα
μίαν τῶν διαθέσεων, ἣν μάλιστα κρίνομεν, καὶ μετὰ
⟨ταῦτα⟩ τὴν κατασκευὴν ἐμφανιοῦμεν· ἀρκέσει γὰρ
περὶ ἑνὸς πίνακος ...· διὰ γὰρ τῶν αὐτῶν πάλιν τὰ 25

---

4 τὰ om. T   4—5 εὑρημένα Prou.   sed cf. Dioptr. p. 174,8
Vinc. 5 aut ἢ del. aut ἢ ⟨παραλειφθέντα⟩ vel. sim. Brinkm.:
f. ἢ ⟨δυσχερῶς ῥηθέντα⟩ vel ἢ ⟨διαμαρτηθέντα⟩. cf. Dioptr.
p. 174, 7—8. 10   5 παρατίθηται codd.   8 caput ante ἔστι
disting. AG   8—9 f. ἡ ⟨τῶν στατῶν⟩ ποίησις   9 ποίησις ⟨τῶν
στατῶν⟩ Prou   10 ἀπείθανον AT   12 f. τε ⟨αὐτὸν⟩   14 f. πάλιν
del.   15 f. καὶ ⟨πάλιν⟩   16 ἄλλα τὰ a: ἀλλ' ἄττα Diels:
f. τὰ ἄλλα: ἄλλα τινὰ vel ἄλλα τε Brinkm.   17 τὰ αὐτὰ a:

I Beginnen wir nun damit, die Herstellung der Bühnen-
einrichtuug im
allgemeineu.
Fig. 101.
kleinen Tafeln zu besprechen. Die Anfertigung der
stehenden Automaten[1]) ist um vieles sicherer und
zuverlässiger und ihre Schaustellung überzeugender als die
5 der fahrenden. Die Aufgabe (der stehenden Automaten) ist
folgende. Man stellt auf irgend eine kleine hölzerne Säule
(Fig. 101) eine (kastenförmige) Tafel (Spielhaus, Bühne);
die Tafel soll sich automatisch öffnen, und man soll sehen,
wie ihre Figuren einem zu Grunde gelegten Stücke ent-
10 sprechend sich automatisch bewegen. Hat das Spielhaus sich
dann von selbst geschlossen, so soll nur ganz wenig Zeit
verstreichen, dann wird wieder geöffnet, und es erscheinen
andere Bilder. Und wieder bewegt sich nach Möglichkeit
dies alles[2]) oder ein Teil davon. Dies soll sich öfters
15 wiederholen. Und aufserhalb der Bühnen werden entweder 2
Schwebemaschinen, die emporgehoben und herumgeführt
werden, oder irgend welche andere Bewegungen sichtbar.
Derart ist also der Vorwurf. Je eleganter die Aufführung
ist, die jemand erfindet, um so sicherer ist er vor seinen
20 Mitbewerbern des Beifalls. Wir wollen daher nur eine
von den Aufführungen zeigen, die wir für die passendste
halten, und wollen darauf ihren Mechanismus erklären.
Es wird nämlich genügen, eine Vorstellung zu besprechen,
die als die bessere erscheint.[3]) Denn es kommt immer

1) Die Worte 'der stehenden Automaten' sind nach Vermutung zugesetzt.
2) Die Worte 'dies alles' sind nach Vermutung übersetzt.
Die Handschriften haben 'dasselbe'.
3) Die Worte 'zu besprechen . . . erscheint' fehlen in den
Handschriften.

ταῦτα R. Schoene: f. ⟨πάντα⟩ ταῦτα 19 αἱρομένας R. Schoene
l. l. p. 76 adnot.: ἐρρωμένας a 20 ἢ AT: καὶ G 21 τῶν
om. G 21—22 γλαφυρωτάτην Riccard. 47 m. 2: γλαφυροτά-
την a 22 παραθησόμεθα Brinkm. 23 f. μάλιστα ⟨ἁρμό-
ζουσαν⟩ ἐγκρίνομεν H. Schoene 24 ταῦτα inserui. cf.
p. 406, 2. 430, 25 25 περὶ M: παρὰ a (παρ' T) lacunam
statui. f. πίνακος ⟨λέγειν τοῦ δοκοῦντος κρείττονος⟩. cf. p. 412,
16—17: πίνακος ⟨διασαφεῖν τοῦ . . .⟩ H. Schoene: nulla lacuna
R. Schoene verbum ex ἐμφανιοῦμεν supplet

αὐτὰ οἰκονομεῖται, καθάπερ καὶ ἐπὶ τῶν ὑπαγόντων
ἀπεδείξαμεν.

XXII Οἱ μὲν οὖν ἀρχαῖοι κέχρηνται ἁπλῇ τινι διαθέσει·
ἀνοιχθέντος γὰρ τοῦ πίνακος, ἐφαίνετο ἐν αὐτῷ πρόσωπον γεγραμμένον. τοῦτο δὲ τοὺς ὀφθαλμοὺς ἐκίνει καμ- 5
μύον τε καὶ ἀναβλέπον πολλάκις. ὅταν δὲ πάλιν κλεισθεὶς ἀνοιχθῇ ὁ πίναξ, τὸ μὲν πρόσωπον οὐκέτι ἑωρᾶτο,
2 ζῴδια δὲ γεγραμμένα ἔς τινα μῦθον διεσκευασμένα. καὶ
πάλιν ὅταν κλεισθεὶς ἀνοιχθῇ, διάθεσις ἄλλη ἐφαίνετο
ζῳδίων συναναπληροῦσα τοὺς ὑποκειμένους μύθους 10
τοὺς ἑξῆς, ὥστε τρεῖς μόνον κινήσεις διαφόρους ἐπὶ τοῦ
πίνακος γίνεσθαι, μίαν μὲν τῶν θυρῶν, ἄλλην δὲ τῶν
ὀμμάτων, τὴν τρίτην τῶν ἐπικαλυπτόντων. οἱ δὲ καθ᾽
ἡμᾶς μύθους τε ἐμβεβλήκασιν εἰς τοὺς πίνακας ἀστείους
3 καὶ κινήσεσι κέχρηνται πολλαῖς καὶ ἀνομοίαις. καθὰ 15
δὲ προεθέμην, ἐρῶ περὶ ἑνὸς πίνακος τοῦ δοκοῦντός
μοι κρείττονος. μῦθος μὲν ἦν τεταγμένος ἐν αὐτῷ
ὁ κατὰ τὸν Ναύπλιον. τὰ δὲ κατὰ μέρος εἶχεν οὕτως·
ἀνοιχθέντος ἐν ἀρχῇ τοῦ πίνακος ἐφαίνετο ζῴδια
γεγραμμένα δώδεκα· ταῦτα δὲ ἦν εἰς τρεῖς στίχους 20
διῃρημένα· ἦσαν δὲ οὗτοι πεποιημένοι τῶν Δαναῶν
τινες ἐπισκευάζοντες τὰς ναῦς καὶ γινόμενοι περὶ
4 καθολκήν. ἐκινεῖτο δὲ ταῦτα τὰ ζῴδια τὰ μὲν πρίζοντα, τὰ δὲ πελέκεσιν ἐργαζόμενα, τὰ δὲ σφύραις, τὰ
δὲ ἀρίσι καὶ τρυπάνοις χρώμενα ⟨καὶ⟩ ψόφον ἐποίουν 25

6. f. ὅτε   7 f. ἀνοιχθείη   8 εἰς Monac. 431, Argentor.
C III 6   9 f. ὅτε   f. ἀνοιχθείη   ἐφαίνετο M: ἐφαίνητο a
11 τοὺς Leid. Scalig. 45: τοῖς a   12 θυρσῶν T: θύρσων M
13 τρίτην ⟨δὲ⟩ Prou, f. ⟨δὲ⟩ τρίτην tr.   14 ἐμβεβλήκασιν G:
ἐμβεβλήκασι AT   15 ad ἀνομοίαις cf. Lob. Phryn. 106 et
Paralipom. gramm. graec. p. 468   22 τινες AG: τινας T   23
καθολκήν Haase et Prou praeeunte Baldio ('come s'havessero da

wieder vermittelst derselben Vorrichtungen dasselbe Verfahren zur Anwendung, wie wir schon bei den fahrenden
Automaten dargethan haben.

II   Die Aufführung, welcher sich die Alten bedient   Antikes
5 haben, ist ganz einfach. Wurde nämlich die Bühne   in 3 Scenen.
geöffnet, so erschien darauf eine gemalte Maske. Diese
bewegte die Augen, machte sie oft zu und wieder auf.
Wurde die Bühne wieder geschlossen und geöffnet, so sah
man nicht mehr die Maske, sondern gemalte Figuren,
10 die nach irgend einem Stücke gruppiert waren. Wurde 2
sie abermals geschlossen und geöffnet, so erschien eine
andere bildliche Darstellung von Figuren, welche die der
Reihe nach zu Grunde liegenden Fabeln zugleich abschlofs,
so dafs nur drei verschiedene Bewegungen bei der Bühne
15 ausgeführt wurden, nämlich erstens die der Thüren, zweitens
der Augen, drittens (des Vorziehens) der (die Maske) ver-
deckenden Prospekte. Unsere Zeitgenossen aber haben inter-
essante Stücke auf die Bühnen (der Automatentheater) gebracht und bedienen sich mannigfacher, ungleichmäfsiger
20 Bewegungen. Meiner Absicht entsprechend will ich nur eine 3
einzige, zu den besseren zählende Aufführung behandeln.
Auf der Bühne war die Naupliusfabel in Scene ge-   Nauplius.
setzt. Das Einzelne verhielt sich folgendermafsen. Zu   in 5 Scenen.
Anfang öffnete sich die Bühne, dann erschienen zwölf   1. Scene.
25 Figuren im Bilde, diese waren auf drei Reihen verteilt. Sie
waren als Danaer dargestellt, welche die Schiffe ausbessern
und Vorbereitungen treffen, um sie ins Meer zu ziehen.
Diese Figuren bewegten sich, indem die einen sägten, die 4
anderen mit Beilen zimmerten, andere hämmerten, wieder
30 andere mit grofsen[1]) und kleinen Bohrern arbeiteten. Sie
verursachten ein der Wirklichkeit entsprechendes, lautes

1) Nach Art der Drillbohrer, s. vorn Fig. 103c.

condurle al mare'): καθολικήν a   23—24 f. πρίζοντα, ⟨τὰ δὲ
σκεπαρνίζοντα,⟩. cf. p. 340, 16   25 καὶ inserit R. Schoene
l. l. p. 74

265 πολύν, καθάπερ ⟨ἂν⟩ ἐπὶ τῆς | ἀληθείας γίνοιτο. χρόνου
δὲ ἱκανοῦ διαγενομένου κλεισθεῖσαι πάλιν ἠνοίγησαν
αἱ θύραι, καὶ ἦν ἄλλη διάθεσις· αἱ γὰρ νῆες ἐφαίνοντο καθελκόμεναι ὑπὸ τῶν Ἀχαιῶν. κλεισθεισῶν
δὲ καὶ πάλιν ἀνοιχθεισῶν, οὐδὲν ἐφαίνετο ἐν τῷ 5
5 πίνακι πλὴν ἀέρος γεγραμμένου καὶ θαλάσσης. μετὰ
δὲ οὐ πολὺν χρόνον παρέπλεον αἱ νῆες στολοδρομοῦσαι·
καὶ αἱ μὲν ἀπεκρύπτοντο, αἱ δὲ ἐφαίνοντο. πολλάκις
παρεκολύμβων δὲ καὶ δελφῖνες ὁτὲ μὲν εἰς τὴν θάλατ-
ταν καταδυόμενοι, ὁτὲ δὲ φαινόμενοι καθάπερ ἐπὶ τῆς 10
ἀληθείας. κατὰ μικρὸν δὲ ἐφαίνετο χειμέριος ἡ θάλασσα, καὶ αἱ νῆες ἔτρεχον συνεχῶς. κλεισθέντος δὲ
πάλιν καὶ ἀνοιχθέντος, τῶν μὲν πλεόντων οὐδὲν ἐφαίνετο, ὁ δὲ Ναύπλιος τὸν πυρσὸν ἐξηρκὼς καὶ ἡ Ἀθηνᾶ
6 παρεστῶσα, καὶ πῦρ ὑπὲρ τὸν πίνακα ἀνεκαύθη, ὡς 15
ὑπὸ τοῦ πυρσοῦ φαινομένης ἄνω φλογός. κλεισθέντος
δὲ καὶ πάλιν ἀνοιχθέντος, ἡ τῶν νεῶν ἔκπτωσις ἐφαίνετο καὶ ὁ Αἴας νηχόμενος. ... μηχανῆς τε καὶ ἄνωθεν
τοῦ πίνακος ἐξήρθη, καὶ βροντῆς γενομένης ἐν αὐτῷ·
τῷ πίνακι κεραυνὸς ἔπεσεν ἐπὶ τὸν Αἴαντα, καὶ ἠφανί- 20
σθη αὐτοῦ τὸ ζῴδιον. καὶ οὕτως κλεισθέντος κατα-
265²¹
266²⁹ στροφὴν εἶχεν ὁ μῦθος. | ἡ μὲν οὖν διάθεσις ἦν
τοιαύτη.

---

1 ἂν inserit R. Schoene p. 74. sed cf. p. 340, 18 et 414, 10,
quibus locis γίνοιτο prorsus deest, ita ut γίνοιτο delendum
videatur. 3 ἄλλη M: ἄλλην a 8 αἱ νῆες om. T₁, add. T₂
9 παρεκολύμβων δὲ a: f. transpon. 11 κατὰ Haase in schedis
Schoenianis: καὶ a. cf. p. 424, 23 12 αἱ GM: ἐ AT 12. 13
κλεισθέντα et ἀνοιχθέντα a: corr. Prou et R. Schoene 16 ὑπὸ
a: ἀπὸ R. Schoene et Brinkm. φερομένης (pro φαιν.) Brinkm.
18 ⟨ἡ δὲ Ἀθηνᾶ ἐπὶ⟩ μηχανῆς Diels apud R. Schoenium l. l.
p. 75 μηχανή Prou et R. Schoene τε: δὲ R. Schoene
20—22 κεραυνὸς ... μῦθος alio loco (v. infra ad v. 22)
iterant omnes libri 20 ἔπεσεν a₁ (i. e. a hoc priore loco):

Geräusch. Nach geraumer Zeit wurden aber die Thüren geschlossen und wieder geöffnet, und es gab ein anderes Bild. Man konnte nämlich sehen, wie die Schiffe von 2. Scene. den Achäern ins Meer gezogen werden. Nachdem die 3. Scene. 5 Thüren geschlossen und wieder geöffnet waren, sah man nichts auf der Bühne als gemalte Luft und Meer. Bald 5 darauf segelten die Schiffe in Kiellinie vorbei. Während die einen verschwanden, kamen andere zum Vorschein. Oft schwammen auch Delphine daneben, die bald im 10 Meere untertauchten, bald sichtbar wurden, wie in Wirklichkeit. Allmählich wurde das Meer stürmisch, und die Schiffe segelten dicht zusammengedrängt. Machte 4. Scene. man wieder zu und auf, war von den Segelnden nichts zu sehen, sondern man bemerkte Nauplius mit erhobener Fackel 15 und Athene, welche neben ihm stand. Dann wurde über 6 der Bühne Feuer angezündet, wie wenn oben die Fackel mit ihrer Flamme leuchtete. Machte man wieder zu 5. Scene. und auf, sah man den Schiffbruch und wie Ajax schwamm. Athene[1]) wurde auf einer Schwebemaschine und zwar 20 oberhalb der Bühne emporgehoben, Donner krachte, ein Blitzstrahl traf unmittelbar auf der Bühne den Ajax, und seine Figur verschwand. Und so hatte das Stück, nachdem geschlossen war, ein Ende. Derartig also war die Aufführung.

---

1) Der Name fehlt an dieser Stelle in den griechischen Handschriften.

---

om. a₂ (i. e. a loco iterato)   21 αὐτοῦ a₁: αὐτὸ a₂   οὕτως a₁: οὕτω δὲ a₂   22 ordinem contextus restituit R. Schoene l. l. p. 74 adnot. librorum et editionis Parisinae ordo hic est: post μῦθος lin. 22 sequuntur p. 422, 1—426, 5 (οὕτως γίνεται ... οὕτως τῷ πίνακι). post πίνακι in plurimis libris lacuna his verbis in marginibus appositis indicatur: οὐκ ἔστι συνεχὴς ὁ λόγος οὗτος (in aliis verbo λείπει). tum omnes libri lin. 20—22 (κεραυνὸς ἐπὶ τὸν Αἴαντα ... μῦθος) iterant. denique sequuntur p. 414, 22—420, 21 (ἡ μὲν οὖν διάθεσις ... διδοῦσα). inde iam suo ordine libri pergunt: κλεισθέντος δὲ καὶ μετὰ ταῦτα p. 426, 5. vid. prolegomena

XXIII   *Κατασκευάζειν δὲ δεῖ, καθάπερ ἐγράψαμεν, ἡλίκον*
    ἂν βούλοιτό τις τὸν πίνακα ποιεῖν, τηλικοῦτον τῷ
267 *μεγέθει πλινθίον πήξαντα ἐκ σανίδων ἐλαφροτά|των*
    πάνυ· πλάτος δὲ ἐχέτωσαν αἱ σανίδες †τοῦ ἕκτου μέρους
2 *τοῦ μήκους τῶν μακροτέρων πλευρῶν. τὸ δὲ ἔδαφος* 5
    τοῦ πίνακος δεῖ καθαρμόζειν εἰς τὸ πλινθίον μέσον,
    ὑπὸ δὲ τὸ κάτω μέρος τοῦ πλινθίου θωράκιον κοῖλον
    ὑποπῆξαι ἀφανὲς εἰς τὸ ὄπισθεν μέρος, ᾧ καθαρμο-
    σθεισῶν τῶν θυρῶν καταβήσονται οἱ στροφεῖς μῆκος
    ἔχοντες ὥστε καὶ τούτων κάτωθεν ἐπιστρεφομένων 10
    ἀνοίγεσθαι καὶ πάλιν κλείεσθαι τὰς θύρας.
3   *Ἔστω οὖν τὸ θωράκιον ἐκ τῶν ἔμπροσθεν θεωρού-*
    μενον τὸ ΑΒ, στροφεῖς δὲ οἱ ἐκ τῶν θυρῶν καταβεβη-
    κότες οἱ Γ, Δ. οὐκοῦν ἐάν τις ταῖς χερσὶν ἐπιστρέψῃ
    τοὺς στροφεῖς ἐφ᾽ ἑκάτερον μέρος, ἀνοίξει καὶ κλείσει 15
    τὰς θύρας. ἵνα οὖν τοῦτο διὰ τῆς σπάρτου γίνηται
    αὐτόματον, ἑλκομένης αὐτῆς ὑπὸ τῆς λείας ἐν τῇ σύριγγι
    οὔσης ἐπὶ τῆς ψάμμου, παρατίθημι τοῖς στροφεῦσιν
    ἄξονα πλάγιον ἀφεστῶτα μικρὸν τῶν στροφέων τὸν ΕΖ,
4 *στρεφόμενον ἐντόρνως. ἐτρύπησα δὲ ἑκάτερον τῶν* 20
    στροφέων καὶ λαβὼν σπάρτον ἐπείλησα διπλῆν καὶ
    ἐνέβαλον τήνδε ἁπλῆν εἰς τὸ τρύπημα καὶ ἐπίουρον
    μετὰ κόλλης ἐνέκρουσα καὶ ἀπέλαβον αὐτήν, ὥστε
    μηκέτι ἐκσπᾶσθαι, ἀλλὰ μένειν ἀραρότως. τοῦτο δὲ
    ποιήσας ἀποκατέστησα τὰς ἀρχὰς περὶ τὸν ἄξονα τὴν 25
    μὲν κατὰ τὸ ΓΔ ἄνωθεν τοῦ ἄξονος, τὴν δὲ κατὰ

---

1 δὲ om. G   2 τὸν A: τὴν GT   3 μεγέθει: an μήκει?
πήξας a, corr. R. Schoene in schedis.   an praefers πήξαντας?
4 ἕκτου: ⛓ a f. τὸ ἕκτον μέρος   8 ἀχανὲς Brinkm. f.
⟨ἐν⟩ ᾧ 13—14 καταβεβηκότος T   15 τοὺς AT: τοῦ G
16 γένηται M   19 ἀφεστῶτα Haase et Egger (Prou p. 222):

III   Man muss aber aus ganz leichten Brettern einen Das Spielhaus. Kasten zimmern, der, wie wir gezeichnet haben, so lang[1]) ist, als man das Spielhaus machen möchte. Die Breite der Bretter betrage ein Sechstel der Länge der gröfseren 5 Seiten. Den Hintergrund der Bühne (die Bühnenhinterwand, 2 Schmuck- oder Dekorationswand) mufs man mitten in den Kasten passend einsetzen, unter der untern Seite des Bühnenkastens aber einen kleinen Hohlraum[2]) anbringen, der nach hinten nicht sichtbar ist. In diesen sollen, nach- Das automatische Öffnen und Schliefsen der Bühnenthüren. 10 dem die Thüren verpafst sind, unten die Thürangeln gehen, welche so lang sind, dafs sich auch die Thüren öffnen und wieder schliefsen, wenn die Angeln Fig. 102 a— g. sich unten drehen.

Es sei also der Hohlraum von vorn gesehen αβ 3 15 (Fig. 102 a), die Angeln, welche von den Thüren nach unten verlängert sind, γ und δ. Dreht man nun mit den Händen die Thürangeln nach beiden Seiten, so wird man die Thüren öffnen und schliefsen. Damit dies nun mittels der Schnur von selbst geschieht, dadurch dafs 20 sie von dem Gegengewichte auf dem Sande in dem Gewichtskasten angezogen wird, stelle ich quer neben die Thürangeln in geringem Abstande davon eine sich leicht drehende Achse εζ (Fig. 102a und 102b). Ich bohrte 4 aber in jede der beiden Thürangeln ein Loch (α), nahm 25 eine Schnur, legte sie doppelt zusammen, steckte diese doppelte Lage als einfache Schnur in das Loch, stiefs einen Bolzen hinein, den ich festleimte, und schlofs sie so fest ein, dafs sie nicht wieder herauszuziehen war, sondern fest sitzen blieb. Darauf legte ich die Enden wieder um

---

1) In den Handschriften steht 'grofs' statt 'lang'.
2) Darin befindet sich überhaupt die Untermaschinerie.

ἐφεστῶτα a   20 ἐντόρνως a: εὐτόρνως R. Schoene. cf. p. 344, 1. 432, 10   22 τὴν δὲ a, correxi (nisi f. διπλῆν, [καὶ] τὴν δὲ ἐνέβαλον ἁπλῆν leg.): ⟨...⟩ τὴν δὲ Brinkm.   25 περὶ: f. παρὰ 25—26 f. τὰς μὲν κατὰ τὰ Γ, Δ   26 f. τὰς δὲ κατὰ τὰ E, Z

5 τὸ *ΕΖ* κάτωθεν. τρυπήσας ὁμοίως τὸν ἄξονα ἑκάστην
ἀρχὴν ἀπέλαβον ἐπιούροις ἀραρότως τισὶν εὖ μάλα
τὰς σπάρτους, τὴν κατὰ τὸ *Ε* καὶ τὸ *Ζ*. αἱ δὲ

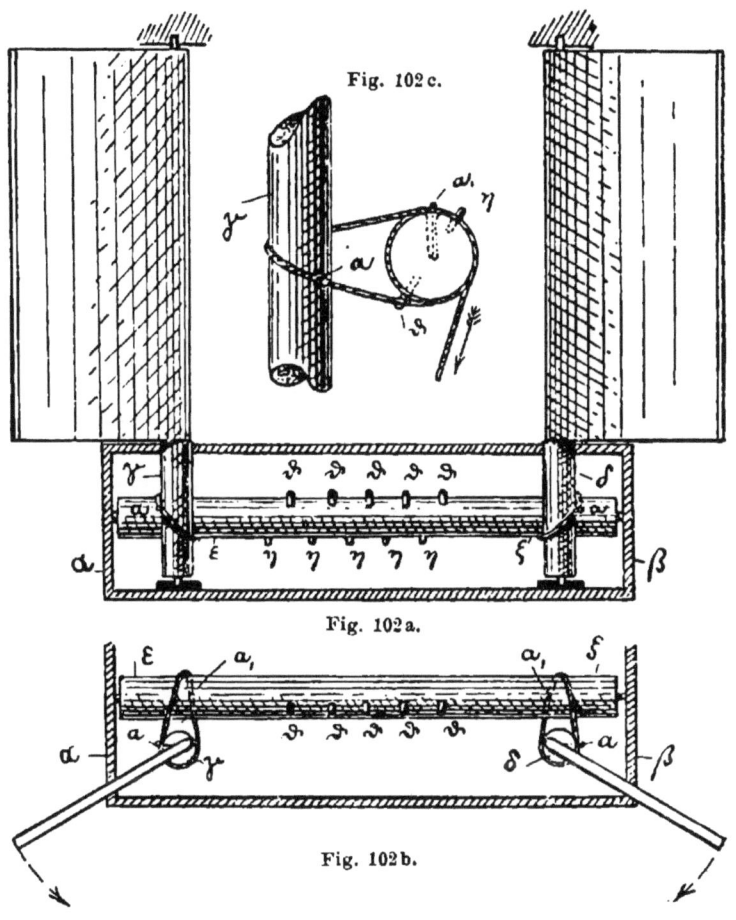

Fig. 102 c.

Fig. 102 a.

Fig. 102 b.

σπάρτοι ἐπιστρέψουσι τοὺς στροφεῖς καὶ ἀνοίξουσι τὰς
θύρας. ὅταν δὲ πάλιν τὰ ἐναντία ἐπιστρέφω τὸν 5

1 τὸ om. T   τρυπήσας ⟨δὲ?⟩ ὁμοίως τὸν ἄξονα ⟨..., tum
καὶ ἐγκρούσας vel simile quid⟩ ἑκάστην Brinkm. f. ⟨καθ'⟩

die Achse, die einen nach γ und δ hin[1]) (Fig. 102 a)
oberhalb der Achse, die anderen nach ε und ζ hin[1]) unterhalb derselben. Indem ich in gleicher Weise an beiden 5
Enden ein Loch (a_1, a_1, Fig. 102 b und 102 c) in die Achse
5 bohrte, schlofs ich mit Bolzen recht fest die Schnüre bei
ε und ζ (Fig. 102 b) ein. Die Schnüre werden die Angeln

Fig. 102 e.   Fig. 102 d.

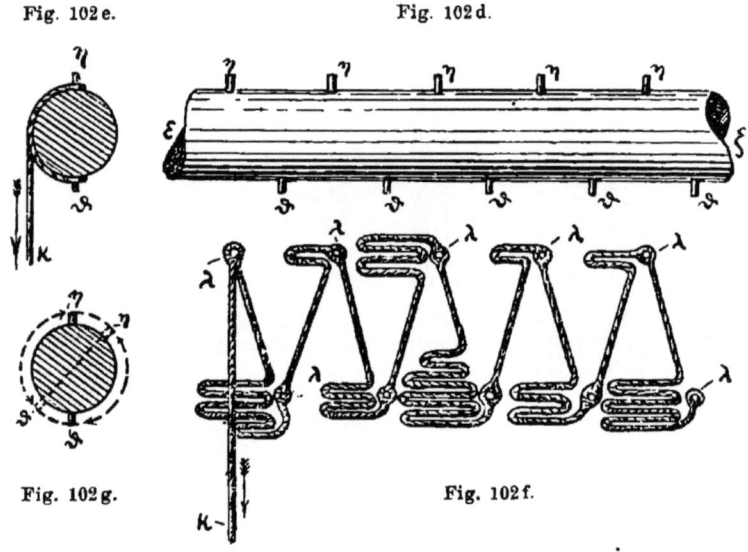

Fig. 102 g.   Fig. 102 f.

drehen[2]) und die Thüren öffnen. Drehe ich aber die Achse
nach der entgegengesetzten Richtung, so[3]) werden die (zuvor

---

1) In den Handschriften steht: ‘das eine nach $\gamma\delta$ hin, das
andere nach $\varepsilon\zeta$’.
2) Genauer wäre: ‘Gespannt werden die oberen Schnurenden die Angeln drehen (Fig. 102 a)’.
3) Die Worte ‘so ... drehen’ sind nach Vermutung übersetzt, da der griechische Text hier verderbt ist.

ἑκάστην   2 τισὶν ἀραρότως tr. Brinkm.   3 τῶν σπάρτων
Prou   f. τήν τε   f. καὶ ⟨τὴν κατὰ⟩   4 f. σπάρτοι ⟨ταθεῖσαι⟩

27 *

ἄξονα, †καὶ μέντοι ἀνεθήσονται, ... ὅθεν κλεισθήσονται
6 αἱ θύραι. οὕτως οὖν ἀπὸ μιᾶς κινήσεως ἅμα ἀμφότεραι αἱ θύραι ⟨ὁτὲ μὲν⟩ κλεισθήσονται, ὁτὲ δὲ
268 ἀνοιχθήσονται. ἵνα | οὖν διὰ τῆς λείας ⟨αὐτόματον⟩
τοῦτο γίνηται, ἐνέπηξα τύλους εἰς τὸν ἄξονα ἄνωθεν 5
ἐφ' ὧν τὰ Η καὶ κάτωθεν ἐφ' ὧν τὰ Θ, καὶ λαβὼν
σπάρτον καὶ καταμετρησάμενος τὸ μῆκος πρὸς τὴν
σύριγγα τὴν ἔχουσαν τὴν ψάμμον καὶ λείαν, ἐν ὁποίοις
δἂν ᾖ διαστήμασιν, ἧψα ἀγκύλας. καὶ ἔστω σπάρτος
7 μὲν ἡ Κ, ἀγκυλῖναι δὲ αἱ Λ. τὴν πρώτην οὖν ἀγκύ- 10
λην τὴν ἀπὸ τοῦ Κ περιτίθημι περὶ τὸν τύλον τὸν
πρῶτον τὸν ἀπὸ τοῦ Ε, ἐπὶ τὸ Η, τὴν δὲ ἐσομένην
ἀγκύλην περὶ τὸν κάτω τύλον τὸν Θ καὶ οὕτως ἑξῆς
πάσας προσκολλῶν αὐτὰς περὶ τὸν ΕΖ ἄξονα κηρῷ
[τε] μετὰ ῥητίνης. ἔστι δὲ κεκαλυμμένον τοῦτο παρα- 15
8 κόλλημα. καὶ τὰ παραχαλασμάτια αὐτῶν πρὸς τὸν
ἄξονα προσκολλῶ, ἵνα μή τινα αὐτῶν ταραχθέντα
δυσέργειαν παρέχηται. ὅταν οὖν ἡ ἀρχὴ τῆς σπάρτου,
ἐφ' ἧς ἐστι τὸ Κ, ἐκδεθεῖσα ἐκ τῆς λείας ἕλκηται
πράως, ἀνοίξει καὶ κλείσει τὸν πίνακα χρόνους καὶ 20
268ᵃ διαλείμματα διδοῦσα. |

---

1 καὶ μέντοι a: f. αἱ μὲν ⟨ταθεῖσαι σπάρ⟩τοι: αἱ μέντοι Μ,
Paris. suppl. 11 ἀνεθήσονται a: ἀνεχθήσονται Paris. 2431:
ἀνοιχθήσονται Prou f. ⟨οἱ δὲ στροφεῖς πάλιν τὰ ἐναντία ἐπι-
στραφήσονται⟩, ὅθεν 2 ἀπὸ: ὑπὸ Brinkm. sed cf. p. 152, 6
3 ὁτὲ μὲν inserui. cf. p. 438, 2. 17 ὁτὲ AG: ὅταν T
4—5 γίνηται ⟨αὐτόματον⟩ Haase in schedis Schoenianis (cf.
p. 416, 17), sed transposui. cf. p. 372, 6. 388, 6 8 f. καὶ ⟨τὴν⟩
9 δἂν (= δὴ ἂν) Brinkm. coll. Usener Fleck. ann. 1878 p. 66:
δὲ ἂν a 10 f. ἀγκύλαι πρώτην: ᾱ a 11 f. τὸν ⟨ἄνω⟩
τύλον. cf. lin. 13 12 πρῶτον: ᾱ a ἐπὶ a: f. περὶ: ἐπὶ
(sive ἐφ') ⟨οὗ⟩ Brinkm. τὸ: f. τὸν ἐσομένην a: ἐπομένην
Prou: f. ἐχομένην. cf. p. 442, 4 15 τε u: seclusi. cf. 344, 16
an ἔστι ... παρακόλλημα del.? f. τοῦτο ⟨τὸ⟩ 17 προ-

gespannten, oberen) Schnurenden (an den Angeln) schlaff,
während die Angeln (jetzt von den unteren Schnurenden
angezogen) sich wieder (nach der entgegengesetzten Rích-
tung) drehen, und infolgedessen schliefsen sich die Thüren.
5 So werden also infolge einer Bewegung zu gleicher Zeit 6
beide Thüren sich bald schliefsen, bald öffnen. Damit dies
nun mittels des Gegengewichts von selbst geschehe, befestigte ich oben an der Achse (Fig. 102c und 102d)[1]) in
den Punkten η und unten in ϑ Pflöcke, nahm eine Schnur,
10 mafs die Länge nach dem Kasten, welcher den Sand und
das Gegengewicht enthält, ab und knüpfte in passenden
Abständen Ösen (Fig. 102e). Es sei $\varkappa$ die Schnur, λ die
Ösen (Fig. 102f). Nun lege ich die erste Öse von $\varkappa$ 7
aus um den ersten Pflock, von ε aus gerechnet, auf η
15 (Fig. 102d)[2]), die folgende Öse um den untern Pflock ϑ
und so alle der Reihe nach, indem ich sie um die Achse
$\varepsilon\zeta$ mit Wachs und Gummi anklebe. Dafs sie angeklebt
sind, ist aber nicht zu sehen. Die lockeren Schlingen 8
(Fig. 102f), welche seitwärts (des Pflockes) zu liegen
20 kommen, klebe ich an die Achse, damit nicht irgend welche
davon in Unordnung geraten und dadurch Schwierigkeiten
(Verwicklungen) verursachen. Wird nun das Ende der
Schnur bei $\varkappa$ an das Gegengewicht gebunden (Fig. 102f)
und sanft angezogen (Fig. 102g)[3]), so wird sie die Bühne
25 öffnen (Fig. 102a, 102b) und schliefsen und wird so Zeit
(für die einzelnen Aufführungen) lassen sowie die (nötigen)
Zwischenpausen herbeiführen.

---

1) Fig. 102c und 102d zeigen den Mechanismus bei geschlossenen Thüren, Fig. 102a und 102b bei geöffneten Thüren.
2) Fig. 102d ist Anfangsstellung der Achse bei geschlossenen
Thüren.
3) In Fig. 102g bezeichnen die punktierten Pflöcke η, ϑ
eine beliebige Mittelstellung.

$\varkappa o\lambda\lambda\tilde{\omega}$ T $\quad\tau\alpha\varrho\alpha\chi\vartheta\dot{\varepsilon}\nu\tau\alpha$ scripsi: $\tau\alpha\varrho\alpha\chi\vartheta\dot{\varepsilon}\nu\tau\omega\nu$ a: $\pi\alpha\varrho\alpha\chi\vartheta\dot{\varepsilon}\nu\tau\alpha$
Prou $\quad$ 19 $\tau\tilde{\eta}\varsigma$ $\lambda\varepsilon\dot{\iota}\alpha\varsigma$ M, Paris. suppl. 11: $\tau\dot{\eta}\nu$ $\lambda\varepsilon\dot{\iota}\alpha\nu$ a $\quad\varepsilon\dot{\iota}\varsigma$
(pro $\dot{\varepsilon}\varkappa$) $\tau\dot{\eta}\nu$ $\lambda\varepsilon\dot{\iota}\alpha\nu$ Brinkm.

XXIV ⟨Ταῦτα μὲν οὖν⟩ οὕτως γίνεται. γινομένης ⟨δὲ⟩
265²³ τῆς πρώτης ἀνοίξεως ἡμῖν ... ἐστί, πῶς ... ἐν τῷ
πίνακι φανῆναι ζῴδια τεκταίνοντα· περιεμφανίσαι δὲ
..., τίνι τρόπῳ τὴν κίνησιν λαμβάνει. δεῖ οὖν τὰ
μὲν ἄλλα πάντα μέρη τῶν ζῳδίων ἐν τῷ ἐδάφει τοῦ 5
πίνακος γεγράφθαι διαθέσεις ἔχοντα πιθανωτάτας, τὰς
δεξιὰς δὲ χεῖρας μὴ γεγραμμένας ἐν τῷ πίνακι, προσκεῖσθαι δὲ κερατίνας ἐξ ἐλαφρῶν κεράτων λεπτὰς εὖ
μάλα κατειργασμένας, ἵνα προσπίπτωσι καὶ μηδὲν δῆλον
2 ἀπόστημα ἔχωσι. δεῖ δὲ καὶ τὰ ἀρμένια, ἐν οἷς ἐργά- 10
ζονται, κεράτινα εἶναι, προσκεῖσθαι δὲ ἐν ταῖς χερσὶ
καὶ ἀπογεγράφθαι τὰς χεῖρας ὁμοχρόους τοῖς ἄλλοις
σώμασι καὶ τὰ ἀρμένια, ὡς προσῆκόν ἐστιν.
Ἔστω οὖν ἡ χεὶρ ἡ ΑΒ. ἐτρύπησα οὖν αὐτὴν
κατὰ τὸν ὦμον καὶ ἐποίησα τὸ τρύπημα τετράγωνον, 15
ὡς γέγραπται, καὶ λαβὼν κεράτινον ἐπίουρον ἐνήρμοσα
εἰς μὲν τὸν ὦμον τετράγωνον ποιήσας καὶ ἐνεκόλλησα,
τὸ δὲ λοιπὸν τοῦ ἐπιούρου στρογγύλον καὶ λεῖον καλῶς.
3 τρυπήσας δὲ κατὰ τοῦ δεξιοῦ ὤμου †ἐδίωσα τὸν ἐπίουρον καλῶς, ἕως οὗ προσκαθίσῃ τὸ χερίον εἰς τὸ 20
ζῴδιον. ἐὰν οὖν καταλάβωμεν τοῖς δακτύλοις ἐκ τῶν

---

1 Καὶ ταῦτα μὲν οὖν inserit R. Schoene l. l. p. 74. cf. p. 430, 23
f. γενομένης   2 δὲ inserit R. Schoene   lacunam statuo.
f. ⟨ὑποδεικτέον⟩   πῶς Leid. Scal. 45 et Haase: πως a   f. πῶς
⟨ἔστι⟩ vel ⟨δυνατόν ἐστι⟩. cf. p. 354, 14. 404, 18   3 περιεμφανίσαι a: παρεμφανίσαι Haase: f. προσεμφανίσαι. cf. Philon.
Mech. Synt. IV, p. 72, 6 ed. R. Schoene   περὶ ... ἐμφανίσαι
Brinkm.   3—4 f. δὲ ⟨δεῖ⟩   6 πιθανωτάτας Monac. 431:
πειθανωτάτας a   7 f. ⟨εἶναι⟩ ἐν   8 ἐλαφρῶν a: ἐλαφῶν
(sic, secundum Paris. 2434?) Prou ('de corne de cerf'), ἐλαφῶν
mendose etiam M, Paris. 2428 et suppl. 11   9 προσπίπτωσι G
10 ad ἐν cf. p. 340, 17. 412, 24. sed v. etiam ad hoc ἐν in-
strumentale Usener Der heilige Theodosios p. 124   12 ὁμοχρόους A G: ὁμόχρους Leid. Scal. 45: ὁμοχόρους T   13 σώμασι:

XIV   In der Weise also spielt sich dieser Vorgang ab.

Wir haben nun darzuthun[1]), wie es möglich ist, auf der Bühne nach der ersten Öffnung Figuren Zimmermannsarbeit verrichten zu sehen. Daneben ist zu zeigen, auf
5 welche Weise sie in Bewegung gesetzt werden. Während alle übrigen Teile der Figuren auf der Fläche der Bühnenhinterwand in recht natürlicher Haltung im Bilde dargestellt werden, dürfen die rechten Arme nicht auf der Dekorationswand gemalt sein, sondern sind aus Horn und zwar ganz
10 fein aus leichtem Horn gearbeitet anzufügen, dafs sie sich ohne sichtbaren Abstand anschmiegen. Auch das Hand- 2 werkszeug, mit dem sie arbeiten, mufs aus Horn bestehen und passend in die Hände gesteckt sein. Die Arme sind in gleicher Farbe wie die übrigen Körperteile[2]) zu malen,
15 die Geräte dagegen in der ihnen zukommenden Farbe. Es sei nun $\alpha\beta$ der Arm (Fig. 103a und 103b). Ich bohrte an der Schulter ein Loch hinein, machte es viereckig, wie es gezeichnet ist, nahm einen Stift aus Horn, den ich ebenfalls viereckig formte, fügte ihn passend in die
20 Schulter ein und leimte ihn fest, während ich den übrigen Teil des Stiftes rund machte und hübsch glättete. Nachdem 3 ich aber eine Bohrung in die rechte Schulter (der Figur) gemacht, stiefs ich den Stift ordentlich hinein, bis dafs der kleine Arm sich auf die Figur (auf der Dekorationswand)
25 legte. Wenn wir nun mit den Fingern hinter der Bühnenwand den überstehenden Teil des Stiftes fassen und drehen,

---

1) Dieses Wort ist nach Vermutung zugesetzt. Ebenso die Worte 'wie es möglich ist'.
2) In den Handschriften steht 'Körper'.

---

f. σωμά⟨των μέρε⟩σι   14 ἠτρύπησα T   αὐτοὺς T   16 exspectes ὑπογέγραπται. similiter p. 416, 1   ἐνήρμοσα AG: ἐν ἧρασμοσα T   17 ἐνεκόλλησα Taurin. B, I, 18 in margine et Haase in schedis Schoenianis: ἐνεκώλυσα a. cf. p. 424,6   18 f. ⟨ἐποίησα⟩ στρογγύλον   19 an κατὰ ⟨τὸν⟩ τοῦ ⟨ζωδίου⟩ δεξιὸν ὦμον? cf. v. 15. p. 424, 4: ⟨τὸ ζώδιον⟩ κατὰ τοῦ δ. ὤ. Brinkm.   ad ἐδίωσα (= διέωσα) cf. Hatzidakis Einl. in die neugr. Gr. p. 66
21 οὖν om. T

ὄπισθεν μερῶν τοῦ πίνακος τὸ ὑπερέχον τοῦ ἐπιούρου
στρέφοντες, κινηθήσεται τὸ χερίον. ὅπως οὖν ὑπὸ τῆς
λείας αὐτόματον κινῆται, ποιῶ κανόνιον τὸ ΓΔ καὶ
τρυπῶ κατὰ τὸ Θ καὶ τὸν ἐπίουρον τὸν ἐκ τῆς χειρὸς
ὑπερέχοντα εἰς τὸ ὄπισθεν μέρος τοῦ πίνακος ἐναρμόζω 5
εἰς τὸ τοῦ κανονίου τρύπημα ἀραρότως καὶ ἐγκολλῶ,
266 ἵνα κινουμένου τοῦ κανονίου κινῆται | καὶ τὸ πρὸς τῷ
4 ὤμῳ. τὸ δὲ κανόνιον τοῦτο καλεῖται ὑσπλήγγιον. εἰς
τὸ ἓν οὖν μέρος τοῦ ὑσπληγγίου τρυπήσας ἐξέδησα
σπάρτον καὶ ἐκρέμασα λείαν μολιβδίνην· τὴν Ι καὶ 10
ὑπέπηξα ἐπίουρον ὑπὸ τὸ ἄκρον τοῦ ὑσπλήγγος, τὸ Ζ,
ἵνα ἐπαναπαύηται τοῦ ὑσπληγγίου τὸ ἄκρον. οὐκοῦν
ἐὰν τῷ δακτύλῳ κάτω βαρήσωμεν τὸ ὑσπλήγγιον κατὰ
τὸ Γ μέρος, μετεωρισθήσεται τὸ Δ μέρος σὺν τῇ λείᾳ·
ἐὰν δὲ ἀφῶμεν, καταπεσεῖται ἐπὶ τὸν ἐπίουρον ἐπισπω- 15
5 μένης τῆς λείας καὶ ψόφον ποιήσει. ἐπιδώσει δὲ καὶ
τῇ χειρὶ τὴν κίνησιν ἐν τῷ ἔμπροσθεν μέρει τοῦ
πίνακος. ἵνα οὖν πυκνῶς καὶ αὐτομάτως κινῆται,
παρατίθημι τὸν ἀστερίσκον στρεφόμενον περὶ ἐπίουρον
ἐμπεπηγότα τῷ ἐδάφει τοῦ πίνακος ἀραρότως. ἕξει 20
δὲ ὁ ἀστερίσκος προσόντα αὐτῷ προσφυῆ τρόχιλον τὸν
Η, περὶ ὃν ἡ σπάρτος περιειληθεῖσα πολλάκις ἀπο-
δοθήσεται τῇ λείᾳ, ἵνα ἐπισπωμένη ἡ λεία κατὰ μικρὸν
ἐπιστρέφῃ τὸν ἀστερίσκον καὶ ὁ ἀστερίσκος ταῖς στρο-
6 φαῖς τὸν ὕσπληγγα κρούῃ πυκνά. τὸ δὲ ἔσχατον 25

4 τρυπῶ AG: τρύπημα T   7—8 f. τὸ πρὸς τῷ ὤμῳ ⟨χερίον⟩:
τὸ ⟨χερίον τὸ⟩ πρὸς τ. ὤ. Brinkm.   9 ἓν: f. ἕτερον   10 Ι: f. Ε
11 ὑπὸ scripsi: ἐπὶ a. cf. lin. 12. 15.   an τῆς? sed cf. lin. 25
12 f. ἐπαναπαύηται ⟨ἐπὶ τούτου⟩ τὸ τοῦ ὑσπληγγίου ἄκρον.
ἐπαναπαύεται T   13 f. καταβαρήσωμεν. cf. p. 96, 4. 158,13
19 f. ἀστερίσκον τὸν tr.   τὸν ἀστερίσκον ⟨τὸν Ε⟩ Brinkm.
21 αὐτῷ scripsi: αὐτῷ a   24 ἐπιστρέφει a: corr. Haase et
Prou   25 κρούει a: corr. Prou

so wird sich der Arm bewegen. Damit er sich nun vermittelst des Gegengewichts von selbst bewegt, stelle ich eine Latte (einen Hebel) γδ her, durchbohre sie bei ϑ, setze den Stift, der von dem Arme aus nach hinten über

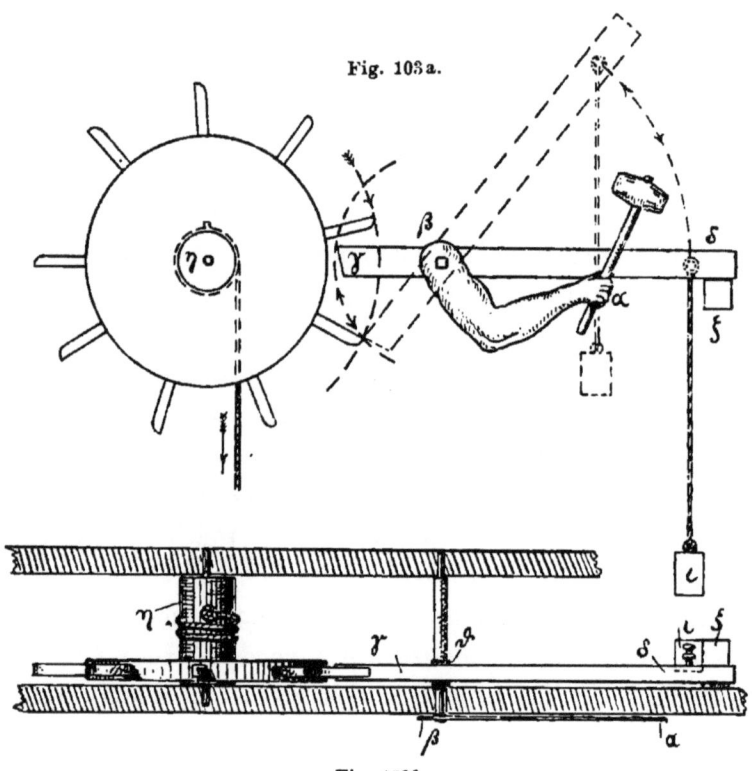

Fig. 103a.

Fig. 103b.

5 die Bühnenwand herausragt (Fig. 103b), fest in das Loch der Latte und leime ihn ein, damit sich auch der Arm an der Schulter bewegt, wenn sich die Latte bewegt. Diese Latte (Hebel) heifst Schlaghölzchen (Hyspléngion). 4 Nachdem ich dann in den anderen[1]) Teil des Hebels ein

---

1) Nach Vermutung statt des handschriftlichen ʻeinenʼ übersetzt.

μέρος τῆς σπάρτου ἀγκυλωθὲν περὶ τὸν τύλον περιτίθεται ἐφ᾽ οὗ τὸ Η. ὅταν †μηκέτι τὴν χεῖρα κινεῖσθαι,
ἀποσχασθεῖσα ἀπὸ τοῦ τύλου †περιγνοίη.

XXV Τὰ μὲν περὶ τοὺς τεκτονεύοντας οὕτως ⟨ἐν⟩ τῷ
²⁶⁶²⁴ πίνακι ⟨γίνεται⟩. | κλεισθέντος δὲ καὶ μετὰ ταῦτα 5
²⁶⁸¹⁵ ἀνοιχθέντος, δεῖ τοὺς μὲν τεκτονεύοντας μηκέτι φαίνεσθαι, τὰς δὲ ναῦς καθελκομένας.

2 Γίνεται οὖν καὶ τοῦτο, καθὼς μέλλομεν λέγειν.
ὀθόνιον δεῖ λαβεῖν λεπτὸν καὶ πυκνόν, ἴσον ἔχον μέγεθος
τῷ τοῦ πίνακος ἐδάφει, τοῦτο δὲ χρίσαντας ὑγροτάτῳ 10
λευκῷ χρωματίῳ, ἵνα εὐλύτως δύνηται συνειλεῖσθαι,
ζωγραφῆσαι τὰς καθελκομένας ναῦς καὶ προσθέντας πρὸς
τὸν πίνακα τὸ μὲν ἄνω μέρος προσηλῶσαι κεντρίοις πρὸς
τὸ τοῦ πίνακος ἐπίπεδον ὑπ᾽ αὐτὴν τὴν τοῦ πλινθίου
πλευράν, πρὸς δὲ τὸ κάτω μέρος τοῦ ὀθονίου προσάψαι 15
χαλκοῦν ὀβελίσκον δι᾽ ὅλου πάχος ἔχοντα σύμμετρον,
3 ἵνα εἱλοῦντες περὶ τὸν ὀβελίσκον τὸ ὀθόνιον εἰς τὸ ἄνω
μέρος τοῦ πίνακος καὶ συστρέψαντες καλῶς κρατήσω-
μεν ὑπὸ τὴν πλευρὰν τοῦ πλινθίου καί, ὅταν βουλώ-

---

1 τὸν τύλον M, Paris. suppl. 11: τοῦ τύλου a   2 ὅταν a:
ὅπως ἂν Prou   3 ἀποσχασθεῖσα om. T   περιγνοίη a: περὶ
γνοίας M, Paris. suppl. 11, Barber. II, 82: περιγνοίης Prou: f.
περιγνοίη del. et totus locus sic restituendus est: ὅταν ⟨δὲ δίῃ⟩
μηκέτι τὴν χεῖρα κινεῖσθαι, ἀποσχασθεῖσα ἀπὸ τοῦ τύλου ⟨ἡ
ἀγκύλη ἐκπίπτει⟩. cf. p. 348, 4. 358, 4. 430, 13   ⟨ἵν᾽⟩ ὅταν
μηκέτι ⟨χρεία ᾖ⟩ Brinkm.   4 f. μὲν ⟨οὖν⟩   4. 5 ἐν et
γίνεται inseruit Prou   5 de contextu ordine vid. p. 414 et
prolegomena   καὶ ΑΤ₂: om. G: εἰς Τ₁   9 δεῖ λαβεῖν Prou:
διαλαβεῖν a   10 τῷ AG: τὸ T   χρίσαντας scripsi: χρίσαντες a
(χρῆσ- G)   11 συνειλεῖσθαι M: συνειλῆσθαι AT: συνήλεῖσθαι G
12 προσθέντας scripsi: προσθέντες a   13 προσηλῶσαι scripsi:
προσηλῶσθαι a   κεντρίοις Prou: κοντρίοις a   15 προσάψαι
Prou: προσγράψαι AG: προγράψαι T   18—19 an καταθῶμεν?
v. p. 428, 7. sed cf. p. 450, 10. 452, 3

Loch gebohrt, band ich eine Schnur daran, hängte an diese
ein Bleigewicht ι (Fig. 103 a) und befestigte einen Anschlag-
stift ζ unter dem Hebelende als Stütze für dieses. Drücken
wir daher mit dem Finger den Hebel an dem Ende γ
5 nieder, so wird das Ende δ mitsamt dem Gewichte emporgehoben. Lassen wir es (das Ende γ) aber los, so wird
das Ende δ infolge der Anziehung des Bleigewichtes mit
lautem Anschlag auf die Stütze niederfallen. Der Hebel 5
wird ferner auf der vorderen Seite der Bühnendekoration
10 den Arm in Bewegung setzen. Damit er nun häufig und
von selbst sich bewegt, stelle ich ein kleines Sternrad
(Asterískos) daneben, das sich um einen fest in die Tafel-
fläche (die Bühnenhinterwand) (als Achse) gefügten Bolzen
dreht. Mit dem Sternrade soll eine Rolle η verbunden
15 sein; um diese soll die Schnur vielfach geschlungen und
dann nach dem Gegengewicht geleitet werden, damit dieses
durch das Anziehen (der Schnur) das Sternrad allmählich
drehe und letzteres infolge der Drehungen oft auf den
Hebel schlage. Das äußerste Ende der Schnur wird 6
20 in einer Öse um den Pflock bei η gelegt. Wenn aber
der Arm sich nicht mehr bewegen darf[1]), wird die Schnur
vom Pflocke abgestreift und fällt herunter.

V   In solcher Weise wird also die Arbeit der Zimmer-   2. Scene.
leute auf der Bühne ausgeführt. Wenn dann ge-   Fig. 104 a
25 schlossen und danach geöffnet ist, dürfen die Zimmer-   und 104 b.
leute nicht mehr sichtbar sein, sondern man sieht, wie die
Schiffe vom Stapel laufen.

Dies geschieht, wie wir gleich angeben wollen. Man 2
muß ein Stück feiner, dichter Leinwand (Prospekt) von
30 gleicher Größe als der Boden (die Fläche) der Bühnendekoration nehmen, sie mit einer sehr flüssigen (dünnen),
weißen Farbe bestreichen, damit sie sich leicht zusammenrollen läßt, den Stapellauf darauf malen, sie an die Bühnenhinterwand halten und oben mit kleinen Stiften an deren

---

1) Nach Vermutung übersetzt, da der griechische Text
verderbt ist.

428 ΗΡΩΝΟΣ ΑΛΕΞΑΝΔΡ. ΠΕΡΙ ΑΥΤΟΜΑΤΟΠΟΙΗΤΙΚΗΣ.

μεϑα, ἀφῶμεν, ἀφεϑὲν δὲ τὸ ὀϑόνιον ἐξελίσσηται ὑπὸ τοῦ βάρους τοῦ ὀβελίσκου καὶ συντόμως ἀπειλισσύ-
4 μενον καλύψῃ τὰ ἐν τῷ πίνακι γεγραμμένα. τοῦτο οὖν δεῖ γενέσϑαι κεκλεισμένου τοῦ πίνακος αὐτόματον.

Fig. 104 a.

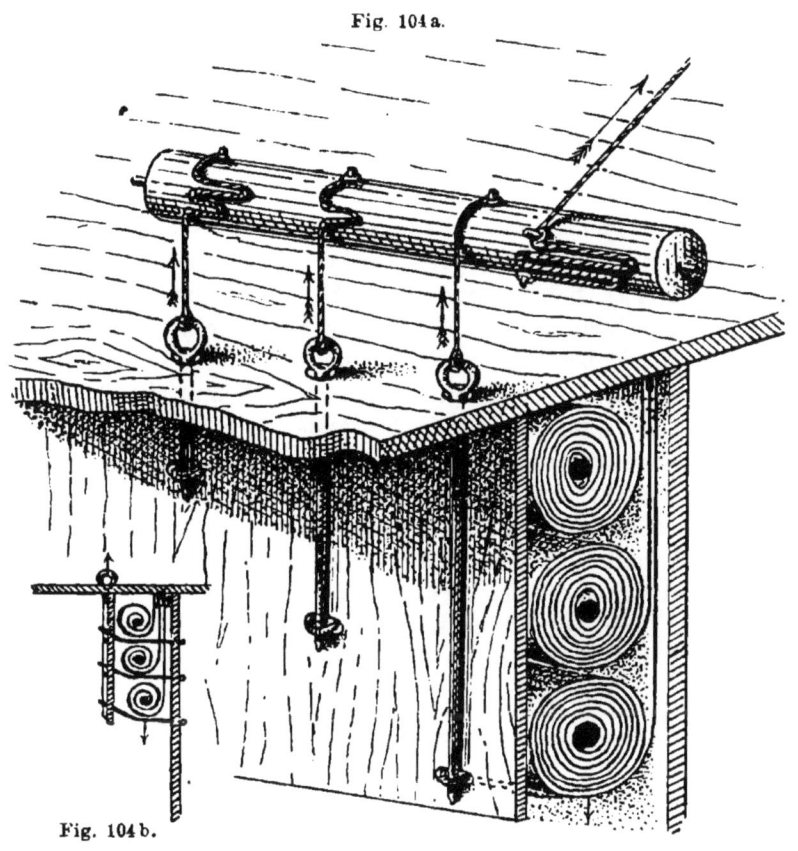

Fig. 104 b.

ἐν δὲ τῷ προτέρῳ δεῖ μένειν αὐτὸ συνειλημένον ἄνω. 5
γίνεται οὖν οὕτως. ὅταν εἰληϑῇ καλῶς εἰς τὸ ἄνω
μέρος καὶ τεϑῇ ὑπὸ τὴν πλευρὰν τοῦ πλινϑίου, ὑποκάτω τοῦ εἰλήματος παρ᾽ αὐτῷ ἐτρυπήϑη εἰς τὸ ἔδα-

Fläche gerade unterhalb der Seite (Decke) des Kastens
festnageln, unten dagegen an die Leinwand einen bronzenen
Rollstab (Obelískos) heften, der durchweg von mäfsigem Umfange ist, damit man die Leinwand (den Prospekt) nach dem 3
5 oberen Teile der Bühne um den Rollstab wickeln, sie ordentlich zusammenrollen, unter die Seite des Kastens zwängen
und nach Belieben herunterlassen kann. Wird der Prospekt
niedergelassen, so soll er infolge des schweren Rollstabes
sich abwickeln und, indem er dies schnell thut, die Bilder
10 auf der Schmuckwand verdecken. Dies mufs nun bei ge- 4
schlossener Bühne automatisch ausgeführt werden. Anfangs
hat der Prospekt oben aufgerollt zu bleiben. Das erreicht
man folgendermafsen. Wenn er ordentlich nach oben gewickelt und unter·die Seite (Decke) des Kastens gelegt war
15 (Fig. 104a), bohrte man unterhalb der Rolle, aber dicht
dabei ein Loch in die Fläche der Bühnenhinterwand und
stiefs durch das Loch von der Rückseite der Bühnenhinterwand nach ihrer Vorderseite die Öse einer Schnur (Fig. 104b),
bis sie in ganz mäfsigem Abstande vorragte und durch
20 einen Nagel festgehalten ward. Wie grofs der Abstand sein 5
mufs, ergiebt sich aus der Sache selbst. Dann bohre ich
gerade dem Loche in der Bühnenhinterwand gegenüber an
der (oberen) Seite des Kastens ein Loch, das breiter ist als
das untere, und feile es aus, um es zu glätten.[1]) Neben
25 diesem Loche mufs man die Rolle des Prospektes zwischen
die (Schnur mit der) Öse (und die Seite) zwängen und von
oben einen Bolzen durch das Seitenloch und die Öse stecken.
So wird die Rolle des Prospektes zusammengerollt bleiben, 6
da sie von der (Schnur mit der) Öse festgehalten wird.

---

1) Dieses Wort ist nach Vermutung übersetzt. Die Lesart
des griechischen Textes ist unverständlich und scheint verderbt
zu sein.

2—3 ἀπειλησσόμενον a: correxi   3 καλύψει a: corr. Haase
in schedis Schoenianis   5 f. πρότερον   6 f. οὖν ⟨τοῦτο⟩
7—8 τοῦ πλινθίου ... ἐτρυπήθη εἰς om. T₁, add. T₂ mg.   ὑπὸ
κάτω a: correxi

φος τοῦ πίνακος, καὶ ὠθήθη διὰ τοῦ τρυπήματος ἐκ
τοῦ ὄπισθεν μέρους τοῦ πίνακος εἰς τὸ ἔμπροσθεν
μέρος ἀγκύλη σπάρτου, ἕως μὲν προεῖχε σύμμετρόν τι
5 διάστημα καὶ ἐπιούρῳ ἀποληφθῇ ἀραρότως. ἡλίκον
δὲ δεῖ εἶναι, αὐτὸ τὸ πρᾶγμα δείξει. εἶτα κατ' αὐτὸ 5
τὸ ἐν τῷ ἐδάφει τρύπημα τρυπῶ παρὰ τὴν πλευρὰν
τοῦ πλινθίου τρύπημα εὐρύτερον τοῦ κάτω καὶ διαρ-
ρινῶ αὐτό, ὅπως †πλείω. καὶ †περὶ τοῦτο †εἰλημένον
τοῦ ὀθονίου †περισφίγξαι εἰς τὴν ἀγκύλην καὶ διῶσαι
269 διὰ τρυ|πηματίου τοῦ ἐν τῇ πλευρᾷ καὶ ἄνωθεν πε- 10
6 ρόνιον διώσας διὰ τῆς ἀγκύλης. μένει οὖν συνεσφιγ-
μένον τὸ εἴλημα τοῦ ὀθονίου συνεχόμενον ὑπ' αὐτῆς.
ὅταν δὲ δέῃ καλυφθῆναι τὰ ἐν τῷ πίνακι, κεκλεισμένων τῶν θυρῶν ἐκσπάσαι τὴν σπάρτον τὴν προσδεδεμένην τῇ περόνῃ, ἀποδεδομένην δὲ εἰς τὴν λείαν. 15
οὕτως οὖν πάντα τὰ ἐπικαλυπτόμενα ἐποιεῖτο, συνειλη-
θέντα καὶ ἑξῆς ἄνω ἐπάλληλα τεθέντα καὶ ἕκαστον
7 αὐτῶν ἀγκύλην καὶ περόνην λαβόν. ὅσον δ' ἂν τόπον
καταλάβῃ τὰ εἰλημένα τῶν ὀθονίων, ἐπὶ τοσοῦτον
ἀντιφράσσειν σανίσιν, ἵνα μὴ βλέπηται. τὸ δὲ σανί- 20
διον γίνεται ὑπέρθυρον τῶν θυρῶν. δεῖ δὲ ἐν αὐτῷ
ποιῆσαι ἐπιστύλιον στρογγυλόγλυφον, ἵνα ἔχῃ λείαν ὄψιν.
XXVI   Ταῦτα μὲν οὖν οὕτω γίνεται. κλεισθέντος δὲ καὶ
ἀνοιχθέντος τοῦ πίνακός φαμεν μηδὲν φαίνεσθαι πλὴν
ἀέρος καὶ θαλάσσης γεγραμμένων καὶ μετὰ ταῦτα 25
παραπλεῖν τὰς ναῦς.

---

1 de aoristo ὠθήθη cf. Veitch Greek verbs⁴ p. 715   τὸ ἐκ T
3 ἀγκύλης a: corr. Prou   σπάρτου Ambrosianus C 266 infer.
m. 2: παρὰ τοῦ a   προεῖχε a: προσχῇ Prou: f. προέχῃ   6 τρυπῶ
Prou: τρὒπᾷ̈ (sic) A: τρυπᾶν G: τρύπημα T   7—8 δια-
ρινῶ a: corr. Prou   8 πλείω a: f. λειῶ   περὶ a: f. παρὰ

Soll aber die Bühnendekoration verdeckt werden, so mufs
man bei geschlossenen Thüren die an den Bolzen gebundene
und nach dem Gegengewicht geleitete Schnur herausziehen.
So wurden also alle Prospekte hergestellt, indem sie auf-
5 gewickelt, der Reihe nach oben aufeinandergelegt wurden
und jeder von ihnen Halteöse und Haltestift erhielt. So 7
viel Raum aber, als die Rollen der Prospekte einnehmen,
ist durch eine Bretterwand zu verdecken, damit sie nicht
gesehen werden. Das kleine Brett wird über den Thüren
10 befestigt. Darüber mufs man einen Architrav mit rundem
Schnitzwerk anbringen, damit er einen gefälligen Anblick
darbietet.

VI   So wird also diese Scene vorgeführt. Wenn die   3. Scene.
Bühne geschlossen und (wieder) geöffnet ist, so er-   Fig. 105a—c.[1])
15 klären wir, es sei nichts als gemalte Luft und Wasser zu
sehen und danach würden die Schiffe herausegeln.

1) Fig. 105c ist handschriftliche Figur und steht vorn in
den Prolegomena.

τοῦτο ex τούτου corr. A   περὶ τοῦτο: περόνην Prou   f. ⟨τὸ⟩
εἰλημένον. cf. p. 434, 8: τὸ εἴλημα Prou: εἰλημένου edit. Paris.
9 f. ⟨δεῖ⟩ περισφίγξαι (an tantum περίσφιγξαι?)   9—10 f.
εἰς τὴν ἀγκύλην καὶ ἄνωθεν περόνην διῶσαι διὰ τρυπήματος τοῦ
ἐν τῇ πλευρᾷ καὶ διὰ τῆς ἀγκύλης. μενεῖ οὖν κτέ.   9 ⟨δεῖ
δὲ⟩ καὶ Prou   10—11 διὰ τρυπηματίου ... διὰ om. T₁, add.
T₂ mg.   11—12 συνεσφιγμέν͞ων T   13 f. πίνακι ⟨γεγραμμένα⟩.
cf. p. 428, 3   14 f. ⟨δεῖ⟩ ἐκσπάσαι, nisi forte ἔκσπασαι praeferes
(ἐκσπάσαι codd.). cf. Philon. Mech. Synt. IV, p. 66, 1 ed. R. Schoene
15 ἀποδεδεμένην Prou   16 οὕτως G: οὕτω AT   f. ἐπικαλύπτοντα. cf. p. 412, 13. 450, 15   17 καὶ (ante ἑξῆς) om. G
f. ⟨ὥστε⟩ [καὶ] ἕκαστον αὐτῶν   18 λαβόν a: f. λαβεῖν (scribi
poterat etiam [καὶ] ἑκάστου ... λαβόντος)   19 εἰλημένα scripsi:
εἰρημένα a: εἰλήματα Prou. cf. p. 434, 8   20 f. ⟨δεῖ⟩ ἀντιφράσσειν (an ἀντίφρασσε?)   ἀντιφράσσον G   σανίσιν: an
σανιδίῳ?   21 f. τῶν θυρῶν del.   ἐν αὐτῷ a: ἐπ' αὐτῷ Prou
22 an ⟨καθάπερ⟩ ἐπιστύλιον? cf. 350, 8   ἐπιστύλιον M₂:
ἐπιτύλιον a   ἔχῃ AG: ἔχει T   λείαν a: ἡδεῖαν Prou   23 οὖν
om. A   hoc caput non disting. T   f. καὶ ⟨πάλιν⟩   24 ἀνοιχθέντος δὲ T   μηδὲν φαίνεσθαι R. Schoene (cf. ad 342, 8):
μὴ ἐμφαίνεσθαι a: μηδὲν ἐμφαίνεσθαι Prou

Ποιήσομεν οὖν καὶ τὰ περὶ τὸν πλοῦν οὕτως.
ἐξ ἑκατέρου μέρους τῶν θυρῶν παρὰ τοὺς στροφεῖς
ἕξει ὁ πίναξ τόπους κενοὺς καταπεφραγμένους ἐκ τοῦ
κατὰ πρόσθεν ἰδίως ἀπεργαζομένους οἷον παραστά-
2 δων. ἐν δὲ τοῖς κενώμασι τούτοις ὑποπεφραγμένα 5
σανίδια ἐπιτίθεται κανόνια ἔχοντα μέσα τετράγωνα
ἰσόπλευρα εἰργασμένα καὶ ὀρθά, ὧν αἱ γωνίαι ἔσονται
καταδεδεμέναι. ἔσονται δὲ ταῦτα ἐλάτινα, ἵνα μὴ
λεπτὰ ὄντα διαστρέφωνται. καὶ κάτωθεν μὲν αὐτῶν
ἔσται προσκείμενα πυρηνίδια χαλκᾶ ἔντορνα, οἷς ὑπο- 10
κείσονται ἐμπνελίδια, ἵνα ὦσιν εὔστροφα, ἄνωθεν
3 δὲ †στρογγύλα ἐργασθέντα καὶ λεῖα. καὶ ἄνωθεν
τῆς πλευρᾶς τοῦ πλινθίου τρυπηθείσης διωθήσεται,
ὥστε μὴ σφίγγειν μήτε λίαν εὔλυτον εἶναι †ὡς στρέφεσθαι. τούτων γενομένων δεῖ χάρτην λαβόντα λεπτό- 15
τατον τῶν βασιλικῶν καλουμένων ἀποτεμεῖν αὐτοῦ τὸ
μῆκος, ἡλίκον ἂν περιέχῃ ὕψος τὸ τοῦ πίνακος ἔδαφος
ἕως τῶν ὀθονίων τῶν συνειλημένων καὶ †ἀποτεμνόν-
των τὸν ὀμφαλὸν τοῦ χάρτου προσκολλῆσαι αὐτὸν
4 πρὸς τὸν κανόνα τὸν ἐκ δεξιῶν · τοῦ πίνακος, ὥστε 20
ἀντὶ τοῦ ὀμφαλοῦ τὸν κανόνα προσκεκολλῆσθαι, καὶ
οὕτως ὑποστρέφοντα τὸ ὑπερέχον τοῦ πίνακος περιει-

4—5 παραστάδια Prou l. l. p. 230   5 ἐν edit. Paris.: ἐκ a
6 σανίδια AG: δια T₁, corr. T₂   9 διαστρέφονται T   10
προκείμενα GM   11 εὔστρωφα T   12 f. δὲ ⟨τὰ κανόνια
ἔστω⟩ στρογγύλα   13 f. διωσθήσεται cf. p. 276, 6   14 λίαν,
ι ex ει corr., A: λείαν GT   ὡς a: f. τὸ   15 f. τούτων ⟨οὖν
οὕτως⟩   16 an αὐτὸ (pro αὐτοῦ) ⟨κατὰ⟩ τὸ μῆκος?   17 περι-
έχει T   τὸ ὕψος a, transposui   ἐδάφους Prou   18 ἕως
Prou praeeunte Baldio ('infino'): ὡς a   18—19 f. ἀποτεμόντα:
ἀποτεμνόντας (sic) Prou   19 τὸν ὀμφαλὸν ex τῶν ὀμφαλῶν
corr. A   21 καὶ Prou: ἢ a   22 ὑποστρέφοντα a: ὑποστρέ-
φοντας Prou: ἐπιστρέφοντα Monac. 431.   cf. p. 434, 2. 18

Die Seefahrt werden wir nun in folgender Weise darstellen. Auf beiden Seiten der Thüren neben den Angeln soll die Bühne leere, verdeckte, vorn eigens wie für Pfeiler (Pilaster) hergerichtete Räume haben. In diesen Hohl- 2
5 räumen werden unten versteckt Brettchen niedergelegt und befestigt (Fig. 105a), in deren Mitte kleine, vierkantige, gleich stark (gleichseitig) gearbeitete Latten (als Achsen) aufrecht stehen; deren Winkel[1]) sollen unten verbunden sein. Diese Achsen sollen aus Tannenholz sein, damit sie sich
10 nicht verdrehen, wenn sie (aus schwererem Holze gemacht) zu dünn sind. Unterhalb derselben sollen rundgedrechselte, bronzene Zapfen angefügt sein, unter denen sich kleine Lager befinden, damit sie leicht drehbar sind. Oben sollen die Achsen rund und glatt gearbeitet sein. Oberhalb der 3
15 durchlöcherten (oberen) Seite des Kastens soll man sie so durchstecken, daſs sie keine Klemmung verursachen, aber ihre Drehung auch nicht allzuleicht ist. Nach diesen Vorbereitungen muſs man sehr feines Papier von der Sorte des sogenannten Königspapiers nehmen und so lang zu-
20 schneiden, als die Fläche der Bühnenhinterwand bis zu den zusammengerollten Prospekten hoch ist, und nachdem man den Rollstab (Omphalós)[2]) der Papierrolle abgeschnitten, ist es an die Achse zur Rechten[3]) der Bühne zu kleben, so daſs statt des Stabes die Achse angeleimt ist (Fig. 105a), 4
25 und indem man den über die Bühne hinausragenden Teil dreht, muſs man bei geschlossener Bühne das Papier um die Achse wickeln. [Der überragende Teil wird so lange gedreht, bis die ganze Fläche der Bühnenhinterwand von der papiernen Wandeldekoration verdeckt ist. Das wird

---

1) So steht im Griechischen. Man erwartet 'Enden'. Vielleicht sind aber 'die scharfen Kanten' unten gemeint.
2) Dieser Omphalós (umbilicus) war ein dünner, auf den Rand des letzten Blattes geklebter Stab, um den das Papier zusammengerollt wurde. Auch die hervorragenden, durch Knöpfchen von Elfenbein oder Metall verzierten Enden nannte man Omphaloí.
3) Von der Bühne aus gesehen.

λεῖν τὸν χάρτην περὶ τὸν κανόνα κεκλεισμένου τοῦ
πίνακος. [τοῦτο δὲ ἐπιστρέφεται, ἕως ἂν ἐπικαλυφθῇ
ὅλον τὸ ἔδαφος τοῦ πίνακος τῷ χάρτῃ. ἔσται δὲ
τοῦτο, ἕως ἂν ἐπὶ τὸν τοῦ ἑτέρου κανόνος τόπον ἐγγίσῃς ... πεπληρωκέναι τε καὶ οὕτως, ἐάν τι πλεονάζῃ, 5
5 ἀποτέμνειν.] δεῖ δὲ ὑποκολλῆσαι ὑπὸ τὴν ἀρχὴν τοῦ
χάρτου κανόνα σφόδρα λεπτὸν εἰργασμένον. ἔστω οὖν
τὸ εἰλημένον παρὰ τὴν παραστάδα κεκρυμμένον, ὥστε
ἀνεῳγμένου τοῦ πίνακος μὴ ὁρᾶσθαι. ἐναρτῶ οὖν
270 σπάρτους λεπτὰς | εἰς τὸ κανόνιον τὸ πρὸς τῇ ἀρχῇ τοῦ 10
χάρτου προσκεκολλημένον ... κάτωθεν παρὰ τὸ παρα-
στάδιον τοῦ πίνακος, ἄλλην δὲ ἄνωθεν παρὰ τὸ ὑπερ-
θύριον καὶ ἀποδίδωμι εἰς τὸν ἄλλον κανόνα τὸν ἐν
6 τοῖς εὐωνύμοις μέρεσιν. οὐκοῦν ἐὰν περιάγωμεν τὸν
κανόνα, ἐπισπάσεται τὰς σπάρτους· ἐπειληθήσονται γὰρ 15
αἱ σπάρτοι ἐξηρτημέναι εἰς τὴν ἀρχὴν τοῦ χάρτου, καὶ
ἀκολουθήσει ὁ χάρτης. κεκλεισμένου οὖν τοῦ πίνακος
ἕως τοσούτου ἐπιστρεφέσθω, ἕως ἂν ἐπικαλυφθῇ ὅλον
τὸ ἔδαφος τῷ χάρτῃ. ἔσται δὲ οὗτος ἀέρα καὶ θάλασ-
σαν ἔχων γεγραμμένα. ἵνα οὖν αὐτόματος παραγένηται 20
ὁ χάρτης καὶ τῆς λείας βαρέως ἐπισπωμένης ταχεῖα
παραγωγὴ γίνηται πρὸς τὸ πολὺ πλῆθος τῶν πλοίων
παραπλεῦσαι, δεῖ προμηχανήσασθαι ταῦτα.

---

1 κανόνα a: ἄξονα Prou, sed cf. p. 432, 6. 434, 4. 13
2—6 τοῦτο ... ἀποτέμνειν seclusi   3 f. ⟨οὐκ⟩ ἔσται   5 f.
⟨δεῖ δὲ τὸ τοῦ πίνακος ἔδαφος μόνον ἕως τῶν ὀθονίων τῶν συνειλημένων τοῦ χάρτου, ὅταν τῷ κανόνι ἐγγίσῃς,⟩ πεπληρωκέναι σε
καὶ οὕτως κτέ. cf. p. 432, 17. 18   8 παραστάδα AG: παραστάδα T,
ιον supra scr. ead. m.   κεκρυμμένον Μ: κεκρυμένον a   9 ἐν
ἀρτῶ AT: ἐν αὑτῷ G, ex Leid. Scalig. 45 correxi   11 ⟨ἄλλην
μὲν⟩ inserit Prou: f. ⟨τὴν μὲν⟩   16 ἐξηρτημέναι edit. Paris.:
ἐξητημέναι a   18 τοσοῦτο G   ἐπὶ τοσοῦτο Prou   f. ἐπιστρεφέσθω ⟨ὁ κανὼν⟩   19 οὕτως G   19—20 θαλάσσης T

aber nicht eher[1]) der Fall sein, als[1]) bis man der Gegend
der anderen Achse nahekommt. Es ist aber notwendig,
wenn man die Wandeldekoration der Achse wirklich nahe
gebracht hat, dafs man die Fläche der Bühnenhinterwand
5 nur bis zu den Prospektrollen gefüllt hat.[2]) Und falls
etwas überschiefst, ist es ohne weiteres abzuschneiden.]
Man mufs aber unter den Anfang des Papiers einen sehr 5
dünn gearbeiteten Stab leimen. Die zusammengerollte
Wandeldekoration sei neben dem Pfeiler (Pilaster) ver-
10 steckt, so dafs sie bei offener Bühne nicht zu sehen ist.
Ich binde nun dünne Schnüre an das Stäbchen, welches
an den Anfang des Papiers geleimt ist, die eine unten
neben dem Pilaster der Bühne, eine andere aber oben
neben der Oberschwelle und leite sie nach der anderen
15 Achse auf der linken Seite (Fig. 105 a). Drehen wir nun 6
die Achse um, so wird sie die Schnüre anziehen. Die
an den Anfang des Papiers gebundenen Schnüre werden
sich nämlich aufwickeln, und das Papier (die Wandeldekoration) wird[3]) folgen. Man drehe also bei geschlossener
20 Bühne die Achse so lange, bis der ganze Flächenraum mit
der Wandeldekoration bedeckt ist. Diese wird (zunächst)
ein Bild von Luft und Meer darstellen. Damit nun die
Dekoration von selbst erscheint und trotz des schwer-
fälligen (langsamen) Anziehens des Gegengewichts in Rück-
25 sicht darauf, dafs eine grofse Anzahl Fahrzeuge vorbei-
segelt, auch schnell vorgeführt wird, so mufs man vorher
folgende Vorrichtungen treffen.
Es sei die Bühne, von hinten gesehen, $\alpha\beta\gamma\delta$ (Fig. 105 a). 7
Und der obere Teil der Achse, um welche sich die Wandel-

---

1) Die Worte 'nicht eher' und 'als' fehlen im griechischen
Texte.
2) Dieser Satz, der fast ganz nach Vermutung gegeben ist,
scheint, wie der ganze eingeklammerte Absatz, verdächtig.
S. die Einleitung zu Fig. 105.
3) Wohl zwischen Leitbrettern (π, π).

---

20 ἔχον G   γεγραμμένα, α ex ην corr., A   22 γίνεται T
πλοίων M, Paris. 2432, suppl. 11: πλείων a

7 Ἔστω γὰρ κατὰ τὸ ὄπισθεν μέρος φαινόμενος ὁ
πίναξ ὁ ΑΒΓΔ, καὶ τοῦ κανόνος, περὶ ὃν ἑλίσσεται
ὁ χάρτης, τὸ ὑπεράνω μέρος ἐξελίκτραν τετορνευμένην
τὴν ΖΗ..., καὶ πρὸς τὸν πίνακα ἐπάνω τῶν ὑσπληγ-
γίων καὶ τῶν ἀστερίσκων τῶν τὰ χερία κινούντων 5
ἀποσπάσας μικρὸν περιτίθημι τύμπανον τὸ ΘΚ. ἐχέτω
δὲ τὸ τύμπανον... κατὰ κουρὰν μέρος κύκλῳ τετορ-
8 νευμένον τρόχιλον. καὶ περὶ τὸν ἄξονα τοῦ τυμπάνου
ἄλλον περιτίθημι ἄξονα μικρὸν προσαραρότα τῷ ἄξονι
τὸν Μ, ὅπως †συμφυῆ ὡς ἅμα στραφήσεται μείζονι 10
τυμπάνῳ. περιειλήσας οὖν σπάρτον περὶ τὴν ΗΖ
ἐξελίκτραν, ὅση μέλλει ἐξελίσσειν τὸν χάρτην, †ὃν ἀποδίδωμι... περὶ ἕτερον τρόχιλον... τῷ πρώτῳ τυμπάνῳ τὸν Μ περιειλῶ τὴν εἰς τὴν λείαν ἀποδεδομένην
9 σπάρτον· ἔστω δὲ ἡ Ν. δῆλον οὖν ὅτι μικρὸν τῆς 15
σπάρτου ἑλκυσθείσης ὑπὸ τῆς λείας πολὺ μέρος τοῦ
χάρτου καὶ ταχὺ ἐπειληθήσεται. ἄξων δέ, ἐν ᾧ ἔχει
τὸ τύμπανον,... τὸ ΝΞ. χρὴ δὲ τοὺς ἀστερίσκους καὶ
τὸ τύμπανον ἀνεμποδίστως κινεῖσθαι.

1 distinguit T ἔστω γὰρ GT₂ : om. AT₁ κατὰ om. G 4 f.
⟨ἐχέτω,⟩ καὶ πρὸς a: f. παρὰ 6 f. παρατίθημι. cf. p. 424, 19.
446, 4 7 f. τύμπανον ⟨κατὰ τὸ⟩ κατὰ κουρὰν μέρος κουρὰν a: κρόταφον codex Graecus Baldii l. l. p. 46 8 τρόχιλον
a: ἄξονα 9 ἄξονα a: f. τρόχιλον. cf. v. 13 προσαραρότατα T
10 Μ scripsi: μὲν a f. συμφυής ὢν, nisi forte συμφυῆ ὡς
ut glossema ad προσαραρότα delenda sunt f. ⟨τῷ⟩ μείζονι
11 εξ G 12 f. ἦν (sc. σπάρτον) 12—13 f. ἀποδίδωμι ⟨εἰς
τὸ τύμπανον τὸ ΘΚ,⟩ 13 f. ⟨τὸν⟩ ἕτερον f. ⟨ἅμα στρε-
φόμενον⟩ τῷ 14 μσ T 16 ἑλκυσθείσης Prou (cf. p. 440, 6.
452, 4—5): ἐκχυθείσης a: ἐκλυθείσης Μ μέρος Α: μέρει GT
(A sic: μέ͡ρ, incertum propter chartae maculam, utrum μέρει
corrigere voluerit necne) 17 f. ἀπειληθήσεται ἐν ᾧ a: f.
σὺν ᾧ ἔχει a: f. τρέχει 18 f. ἔστω ins. νξ a: f. ΟΞ.
in codicum figuris litterae axis desunt. Ν iam funem significat.
cf. lin. 15

Fig. 105 a. 437

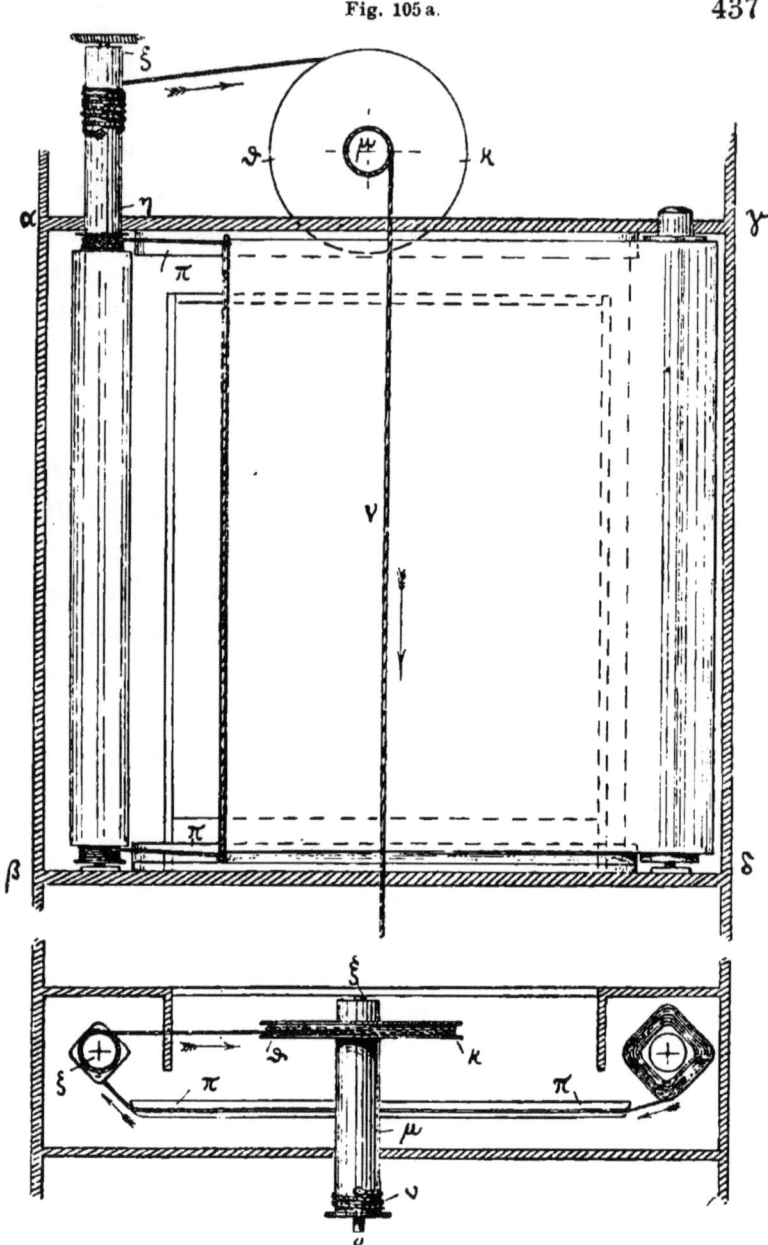

Fig. 105 b.

XXVII Ὁ μὲν οὖν παράπλους οὕτω γίνεται. οἱ δὲ δελ-
271 φῖνες ὁτὲ μὲν καταδύσονται, ὁτὲ δὲ φανήσονται κατὰ
τὸν ὑπογεγραμμένον τρόπον. ἐκ τῆς κάτω πλευρᾶς
τοῦ πλινθίου τῆς πρὸς τὸ θωράκιον ἡρμοσμένης
μικρὸν ἀπὸ τῶν στροφέων ἀπολιπὼν ἐποίησα ἐκκοπὰς 5
στενὰς ὡσεὶ γομφωτηρίων, ὥστε διαφαίνειν εἰς τὸ
2 θωράκιον κάτω. καταλαβὼν σανίδα ἔγραψα τὰ δελ-
φινάρια, ἡλίκα βούλομαι, καὶ περιέτεμον καὶ περιερρίνησα τὴν ἐκτὸς γραμμήν. ἔστω δὲ ἀξόνιον ὑπὸ τὰ
στέρνα τοῦ δελφιναρίου, ἐν ᾧ ἔπηξα περόνην σιδηρᾶν 10
καὶ ... εἰς τὰ στέρνα τοῦ δελφιναρίου. ἔστω εἰς τὴν
ἐκκοπὴν †ὀχούμενον ἐξ ἑνὸς μέρους τρόχιλος καθάπερ
τὸ ὑπογεγραμμένον· ἡ δὲ ἐκκοπὴ ἡ ἐκ τῆς πλευρᾶς
3 ἡ ΑΒ, ἄξων δὲ ὁ ΓΔ, τρόχιλος δὲ ὁ ΕΖ. τρυπῶ οὖν
τὸν ἄξονα κατὰ τὴν ἐκκοπὴν ⟨κατὰ⟩ τὸ Θ καὶ ἐνέ- 15
πηξα τὴν περόνην τοῦ δελφιναρίου. οὐκοῦν ἐάν τις
περιάγῃ τὸν τρόχιλον τῇ χειρί, ὁτὲ μὲν καταδύσεται
ὁ δελφινίσκος κάτω διὰ τῆς ἐκκοπῆς εἰς τὸ θωράκιον,
4 ὁτὲ δὲ ἀναδύσεται ἐν τῷ πίνακι. ἵνα οὖν αὐτόματον
⟨τοῦτο⟩ γένηται, σπάρτον ἀπαγκυλώσας περιτίθημι 20
περὶ τὸν τύλον τὸν ἐνόντα ἐν τῷ τροχίλῳ τὸν Ζ καὶ
περιελίξας τὸν τρόχιλον ἀποδίδωμι εἰς τὴν λείαν.

1 οὖν om. T   5 ἐποίησεν a: corr. Haase et Prou   ἐκκοπὰς Leid. Scalig. 45: ἐκοπὰς AG: ἐκ ποὰς T   6 στενὰς
scripsi: στεγνὰς a   7 καταλαβὼν a: f. καὶ λαβὼν   σανίδα a:
σανίδια M   8—9 περιερρίνησα AT: περιερρίνισα G   10 ᾧ
refer ad ἀξόνιον   ἔπηξα M: ἔσπηξα a: f. ἐνέπηξα. cf. lin.
15—16   11 f. ⟨ἐμπεπηγυῖαν⟩ εἰς. cf. p. 440, 1   ἔστω ⟨δὲ⟩
Prou   12 ὀχούμενος Prou   τρόχιλος: f. τρόχιον   14 f.
⟨ἔστω⟩ ἡ   15 κατὰ inserui   16 f. δελφιναρίον ⟨εἰς τὸ
τοῦ ἄξονος τρύπημα⟩   17 καταδύσεται GT: καδύσεται A
20 τοῦτο inserui. cf. p. 372, 6. 388, 6   22 f. ⟨περὶ⟩ τὸν
τρόχιλον

dekoration wickelt, sei mit einer rund gedrechselten Walze $\zeta\eta$
versehen. Nach der Bühnenwand hin oben über den kleinen
Hebeln und den Sternrädern, die die Arme in Bewegung
setzen, stelle ich in geringem Abstande eine Welle $\vartheta\varkappa$ auf
5 (Fig. 105a und 105b). Es sei die Welle an der Seite
mit einer rings gedrechselten Achse[1]) ($o\xi$) versehen. Um 8
die Achse der Welle lege ich noch eine andere kleine
Achse[2]) μ, welche mit der Achse (der Welle) fest verbunden ist, auf dafs sie, damit verwachsen, zu gleicher Zeit
10 mit der gröfseren Welle sich dreht. Ich wickle nun eine
Schnur um die Walze $\eta\zeta$, so lang, dafs sie die Wandeldekoration abwickeln kann. Diese Schnur[3]) leite ich nach
der Welle $\vartheta\varkappa$[3]), und ich wickle um eine andere Rolle[4])
(Winde) μ, welche zugleich mit der ersten Welle sich
15 dreht[5]), die nach dem Gegengewicht geleitete Schnur.
Das sei ν. Es leuchtet nun ein, wenn die Schnur nur 9
wenig von dem Gegengewichte angezogen wird, so wird
ein grofser Teil der Wandeldekoration und zwar schnell
aufgewickelt.[6]) Die Achse, an welcher die Welle läuft[7]),
20 sei[8]) $o\xi$. Die Sternräder und die Welle dürfen sich aber
in ihren Bewegungen nicht hindern.

VII   Die Flotte segelt also in solcher Weise vorbei.   3. Scene
Die Delphine aber werden in der unten beschriebenen (Fortsetzung).
Weise bald untertauchen, bald zum Vorschein kommen. Fig. 106a—c.

---

1) Handschriftlich: 'Rolle'.
2) Diese Achse ist weiter unten (Z. 13) als 'Rolle' (Winde)
bezeichnet. Die Bezeichnung μ beruht hier auf Konjektur.
3) Im griechischen Texte, der hier verderbt ist, steht statt
'diese Schnur' das Relativum 'welche' in Bezug auf die Dekoration. Die Worte 'nach der Welle $\vartheta\varkappa$' fehlen.
4) Vielleicht ist zu schreiben: 'um die andere Rolle (Winde)
μ' (= Achse μ, vgl. oben Z. 8).
5) Die Worte 'welche zugleich' und 'sich dreht' beruhen
auf Vermutung.
6) Richtiger vielleicht: 'abgewickelt'.
7) Dieses Wort ist nach Vermutung gegeben. Im Griechischen steht 'hat'.
8) Dieses Wort fehlt im griechischen Texte. Ferner nennt
dieser irrtümlicherweise die Achse $\nu\xi$ statt $o\xi$.

ὁ δὲ δελφινίσκος οὕτως ἐμπεπηγὼς ἔσται εἰς τὸν
ἄξονα ὡς ... ἐφ' οὖ ὁ Κ, πρὸς ὀρθὰς ὢν τῷ ἄξονι,
ὁ δὲ ΓΔ ἄξων πρὸς ὀρθὰς τῷ θωρακίῳ.

XXVIII Πέρας οὖν ἔχοντος τοῦ
παράπλου κλεισθήσονται
πάλιν αἱ θύραι, καὶ ἡ
σπάρτος ἑλκυσθεῖσα ἐκ-
σπάσει τὸ περόνιον καὶ
καταρρίψει τὸ ὀθόνιον, ἐν
ᾧ ἔσται ὁ Ναύπλιος γε-
· γραμμένος ὁ τὸν πυρσὸν
ἠρκὼς καὶ ἡ Ἀθηνᾶ. καὶ
ἀνοιχθέντος τοῦ πίνακος
αἱ μὲν νῆες οὐ φαίνονται,
272 τὰ δὲ | προειρημένα. δεήσει
δὲ καὶ τὸν πυρσὸν εὐθὺς
2 ἀνακαίεσθαι. ποιήσομεν
οὖν καὶ τὰ κατὰ τὸν πυρ-
σὸν οὕτως· ἔσται ἡμῖν ἐπὶ
τοῦ ἐπιστύλου καὶ τῶν τρι-
γλύφων σανὶς ἐπισκοτοῦσα
δι' ὅλου τοῦ πίνακος, ἥτις

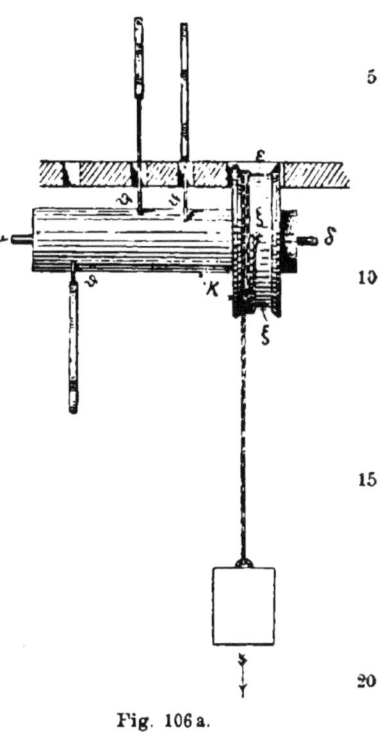

Fig. 106a.

ἐπικαλύψει τήν τε ἐξελίκ-
τραν τὴν τὸν παράπλουν ἄγουσαν καὶ τὴν τοῦ πυρὸς
πραγματείαν καὶ τὴν τῆς μηχανῆς ἔπαρσιν, ἵνα μηδὲν
τῶν προειρημένων εἰς τὸ κατὰ πρόσθεν μέρος τοῦ πίνα- 25

1—2 f. τὸν ⟨ΓΔ⟩ ἄξονα   2 f. ὡς ⟨ὁ τρόχιλος⟩ f. τὸ Κ.
cf. p. 426, 2   3 f. ⟨ἔστω⟩ τῷ   7—8 ἐκσπάσει AG: καὶ
σπάσει T₁, corr. T₂   13 οὐ AG: ἐ Τ (ἐφαίνονται): an οὐκέτι?
15 καὶ om. G   19 ἐπιστύλου AG: στύλου Τ: ἐπιστυλίου Prou
23 πυρὸς: f. πυρσοῦ   24 ἔπαρσιν G   25 κατὰ πρόσθεν
ΑΤ: καταπρόσθεν G: κάτω πρόσθεν Prou. cf. p. 352, 8. 432, 4

In der unteren Seite des Kastens (dem Bühnenboden),
welche dem Hohlraume angepaſst ist, machte ich in geringem Abstande von den Thürangeln Ausschnitte (Spalten)
(Fig. 106a und 106b), so eng wie für Holzzinken, doch so,

Fig. 106 c.

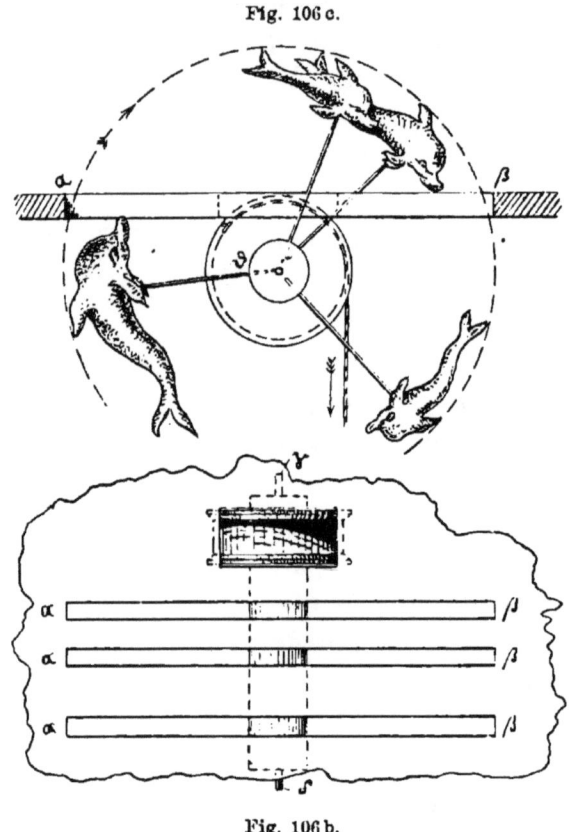

Fig. 106 b.

5 daſs sie in den Hohlraum unten Licht lassen. Dann nahm 2
ich ein Brett, malte beliebig groſse Delphine (Fig. 106 c),
beschnitt es ringsum und feilte den äuſseren Umriſs aus.
Unterhalb der Brust des Delphins befinde sich eine kleine
Achse. In dieser befestigte ich einen eisernen Stift, der

3 κος φαίνηται· ὅπως δὲ μὴ ἀλόγως ἡ σανὶς ἐπικειμένη
⟨ᾖ⟩, ἀετὸς προστίθεται αὐτῇ καθάπερ δὴ ναΐσκῳ· τὰ δὲ
ἀπολειπόμενα ἑκατέρωθεν πτερύγια τῆς σανίδος †ἐπι-
φύεται μέλανι ἢ ἀέρι· τίθεται δὲ ἐχομένη τῆς ἐξελίκτρας ἡ μηχανή. τῆς δὲ μηχανῆς ἐκ τοῦ ἄλλου μέρους 5
ἡ τοῦ πυρσοῦ γίνεται κατασκευὴ τοιαύτη οὖσα. ἐκ
λεπίδων χαλκῶν δεῖ ποιῆσαι καθάπερ κιβωτάριον
4 πῶμα μὴ ἔχον, ἀλλὰ ἀχανές. τοῦτο δὲ δεῖ στῆσαι
ὀρθὸν ὀπίσω τῆς σανίδος τῆς ἐπικαλυπτούσης καὶ
καθηλῶσαι πρὸς τὴν πλευρὰν τοῦ πλινθίου. ἐχέτω δὲ 10
τὸ μὲν ἔδαφος τὸ κιβωτάριον πρὸς τῇ σανίδι, τὸ δὲ
χάσμα ἔξω βλέπον τῆς σανίδος. ἐκ δὲ τῆς ἄνω πλευρᾶς τοῦ κιβωταρίου ἐκκεκόφθω ὀπὴ διαφαίνουσα ὡσεὶ
θυρίς, ὥστε ὅταν λύχνος καιόμενος τεθῇ εἰς τὸ κιβωτάριον, τὸ τῆς φλογὸς αὐτοῦ διήκειν ἄκρον εἰς τὸ ἄνω 15
μέρος τοῦ κιβωταρίου διὰ τῆς ὀπῆς. τούτου δὲ ὑπάρ-
5 χοντος ὁ λύχνος ὑποκείσθω καιόμενος. ἄλλῳ δὲ λεπιδίῳ χαλκῷ τριγώνῳ καταπωμάζομεν τὴν ὀπήν, ὥστε
ἀποκεκλεῖσθαι τὴν φλόγα. ἐπάνω δὲ τοῦ κιβωταρίου
καὶ τῆς πεπωμασμένης λεπίδος ἐπιτίθημι ξύσματα 20
τεκτονικὰ ξηρότατα. οὐκοῦν ὅταν ἀποσπάσω τὸ λεπίδιον τὸ πεπωμακὸς τὴν ὀπήν, ἡ φλὸξ τοῦ λύχνου

---

1 ἐπικειμένη M (idem proposuerat R. Schoene l. l. p. 75):
ἐπιμήκειμένη AT: ἐπιμήκει κει μένη G (altero κει a manu rec.
deleto): ἐπιμ⟨έν⟩ῃ κειμένη Haase: ἐφ᾽ ᾗ κεῖται Prou ᾗ praeeunte edit. Parisin. inserui (ἐπὶ * μὴ κειμένη ed. Paris., '* f. ᾗ'
in margine) 2 προστίθηται Prou αὐτῇ AG: τῇ T 3 ἀπο-
λιπόμενα T 3—4 ἐπιφύεται a: f. ἐπιφύρεται (synon. μολύνω
450, 4—5): ἐπιχρίεται R. Schoene l. l. p. 75. cf. Dioptr. 188, 12
12 βλέπ͡ον T 13 κιβωταρίου T mg. (cf. p. 444, 3. 6): κιβώτρου T: κιβῶ^{τρ/} (= κιβώτρου?) AG: κιβωτοῦ Leid. Scalig. 45
14 εἰς om. T 16 τοῦτο T f. δὲ ⟨οὕτως⟩ 18 κατὰ
πωμάζομεν AT: κατὰ πωματίζομεν G

auch in der Brust des Delphins festsitzt.[1]) In den Spalt
trete mit einer Seite eine Rolle, wie die unten gezeichnete.
Der Auschnitt aus der Seite (= Bühnenboden) sei $\alpha\beta$
(Fig. 106 b), die Achse $\gamma\delta$, die Rolle $\varepsilon\zeta$. Ich durchbohre 3
5 also die Achse gegenüber dem Ausschnitte bei ϑ (Fig. 106 a
und 106 c) und stiefs[2]) den Stift des Delphins hinein. Wenn
man nun die Rolle mit der Hand dreht, so wird der Delphin
bald nach unten durch den Spalt in den Hohlraum ver-
sinken, bald aber auf der Bühne auftauchen. Damit dies 4
10 nun von selbst geschieht, mache ich in eine Schnur eine
Öse, lege sie um den Pflock ζ (Fig. 106 a), der sich an
der Rolle befindet, und nachdem ich die Schnur um die
Rolle geschlungen habe, leite ich sie nach dem Gegengewichte. Der kleine Delphin soll aber so in die Achse $(\gamma\delta)$
15 eingefügt sein wie die Rolle[3]) bei $\varkappa$, nämlich rechtwinklig
zur Achse $(\gamma\delta)$. Die Achse $\gamma\delta$ bilde aber rechte Winkel
mit dem Hohlraume.

[III   Wenn die Schiffe nun vorbeigesegelt sind, werden   4. Scene.
die Thüren wieder geschlossen, und sobald die Schnur   Fig 107 a
                                                         und 107 b.
20 angezogen wird, zieht sie den Bolzen heraus und läfst
den Prospekt fallen, auf welchem Nauplius mit erhobener
Fackel und Athene dargestellt sind. Und nach Öffnung der
Bühne sind die Schiffe nicht sichtbar, sondern nur die eben
bezeichneten Personen. Es mufs aber auch sogleich die
25 Fackel angezündet werden. Die Vorrichtungen zum An- 2
zünden des Feuerzeichens treffen wir in folgender Weise.
Auf den Architrav (Hauptbalken) und die Triglyphen
(Dreischlitze) setzen wir ein Brett, welches die ganze Bühne
überschattet und die das Heransegeln bewirkende Walze
30 sowie die Vorrichtung zum Anzünden des Feuers und das
Emporheben der Schwebemaschine verdecken soll, damit
von den eben erwähnten Dingen vorn auf der Bühne
nichts zu sehen ist. Auf dafs es aber nicht den Anschein 3

---

1) Nach Vermutung zugesetzt.
2) In dem eigentümlichen Wechsel der Tempora schliefst
sich die Übersetzung eng an das Original an.
3) 'Die Rolle' nach Vermutung zugesetzt.

ἅψεται τῶν ξυσμάτων, καὶ εὐθὺς ἀνακαυθήσεται. πρὶν
δὲ τὰ ξύσματα καυθῆναι, οὐ βλέπεται ἡ τοῦ λύχνου
6 φλὸξ κεκρυμμένη ἐν τᾷ κιβωταρίῳ· καὶ γὰρ ξύλινον

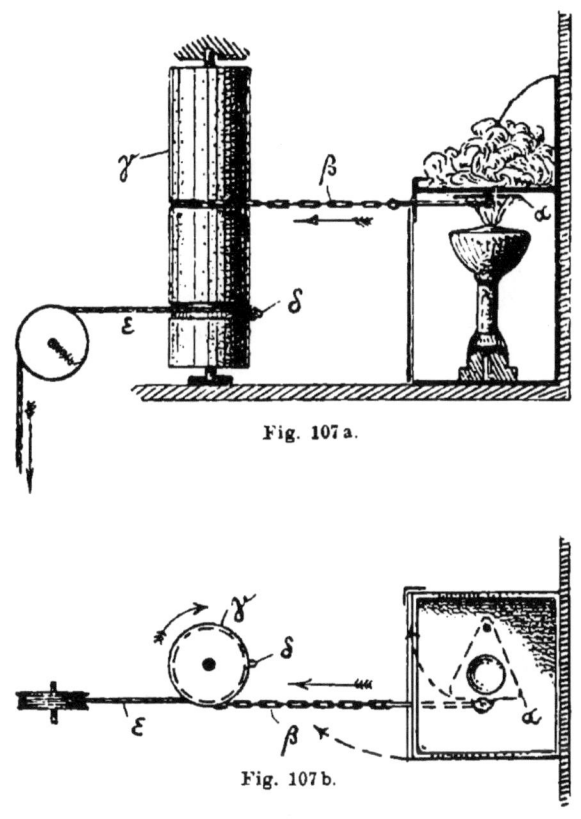

Fig. 107 a.

Fig. 107 b.

ἐπιούριον ἕξει, ἐὰν βουλώμεθα τελείως πάντοθεν
πωμάσαντες ἀόρατον ποιῆσαι τὴν φλόγα. ἵνα δὲ 5
ἀσφαλῶς μένῃ ὁ λύχνος ἐν τῷ κιβωταρίῳ, περόνιον

1 f. εὐθὺς ⟨ταῦτα⟩   3 γὰρ AG: τὸ T   4 ἐπιούριον AT:
ἐπίουρον G: f. κλειθρίον, nisi f. v. 3 καὶ γὰρ usque ad vers. 5
φλόγα delenda sunt. vid. proleg. ad fig. 107

gewinnt, als sei das Brett ohne Grund darauf gesetzt, wird ein Giebel grade wie bei einem Tempel darauf an-· gebracht. Die nach beiden Seiten übrigbleibenden Ecken (Pterygia, Flügel) des Brettes werden mit schwarzer oder 5 mit Luftfarbe bestrichen (Fig. 101). Die Schwebemaschine wird so aufgestellt, dafs sie sich dicht neben der Walze befindet. Auf der anderen Seite der Maschine wird das Feuerzeichen folgendermafsen vorgerichtet. Aus Kupfer- platten ist ein kleiner kastenähnlicher Behälter herzustellen, 10 der keinen Deckel hat, sondern offen steht. Man mufs 4 den Behälter aufrecht hinter das ihn verdeckende Brett stellen und an die Seite (Decke) des Bühnenkastens an- nageln (Fig. 107 a). Der Boden des Behälters liege am Brette an, die Öffnung aber nach der dem Brette gegen- 15 überliegenden Seite. Aus der oberen Seite des Behälters (Fig. 107 b) schneide man eine Licht durchlassende, einem Fenster ähnliche Öffnung, dafs die Flammenspitze oben im Behälter durch die Öffnung dringt, wenn eine brennende Lampe in den Behälter gestellt wird. Nach diesen Vor- 20 kehrungen stelle man den Leuchter brennend darunter (Fig. 107 a). Mit einem anderen, dreieckigen Kupfer- 5 plättchen verdecken wir von unten die Öffnung, so dafs die Flamme abgeschlossen ist. Aber oben auf den Kasten und die zur Verdeckung benutzte Metallplatte lege ich 25 sehr trockene Hobelspäne. Wenn ich daher das die Öffnung verdeckende Metallplättchen fortziehe, so wird die Flamme der Lampe die Hobelspäne anzünden, und diese werden sofort in Brand geraten. Man sieht aber die Flamme der Lampe nicht eher, als bis die Späne wirklich anfangen 30 zu brennen, da die Lampe im Behälter versteckt ist. Dieser soll nämlich auch mit einem kleinen, hölzernen 6 Nagel[1]) versehen sein, für den Fall, dafs wir den Behälter vollständig von allen Seiten verdecken und so die Flamme unsichtbar machen wollen. Damit aber die Lampe im

---

1) Man erwartet statt 'Nagel' eine Bezeichnung für einen Verschlufs, etwa 'Schieber' (vgl. S. 401, 25) oder 'Klappe aus Bronze'. Vgl. die Einleitung zu Fig. 107.

446 ΗΡΩΝΟΣ ΑΛΕΞΑΝΔΡ. ΠΕΡΙ ΑΥΤΟΜΑΤΟΠΟΙΗΤΙΚΗΣ.

ἔστω ὑπερέχον ἐκ τοῦ κάτω μέρους. ὁ δὲ λύχνος
ἔστω τῶν εἰς τοὺς λαμπτῆρας ἐμβαλλομένων καὶ περι-
τιθεμένων περὶ περόνην. ἵνα οὖν περὶ τὸν καθήκοντα
καιρὸν αὐτόματον ἀνοιχθῇ τὸ λεπίδιον, παρατίθημι
7 ἀξόνιον ἀπέχον ἀπὺ τοῦ πυρός. ἐκ δὲ τῆς λεπίδος 5
ἀλυσείδιον ἐνάψας ἐξέδησα εἰς τὸ ἀξόνιον, ὅπως ὅταν
ἐπιστραφῇ τὸ ἀξόνιον, περιειληθῇ τὸ ἀλυσείδιον καὶ ἐπισπάσηται τὸ λεπίδιον. ἐπιστρέψει δὲ ὁμοίως τὸ ἀξόνιον
σπάρτος ἐκ τῆς λείας περὶ τύλον. ἔστω δὲ τὸ λεπίδιον
τὸ Α, ἀλυσείδιον δὲ περὶ τοὺς τύλους τὸ Β, ἄξων δὲ τὸ 10
Γ, τύλος δὲ τὸ Δ, σπάρτος δὲ ἡ περὶ τὸν τύλον τὸ Ε.
XXIX Φανέντων δὲ τῶν προειρημένων καὶ τοῦ πυρὸς
ἀνακαυθέντος, κλεισθήσεται πάλιν ὁ πίναξ. καὶ ἐκ-
σπάσασα ἡ σπάρτος τὴν περόνην ῥίψει τὸ ὀθόνιον, ἐν
ᾧ ἔσται καταγεγραμμένη ἡ ναυαγία τῶν νηῶν καὶ τὸ 15
τοῦ Αἴαντος ζῴδιον νηχόμενον. ἐν δὲ τῷ πίνακι
278 φανήσεται ἡ Ἀθηνᾶ. | ἔσται δὲ ἡ βάσις αὐτῆς ἔχουσα
2 ἐν τοῖς προσήκουσι τόποις τύλους. καὶ μία μὲν σπάρτος ἐγερεῖ αὐτὴν ἐπισπασαμένη ἐκ τοῦ ὄπισθεν μέρους
τοῦ ἰσχαρίου κατὰ τὸ σήκωμα αὐτῆς· ἀποσπασθείσης 20
δὲ ταύτης ἄλλη περικειμένη περὶ τὸ θωράκιον περι-
άξει αὐτήν, ἕως ἂν ἔλθῃ ἐπὶ τὸν αὐτὸν τόπον, ὅθεν
ἐξῆλθεν· ἀποσχασθείσης δὲ ταύτης ἄλλη σπάρτος ἐπισπάσεται ἐκ τοῦ ἔμπροσθεν μέρους τοῦ ἰσχαρίου καὶ
οὕτω κατακλινεῖ τὴν Ἀθηνᾶν. 25

3 f. περόνας 5 f. ⟨μικρὸν⟩ ἀπέχον ἀπέχοντα T (quam-
quam ἀξόνιον, non ἀξόνα habet) 6 ἐξέδυσα T 9 ⟨περι-
τεθεῖσα⟩ περί. cf. p. 358, 9 10 f. περὶ τοὺς τύλους del.
12 caput non disting. a: distinxit Haase πυρὸς: πυρσοῦ Prou
14 f. καταρρίψει 15 γεγραμμένη R. Schoene νηῶν a: f.
νεῶν. sed cf. Philon. Mechan. Synt. IV, p. 98, 32 ed. R. Schoene
20 f. ἀποσχασθείσης. cf. p. 426, 3. 446, 23 24 ἔμπροσθεν
scripsi Schoenium (l. l. p. 76) secutus: ὄπισθεν a

Kasten feststeht, rage unten aus dem Boden ein kleiner
Pflock heraus. Der Leuchter sei ähnlich, wie man sie
auf die Kandelaber stellt und auf Haltepflöcke schiebt.
Damit nun zur richtigen Zeit das Plättchen sich von selbst
5 öffnet, stelle ich eine kleine Achse (Rolle) in geringer Entfernung vom Lichte auf. An die Metallplatte knüpfte 7
ich eine kleine Kette und band sie an die Rolle, damit
das Kettchen sich rings herumwickle und das Plättchen
anziehe, sobald die Rolle sich dreht. Eine vom Gegen-
10 gewichte aus um einen Pflock gelegte Schnur wird in
gleicher Weise die Rolle drehen. Das Plättchen sei α
(Fig. 107a und 107b), das Kettchen um die Pflöcke[1]) β,
die Rolle γ, der Pflock δ, die Schnur um den Pflock ε.

LX   Sind nun die oben erwähnten Personen erschienen   5. Scene
15 und ist das Feuer angezündet, so wird die Bühne   (Erscheinung
der Athene).
wieder geschlossen. Dadurch, dafs die Schnur den   Fig. 108a—e.[2])
Bolzen herauszieht, wird sie den Prospekt fallen lassen,
auf welchem der Schiffbruch und schwimmend die Figur
des Ajax dargestellt ist. Athene wird aber auf der Bühne
20 erscheinen. Ihre Basis soll an den entsprechenden Stellen
Pflöcke (Fig. 108a und 108c) haben. Eine Schnur (s) wird 2
die Figur der Athene[3]) hinten von der Hüfte aus anziehen
und aufrichten, dafs sie im Gleichgewichte ist. Wenn
diese Schnur aber abgelöst ist, so wird eine andere, welche
25 rings um den Hohlraum liegt (c; Fig. 108b), die Athene
herumführen, bis sie zum Ausgangspunkte zurückkehrt.
Ist diese Schnur aber abgestreift, so wird wieder eine
andere (c) die Athene auf der Vorderseite der Hüfte anziehen und so niederlegen (Fig. 108e).

---

1) Vorausgesetzt, dafs die Worte echt sind, ist wohl an
die Pflöcke oder Zapfen am Schieber und an der Rolle zu
denken, an denen das Kettchen befestigt ist.
. 2) Die genauere Beschreibung des rekonstruierten Mechanismus sowie Figur 108a—e s. vorn in der Einleitung zu
Figur 108.
3) Diese hat man bis jetzt vornüberliegend zu denken
(Fig. 108a).

XXX   *Λοιπὸν δέ ἐστιν ἡμῖν διηγήσασθαι, τίνι τρόπῳ*
ὅ τε κεραυνὸς ἐν τῷ πίνακι πεσεῖται καὶ τὸ τοῦ Αἴαν-
τος ζῴδιον ἀφανισθήσεται. γίνεται οὖν καὶ ταῦτα,
καθάπερ μέλλομεν ἐξηγεῖσθαι κατὰ μέρος. ὅπου τὸ
ἔδαφος τοῦ πίνακος, ἔσται γεγραμμένον τὸ . . . ζῴδιον· 5
κατ' αὐτὸν δὲ ἔστω ἐκκοπὴ ἐν τῇ ἄνω πλευρᾷ τοῦ
πλινθίου πεποιημένη καὶ ἐν τῇ κάτω, καθάπερ καὶ ἐπὶ
2 *τῶν δελφίνων ἐδηλώσαμεν. κατατείνονται οὖν ἐκ τῆς*
ἄνωθεν πλευρᾶς τῆς ἐκκοπῆς χορδαὶ δύο λεπτόταται
τῶν εἰς τὰς σαμβύκας ἐμβαλλομένων ἕως κάτω εἰς τὸ 10
θωράκιον διὰ τῆς ἄνω οὔσης ἐκκοπῆς. ἵνα δὲ ἐν τῷ
ναΐσκῳ ὦσι τεταμέναι, καθάπτονται εἰς κολλάβους δύο
ἐκ τοῦ ἄνωθεν μέρους, ἵνα ἐπιστρεφομένων τῶν κολ-
3 *λάβων τὴν τάσιν ἔχωσιν. ἐγερθὲν δὲ σανίδιον λεπτὸν*
καὶ ὑπόμηκες, ὥστε χωρεῖν αὐτὸ διὰ τῶν ἐκκοπῶν εὐ- 15
κόπως καὶ σταθὲν ἐκ τοῦ ὑπερθύρου μὴ ὑπερέχειν
αὐτὸ τὸ ὑπέρθυρον εἰς τὸν πίνακα· τρυπηθὲν δὲ δυσὶ
τρυπήμασι κατὰ μῆκος περιλαμβάνει τὰς χορδὰς ἐπι-
ούροις· προσκολλᾶται δὲ καὶ ὄπισθεν τοῦ σανιδίου τὸ

---

1 caput distinxi: non disting. a   ἡμῖν AG: ἡ μὲν T: ἐμοὶ M
2 ὅ τε Brinkm. et Prou: ὅτε a   4 ἐξηγήσθαι G   5 ἔδαφος G: ἔφ⁰ (= ἔφος) A: ἔφο T   f. τὸ ⟨τοῦ Αἴαντος⟩. cf. v. 2.
p. 446, 16   6 αὐτὸν a: αὐτὸ Haase, sed non opus est corrigere,
si Aiacis nomen additum erit   f. ἔν ⟨τε⟩   10 ἄμβυκας a:
corr. Prou (σαμβύκας voluerat etiam Haase in schedis Schoenianis, sed rursus delevit): ἄμπυκας Parisin. suppl. 11 in marg.
et Ambrosianus C 266 infer. supra scripsit   11 θωράκιον G:
ῥάκιον AT   f. ἐκκοπῆς ⟨καὶ τῆς κάτω⟩   12 ναΐσκῳ: an
πίνακι?   τεταγμέναι a: corr. R. Schoene in schedis suis ·   δύο
scripsi: ᾱ a: 'f. β̄' Parisin. suppl. 11 in marg.   14 στάσιν a:
corr. R. Schoene   ἐγερθὲν: ἐργασθὲν Prou. cf. p. 432, 12   f. δὲ
⟨ἔστω⟩   16 f. ἐκ ⟨τοῦ ἄνω μέρους⟩ τοῦ ὑπερθύρου   18 περιλαμβάνει a: περιλαμβάνειν Prou   18—19 f. ἐπιούροις ⟨προσ-
ηγκυλωμένας⟩·   19 τὸ: f. τι ⟨πλατυσμάτιον⟩ cf. Dioptr.
188, 19. 20

X   Schliefslich haben wir noch auszuführen, auf 5. Scene
welche Weise der Blitz in die Bühne schlägt und (Schlufs).
die Figur des Ajax verschwindet. Dies geschieht
nun, wie wir gleich im einzelnen erklären wollen. Wo der
5 Boden (die Fläche) der Bühnenhinterwand ist, soll die Figur
des Ajax[1]) (auf dem dritten Prospekte) gemalt sein. Ihm
gegenüber sei in der oberen und unteren Seite des Bühnenkastens ein Ausschnitt gemacht (Fig. 109), ähnlich wie wir
ihn bei den Delphinen[2]) beschrieben haben. Man spannt nun 2
10 von der oberen Seite des (oberen) Spaltes zwei sehr feine
Saiten von der Sorte, wie man sie auf die Sambyken[3]) zieht,
bis unten in den Hohlraum durch den oben und unten[4])
befindlichen Ausschnitt. Damit sie im Tempelchen (d. i. auf
der Bühne) straff sind, werden sie oben an zwei Wirbel ge-
15 knüpft, damit die Drehungen der Wirbel ihre Spannung
bewirken. Man richte aber ein dünnes, längliches Brettchen 3
so auf, dafs es leicht durch die Spalten geht und auf
seite der Oberschwelle der Thüren aufgestellt über die
Oberschwelle selbst nicht nach der Bühne hervorragt. Hat
20 man dann zwei Löcher der Länge nach hineingebohrt, so
umschliefst es die an Pflöcke geknoteten[5]) Saiten. Es
wird auf der Rückseite des Brettchens ein dünnes Blei-
plättchen[6]) befestigt, damit das Brett (eine gewisse) Schwere
hat. Führen wir nun mit der Hand das Brettchen oben 4
25 durch die Spalte, so wird es (bestimmt) in senkrechter
Richtung über die Bühne nach unten fallen, weil es ja
rings an den Saiten geführt wird. Diese Saiten streicht
man schwarz an, damit sie nicht sichtbar sind. Das untere

---

1) Dieser Name ist hier nach Vermutung zugesetzt. Ebenso ist das Eingeklammerte wie sonst erklärender Zusatz der
Übersetzung.
2) Vgl. oben S. 443, 3.
3) Das sind harfenartige Saiteninstrumente mit sehr dünnen
Saiten zur Erzeugung hoher Töne.
4) Die Worte 'und unten' fehlen im griechischen Texte.
5) Handschriftlich: 'umschliefst die Saiten mit Hilfe von
Pflöcken'.
6) Im Texte steht nur 'Blei'.

4 †μολιβίδιον λεπτόν, ὅπως βάρος ἴσχῃ. ἐὰν οὖν ἄγωμεν
274 τῇ χειρὶ | τὸ σανίδιον ἄνω διὰ τῆς ἐκκοπῆς, †ἀποπέσῃ
διὰ τοῦ πίνακος φερόμενον ὀρθόν, ὡς ἂν περὶ τὰς
χορδὰς περικείμενον. αἱ μὲν οὖν χορδαὶ μέλανι μολύ-
νονται, ἵνα μὴ δῆλαι ὦσι· τὸ δὲ ὑποσανίδιον ἐκ μὲν 5
τοῦ κάτω μέρους χρυσοῦται καὶ λειοῦται ὡς μάλιστα.
ἐκ δὲ τοῦ ἄνωθεν ὑπογράφεταί τι πυροειδές, ὡς τὴν
5 τοῦ κεραυνοῦ φαντασίαν ποιεῖν. φέρεται δὲ τοῦτο,
ὅταν ἀφεθῇ, κατὰ μέσον τὸ ζῴδιον, ὡς τεταμέναι εἰσὶν αἱ χορδαί. τοῦτο δὲ ἄνω μένει περονίῳ κρατού- 10
μενον, καθάπερ καὶ τὰ ὀθόνια, ὅπως ὅταν καθῆκον ᾖ,
ἡ σπάρτος ἐπισπασαμένη τὸ περόνιον ῥίψῃ τὸν κεραυ-
νόν. τὸ ζῴδιον πεσόντος τοῦ κεραυνοῦ ἀφανίζεται
οὕτως· ἔστιν ἕτερον ὀθόνιον πεποιημένον καθάπερ καὶ
τὰ ἄλλα τὰ ἐπικαλύπτοντα, μικρὸν δέ, ὡς αὐτὸ τὸ 15
ζῴδιον ἐπικαλύψηται τὸ ὀθόνιον. ἐν δὲ τούτῳ γέγραπται θάλασσα ὁμοία τῇ περιεχούσῃ τὸ ζῴδιον καὶ
6 τὰ κύματα. καὶ εἴ τι ἄλλο φαινόμενόν ἐστι τῶν ἐγγείων, προσαπονενέμηται, ὅπως ἐπικαλυφθέντος τοῦ
ζῳδίου τὸ †ὅμοιον. καὶ ἐκ τῶν ὄπισθεν δεῖ τὸ ὀθό- 20

1 μολιβίδιον AG: μολυβίδιον T: μολίβδιον M: f. μολύβδινον
2 f. διὰ τῆς ἄνω ἐκκοπῆς   ἀποπέσῃ a: ἀποπεσεῖται Prou:
f. ⟨οὐ μὴ οὐκ⟩ ἀποπέσῃ   3 ἂν: ἄνω Leid. Scalig. 45   6 καὶ
λειοῦται om. T₁, add. T₂   7 ἀπογράφεται Prou   9 τεταγμέναι a: correxi   10 μένει R. Schoene. cf. p. 430, 11 (an μενεῖ?):
βλέπει a. cf. p. 442, 12   11 καθῆκον G: καθῖκον AT   ᾖ AG:
ἦν T   12 ἐπισπασαμένη M: ἐπισαμένη a   περόνιον G: περό-
ριον AT   13 τὸ ⟨δ᾽ Αἴαντος⟩ Prou: f. τὸ ⟨δὲ⟩   16 ἐπικαλύψηται Prou: ἐπικαλύψεται a   τούτῳ G, Ambrosian. C 266 inf.:
τον A: τοῦ MT   17 ⟨ἡ⟩ θάλασσα Prou   18—19 ἐγγείων Egger
(apud Prou p. 247 adnot. b): ἀγγείων a: f. ἔγγιον   19 f. ⟨καὶ
τοῦτο⟩ προσαπονενέμηται. cf. p. 342, 22   προαπονενέμηται T
ὅπως a: οὕτως Prou   ἐπικαλυφθέντος ex ἀποκαλυφθέντος corr. T
20 f. τὸ ⟨ὅραμα ᾖ⟩ ὅμοιον. cf. p. 354, 5   f. ὄπισθεν ⟨μερῶν⟩.
cf. Dioptr. 188, 19. sed v. supra p. 416, 12   ᶜεῖ Prou: δὲ a

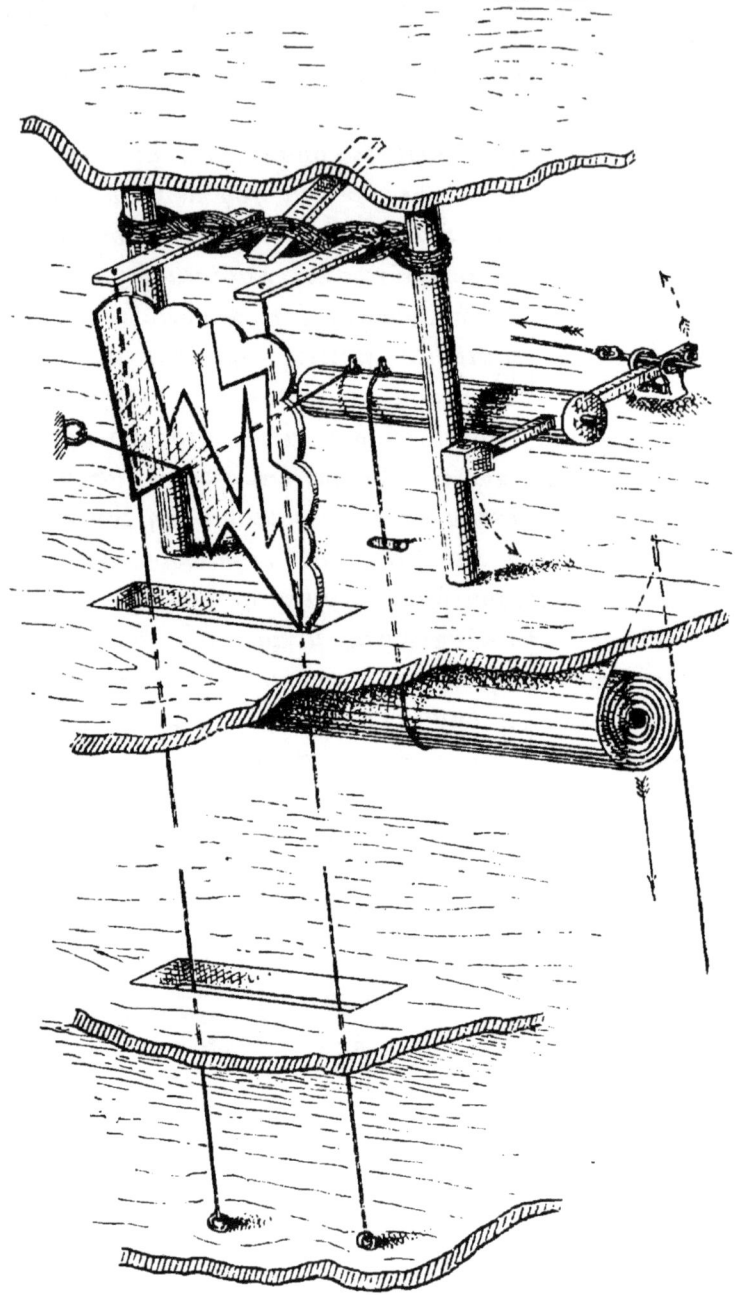

Fig. 109.

νιον ὁμοίως θαλασσοειδεῖ χρώματι προσαποκεχρῶσθαι.
ἵνα δὲ ἐπικαλυπτόμενον μηδαμῶς φανῇ τὸ ὀθόνιον,
ἔστιν ἄνω συνεστραμμένον καὶ κρατεῖται ὑπὸ τῆς μιᾶς
περόνης, ὑφ' ἧς καὶ ὁ κεραυνὸς κρατεῖται, ὥστε ἑλκυσθείσης αὐτῆς ἅμα τε τὸν κεραυνὸν ἐνεχθῆναι ἐπὶ 5
τὸ ζῴδιον καὶ καλυφθῆναι αὐτὸ ὑπὸ τοῦ ὀθονίου,
ὥστε δοκεῖν πληγὲν αὐτὸ ὑπὸ τοῦ κεραυνοῦ ἠφανίσθαι.
7 Τὰ μὲν οὖν κατὰ τὸν πίνακα οὕτως οἰκονομεῖται.
ὁμοίως δὲ καὶ αἱ ἐν τοῖς ζῳδίοις καὶ αἱ τῆς πορείας
κινήσεις διὰ τοιούτων ὀργάνων πᾶσαι γίνονται, οἵ 10
τε πίνακες πάντες ὁμοίως διὰ τούτων οἰκονομοῦνται,
πλὴν ὅτι ... διαλλάσσονται.

---

1 θαλασσουειδεῖ Monacens. 431: θαλασσοειδῆ a   3 ἀνε-
στραμμένον Prou   10 f. τοιούτων   12 ⟨μύθοις⟩ διαλλάσσονται
Prou: f. ⟨τοῖς μύθοις⟩. in calce omnium codicum λείπει legitur,
sed iniuria

---

1) Dies Wort ist nach einer Vermutung übersetzt. In den
Handschriften steht: 'sieht nach oben'.
2) Der Satz beruht in dieser Form zum gröfsten Teile auf
Vermutung. Statt 'etwas vom Lande' könnte man auch 'etwas
von dem in der Nähe Befindlichen, etwas aus seiner Umgebung'
vermuten.
3) In den griechischen Handschriften steht am Schlusse
ohne Grund: 'Unvollständig'.

Ende des Brettchens glättet und vergoldet man auf der
unteren Seite so viel als möglich. Auf den oberen Abschnitt malt man ein flammenartiges Bild, dafs es die
Vorstellung des Blitzes erweckt. Läfst man dieses Brett 5
5 los, so fällt es mitten auf die Figur, da die Saiten gespannt sind. Das Brett bleibt[1]) aber oben, wenn es
durch einen Bolzen festgehalten wird, wie schon die Prospekte. Dies geschieht, damit die Schnur im richtigen
Augenblicke den Bolzen anzieht und den Blitz schleudert.
10 Hat der Blitz eingeschlagen, so verschwindet auf folgende
Weise die Figur (des Ajax). Es ist noch ein anderer
Prospekt vorhanden, der zwar ebenso wie die übrigen
gemacht, aber schmal ist, damit der Prospekt blofs die
Figur des Ajax verdeckt. Auf diesem sind die See gemalt,
15 ähnlich dem (früher erwähnten) Meere, welches die Figur
(des Ajax) umgiebt, und die Wogen. Ist noch etwas vom 6
Lande sichtbar, so ist auch dies dazu genommen, damit
abgesehen von der Verdeckung der Figur (des Ajax) der
Prospekt unverändert erscheint.[2]) Auch auf der Rückseite
20 mufs der (schmale) Prospekt in gleicher Weise noch mit
Meerfarbe bestrichen sein. Damit man aber in keiner
Weise es merkt, wenn der schmale Prospekt darüber ge-
deckt wird, so ist er oben zusammengerollt und wird von
dem einen Bolzen gehalten, von welchem auch der Blitz
25 festgehalten wird. Wird dieser Bolzen daher gezogen, so
schlägt der Blitz zu gleicher Zeit in die Figur, wie die
Figur von dem Prospekte verdeckt wird, so dafs es den
Anschein gewinnt, als sei sie wirklich vom Blitze getroffen
und verschwunden.
30 So setzt man also die Vorgänge auf der Bühne in Scene. 7
Ebenso führt man durch solche Vorrichtungen sämtliche
Bewegungen der Figuren sowie die Bewegungen vom Orte
aus, und die Automatentheater werden alle in ähnlicher
Weise durch diese Einrichtungen in Betrieb gesetzt, nur
35 dafs sie (in den zu Grunde liegenden Fabeln) von einander
abweichen.[3])

APPENDICES:

HERONIS ALEXANDRINI DE HOROSCOPIIS
AQUARIIS FRAGMENTVM

PHILONIS BYZANTII DE INGENIIS
SPIRITVALIBVS

VITRVVII POLLIONIS CAPITA QUAEDAM AD
PNEVMATICA PERTINENTIA

ΠΕΡΙ ΥΔΡΙΩΝ ΩΡΟΣΚΟΠΕΙΩΝ

FRAGMENTUM.[1]

p. 42
ed. Bas.

... ὅπως συμβαίνει καθ᾽ ὁμαλὴν ῥύσιν ὕδατος ἐκ-
λαβεῖν χρόνον, λέγομεν ὅσα καὶ Ἥρων ὁ μηχανικὸς
ἐν τοῖς Περὶ ὑδρίων ὡροσκοπείων ἐδίδαξε.   5
ʻΚατασκευάζεται γὰρ ἀγγεῖόν τι ἔχον ὀπὴν ὡς ἂν
κλεψύδρα, δι᾽ ἧς ὁμαλῶς, ὡς ἔθος, δύναται τὸ ὕδωρ
ἐκρεῖν. ὅπερ προκατασκευάζεται τὴν ἀρχὴν τῆς ἐκρύσεως
ἔχον ὅτε πρῶτον ἐκ τοῦ ὁρίζοντος ὁ ἥλιος τὴν πρώτην
ἀκτῖνα προσβάλλει, καὶ τὸ ῥεῦσαν ὕδωρ ἐν ᾧ χρόνῳ 10
ὁ δίσκος ὑπὲρ τὸν ὁρίζοντα γίνεται φυλάττεται χωρίς,
εἶτα τὸ ἐφεξῆς ἐν ὅλῳ τῷ νυχθημέρῳ μέχρι τῆς ἑτέρας
ἀνατολῆς ὁμαλῶς καὶ ἀνεκλείπτως καὶ ἀπαύστως ῥυὲν
ἐν ἑτέρῳ ἀγγείῳ· καὶ τὸ ῥεῦσαν παραμετρεῖται, ποσαπλάσιόν ἐστι τοῦ κατὰ τὴν ἀνατολὴν ληφθέντος ὕδατος· 15
καὶ τοῦτό᾽ φησιν ʻἔσται ἀνάλογον τῷ χρόνῳ· καὶ ὡς
τὸ ὕδωρ πρὸς τὸ ὕδωρ, οὕτως ὁ χρόνος πρὸς τὸν
χρόνον.᾽

---

1) Exstat apud Proclum Diadochum *hypotyp. astron.* ed.
Basil. 1540 p. 42, ed. Halma p. 107.

---

5 ὑδρίων ὡροσκοπείων Paris. (Regii) 2363 (s. XIV?).
2392 (s. XV) secundum Halmam. cf. 2, 13: ὑδροσκυπείων ed.
Basil.: ὑδρείων Papp. p. 1070, 2 Hu   7 κλεψύδρας codd.   ἔθος
ἐστί codd.   8 κατασκευάζεται codd.   10 ὁ ἥλιος codd.: om. ed.
Bas.   12 εἶτ᾽ ἐφεξῆς τὸ ed. Bas.   13 an καὶ ἀπαύστως del.?
14 καὶ τὸ om. codd.

ÜBER WASSERUHREN.

EIN FRAGMENT.

Wie es möglich ist, auf Grund eines gleichmäfsigen Ausflusses von Wasser einen Zeitabschnitt zu bestimmen, 5 dazu führen wir alles an, was schon der Mechaniker Heron in seiner Schrift von den Wasseruhren[1]) gelehrt hat. Man konstruiert nämlich irgend ein Gefäfs mit einer Öffnung wie etwa eine Klepsydra, mit deren Hilfe das Wasser, wie gewöhnlich, gleichmäfsig ausströmen kann. 10 Dieses Gefäfs richtet man vorher so ein, dafs es mit dem Ausflusse beginnt, sobald die Sonne vom Horizonte den ersten Strahl darauf wirft. Und das Wasser, welches in der Zeit ausfliefst, in welcher sich die Sonnenscheibe über den Horizont erhebt, wird gesondert aufbewahrt, darauf 15 in einem anderen Gefäfse das Wasser, welches fortgesetzt am Tage und in der Nacht bis zum andern Sonnenaufgange gleichmäfsig, ununterbrochen und unaufhörlich ausfliefst. Und man stellt durch Messung fest, in welchem Verhältnisse das (in 24 Stunden) ausgeflossene Wasser zu 20 dem während des Sonnenaufgangs erhaltenen Wasser steht. Und dies Verhältnis, sagt er (Heron), entspricht der Zeit. Wie sich das Wasser zum Wasser, so verhält sich die Zeit (des Sonnenaufgangs) zur Zeit (zu den ganzen 24 Stunden).[2])

1) Nach unserer Auffassung ist diese Schrift identisch mit der S. 3,15 erwähnten, selbst wenn der Titel der Baseler Ausgabe der echte sein sollte. Anders denkt de Rochas a. a. O. S. 75. Dies eine Fragment zeigt aber schon zur Genüge, dafs die Schrift von der Zeitmessung und nicht von der *Recherche des sources* handelte. Auch ist kurz vorher bei Proklos von ὡροσκοπείων (Wasseruhren) die Rede.

2) Hier bricht Proklos das Citat aus Heron ab. Bei Heron folgte vermutlich dann die eigentliche Beschreibung des gleichmäfsigen Ausflusses, wie er sie auch in der Pneumatik I, 4 (S. 43—47) giebt. Die handschriftliche Figur zu letzterem Abschnitte (s. vorn Fig. 5a) stimmt auffallend mit der in der Baseler Ausgabe stehenden, anscheinend auch einer Handschrift entnommenen Figur (vorn Fig. 5b) überein, die wir daneben gesetzt haben, um eine Vergleichung zu ermöglichen.

LIBER PHILONIS
DE INGENIIS SPIRITUALIBUS.

In nomine dei pii et misericordis incipit
liber Philonis de ingeniis spiritualibus.

I.   5

Dixit: Quia tuum, amice mi Ariston, iam novi
desiderium ad sciendum ingenia subtilia, voluntati tue
obnoxius interrogacioni respondeo, peticioni de hoc
libro componendo libens acquiesco, presentem siquidem
diligencie tue instituo tractatum, ut de omnibus que 10
huiusmodi quesieris ingeniis tibi non incommodum sit
exemplum.

De hiis itaque tractare incipiens inprimis assero
quod harum sciencie rerum nonnullis sapientum naturae
sunt incognite. unde et philosophi qui in rebus con- 15
300 sideraverunt naturalibus plu|rimorum erronee opinioni
non consentientes dixerunt vas vacuum non esse,
quemadmodum ipsi arbitrati sunt, sed vel aëre vel
aliquo aliorum corporum plenum. ego vero in presenti
negotio brevitati cupiens deservire nec eorum verba 20

---

3 *Hunc Philonis librum primus edidit V. Rose Anecdota*
Graeca et Graecolat. II, 299—313   6 mi Ariston *Rose:* Mar-
zotom *vel* mi argutom *codd.*   14 nonnullis *Rose:* nulli *codd.*

DIE DRUCKWERKE
PHILONS VON BYZANZ.

Im Namen des heiligen und barmherzigen Gottes[1])
beginnt Philons Schrift über die Druckwerke.

I.

Er sagte[2]): Da mir jetzt, mein lieber Freund Einleitung.
Ariston, Dein Verlangen, die trefflichen (pneumatischen)
Erfindungen kennen zu lernen, bekannt ist, so willfahre
ich Deinem Wunsche, antworte auf Deine Frage und er-
fülle gern Deine Bitte, diese Schrift zu verfassen, indem

---

1) Dieser feierliche Anfang erklärt sich daraus, dafs die
lateinische Übertragung nach einer verlorenen arabischen Übersetzung angefertigt ist. Auch der originale griechische Text
ist nicht erhalten.

2) Falls der Name Ariston, dem Philon bekanntlich das
4. und sog. 5. Buch seiner 'Mechanischen Zusammenstellung'
($M\eta\chi\alpha\nu\iota\varkappa\dot{\eta}$ $\sigma\acute{v}\nu\tau\alpha\xi\iota\varsigma$) widmete, richtig hergestellt ist, so darf man
wohl zu dem Eingange die Anfänge des 6. und 7. Abschnittes
des arabischen Codex 966 in Oxford vergleichen. Dort steht,
wie Herr Baron Carra de Vaux die Güte hatte brieflich mit-
zuteilen, im Eingange des sechsten, 24 unbekannte Philonische
Kapitel (Druckwerke, Automaten u. dgl.) enthaltenden Abschnittes: „Er sagte: Ich habe erfahren, mein lieber Ariston,
dafs Du grofses Verlangen habest, die physikalischen Apparate
kennen zu lernen. Deshalb habe ich Dir dieses Buch widmen
wollen, damit Du darin Deine Befriedigung findest." Darauf
folgt die Beschreibung von 24 Apparaten. Am Anfang des
siebenten Abschnittes steht dann: „Archimedes hat gesagt:
Mein lieber Ariston, ich will Dir erklären, wie man die
Wasseruhren konstruiert." S. dazu die Einleitung.

inducere nec controversancium obiectiones ad presens
volo pertractare, ne dispendiosam sermo meus incurrat
prolixitatem. constat quippe et liquide declaratur, immo
et manifeste sensui apparet quod aër unum ex primis
sit elementis, ex rebus quoque primo nobis manifestis 5
et sub sensu cadentibus, re quidem, non nomine tantum.
de quo sufficienter dicturus sum ad manifestandum
quod intendo, et confirmabo quod aër est corpus sic.

II.

Si enim accepero vas, quod vacuum esse putatur, 10
sic formatum, ut in medio sit amplum, in summo
strictum, cuiusmodi sunt amphore que in Egipto fiunt,
et inpressero illud in aque profundum, nichil penitus
aque intrabit, donec exierit inde
pars aëris, et post exitum aëris
fiet aque ingressus. huius autem
ostensio ex hoc erit exemplo.
oportet itaque, ut accipiatur vas,
quale predocui, non amplo ore,
in cuius fundo sit foramen mi-
nutum et obstruatur cera. deinde
301 convertatur vas ore verso et ponatur in profundo aque. curan-
dum tamen est, ut recte sit
positum a nulla sui parte in-
clinatum. et sic inprimatur cum manibus, donec totum in aqua submergatur. quod si paulatim et sua-
viter extrahatur, invenietur interius siccum, in nulla
ipsius parte preter os exterius madefactum. hinc

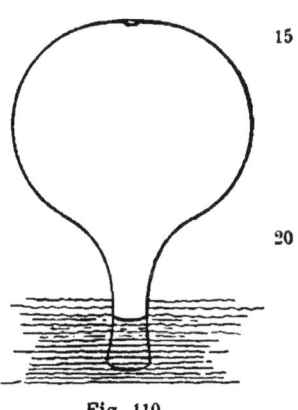

Fig. 110.

15

20

25

ich die gegenwärtige Abhandlung für Dein gewissenhaftes
Studium bestimme, auf daſs Du von allen Einrichtungen
dieser Art, über welche Du dich etwa unterrichten willst,
eine bequeme Darstellung hast.

5 Indem ich nun meine Abhandlung hierüber beginne,
betone ich, daſs einzelnen Naturforschern die Kenntnis
dieser Dinge abgeht. Daher stimmen die Philosophen,
die tiefer über die natürlichen Dinge nachgedacht haben,
der irrigen Ansicht, wie sie die meisten hegen, nicht bei,
10 sondern sie haben erklärt, ein leeres Gefäſs gebe es nicht
in dem Sinne, wie eben jene es meinten, sondern es sei
entweder mit Luft oder irgend einem von den übrigen
Körpern gefüllt. Da es nun bei der gegenwärtigen Aufgabe mein Wunsch ist, mich kurz zu fassen, so will ich
15 für den Augenblick weder die Gründe dieser Männer anführen noch die Einwürfe ihrer Gegner durchgehen, um
bei meiner Darstellung nicht in eine unnütze Weitschweifig-
keit zu verfallen. Daſs die Luft zu den Grundelementen
gehört, ergiebt sich klar und deutlich, ja ich möchte
20 sagen offenbart sich thatsächlich, nicht blofs scheinbar,
unsern Sinnen mit Gewiſsheit auch aus Dingen, die von
vornherein handgreiflich und sinnlich wahrnehmbar sind.
Um meine Behauptung zu erhärten, will ich die Sache
in ausreichendem Maſse erörtern und folgendermaſsen die
25 Körperlichkeit der Luft erweisen.

II.

Wenn ich nämlich ein für leer geltendes Gefäſs **Beweis für die**
nehme, welches so geformt ist, daſs es in der Mitte **Körperlichkeit**
(im Bauche) geräumig, oben (im Halse) eng ist, wie die **der Luft.[1)]**
30 in Ägypten hergestellten Gefäſse, und jenes Gefäſs tief ins **Fig. 110.**
Wasser tauche, so wird durchaus kein Wasser eindringen,
so lange nicht ein Teil der Luft entwichen ist. Nach
dem Entweichen der Luft wird das Wasser Zutritt haben.

----

1) Vgl. oben Heron S. 5, 18 ff.

igitur manifestum est quod aër sit corpus. si enim corpus non esset et vacuus foret locus interius, afflueret intus aqua nec ulla fieret prohibicio. quod ut adhuc melius ostendatur, vas iterum predictum in aqua demergatur ut prius, et cera super foramen posita abs- 5 trahatur. quo facto erit exitus aëris per foramen sensui manifestus et videbitur in ampullis aque, si fuerit aqua super foramen, et inplebitur vas aqua propter exitum aëris per foramen. et quod facit aërem exire necessario est motus et inpetus aque inpellentis 10 prius inpulse in vasis intromissione. et hec est demonstratio quod aër sit corpus.

III.

Declarabo etiam nichilominus motum aliorum elementorum, que ad hoc sunt utilia, quod inquiritur in 15 hac sciencia. quidam autem sapientum fatebantur aërem ex minutissimis constare corporibus minimisque particulis, que propter suam parvitatem sub sensu visus vel aliquo aliorum non cadunt, quando segre-|
302 gata fuerint, nisi fallaciter. cum autem coeant simul 20 coniuncta, non est ita. dixit quoque unus ex sapientibus quod inane sit horum natura et commisceatur corpori aëris, ideo videlicet quod fuerit in partibus suis minutis subtilibus, sicut etiam in partibus omnis rei mollis, immo et omnibus rebus. et iam declaravi 25 hoc alias sufficienter, ubi feci mentionem de *arbitriis mirabilibus.* premissum autem exequamur exemplum.

---

7 aque *codd. Monac. lat. 444. 534:* aqua *Rose secundum cod. Londin. Sloan. 2030* 24 *f.* subtilibusque

Das soll folgender Versuch zeigen. Man mufs ein Gefäfs mit enger Mündung (Fig. 110) nehmen, wie ich es oben beschrieben habe, an dessen Boden sich ein kleines Loch befinde, das man mit Wachs verstopfe. Dann drehe man
5 das Gefäfs mit der Mündung nach unten und setze es in die Tiefe des Wassers. Doch mufs man dafür sorgen, dafs es senkrecht, auf keiner Seite geneigt, eingesetzt wird, und man drücke es mit den Händen so lange nieder, bis es ganz unter Wasser getaucht ist. Zieht man es nun
10 allmählich und sachte heraus, so wird man finden, dafs es inwendig trocken ist und an keiner Stelle mit Ausnahme der äufseren Mündung nafs geworden ist. Daraus ergiebt sich also die Körperlichkeit der Luft. Wäre sie kein Körper und wäre der Raum im Innern leer, so würde
15 das Wassser ungehindert hineinfliefsen. Um dies noch besser zu zeigen, tauche man das genannte Gefäfs zum zweiten Male wie vorher unter Wasser und nehme dann das Wachs, welches oben in das Loch gesteckt war, fort. Dann wird man wahrnehmen, wie die Luft durch das
20 Loch entweicht, und zwar wird man es an den Luftblasen im Wasser sehen, falls das Wasser über dem Loche gestanden hat, und das Gefäfs wird sich mit Wasser füllen, weil die Luft durch das Loch entweicht. Was die Luft notgedrungen hinaustreibt, ist die Bewegung und der Druck
25 des vordringenden Wassers, welches vorher in die Tiefe gedrängt war, als man das Gefäfs hineinstellte. Und dies ist der Beweis für die Körperlichkeit der Luft.

III.

Doch will ich auch die Bewegung der übrigen Vakuum und
0 Elemente, die für die Untersuchung auf diesem Wissens- Emporsteigen des Wassers. gebiete sich nützlich erweisen, erklären. Manche von den Weisen räumten ein, es bestehe die Luft aus sehr feinen Molekülen und zwar sehr kleinen Atomen, welche wegen ihrer Kleinheit weder mit dem Auge noch mit
5 einem andern Sinnesorgane wahrgenommen werden könnten,

substantia igitur elementi humidi detur aëri continuari
prius quam alii nature commixtione tenaci, et non est
interea distancia. ideoque contingit multociens aque,
quod eius iter sit sursum et cum aëre elevetur. si
vero natura sue ponderositatis vincens fuerit super 5
illam, quia modica est, impellit eam, ut descendat
deorsum. nam et omnium corporum ponderosorum
hec est proprietas et consuetudo, ut ex natura sua
deorsum descendant.

IV. 10

Quod autem aqua multociens sursum elevetur,
manifestum est. attrahitur enim cum aëre elevato,
quia ei continuatur, sicut patet in hoc, quod contingit
303 in vase, cum quo gustatur vinum. cuius caput cum
quis in ore tenuerit sugendo aërem qui in eo 15
est, attrahit et cum aëre corpus molle liqui-
dissimum, scilicet quod subest, quia aëri continuatur, tanquam ei cum visco applicaretur
vel alio huiusmodi ligamento. quod etiam sic
manifestabitur. oportet itaque, ut sumatur 20
cornu bovinum intus bene concavatum, donec amplum
sit, et tenue et sincerum. sit autem altitudinis mediocris
et eius forma ut forma pinee rotunda et pineata, et
ex parte qua assimilatur figure pineali, ei subterius
applicetur vas ligneum bene siccum, ut bene fiat quod 25
volumus. ita vero ei coaptetur, ut in nulla eius parte
possit aër exspirare. et sic erit cornu quantitas ad

Fig. 111.

---

1 *f.* substantie   *vocem* aëri *non cum* detur, *sed tantum-
modo cum* continuari *coniungendum esse docent lin.* 13. 17—18.
p. 468, 15—16. 472, 30

sobald sie von einander getrennt seien, es sei denn infolge einer Sinnestäuschung. Wenn sie sich aber vereinigen und mit einander verbunden sind, so ist dem nicht (mehr) so. Auch erklärte einer von den Weisen, das Vakuum
5 gehöre zum Wesen der Moleküle und sei mit dem Körper der Luft vereinigt, weil es offenbar auch in ihren feinen Teilchen (Atomen) gewesen sei wie auch in den Teilen jedes weichen Gegenstandes, ja in allen Dingen. Darüber habe ich mich bereits ein andermal genügend ausgesprochen,
10 als ich die Automaten erörterte. Nehmen wir aber das voraufgehende Beispiel wieder auf. Die Substanz des feuchten Elementes dürfte wohl die Fähigkeit haben[1]), sich eher der Luft als irgend einem andern Elemente in zäher, ununterbrochener Verbindung anzuschliefsen. Daher kommt
15 es oft vor, dafs das Wasser aufwärts steigt und mit der Luft emporgehoben wird. Falls aber die Luft zufolge ihrer geringen natürlichen Schwere das Wasser überwindet (sich davon losmacht) und sich darüber erhebt, so nötigt sie es, nach unten zu fliefsen. Denn alle schweren
20 Körper haben von Natur die eigentümliche Gewohnheit, nach unten zu fallen.

IV.

Dafs das Wasser oft emporgehoben wird, ist bekannt. Es wird nämlich zugleich mit der emporsteigen-
25 den Luft angezogen, weil es sich dieser anschliefst, wie sich aus dem Vorgange im Stechheber (Fig. 111)[2]), mit welchem der Wein gekostet wird, ergiebt. Wenn man dessen Kopf in den Mund hält und die Luft darin aussaugt, so zieht man mit der Luft auch den zarten, sehr
30 flüssigen Körper an, nämlich den, welcher sich unter ihr befindet, weil er sich der Luft anschliefst, als wäre er

Künstlicher Auftrieb des Wassers. Fig. 111 u. 112.

---

1) So ist nach Vermutung übersetzt.
2) Vgl. Heron S. 57. Was wir bei Heron als Stechheber bezeichnet haben, nannten die Alten 'Sieb des Aristoteles' (= Philo Kap. 11). Der in Fig. 111 abgebildete Stechheber ist in Pompeji gefunden. S. Overbeck-Mau a. a. O. S. 451.

modum et similitudinem pixidis. deinde convertatur
hoc cornu stans in vase quodam, quod ore sit amplum,
ut est cyphus.   item ponatur alia pixis plumbea subtus
vel iuxta, bene aptata, ut cum opus fuerit, nichil inde
exeat aëris.   super ambas quoque has pixides aptabi- 5
tur canalis valde siccus capita habens recurva et
deorsum fere ad fundum utriusque pixidis pertingentia.
habebitque pixis plumbea os modicum desuper pau-

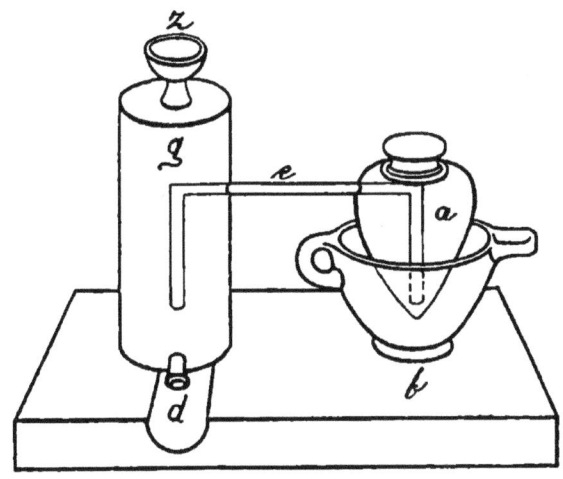

Fig. 112.

lulum sic erectum, ut aqua cum vase aliquo per illud
possit infundi.   fiat quoque in hac pixide subterius 10
canalis alius brevis et modicus, ut inde evacuetur aqua,
quando voluerimus.   exempli causa sit cornu nota *A*,
et vasis similis cypho nota *B*, et nota pixidis plumbee *G*,
et canalis illius parvi nota *D*, et canalis magni com-
munis nota *E*, et oris parvi, quod super pixidem 15
plumbeam est, nota *Z*.   quibus omnibus secundum
quod docuimus coaptatis obstruatur canalis modicus

mit Vogelleim oder einem anderen derartigen Bindemittel
angeklebt. Dies läfst sich noch folgendermafsen erweisen.
Man mufs das Horn eines Rindes nehmen, das inwendig
ordentlich ausgehöhlt (ausgedrechselt) wird, bis es weit
5 genug ist, und welches dünn und rein ist (Fig. 112).
Es besitze nur eine mäfsige Höhe und werde gerundet
und gestaltet wie ein Fichtenzapfen, und auf der Seite,
auf welcher das Horn an Gestalt dem Fichtenzapfen gleicht,
setze man unten ein hölzernes Gefäfs daran, das ganz
10 trocken sei, damit was wir beabsichtigen, gut gelingt.
Man passe dieses völlig luftdicht an. So wird das Horn
eine (gewisse) Quantität fassen in der Art und Weise
wie eine Büchse.[1]) Dieses Horn stehe umgekehrt in einem
Gefäfse mit weiter Öffnung, wie sie der Becher (Skyphos)
15 hat. Man stelle ferner eine andere Büchse aus Blei unterhalb oder daneben auf, die so hergestellt ist, dafs sie
keine Luft hinausläfst, wenn es erforderlich ist. Oben an[2])
diesen beiden Büchsen soll eine ganz trockene Röhre mit
gebogenen und fast unten auf den Boden beider Büchsen
20 reichenden Enden eingepafst werden. Die Büchse aus
Blei soll eine mäfsige Öffnung haben, die oben in der
Weise etwas vorspringt, dafs Wasser mit Hilfe eines Gefäfses durch jene Mündung eingegossen werden kann.
Man stelle in dieser Büchse auch unten eine andere, kurze
25 und mäfsige Röhre her, um beliebig das Wasser daraus
ablassen zu können. Das Horn habe z. B. die Bezeichnung *a* (Fig. 112), das becherähnliche Gefäfs *b*, die Bleibüchse *g*, die kleine Röhre *d*, die grofse, gemeinsame
Röhre *e*, die kleine Öffnung über der Bleibüchse *z*. Ist
30 dies nun alles unseren Angaben entsprechend mit einander

---

1) Übrigens mufs das Horn an dem Ende, welches in den
Becher getaucht wird, eine Öffnung haben.
2) Unsere Figur schliefst sich an die handschriftliche
Figur an.

---

12 *f.* cornus

30*

subterius et inpleatur plumbea pixis aqua per os
superius et obstruatur post os illud, ita ut nichil inde
exeat. infundatur etiam aqua in vas illud, quod cypho
simile est, secundum quantitatem qua cornu quod in
eo stat possit inpleri. dehinc vero aperiatur canalis 5
subterius obstructus, et exibit aqua, et [cum evacuata
fuerit omnino que in pixide est,] attrahetur aër ex
cornu. qui cum exierit, attrahet secum aquam, que
in vase est, [et quod hic accidit simile est ei quod de
hoc canali contingit visui tunc manifestum, si con- 10
sideracionem adhibueris,] quia secundum quantitatem
aëris a cornu exeuntis elevabitur pars aque detente
cum aëre potenti eam elevare, [elevata vero descendet,
quia ex natura sua hoc habet ut descendat, sicut etiam
premonstravimus:] quoniam aqua mollis aëri tenaciter 15
continuatur et secundum quantitatem aëris exeuntis
305 pars aque succedit et locum ipsius | obtinens implet,
qua exeunte aër subintrat, ut locum eius repleat. . . .
et hec est huius rei figura.

V.   20

Et postquam explanavimus hoc, memorandum est
aliud ingenium simile precunti, quo docebatur quod

---

3 illud *Parisin. lat. 7295:* aliud *ceteri codd., Rose*   6—7
cum . . . est *hic delet Rochas*   9—13 et quod . . . elevare
interpolata putat de Rochas   9—11 et quod . . . adhibueris
delevi   13—15 elevata . . . premonstravimus *hic delet Rochas*
17 obtinens *cod. Londin.:* continens *codd. Monacens., Rose*
18 *f.* repleat. ⟨cum (vero) evacuata fuerit omnino (aqua) que in
pixide est, (aqua) elevata [vero] descendet, quia ex natura sua
hoc habet, ut descendat, sicut etiam premonstravimus.⟩ *huc
transponit Rochas* (vero *ipse transposui et* aqua *bis addidi*).

verpafst, so stopfe man unten die kleine Röhre (*d*) zu,
fülle die Bleibüchse oben durch die Öffnung mit Wasser
und verschliefse darauf jene Öffnung so, dafs nichts hinaus
kann. Auch in jenes becherähnliche Gefäfs giefse man
5 Wasser in einer solcher Quantität, dafs das darinstehende
Horn sich füllen kann. Dann öffne man die untere
Röhre (*d*), welche verschlossen war, und das Wasser wird
ausströmen[1]), und die Luft[2]) in dem Horne wird angezogen. Wenn diese hinausgeht, wird sie das im Gefäfse
10 befindliche Wasser mitnehmen[3]); denn je nach der Quantität,
in welcher die Luft aus dem Horne fortgeht, wird ein
Teil des in letzterem enthaltenen Wassers mit Hilfe der
Luft, die es zu heben vermag[4]), emporsteigen, da ja das
flüssige Wasser sich dicht an die Luft anschliefst und
15 entsprechend der Quantität der entweichenden Luft ein
Teil des Wassers an ihre Stelle tritt, von ihrem Raume
Besitz ergreift und ihn anfüllt. Wenn das Wasser (aus *b*)
fortgeht, tritt von unten wieder die Luft ein, um dessen
Platz auszufüllen. Wenn dagegen das Wasser in der
20 (bleiernen) Büchse gänzlich ausgelaufen ist, so fällt das
emporgestiegene Wasser nieder, weil es von Natur die
Eigentümlichkeit hat, nach unten zu fliefsen, wie wir
schon oben gezeigt haben. Und dies ist die Figur dazu.

V.

25 Nachdem wir dies auseinandergesetzt haben, ist   Vorbemerkung
noch eine andere, der vorhergehenden ähnliche Vor-   zu Kap. VI.
richtung zu erwähnen, durch welche man zeigte, dafs

---

1) Zu dem Zwecke ist wohl die Mündung *z* wieder zu öffnen.
2) Von hier bis zum Schlusse des Kapitels sind in der
Übersetzung mehrere Satzglieder umgestellt.
3) Hier folgt in den Handschriften folgendes unverständ-
liche Einschiebsel: 'Der Vorgang hier ist demjenigen ähnlich,
welcher bei dieser (?) Röhre dem Auge dann offenbar wird,
wenn man es sich ordentlich überlegt.'
4) Möglicherweise sind auch die Worte: 'denn je ... vermag' ein Einschiebsel. Vgl. Z. 13—17.

natura aque et motus eius semper est deorsum, sicut
et motus aliorum corporum ponderosorum, velut pre-
diximus. sed motus innaturalis, immo potius †medius
facit eam ascendere aliquando: qui fit velocior propter
inpetum attractionis. ideoque aque in loco plano, non 5
declivi quiete stant et inmobiles. quas cum quis
voluerit motu innaturali elevare ad locum altum, opus
est ingenio competenti: quod a nonnullis ignoratur
nescientibus aquam ex locis huiusmodi extrahere nisi
cum situlis, ut fit ex puteis, vel cum aliis instrumentis, 10
que moventur et trahuntur ab animalibus, vel si forte
fiat extractio per rivos currentes vel fluminis vel fontis
ad ima descendentis. sed nos multo subtilius, qualiter
hoc fieri possit, docebimus in sequentibus, quamvis
fuerint nonnulli qui putantes hoc ingenium scire iacta- 15
bant se librum inde composituros quod penitus
ignorabant, et semet in hoc decipientes et alios audientes.
hiis igitur omissis ad propositum redeamus.

VI.

Per canalem igitur curvum, qui a quibusdam circinus 20
306 dicitur egyptiacus, aqua in stagno stans elevabitur
ad locum altum, que postea tamen refluit deorsum
descendens ad locum imum, ut prius erat. nec sine
hoc ingenio poterit ullo modo aqua elevari talis. quod
vero cum hoc canali elevetur, non est nisi propter 25
hoc quod dicturus sum. quando itaque posuerimus
caput illius canalis curvi in vas aqua plenum et quan-

---

3 medius *codd.*: modicus *Rochas: f.* meditatus, *nisi* immo —
medius *omnino delenda sunt. cf. v.* 7

die natürliche Bewegung des Wassers immer abwärts gerichtet ist, wie auch die aller Körper von Gewicht, wie
oben bemerkt. Aber die Bewegung, welche das Wasser
eine Zeit lang aufsteigen läfst, ist nicht natürlich, sondern
5 vielmehr künstlich.[1]) Je stärker die Anziehung ist, um so
schneller ist die Bewegung. Darum stehen die Gewässer
in einer ebenen, nicht abschüssigen Gegend still und unbeweglich. Will man sie künstlich auf einen erhöhten
Punkt heben, bedarf es einer geeigneten Vorrichtung. Das
10 wissen manche nicht, die Wasser von solchen Orten, wie
den Brunnen, nur mit Schöpfeimern zu entnehmen verstehen, oder mit anderen Geräten, die von Tieren bewegt
und gezogen werden oder falls etwa die Entnahme mit
Hilfe von Wasserrinnen erfolgt, die aus einem Flusse oder
15 einer Quelle, welche bergab strömen, hergeleitet werden.
Soweit es möglich ist, wollen wir im Folgenden dies viel
gründlicher darthun, obgleich es manche gegeben hat, die
in dem Glauben, sie verständen etwas von dieser Einrichtung, sich damit brüsteten, sie würden ein (ganzes)
20 Buch über etwas schreiben, worin sie eine tiefe Unkenntnis
zeigten, indem sie dabei sich selbst und andere, nämlich
ihre Hörer, täuschten. Doch lassen wir dies beiseite und
wenden uns wieder unserem Thema zu.

VI.

25   Durch einen gebogenen Heber, den einige den   Der ägyptische
ägyptischen Zirkel (vgl. Fig. 116) nennen, · wird   Zirkel (= der
Wasser, welches sich in einem Teiche befindet, auf   Heber).
eine Höhe gehoben, fliefst nachher jedoch wieder abwärts
und geht nach der tiefsten Stelle, wie vorher. Ohne diese
30 Vorrichtung läfst sich unmöglich solches Wasser heben.
Den Grund, weshalb es mit Hilfe dieses Hebers steigt,
will ich im Folgenden erklären. Hat man das eine Ende
des gebogenen Hebers in ein Gefäfs voll Wasser gesetzt
und einen bestimmten Teil der Luft mit dem Munde au-

---

1) Nach Vermutung übersetzt (meditatus 'ausgedacht').

dam aëris partem cum ore sugendo attraximus, subibit
aqua, ut diximus, et postquam inceperit ascendere,
erit eius ascensio continua, donec vas omnino evacuetur,
et postremo illi canali se aqua applicabit. quae quidem
numquam dispercietur, nisi aër intervenerit. qui si in 5
canalem intraverit, dimovebit eius tenacitatem et aquam
dividet segregatam, ea que restabat quieta manente
propter hoc quod premisimus. huius autem ostensio
tali fiat exemplo. sit vas oblongum omnino siccum,
quod in aqua po-
situm ante inpri-
matur, donec bene
sit plenum, et sic
plenum servatum
celeriter sub aqua
convertatur, dein-
de paulatim ele-
vetur, donec vas
fere totum extra-
hatur, eius capite
tantum sub aqua

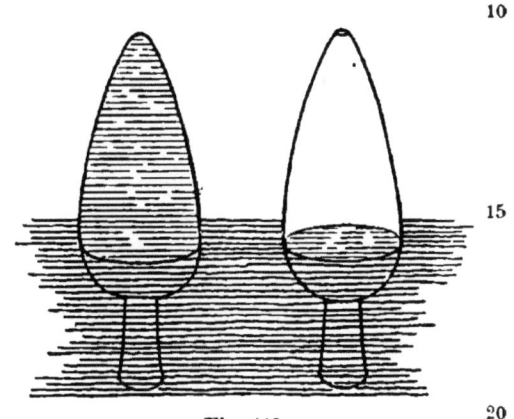

Fig. 113.

10

15

20

remanente. quo facto erit vas illud plenum quamvis
conversum. et quod ita sit visui patebit, si fuerit vas
illud vitrinum vel corneum vel ex alius modi materia
307 clarum. non est autem ali quid ingeniorum, quo vas 25
illud aquam possit exaltare. quod si fuerit in vase
illo foramen aliquod quantulumcunque, per quod possit
aër intrare, revertetur aqua descendens ad locum suum,
ubi fuerat. patet igitur ex universis que memoravimus
quod aqua continuatur aëri cum eo detenta. ideoque 30
sese vicissim semper sequuntur.

gesogen, so wird, wie bemerkt, das Wasser allmählich
folgen, und nachdem es angefangen hat zu steigen, wird
sein Aufstieg ununterbrochen dauern, bis sich das Gefäfs
völlig entleert, und schliefslich wird das Wasser in der
5 Röhre hängen bleiben (?).[1]) Der Zusammenhang des Wassers
erleidet wenigstens nie eine Unterbrechung, wenn nicht
die Luft dazwischentritt. Ist diese aber in den Heber
gedrungen, so wird sie den zähen Zusammenhalt des
Wassers durchbrechen, das Wasser trennen und von einander
10 scheiden, während das Wasser, welches nicht in Bewegung
war, aus dem oben erwähnten Grunde ruhig am Platze
bleibt. Das zeige folgendes Beispiel. Man denke sich ein
längliches, völlig trocknes Gefäfs (Fig. 113); dieses werde
ins Wasser gestellt und zuvor niedergedrückt, bis es ganz
15 voll ist, und indem man diese Füllung so beibehält, werde
es dann schnell unter dem Wasser umgekehrt und darauf
allmählich emporgehoben, bis beinahe das ganze Gefäfs
herausgezogen ist, indem nur sein Kopf unter Wasser
bleibt. Hat man dies ausgeführt, bleibt dies Gefäfs voll,
20 obgleich es umgestülpt ist. Dafs dem so ist, wird sich
dem Auge zeigen, wenn jenes Gefäfs aus Glas, Horn oder
einem anderen derartigen[2]) (durchsichtigen) Stoffe besteht.
Es giebt kein anderes Verfahren, welches diesem Gefäfse
ermöglichte, das Wasser emporzuheben. Befindet sich nun
25 in dem Gefäfse irgend ein Loch, sei es auch noch so
klein, durch welches die Luft einzudringen vermag, so
wird das Wasser wieder nach der Stelle zurückkehren
und abwärts fliefsen, wo es gewesen war. Aus unseren
sämtlichen Bemerkungen ergiebt sich also, dafs das Wasser
30 sich der Luft anschliefst und damit in Berührung bleibt.
Darum folgen sie sich immer abwechselnd.

---

1) Vgl. Herons Druckwerke S. 31, 23.
2) Nach Vermutung zugesetzt.

---

4 et postremo . . . applicabit *suspecta*   7 congregatam
Rochas ('*réunie*')   24 alius modi: *f.* alia huiusmodi. *cf. p. 464, 19*
25 aliquid: aliud *Rochas*

VII.

Ignis quoque natura aëri commiscetur, et ideo aër cum eo attrahitur, ut ex dicendis palam erit. fiat itaque pila plumbea vacua intus et capax, mediocris in magnitudine, nec nimis sit tenuis, ne cito frangatur, 5 nec sit ponderosa, sed bene sicca, ut melius fiat quod volumus. deinde perforetur in summo et inponatur canalis curvus descendens fere usque ad fundum, ponatur etiam aliud caput canalis eiusdem in vase alio aqua pleno fere ad fundum 10 ut in priori, ut melius effluat aqua. sitque pila *A*, canalis *B*, vas *G*. dico igitur quod si opposueris pi-15 lam soli, quan-

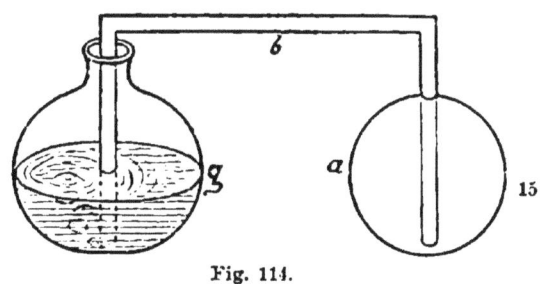

Fig. 114.

do calefacta fuerit, extra exibit pars aëris inclusi in canali. et hoc visui patebit, quia aër cadet a canali 20 in aquam et miscebit eam et faciet ampullas multas unam post aliam. si vero reposita fuerit pila in umbra vel ubicunque radius solis non affuerit, ascendet aqua per canalem, donec descendat in pilam. postea si re-30s posueris in sole, revertetur aqua in vas illud, et adhuc 25 si e converso, et quocienscunque iteraveris, ita semper continget. vel si etiam pilam cum igne calefeceris, idem

---

23 solius *Rosii errori typothetae sine dubio debetur* 25—26 et adhuc si e converso *suspecta*

VII.

Auch das Feuer[1]) steht von Natur mit der Luft in Verbindung, und deswegen wird die Luft durch das- selbe[1]) angezogen[3]), wie aus dem Folgenden sich
5 ergeben wird. Man stelle eine Bleikugel von mäfsiger Gröfse her, die inwendig leer und geräumig ist. Sie sei weder zu dünn, um nicht gleich zu platzen, noch zu schwer, aber ganz trocken, auf dafs unsere Absicht besser zur Ausführung kommt. Dann durchbohre man sie oben, setze einen ge-
10 bogenen Heber ein, der fast bis auf den Boden reiche. Auch stelle man das andere Ende desselben Hebers in ein anderes, mit Wasser gefülltes Gefäfs. Dieses Ende reiche wie in dem ersten Gefäfse fast bis auf den Boden, um den Ausflufs des Wassers zu erleichtern. Die Kugel
15 sei *a* (Fig. 114), die Röhre *b*, das Gefäfs *g*. Ich behaupte also, wenn man die Kugel in die Sonne stellt, so wird nach Erwärmung der Kugel ein Teil der in der Röhre eingeschlossenen Luft hinausgehen. Dies wird man sehen, weil die Luft aus der Röhre ins Wasser strömt, es in
20 Bewegung setzt und viele Luftblasen, eine nach der andern, hervorruft. Wird aber die Kugel in den Schatten gestellt oder an irgend eine Stelle, zu der kein Sonnenstrahl dringt, so wird das Wasser durch die Röhre emporsteigen, bis es (bei der zweiten Biegung) nach unten in die Kugel
25 fliefst. Stellt man sie nachher wieder in die Sonne, so wird das Wasser in jenes Gefäfs zurückfliefsen und ebenso umgekehrt,[4]) und so oft man den Vorgang wiederholt, wird sich allemal diese Erscheinung zeigen. Auch wenn man

Ein Thermoskop.[2]) Fig. 114.

---

1) Es ist das Feuer als Element gemeint, welches nach peripatetischer Ansicht an den Äther grenzt. Vgl. Heron S. 11, 22.
2) Vgl. Heron S. 225 und *'Zur Geschichte des Thermoskops'* in den Abhandlungen zur Geschichte der Mathematik VIII 163—173.
3) Das heifst also nach unserer Ausdrucksweise: 'die Luft wird ausgedehnt'.
4) D. h. stellt man sie wieder in den Schatten, so steigt das Wasser wieder.

eveniet, vel etiam si imposueris pile aquam calidam. si vero infrigidata fuerit, exibit.

VIII.

Quod modo dicturus sum, preeunti similatur ingenio, nec fit hoc nisi quia locus vacuus esse non potest. 5 quia si evacuaretur aër, statim succedit aliquid corporum que ipsi aëri commiscentur, quia †sui pro natura inpelluntur. et hoc quidem asserunt professores sciencie naturalis, quibus similiter opinamur. unde et manifestabimus quod locus vacuus esse non potest ab aëre vel ab aliquo aliorum corporum. cuius exemplum est, ut infundamus aquam in vas quod sit *A*, in cuius medio fiat stans quoddam, quod sit *B*, ad modum candelabri super aquam erectum, et in eius summo ponamus candelam que sit *C* ardentem, super quam

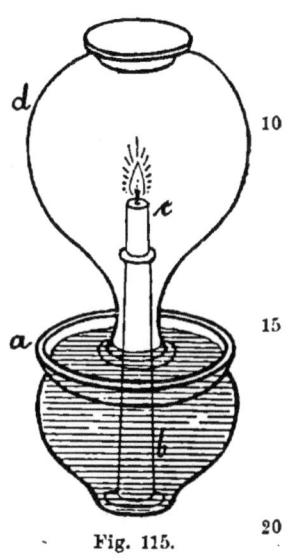

Fig. 115.

convertatur vas quod sit *D*, ita quod eius os prope aquam sit et locus candele in ipsius medio sit. quo facto paulo post videbis aquam que est in vase subteriori ascendere sursum ad vas superius. quod 25 quidem non accidet nisi propter hoc quod memoravi-309 mus, quoniam aër in illo vase | contentus periit propter

2 *f.* exibit ⟨pars aque in vase contente⟩   8 quia pro sua natura?   22—23 prope aquam: *an* sub aqua?

die Kugel mit Feuer erwärmt, wird dieselbe Wirkung erzielt, oder selbst wenn man heifses Wasser auf die Kugel giefst. Wird sie dagegen abgekühlt, so wird ein Teil des in dem Gefäfse enthaltenen Wassers[1]) herauskommen.

5 ## VIII.

Der folgende Versuch ist dem vorhergehenden Die Saugkerze. ähnlich. Er gelingt nur deswegen, weil es kein (kontinuierliches) Vakuum geben kann. Denn wenn die Luft evakuiert werden sollte, tritt sofort irgend einer von den 10 Körpern an ihre Stelle, die mit der Luft selbst in Verbindung stehen, weil sie zufolge ihrer Natur hineingedrängt werden. Das behaupten wenigstens die Lehrer der Naturwissenschaft, und ähnlich wie die urteilen wir auch. Daher wollen wir darthun, dafs kein˙ Ort schlechthin leer 15 von Luft oder irgend einem der anderen Körper sein kann. Man mag z. B. Wasser in ein Gefäfs *a* (Fig. 115) giefsen, in dessen Mitte nach Art eines Kandelabers ein Untersatz *b* aufgestellt werde, welcher über das Wasser emporragt. Auf seine Spitze stelle man eine brennende 20 Kerze *c*, über welche umgekehrt ein Gefäfs *d* gestülpt werde, so dafs seine Mündung im[2]) Wasser ist und der Standort der Kerze in dessen Mitte liegt. Hat man dies ausgeführt, so wird man bald darauf das Wasser, welches in dem unteren Gefäfse enthalten ist, nach dem oberen 25 Gefäfse aufwärts steigen sehen. Dies ist nur aus dem erwähnten Grunde möglich, da die in jenem (umgestülpten) Gefäfse enthaltene Luft durch das brennende Licht verflüchtigt[3]) ist, weil sie wegen der Flamme nicht unverändert weiter bestehen kann. Hat sich aber jene Luft 30 infolge der Bewegung (Wirkung) des Feuers verflüchtigt,

Fig. 115.

---

1) Die Worte 'ein Teil ... Wassers' sind nach Vermutung gegeben.
2) Im lateinischen Texte steht ungenau: 'dicht am Wasser'.
3) Es ist die Verbrennung des Sauerstoffs gemeint. Die Flamme erlischt natürlich nach einiger Zeit.

ignis accensionem, quia non potest propter ignem
durare; postquam autem perierit aër ille per motum
ignis, continget quod elevabit ignis aquam secundum
quantitatem illius quod peribit de aëre. et hoc accidens
simile est illi quod contingit canali predicto. scilicet 5
in hoc vase candele supraposito aër consumitur, quia
inveterascit, ut ita dicam, propter ignem extenuatus.
et ideo elevatur aqua succedens, et subintrans locum
eius inplet, quia vacuus fiebat. et hec est figura
huius rei.   10

IX.

Constat quidem ex premissis quod posita una parte
canalis in vas plenum aqua, si quis suxerit ex alia,
detrahetur aqua, donec omnino evacuetur cum canali
illo. unde tale propona-   15
tur exemplum. perfore-
tur vas *A* in lateris fere
summitate *B*, et inpona-
tur canalis *C* usque prope
fundum vasis firmiterque
in foramine ligetur ap-   20
tatus cum vase. et sit
pars canalis exterior ali-
quantulum prolixior in-
ferius descendens quam
interior. dehinc inpleatur

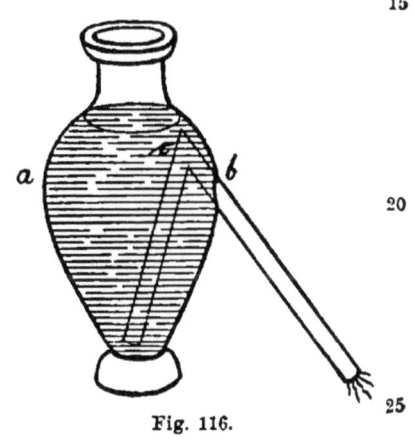

Fig. 116.   25

vas aqua, quousque elevetur supra summitatem canalis.
et incipiet emanare. quia enim aqua altior est, cum
inpletur interior pars *C*, et addicio aque inpellit
aërem qui est in *C*, et inpulsum sequitur non cessans 30

so ist die Folge, dafs das Feuer das Wasser emporhebt,
je nach der Quantität Luft, welche verflüchtigt wird.
Dieser Vorgang ist dem in der oben erwähnten Röhre
(Kap. VII) ähnlich. Nämlich in dem über die Kerze ge-
5 stülpten Gefäfse wird die Luft verbraucht, weil sie durch
die Flamme verdünnt, so zu sagen, matt und kraftlos
wird. Und deswegen steigt zum Ersatz das Wasser (in
dem umgekehrten Gefäfse) auf und füllt, indem es von
unten eintritt, den leer gewordenen Luftraum an. Die
10 Figur hierzu ist folgende (Fig. 115).[1])

IX.

Aus dem Voraufgehenden ergiebt sich: wenn man Der gebogene
den einen Schenkel eines Hebers in ein Gefäfs voll ⎰Heber.[2]⎱
⎰Fig. 116.⎱
Wasser stellt und den andern Schenkel ansaugt, so
15 wird das Wasser angezogen, bis es gänzlich mit Hilfe des
Hebers abgelaufen ist. Deswegen führe man folgenden
Versuch vor. Das Gefäfs a (Fig. 116) durchbohre man
etwa am äufsersten Punkte b seiner Seite, setze einen
Heber c ein, der fast bis auf den Boden reiche und fest
20 (und luftdicht) in dem Loche mit dem Gefäfse verpafst
und verbunden werde. Der äufsere Heberschenkel sei
nach unten etwas länger als der innere. Hierauf fülle
man das Gefäfs mit Wasser, bis es über den höchsten
Punkt des Hebers steigt. Dann wird er anfangen zu
25 fliefsen. Da nämlich das Wasser (im Gefäfse) höher steht
(als der Heber), wenn der innere Schenkel c gefüllt wird,
so drängt das Hinzugiefsen von Wasser die Luft in c fort,

---

1) Denselben Versuch haben später van Helmont (1577—1644)
und Robert Fludd (1574—1637) beschrieben. Ob ihnen Philos
Ausführungen bekannt waren, steht dahin. Vgl. A. de Rochas
Traité des Pneumatiques de Philon de Byzance. Extrait de la
Revue Archéologique. Juin et août 1881. Sond.-Abdr. S. 17.
2) Vgl. Heron S. 29. 31. 83. 85.

---

1 cum igne *Rose secundum cod. Lond. cf. v. 7.*

310 effluere, donec prorsus evacuetur quidquid aque fuerit
iu vase. et hec est figura huius rei.

X.

Quidam ex huiusmodi artificiorum
opificibus conati sunt, ut facilius fa-
cerent genus vasis intus latentem
ponentes canalem hoc modo. sit vas
ABG foratum subtus in medio, ubi
sit G, et intromittatur per foramen
canalis ibidem firmiter aptatus, qui
sit GD, directe erectus fere ad summitatem AB. huic coaptetur circumpositus canalis alius ad vas firmatus
qui sit ETK, ita tamen ut relictis
ad T et K foraminibus aqua possit
ibidem introire, si vasi fuerit infusa.
que paulatim ascendens a K et T ver-
sus E, cum ad E pervenerit, per GD
descendet emanans in stacionarium.

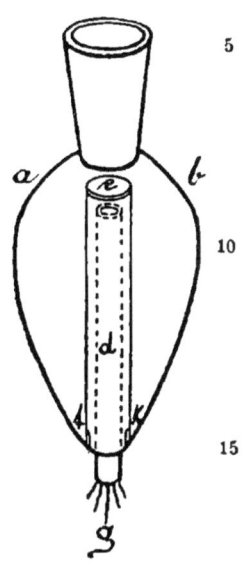

Fig. 117.

XI.

Post hoc autem aliud est dicendum elementum.
quod est, ut fiat vas quod sit AB, in cuius fundo
minuta fiant foramina, ubi sit E, H. cum igitur inpleveris vas illud per inpulsionem in aquam, si obstruxeris
os vasis cum digito, nichil emanabit. sed quando
removes digitum ob ore, incipiet aqua effluere. caven-
dum autem est, ne nimie capacitatis sit vas, propter
ponderositatem aque, que descendet vi, si nimia fuerit.

und der verdrängten Luft folgt das Wasser, welches nicht
eher aufhört auszufliefsen, als bis alles im Gefäfse enthaltene Wasser völlig ausgelaufen ist. Dazu gehört folgende
Figur (Fig. 116).

5   X.

Einige von den Verfertigern derartiger Apparate   Der latente
haben es unternommen, die Einrichtung des Gefäfses Heber (= Kap-
                                                    selhebor).
dadurch bequemer zu gestalten, dafs sie in folgen- Fig. 117.[1]
der Weise den Heber innen versteckt anbrachten. Es sei
10 das Gefäfs abg (Fig. 117) unten in der Mitte bei g durchbohrt. Durch das Loch setze man eine Röhre ein, welche
genau in das Loch des Gefäfses pafst. Das sei gd, welche
fast bis zum oberen Rande ab gerade emporsteigt. Diese
sei umschlossen von einer anderen Röhre etk, die an dem
15 Gefäfse befestigt ist, jedoch mit der Einschränkung, dafs
bei t und k Löcher freibleiben und eben hier Wasser eintreten kann, welches etwa in das Gefäfs gegossen wird.
Dieses steigt allmählich von k und t nach e. Ist es bei
e angelangt, so wird es durch gd nach unten in seinen
20 Behälter (Cisterne oder dergl.) fliefsen.

XI.

Sodann ist noch ein andrer elementarer Versuch Ein Stechheber
zu erwähnen. Dieser besteht darin, dafs man ein (das sog. Sieb
                                                  des Aristoteles).
Gefäfs ab (Fig. 118) herstellt, in dessen Boden man Fig. 118.[2]
25 bei e und h kleine Löcher bohrt. Wenn man dieses Gefäfs
ins Wasser taucht und füllt, so wird nichts ausströmen,
falls man die Mündung des Gefäfses mit dem Finger zuhält. Nimmt man aber den Finger von der Mündung
weg, so wird das Wasser anfangen auszuströmen. Man
30 mufs sich aber davor hüten, dafs das Gefäfs nicht zu
geräumig ist, wegen der Schwere das Wassers, das notgedrungen abfliefsen wird, wenn es zu viel ist. Hält man

---

1) Vgl. Heron S. 41.
2) Vgl. Heron S. 57. 59.

quod si vasi huiusmodi pleno folium vel aliquod tale
311 ad os posueris et cum | manu id ori applicans vas
totum converteris, manebit ibi
folium pendens aliquamdiu, tam-
quam esset affixum, vel si etiam
cribrum ori adiunxeris et converteris, nichil penitus de aqua
exibit. cuius ratio est eo quod
hinc et inde aqua accurrens minuta illa inplebit foramina nec
amplius descendet, quia non potest aër subintrare, cum aqua non
exeat; et prius ostensum est quod nichil vacuum esse
potest. cum igitur aër non habeat, ubi subintret, manet
aqua stans, non recedens. cuius hec est figura.   15

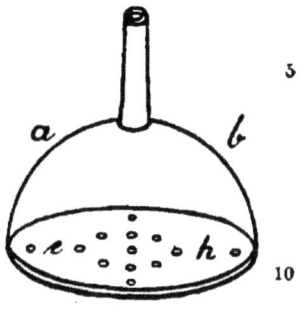

Fig. 118.

XII.

Fiat etiam vas ore stricto quod sit *AB* perforatum
in fundo ubi sit *D*, per quod intret ortogonaliter
canalis in summo recurvus pertingens fere ad collum
vasis qui sit *CDE*, et sit pars eius que est *DE* in 20
vase erecta, reliqua vero pars que est *CD* sit exterius
extensa. cuius extremitas que sit *C* intret in vas
aliud, quod sit *GHZ* sitque subtus foratum. et aptentur
ambo hec vasa stantia super quoddam concavum quod
sit *MN*, ita quod aqua emanans e fundo vasis quod 25
est *GHZ* in loco *T* possit effluere et non alias. aptetur
quoque canalis alius vasi *AB*, exiens in loco *R*, extensus
ita quod caput eius quod sit *P* elevetur supra vas

---

15 *f.* cuius ⟨rei⟩

nun bei einem derartig gefüllten Gefäfse ein Blatt oder
etwas Ähnliches an die Mündung, legt es mit der Hand
darauf und kehrt das Gefäfs ganz um, so wird das Blatt
eine Zeitlang hängen bleiben, gleich als ob es angeheftet
5 wäre. Oder auch wenn man einen Durchschlag an die
Mündung legt und das Gefäfs umkehrt, wird durchaus
vom Wasser nichts ausströmen. Der Grund dafür liegt
in dem Umstande, dafs hier und dort das Wasser, welches
zuströmt, zwar jene kleinen Löcher füllen, aber nicht
10 weiter nach unten fliefsen wird, weil die Luft nicht hineinkommen kann, wenn kein Wasser austritt, und dafs ein
(kontinuierliches) Vakuum unmöglich ist, ist oben gezeigt
worden. Da also die Luft keinen Punkt hat, wo sie eindringen könnte, bleibt das Wasser stehen, ohne zu weichen.
15 Hierzu gehört folgende Figur (Fig. 118).

XII.

Man stelle auch ein Gefäfs ab (Fig. 119) mit Ein konstanter
enger Mündung her, das auf dem Boden in d durch- Wasserspiegel.
I. Fig. 119.[1]
löchert sei. Durch das Loch gehe senkrecht eine oben
20 umgebogene Röhre, die fast bis zum Halse des Gefäfses
reicht. Dies sei cde. Ihr Arm de steige im Gefäfse
empor, der übrige Teil cd erstrecke sich nach aufsen.
Sein Ende c gehe nach einem anderen Gefäfse ghz, welches
unten durchbohrt sei. Diese beiden Gefäfse mögen auf
25 irgend einer hohlen Basis mn stehen und in passender
Weise so aufgestellt werden, dafs das aus dem Boden des
Gefäfses ghz ausströmende Wasser in t und nicht ander-
wärts ausfliefsen kann. Mit dem Gefäfse ab setze man
auch eine andere Röhre in Verbindung, die im Punkte r
30 austritt und so weit vorspringt, dafs ihr Ende p sich über
das Gefäfs ghz erhebt. Diese Röhre sei pqr. Wenn
man also das Gefäfs ab mit Wasser füllt bis zu einer
Höhe, welche geringer ist als de, und seine Mündung mit

---

1) Vgl. Heron S. 105.

31*

312 GHZ, qui canalis sit PQR. cum igitur ⏐ inpleveris aqua vas AB minus altitudine DE et obstruxeris os eius cooper-
culo quod sit
XY, non ces-
sabit aqua flu-
ere per P in
vas GHZ, do-
nec inpleto
super quod
constituitur
concavo fiat
aque ascensio
usque ad C.
quo aqua re-
pleto non ha-
bebit aër quo
intret in vas

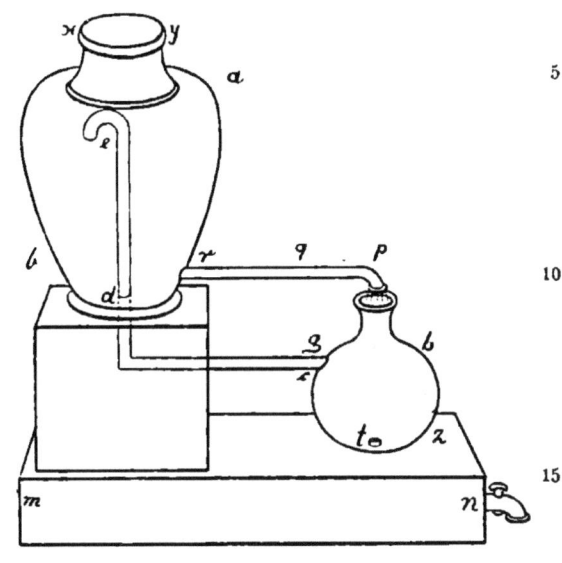

5

10

15

Fig. 119.

AB, et omnino cessabit aqua effluere per P, usque quo evacuetur pars C, et tunc iterum exibit ut prius. 20 et sic semper manebit eiusdem altitudinis.

XIII.

Ad idem quoque fiat aliud vas eiusdem generis, sed levius quod sit AB super duas columnas D, E, cuius os sit C et canalis exiens RP. sitque una 25 columnarum concava, per quam intret in vas AB canalis extensus ad vas GHZ et subintrans in loco Z, qui sit canalis QFZ. apteturque vas GHZ suppo-

---

15—16 f. repleto ⟨et parte C obstructa⟩　　24 levius:
'plus large' (id est largius) Rochas: f. altius

dem Deckel xy verschliefst, so wird das Wasser nicht
aufhören durch p in das Gefäfs ghz zu fliefsen, bis die
hohle Basis, auf welcher das Gefäfs (ghz) steht, gefüllt
ist und das Wasser bis c steigt. Ist nämlich die Basis
5 mit Wasser gefüllt (und c durch das Wasser verschlossen),
so kann keine Luft mehr ins Gefäfs ab treten, und das
Wasser wird gänzlich aufhören durch p auszuströmen, bis
die Mündung c (wieder) frei geworden ist. Dann wird
das Wasser wieder wie vorher ausfliefsen. Und so wird
10 der Wasserspiegel immer in gleicher Höhe bleiben.

XIII.

Zu demselben Zwecke stelle man auch einen **Ein konstanter**
anderen derartigen, aber leichteren $(?)$[1]) Behälter ab **Wasserspiegel. II. Fig. 120.**
(Fig. 120) über

15 zwei Säulen d, e her.
Öffnung des Behälters
sei c, und rp sei die
Ausflufsröhre. Eine der
Säulen sei hohl, damit
20 durch sie nach dem Be-
hälter ab eine Röhre
gehe, die sich bis zum
Gefäfse ghz erstreckt
und unten in z eintritt.
25 Dies sei die Röhre qfz.
Das Gefäfs ghz stelle
man passend so auf,
dafs es unter die Aus-
mündung des Ausflufs-
30 rohres zu stehen kommt,
nämlich unter p, so dafs
das aus p ausströmende
Wasser in dieses (Ge-

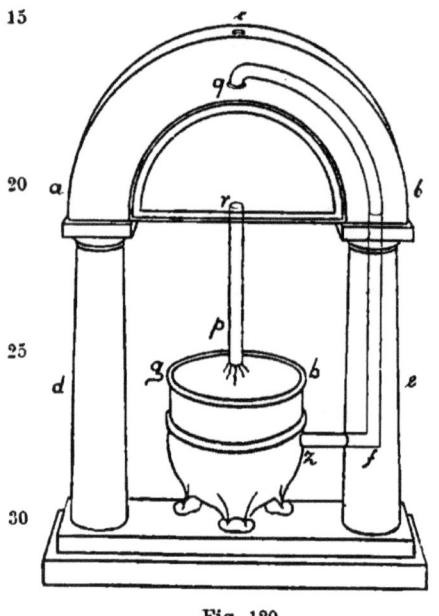

Fig. 120.

---

1) Vielleicht ist 'höheren' statt 'leichteren' zu schreiben.

situm ori canalis egredientis, scilicet *P*, ita quod aqua emanans a *P* decidat in ipsum. inpleto igitur vase *AB* secundum altitudinem *R* et obstructo ore eius quod est *C*, exibit aqua per *P* in vas *GHZ*, quousque inpleatur. et fiet omnino hoc in vase, ut in predicto. 5

XIV.

Et ad idem fiant vasa talia *AB* et *GHZ* cum suis canalibus *PQR*, *CDE* omnino ut prius, nisi quod interponatur paries *ST*. inpleto igitur vase *AB* fere

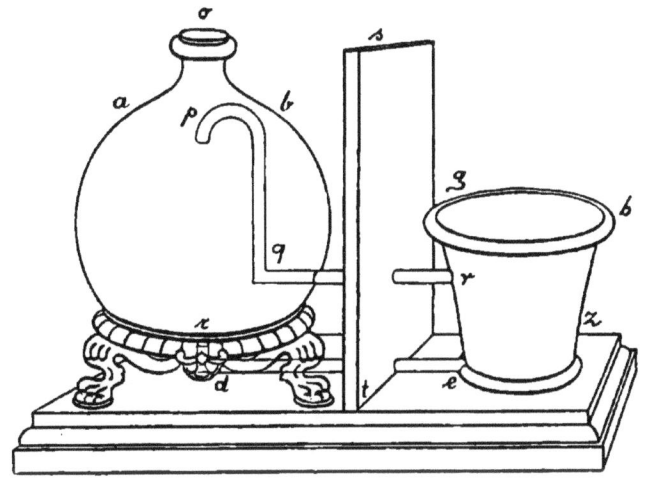

Fig. 121.

usque ad *P* et eius ore obstructo quod sit *O*, descendet 10 aqua per *CD* emanans ad *E* et ibi subintrans in vas *GHZ*, donec perveniat ad *R*, et ita erit ut prius.

XV.

313 Item fiat vas aliud una superficie contentum quod sit *ABC*, habeatque a lateribus duobus canales exeuntes 15

fäfs *ghz*) niederfalle. Füllt man nun den Behälter *ab* bis
zur Höhe *r* (?)[1]) und schliefst seine Mündung *c*[2]), so wird
das Wasser durch *p* in das Gefäfs *ghz* laufen, bis es (bis *z*)
gefüllt ist, und es wiederholt sich bei dem Gefäfse (*ghz*)
5 ganz derselbe Vorgang wie bei der vorhergehenden Einrichtung.[3])

XIV.

Zu demselben Zwecke mache man (zwei andere)   Ein konstanter
derartige Gefäfse *ab* (Fig. 121) und *ghz* nebst ihren   III. Fig. 121.
Wasserspiegel.
10 Röhren *pqr, cde* ganz wie vorher, nur stelle man
eine Scheidewand[4]) *st* dazwischen. Ist also das Gefäfs *ab*
fast bis *p* gefüllt und dessen Öffnung *o* geschlossen, so
wird das Wasser durch *cd* nach unten bis *e* strömen und
dort in das Gefäfs *ghz* treten, bis es zu *r* gelangt. So
15 wird sich der frühere Vorgang wiederholen.

XV.

Ebenso mache man ein anderes Gefäfs *abc*   Das konstante
(Fig. 122), das (als Kugel) nur aus einer Oberfläche   Ölniveau. IV.
Fig. 122.[5])
besteht.[6]) Es sei an zwei Seiten mit den Ausflufs-
20 röhren *cd, be* versehen sowie mit einer in das Gefäfs *ghz*
(Bauch einer Lampe) senkrecht niedergehenden Röhre, die
luftdicht in beiden Gefäfsen in *l* und *m* befestigt ist. Das
sei die Röhre *klmn*. Gewisse Teile des Gefüfses *ghz* mögen
in Form von Nachtlampen an den Aufsenseiten hervor-
25 stehen und unter den Röhren *cd, be* liegen, jeder unter der
zugehörigen. Das seien *gt, sz*. Wenn man nun das Gefäfs

---

1) Richtiger wäre *q*. Vgl. Z. 12.   2) Die Luft tritt dann
durch *zfg* in *ab* ein.   3) Diese vier Apparate (Kap. 12—15)
entsprechen im Prinzip dem intermittierenden Brunnen. Vgl.
Müller-Pouillet *Lehrbuch der Physik* (1883) S. 157.   4) Wohl
um das Vorratsgefäfs dem Zuschauer zu verdecken.   5) Vgl.
die Abhandl. zur Gesch. d. Math. VIII, 213   6) Der Relativ-
satz ist verdächtig.

---

3 *R: f. Q*   4—5 *f.* inpleatur ⟨usque ad *Z*⟩.   14 una
superficie contentum *dubia*

que sint *CD, BE.* et habeat canalem erectum descendentem intus in vas *GHZ* firmiter in utroque vasorum fixum in locis *L* et *M*, qui sit canalis *KLMN*, sintque particule quedam vasis *GHZ* ad modum crucibulorum a lateribus exeuntes subtense canalibus 5 *CD, BE,* queque suo, que sint *GT, SZ.* cum igitur impleveris aqua vas *ABC* minus altitudine *N*, effluet liquor per oppositum *CD* in *SZ* et per *BE* in *GT*, hinc et inde influens in vas *GHZ*, donec perveniat ad extremum canalis *LK*, quo repleto cessabit emanatio ad *D* et *E.* sit, inquam, liquor in vase *ABC* oleum, et apte-

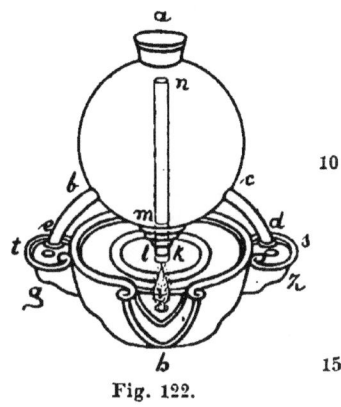

Fig. 122.

tur lychnium in vase *GHZ* vel papirus ubi est oleum, et secundum quod ardendo consumpserit de oleo in *GHZ*, descendet paulatim ab *ABC* per *D* et *E.* hec autem et einsdem generis sunt et ad idem valent. 20

XVI.

Item fiat vas subforatum et canalem subterius habens, ut sit *G*, quantalibet eius parte et quotlibet disiunctum claustris que sint *A, B, C, D, E,* . . . quorum quodlibet sit et subterius et superius perforatum. 25 quibus singulis quibuslibet liquorum repletis, si foramina superiora obstruxeris, nichil emanabit per inferiora. quocunque vero superiori aperto descendet liquor effusus per subterius, emanans per canalem vasis qui est *G.* 30

abc unterhalb des Niveaus *n* mit Wasser füllt, so wird
die Flüssigkeit durch die gegenüberstehende Röhre *cd* nach
sz und durch *be* nach *gt* und so auf beiden Seiten in das
Gefäfs *ghz* fliefsen, bis es zur Mündung der Röhre *lk*
5 (innerhalb der Lampe) kommt. Wenn diese Mündung (durch
die Flüssigkeit) verschlossen ist, wird der Ausflufs bei *d*
und *e* aufhören. Nun sei z. B. die Flüssigkeit in dem Gefäfse *abc* Öl, und man lege in das Gefäfs *ghz* da, wo sich
das Öl befindet, einen Docht oder Papier. Je nach der
10 Quantität Öl, die er beim Brennen in *ghz* verbraucht, wird
nach und nach Öl aus *abc* durch *d*
und *e* nach unten fliefsen. Dieser
Vorgang gehört derselben Art an
und hat dieselbe Bedeutung.

15 XVI.

Man stelle ferner ein Ge- Mehrfacher
fäfs her, das unten durch- Stechheber.
Fig. 123.[1])
bohrt, mit einer Ausflufsröhre *g* (Fig. 123) versehen und
20 zu einem beliebig grofsen Teile
durch beliebig viele Scheidewände
abgeteilt ist. Das seien *a, b, c, d, e*
(so dafs sechs Räume entstehen)[2]),
von welchen jeder unten und oben
25 Fig. 123. durchbohrt ist. Hat man sie ein-
zeln mit beliebigen Flüssigkeiten
gefüllt und die oberen Löcher verstopft, so wird unten
nichts herausfliefsen. Dagegen wird die Flüssigkeit aus
jeder Kammer, die oben offen ist, lebhaft nach unten
30 fliefsen und durch das Ausflufsrohr *g* ausströmen.

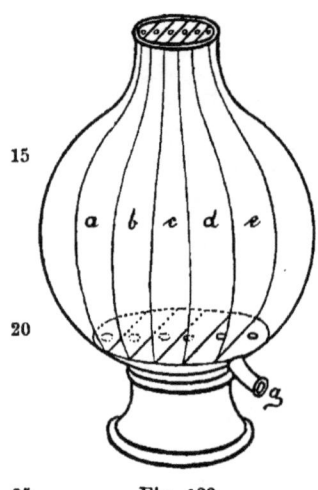

1) Vgl. Heron S. 65. 2) Das Eingeklammerte ist nach
Vermutung zugesetzt. Vgl. auch bei Rose die handschriftlichen
Figuren, die etwas abweichen und wenig deutlich sind.

1 que: *f.* qui. *cf. v. 5—6* 17 licmium *cod. Monac.: corr. Rose*
(*idem in contextu* licinium) 24 *f.* ⟨ut fiant sex loca,⟩ quorum

VITRUVII DE ARCHITECTURA.

I, 6, 2.

Ventus autem est aëris fluens unda cum incerta
motus redundantia. nascitur, cum fervor offendit umorem
et impetus tactionis exprimit vi spiritus flatus. id 5
autem verum esse ex aeolipilis aereis licet aspicere et
de latentibus caeli rationibus ┆ artificiosis rerum in-
ventionibus divinitatis exprimere veritatem.
Fiunt enim aeolipilae aereae cavae. hae habent
punctum angustissimum, quo aqua infunduntur, con- 10
locanturque ad ignem et, antequam calescant, non habent
ullum spiritum, simul autem ut fervere coeperint, effi-
ciunt ad ignem vehementem flatum.

IX, 9, 2—5.

Item sunt ex aqua conquisitae ab eisdem scriptori- 15
bus horologiorum rationes, primumque a Ctesibio
Alexandrino, qui et vim spiritus naturalis pneu-

---

5 tactionis *Rose:* factionis *G(udianus 69 saec. XI) H(ar-
leianus 2767 saec. IX)*   vi *Rose:* vim *G H*   10 quo aqua
Iocundus: quae aqua *G: exspectes* aquae   17 et vim *Rose:*
etiam *G H*

VITRUVS BAUKUNST.

I, 6, 2.

Wind ist eine strömende Luftwelle mit unbestimm- Die Äolipile. [1]
tem Überschusse an Bewegung. Er entsteht, wenn Hitze
5 auf Feuchtigkeit stöfst und die Heftigkeit der Berührung
gewaltsam das Wehen des Windes hervorruft. Dafs dem
so sei, kann man aus den bronzenen Äolipilen erkennen,
und man vermag hinsichtlich der verborgenen Gesetze der
Atmosphäre durch künstliche Erfindungen die göttliche
10 Wahrheit zu ermitteln.

Es werden nämlich hohle Windbälle (Windkugeln,
Äolsbälle, Äolipilen) aus Bronze gemacht. Diese haben
eine sehr enge Öffnung, durch welche sie mit Wasser
gefüllt werden, (dann) werden sie ans Feuer gestellt und
15 zeigen, bevor sie warm werden, überhaupt keinen Luft-
hauch. Sobald sie aber anfangen heifs zu werden, so
rufen sie am Feuer ein heftiges Wehen hervor.

IX, 9, 2—5.

Ebenso ist die Herstellung von Uhren[2]) mit Ktesibios erfindet zuerst
20 Hilfe von Wasser von ebendenselben Schriftstellern hydraulische
zusammenfassend beschrieben, und zwar zuerst von Maschinen.
Ktesibios aus Alexandria, welcher sowohl die Kraft
der natürlichen Luft (im komprimierten Zustande) entdeckt

---

1) Vgl. oben S. 231 Herons Äolipile und die Bemerkung zu
Fig. 55 in der Einleitung. S. auch Abh. z. Gesch. d. Math. VIII, 210.
    2) Nämlich derjenigen Uhren, welche es ermöglichen sollen,
den Tag zu jeder Jahreszeit in Äquinoctialstunden zu teilen.

maticasque res invenit. sed uti fuerint ea exquisita,
dignum est studiosis agnoscere. Ctesibius enim fuerat
Alexandriae natus patre tonsore. is ingenio et industria
magna praeter reliquos excellens dictus est artificiosis
rebus se delectare. namque cum voluisset in taberna sui 5
patris speculum ita pendere, ut cum duceretur susum-
que reduceretur, linea latens pondus reduceret, ita
3 conlocavit machinationem. canalem ligneum sub tigno
fixit ibique trocleas conlocavit. per canalem lineam
in angulum deduxit ibique tubulos struxit. in eos 10
pilam plumbeam per lineam demittendam curavit. ita
pondus cum decurrendo in angustias tubulorum pre-
meret caeli crebritatem, vehementi decursu per fauces
frequentiam caeli compressione solidatam extrudens
in aërem patentem offensione tactus sonitus expresserat 15
4 claritatem. ergo Ctesibius cum animadvertisset ex
tactu caeli et expressionibus spiritus vocesque nasci, his
principiis usus hydraulicas machinas primus in-
stituit. item aquarum expressiones automatopoeetasque
machinas multaque deliciarum genera, in his etiam 20
horologiorum ex aqua comparationes explicuit.

238   Primumque constituit cavum ex auro | perfectum
aut ex gemma terebrata. ea enim nec teruntur per-
5 cursu aquae nec sordes recipiunt ut obturentur. namque aequaliter per id cavum influens aqua sublevat 25
scaphium inversum, quod ab artificibus phellos sive
tympanum dicitur. in quo conlocata est regula ver-
satili tympano denticulis aequalibus perfecta. qui
denticuli alius alium inpellentes versationes modicas
faciunt et motiones. item aliae regulae aliaque tym- 30
pana ad eundem modum dentata una motione coacta

als pneumatische Erfindungen gemacht hat. Es lohnt sich
für Lernbegierige zu erfahren, wie dies ausfindig gemacht
ist. Ktesibios war nämlich zu Alexandria als Sohn eines
Barbiers[1]) geboren. Ktesibios, welcher sich durch Intelli-
5 genz und grofsen Fleifs vor den übrigen hervorthat, hatte,
wie man sagte, an kunstvollen Erfindungen seine Freude.
Denn als er in dem Laden seines Vaters einen Spiegel
so herabhängen lassen wollte, dafs eine verborgene Schnur
ein Gewicht zöge, wenn der Spiegel nach unten und
10 zurück nach oben gezogen würde, traf er folgende Vorrichtung. Er befestigte eine hölzerne Rinne unter einem 3
Balken und setzte dorthin Rollen. Durch die Rinne führte
er eine Schnur nach einer Ecke und stellte dort kleine
(in einander gefügte) Röhren her. In diese liefs er an der
15 Schnur eine Bleikugel hinabgehen. Wenn so das Gewicht
in den engen Röhren niederging und die Luftmasse komprimierte, so drängte es (eben) durch das ungestüme
Niedergehen die durch den Druck (gleichsam) kompakt
gewordene Luftmasse durch die Öffnung hinaus in die freie
20 Luft und erzeugte so durch den Zusammenstofs bei der
Berührung (der in der Röhre enthaltenen Luft mit der
atmosphärischen) einen hellen Ton. Als Ktesibios daher 4
bemerkt hatte, dafs infolge des Herauspressens der (inneren)
Luft und der Berührung der (atmosphärischen) Luft
25 Windtöne entstehen, so benutzte er diese Prinzipien und
stellte zuerst hydraulische Maschinen her. Ebenso
führte er Vorrichtungen zum Ausspritzen von Wasser
(Wasserdruckwerke), Automaten und amüsante Dinge
mancherlei Art aus und entwickelte unter diesen auch
30 die Herrichtung der Wasseruhren.
　　Zunächst stellte er eine Öffnung her aus Gold (in
Gold gefafst) oder aus einem durchbohrten Edelsteine.
Denn diese Dinge nutzen sich nicht ab beim Durchfliefsen des
Wassers nicht ab und lassen auch den Schmutz sich nicht

---

1) Zur Kritik dieser Anekdote vgl. Susemihl *Gesch. d. gr.*
Litt. I, 735.

versando faciunt effectus varietatesque motionum, in
quibus moveutur sigilla, vertuntur metae, calculi aut
238,11 ova proiciuntur, bucinae canunt reliquaque parerga.

X, 12.

259,13 Insequitur nunc de Ctesibica machina, quae in 5
altitudinem aquam educit, monstrare.
Ea fit ex aere, cuius in radicibus modioli fiunt
gemelli paulum distantes, habentes fistulas furcillae
figura similiter cohaerentes, in medium catinum con-
currentes. in quo catino fiunt asses in superioribus 10
naribus fistularum coagmentatione subtili conlocati,
qui praeobturantes foramina narium non patiuntur
2 ⟨redire⟩ quod spiritu in catinum est expressum. supra
catinum paenula ut infundibulum inversum est attem-
260 perata et per fibulam | cum catino cuneo traiecto con- 15
tinetur, ne vis inflationis aquae eam cogat elevari.
insuper fistula, quae tuba dicitur, coagmentata in altitudine fit erecta. modioli autem habent infra nares
inferiores fistularum asses interpositos supra foramina
3 eorum quae sunt in fundis. ita de supernis in modiolis 20
emboli masculi torno politi et oleo subacti conclusique
regulis et vectibus commoliuntur qui erit aër ibi cum
aqua ⟨et⟩ assibus obturantibus foramina cogentes trudunt
inflando pressionibus per fistularum nares aquam in
catinum, e quo recipiens paenula spiritu exprimit per 25

---

13 redire add. Rose   spiritu Ioc.: spiritus G H   16 elevari Schneider: elevare G H   23 et add. Rose   cogentes
trudunt Rose: cogent. extrudent G H   25 spiritu Perrault:
spiritus G H

ansetzen, durch den eine Verstopfung herbeigeführt werden könnte. Vielmehr fliefst durch eine solche Öffnung das 5 Wasser gleichmäfsig und hebt einen Schwimmer (ein umgestülptes Becken [Scaphium]), welcher von den Mechanikern 5 „der Kork" (Phellós) oder „die Scheibe" (Týmpanum) genannt wird. Darauf ist eine Stange[1]) gesetzt, welche mit kleinen Zähnen versehen ist, die den Zähnen einer drehbaren Welle entsprechen. Indem von diesen Zähnen der eine den andern treibt, bringen sie mäfsige Drehungen 10 und Bewegungen hervor. Ebenso rufen andere Stangen und andere Wellen, welche auf dieselbe Weise gezahnt sind, durch eine einzige Bewegung getrieben, durch die Drehung (wieder) verschiedene Arten von Bewegungen hervor, bei welcher sich Figuren bewegen, Säulchen drehen, 15 Steinchen oder Eier niederfallen, Trompeten erschallen und anderes Beiwerk.

X, 12.

Es folgt jetzt die Beschreibung der Maschine Die Spritze des Ktesibios, welche Wasser in die Höhe treibt. des Ktesibios.[2])
20 Dieselbe wird aus Bronze gemacht. Am Fufse derselben werden in geringem Abstande von einander zwei gleiche Pumpenstiefel (Kolbencylinder) angebracht, welche mit gabelförmig aufsteigenden Röhren[3]) versehen sind. Diese vereinigen sich in ähnlicher (gabelförmiger) Weise 25 und münden zusammen in den Windkessel[4]), welcher in der Mitte liegt. In diesen Windkessel werden an der oberen Öffnung der Röhren Druckventile (Klappenventile)[5]) eingesetzt und sorgfältig befestigt. Die Ventile verschliefsen die Löcher der Mündungen und lassen das, was durch die

---

1) Vgl. hierzu Heron S. 163.
2) Vgl. oben S. 131 ff.
3) Bei Herons Feuerspritze sind das die horizontalen Röhren $\pi\,\varepsilon$, $\varepsilon\varrho$.
4) Der Windkessel fehlt bei Heron.
5) Diese fehlen bei Heron, sind aber in Fig. 29a vorhanden. S. die Einleitung.

fistulam in altitudinem, et ita ex inferiore loco castello
conlocato ad saliendum aqua subministratur.

4   Nec tamen haec sola ratio Ctesibii fertur exquisita,
sed etiam plures et variis generibus ab eo liquoris
pressionibus coacto spiritu efferre ab natura mutuatos 5
effectus ostenduntur, uti merularum aquae motu voces
atque angobatae bibentiaque et eadem moventia sigilla,
ceteraque quae delectationibus oculorum et aurium usu
5 sensus eblandiantur. e quibus quae maxime utilia et
necessaria iudicavi selegi, et in priore volumine de 10
horologiis, in hoc de expressionibus aquae dicendum
putavi. reliqua quae non sunt ad necessitatem, sed
ad deliciarum voluptatem qui cupidiores erunt eius
subtilitatis, ex ipsius Ctesibii commentariis poterunt
invenire.   15

X, 13.

261   De hydraulis autem quas habeant ratiocinationes,
quam brevissime proximeque attingere potero et scrip-
tura consequi, non praetermittam.

De materia compacta basi, arca in ea ex aere fabri- 20
cata conlocatur. supra basim eriguntur regulae dextra
ac sinistra scalari forma compactae, quibus includuntur
aerei modioli, fundulis ambulatilibus ex torno subtiliter
subactis habentibus fixos in medio ferreos ancones et
verticulis cum vectibus coniunctos pellibusque lanatis 25
involutis. item in summa planitia foramina circiter

---

1 interiore *G H*, corr. *Iocundus*   4 liquore *G H*, corr. *Rose*
5 coactae spiritus *G H*, corr. *Marini et Iocundus*   6 meru-
larumque motu *G H, corr. Turnebus*   17 hydraulis *Mar.*: hydraulicis *G II*   26 involutis *codicis Sagrediani additamentum. cf.*
Graebner p. 13: involutos *G H*

Luft in den Kessel hineingeprefst ist, nicht wieder zurück-
treten. Auf den Windkessel ist ein Aufsatz in Gestalt 2
eines umgestülpten Trichters passend aufgesetzt und mittels einer Heftel mit durchgetriebenem Pflocke mit dem
5 Kessel verbunden, damit der heftige Druck beim Hinein-
pressen des Wassers den Aufsatz nicht fortschleudert.
Darüber wird ein Steigrohr, welches „die Trompete" (Tuba)
heifst, eingelötet und senkrecht in die Höhe geführt. Die
Stiefel haben aber unterhalb der unteren Mündungen der
10 (gabelförmigen) Verbindungsröhren Druckventile, welche
über den am Boden befindlichen Löchern liegen. So setzen 3
von oben her in den Stiefeln (Cylindern) glatt gedrechselte,
mit Öl eingeriebene und (in den Cylindern) eingeschlossene
Kolben mit Hilfe von Kolbenstangen und Hebeln die Luft
15 und das Wasser daselbst in Bewegung, und indem die
Druckventile die Löcher schliefsen, drängen und stofsen
die Kolben durch den Luftdruck das Wasser durch die
Röhrenmündungen in den Kessel. Daraus erhält es der
Aufsatz und treibt es mit Hilfe der (komprimierten) Luft
20 durch das Steigrohr in die Höhe. Und so wird aus der
Tiefe, nachdem man einen Behälter aufgestellt, ein hoch-
springender Wasserstrahl erzeugt.

Jedoch ist dies nicht die einzige Erfindung des Ktesibios, 4
welche er sich ausgedacht hat, sondern man zeigt noch
25 mehrere und zwar wie er (Ktesibios) auf verschiedene
Arten durch den Druck einer Flüssigkeit die Luft komprimierte und wie jene Vorrichtungen der Natur nach-
gebildete Wirkungen hervorbrachten, wie z. B. die Stimmen
von Amseln infolge der Bewegung des Wassers[1]) und die
30 Angobaten (kleinere Automaten?) gezeigt werden und
Figuren, welche trinken und zugleich eine Bewegung hervorbringen, und andere derartige Dinge, welche durch Ergötzen
des Auges und Fesselung des Ohres den Sinnen schmeicheln.
Daraus habe ich ausgewählt, was ich für das Nützlichste 5
35 und Notwendigste hielt, und ich habe geglaubt, in dem

---

1) Vgl. oben S. 89.

digitorum ternum. quibus foraminibus proxime in
verticulis conlocati aerei delphini pendentia habent
catenis cymbala ex ore infra foramina modiolorum

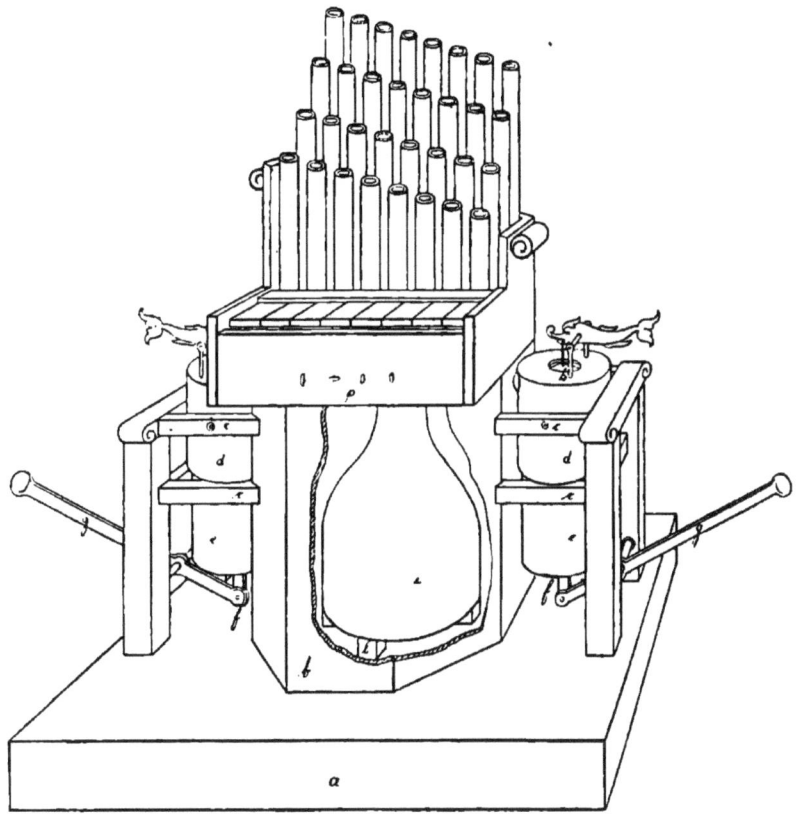

Fig. 124 a

2 calata. intra arcam, quo loci aqua sustinetur, inest
pnigeus uti infundibulum inversum, quem subter taxilli 5

---

3 modiorum *G H, corr. Ioc.*   4 arcam *Ioc. cf. p. 496, 20.*
500, 9: aram *G H. cf. apud Heron. p. 192, 3* βωμίσκος   5 pnigeus *Turnebus:* inid genus *G H*   subter *Ioc.:* super *G H*

vorigen Buche über die Wasseruhren, in diesem über die
Wasserdruckwerke handeln zu sollen. Was die übrigen
Dinge betrifft, welche nicht dem Bedürfnisse, sondern dem
Vergnügen und der Unterhaltung dienen, so können die-
5 jenigen, welche ihre zweckmäfsige Einrichtung kennen
lernen wollen, sie in den Schriften des Ktesibios selber
finden.

X, 13.

Ich will nicht unterlassen, so kurz und genau Die Wasser-
10 ich vermag, die wesentliche Einrichtung der Wasser- orgel. Fig. 124 a
und 124 b.[1]
orgel zu berühren und schriftlich aufzuzeichnen.

Man stellt eine Basis (a, Fig. 124 a) von Holz her und
setzt einen aus Bronze gefertigten Kasten (b) darauf.
Auf der Basis errichtet man rechts und links von dem
15 Kasten Ständer, die wie bei Leitern durch Sprossen (c)
fest verbunden sind. Die Ständer umschliefsen bronzene
Stiefel (Kolbencylinder, d). In diese werden auf- und
niedergehende, sorgfältig gedrechselte Kolben (e) geführt,
welche mit eisernen, in der Mitte befestigten Kolben-
20 stangen (f) versehen sind. Letztere sind durch Gelenke
(Veröhrungen) mit Hebeln (g) verbunden. Auch sind die
Kolben mit wolligen Fellen überzogen. Ferner sind auf
der oberen Fläche der Stiefel ungefähr drei Finger (= 5$\frac{1}{2}$ cm)
breite Öffnungen. Ganz dicht bei diesen Öffnungen haben
25 bronzene, an Gelenken befestigte Delphine im Munde an
Ketten Becken (h) (als Verschlufsdeckel) hängen, die
unterhalb der Löcher in die Stiefel hinabgelassen sind.
Innerhalb des Kastens befindet sich da, wo er Wasser 2
enthält, ein Windkessel (i) in Form eines umgekehrten
30 Trichters. Unter diesen werden ungefähr drei Finger hohe

---

1) Vgl. oben S. 193 ff. und s. die Bemerkungen in der
Einleitung. Die in der Figur gegebene Rekonstruktion will
lediglich dem Verständnis des Lesers etwas zu Hilfe kommen
und erhebt keineswegs den Anspruch, dafs Vitruvs Orgel im
einzelnen so gewesen sein müsse.

alti circiter digitorum ternum suppositi librant spatium
imum inter labra puigeos et arcae fundum. supra
autem cerviculam eius coagmentata arcula sustinet
caput machinae, quae graece κανων μουσικος appella-
tur. in cuius longitudine canales, si tetrachordos est, 5

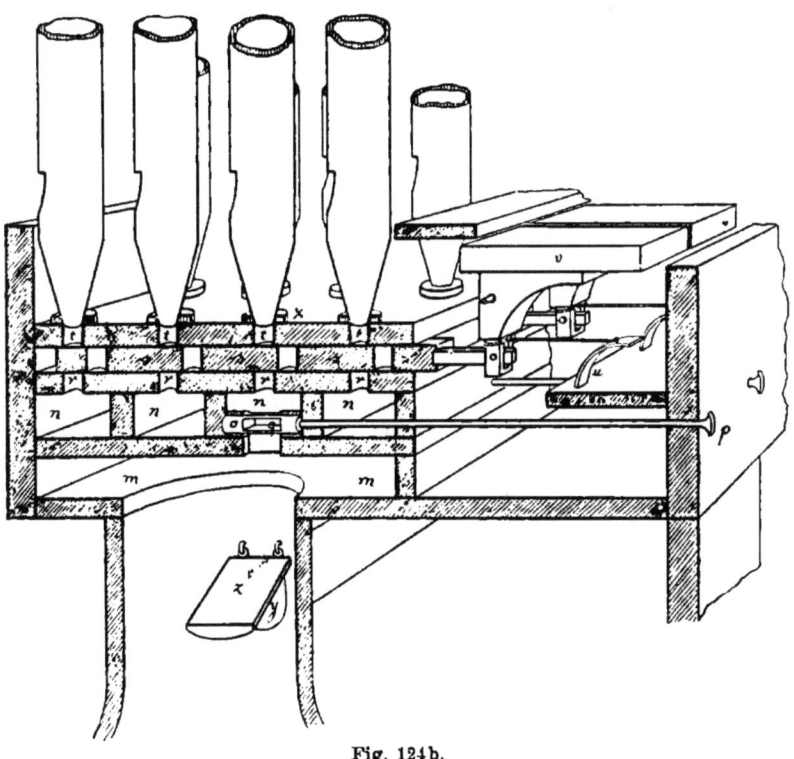

Fig. 124b.

fiunt quattuor, si hexachordos, sex, si octachordos,
3 octo. singulis autem canalibus singula epitonia sunt
inclusa, manubriis ferreis conlocatis. quae manubria
262 cum torquentur, ex arca patefa|ciunt nares in canales
ex canalibus autem cauon habet ordinata in transverso 10

kleine Klötze (*l*) gelegt, welche dem untersten Raume
zwischen dem Rande des Windkessels und dem Boden
des Kastens eine wagerechte Lage geben. Auf den Hals
des Kessels aber ist eine Windlade (*m*) geleimt, welche
5 den Hauptteil der Vorrichtung trägt, die griechisch Kanon
musikos (*κανὼν μουσικός*)[1] heifst. In diesem werden der
Länge nach, wenn die Orgel vierstimmig (mit vier Registern
versehen) ist, vier Kanäle (*n*) gemacht, wenn sechsstimmig,
sechs, wenn achtstimmig, acht. Jeder einzelne Kanal ist 3
10 mit einem Hahne (Register)[2] verschlossen, auch sind
eiserne Griffe (*p*) angebracht. Werden diese Griffe gedreht,
so machen sie die Öffnungen (*q*) von der Windlade nach
den Kanälen auf. Aus den Kanälen führen beim Kanon[3]
querliegende Löcher (*r*), die den Öffnungen (*t*) in einer
15 ganz oben liegenden, griechisch Pinax genannten Tafel
(Pfeifenstock) entsprechen. Zwischen dem Pfeifenstocke
und dem Kanon sind Schieber (*s*) eingefügt, die in derselben
Weise (wie Pfeifenstock und Kanon) durchbohrt und mit
Öl eingerieben sind, damit sie sich leicht vorziehen und
20 wieder nach innen zurückschieben lassen. Diese Schieber
verschliefsen die erwähnten Löcher und heifsen Plinthides
(Platten). Das Heraus- und Hineinschieben derselben
verschliefst bald die Löcher, bald öffnet es sie. An diesen 4
Schiebern sitzen eiserne Springfedern (*u*) fest, die mit
25 Tasten (*v*) verbunden sind. Ein Druck auf diese Tasten
setzt beständig die Schieber in Bewegung. Über den Löchern
des Pfeifenstocks sind da, wo sie aus den Kanälen die Luft

---

1) Damit ist die ganze Vorrichtung gemeint, welche der
Luft den Zutritt zu den Pfeifen vermittelt. In der modernen
Orgel thut das *die Kanzelle*.
2) Man mufs an den Zweck, nicht an die Form der modernen
Register denken.
3) Es ist hier nur das einzelne Brett gemeint.

---

1 liberant *Buttmann p. 150*   2 una *ante* inter *del. Schneider*
arcae *Ioc.*: arae *G II*   7 epitonia *G II. cf. apud Heronem*
p. 250, 16. 252, 3. 8. 384, 22. 386, 2. 13: epistomia *Ioc.*   8 conlocata *II*, collocata *G*, *corr. Rose*   9 *f.* arcula

foramina respondentia naribus quae sunt in tabula
summa, quae tabula graece πίναξ dicitur.   inter tabulam
et canona regulae sunt interpositae ad eundem modum
foratae et oleo subactae ut faciliter inpellantur et
rursus introrsus reducantur, quae obturant ea foramina 5
plinthidesque appellantur.   quarum itus et reditus alias
4 obturat alias aperit terebrationes.   hae regulae habent
ferrea chordagia fixa et iuncta cum pinnis, quarum
pinnarum tactus motiones efficit regularum continenter.
supra tabulae foramina, qua ex caualibus habent 10
egressum spiritus, sunt anuli adglutinati, quibus lin-
gulae omnium includuntur organorum.   e modiolis
autem fistulae sunt continentes coniunctae pnigeos
cervicibus pertinentesque ad nares quae sunt in arcula.
in quibus asses sunt ex torno subacti et ibi conlocati, 15
qui, cum recipit arcula animam, spiritum non patientur
5 obturantes foramina rursus redire.   ita cum vectes
extolluntur, ancones deducunt fundos modiolorum ad
imum delphinique qui sunt in verticulis inclusi, calantes
in eos cymbala, aëre implent spatia modiolorum, atque 20
ancones extollentes fundos intra modiolos vehementi
pulsus crebritate et obturantes foramina cymbalis
superiora, aëra qui est ibi inclusus pressionibus coac-
tum in fistulas cogunt, per quas in pnigea concurrit
et per eius cervices in arculam.   motione vero vectium 25
vehementiore spiritus frequens compressus epitoniorum
6 aperturis influit et replet anima canales.   itaque cum
pinnae manibus tactae propellunt et reducunt con-
263 tinenter regulas alternis | obturando foramina alternis
aperiundo, e musicis artibus multiplicibus modulorum 30
varietatibus sonantes excitant voces.

ausströmen lassen, Ringe (x) festgeleimt, welche die Mundstücke aller Orgelpfeifen umschliefsen. Von den Stiefeln
gehen Verbindungsröhren aus, die mit dem Halse (y) des
Windkessels in Verbindung stehen und bis zur[1]) Öffnung in
5 der Windlade führen. Im Halse sind gedrechselte Klappenventile (z) angebracht, welche die Löcher verschliefsen
und keine Luft wieder zurückströmen lassen, wenn die
Windlade sie aufgenommen hat. Werden bei solchen 5
Vorrichtungen die Hebel (g) gehoben, so ziehen die
10 Stangen (f) die Kolben (c) der Stiefel (d) nach unten,
und die Delphine, welche an den Gelenken angebracht
sind, lassen die Deckel in die Stiefel hinab und füllen
den Innenraum der Stiefel mit Luft. Wenn dann die
Stangen (f) infolge heftigen wiederholten Stofsens die
15 Kolben heben und durch die Deckel die Löcher darüber
verschliefsen, so pressen sie die dort eingeschlossene, komprimierte Luft in die Röhren, durch welche sie in den
Windkessel und durch dessen Hals hindurch in die Windlade dringt. Durch eine lebhaftere Bewegung der Hebel
20 wird Luft in Menge komprimiert, strömt nach den Öffnungen
der Register und füllt die Kanäle mit Luft an. Wenn 6
daher die Tasten, von den Händen berührt, unaufhörlich
die Schieber vor- und zurückschieben und so die Löcher
abwechselnd öffnen und schliefsen, so bringen sie mit
25 musikalischer Kunst in mannigfacher Abwechslung der
Weisen (Melodien) die Orgeltöne hervor.

---

1) D. h. in die Nähe der Öffnung.

---

7 hae *G:* haec *H Rose*   8 chordagia *Meister:* choragia *G H*
10 tabulam *G H, corr. Rose*   qua *Mar.:* quae *G H*   13 pnigeos *Turn.:* ligneis *G H*   14 pertinentesque: pertinentibus
Graebner p. 28, f. recte   quae sunt in arcula *secludit Meister
p. 181*   16 *an* receperit?   18 deducuntur *G H, corr. Ioc.*
20 cymbaliare *G H, corr. Rode*   23 clusus *G H, corr. Rose*
24 pnigea *Turn.:* lignea *G H*   25 arculam *Buttmann p. 156:*
arcam *G H*   26 epitoniorum *G H:* epistomiorum *Ioc.*   27 ani-
mae *G H, corr. Ioc.*

Quantum potui niti ut obscura res per scripturam
dilucide pronuntiaretur contendi, sed haec non est
facilis ratio neque omnibus expedita ad intellegendum
praeter eos qui in his generibus habent exercitationem.
quod si qui parum intellexerit ex scriptis, cum ipsam 5
rem cognoscet profecto inveniet curiose et subtiliter
omnia ordinata.

Ich habe mich nach Kräften bemüht, diese schwer verständliche Sache klar darzustellen. Indessen die Einrichtung ist nicht leicht und nicht allen begreiflich, mit Ausnahme derer, die in Dingen dieser Art praktische Erfahrung besitzen. Wer etwa die Beschreibung nicht recht verstehen sollte, wird jedenfalls dennoch finden, daſs alles sorgfältig und geschickt eingerichtet ist, wenn er die Sache selbst (aus eigener Anschauung) kennen lernt.

ADDENDA.

ΠΕΡΙ ΥΔΡΙΩΝ ΩΡΟΣΚΟΠΕΙΩΝ.

FRAGMENTUM.

Οἱ μὲν γὰρ ἀρχαιότεροι τῶν μαθηματικῶν κατα-
σκευάσαντες ἀγγεῖον καθ᾽ ὁμαλὴν ῥύσιν ῥέον διὰ τρη- 5
ματίου πρὸς τῷ πυθμένι ὄντος καὶ ἔχον τὴν χορηγίαν
ἔκ τινος ἐπιρρύτου ὕδατος ἅμα τῇ τοῦ ἡλίου ἀνατολῇ
πρώτῃ ἐν τῇ ἰσημερινῇ ἡμέρᾳ εἴων φέρεσθαι τὸ ὕδωρ
εἴς τι περιεχόμενον ἀγγεῖον, ἕως ἂν ὅλον τὸ σῶμα
τοῦ ἡλίου πρώτως ὑπὲρ τὸν ὁρίζοντα γένηται· καὶ 10
φυλάσσοντες τὸ ἀπορρ⟨ε⟩ῦσαν ὕδωρ, εἰς ἕτερον ἀγγεῖον
εἴων φέρεσθαι τὴν ῥύσιν μέχρι τῆς κατὰ τὴν ἑξῆς
ἡμέραν γινομένης τοῦ ἡλίου πρώτης ἀνατολῆς καὶ
ἐκμετροῦντες τὸ πᾶν ῥυὲν ὕδωρ ἐν ἀμφοτέροις τοῖς
ἀγγείοις ἐζήτουν τοῦτο, ποσαπλάσιόν ἐστι τοῦ κατὰ 15
τὴν ἀνατολὴν τοῦ ἡλίου ληφθέντος ὕδατος. καὶ ὃν
λόγον ἔχει τὸ κατὰ τὴν ἀνατολὴν τοῦ ἡλίου ληφθὲν
[τοῦτο] ὕδωρ πρὸς τὸ πᾶν τῆς ῥύσεως ὕδωρ, τοῦτον
ἔχειν τὸν λόγον ἔφασκον ... τὸν χρόνον τῆς ὅλης τοῦ
ἡλίου ἀνατολῆς πρὸς τὸν χρόνον τὸν ἀπὸ τῆς πρώτης 20
ἀνατολῆς μέχρι τῆς κατὰ τὴν ἑξῆς ἡμέραν πρώτης
ἀνατολῆς.

262 ... ὅπως δὲ συμβαίνει τὸ ἐν τῷ ἀγγείῳ ὕδωρ
καθ᾽ ὁμαλὴν ῥύσιν ῥεῖν, ὑπέδειξεν Ἥρων ἐν τῷ πρώτῳ
τῶν Ὑδρίων ὡροσκοπ⟨ε⟩ίων. 25

---

3 Exstat apud Pappum in Theonis in Ptolem. magn. constr.
comment. V, 261 (ed. Basil. 1538). Cf. supra p. 456 12 pro
τὴν exspectes ἑτέραν vel τινα 13 ἡμέρας ed. Bas., correxi
18 τοῦτο delevi nisi f. v. 18 τοῦτο ⟨τὸ⟩ ὕδωρ legenda et v. 17
τὸ ... ληφθὲν ut glossema delenda sunt 19 ἔχει ed. Bas.,
correxi

NACHTRAG.

ÜBER WASSERUHREN.

FRAGMENT. [1])

Die älteren unter den Mathematikern konstruierten
5 ein Gefäfs, welches (die Flüssigkeit) in gleichmäfsigem
Ausflusse durch ein kleines Loch am Boden fliefsen liefs
und den Zuflufs von irgend welchem fliefsenden Gewässer
erhielt. Sie liefsen an dem Äquinoktialtage zugleich mit
dem ersten Strahle der aufgehenden Sonne das Wasser in
10 ein verschlossenes Gefäfs laufen, bis zum ersten Augenblicke, in welchem der ganze Sonnenkörper sich über den
Horizont erhebt, und indem sie das ausgeströmte Wasser
verwahrten, liefsen sie (schon vom ersten Sonnenstrahle an)
einen (Bas. Ausg.: 'den') Strom in ein anderes Gefäfs laufen
15 bis zum Beginne des am folgenden Tage stattfindenden
Sonnenaufgangs, mafsen das ganze in die beiden Gefäfse
geflossene Wasser und untersuchten, wievielmal das letztere
mehr sei als das während des Sonnenaufgangs erhaltene
Wasser. Und sie erklärten, in dem Verhältnisse, welches
20 das während des Sonnenaufgangs erhaltene Wasser zu dem
ganzen Wasserausflufs habe, stehe ... die Zeit des ganzen
Sonnenaufgangs zu der Zeit vom Beginne des Sonnenaufgangs (am ersten Tage) bis zum Anfang des Sonnenaufgangs am folgenden Tage.
25 Wie es möglich ist, dafs das im Gefäfse befindliche
Wasser gleichmäfsig ausfliefst, hat Heron im ersten Buche
der Wasseruhren gezeigt.

---

1) Überliefert von Pappus (um 300 n. Chr.), anscheinend
nur dem Inhalte, nicht dem Wortlaute nach.

INHALT.

A. HERONS DRUCKWERKE.

BUCH I.

B. HERONS AUTOMATENTHEATER.

Berichtigungen.

S. 16 Z. 5 v. u. lies 4 statt 5.

„ 18 „ 18 lies *οὔτ'* statt *οὐτ'*.

„ 27 „ 16 lies 'Eingiefsens' statt 'Mischens'.

„ 32 neben Z. 14 lies 154 für 54.

„ 38 Z. 15 *γῇ, καὶ* für *γῇ καὶ*.

„ 41 letzte Z. v. u. Kap. 10 statt 9.

„ 54 Z. 5 Anm. füge '*προσκεκολλημένον* Par. 2512' ein.

„ 70 „ 14 Anm. tilge '*ἔχουσα* om. T'.

„ 76 „ 10 viell. *ἀναπιτυσθήσεται.*

„ 84 „ 25 lies *ὁμονοίας* statt *ὁμοινοίας.*

„ 103 Anm. 1 lies Kap. 12 statt 11.

„ 106 Z. 10 und S. 107 Z. 9 lies Θ statt *E.* S. Einl. S. XXXII.

„ 106 „ 14 Anm. tilge '*spurium* ... [*δὲ*]'.

„ 107 „ 13 lies 'Es ist ... zu bohren' statt 'Praktischer u. s. w.'.

„ 107 tilge Anm. 2.

„ 129 fehlt in der Figur der Buchstabe *β* unterhalb des Hahns mit dem Delphin.

„ 132 neben Z. 8 lies 181 für 118.

„ 140 Z. 19 *κενωθείσης* von Pseudo-Heron ohne Überlegung geändert.

„ 141 Z. 21—22 lies: 'Durch die in der Mitte liegende Scheidewand' statt 'Mitten durch d. S.'.

„ 141 Anm. 3 lies 'Suppl. S. 64' statt 'die ... § 4'.

„ 143 Fig. Nach 142, 3—4. 14 soll der junge Pan (von dem Tiere?) abgewandt sein, wenn *φυ* den Zuflufs auffängt. Nun trinkt das Tier nur, wenn der Zuflufs unterbrochen ist. Denn der Luftdruck wirkt nur auf die Flüssigkeit im Becher, wenn in der unteren Kammer durch den Abflufs ein luftverdünnter Raum entsteht, was bei der den Abflufs überwiegenden Quantität des Zuflusses ohne Unterbrechung des letzteren unmöglich ist. Es wäre also, wenn der junge Pan selbst tränken soll, 142, 3 *ἐπιστραφέντος* und 142, 14 *ἐπιστρέφωμεν* zu schreiben (vgl. 140, 8). Will man nicht ändern, mufs man annehmen, dafs nicht der Paniskos, sondern ein Hirt o. dgl. das Tier tränkt, und die Figur wäre dementsprechend zu ändern.

514 BERICHTIGUNGEN.

S. 146 Z. 4—5 tilge die Anm. S. Einl. S. XXXIV.

„ 190 „ 20 schreib ⟨ὑπὲρ τὴν βάσιν⟩.

„ 222 „ 5 Anm. füge ein: 'συντέτρηται spurium exspectem c. g. συνήρτηται'.

„ 222 Z. 16 füge f. vor δὲ in der Anm. ein.

„ 254 „ 11 Anm. lies 'τοῦ (post ἤ)'.

„ 268 „ 2 Anm. tilge '⟨ὃ ... ἀπεστεγνώσθω⟩'.

„ 269 tilge Anm. 1.

„ 298 Z. 2 Anm. füge 'δὲ: οὖν B' ein.

„ 322 „ 18 lies τὸ für το.

„ 326 „ 22 lies ΓΔ statt ΓΛ.

„ 368 „ 19 Anm. tilge 'om. Leid. ... 2431'. S. Suppl. S. 114 f.

„ 436 „ 7 Anm. lies fol. 46 statt p. 46.

„ 446 „ 15 Anm. füge ein: 'nisi τῶν νηῶν del. sunt'.

„ 456 „ 7 lies ἔθος ἐστί.

„ 459 Anm. 2 Z. 5 lies Codex 954 statt 966.

„ 464 Z. 1 Anm. lies 'coniungendam'.

„ 495 „ 14 lies 'welchen' statt 'welcher'.